CCIEE

智库报告

国际经济分析与展望

(2014～2015)

WORLD ECONOMIC ANALYSIS & OUTLOOK

(2014–2015)

中国国际经济交流中心　编著

社会科学文献出版社
SOCIAL SCIENCES ACADEMIC PRESS (CHINA)

《国际经济分析与展望（2014～2015）》
编　委　会

出版说明

自2009年成立之初，本着“同享人类智慧，共谋全球发展”的目标，中国国际经济交流中心就开始谋划出版了《国际经济分析与展望》和《中国经济分析与展望》（简称《世情报告》和《国情报告》）两本经济研究报告，对国际国内经济形势进行评估和展望。6年来，国经中心一直以自身研究力量为主，吸纳国内机构知名专家参与，跟踪评估世界经济和我国经济的年度变化，并展望未来发展前景，对世界经济形势和国内经济形势进行系统研究，为政府、市场主体科学决策提供智力支持，为参与全球治理和服务中国经济发展提供决策支持。

在多年探索的基础上，我们对本年度《世情报告》进行了大胆创新，探索体现国经中心研究特色的《世情报告》模式。一是创新框架模式。《世情报告》框架设计几易其稿，打破了传统单一剖面、单一维度、单一时空的平铺模式，在专项研究的基础上增加了能够体现国际经济全时空面貌的总报告，不仅坚持了对世界主要经济体、主要领域和国际热点问题的横纵交织的细致透视特色，还通过总报告突出强调了对研究对象的战略性、系统性、前瞻性、全局性、综合性把握，特别是通过对影响国际经济系统演化变量的深入挖掘，对作为一个有机整体存在的全球经济系统的整体演进进行全面、综合的把握。

二是创新研究方法。打破了单一数据、单一定性分析的研究模式，强调定量分析和定性分析相结合、全方位、多视角的研究方法，力求研究结论贴近客观现实。针对特定条件下结论成立的研究缺陷，本年度研究报告在强调聚焦特定研究对象的基础上，突出对特定时空条件下关联要素的分析，强调对图表的定性解析，突出研究的立体感和客观性，凸显国经中心研究成果的独到性和研究特色。

三是创新研究内容。国际经济是诸多要素相互作用、相互影响的动态有机整体。影响国际经济系统演进的不仅仅是经济因素，还包括社会、文化、科技、宗教乃至军事的各种因素。为更全面、客观反映国际经济真实面貌，本年度的研究报告拓展了热点问题的研究范围，把对世界经济有深刻影响的政治、宗教、科技、外交等问题纳入范围，为读者把握国际经济年度发展状况、展望国际经济发展未来提供更为全面的支持。

本年度研究报告通过对国际经济总体形势、各经济体经济形势、重点领域经济形势和热点问题等多视角、多维度的透视，全面系统评估了2014年的变化，研判了2015年及未来的发展趋势和特点，涉及世界经济的方方面面，具有较强的战略性、系统性、前瞻性、针对性和实用性。期盼本研究报告能对读者有所裨益，同时也欢迎广大读者对其中的疏漏给予指正。

中国国际经济交流中心

2015年2月18日

目　录

总报告

上篇　世界主要经济体研究

中篇　国际经济专题研究

下篇　国际经济热点问题研究

总报告

2014年全球经济形势分析与展望

2014年，世界经济总体复苏进程缓慢，但经济增长不平衡加剧，不仅发达经济体经济增长出现分化，新兴经济体内部经济增长分化也在不断加剧，展望2015年，尽管美国经济增长趋稳，但受其他发达经济体增长缓慢和新兴经济体经济集体放缓的影响，全球经济将步入低速增长“新常态”。与此同时，世界范围内经济、金融、政治和外交等相互影响不断加强，世界经济不确定性的风险因素增加，这为我国经济发展带来了严峻挑战，因此，需要全面把握全球经济发展趋势和世界经济格局的动态变化，以更加开放的态度、更加主动的姿态、更加智慧的选择，从战略高度制定相应对策和政策，以期在更加激烈的国际竞争中谋得更大利益。

一 全球经济增长不平衡加剧，经济格局呈现多元化发展态势，全球经济增长很难恢复到2008年之前的快速增长速度，总体看世界经济将步入低速增长的“新常态”

2014年世界经济复苏进程缓慢，经济增长不平衡加剧，不仅主要发达经济体经济增长开始出现重大分化，新兴经济体内部分化也在不断加剧，多元化发展态势中的世界经济将步入低速增长“新常态”。

（一）主要发达经济体经济增长分化，“美扬”与“日衰”、“欧缓”并存

——美国复苏势头明显，经济增长逐步趋稳。2014年，世界经济复苏乏力，

但美国表现出强劲的复苏势头，这从美国的各项经济数据可见端倪。根据美国商务部数据显示，除第一季度美国经济受到严寒天气影响萎靡外，第二季度美国实际国内生产总值（GDP）按年率计算增长4.6%，第三季度更是实现了5%的增长速度。此外，从美国公布的几大关键数据如采购经理指数、居民消费价格指数、房地产销售价格、消费者信心指数等来看，美国经济已经步入复苏的轨道。以消费数据为例，第二季度美国个人实际消费支出增长2.5%，第三季度个人消费增长2.2%，而第四季度是传统的消费旺季，个人消费的增加无疑给美国经济带来利好。美国GDP的增长70%都是由消费拉动的，强劲的就业增长、家庭财务状况改善以及汽油价格下跌都有利于消费上升。据美国劳工部的数据显示，该国11月非农就业人数32.1万，远超此前23万的预期，创下自2012年1月以来的最高值，失业率5.8%，而不断改善的就业市场将持续降低失业率，到明年底美国失业率约降至5.4%。[①] 可见，国内需求上升，尤其是消费支出上升，将使得美国经济继续领跑其他经济体。

展望2015年，社会各界普遍对美国经济增长持乐观态度。经济合作与发展组织（OECD）2014年11月25日发布报告称，预计未来两年时间里全球经济将会逐步改善；世界大型企业研究会认为，2014年美国经济增速将达到2.2%，2015年则上升到2.6%。国际货币基金组织和美国本土机构的预期更为乐观，国际货币基金组织（IMF）总裁克里斯汀・拉加德12月初预计，美国经济将在2015年获得3.5%的增长；美国全国商业经济协会（NABE）预计2015年美国经济将增长3.1%，超过2014年的2.2%。

尽管如此，我们认为美国经济依然存在诸多不确定性风险。第一，当前美国退出量化宽松货币政策预期不断增加，全球货币政策的博弈和分歧，不可避免会通过资本流动、资产价格、货币汇率等渠道扩散至全球，给市场带来新的不确定性；第二，美国通胀上升则可能使美联储加息，从而增加金融市场不稳定性；第三，美国政府债务比重依旧很高，财政政策的不确定性增加；第四，政治地缘的不确定性在2015年也会增加。此外，诸如新兴市场经济包括中国在内的经济增速放缓，原油价格的变化以及地缘政治冲突等国际经济环境的复杂多变，也可能间接影响美国经济复苏的速度。

——日本安倍经济学受挫，经济复苏或重陷泥潭。所谓“安倍经济学”即

---

① 汇通网：《美国11月非农就业人数激增32.1万，失业率持稳5.8%》，http://finance.ifeng.com/a/20141205/133337710.shtml，2014.12.5。

释放三支“箭”：一支箭是货币“注水”，采取超宽松货币政策；一支箭是灵活的财政政策，实际上是财政赤字不变；再一支箭就是刺激民间投资。在 2013 年“安倍经济学”两支利箭刺激下的日本经济迅速膨胀，日本国内生产总值（GDP）实现连续 6 个季度的正增长，个别季度的增幅甚至超过了 4%，但自 2014 年 4 月日本决定将消费税由原来的 5% 提高至 8% 开始，日本经济形势迅速发生逆转，出现与预期相反的两个意外，一是国内经济复苏势头受消费税拖累，二是日元贬值加大了贸易赤字。据日本最新资料显示，日本经济已经连续两个季度出现负增长，在 2014 年二季度大幅萎缩 1.9%（换算成年率为 -7.3%）的基础上，日本经济第三季度增长 -0.4%（换算成年率为 -1.6%），全年可能为 -6%，日本经济正在重新陷入低迷，安倍经济学面临质疑不断增加。实践证明，通过大量印钞和举债以拉抬日本经济的“安倍经济学”正在走向灾难，其结局恐怕是通胀性萧条——典型的经济滞涨。数据显示，日元持续贬值对日本经济的积极效应不断弱化，而消极作用不断凸显；积极财政政策使日本财政债务危机雪上加霜。据统计，在安倍执政的过去两年中，日本政府债务已经从 997 万亿日元增加到 1038 万亿日元，债务占比达到 245%，是国内生产总值的两倍半。尽管安倍政府最近决定将原定 2015 年 10 月开始的再次提高消费税的实施时间推迟到 2017 年 4 月，为日本经济获得了暂时喘息的机会，但必将危及日本政府大幅削减财政赤字的承诺，无法完成到 2015 财年将财政赤字减少至 2010 财年一半的目标，更无法达到在 2020 财年实现财政盈余的目标。

可见，“安倍经济学”有其固有的局限性，无法从根本上解决日本经济社会中存在的人口老龄化加速、贫富差距扩大、社会保障费用增加、企业不断向海外转移带来的国内产业空心化、国内需求长期低迷等经济社会的结构性问题。把“安倍经济学”放到历史长河中看，其经济政策的政治化，把治理国家的行为变成一种疯狂的政客行为，使日本经济在 2013 年的短暂繁荣仅仅是一种幻想，具有不可持续性。据日本《朝日新闻》进行的民调显示，日本民众已有 1/3 开始不信任“安倍经济学”，而日本经济研究中心 12 月 5 日发表的 42 位民间经济学家的经济预测平均结果显示，2014 年第四季度日本经济将出现回升，但回升乏力，2014 财年全年日本经济规模将萎缩 0.5%①。展望 2015 年，尽管日本出台了

---

① 新华网：《经济观察：安倍难解日本经济结构性问题》，http：//news.xinhuanet.com/finance/2014-12/08/c_1113565417.htm，2014.12.08。

新的经济刺激计划，但这些刺激政策并不能从根本上解决日本经济的结构性问题，日本经济复苏态势并不明朗。

——欧洲经济依旧在危机中苦苦挣扎，复苏步履维艰。2014 年欧洲经济复苏依旧缓慢。据欧洲统计局公布数据显示，欧元区第一季度 GDP 环比增长 0.2%；第二季度 GDP 环比持平，即零增长；第三季度 GDP 环比增长 0.2%，好于之前预期的 0.1%。首先，欧元区总需求不足、负债率较高和失业率高企等问题，对欧元区经济复苏构成了威胁。目前，欧元区的工业产出和投资依然低于危机水平，第三季度投资支出环比下降 0.3%，同比下降 1.3%，危机带来的遗留问题不容忽视，经济复苏动力依然薄弱。其次，通缩顽疾难以改善。据最新数据显示，欧元区 11 月 CPI（居民消费价格指数）增速创下 5 年来新低，距离欧洲央行接近 2% 的通胀目标相去甚远，通缩隐忧日增。再次，高失业率和高负债问题依然存在。可见，增长乏力、通货紧缩和负债累累影响了 2014 年欧洲经济复苏进程。国际组织纷纷调低了对 2014 年全年和 2015 年欧洲经济增长预期。欧盟委员会发布的秋季经济展望报告也下调今明两年欧元区经济增长和通胀率预期，与春季展望报告相比，2014 年欧元区经济增长率预期从 1.2% 调降至 0.8%，2015 年经济增长率预期从 1.7% 调降至 1.1%。经济合作与发展组织（OECD）12 月发布的领先指标显示，欧元区经济增长将会放缓，甚至可能重回萎缩。IMF 的预期则较为乐观，预期欧元区 2014 年经济增速或平均为 0.8%；2015 年有望实现 1.3% 正的增长；中期看来，欧元区增长或徘徊在1% ～1.2%①。

我们认为，欧元区将继续面对疲软的就业市场，但油价下跌、欧元贬值、财政紧缩或下降、主权债务风险缓和以及宽松货币政策，对欧盟经济复苏来说是积极因素，将有助于 2015 年欧洲经济的整体复苏。此外，欧盟委员会主席容克 11 月 26 日宣布启动一项为期 3 年、规模高达 3150 亿欧元的经济刺激计划，以此拉动投资注入实体经济，如该计划实施顺利也有望带动欧洲实现经济复苏，欧洲经济或恢复正增长。然而，欧洲经济的不确定性和内外风险仍然存在，从内部来看，欧洲国家结构性改革不足和内需疲弱将会继续令经济承压，从而延缓经济复苏进程；从面临的外部风险看，地缘政治风险、新兴市场经济体的发展、全球金融市场等不确定性，都或将对欧洲经济产生不利影响。

① IMF：World Economic Outlook Database October 2014，October 7，2014.

（二）新兴经济体分化加剧，主要新兴经济体的经济增速进一步放缓

2014 年，新兴经济体内部分化加剧。中国和印度等主要大型经济体经济增长集体放缓。数据显示，中国经济一、二、三季度 GDP 同比增长分别为 7.4%、7.5% 和 7.3%，创下近 6 年以来的新低；印度第一、二、三季度 GDP 同比增长分别为 4.6%、5.7% 和 5.3%。受东欧动荡，尤其是包括国际油价在内大宗商品价格的影响，资源型国家巴西和俄罗斯在经济增长边缘徘徊。数据显示，俄罗斯经济一、二、三季度 GDP 同比增长分别为 0.9%、0.8% 和 0.7%；巴西经济第一、二、三季度 GDP 同比增速为 -0.2%、-0.6% 和 0.59%。Capital Economics 研究公司整理的 19 个大型新兴经济体的数据显示，2014 年 8 月大型新兴经济体工业产出和第二季度消费者支出，双双跌至 2009 年以来最低水平，出口增长也大幅下滑。自 2011 年末以来，IMF 已六次下调新兴市场增长预测，2014 年 4 月，IMF 将 2014 年新兴经济体增速预估从 5.1% 下调至 4.9%；穆迪投资者服务公司修订了其对一些新兴市场国家国内生产总值（GDP）增长的预测，不包括中国在内的全球 20 个最大新兴市场国家 2014 年整体 GDP 的增长预计将为 2.1%。当然也有积极的方面，非洲等新兴经济体经济增长较为稳定，据国际货币基金组织最新发布的《撒哈拉以南非洲地区经济展望 2014》预测，受区域融合和经济一体化进程加速推动，2014 年和 2015 年撒哈拉以南非洲经济将稳定增长，经济增长率分别为 5% 和 5.75%，其中东非共同体经济增长率可达 6.0% 和 6.4%。

（三）2015 年世界经济更加纠结，总体上看低速增长成为“新常态”

展望 2015 年，受中国、印度经济下行和欧元区、俄罗斯以及巴西经济增长疲软预期的影响，新兴经济体经济增速还将继续放缓，世界各主要机构下调了对新兴经济体增速预期，如 IMF 对 2015 年经济增长率的预测下调了 0.2 个百分点至 3.5%。亚洲新兴国家 2015 ~2016 年两年的 GDP 增长预期则分别降至 6.5% 和 6.6%。不过，油价下跌、全球流动性充裕以及欧美经济提速，以及新兴经济体通过区域合作和经济融合、主动寻求新的发展机遇等因素，都将给新兴经济体经济发展带来利好。

当前全球范围内的生产、贸易、资本、通讯、人员等的流动正在以前所未有的规模和速度增加。1800 年衡量贸易一体化的传统指标——全球贸易占 GDP 的

比重仅为2%，1989 年上升到 22.3%，目前全球贸易占 GDP 的比重已经超过56%[①]。全球外汇、金融市场一周连续五天每天 24 小时不间断的运营，成百亿的交易通过一台电脑终端设备在世界的某一角落可以瞬间完成。据联合国预测，到 2020 年，全球旅游到访人数将达到近 14 亿。全球经济相互影响比以往任何时候都更加紧密联系在一起。本轮经济复苏进程缓慢，经济增长极不平衡，尽管作为全球第一大经济体的美国凭借良好的经济就业数据，显示其已经回归到经济增长的正常轨道，但欧日等发达经济体依然在经济增长危机中苦苦挣扎；与此同时，崛起中的新兴经济体内部分化也在加剧，主要新兴经济体经济增长速度放缓已经成为“新常态”，世界经济多元化趋势明显。可以预见，全球经济增长很难恢复到 2008 年之前的快速增长阶段，将步入低速增长“新常态”，主要原因如下。

一是当前包括美国在内的几乎所有国家都面临自身内部经济结构的调整，通过创新引领寻找新的经济增长点成为世界各国的共同选择。从当前实际情况看，尽管以美国为首的发达经济体正在推动机器人技术、人工智能、3D 打印和新型材料等技术的应用，但美国本轮经济复苏强劲主要得益于美国的货币政策，得益于凭借美元霸权地位将自身的经济风险传导甚或转嫁到其他国家，即通过攫取包括中国在内的新兴经济体实体经济利益而实现，美国内部实质性的经济结构还没有发生根本改变，新的经济增长点尚不明朗。

二是当前全球治理机制出现了资本失衡、发展失当、民主失真、市场失灵、治理失效、贫富失调、生态失衡等七大问题，使得全球人类社会发展面临共同困境，而这是由于个别国家将自身利益凌驾于全球利益之上，政客利益凌驾于国家和人民利益之上，局部的市场力量凌驾于国家利益之上，冷战思维形成的旧机制、旧规制凌驾于新规则之上，地缘一体化凌驾于全球一体化之上等五个方面的深层次原因所造成的。

三是从更长时期来看，本轮新兴经济体增速放缓，将成为导致世界经济增长整体放缓的新常态。由于新兴经济体面临的内部结构因素和外部环境影响，包括中国在内的几乎所有的新兴经济体国家都面临自身经济结构的调整，经济结构调整中经济增速的放缓是必然趋势。同时，受发达国家超低利率和流动性泛滥影响和推动，新兴经济体资本流入态势会随着发达国家货币政策的博弈而发生变化，

---

① 联合国开发计划署：《2013 年人类发展报告——南方的崛起：多元化世界中的人类进步》，第 6 页。

金融市场将动荡不定。

因此，在出现大规模科技革命之前，在全球治理机制和秩序没有发生根本性变革之前，全球经济还将处于低速增长“新常态”。

二　世界经济增长与货币金融、政治和外交等政策相互交织影响不断增加，经济发展的不确定风险增加，影响世界经济增长的变量因素增加

当前，世界各国政治、经济、外交、金融政策相互交织影响不断加强，经济增长不确定性风险隐患增加，成为影响 2014 ~ 2015 年，甚至更长时期世界经济增长的重要变量。

（一）变量之一：全球货币政策的博弈与分化

自金融危机之后，美日欧等发达国家率先推行宽松的货币政策，此后很多发展中国家也仿效这一政策，全球出现货币竞相贬值的货币之争，世界经济陷入流动性泛滥。由于本轮经济复苏进程缓慢，2014 年世界各国货币政策仍以宽松为主，市场相对稳定，开始产生分化，展望 2015 年，美日欧等主要国家的货币政策将会继续产生分化，这将成为影响全球经济增长的重要变量。

——美国全面退出量化宽松（QE）政策，货币政策有望回归正常状态。金融危机后，为了尽快走出经济衰退，美国先后实施了 4 轮量化宽松的货币政策，第四轮的力度最大（俗称“货币注水”）。但自 2013 年下半年以来，美国经济状况好转，就业市场不断改善，2014 年 9 月美国失业率已降至 5.9%，通胀水平一直低于美联储 2% 的长期目标，但长期通胀预期保持稳定。因此，美国经济复苏对 QE 依赖下降。自 2014 年 1 月起，美联储就已经将量化宽松额度从 850 亿美元缩减到 750 亿美元。2014 年 10 月 29 日，美国联邦储备委员会宣布结束被称为 QE 的资产购买计划，并决定在未来一段时期内加息，着手实施收紧的货币政策，这标志美国货币政策的重大转折。

QE 是为了应对经济缺乏活力以及失业率居高不下等非常态下的一种经济刺激手段。美国 QE 的退出取决于美国经济增长状况，与就业市场状况和通胀水平，尤其是失业率的变化挂钩。随着经济走向健康状态，美国必然会选择退出 QE。从美国经济复苏的实际情况看，量化宽松政策对推动本轮美国经济复苏确

实起到了积极作用。自美国推出量化宽松货币政策，尤其是第四轮量化宽松货币政策以来，美国经济复苏逐步增长，据统计，美国 2012 年、2013 年、2014 年（惠誉评级预计）经济增长分别达到 2.3%、2.3%和 2.8%。失业率也在不断下降。

可见，从美国当前经济形势来看，美国量化宽松货币政策的目的已经基本达到，退出是现实和明智之举，也是美国保持美元霸主地位和世界货币地位的需要。因为作为世界货币最关键的一点就是保持币值的相对稳定，美元充当世界货币实际上一直面临“特里芬两难”。美元自布雷顿森林体系解体以来，一直处于贬值通道中，美元与黄金的汇兑比例不断上升，从一盎司 35 美元，一路飙升到一盎司 1800 美元，再回归到一盎司 1000 美元。随着美国退出 QE，美联储或将打开加息窗口，美元从 2015 年开始有望进入升值的上升通道。但是，美元的升值可能会使得发展中国家外汇储备大幅度升值（全球现有的 10 万多亿美元储备量中，发展中国家占到三分之二，中国占三分之一以上），如是美元贬值的退出意义并不大，美元将重新面临“特里芬两难”。因此，美国彼得森研究所研究人员认为，配合美元的周期升值，美元应退出部分货币职能，不再充当世界货币，如石油美元、储备货币等。当然，美元货币政策的变化将会对全球资本市场乃至全球经济产生重要影响。

——日本将继续量化宽松的货币政策。日本于 2012 年紧跟美国推出了无限度量化的宽松货币政策，从目前来看，并不会随着美国的退出而退出，还将继续量化宽松的货币政策。

通过限度量化的宽松货币政策，用日元贬值来拉动日本经济复苏是“安倍经济学”的核心所在。日本央行在 2013 年 4 月推出的量化宽松政策使其经济增速明显加快，日本经济在 2013～2014 年一季度实现了 6 个月的增长。不过，现在看来也仅仅是流动性泛滥驱动下的“复苏幻景”，2014 年第二、三季度日本经济连续大幅下降，陷入技术性衰退。在美国 10 月宣布退出量化宽松之际，日本央行意外地在 10 月扩大量化宽松的规模，增加至 80 万亿日元，日元加速贬值。从日本“安倍经济学”的实施情况看，2014 年 6 月号称“第三支箭”的一揽子经济结构性改革计划效果并不明显，而经济的低迷迫使日本政府在公布三季度 GDP 数据后次日就紧急宣布将再次上调消费税至 10%的时间延迟 18 个月至 2017 年 4 月。因此，宽松货币政策带来的短期股指上扬和经济复苏，本质上只是一种货币驱动效应，日本也还将继续实施宽松货币政策，以挺住日本经济复苏，巩固安倍政权。

“安倍经济学”不能解决日本经济的结构性顽疾，除非日本经济结构性问题得到有效改善，日本经济将长期处于徘徊之中，陷入第三个“衰退的十年”或将成为现实。考虑到未来政权巩固的需要，日本本轮量化宽松货币政策还将持续一段时间。

——欧元区货币政策逐步放松，2015 年步入全面宽松货币政策。自金融危机尤其是欧债危机以来，欧元区货币政策经历从宽松到从紧，然后逐步放松的过程，2015 年有望走向全面宽松货币政策阶段。

本轮经济复苏进程中，欧元区经济复苏进程拖累了全球经济复苏进程，2014 年欧元区经济基本停滞，各界对 2015 年欧元区经济发展态势并不乐观。由于欧元区各国财政政策协调难度大，货币政策成为推动欧元区经济复苏进程的首选，2014 年 6 月欧洲央行推出了包括 4 项措施在内的一揽子宽松货币政策，2015 年 1 月欧央行就推出了新的量化宽松货币政策，启动欧版 QE，实施更大规模资产购买计划以扩大资产负债表，决定从今年 3 月起每个月购买 600 亿欧元债券，持续到 2016 年 9 月，总规模预计 1.08 万亿欧元。欧洲推出 QE 希望从两个方面刺激经济发展：一是通过汇率贬值刺激出口，增加贸易，推动实体经济发展；二是通过压低利率水平，促使资产价格上升，推动资产价格重估，推动贸易获利。这一切充分证明欧元区经济极度虚弱。

无论从经济增长看，还是从制度层面看，2015 年欧元区均将推行大规模量化宽松货币政策。从经济增长上看，主要是由欧元区整体经济形势所决定的。一是欧元区通货紧缩风险依然存在。欧元区通胀率在 2014 年 11 月下降至 0.3%，与五年来的最低水平持平。受油价暴跌的影响，欧元区通胀率可能会在未来几个月中下降至负数；欧央行首席经济学家德拉吉预计 2015 年通胀率将达 0.7%。二是由于欧元区传统的货币政策因银行贷款传输渠道的不畅而失效，因此非常规的流动性注入政策无可避免，也是欧洲央行实现自己之前的承诺。三是由于前期欧央行宽松货币政策规模相对较小，加大政策力度还有一定空间，且美国退出 QE 使欧洲经济复苏进程受阻，大规模量化宽松货币政策成为欧央行的现实选择。

——新兴经济体内部货币政策博弈分化加剧。2014 年，发达经济体货币政策开始出现分化，发达经济体货币政策分化所带来的不确定性对发展中国家的汇率和金融市场带来不利影响，新兴经济体货币政策面临挑战加大，发达经济体货币政策的分化使得新兴国家内部货币政策博弈也发生分化。

俄罗斯、巴西、土耳其等新兴经济体，将实施趋紧的货币政策以应对通胀和本国货币大幅度贬值的压力。发达国家的货币政策会产生外溢效应，即通过货币、金融渠道传递给其他国家，为新兴经济体带来资本的流入（出）及货币升值（贬值）的压力。2014 年以来，受美元货币政策影响，很多投资者开始抛售部分新兴经济体货币如巴西雷亚尔、俄罗斯卢布、土耳其里拉等，并买入美元避险，这使得在 2014 年已经有一定跌幅的新兴市场货币，在 2015 年随着美元升值和加息而面临进一步下跌的风险。数据显示，2014 年巴西货币雷亚尔已经下跌 9%，11 月雷亚尔对美元汇率更是快速下跌 2.6 比 1 关口，创 9 年新低，展望 2015 年，巴西将加大货币紧缩力度，加快升息步伐。俄罗斯 2014 年也动用了大量外汇储备来缓解卢布下跌，但仍然无法阻止其下跌态势，受油价下跌和经济制裁拖累下的俄罗斯要想维持经济稳定，2015 年趋紧的货币政策成为其必然选择。

中国、印度、韩国等亚洲国家货币政策趋于宽松。在日本和欧洲加大宽松货币政策的背景下，亚洲主要国家货币政策集体走向趋于宽松。2014 年以来韩国已经两次降息，2014 年 11 月韩国财政部表示将控制韩元走势与日元一致，以缓解日本贬值对韩国出口的影响；菲律宾实行负利率政策并终止加息；中国在 2014 年也采取定向宽松货币政策注入流动性；印度货币政策也从年初的从紧向从松货币政策转变。亚洲货币政策主要是当前亚洲经济形势所决定的，当前亚洲经济增速较经济发展形势和人口基数而言表现仍显疲软，亚洲主要国家信贷需求尤其是企业信贷需求下滑，信贷增速为 2009 年以来的最低水平，加上通胀紧缩，以及大宗商品价格的大幅下跌等因素的综合性影响，2015 年主要亚洲国家货币政策趋于宽松。

此外，部分中东、拉美等大宗商品出口国受国际大宗商品市场大幅下跌的影响，将通过宽松货币政策以应对经济下行的压力。在当前经济全球化的大背景下，一国货币政策的改变会通过金融渠道传导到世界各国，货币政策具有一定的外溢效应。但新兴经济体货币政策还有自身的特点，新兴经济体国家之间竞争性的货币政策，则可能产生以邻为壑的效果，如果一个国家做出贬值安排，其他经济体则不得不跟随，其货币联系具有一种传染的、连带的效果。

实际上，各经济体货币政策的差异，从表面来看是基于各国差异化的货币政策目标，而从根本上来看，在于各国自身经济状况和金融市场结构的差异化。当前全球经济不平衡加剧，复苏进度不一，货币政策的分化是必然趋势。货币政策的博弈和分化，将会对全球资本流动产生影响，也使世界经济不确定性风险大大增加。

（二）变量之二：政治外交博弈与经济交织影响加深

当前大国间战略性经济关系已成为引发新时期国际格局演变的“矛盾丛”，全球利益与国家利益的矛盾、经济全球化与区域一体化的矛盾、守成大国与新兴大国的矛盾、发达经济体与新兴经济体的矛盾、国际政治经济新秩序与既有规则之间的矛盾以及军事冲突、宗教冲突、文化冲突等都体现、渗透和影响其中。2014 年在美欧“双煞”之下的俄罗斯经济苦苦挣扎，陷入僵局的中日关系也使得中日贸易和投资意愿下降，大国之间的政治外交博弈（大国关系）和地缘政治冲突对 2014 年世界经济复苏产生了重大影响，也将成为影响 2015 年乃至更长时期世界经济增长的重要变量之一。

——大国之间博弈尤其是中美关系是影响世界经济增长的重要变量。2014 年，美欧与俄罗斯之间的激烈碰撞，中美关系的动荡调整，中俄关系、中欧关系的交融合作，中国与主要发展中国家合作的深化等多维关系的交织并存，构成了大国关系的基本走向，也使得全球经济除在局部范围内受到地缘政治冲突的影响外，保持了基本稳定的态势。展望 2015 年，围绕国家核心利益的竞争与合作依然是大国之间关系博弈的主旋律。中美作为全球经济总量排在第一位、第二位的两大经济体，两国之间的关系将成为影响全球经济增长的重要变量。

中美经贸合作促进了两国经济的发展，也为世界经济的发展做出了贡献。据统计，2013 年中美双边货物贸易额达到创纪录的 5210 亿美元，中美双向投资额累计已经超过了 1000 亿美元，中美双方互为对方第二大贸易伙伴国，中美两国经济总量接近世界经济总量的三分之一。同时中美关系也是最复杂的双边关系，两国能否友好相处，其影响远远超出双边关系范畴，关乎世界经济增长和全球和平稳定与繁荣。

纵观 2014 年，中美两国关系在围绕国家利益的博弈中呈现竞争与合作并存的基本态势。2014 年，美国“重返亚太”战略实施再调整，美国一方面巩固与原有盟国如日本、韩国、新加坡和澳大利亚的军事同盟关系，还不断加强与菲律宾和越南的军事合作，中国南海、东海矛盾一度激化，亚太局势一度呈现紧张态势，中美关系亦一度绷紧。但随着美俄乌克兰危机以及中东地区危机的白热化，中美关系趋向缓和，尤其是 APEC 会议为中美构建新型大国关系提供了新的契机，达成了多项重大协定：如双方同意尽快恢复和结束《信息技术协定》扩大产品范围的谈判；共同发表《中美气候变化联合声明》；在商务、旅游、留学签证等方面做出互惠协定，促进两国经贸往来；中美还就建立重大军事行动互通报机制和海空相遇安全行为准则签署谅解备忘录。此外，中美还在反恐、反腐和共同抵抗埃博拉病毒等方面取得了共识。因此，2014 年也被一些媒体称为中美构建新型大国关系元年。

展望 2015 年，中美关系竞争与合作的基本态势不会改变，尤其是作为守成大国与新兴大国之间持续的竞争与碰撞，将是中美关系不可回避的事实。中美关系的竞争冲突主要体现在：首先，正在崛起的中国客观上对美国的霸权地位构成了挑战，美国一定会不遗余力削弱中国以确保美国的霸权地位。据国际货币基金组织 2014 年 10 月公布的《全球经济展望》预计，以购买力平价计算，2014 年中国的国内生产总值将达到 17.6 万亿，超越美国 17.4 万亿的经济规模荣登世界之最①。据统计，2012 年中国已经超越美国成为全球最大的货物贸易国，是全球 128 个国家最大的贸易伙伴，远远超过美国的 76 个。中国的迅速崛起挑战了一个世纪以来美国作为全球主要贸易国的地位，并将逐渐转变为政治影响力。中美摩擦是一个长期趋势。实际上美国近年来实施的“重返亚太”、“战略再平衡”等战略，很大程度上就是为了实现其于亚太在军事、经济、外交等全方位对中国的围堵，以维系在全球的霸权地位。其次，中美经济竞争一直并将长期存在。中美两国在经济发展模式、知识产权保护、贸易投资等方面的摩擦和分歧一直较大，尤其是由于统计口径的差异，美国长期以来严重高估对华贸易逆差：根据美国海关发布的最新统计，2014 年 1～9 月，美中货物贸易额达到 4400 亿美元，其中，美国进口 3531 亿美元，出口 869 亿美元，对华货物贸易逆差高达 2662 亿美元。为此，中美的贸易摩擦一直没有间断过，尤其是国际金融危机后期，美国贸易保护主义盛行，贸易摩擦频繁剧烈，新的贸易保护措施层出不穷：从单纯反倾销，演变到反倾销和反补贴并用，进而发展到利用知识产权保护的 337 调查。此外，随着 2015 年美国货币政策改变，美元加息以及美元升值等都可能会对中国经济带来不利影响，中美在货币政策、汇率等方面的分化和竞争，也将在 2015 年持续。再次，是地缘战略冲突。随着中国国力的增强，以及美国战略重点向亚太的转移，美国在亚太地区推行 TPP，事实上形成了美国遏制中国的地缘战略冲突格局。这种格局决定了中美之间的博弈从长期来看趋于激化。不过中美关系相互依存，美国对中国任何激烈措施都可能

① IMF：World Economic Outlook Database October 2014，October 7，2014.

会导致“杀敌一千，自损八百”的结果，因此，中美关系会呈现在对抗竞争中合作、在博弈中妥协的此消彼长关系。

——地缘政治冲突与博弈的影响也将存在。在经济全球化的今天，地缘经济和政治冲突成为影响国家间关系的重要因素，而国家之间的外交和政治冲突，反过来又使得经济的不确定和风险增加。2014年乌兰克危机引发的地缘政治事件，进一步增加了全球经济的不稳定性，影响了全球经济复苏进程。2014年3月，美欧等西方国家联手对俄罗斯进行经济制裁，俄罗斯经济压力激增。在人为因素影响下，2014年国际市场油价暴跌。这使得严重依赖油气出口的俄罗斯经济损失惨重，据俄罗斯财政部部长安托·西卢阿诺夫表示，国际市场油价下跌将使俄罗斯经济损失达到每年近1000亿美元。油价的下跌严重挫伤了市场对俄罗斯卢布的信心，卢布大幅贬值，国际资本大幅撤离。2014年以来卢布累计下跌了28%，成为全球主要经济体货币中跌幅最大的币种。据俄罗斯中央银行公布的数据显示，2014年前9个月俄资本净流出额达852亿美元，规模是上年同期的1.9倍，全年预计资本流出规模将高达1280亿美元。严峻的外部形势引发了俄罗斯国内的通货膨胀，据俄罗斯经济发展部长阿列克谢·乌柳卡耶夫透露，俄罗斯的通货膨胀率已经超过了8%，2014年年底可能达到9%，远远超过中央银行设定的5%的目标。为了抑制通货膨胀，俄罗斯央行2014年先后6次加息，现基准利率已上调至17%的历史高位，但这并没有使得通货膨胀得到抑制，反而增加了企业的融资成本。可见在“双煞”之下油价下跌，货币贬值，资本出逃，国内通胀，投资乏力等，使得俄罗斯经济面临崩溃的边缘。据国际货币基金组织的预测，2014年俄罗斯经济增长预期为0.2%，2015年为0.5%；俄罗斯央行报告预测则显示，2015年俄罗斯经济将为零增长，2016年预计仅增长0.1%。彭博社对32位经济学家的调查显示，未来12个月内俄罗斯陷入衰退的概率高达75%。

此外，中东、北非局势动乱也影响了2014年全球经济的复苏进程。但上述地缘冲突溢出效应（即对周边和外围国家的影响）并不十分明显。

展望2015年，俄罗斯与美欧地缘政治冲突、中东和北非地缘政治冲突的态势没有发生改变，其对世界经济复苏影响还将持续。

（三）变量之三：区域经济一体化与经济全球化的碰撞

经济全球化与区域经济一体化是当今世界经济发展的趋势和主题，是当前国际经济关系的重要特征，也是影响全球经济增长的重要变量。

2014年，区域经济一体化与经济全球化出现难得的齐头并进。经济全球化突出体现之一，世界贸易组织自成立19年以来正式达成了首份全球性的贸易促进协议《贸易便利化协议》。经过此前12年艰苦甚至一度停滞的多哈回合谈判，世界贸易组织终于于2013年12月在巴厘岛达成了涉及贸易便利化、农业、发展等方面问题的共包括10份文件的"巴厘一揽子协定"。据估算，该协议的达成，将为全球经济增加1万亿美元，并创造2100万个就业机会。但在2014年7月举行的世贸组织总理事会议上，受印度和欧美等国态度影响曾一度陷入僵局。该协议的通过，标志着以WTO为框架的多边贸易机制重焕生机，多哈回合谈判进程重启步入正轨。

由于近年来世界贸易组织（WTO）框架之下的多哈回合谈判受到各方利益的牵绊进展十分缓慢，许多国家不得不开始谋求双边和多边的市场自由开放，区域经济一体化发展势头十分迅猛，尤其是作为区域经济一体化重要形式的自由贸易区如雨后春笋般涌现出来。据WTO统计，截至2014年1月，全球范围内向WTO通报的各类区域贸易协定共有583个，其中277个正在实施。目前全世界约有1200个自由贸易区，几乎所有的WTO成员国都加入了一个或者几个自由贸易区，自由贸易区已经成为它所在的国家和地区发展自由贸易，重构全球贸易、投资规则和标准的平台，成为参与区域经济一体化和全球化的重要工具。尤其值得注意的是，自由贸易区经济结盟背后隐含着一些国家和地区的政治结盟和军事结盟，成为其政治、外交、经济和战略共同体。如近年来美国主导的跨太平洋伙伴协议（TTP）和跨大西洋贸易与投资伙伴协议（TTIP）就是多维战略联盟。2014年自贸区仍在如火如荼推进之中。再如欧盟官员11月19日表示，欧盟和日本计划在2014年12月8日开启第八轮为期一周的自由贸易谈判，2015年3月和6月将继续谈判，并计划于2015年年底或2016年春天结束欧日自由贸易谈判。11月21日在布鲁塞尔表示，将寻求重新推动与美国的"跨大西洋贸易和投资伙伴关系协定"谈判。

2014年，中国也在加速推进自由贸易区进程，APEC期间中国分别与全球第十四大经济体韩国和第十二大经济体澳大利亚完成了自由贸易协定谈判，决定与21个APEC成员国启动亚太自贸区进程。截至目前，中国已签署的自贸协定达12个，涉及20个国家和地区，在与韩国和澳大利亚自贸谈判完成后，中国仍在谈判的自贸协定还有6个，涉及21个国家和地区，分别是中国与海湾合作委员会、斯里兰卡和挪威的自贸协定，中日韩自贸协定、区域全面经济合作伙伴关系（RCEP）和中国—东盟自贸协定（"10+1"）升级版（"10+6"）。其中，RCEP进展很快，于2013年启动以来已经进行了5轮谈判（2014年进行了4轮谈判），按照计划，RCEP 将于 2015 年底正式完成所有实质性的谈判。相关研究报告显示，RCEP 涵盖约 35 亿人口，GDP 总和将达 23 万亿美元，占全球总量的 1/3，建成之后，RCEP 将成为世界最大的自由贸易区。此外，中国于 2013 年推出的“一路一带”构想和重大倡议，也在 2014 年加快推进，已经得到 50 多个国家的积极响应，这将对沿线国家的贸易、投资和人员流动等产生巨大影响和积极效应。

展望 2015 年，区域经济一体化与经济全球化的碰撞，依然会成为影响全球经济增长的重要变量，不过由于 WTO 多边贸易体制下各方利益牵绊受阻因素仍将长期存在，区域经济一体化尤其是自由贸易区的推进仍将是国际经济、政治、外交关系的主旋律之一，国家之间，尤其是大国之间的博弈，也将越来越泛化为区域一体化之间的博弈。

（四）变量之四：互联网与传统产业的碰撞与融合

随着云计算、大数据的发展，互联网正在以前所未有之势席卷传统行业，全球步入产业互联网的时代，掀起新一轮的产业变革。世界经济发展历程表明，世界经济增长周期与技术革命息息相关。经济增长的主要动力源自新技术的重大突破及其转化为新产品、形成新产业、开拓新市场。本轮经济危机推动了新一轮世界经济结构调整步伐，创新引领经济转型成为世界各国的共同选择。因此，互联网与传统产业的碰撞和融合掀起的产业变革，将成为影响世界经济增长的重要变量。

本轮经济复苏的亮点之一就是重振制造业，世界各国尤其是发达经济体更加重视利用互联网与产业融合来培育新的经济增长点，运用高端科技打造核心制造业和相应的服务业成为发达国家的核心战略。美国宣称，未来 20 年通过快速发展的人工智能、机器人和数字制造技术等将重构制造业的竞争格局，“工业互联网”概念开始推广。2014 年 4 月，美国 AT&T、思科（Cisco）、通用电气（GE）、IBM 和英特尔（intel）等五家行业龙头企业联手组建了工业互联网联盟（IIC），以期促进物理世界和数字世界的融合。12 月，美国通用电气公司与日本软银公司签署 Predix 软件平台许可协议，标志着美国通用电气提倡的“工业互联网”进入实质运作阶段。通用电气预计，未来 20 年工业互联网会为全球 GDP 增加 10 万亿～15 万亿美元，相当于再造一个美国经济①。与此同时，德国提出

① 新华网：《工业互联网将再造一个美国经济 经济效益显著》，http：//finance. china. com. cn/roll/20141218/2857654. shtml，2014. 12. 18。

了“工业 4.0”。德国学术界和产业界认为，未来 10 年，基于信息物理系统（Cyber-Physical System，CPS）的智能化，将使人类步入以智能制造为主导的第四次工业革命。日本也加大了对人工智能和 3D 技术应用方面的投入和政策优惠。此外，中国走向工业智能化的步伐也在加快。2014 年 10 月，中德两国签署《中德合作行动纲要》，其中工业 4.0 方面的合作是重要内容。

从 2015 年和更长时期来看，不论是工业 4.0 还是互联网工业，不可忽视的事实是，信息技术特别是互联网技术的发展和应用正以前所未有的广度和深度，加快推进制造业生产方式、发展模式的深刻变革，有人称之为“第四次工业革命”，其实质是互联网信息技术与可再生能源等的出现与融合。在这场革命中，数字化、信息化、智能化、个性化的生产方式正在取代传统的人工、机器的方式，制造业开始走向数字化。第四次工业革命将改变产业形态，如智能制造，供应链重构，服务业与制造业融合，现代流通对制造流程的再造，能源革命等。可见，互联网与传统产业的碰撞与融合将成为影响全球经济增长的重要变量。

（五）变量之五：大宗商品价格跌宕起伏和政治博弈交织更加紧密

2014 年，大部分国际大宗商品价格表现疲软，世界银行能源价格指数继 2014 年上半年保持稳定后，第三季度下降约为 6%。11 月以来，大宗商品市场依然继续着下跌态势，大宗商品价格指数 BPI 已从月初的 853 点跌至 840 点。展望 2015 年，国际大宗商品或将持续疲弱，世界银行在 10 月发布的《大宗商品市场展望》指出，大宗商品价格下跌或将持续至 2015 年。

大宗商品价格大幅下跌突出体现在 2014 年国际原油价格的持续暴跌，自 2014 年 6 月以来，原油价格持续走低，尤其是受地缘政治局势紧张、石油市场供应充足及需求疲软等综合因素影响，世界石油价格开始暴跌，很快从超过 100 美元/桶，到 11 月中旬跌至 80 美元/桶以下，到 12 月 30 日国际原油期货价格 60 美元/桶以下（WTI 为 54.12 美元/桶，布伦特为 57.90 美元/桶）。据统计，2014 年美国原油价格下跌 46%，是过去 6 年以来跌幅最大的一年。石油的暴跌造成了大宗商品价格下跌的多米诺骨牌效应。11 月，能源、化工、橡塑等原油直接下游板块纷纷下行（汽柴油、纯苯、LLDPE 等品种与原油几乎同步走向），纺织、建材等板块也间接受到影响。与此同时，铜、铁矿石等大宗矿产资源价格也出现了下跌，铁矿石价格跌幅达 50%。据世界银行统计，2014 年金属价格预计下降 5.5%。全球棉花价格呈现下跌态势，2014 年 11 月，全球棉花库存创下历史新高，棉花价格跌入谷底，期棉价格一度跌至逾 5 年低点①。

从经济理论看，本轮全球大宗商品价格大幅下跌态势是由供求所决定的。2014 年以来石油市场供应与需求出现不平衡，供大于求特征十分明显。从需求方面来看，受世界经济复苏进程缓慢，尤其是欧元区和新兴经济体（中国和印度的实际石油需求增长减缓）增长放缓的影响，2014 年以来全球石油需求较为疲弱，2014 年全球石油需求增长量为 60 万桶/日，而此前 10 年的平均年增长量达到 110 万桶/日。从供给方面来看，北美地区，随着美国页岩气革命的深入，美元石油产量上升和进口规模下降成为最大供应变量。此外，此次石油价格下跌，国际石油巨头们（如欧佩克、沙特阿拉伯等）并没有像以往一样进行减产供应以维持石油价格的稳定，这进一步凸显了供给需求的不平衡。

我们认为，本轮油价下跌引发的大宗商品价格下跌态势不仅仅有供求等经济方面的因素影响，还体现了在当下全球化背景下政治、外交因素与经济交织影响在不断加强深化。众所周知，本轮大宗商品格局的变化在一定程度上受到地缘政治冲突和美元升值的影响，既有最初美国和欧盟对俄罗斯经济制裁的原因，也体现为石油等传统能源生产大国（OPEC 国家）与页岩气新能源国家（美国）之间对抗的结果，仍然是美国为了配合本国货币政策，通过美元操作等金融手段利用美元霸权地位在全球范围内攫取他国实体经济利益的战略手段，因为国际大宗商品尤其是石油价格某种程度受美国和美元因素影响最大。不可回避的是，通过石油、天然气价格暴跌，打击俄罗斯也是应有之意。因此，随着美国经济的强劲复苏，页岩气成本不断下降，美元进入上升通道，以及美国、欧盟对俄罗斯的制裁，2015 年大宗商品特别是石油或仍将维持低价态势。

三　全面把握世界经济发展新态势，在尽最大努力推进人类整体利益的前提下，整体设计我国一揽子对外开放与竞争的新战略，适时调整国内的政策与策略，从战略的高度提升我国抵御和防控外部风险的能力

世界经济复苏进程还将缓慢进行，我国要在保证自己利益的前提下推进全球利益的实现。同时，我们在兼顾各经济体整体利益的同时，应切实防范由于各种

① 刘叶琳：《全球棉价跌入低谷》，《中国国际商报》2014 年 11 月 26 日。

非理性行为带来的风险对我国的冲击，切实保障自己的利益。展望2015年，世界经济增长的内生动力依然脆弱，我国面临的外部环境依然严峻：主要发达经济体货币政策的博弈分化会使我国“紧松适度”货币政策面临两难选择；地缘政治冲突影响还将持续，我国与其他国家的经济关系将更多与政治、外交关系等相互交织影响；区域一体化之间的碰撞更加激烈，国家与国家之间的竞争会泛化为区域一体化之间的竞争；国际大宗商品价格动荡还将持续。所有这些都使得我国经济发展面临的外部不确定性风险因素增加。因此，我们需要对世界经济发展的态势有深刻认识和准确把握，以更加开放的视野，以更加主动的姿态，从战略的高度提升我国抵御和防控外部风险的能力。面对全球整体利益的需要和防范个别风险对我国的可能冲击，我们必须以更加开放的视野来制定和部署我国宏观经济政策。

（一）顺应世界大道，尽最大努力推进全球利益最大限度实现

在经济全球化和一体化的大背景下，全球形成你中有我、我中有你的格局，各经济体的利益彼此联系更加紧密，不存在泾渭分明、彼此分割的单独利益。每个经济体利益的实现总是会引起相关经济体利益的消长。因此，面对各经济体为自己利益而努力的局面，作为负责任的大国，我国要在保证自己利益的前提下，寻求各国利益的最大公约数，在增进自己利益的同时，推进关联经济体乃至全球所有经济体都能从我国的行动中获得收益，推进全球整体利益最大可能地实现，多做对己对人都有利的国际大行动，推进全球利益共同体的形成，推动集体理性最大限度地实现，消弭个体非理性带来的负面影响，引导各经济体走和平共同发展的道路，共克时艰。在当前形势下，就是要大力推进“一带一路”战略的实施，推进全球市场增量的开拓，带动沿线乃至全球各经济体的发展，避免由于全球市场存量争夺可能带来的冲突，造福全人类。“独行快，众行远”是人类大道，当前我们要有长远眼光，特别要注意多做带动大家共同发展的事情，团结带领大家同走繁荣昌盛之路。

（二）以更加开放的视野制定和部署我国经济政策

——根据国际经济形势变化，适时调整我国“松紧适度”的货币政策，使稳健的货币政策更为积极有效。2014年，为了应对复杂多变国际经济环境下市场的流动性问题，央行适时采取了多种货币工具组合措施如债券回购、短期流动

性操作（SLO）、短期抵押贷款（PSL）、常设借贷便利（SLF）以及降息等调控我国经济增长。2015 年，全球货币政策博弈分化加剧：美国全面退出 QE，货币政策有望回归正常轨道，但日本和欧元区将推行更宽松的财政货币政策，全球金融市场不确定性风险增加。面对日益复杂的国际经济环境，需要不断创新和完善我国货币政策工具箱，使得我国“松紧适度”的货币政策应更加注重弹性、灵活性和前瞻性，放宽存贷比限制进一步增强货币政策的效率，加强货币政策与产业政策的协调配合，降低有利于实体经济发展的融资成本，实行定向宽松、定期宽松和定量宽松相结合的组合政策，进一步增强货币政策的效果。

——继续积极推进人民币国际化进程，提升人民币在国际市场的影响力。本轮危机爆发以来，美国以邻为壑的宽松政策以及政府债务规模的不断扩大，极大动摇了美元的国际储备货币地位。我国正好可以借助这个有利时机，通过加大贸易结算中使用人民币的规模、扩大实行人民币互换的国家规模、加速人民币离岸中心的建设等方式，进一步推进人民币国际化的进程，提高人民币在国际货币体系中的地位。2014 年以来，以央行之间货币互换、人民币国际结算和人民币清算行为为主要内容的人民币国际化进程加快。2014 年 7 月、10 月和 11 月，中国央行分别与瑞士国家银行、欧洲央行和加拿大央行签署规模为 1500 亿元人民币/210 亿瑞士法郎、3500 亿元人民币/450 亿欧元和 2000 亿元人民币/300 亿加元的双边本币互换协议。人民币跨境业务加快发展，据统计，2014 年前三季度跨境人民币结算金额超过 4. 8 万亿元，人民币跨境收支占全部本外币跨境收支比重为 25%，货物贸易人民币结算比重超过 15%。目前全球已有超过三分之一的金融机构正在积极使用人民币作为中国的付款货币，人民币清算安排不断增加，人民币离岸金融中心不断增加。展望未来，我们可以采取多种手段、多种路径推进人民币国际化进程，如在俄罗斯卢布暴跌、中俄贸易风险增加背景下探索以人民币为主要结算手段的经贸关系。探索以金砖国家银行、亚洲基础设施投资银行和丝路基金等多边金融机构平台推动人民币国际化进程，稳步实现人民币从结算货币、交易媒介到储备货币，从周边化到国际化的目标。

——适时调整我国外汇储备，促进储备资产多元化。理论和实践证明，储备资产多元化可以分散风险，是外汇储备保值增值和全球经济及资本循环的必然要求。本轮危机中美元和欧元的弱势，使我国外汇储备资产安全性面临极大挑战，需要找到一条能够将外汇储备风险降到最低、投资保值增值的投资渠道。尽管我国储备资产多元化投资已经走过了较长的路程，但效果并不明显。因此，在新形势下我们需要进行战略设计，以确保储备资产多元化的战略得以真正实现。我们需要紧紧抓住本轮美元上升通道的小周期，把部分美元储备资产转变为实物量，如抓住黄金下跌时机增加黄金的储备量；抓住石油价格下跌时机，增加石油储备量。尽管黄金地位已今非昔比，但作为最后的清偿手段和信誉凭证，其仍具有重要的地位和作用。据世界黄金协会2014年发布的统计数据表明，美国黄金储备总量占世界首位，黄金储备占外汇储备的71.8%，而中国黄金储备占外汇储备仅为1.1%，在以外汇储备占比计算的100个国家和组织中排列倒数第十。因此，建议制定黄金储备增加计划，选择合适的时机增加黄金等实物储备，调整我国外汇储备结构，为国家争取更大利益。

（三）从战略高度构建有利于我国经济发展的经贸外交关系

当前经济发展与政治、外交等政策交织影响不断加强，因此，处理好我国与其他国家之间的关系，尤其是处理好与主要大国之间的关系和与新兴经济体之间的关系将对我国经济发展起着积极作用。

——处理好与主要大国之间的关系。大国经济利益格局是新时期把握国际格局整体演变态势的关键，决定和塑造当代国际政治经济格局，也会直接影响我国面临的外部经济环境。2014年，中美构建新型大国关系取得重大进展，双方在很多方面都达成了共识，中俄、中欧关系稳步推进，中日关系破冰。展望未来，顺应新一轮全球化深入发展之势，借新兴经济体力量上升之势，造中国快速发展促进全球各国共同利益和共同福祉之势，造中国经济转型升级有利于国际环境之势，从全球化方向寻找大国利益汇合点，推动经济外交与政治、安全和军事外交相互促进，加强与大国经济外交的轨道化、机制化建设，应是我国处理与主要大国关系的战略选择。具体而言，就是要积极主动把推进中美经济外交作为建立新型大国关系的重要组成部分，坚持处理好主轴大国关系与分轴国家关系相结合，紧紧抓住中美经济外交这一大国关系主轴不放，发挥中俄经济外交的平衡作用，中印经济外交的共进作用，中欧经济外交的助力作用，同时要把对日经济外交关系放在国家发展和地缘战略框架下全面思考和妥善应对。

——强化与发展中国家之间的经济外交合作关系。发展中国家正在以前所未有的规模和速度迅速崛起，世界经济格局呈现多元化发展态势。据统计，1980到2010年间，发展中国家在世界商品贸易总量中所占的份额从25%增加到47%，在世界总产出中所占的份额从33%提高到45%。1950年，中国、印度和巴西三国的经济总产出仅占全球经济总产出的10%，加拿大、法国、德国、意大利、英国和美国六个传统北方工业强国则占到一半以上。发展到今天，巴西、中国和印度这三大领先经济体的经济总产出与上述传统六国总产出基本相当，据预测，到2050年，中国、印度和巴西三国的经济总产出将占到全球经济总产出的40%，远远超过预测的当今七国集团的经济总产出①。与此同时，美日欧等发达国家正在从军事结盟、外交结盟发展到经济结盟，世界陷入越来越失衡、越来越无序、越来越纠结、越来越无奈的境地，发展中国家整体面临的外部风险不断增加。因此，作为最大的发展中国家，我们应进一步强化与发展中国家之间的经济外交同盟关系，以整体力量应对当前面临的传统和非传统风险，共同推动全球治理新秩序的建立。

（四）以更主动的姿态多路径推动全球治理新秩序的建立

当前全球经济格局呈现多样化和多元化发展态势，一个更多元化、更具活力的世界格局，正在取代以前的由发达的工业化国家组成的中心打压一群欠发达国家的世界格局。但现有的全球治理机制是第二次世界大战后发达国家主导建立的，代表的主要是发达国家的利益。这些治理机制已经不能适应21世纪全球人口、财富和地缘政治影响力"再平衡"的新形势。发展中国家的发展转型升级，要求对维护全球关系的相关规则制度做出改变。而中国作为最大的发展中国家和全球第二大经济体，应以更加主动的姿态多路径推动全球治理新秩序的建立。

——探索多种路径构建多层次的全球治理机制。有效的全球治理机制将会反映21世纪人类所面临的共同问题和困境，会体现发展中国家实力发展的变化，提升我国乃至发展中国家在全球经济中的话语权，创造良好的外部环境。因此，我们既要积极参与世界银行、IMF、WTO、G20等全球经济治理机制的建设中，积极推动WTO框架下自由开放、公平公正的贸易规则体系的建设，推动国际货币金融体系改革，推进建立均衡、普惠、共赢的全球治理体系，也要积极推进区域经济合作，通过多样化、多元化的区域经济合作改善全球经济治理体系。尤其是，在当前多边治理机制进展缓慢背景下，以双边和区域经济合作为依托推动全球治理体系变革将成为现实选择。中国的"一带一路"战略倡议，中国主导的亚洲基础设施投资银行、金砖国际银行和"丝路基金"，成为推动国际经济秩序

① 联合国开发计划署：《2013 年人类发展报告：南方的崛起：多元化世界中的人类进步》。

重建的正能量，我们需要继续努力，为世界经济治理提出更多的“中国方案”和“中国思想”。

——继续积极推进亚太自贸区进程。APEC 是亚太地区规模最大、层次最高的区域经济组织，是亚太地区经济合作和政策交流的重要平台，在全球经济活动中具有举足轻重的地位，特别对全球经济贸易走向将产生持续而深远的影响。目前，APEC21 个成员的经济总量占世界经济总量的 57%，人口占世界总人口的 44%，对外贸易额占世界贸易总量的 46%，直接投资占世界直接投资总量的 45%。亚太自贸区推进将为该地区发展提供持续动力。其实，早在 2010 年日本横滨举行的 APEC 部长级会议上就有人提出在亚太地区建立自由贸易区（FTAAP），但直至 2014 年北京峰会前，受美国主导的跨太平洋伙伴关系协议（TPP）的影响，亚太自贸区的建设一直处在停滞阶段。2014 年 11 月 10 日，APEC 领导人就中国提出的建立经济自贸区的倡议达成了协议，亚太自贸区进入实质阶段。西方媒体认为，这是中美两个大国在太平洋地区的主导权之争，是一场没有硝烟的战争，不管西方媒体如何评说，FTAAP 已经取得实质性进展和明确的发展框架说明了在亚太地区中国的经济吸引力。因此，我们应继续积极推进并利用亚太自贸区战略，提升我国在亚太地区的话语权，构建区域治理新机制，为我国在国际竞争中谋得更大利益。

——积极推进“一路一带”战略构想的落实。2013 年在世界经济复苏乏力、发达经济体货币政策走向分化的背景下，中国提出“一带一路”战略构想和重点倡议，丝绸之路经济带战略涵盖东南亚经济整合、东北亚经济整合，并最终融合在一起通向欧洲，形成欧亚大陆经济整合的大趋势。而 21 世纪丝绸之路经济带战略则是从海上联通欧亚非三个大陆，最终可以和丝绸之路经济带战略形成一个海上、陆地互动、互补、互联、互通和共赢的区域布局。“一带一路”贯穿欧亚大陆，东边连接亚太经济圈，西边进入欧洲经济圈，既是亚欧合作的伟大构想，又是强化与发展中国家合作的伟大构想。随着周边和沿线国家的响应和互动，对世界经济，对贸易、投资和人员流动都会产生积极效应。中国是全球最大的贸易国和制造业大国，以基础设施互联互通作为切入点和抓手，以丝路基金和亚洲基础设施投资银行为金融合作平台，将会实现沿线国家互联互通，形成互利共赢、经济互补、政策互动的新格局。对中国而言，“一带一路”战略不仅能对冲美国主导的试图孤立中国而推进的 TPP 和 TTIP，还能在“一路一带”经贸关系中把握全球贸易新规则制定的主动权。这是中国基于当前世界经济发展态势并符合沿线国家利益的主动战略选择，表明中国国际经济合作方略已经从过去的被动响应和应对转向主动参与和积极引导。

参考文献

1. 陈文玲：《未来十年经济形势研判（国际篇）》，《理论动态》2013 年 12 月 20 日第 1980 期。
2. 陈文玲：《未来十年经济形势研判（中国篇）》，《理论动态》2013 年 12 月 30 日第 1981 期。
3. 陈文玲：《启动亚太自贸区的条件分析与可能性》，《中国经济时报》2014 年 11 月 7 日。
4. 陈文玲、颜少君：《世界经济格局变化与全球经济治理新结构的构建》，《南京社会科学》2012 年第 2 期。

（撰稿人：中国国际经济交流中心总经济师、执行局副主任、学术委员会副主任、战略研究部部长、博导陈文玲；中国劳动关系学院副教授颜少君）

上篇
世界主要经济体研究

2014年中国经济与世界经济联动研究

经过改革开放后三十多年的快速发展，当今的中国已是世界第二大经济体，第二大贸易国，第一大货物贸易国，第一大出口国，第二大进口国，第一外汇储备大国，第一大利用外资发展中国家，年度投资流量全球第三大对外投资国，年度投资存量全球第二大对外投资国，对外直接投资累计净额（存量）全球第11位，人民币也已经成为全球第七大支付结算货币、第九大外汇交易货币、第七大储备货币。世界经济深刻影响着中国经济的发展和走势，中国经济也在深刻改变着世界经济的版图和格局，中国经济与世界经济的互联互动与交融合作不断加深，其深度、广度前所未有，其复杂性、多样性也前所未有。

一　中国经济在国内外复杂环境下实现稳中趋缓、稳中有进、稳中有为

（一）经济整体下行压力较大

2014年我国经济增速继续放缓，下行压力增大。经初步核算，2014年国内生产总值首破60万亿，达到636463亿元，同比增长7.4%，比2013年回落0.3个百分点，创出自1991年以来的新低。我国经济增速虽然回落，但是从新常态的视角看，我国经济实际上正在发生着一系列重大而深刻的变化。一是产业结构在孕育着新的突破。一方面，2014年，第三产业增加值占国内生产总值的比重为48.2%，比2013年提高1.3个百分点，高于第二产业5.6个百分点，继2013年第三产业增加值比重首次超过第二产业以来，继续延续上升的趋势。另一方

面，第二产业内部结构调整也在加快，新产业、新业态、新产品继续保持较快的增长速度，而且整个经济向中高端迈进的态势非常明显。二是收入分配结构继续改善。2014 年全国居民人均可支配收入实际增速是 8.0%，增长速度比 GDP 增速高 0.6 个百分点，比财政收入增长速度低 0.6 个百分点，居民收入在国民经济分配中占的比重进一步提高。城乡居民收入的差距继续缩小，全年全国城镇居民人均可支配收入 28844 元，比上年增长 9.0%，扣除价格因素实际增长 6.8%；农村居民人均可支配收入 10489 元，比上年增长 11.2%，扣除价格因素实际增长 9.2%。三是中国制造业采购经理指数（PMI）和中国非制造业商务活动指数处于向好区间。2014 年 12 月，PMI 为 50.1%，比上月回落 0.2 个百分点，微高于临界点，连续 16 个月站在 50% 的临界点之上，表明我国制造业保持稳定运行的基本态势，但增长动力仍显不足。2013 年 12 月，中国非制造业商务活动指数为 54.1%，比上月上升 0.2 个百分点，高于临界点之上 4.1 个百分点，连续 2 个月小幅回升，表明非制造业总体保持稳中有升的发展态势。四是资源环境成本的消耗有所减少。经济发展方式由过度依赖资源消耗的粗放式发展方式向集约型发展方式转变的态势比较明显。2014 年，单位 GDP 能耗同比下降 4.8%。这些变化都是经济运行中的突出亮点，也是经济发展进入新常态以后结构调整转型升级表现出来的一种新的发展趋势，经济结构在持续改善，增长的质量和效益有所提高，经济增长内生的新动力有所集聚。

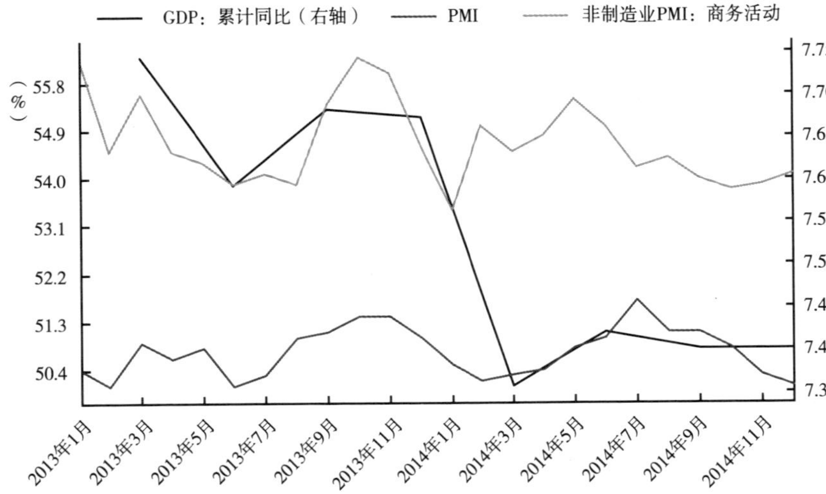

图 1　中国制造业采购经理指数和非制造业商务活动指数

资料来源：Wind 资讯。

（二）消费的拉动作用继续增强

2014 年，全国社会消费品零售总额同比增长 12.0%（扣除价格因素实际增长 10.9%），其中，限额以上单位网上零售额增长 49.7%。按经营单位所在地分，城镇消费品零售额同比增长 11.8%；乡村消费品零售额增长 12.9%。同时，需求结构呈现出积极的变化，消费对经济增长的拉动作用继续增强，最终消费支出对经济增长的贡献是 51.2%，比资本形成总额贡献率高 7 个百分点左右，整个经济再平衡的态势比较明显。

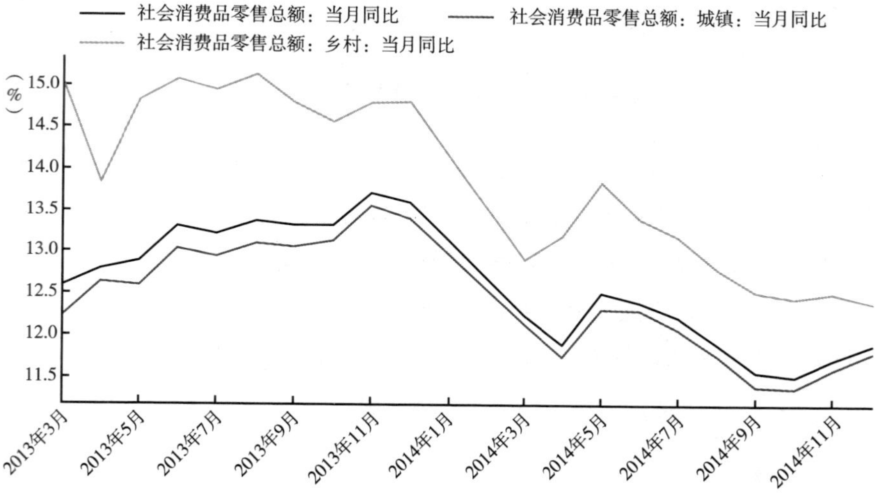

图 2　全国社会消费品零售总额同比增速

资料来源：Wind 资讯。

（三）固定资产投资增速放缓

2014 年，全国固定资产投资（不含农户）同比名义增长 15.7%，增速比 1 ~ 11 月回落 0.1 个百分点。分产业看，第一产业投资同比增长 33.9%，第二产业投资增长 13.2%，第三产业投资增长 16.8%。分地区看，东部地区投资同比增长 14.6%，中部地区投资增长 17.2%，西部地区投资增长 17.2%。全年全国房地产开发投资同比名义增长 10.5%，增速比 1 ~ 11 月份回落 1.4 个百分点。

（四）对外贸易尚未完全企稳

2014 年，进出口总额以人民币计价同比增长 2.3%，其中，出口增长 4.9%；进

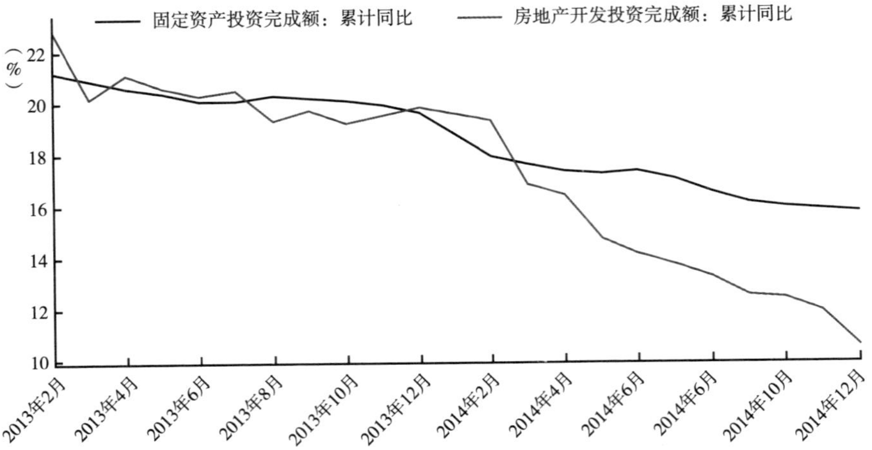

图 3　固定资产投资和房地产开发投资累计同比增速

资料来源：Wind 资讯。

口下降 0.6%，顺差 23489 亿人民币。当前世界经济复苏乏力，低速增长态势还没有根本改变，特别是近期新兴经济体金融市场动荡加剧，我国进出口面临的困难和压力仍然不小。但是，随着发达经济体经济复苏势头的增强、我国外贸转型升级步伐的加快和我国出口促进政策的逐步见效，2015 年一季度全国出口有望企稳回升。

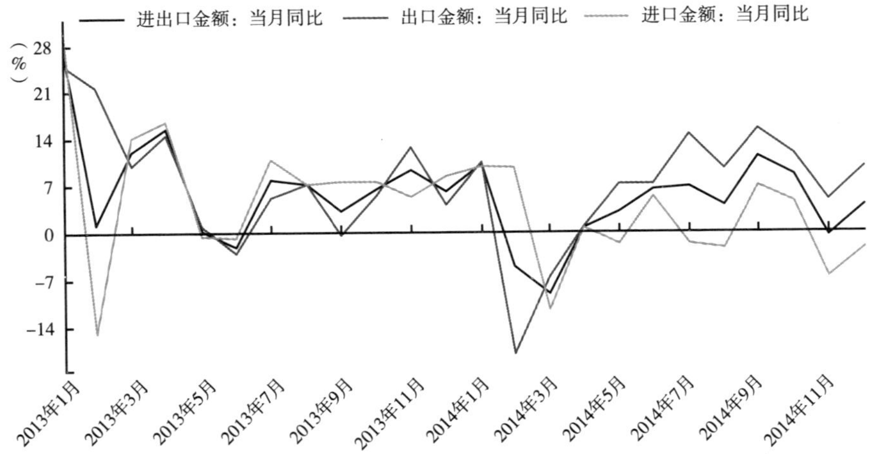

图 4　进出口金额、出口金额、进口金额同比增速

资料来源：Wind 资讯。

（五）就业形势保持稳定

2014 年我国经济增速回落，但并未影响就业市场的相对稳定。年末，全国就业人员 77253 万人，比上年末增加 276 万人，其中城镇就业人员 39310 万人，比上年末增加 1070 万人。三季度末城镇登记失业率为 4.07%，与 2013 年年末城镇登记失业率 4.05% 基本持平。2014 年我国就业市场呈现如下两大特点。

一是第三产业吸纳劳动力的能力不断增强。第三产业投资增长较快，吸纳就业人数较多，发挥了就业“吸纳器”和“稳定器”作用。尤其是一些劳动密集型的现代服务业增加就业的作用非常明显。2014 年，我国第三产业的同比增长速度高于第一产业、第二产业的增速，有力地带动了就业。2014 年的情况显示，现代服务业发展最快的是物流、快递等劳动力需求较大的行业，未来信息、金融等行业的劳动力需求也会越来越大。

二是我国劳动力市场供求关系发生了新的变化。近两年，我国 15 ~ 59 岁劳动力资源的数量，不只是比重在下降，而且绝对量也在减少。2012 年，国家统计局公布了 15 ~ 59 岁劳动力资源的数量，2012 年首次净减少 345 万人。2013 年，国家统计局继续公布了劳动力资源的数量，但把口径改成 16 ~ 59 岁的劳动力资源数量，全年减少了 244 万人。2014 年以来，劳动力资源数量受人口结构变动的影响继续有所减少，全年比上年末减少 371 万人，这意味着从供给的角度来讲，劳动力资源结构正在发生深刻的变化，就业的压力不断缓解。就业形势总体稳定并转向趋好，是我国经济到了新的发展阶段表现出来的一种新常态，因为劳动力结构的变化会直接推动经济结构的调整和发展方式的转型。从这个角度来看，尽管经济持续下滑对就业带来一定的压力，但是考虑到供求结构、产业结构这些深刻的变化，整个经济对就业的承载能力是在加强的，对承受失业压力的弹性是在增加的，就业形势将不断改善。

（六）物价总水平呈回落趋势

2014 年，居民消费价格 CPI 同比上涨 2%，涨幅比 2013 年回落 0.6 个百分点；其中，城市上涨 2.1%，农村上涨 1.8%。值得关注的是，2014 年 9 月 CPI 同比上涨 1.6%，重返“1 时代”，创 2010 年 1 月以来的 56 个月低点，之后连续四个月在 2% 以下运行。工业生产者出厂价格 PPI 同比下降 1.9%，12 月份同比下降 3.3%，环比下降 0.6%；工业生产者购进价格 PPIRM 同比下降 2.2%，9 月份同比下降 4.0%，环比下降 0.8%。工业品全面通缩局面愈演愈烈。

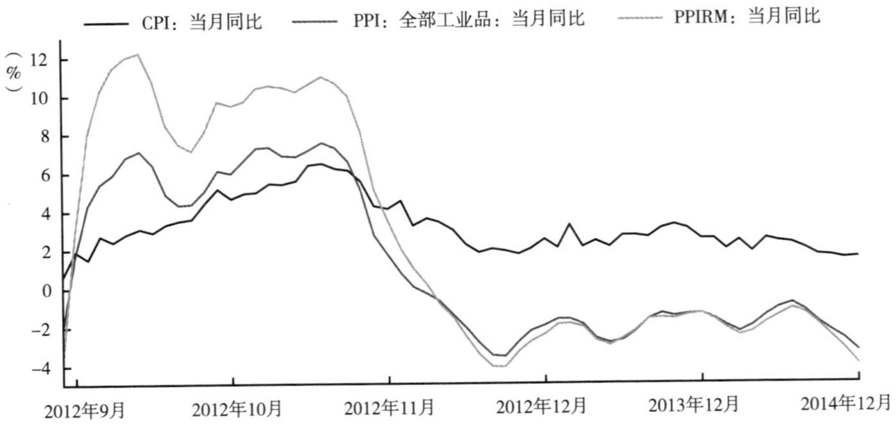

图5　居民消费者价格、工业生产者出厂价格和工业生产者购进价格变动情况

资料来源：Wind资讯。

（七）货币信贷增势平稳

2014年央行继续实施稳健的货币政策，保持货币信贷总量合理适度增长。12月末，广义货币（M2）余额122.84万亿元，同比增长12.2%，增速分别比上月末和2013年同期低0.4个和2.0个百分点；狭义货币（M1）余额34.81万亿元，同比增长3.2%，增速与上月末持平，比2013年同期低6.2个百分点；流通中货币（M0）余额6.03万亿元，同比增长2.9%。全年人民币贷款增加9.78万亿元，人民币存款增加9.48万亿元，社会融资规模为16.46万亿元，比2013年同期少8598亿元。

二　中国经济与世界经济的互联互动不断深化

针对世界经济的深刻变革局面，习近平总书记在2014年11月底举行的中央外事工作会议上深刻地指出，我国已经进入实现中华民族伟大复兴的关键阶段。中国与世界的关系在发生深刻变化，我国同国际社会的互联互动也已变得空前紧密，我国对世界的依靠、对国际事务的参与在不断加深，世界对我国的依靠、对我国的影响也在不断加深。我们观察和规划改革发展，必须统筹考虑和综合运用国际国内两个市场、国际国内两种资源、国际国内两类规则。

观察中国经济与世界经济的互联互动，可从战略、商品与资本、价格以及政策等四个方面加以深入分析。

（一）战略的互联互动：以“一带一路”战略和自由贸易区战略为代表的国家战略与世界经济的互动蓬勃应起、方兴未艾

1. “一带一路”战略是构建开放型经济新体制的重要举措

“丝绸之路经济带”和 21 世纪“海上丝绸之路”建设作为重要的国家发展战略，二者共同构成中国面向西部亚欧大陆以及国土以东和以南广阔海洋寻求发展空间的两大战略支撑，一个着眼于加快向西开放，一个着眼于建设海上强国，这是一个中华民族自古至今从未有过的雄心勃勃的宏大战略，而且是一个外向的、开放的战略。

“一带一路”战略的提出，是中国适应经济全球化新形势、扩大同各国各地区利益汇合点的重大战略，是构建开放型经济新体制的重要举措，它顺应了时代要求和各国加快发展的愿望，提供了一个包容性巨大的发展平台，具有深厚的历史渊源和人文基础，能够把快速发展的中国经济同沿线国家的利益结合起来，有利于中国与相关国家和地区实现共享机遇、共同发展、共同繁荣。这一战略构想体现了在坚持全球经济开放、自由、合作主旨下，促进世界经济繁荣的新理念，也揭示了中国和亚洲经济合作进程中惠及其他区域、带动相关区域经济一体化进程的新思路，更是中国站在全球经济繁荣的战略高度，推进中国与亚洲乃至欧洲和非洲合作跨区域效应的新举措。

“一带一路”既秉承厚重的历史文化，与古老的丝绸之路一脉相承，延续与沿线国家和地区的传统友谊，又着眼于续写现代文明，兼顾国际与国内两方面的战略需求，高举和平发展大旗，坚持团结互信、平等互利、包容互鉴、合作共赢的核心价值理念，以改革创新为动力，以沿线国家和地区相互开放、互利共赢为根本宗旨，以“政策沟通、设施联通、贸易畅通、资金流通和民心相通”为核心内容，以基础设施互联互通为关键和抓手，以重点国别、重点园区、重点项目开发开放为先导和重点，以人文交流为纽带，循序渐进，重点突破，最终将“一带一路”打造成与沿线国家和地区的利益共同体、命运共同体和责任共同体的普惠经济带与和平合作之路，再现“丝绸之路”曾经的繁荣与辉煌，实现中华民族伟大复兴的中国梦，维护世界和平稳定，促进共同发展。

一方面，在继续推进沿海更高层次开放的同时，推进内陆和沿边开放，提高对外开放水平、拓展开放深度与广度，形成沿海开放和内陆、沿边开放相互协调、相互带动的对外开放新格局，以开发促开放，以开放促改革，以改革求发

展，为中华民族争取更为长远和更为广阔的生存和发展空间。

另一方面，在“五通”的基础上，努力做好经略周边各项工作，推进贸易投资便利化、深化经济技术合作与交流，建立亚太自由贸易区，打造与沿线国家和地区的命运共同体，拓展中国发展的战略纵深和回旋余地。要充分展现中国作为负责任大国的胸怀与担当、与世界经济互荣共进发展的坚定决心，表明我国将与沿线国家和地区展开外部协同，承担大国责任，打造新的国际版图。

也就是说，中国的战略意图并不局限于用世界、地区的资源服务于当前中国的发展，而是着眼于中华民族的长远利益，在更高层次上与沿线国家打造命运共同体，在坚持市场经济驱动、秉持自由贸易原则的基础上，继续推动全球市场的开放和生产要素的自由流动和增长。特别是，为更好地推动“一带一路”战略的实施，中国还发起并同一些沿线国家和地区合作建立亚洲基础设施投资银行，以便为“一带一路”沿线国家和地区的基础设施建设提供资金支持，促进经济合作；而设立丝路基金则是要利用中国资金实力直接支持“一带一路”建设。

2. 自由贸易区战略是我国新一轮对外开放的重要内容，是积极运筹对外关系、实现对外战略目标的重要手段，是积极参与国际经贸规则制定、争取全球经济治理制度性权利的重要平台

如果说“一带一路”战略更侧重于“硬件”方面的互联互通，侧重于以基础设施为先导和核心促进沿线国家实现“五通”；那么，自贸区战略则偏重于“软件”方面的互联互通，侧重于以降低贸易门槛、提升贸易投资便利化和自由化程度来加快区域内的经济一体化进程。

习近平总书记指出，加快实施自由贸易区战略，是我国新一轮对外开放的重要内容，是积极运筹对外关系、实现对外战略目标的重要手段，是积极参与国际经贸规则制定、争取全球经济治理制度性权利的重要平台，我们不能当旁观者、跟随者，而要做参与者、引领者。

之所以说是重要内容，是因为自由贸易区战略不仅仅是传统上零关税和零配额的概念，它更包含贸易和投资自由化、便利化，金融服务业更加开放以及政府监管制度的不断完善等丰富内涵，是一个国家经济体系全方位开放和深度融入全球化进程的重要标志。加快实施自由贸易区战略，有助于我们在新时期更好地“统筹考虑和综合运用国际国内两个市场、国际国内两种资源、国际国内两类规则”。

之所以说是重要手段，是因为自由贸易区战略因其内涵丰富并且符合世界经济发展的潮流，它已日益成为当前国际经贸领域的一项成熟制度安排。加快实施自由贸易区战略，有助于我们积极运筹对外关系，实现对外战略目标。

之所以说是重要平台，是因为自由贸易区战略作为一项区域贸易安排，是驱动经济全球化向前发展的两个轮子之一。在当前多边贸易体制突破陷入僵局、停滞不前的背景下，加快实施自由贸易区战略就显得尤为重要，它有助于增强我国国际竞争力，有助于在国际经贸规则制定和争取全球经济治理制度性权利中发出更多中国声音、注入更多中国元素、体现更多中国利益。

当前是中国加快实施自由贸易区战略的有利时机，“机者如神，难遇易失”。就国际环境而言，世界经济进入深度转型调整期、第三次工业革命处于孕育期和服务经济时代来临为中国经济转型升级提供了难得的机遇，有利于培育我国经济发展的新优势；就国内形势来看，经过多年经济发展和不断深化改革，我国经济正逐步迈入新常态，而要寻找新的发展动力，妥善应对我国经济社会发展中面临的困难和挑战，就必须进一步扩大对外开放，必须统筹考虑和综合运用国际国内两个市场、两种资源和两类规则，实现要素资源更加优化配置。

近年来，欧美等西方国家积极倡导和推进 TPP（跨太平洋伙伴关系协议）、TTIP（跨大西洋贸易与投资伙伴协定）、TISA（服务贸易协定）等新自由贸易协定，进一步加大了我国对外开放的差距，使我国深化对外开放、发展开放型经济面临严峻挑战。未来我们只有以更加开放的心态把握全球的资源，把握全球的需求，把握全球的人才，才能在全球化的过程中实现合作共赢，才能有效地“反制”与“平衡”TPP、TTIP 和 TISA。

（二）商品和资本的互联互动：包含对外贸易、利用外资、对外投资、跨境资本流动等在内的对外开放新格局和开放型经济新体制已经初步确立

2014 年 12 月初召开的中央经济工作会议用“三个平衡”重新定位了我国对外开放格局。会议提出，面对当前对外开放出现的新特点，必须更加积极地促进内需和外需平衡、进口和出口平衡、引进外资和对外投资平衡，逐步实现国际收支基本平衡，构建开放型经济新体制。

众所周知，2014 年的世界经济仍处在国际金融危机后的深度调整期，2015 年世界经济增速可能会略有回升，但总体复苏疲弱态势难有明显改观，全球总需

求不振，我国低成本比较优势也发生了转化，同时我国出口竞争优势依然存在，高水平引进来、大规模走出去正在同步发生。基于此，中国与世界经济在商品和资本方面的互联互动将呈现诸多新的特点。

1. 对外贸易低速增长将是常态

回顾过去的几年，2012 年我国外贸增速仅为 6.2%，远低于当年初确定的 10% 的目标；2013 年我国对外货物贸易突破 4 万亿美元大关，超过美国成为世界第一，但 7.6% 的增速仍然低于 8% 的增长目标；2014 年，进出口增速同比增长仅为 2.3%，远远低于 7.5% 的预期目标，连续三年未完成外贸目标。尽管 2.3% 这一数字仍是全球贸易增长的一个亮点，比很多主要国家贸易增长速度快，但也显示出，国际经济形势依然严峻，中国外贸形势并不乐观。

对于 2015 年，鉴于全球经济增速低迷是大概率事件，中国外贸低速增长、出口个位数增长将是常态。一方面，美国消费回暖带动经济强劲复苏，欧元区继续加码宽松政策、助力内需稳定，发达经济体终端需求有所恢复，有助于提振全球贸易。根据 IMF 的预测，2014、2015 年全球贸易分别增长 3.8% 和 4.9%，尽管显著低于危机前平均的 7.3%，但较 2012 和 2013 年 3% 左右的增速有显著的回升。另一方面，2015 年主要经济体货币方向性背离将继续加大，人民币对美元将保持相对稳定，而对日元、欧元等主要货币则会“被动”升值，加权平均计算的实际有效汇率将进一步上升，从而削弱我国外贸部门的竞争力，将对中国出口构成下行风险。在上述两方面相反力量的影响下，2015 年中国总体出口增速和进出口增速都将较 2014 年有所回落。

2. 利用外资的环境将有所恶化

从绝对额来看，我国利用外资规模连续 23 年保持发展中国家首位，非金融类对外直接投资保持较快增长，即将迎来双向投资的首次平衡。但 2014 年利用外资的环境严峻，曾经连续 4 个月利用外资呈负增长。据商务部数据，2014 年中国利用外资 1195.7 亿美元，同比增长了 1.7%。当然，这是在全球外资普遍收缩、撤离的大背景下发生的，横向比较，中国的成绩并不算差：欧盟 2014 年上半年利用外资下降 32%，俄罗斯下降 50%，巴西下降 2%，美国也是负数。展望 2015 年，随着中国经济增速继续温和回落，外资对中国经济长期发展的信心仍将呈现微妙的变化，利用外资环境难有根本改善。

3. 年度对外投资总量将历史性超过利用外资

2014 年，中国境内投资者累计实现对外投资 1160 亿美元，同比增长

15.5%。对比其他主要发达国家，美国对外投资下降了 27%，日本对外投资下降 22.9%，中国无疑是 2014 年国际跨国投资中的一个亮点。中国对外投资金额占外汇储备比例较低，2014 年年底外汇储备余额 3.84 万亿美元，是全球第一外储大国，但对外投资累计净额（2013 年数据为 6604.8 亿美元，全球第 11 位）占外汇储备余额比例仅为 16.98%。外汇储备余额大及对外投资存量小，显示中国未来对外投资空间巨大。定调 2015 年中国宏观经济政策的中央经济工作会议明确指出，目前中国“高水平引进来、大规模走出去”正在同步发生，要更加积极地促进引进外资和对外投资平衡。

4. 影响跨境资本流动的因素日趋多样化、复杂化

就我国跨境资本流动而言，2014 年呈现两个较为明显的背离①：一是贸易顺差与外汇储备增长相背离。2014 年二、三季度，海关统计的外贸进出口顺差合计达 2144 亿美元，同比增长 69%，同期国际收支口径的外汇储备资产（剔除了汇率和资产价格变动的估值效应影响）仅增加了 224 亿美元，同比少增 85%。二是本外币利差与跨境资金流向相背离。上述两个“明显背离”表明，影响我国跨境资本流动的因素正日趋多样化、复杂化。除传统的贸易、利差因素外，其他国内外经济基本面因素也为市场日益关注，进而影响市场主体的风险偏好和财务运作。与此同时，境内外汇市场的多重均衡特征更加凸显，在进出口顺差和本外币正利差的给定条件下，外汇市场既可能供大于求，也可能供不应求，跨境资本流动的波动性加大。

在影响 2015 年我国国际收支运行的因素中，一方面，我国将继续保持较大规模的外贸进出口顺差，人民币将继续维持对美元、欧元、日元等主要国际货币的正利差，我国经济增长速度将维持在世界主要经济体中的较高水平；另一方面，国内经济运行、人民币汇率走势、财政金融风险释放、货币政策调整以及世界经济与货币政策分化程度等因素较不确定。可以预见，在经常项目继续顺差的格局下，2015 年我国跨境资本流动的双向波动将更为频繁：当境内外因素偏多时，跨境资本大量流入，境内市场外汇供大于求，且供求缺口可能超过贸易顺差；当境内或境外因素偏空，尤其是境内外偏空因素叠加时，跨境资本流出压力加大，境内市场外汇供求趋向基本平衡，供求缺口小于贸易顺差，甚至有可能出现外汇供不应求。

---

① 管涛：《迎接跨境资本双向冲击的挑战》，《上海证券报》2014 年 12 月 25 日。

（三）价格的互联互动：货币的对内价格（物价）和对外价格（汇率）的影响因素与形成机制愈加复杂多样，且与国际市场的互联互动愈加深入多变

1. 国际大宗商品价格下跌将引致国内输入性通缩

自2014年下半年以来，以原油为代表的全球大宗商品市场开始快速下跌，一片萧条。无论是谷物、黄金、煤炭，还是棉花都难以独善其身，尤其是原油、铁矿石这两种全球最大宗的产品，更是在半年时间内普遍走弱，上演了“断崖式”下跌且呈现“跌跌不休”之势，此番景象与本世纪初由新兴经济体飞速发展带来的长期繁荣形成了鲜明对比。

以国际原油为例，三大因素的叠加不断给油价施压，使纽约WTI和北海布伦特原油期货价格再度跌至六年来低位：一是尽管美国经济持续复苏，但欧洲、日本以及广大发展中国家的经济状况并不理想，全球经济整体复苏放缓导致需求端乏力，供需面失衡引发价格回落；二是随着美国页岩技术、生物技术和深海技术日趋成熟，能源供应的革命性突破加上石油输出国组织（欧佩克，OPEC）并未采取任何减产保价的措施，让全球原油供大于需的局势持续；三是美联储如期结束QE并释放出2015年年中将首次加息的信号，使得美元长期走势更加稳固，美元的坚挺以及美债利率的上升，给以美元计价的原油造成直接影响。其他大宗商品的走势及其影响因素与原油类似。

从影响2014年大宗商品下跌的诸多因素来看，美联储退出QE并将进入加息周期将使美元持续走强，俄罗斯、乌克兰、伊朗、巴基斯坦等地缘政治紧张局势依旧，全球需求放缓使中国、欧洲、日本等主要经济体都将实行较为宽松的货币政策，以及美国页岩油发展等，短期内都很难出现重大改变，2015年仍将影响大宗商品市场的走势，这也就决定了大宗商品将继续处于低价状态，在低位徘徊，反弹空间不大。

国际大宗商品价格持续大幅下跌对中国的直接影响是，将全球通缩风险输入至国内，它将直接影响到国内包括成品油、铁矿石、金属在内的上游原材料价格，进而影响PPI采掘、化工类工业价格以及CPI交通类的燃料价格、居住类的水电燃气价格的调整。经济运行成本下降会降低CPI上升压力，特别是油价快速下跌可能进一步加剧中国经济通缩的风险。从中长期来看，原油暴跌对国内能源结构调整也是弊大于利，低油价使其他替代能源如页岩气、煤层气、太阳能、风

图6　国际原油价格走势

资料来源：Wind资讯。

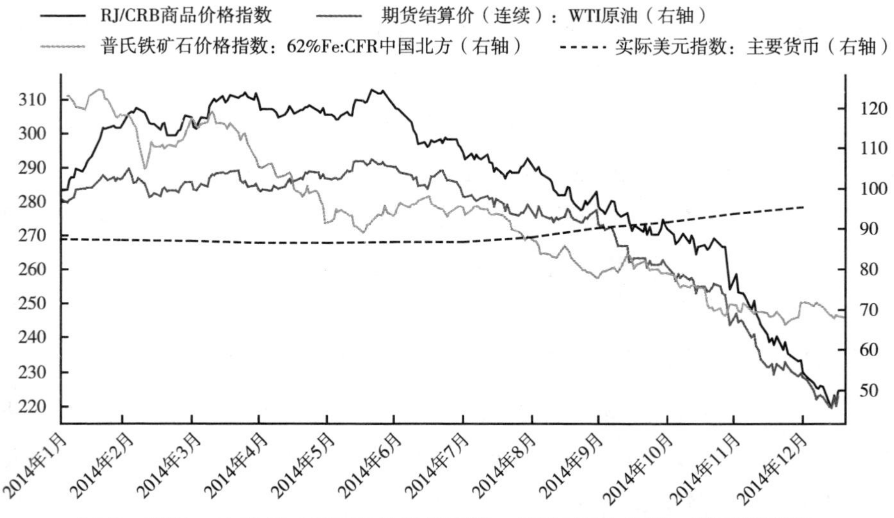

图7　路透－杰弗逊CRB商品价格指数、WTI原油价格、普氏铁矿石价格指数、实际美元指数

资料来源：Wind资讯。

能的开发利用缺乏动力。

当然，作为工业血液，国际油价大幅下跌对国内宏观经济也有利好的一面，航运、物流、汽车工业直接受益，与石油相关的化工、塑料、服装、化肥等产业成本降低。从国际趋势看，国际地缘局势也将改变，原油生产国和进口国之间的利益将重新分配，各国围绕能源、资源价格波动所展开的各种政治、军事及经济博弈也将愈演愈烈。

2. 人民币双向浮动的空间和弹性将进一步加大

与货币对内价格的剧烈波动相比，货币对外价格的起伏升降一样是触目惊心。

2014 年下半年开始，受全球原油价格持续下跌和美元走强的直接影响，俄罗斯卢布出现大幅贬值，在年底俄罗斯甚至发起了“卢布保卫战”。卢布危机带动新兴市场货币出现震荡，巴西、土耳其和印度尼西亚等国货币兑美元汇率剧烈贬值。12 月上旬，摩根大通新兴市场货币指数刷新了自 2000 年以来的最低纪录。从新兴市场经济体来看，俄罗斯、巴西、南非等国家的经济形势令人担忧，加之全球大宗商品市场持续处于熊市，这些经济体货币持续贬值。此外，美国经济持续复苏，美联储退出量化宽松，以及对美联储将于 2015 年加息的预期，是新兴市场国家货币大跌的另一大原因。在货币动荡的同时，资本流出的趋势加剧。

与之形成鲜明对比的是，2014 年年底至 2015 年年初，随着美联储加息预期的升温，美元指数“一枝独秀”，创下近八年半以来的新高。统计数据显示，2014 年下半年以来，美元指数已经累计上涨超过 10%，这在过去 17 年间是绝无仅有的，而推动美元汇率持续上涨的动力则来自其表现良好的经济基本面。与此同时，一场大规模的资本迁徙由此展开，资本持续从新兴市场回流美国。鉴于目前美国经济复苏整体良好，国际资本回流美国，市场对 2015 年美联储加息预期升温，这将支撑美元继续走强，预计明年美元指数将稳步提升。同时，欧元、日元兑美元将进一步贬值。

在新兴市场货币动荡的同时，人民币汇率也一改此前数月的稳步升值趋势，在 2014 年年底出现了明显贬值。其原因主要有：国际市场对中国经济的短期增长前景依旧不太乐观；中国经济对外投资的规模呈上升趋势，资本账户有可能出现多年来的第一次逆差；美国货币政策的收紧、美元走强也导致人民币汇率存在贬值压力。

当前汇率的贬值有一定的阶段性，但不具备长期性。人民币已经接近均衡汇率，不会大幅度贬值，而且央行有足够的能力来保持人民币币值的稳定。展望 2015 年，美元强势、中国经济继续减速换挡、中美利差收窄等因素将给予人民币贬值空间；而人民币市场化及国际化的内在要求以及外部政治压力，使得人民币双向浮动的空间和弹性可能会加大，而且有可能出现人民币兑美元先抑后扬的走势，未来人民币对美元在 6 ~6.5 区间内波动的可能性较大。

（四）政策的互联互动：发达经济体与新兴经济体复苏节奏、复苏力度的不一致，导致我货币政策的独立性受到影响、国际协调难度加大

1. 发达经济体复苏分化，新兴经济体调整仍未结束

2014 年以来，全球经济增长继续分化，多层次复苏趋势更加明显。在发达经济体中，美英经济复苏形势向好，特别是美国经济增长在三季度表现尤为抢眼，而欧洲和日本的经济增长形势则面临巨大挑战，依旧摆脱不了陷入衰退的窘境。新兴经济体总体增长率均有下滑，除中国仍保持中高速增长之外，俄罗斯和巴西等国经济放缓形势明显。在这一大背景下，各主要经济体央行的货币政策走向亦出现明显分化。美联储正式结束量化宽松政策，率先开启了货币政策正常化的大幕，但是在启动加息的具体时点上仍然十分谨慎；同时，由于经济增长陷入困境，欧洲央行正在酝酿推出欧版量化宽松措施，日本央行也在进一步放宽货币政策，表现为质化兼量化宽松（QQE）。

就发达国家而言，货币政策仍将维持宽松。金融危机以后，发达国家普遍推行了极为宽松的货币政策措施，基准利率几乎都维持在历史低点，美联储、英国央行和日本央行均推出了量化宽松政策提振经济。随着经济复苏的分化，发达经济体货币政策的差异也更加明显，美英等发达国家开始货币政策的正常化，美国 2014 年已经正式结束量化宽松政策，英国央行也在考虑何时进行首次加息，但欧洲和日本的经济困境令其仍在进一步放宽货币政策。由于全球经济增长尚未获得持续动能，目前看来 2015 年全球各主要央行在收紧货币政策方面都将十分谨慎，以呵护经济增势。

对于新兴经济体，调整仍未结束。2014 年新兴经济体经济总体增长率均有下滑，不少央行的货币政策均呈宽松趋势。在大多数新兴市场，国际油价的下滑减缓了通胀压力，为各国央行在保持宽松的货币政策方面提供了更多空间。但由于新兴经济体面临金融市场动荡和通胀率居高不下等更多不确定因素，其央行的货币政策走向往往具备更多不确定性。金融危机以来，发达经济体的宽松货币政策立场一直在持续影响新兴经济体的金融市场。大量资金从发达经济体流向新兴经济体，推高了其资产价格和债务规模。随着美联储表态收紧货币政策，2014 年新兴经济体金融市场两度遭到抛售，遭遇大幅动荡。如果美联储 2015 年转向实质性加息，将可能给新兴市场造成非常负面的影响，新兴市场将再次面临

挑战。

展望2015年，世界经济将继续延续复苏态势，但难以有大的改善。考虑到美国经济增长强劲，各机构普遍预计2015年全球经济增长将继续保持复苏态势，增速较2014年有所提高。国际货币基金组织（IMF）预测2015年全球经济增长3.5%，较今年提高0.5个百分点。

但同时也要充分估计一些不利因素和风险隐患：国际贸易保护主义不断抬头，主要发达经济体宏观政策分化和转换带来的冲击，地缘政治形势更加动荡，等等。因此，发达经济体经济增长总体仍较为疲软，短期内难以真正走出低谷；供给方面的制约因素和金融条件的收紧对一些主要新兴市场经济体经济增长造成的不利影响可能持续更长时间，2015年世界经济仍只是边际上的改善。

2. 全球货币政策的调整与变化对新常态下我国经济运行和宏观政策的影响

综合来看，2015年全球政策宽松仍是主流，流动性盛宴仍将难以结束。全球货币政策的调整与变化，仍将对我国新常态下经济运行和宏观政策产生直接影响。

一方面，美联储退出量化宽松，货币政策取向已发生根本转变，这一转变将带来美元升值以及后续一系列重大影响：美元升值已导致全球大宗商品价格尤其是能源商品价格大幅下跌；美国经济强劲上升，将对全球经济带来新的驱动力，带动全球经济好转；大宗商品价格下跌，全球通胀压力大大减轻，而通缩阴影则日益加大，并将向全球输出，中国作为能源资源进口大国，自然首当其冲；美元升值使美国的进口能力大幅增强，从而使全球很多国家出口面临的外部环境好转，外部需求得以改善；美元升值也使全球资本加速向美国回流，这对包括中国在内的新兴经济体影响深远，资本持续流出将加剧宏观经济的波动性。

另一方面，因日本经济近年一直有反复，欧洲经济虽然已经走出谷底，但复苏的劲头不够强劲，在这种情况下，日本央行、欧洲央行仍然执行量化宽松的货币政策，以图继续刺激经济复苏。这类政策会产生更大的流动性效应，其外溢效应对中国来讲更多的是正面影响。

因此，在全球货币仍处普遍宽松的背景下，为完成国内稳增长、调结构、促改革、惠民生等艰巨任务，国内货币政策逐步转向适度宽松将不可避免。与此同时，货币政策还要时刻盯住通货膨胀，防止资产价格泡沫再起和过剩产能、僵尸企业死灰复燃。为在多重目标之间寻求平衡，要求2015年中国的货币政策更加灵活前瞻、更加松紧适度、更加富有效率。总之，发达经济体与新兴经济体复苏节奏、复苏力度的不一致，必然导致各个经济体宏观政策的独立性受到影响，国际协调难度加大。

三　认识、适应和引领“新常态”，综合运用好国际国内两个市场、两种资源和两类规则，保持中国经济稳定增长

（一）激发有效需求和供给，进一步挖掘和释放内需潜力

1. 加快落实收入分配改革指导意见，尽快出台收入分配体制改革实施细则

切实提高居民收入在国民收入中的比重，提高劳动报酬占初次分配中的比重，从根本上理顺居民、企业和政府之间收入分配关系。做强做大做活资本市场，增加城乡居民财产性收入，释放财富效应。着力推进农村土地制度改革，增加农民财产性收入。结合收入分配体制改革，加快建立合理的公务员工资增长机制，加快实施事业单位绩效工资，改革科研经费管理办法，适度提高个人所得税起征点。

2. 改善消费条件和消费环境，挖掘消费增长潜力，促进消费平稳增长

大力推进住房、医疗、养老等福利保障制度改革，消除居民消费的后顾之忧。大力培育电子信息消费、环保消费、农村服务消费、绿色循环消费和社区消费等新的消费增长点，推进技术进步，开发各种新产品和新服务，为消费者提供丰富多彩的可选择的消费品。降低部分传统意义上的“奢侈品”关税，如高档饰品、化妆品、品牌服装、电子消费产品、进口奶粉等，缩小高档消费品境内外价差，将部分海外“奢侈品”消费者吸引回国内消费。适应当前网购和其他电子商务快速发展的需要，加快推进跨境贸易电子商务服务试点工作，把加强口岸监管和促进电子商务健康发展紧密结合起来，创造新的消费领域。加大对首次购房者的信贷与税收优惠，适当放宽二套房贷款政策，促进合理的住房消费。

3. 加大公共服务投资，不断扩大有效供给，积极培育有效需求，防止投资大幅滑坡

加大城市基本公共服务和基础设施的投资力度，着重改善城市地下管网、给排水、城市道路、停车场以及城市轨道交通、高速铁路、城际铁路等基础设施，提高义务教育、基本医疗和公共卫生、养老康复方面的投资。加大节能环保领域的投资，实施重大生态修复工程，推进河道及大气污染、荒漠化、石漠化综合治

理；加快建设城市污水、垃圾处理设施，允许一定规模以上的城市建设集中供暖设施；支持节能低碳产业发展，加大对新能源和可再生能源包括核电、生物能源及煤层气、页岩气等非常规能源发展的支持；抓紧完善节能环保产品优先采购和强制采购制度，加大政府采购力度，扩大节能环保产品消费。

（二）积极构建开放型经济新体制

1. 更加重视稳定外需市场

提升出口产品附加值，促进从组装加工为主向研发、设计等价值链高端延伸。大力发展服务外包，提高服务贸易的技术含量和附加值，有序推进服务业市场开放。推动商品和服务贸易自由化。鼓励企业积极拓展国际市场，尤其是潜力巨大的新兴市场。

2. 进一步放宽外资准入，进一步实施对外开放

上海自贸区实施一年的成功经验应尽快在全国推广落地。同时，在扩大开放方面，加快推进与美国的双边投资协定（BIT）谈判，引入负面清单制度，以便让更多的外资进入。

3. 扎实推进“一带一路”战略的实施，先易后难，循序渐进；分类施策，重点突破

从优先合作领域来看，应聚焦于以下七个方面：交通基础设施互联互通，贸易与投资，能源资源，金融，生态环境保护，海上合作领域，以及软性的科技、教育、文化、卫生和旅游等人文领域。初始阶段要注重加强低敏感领域的合作，强调早期收获特别是近一两年的收获。从重点合作地区来看，应由近到远，突出重点，从与我经济往来密切、经济利益关联度大的相关国家开始，以加强双边合作为切入点，逐步建立若干巩固的全面战略伙伴关系。对于陆上“一带”，中亚地区的俄罗斯、哈萨克斯坦、乌兹别克斯坦、吉尔吉斯斯坦、塔吉克斯坦等上海合作组织成员国以及土库曼斯坦是重点和优先。对于海上“一路”，在布局和起步阶段，印度尼西亚、越南、缅甸和马来西亚应作为东南亚地区的重点国家，巴基斯坦、斯里兰卡、孟加拉和印度应作为南亚地区的重点国家。

4. 统筹双边、多边、区域次区域开放合作，加快实施自由贸易区战略，推动同周边国家互联互通，提高抵御国际经济风险能力

短期来看，我国加快实施自由贸易区战略的突破口主要有两个：一是结合正在推动的“一带一路”战略，积极同“一带一路”沿线国家和地区商建自由贸易区；二是加快落实 APEC 北京会议达成的共识，积极推动建立亚太自贸区（FTAAP），努力获得印度和俄罗斯的支持，并积极与美国沟通，共同推动 FTAAP 谈判，形成世界最大的区域贸易协定，逐步提高参与国际贸易规则制订的能力和水平。此外，还要支持在有条件的国家设立境外经贸合作区、跨境经济合作区等多种形式的经济园区，鼓励国内企业到周边国家开展投资合作。

（三）以“新常态”下新的政策框架来应对复杂多变的国际国内形势

1. 积极调整宏观经济政策，实施更加积极、更有力度的财政政策，执行稳中偏松、更有效率、更加灵活的货币政策

为适应中国经济正在向新常态的演进和过渡，当前的宏观政策也需要有新的政策框架和政策调整，宏观调控理念和思路的创新也要成为新常态。必须着眼于经济下行压力仍然较大的严峻现实，重视稳定经济增长的短期和中长期预期，主动作为，统筹施策，精准发力，及时采取一些新的调控思路和异于往常的举措，供给端改革和需求端调节并重，既注重短期稳增长，更着眼于为长远经济发展奠定坚实的基础，提供根本的支撑。

宏观调控应坚持“中线思维，区间管理”，对经济增长、失业率和通货膨胀等分别设置过热和过冷的区间预警指标，每年所确定的经济运行预期目标应该被看做是调控的中线，而非“底线”或“下限”，并在每一个年度进行适当微调。建议 2015 年 GDP 增长目标为 7%，CPI 为 2.0%，PPI 为 -2.0%。只要经济在预期目标上下一定幅度的目标区间内运行，没有触及“上限”和“下限”，就应保持政策稳定，保持战略定力，不应为经济一时波动而采取短期的强刺激政策，应提高对增速放缓的容忍度。这样围绕中线进行调控，会给市场主体更加明确的预期，会使经济运行的合理区间更富弹性，使调控更加主动、灵活，上下都有回旋余地。这是真正“稳增长”的思路和做法，而非疲于奔命“保增长”的被动应付。

2015 年应及时根据经济和金融形势的变化加强流动性管理，通过逆回购、公开市场短期流动性调节工具和常设借贷便利等政策工具，灵活提供流动性，保持全社会流动性总体宽松，保持货币信贷及社会融资规模适度平稳增长，货币供应 M2 增速宜保持在 13% 左右，以使银行间利率维持在合理区间；尽快下调存款准备金率，尤其是要降低服务薄弱领域金融机构的存款准备金率，保持人民币汇

率基本稳定，减少汇率变动对物价的冲击；信贷政策应加大向民生领域、三农、战略性新兴产业、中西部地区倾斜，并不断加强对实体经济、中小企业的金融扶持。

从两大政策工具的协调配合来讲，宏观调控不能光靠货币政策单打独斗，货币政策毕竟还是总量政策，对资金定向流动很难监控，在调结构上效果有限，不宜过于细化定向到具体行业或投资项目。有鉴于此，未来应一改过去名义积极、实际保守的政策基调，结合新一轮税制改革，采取更大力度、更加全面的减税，真正体现财政政策更加积极、更加主动并且更有力度的取向。鉴于国家层面债务率仍旧安全可控，中央政府可考虑适当增加赤字规模至17000亿～19000亿元、提高赤字率至2.6%～2.9%的水平，将企业和地方政府的债务逐步有序地转移到中央政府的资产负债表中，进行全面债务重组。财政政策中还有很多效果很好的结构性工具，应当适时出手，比如：给服务业减税，对战略性新兴产业和小微企业的资本支出以贷款贴息或坏账准备金补贴的方式给予支持，以定向减税、减负、贴息和财政补贴等方面的政策，给实体经济特别是“三农”和小微企业真正的实惠，等等。

2. 加强国际政策协调与合作，寻找新的增长动力，重建国际经济新秩序

面对全球的低增长、高失业、高负债，各方都希望能找到一条道路走出困境。而靠个别国家经济增长无法将全球经济带出困境。目前的问题是，各国均忙于制定自己的经济政策，而主要经济体之间的经济关系则处于割裂状态，政策也缺乏必要的、有效的协调，造成如美英经济增长较好，而日欧经济增长较差。为此，全球各国唯有协力解决地缘政治危机对经济的冲击，防范新的全球金融危机，遏制贫富差距加大，深化全球治理改革，加强国际合作，重新寻找恢复国际经济秩序的新手段，才能共同促进世界经济强劲、可持续、平衡增长。

对这一议题，中国国务院副总理汪洋在第25届中美商贸联委会会议（JCCT）上的一番言论①也表明了中国的基本态度，即中国有足够的意愿和诚意与包括美国在内的国际社会加强国际政策的协调与合作。他指出，中美是全球经济的伙伴，但引领世界的是美国。美国已经主导了体系和规则，中国愿意加入这个体系，也尊重这个规则，希望发挥建设性作用。虽然中国经济总量已经是全世

① 《中美经济伙伴之路越走越宽广——汪洋副总理在中美商业关系论坛上的主旨演讲》，商务部网站。

界第二大，但只有美国的 55%，人均 GDP 只有美国的八分之一。“中国没有想法、也没有能力挑战美国地位”，中国希望在合作中使美国更加了解中国的想法。中国对美国统治全球经济发展和建立世界规则秩序的手段有“清醒的认识”。“我们基本上接受这些规则，并愿意在全球经济结构中发挥建设性作用。这些规则在中国开始改革开放前就已由美国建立。”历史已经证明，冲突与合作都有一定的成本，但合作有更低的成本和更高的收益。只要我们在战略上有加强合作、互利共赢的共识，我们就能更好地管控具体的分歧，解决具体的矛盾，我们就可以成为可持续发展的经济伙伴。

（四）以新一轮财税改革和价格改革为下一步改革的重点和突破口，更好地支持经济增长和结构调整

1. 下决心推进新一轮税制改革，发挥税收在推进国家治理体系和治理能力现代化中的重要作用

财政是国家治理的基础和重要支柱，科学的财税体制是优化资源配置、维护市场统一、促进社会公平、实现国家长治久安的制度保障。2015 年应做好税收制度改革的“加法、减法和混合运算”，加快推出一批改革的新举措，逐步适应经济发展水平的需要，逐渐降低间接税的比重，建立和完善以居民财产、经营行为为课税对象的直接税税制，发挥税收在优化经济结构、理顺经济关系特别是中央与地方关系、提升经济发展素质、抑制地方政府投资冲动、化解社会矛盾、完善收入分配关系中的积极作用，进一步释放生产力，推进国家治理体系和治理能力现代化。

在“加法”方面，建立和完善财产税收体系，尽快启动立法程序，逐步创造条件，同步推进征管能力建设和税制完善，在全国范围内着力推进以免征一定自住面积为前提的房地产税开征，逐步将房地产税培育成地方的主体税种之一；尽快将煤炭及其他非金属矿原矿、铁矿及其他金属矿等具备条件的税目改为从价计征，提高资源税税率并增加覆盖范围，将水、森林、草原、湿地、滩涂等资源一一纳入；对废气、废水、固体废物和噪音等防治任务繁重的污染物开征环境保护税，并逐步将适用范围扩大到其他排放量大的污染物；开征垄断企业利润税和社会保障税，将所得税收充实到社会保障账户中。

在“减法”方面，加大结构性减税力度，适度降低总体税负水平，减轻企业和居民，尤其是现代服务业、小微企业和低收入人群的税负；逐步健全综合和

分类相结合的个人所得税制度，2015 年可将个人所得税起征点进一步提高到 5000 元，同时加大对高收入者的税收调节力度；以促进统一税制、公平税负、公平竞争为着眼点，清理整顿各类以区域和产业政策名义出台的税收优惠，降低非税收入与政府性基金收入占政府总收入比例，清理不够合理、不够规范的收费和政府性基金。

在“混合运算”方面，继续深化增值税转型改革，真正落实消费型增值税，取消增值税地方分成，变共享为中央独享，抑制地方政府投资冲动；稳步扩大增值税征收范围，相应调减营业税等税收，进一步消除重复征税，促进服务业特别是现代服务业发展；适应消费品升级换代加速及节约能源资源的要求，合理调整消费税范围、环节和税率，将部分容易污染环境、大量消耗能源资源的产品等纳入消费税征收范围；完善鼓励创新的企业所得税制度。

2. 抓住当前物价总水平仍处较低水平的有利时机，加快推动各项价格改革

很多人担忧改革会推动物价上涨，但实际上二者并不矛盾，改革不一定必然导致物价上涨。深化改革有助于理顺价格形成机制，促进合理价格体系的形成，有助于促进有效竞争的开展，长期来看反而有助于实现物价的平稳运行。今后我国深化价格改革，应摒弃以调代改的认识，坚持价格杠杆的市场形成机制改革方向，让市场供求关系成为价格决定的基础性和主导性力量，尽可能缩小政府制定和干预价格的范围和程度，真正形成有效反映市场供求关系、企业真实效率、资源稀缺程度、环境损害成本的价格机制。2015 年价格改革重点应围绕以下几个方面来展开。

一是下决心彻底改革现行成品油价格形成机制，实现由政府定价、以调为主的旧机制，向市场定价、以放为主的新机制转变。大力推进石油流通体制改革，取消对进口原油、成品油、天然气的限制。二是分步推进天然气价格形成机制改革，逐步放开非居民用气价格，对居民生活用气建立阶梯价格制度，同时要理顺天然气和可替代能源之间的比价关系，改变进口天然气价格与国内价格倒挂的局面。三是按照“放开两头、监管中间”的思路加快推进电价形成机制，积极推进发电侧和销售侧电价市场化，推动建立独立的输配电价体系，电网企业按政府核定的输配电价收取过网费。四是推动铁路运价改革提速，放开社会资本投资控股的新建铁路客票及运输价格，推动部分铁路货运价格市场化。五是全面放开药品价格，放开大部分医疗服务价格。六是加快改进市政基础设施价格形成、调整和补充机制，完善价格机制，吸引社会投资进入市政基础设施，使经营者能够获得合理收益。实行上下游价格调整联动机制。国家鼓励社会资本投资城镇供水、供热、燃气、污水垃圾处理、建筑垃圾资源化利用和处理等市政基础设施项目。推进水价改革。在实施成本公开、严格成本监审和完善听证制度的基础上，适度调整城市公共供水价格，实施阶梯水价。全面推行污水处理收费制度，按照污染者付费的原则，扩大污水处理收费的征收范围。

（五）激发中国经济中长期持续健康增长的全新动力

1. 重视人力资本的积累，提高人力资本素质，进一步调整和放开生育政策，为中国经济增长提供人力资本红利

要通过加大教育投入、提升教育质量与回报以及培养创新型人才等措施，积极营造人力资本积累的用武之地，不断提高劳动生产率，这才是经济增长的持久动力所在。此外，为补偿人口数量红利的减少，获得新的人口质量红利，应未雨绸缪，采取更加积极的人口政策，尽快调整和完善现有生育政策，尽快实现全国全面放开二胎的目标。

2. 稳步推进混合所有制改革，加大力度鼓励民企进入垄断领域，提升资本回报率，通过制度变革促进自由竞争，提高资源配置效率

未来中国的投资质量和效率的提升仍有较大空间，这就需要以提高资本形成效率为中心，进一步深化投资体制改革，推进融资渠道市场化，建立市场化的企业资本金补充机制，落实负面清单制度，激发民间资本活力，进而提高社会资金形成和配置效率。

3. 实施创新驱动战略，加大科技投入和科技成果应用，提高全要素生产率，让创新成为中国发展的最强音、实现中国经济升级的强大动力

应增强我国自主创新能力，力争在基础科技领域有大的创新，在关键核心技术领域取得大的突破，把科技创新真正落到产业发展上。进一步确立企业在创新中的主体地位，政府要创造促使企业不断创新的环境和体制，严格保护知识产权，形成有利于创新性人才脱颖而出的体制机制。主动融入全球创新网络，形成协同创新和开放创新的新格局。

4. 经济发展全新动力的切换，归根结底要靠以政府改革为核心的全面改革和对内对外更大程度的开放

一方面，要高度重视改革过程中的风险、阻力和不确定性因素，警惕和关注改革停滞甚至回潮的迹象，适当调整各界对于改革的过高预期。另一方面，各级政府、各个部门要真正推动各项改革方案的落实和执行，克服巨大的旧体制惯性与利益集团的阻挠，更加注重改革的系统性、整体性、协同性，以建设法治政府为切入点和突破口，强化法治理念，尊重市场机制，切实转变政府职能，减少政府对经济的直接控制和不当干预。

参考文献

1. 冯飞等：《深化我国价格改革的基本思路与措施》，《中国发展评论》2013 年第 4 期。
2. 管涛：《迎接跨境资本双向冲击的挑战》，《上海证券报》2014 年 12 月 25 日。
3. 张环：《大宗商品“跌跌不休”》，《金融时报》2014 年 12 月 12 日。
4. 王军：《充实政策储备　应对通缩风险》，《中国证券报》2015 年 1 月 14 日。
6. 王军：《通缩风险已成今年中国经济最大威胁》，《上海证券报》2015 年 1 月 14 日。
7. 王军：《税制改革的“加法、减法和混合运算”》，《上海证券报》2015 年 1 月 20 日。
8. 王军：《以新政策框架稳增长》，《财经》2014 年第 21 期。
9. 王军：《适应新常态　寻求新动力》，《中国经贸导刊》2014 年第 7 期上。
10. 王军：《当下能牵住稳增长牛鼻子的两大着力点》，《上海证券报》2014 年 7 月 21 日。
11. 王军：《惠民生是促发展的重要抓手》，《瞭望》2014 年第 28 期。
12. 王军：《凝聚中国经济“新常态”的正能量》，《瞭望》2014 年第 22 期。
13. 王军：《全方位寻找区域发展新动力》，《人民论坛》2014 年 5 月下。

（撰稿人：中国国际经济交流中心副研究员王军）

2014年美国经济形势分析与展望

2014年，是国际金融危机以来美国经济和世界经济发展的一个重要转折点。通过多管齐下的综合治理和短中长期的对外转嫁负担，美国经济终于迎来了发展的拐点，整体向好的迹象十分明显。展望未来，美国经济将继续在波动中复苏，但其负面溢出效应也十分明显，特别是美国量宽退出和加息预期，意味着过去六年，美国三轮量宽造成的世界泡沫平衡被破坏，美元升值和资本、产业回流对广大发展中经济体产生巨大冲击。美国经济去泡沫和发展中国家经济泡沫化形势正发生逆转。美国能否承担起大国责任，考验着美国决策者的智慧。

一 2014年美国量化宽松货币政策有所调整

2014年，美联储不断根据本国经济发展状况适时调整其货币政策，但整体还是维持接近零的超低利率水平和过度宽松的货币政策取向，虽然持续直接向市场注资的措施在10月有所调整。

（一）美国货币政策在宽松前提下开始回调

在前期QE3的强力刺激下，2014年市场对美国经济复苏前景的预期趋好，信贷资金以较低的市场利率更加容易获得，金融市场上房产净值出现上升，为美国经济复苏创造了良好的金融环境。2013年二季度以来，美国消费、商业投资和出口等领域复苏势头呈现加快趋向。2013年6月至2014年1月，美国月均新增就业人口达到17.5万人，失业率由7.5%下降到6.6%，GDP实际增长率达到

3.75%。2013年12月，美国联邦公开市场委员会（FOMC）会议一致认为，当前的量化宽松政策对经济和劳动力市场的积极作用逐渐显现，但失业率仍然较高，通货膨胀率仍然明显低于2%的货币政策目标。因此，联邦公开市场委员会认为，继续保持过度宽松的货币政策是合适的。基于劳动市场的改善，美联储决定逐步削减其资产购买计划，自2014年1月起，每月缩减100亿美元美国国债的购买规模，即从850亿美元缩减至750亿美元。随后又减至550亿美元，再减至350亿美元，7月减少到250亿美元。这标志着美国将以适度节奏退出QE3，宽松货币政策重心将从资产购买逐步向零利率回归。2014年1月，美联储议息会议上提出未来货币政策目标：继续维持原有的联邦基准利率，将通货膨胀率控制在2%以下，失业率控制在6.5%以下①。在2014年上半年的四次会议中，美联储决定每月减少50亿美元的抵押支持证券（MBS）与长期国债。7月份，美联储每月增持的MBS为150亿美元（年初为350亿美元），长期国债的增持改为每月200亿美元（年初为400亿美元），都较年初有了大幅下降②。

2014年全年整体来讲，美国继续执行量化宽松的货币政策，货币供应量曲线整体微幅上行。如图1所示，从美联储2014年货币供给量来看，M1从年初2.68

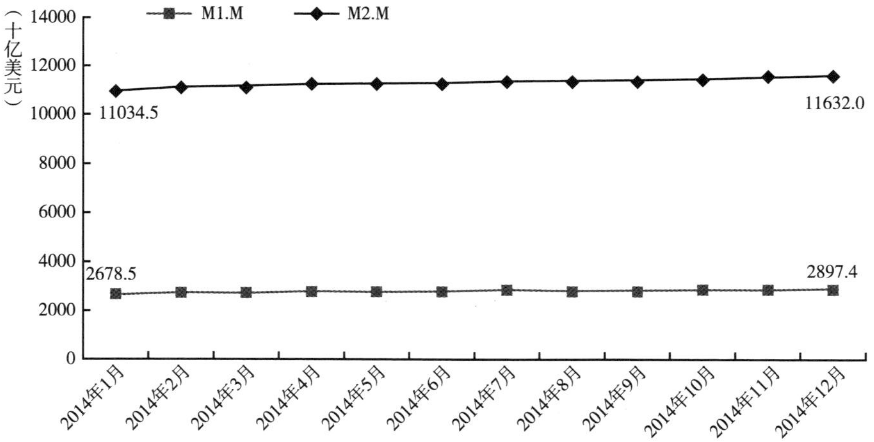

图1　2014年按季度调整后美国M1和M2货币供应量

资料来源：美联储。

① Monetary Policy Report, February 11, 2014.

② Monetary Policy Report, July 15, 2014.

万亿美元增长到年底的 2.897 万亿美元，月均增长率为 0.72%，M2 从年初的 11.03 万亿增长到了年底的 11.63 万亿美元，月均增长率为 0.48%，保持了相对较缓的增长态势。也就是说，虽然向市场注资规模在减少，但还是在注资，货币供应量整体规模还是在持续上升。如表 1 所示，从货币供应量讲，除旅行支票形式存在的货币供应量相对减少、商业银行存款形式存在的货币供应量增加之外，其他形式货币供应量构成相对稳定。

表 1　2014 年按季节调整后的美联储月度 M1 货币供应量的构成

单位：十亿美元

月份	货币供应量	旅行支票	活期存款	其他支票存款		
				在商业银行	在储蓄机构	总计
1	1165.10	3.4	1037.80	258.9	213.2	472.2
2	1171.60	3.4	1071.60	259.7	217.8	477.6
3	1190.60	3.4	1076.40	262.2	216.6	478.8
4	1200.00	3.3	1100.80	259.5	217.5	477.1
5	1206.30	3.3	1101.70	260.0	218.7	478.7
6	1213.00	3.3	1127.20	266.0	219.7	485.7
7	1218.70	3.2	1145.10	266.2	220.5	486.7
8	1223.60	3.2	1095.00	265.7	218.6	484.3
9	1227.00	3.1	1145.40	262.0	217.5	479.5
10	1230.20	3.0	1141.10	260.6	219.5	480.1
11	1239.80	3.0	1128.20	259.7	221.9	481.6
12	1251.20	2.9	1153.70	267.6	221.8	489.5

资料来源：美联储。

2014 年是美国逐步退出量化宽松政策的重要一年，持续了五年的量化宽松政策至此逐步转向结束，美国的货币政策目标开始回归其促进就业、维持物价稳定和适度利率水平的长期政策目标。

（二）美国货币政策调整引发的变化

2014 年，美国继续保持了相对宽松的货币政策，货币供应持续增长，基准利率维持了较低水平。如图 2 所示，在货币供给量持续上升的条件下，美国联邦基准利率从 2014 年 1 月的 0.07% 上升到了 6 月的 0.1%，此后又连续 5 个月保持了 0.09% 的低利率水平。在经济进一步强劲复苏的背景下，2014 年年底，美联储开始调整基准利率水平，将 12 月的基准利率上升为 0.12%，改变了 2013 年 5 月以来总体下降的局面。

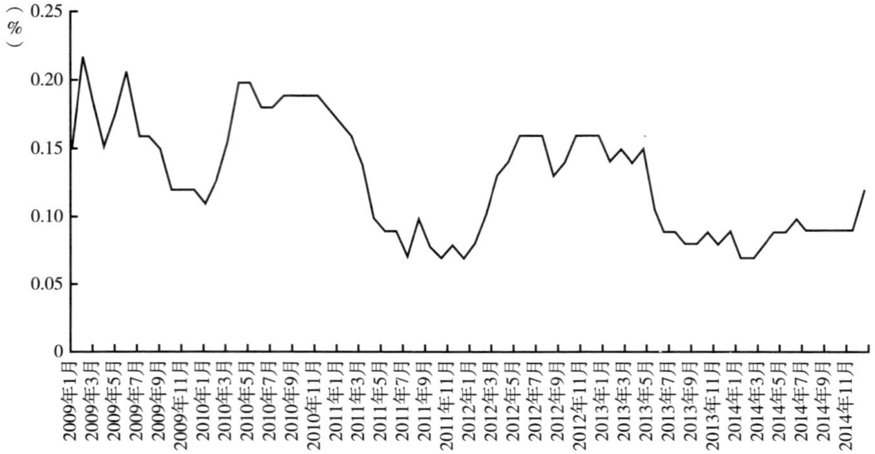

图 2　2009 年 1 月至 2014 年 12 月美国联邦月基准利率

资料来源：美联储。

其次，与量化宽松前期银行等金融部门放贷规模增长缓慢形势不同，2014 年美国信贷市场趋于活跃，金融部门的贷款增长加快，美联储在信贷市场上的贷款额逐步减少。如图 3、4、5 所示，从 2014 年信贷市场的借贷情况来看，一季

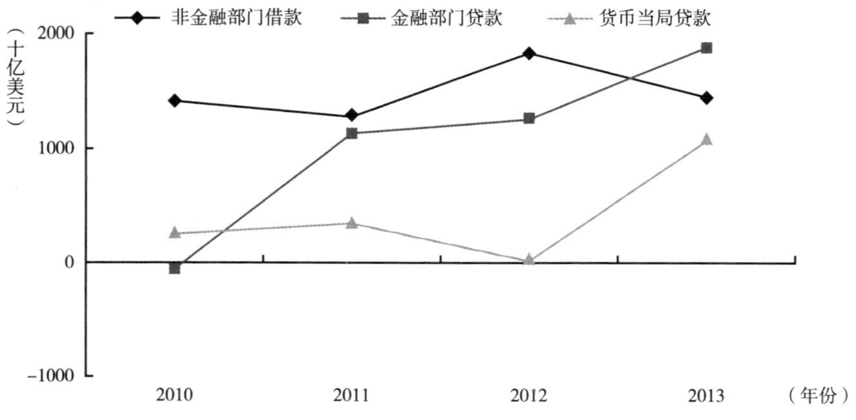

图 3　2010～2013 年美国分部门（行业）借贷款情况

资料来源：美联储 2014 年 3 季度美国财务状况（2014 年 12 月 11 日）。

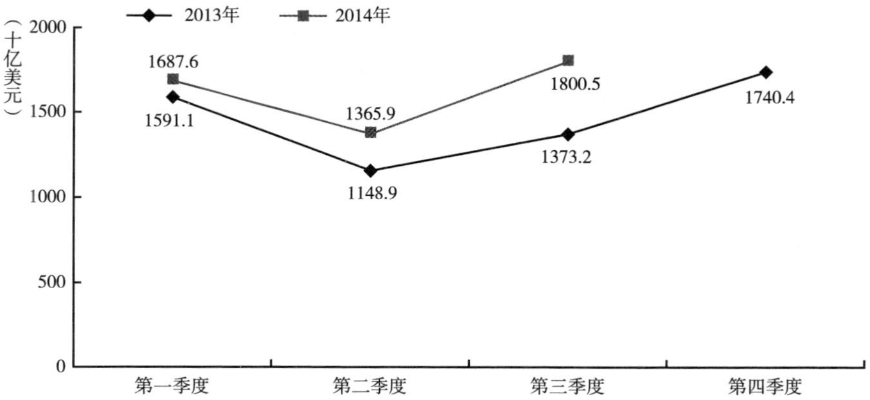

图 4　2014 年分季度美国非金融部门借款状况

资料来源：美联储 2014 年 3 季度美国财务状况（2014 年 12 月 11 日）。

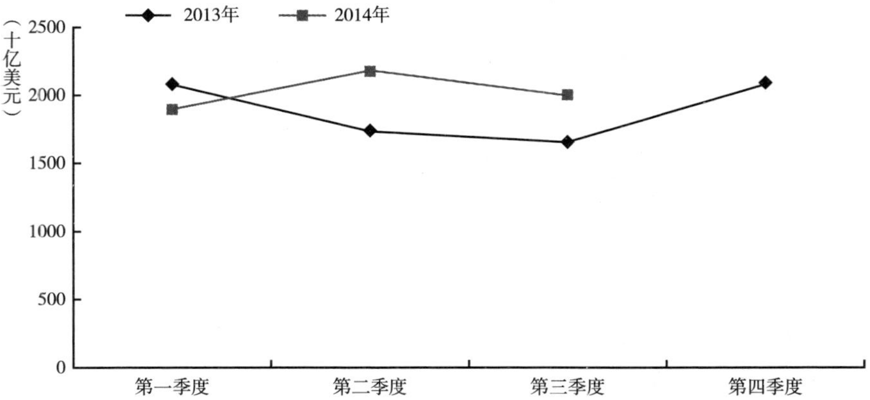

图 5　2014 年分季度美国金融部门贷款数额

资料来源：美联储 2014 年 3 季度美国财务状况（2014 年 12 月 11 日）。

度到三季度，美国实体经济，即非金融部门的借款水平均超过了 2013 年同期的借款水平。从银行等金融部门的贷款情况来看，除一季度外，2014 年的二、三季度美国金融部门向外贷款额大大超过 2013 年同期水平，二、三季度分别比 2013 年同期增加 454. 3 亿美元和 3392 亿美元。如图 6 所示，与 2013 年相比，美联储在信贷市场的资金投放规模呈下降态势。2013 年的四个季度，美联储对外贷款额呈现高位徘徊状态，均在 1 万亿至 1. 2 万亿美元之间。而 2014 年，美联储贷款规模从一季度的 9111 亿美元下降到三季度的 2997 亿美元。

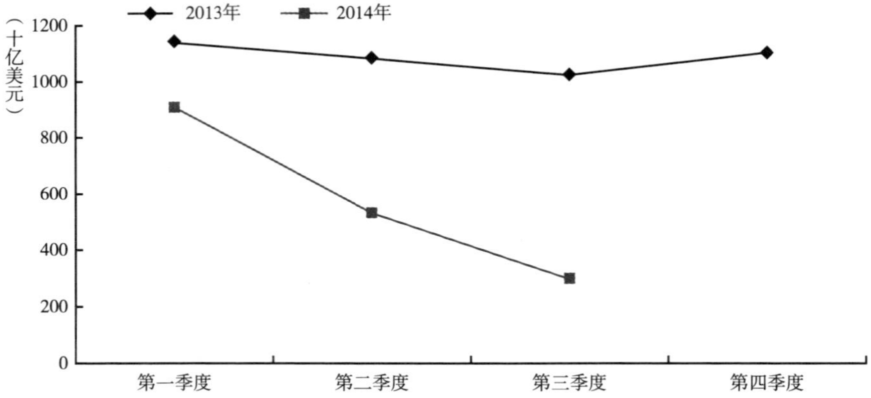

图 6　2014 年美国货币当局贷款情况

资料来源：美联储 2014 年 3 季度美国财务状况（2014 年 12 月 11 日）。

再次，美国家庭资产在 2014 年三季度出现短期下降，但全年保持了持续上升的基本态势；国内非金融债务稳步上升，非金融企业的债务保持了 5% 左右的增速，政府债务增长率则大幅下降。2014 年三季度，美国家庭与非营利组织净资产略有下降，达到了 81.3 万亿美元。其中直接或间接持有的公司股票价值下降了 7000 亿美元，房地产的价值上升了 2450 亿美元。而从中期来看，美国家庭资产在 2009 年开始进入稳步回升状态。2014 年国内非金融债务三季度末达到 40.9 万亿美元，继续保持稳步上升态势。其中，家庭债务为 13.4 万亿美元，非金融企业债务为 11.8 万亿美元，政府总债务为 15.8 万亿美元。国内非金融债务增长率为 4.4%，略高于上一季度的增长率。家庭债务增长了 2.7%（不包括已经销账的住房抵押贷款），住房抵押贷款的初始净值仍保持疲弱状态，而消费信贷市场则以一个固定速率继续保持增长。按年利率计算，非金融企业债务在三季度保持了 5.2% 的增速，比前一季度有所增加。近几年来，企业债券占据了非金融企业债务增长额的绝大部分。州政府和地方政府的债务在 2014 年二季度增长 1.2% 后，第三季度下降了 2.8%。与 2009 年高峰时期的 4% 增长率相比，州和地方政府的债务增长较缓慢或进入负增长状态。2008～2010 年联邦政府的债务增长率均在 20% 以上，而 2014 年第三季度联邦政府债务增长率下降到 7.2%。

最后，美国物价水平是十年来的低位。2014 年年初确定的将通货膨胀率降到 2% 的目标完全得以实现。如图 7 所示，美国的 CPI 指数 2 月份至 5 月份出现了一轮上升，随后在波动中震荡下行，整体呈现下行趋势。如图 8 所示，与此相适应，CPI 指数增长率也呈现同样整体下行趋势。这充分证实了美联储主席 Yellen 年初的预测。她于 2014 年初预测，继 2013 年美国 CPI 指数上升 1.5% 之后，预计 2014 年美国的 CPI 将保持在 1.4% ~1.6%。2014 年全年 CPI 的增速有所放缓（0.8 个百分点）。近 50 年来，美国 CPI 增速最低的一次为 2008 年的 0.1%，

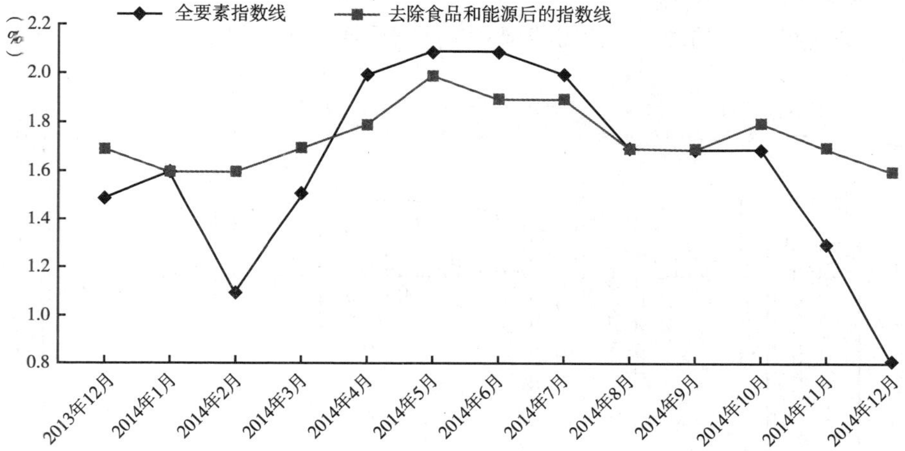

图 7　2014 年分月份非季度调整后美国的 CPI 情况

资料来源：美国劳工局。

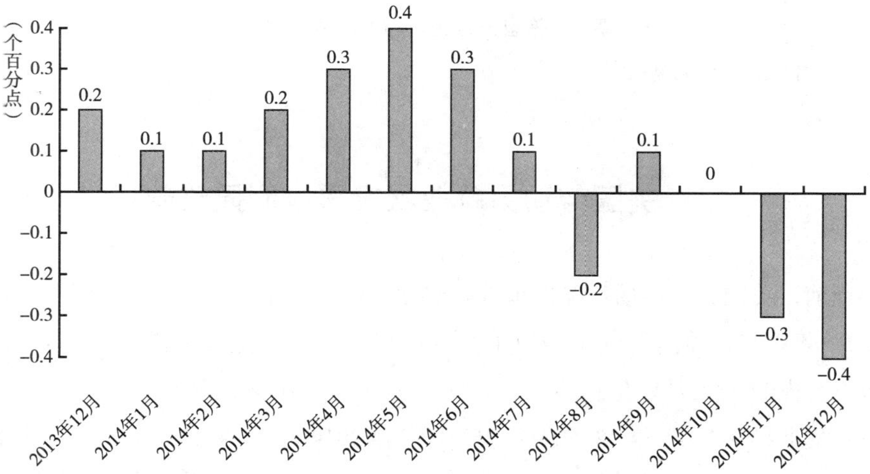

图 8　2014 年分月份季度调整后美国 CPI 增速状况

资料来源：美国劳工局。

2014 年美国 CPI 增速仅次于 2008 年。同时，美国过去 10 年的 CPI 年均增速为 2.1%，2014 年的 CPI 增速显然低于十年来的平均水平。美国物价水平没有随量化宽松政策的实施而上升，2014 年反而保持在低增速。如图 9 所示，美国进口物价与 CPI 有较高的相关性。2014 年 10 月份美国进口物价指数同比下降 1.8%，当月 CPI 同比增长持平于 1.7%，基于近 30 个月样本统计得出的滚动相关系数为 0.6149。这表明美国进口物价对其 CPI 的影响很大程度上超越了美元贬值对其 CPI 造成的影响，使得美国 CPI 不增反降。

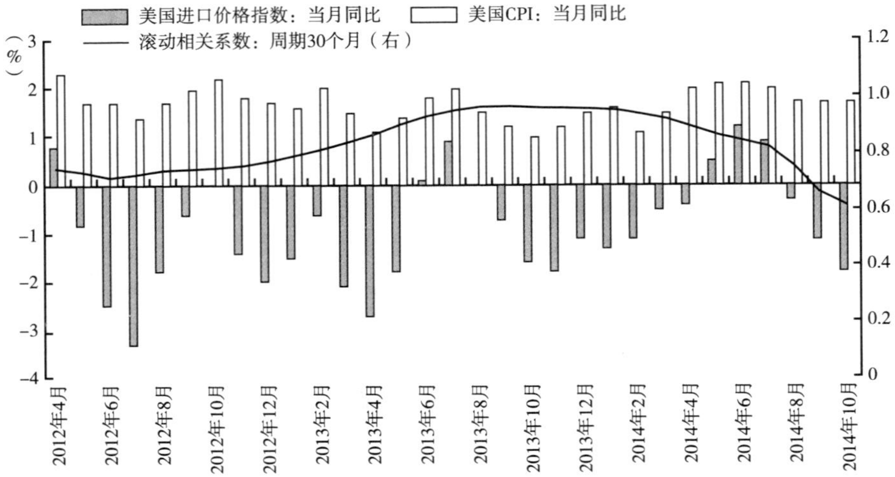

图 9　美国进口物价与 CPI 相关性

资料来源：Wind 资讯。

二　美国劳动力就业状况得以明显改善

当前，美国就业市场状况逐步得以明显改善，失业率快速下降。图 10 所示，自 1990 年以来，美国失业率经历了三个波峰，分别发生在 1992 年、2003 年和 2009 年。从就业人数变化趋势看，2011 年以来，美国非农就业人数一年上一个台阶，失业率从 2013 年 12 月的 6.7% 下降到 2014 年 12 月的 5.6%。就业率从 2013 年 12 月的 58.6% 上升到 2014 年 12 月的 59.2%。劳动参与率基本保持了相对稳定。美国失业率虽然从 2010 年以来呈现逐年下降的趋势，但仍未恢复到危机前较低的水平。如图 11 所示，2014 年美国失业率持续下降，就业率持续上

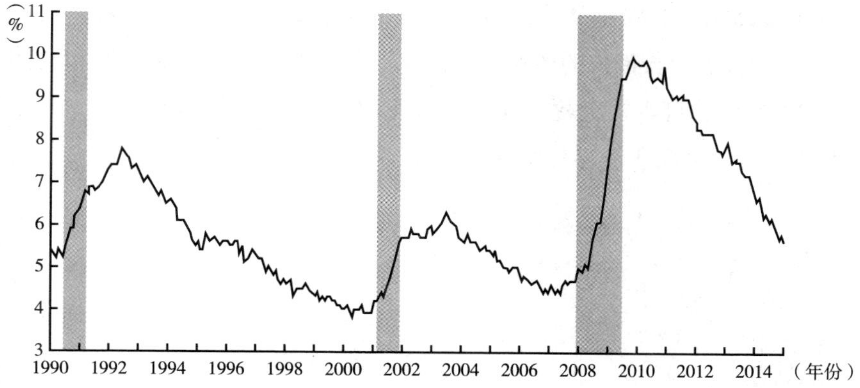

图 10　1990 ~ 2014 年经季节调整后美国的失业率

资料来源：美国劳工局。

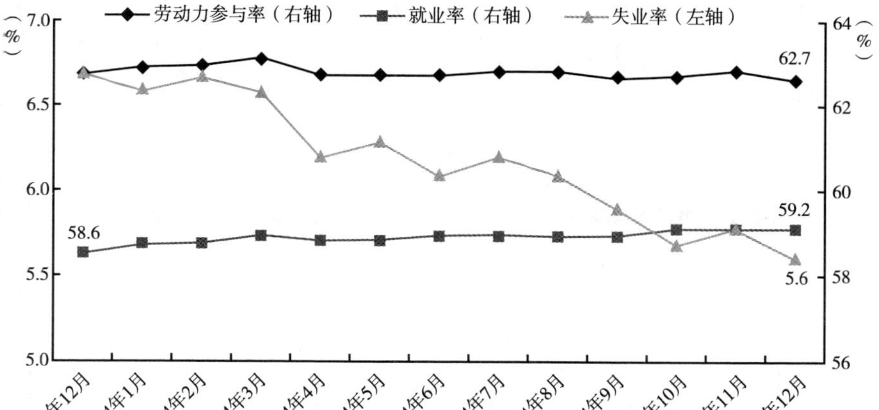

图 11　2014 年经季节调整后的美国劳动力总体就业状况

资料来源：美国劳工局。

升。每月平均的就业增长人数为 24.6 万人，高于 2013 年的 19.4 万人。从分部门就业数量来看，专业与商业服务业、建筑、休闲与餐饮、医疗保健和制造业的就业增长相对较快。从 2013 年 12 月到 2014 年 12 月，专业和商业服务业增加了 73.2 万个就业岗位，为新增就业人数最多的行业之一。医疗保健与社会救助行业增加了 42.6 万个就业岗位，休闲与餐饮业增加了 42.1 万个就业岗位。建筑业增加了 29 万个就业岗位，制造业增加了 18.6 万个就业岗位。从就业增长率来看，如图12所示，非农总就业人数比上年增长了2.1%，伐木与采矿比上年增长5.6%，为就业增长最快的产业之一。专业与商业服务、交通运输和仓储、休闲与餐饮、医疗保健与社会救助等行业就业增速整体高于平均水平。如图13所示，2014年美国总就业量逐月攀升。

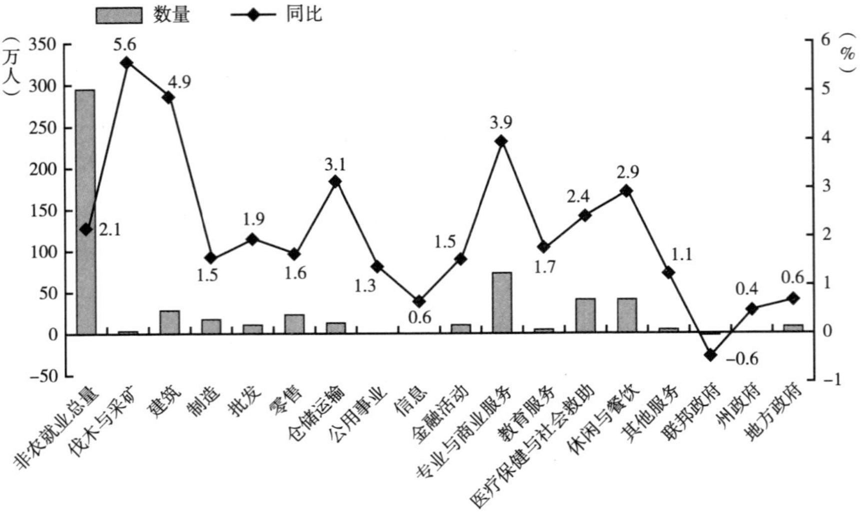

图12　2014年非农产业分行业就业增加与占总就业人数比重状况

资料来源：美国劳工部。

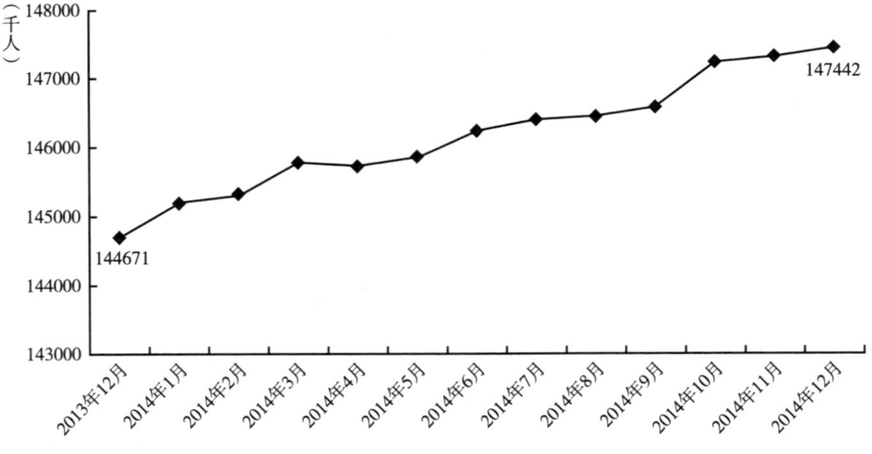

图13　2014年美国总就业人数

资料来源：美国劳工局。

美国就业形势明显好转得益于其政府出台的一系列扩大就业的政策。如《创造就业及终结离岸外包法案》、《美国制造业促进法案》等政策，实施了一大批基础设施项目、研究教育开发项目，扩大了公共部门支出，采取了新的能源政策等反周期措施。这些政策在促进经济增长、增加出口的同时，也创造了更多工作岗位。

三　美国经济增长及再工业化取得成效

（一）美国经济增长取得较大进展

在低利率等宽松货币政策刺激下，美国经济增速明显加快。据美国公布的有关数据，如图 14 所示，按年率计算，2014 年一季度美国经济因气候寒冷降到了 2010 年以来的最低点，为 -2.6%，但二季度经济增长速度就回调到 4.6%，第三季度进一步提高到 5%，创出 11 年来的最高经济增速。根据 2015 年 1 月美国经济分析局发布的报告，三季度的实际 GDP 增长构成中，消费支出、非住宅固定投资、联邦政府支出、出口、州政府和地方政府支出及住宅等固定投资做出了积极贡献。彭博调查结果显示，美国经济第四季度将增长 2.6%，全年 GDP 同比增速将达到 2.2%。

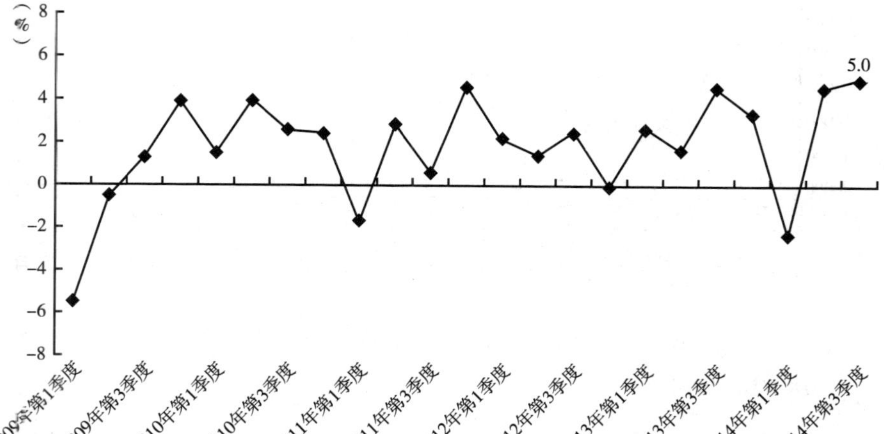

图 14　经季节调整后的美国 GDP 增长率走势

资料来源：美国经济分析局。

（二）美国再工业化取得成效

金融危机以来，美国调整了国家发展战略，实施了重振制造业的战略。包括扶植重要战略性行业、推动基础设施项目建设、推进研发和教育等领域发展促进经济增长和就业；实施能源自主战略和保护性贸易政策。如能源自主政策有效推动了能源密集型产业发展，在降低制造业生产成本的同时，也提升了能源密集型产业的国际竞争能力。保护性贸易政策则有效缓解了国外同类产品对美国产品的竞争压力，同时扩大了美国商品和服务的出口。尤其是制定实施 5 年出口翻番计划，为美国再工业化提供了优越的发展环境。在上述政策的推动下，美国再工业化战略取得了显著业绩。首先，美国汽车产业得到迅速恢复，并成为创造就业和扩大出口的积极贡献者。如图 15 所示，美国汽车销量呈强劲上升趋势。根据 AutoData 公司发布的统计数据，经季节因素调整后，2014 年 10 月份的美国汽车销售量以年率计算回升至 1646 万辆，仅次于 2004 年 10 月时所创的 1710 万辆，销售额同比增长 21%。

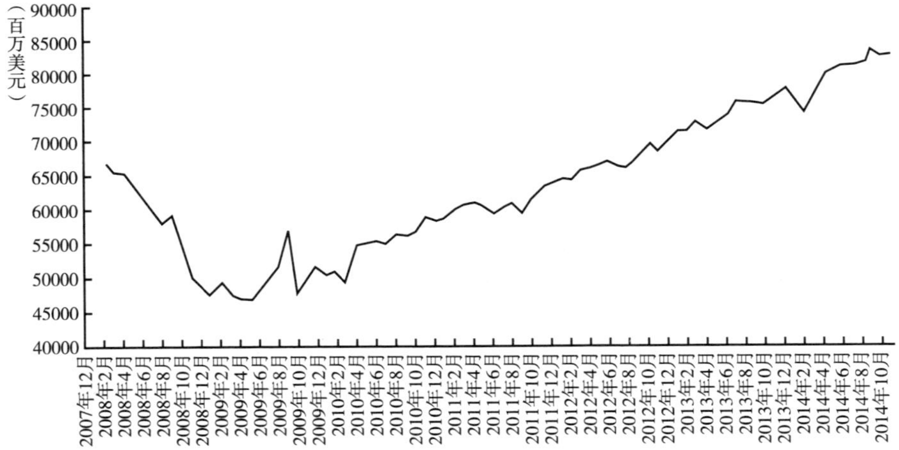

图 15　美国汽车及其他机动车辆销售量变化趋势

资料来源：Wind 资讯。

其次，美国工业强势复苏。工业产值、产能与产能利用水平均处于持续增长状态。如图 16 所示，自 2013 年 5 月以来，制造业 PMI 指数 19 个月在 50% 以上。2014 年，美国制造业的 PMI 指数从 51.3% 上升到了 12 月的 55.5%，虽然美国

12 月的 PMI 指数较 11 月份的 58.7% 有明显下降，但从整个年度来看，如图 17 所示，美国制造业依然保持了温和的增长态势，与 2012 和 2013 年相比，2014 年美国工业产值增长率处于较高水平。从美国工业产值指数来看，如图 18 所示，工业产值指数从 1 月份的 101.3 上升到了 12 月的 106.5，已经超过危机前 2007 年的水平。同时，从单月数据对比来看，每月的产值指数也均超往年。从工业产

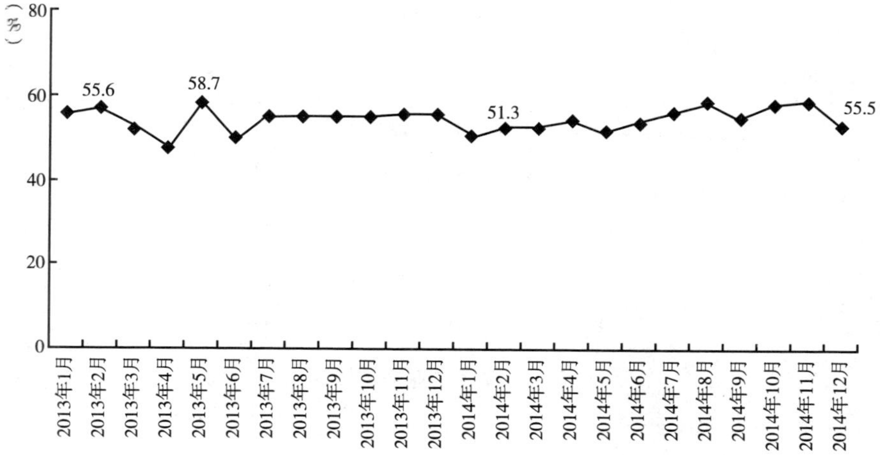

图 16　2013 年 1 月至 2014 年 12 月美国 PMI 指数

资料来源：December 2014 Manufacturing ISM Report On Business：http：//www.ism.ws/ISMReport/MfgROB.cfm？navItemNumber = 12942。

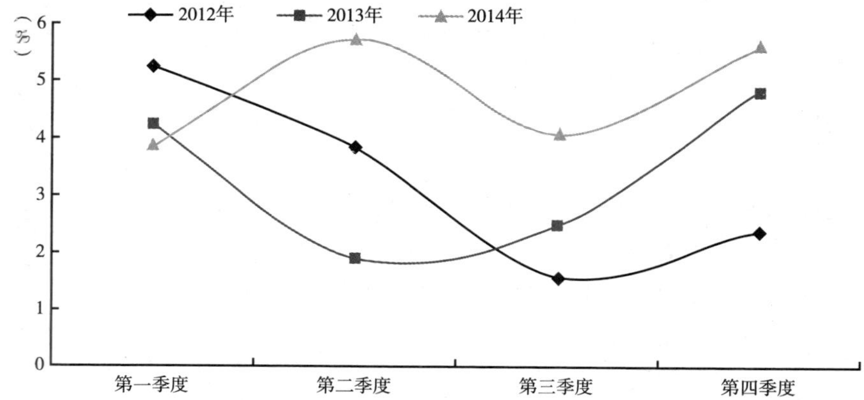

图 17　2014 年季度调整后的美国工业产值增长率

资料来源：美联储。

能来看，如图 19 所示，美国的工业产能也继续上升，从年初的 129.7% 上升到了年末的 133.6%；如图 20 所示，产能的利用水平也取得了较大提升，从 2014 年年初的 78.1% 上升到了年末的 79.7%，一年内上升了 1.6 个百分点，闲置产能得到进一步发挥。

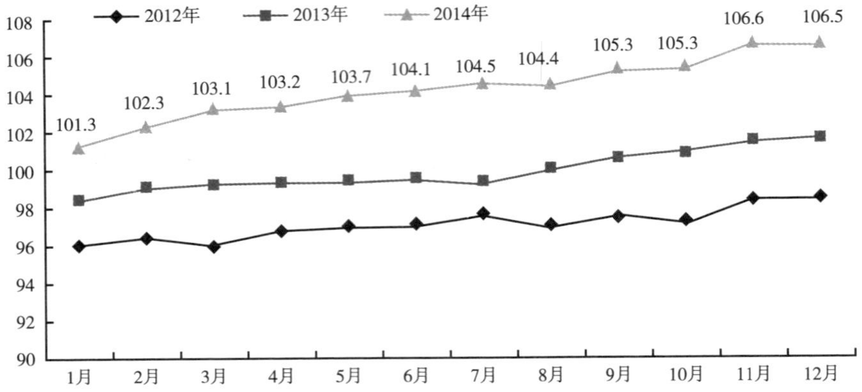

图 18　美国工业产值指数

资料来源：美联储。

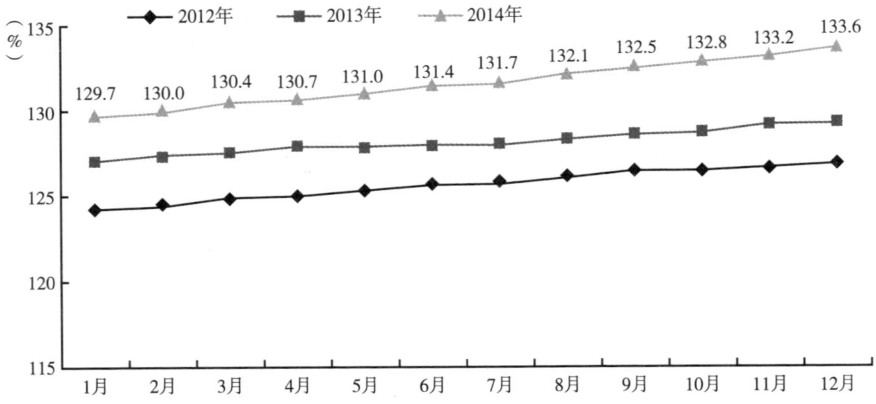

图 19　美国工业产能水平（占 2007 年产出的比重）

资料来源：美联储。

如图 21 所示，从长期来看，2014 年美国工业产值指数和产能水平都已超过 1970 年以来的任何时期，呈现出了高位增长态势。从中期来看，受金融危机影响，2007 和 2008 年美国工业产值、产能水平大幅下跌，2010 年止跌回升，随后

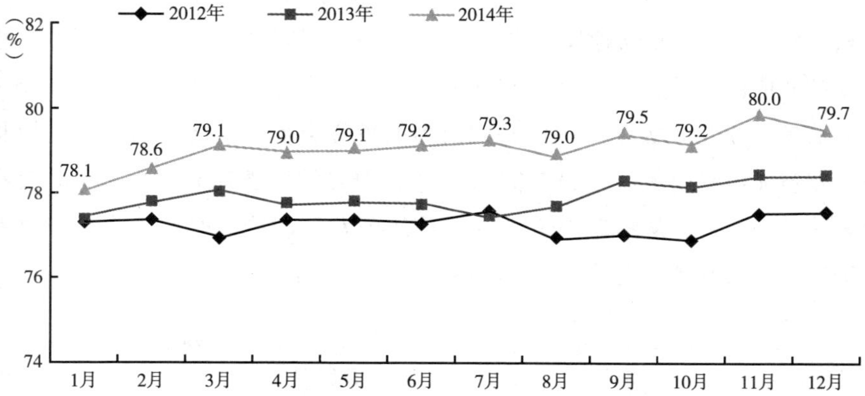

图 20　美国工业产能利用水平

资料来源：美联储。

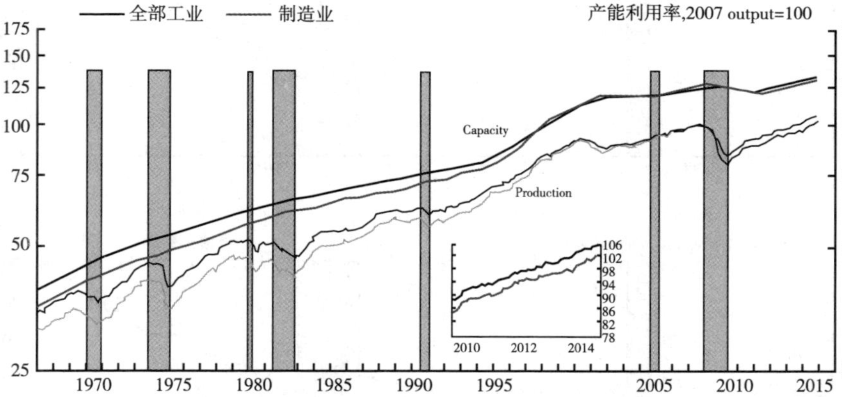

图 21　美国工业产值、产能水平

资料来源：美联储。

呈现出了持续复苏态势，至 2013 年 8 月美国工业产值指数超过 2007 年危机前的水平。2014 年，美国工业产值、产能指数进一步上升。到 2014 年底，美国的工业产值、产能均处在历史上的最高位。但从工业产业的利用率来看，工业产能的利用率水平，虽然接近金融危机爆发前的水平，但仍低于危机前的产能利用水平。

再次，美国工业细分部门增长表现差异较大。能源、建筑业、国防与航天装备制造业，耐用消费品业受政策影响而快速发展。金融危机以来，美国能源政策促进了能源产业的快速发展。如图 22 所示，美国能源产业的产值指数高于 2007 年危机前水平，并呈现快速发展状态，2014 年的产值指数接近 130。而工业原料产业中的非能源产业的产值指数尚未达到 100，即尚未恢复到 2007 年的水平。2007 年以来，美国加大了对国内基础设施的投资力度，直接带动了建筑行业的发展。建筑业虽然尚未恢复到 2007 年水平，但是相比于其他商业，则增长速度相对较快。类似的，从图 23 可以看出，耐用消费品制造业的发展快于非耐用品业，国防与航天装备业发展快于一般商业装备制造业。

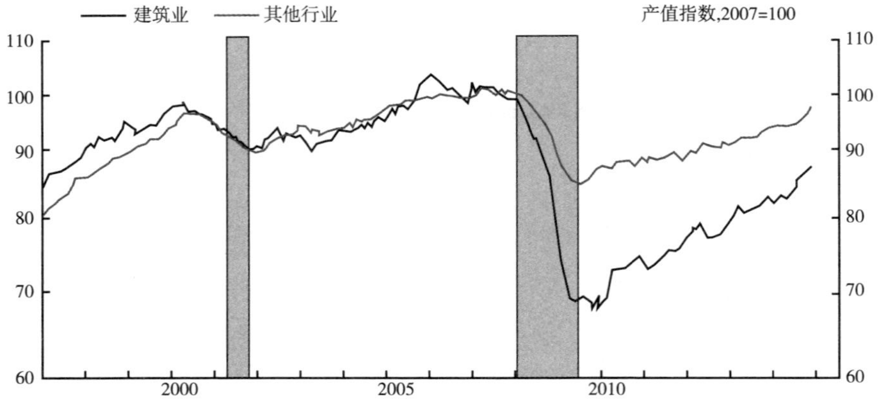

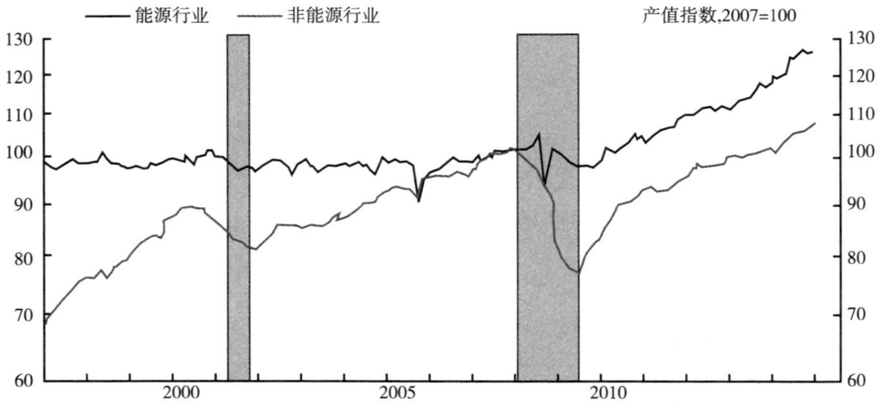

图 22　建筑业与其他行业、能源业与非能源业产值指数比较

资料来源：美联储。

最后，高科技产业发展快于整个工业发展水平，但产能利用率较低。高技术制造业呈现差异化发展局面，半导体及其他电子元器件行业发展最为迅速。

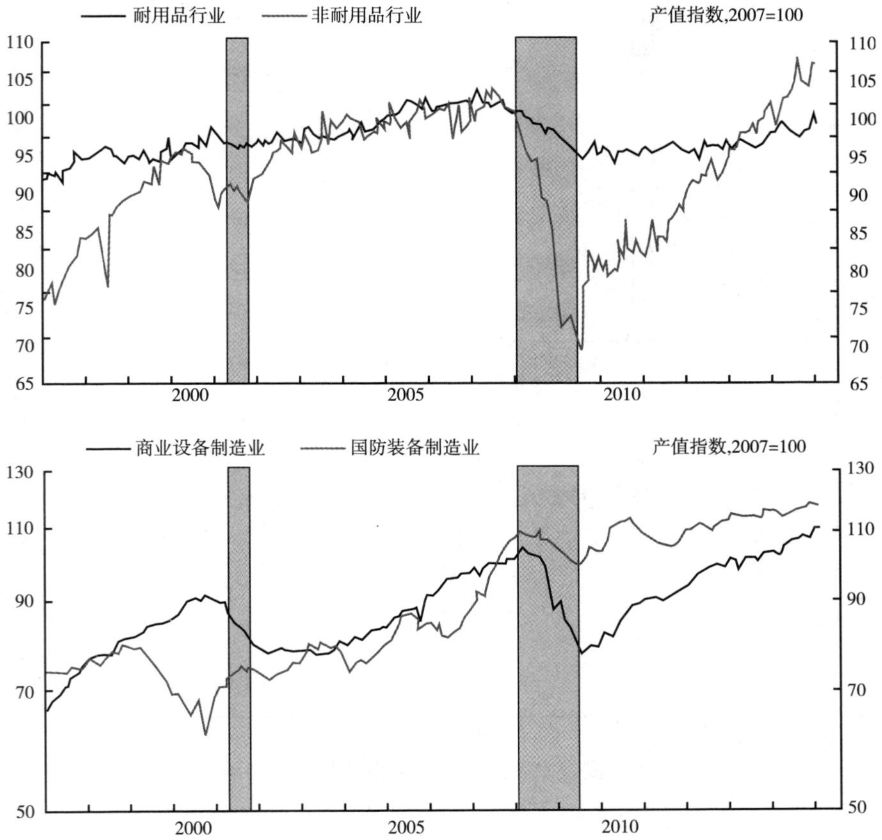

图 23　耐用品与非耐用品、商业设备与国防装备制造业产值指数比较

资料来源：美联储。

从图 24 可以发现，虽然高技术制造业的发展较快，高技术制造业的产能利用率却低于其他行业。不包括高技术制造业的工业产能利用率水平较高，而未排除高技术制造业的整个工业产能利用率却相对较低，由此可以看出高技术产业的产能利用率相对较低。从图 25 可以发现，在高技术制造业中，半导体及其他电子元器件，计算机与电子产品，导航、测量、电子医疗与控制行业发展最为迅速，尤其是半导体及其他电子元器件行业，产值指数从年初的 286 增加到年底的 308.6，发展速度最快。而计算机及附属设备、通信设备、音频与视频设备等则发展较为缓慢，产值指数均在 100 以下，尚未恢复至 2007 年的水平。

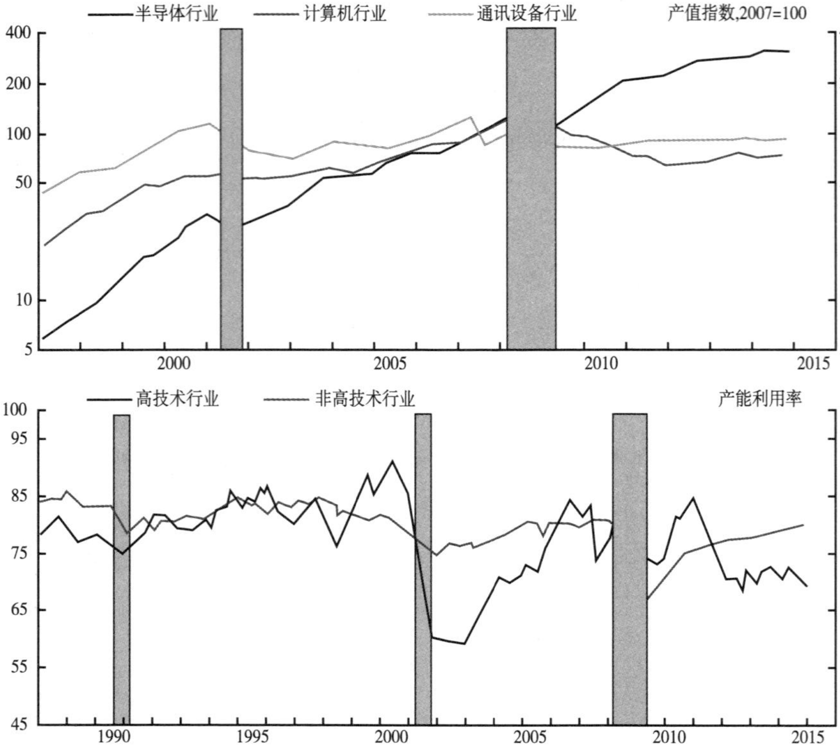

图 24　高技术制造业的产值指数与产能利用率

资料来源：美联储。

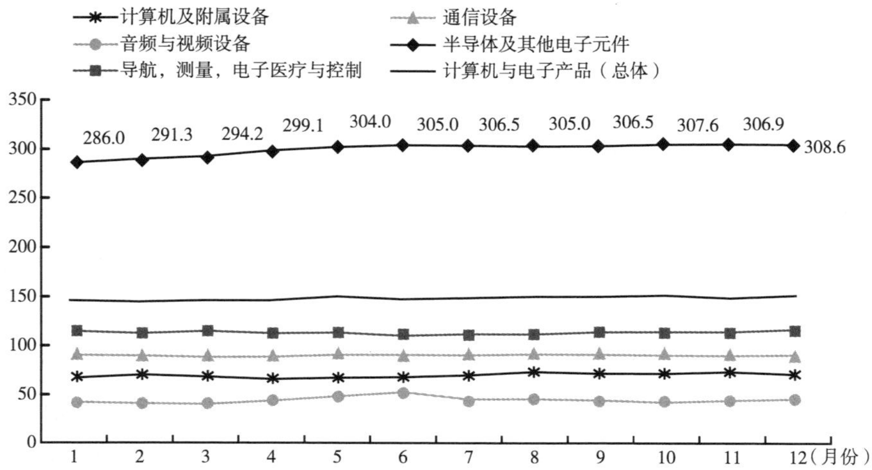

图 25　2014 年高科技产业分部门产值指数（2007＝100）

资料来源：美联储。

四　美国进出口贸易状况得以改善

在“出口倍增计划”的压力下，美国出口近年保持了持续增长的势头，2014 年也不例外。

首先，2014 年美国出口额增长保持了良好势头。2014 年的 1～11 月，美国出口总额为 2.147 万亿美元。其中，货物出口总额为 1.498 万亿美元，服务出口额为 0.65 万亿美元。从月度数据比较来看，如图 26 所示，2014 年的出口总额、货物出口额除在 2 月份低于 2013 年外，其他月份均高于 2013 年。如图 27 所示，美国服务业出口一直延续强势态势，2014 年服务贸易月度出口额均高于 2013 年同期水平。

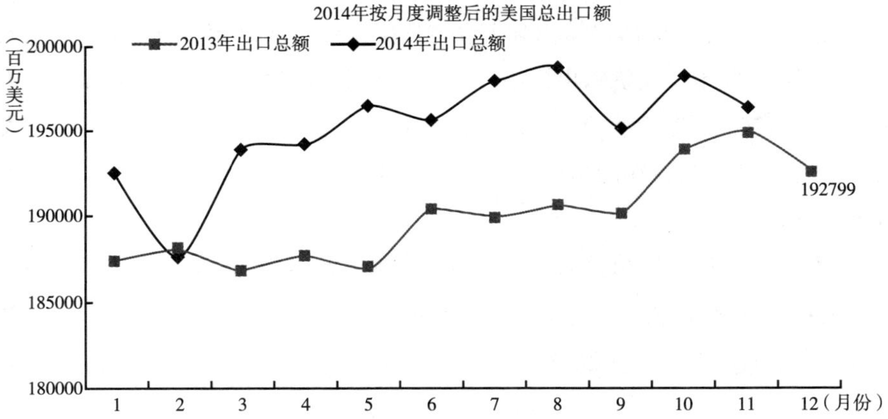

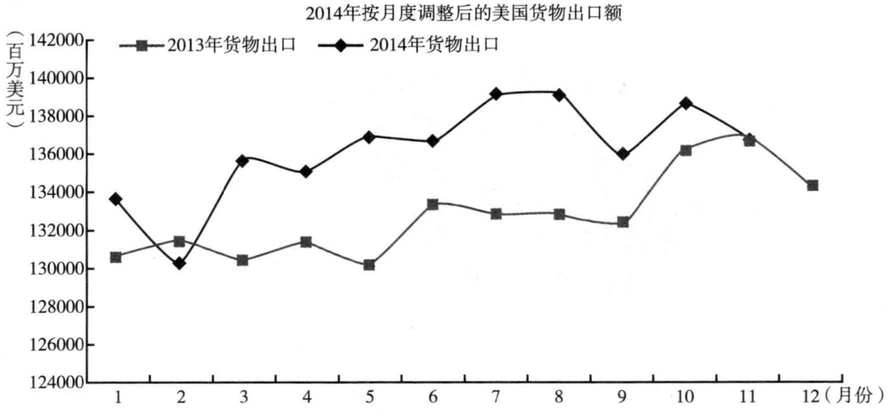

图 26　2014 年按月调整后的美国出口总额、货物出口额

资料来源：美国经济分析局。

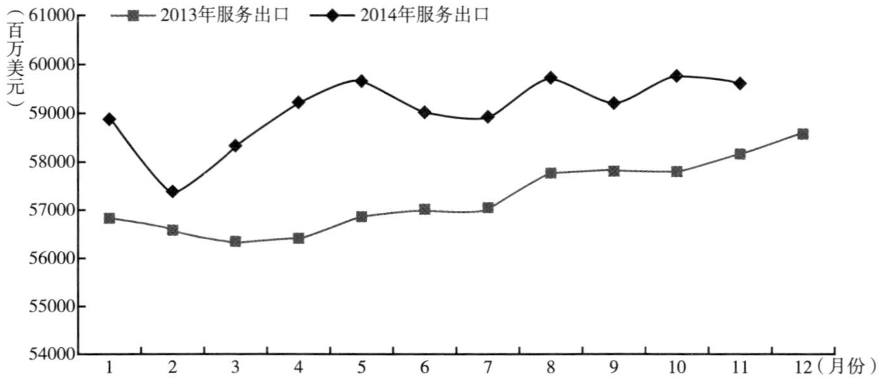

图 27　2014 年按月度调整后的美国服务出口额

资料来源：美国经济分析局。

其次，2014 年美国出口结构基本没有发生变化。从 2014 年 1～3 季度的数据来看，如图 28 所示，在货物出口中，美国资本密集货物出口占比为 34%，工业原料占比为 32%，汽车为 10%，消费品为 12%，与 2013 年相比，基本没有发生变化。食品、食料与饮料的出口比 2013 年下降了 1 个百分点，而再出口比 2013 年增加了 1 个百分点。

从服务业的出口结构来看，如图 29 所示，2014 年旅游、专利、金融、商务、运输这五项服务出口占比较大，其中旅游业为 25%，专利 19%，商务 18%，运输 13%，金融 12%，与 2013 年相比，没有发生变化，而公共产品与服务比

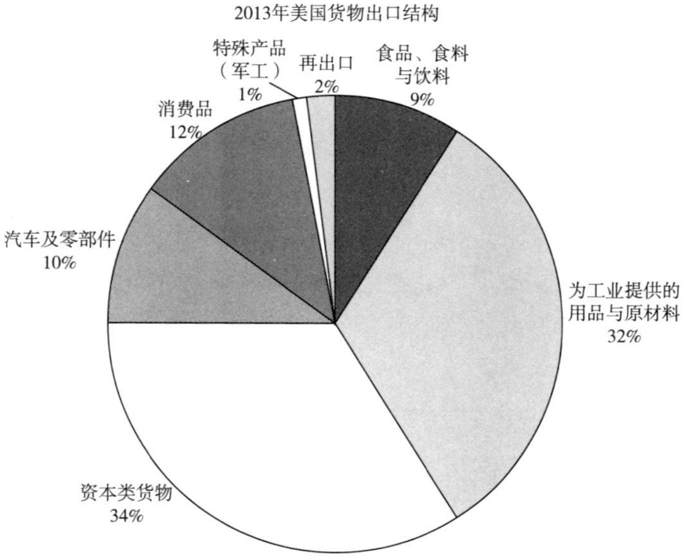

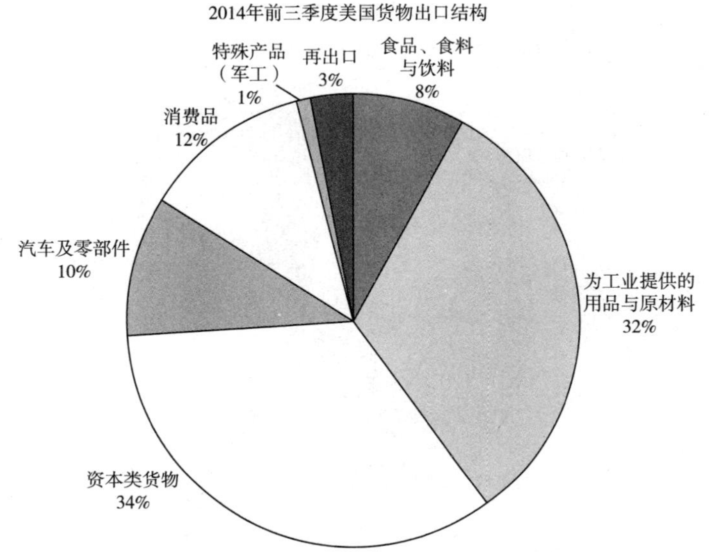

图 28　2013、2014 年美国货物出口结构对比

资料来源：美国经济分析局。

2013 年减少了 1 个百分点，保养与维修服务比 2013 年占比增加了 1 个百分点。

最后，美国对华贸易总额继续保持较快增长态势，中国在美国对外贸易中的国别结构未发生变化，但美中贸易结构发生了轻微的变化，高技术产品与服务的

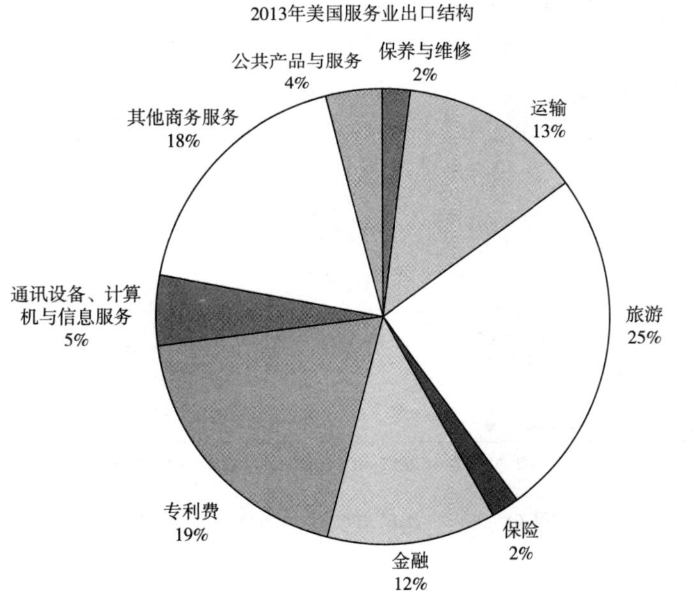

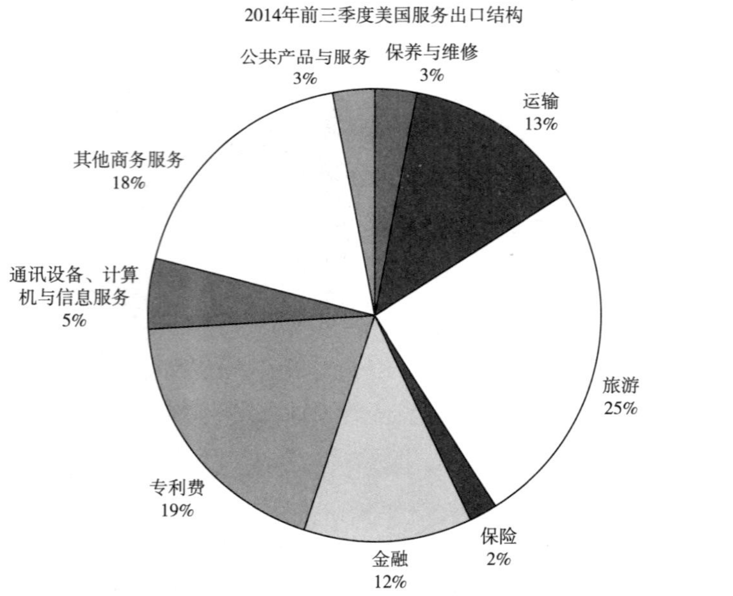

图 29　2013、2014 年美国服务业出口结构对比

资料来源：美国经济分析局。

比重大幅提高。如图 30 所示，2009 年以来，美国从华进口增速依旧快于对华出口增速。2014 年前三季度，美国对华出口总额为 1228.09 亿美元，而同期进口为 3547.96 亿美元，进出口差额为 2319.87 亿美元，美国从华进口相当于对华出口的三倍左右。

从中国在美国进出口贸易中所占的比重来看，如图 31、32 所示，2014 年前

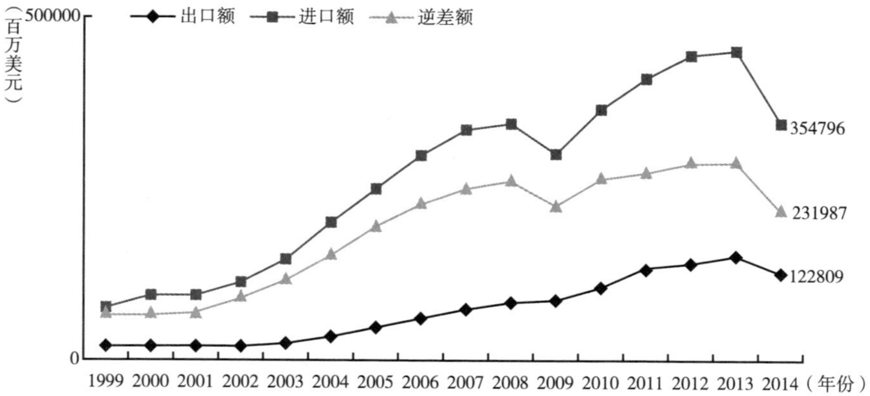

图 30　1999～2014 年美国对华贸易进出口额

资料来源：美国经济分析局。

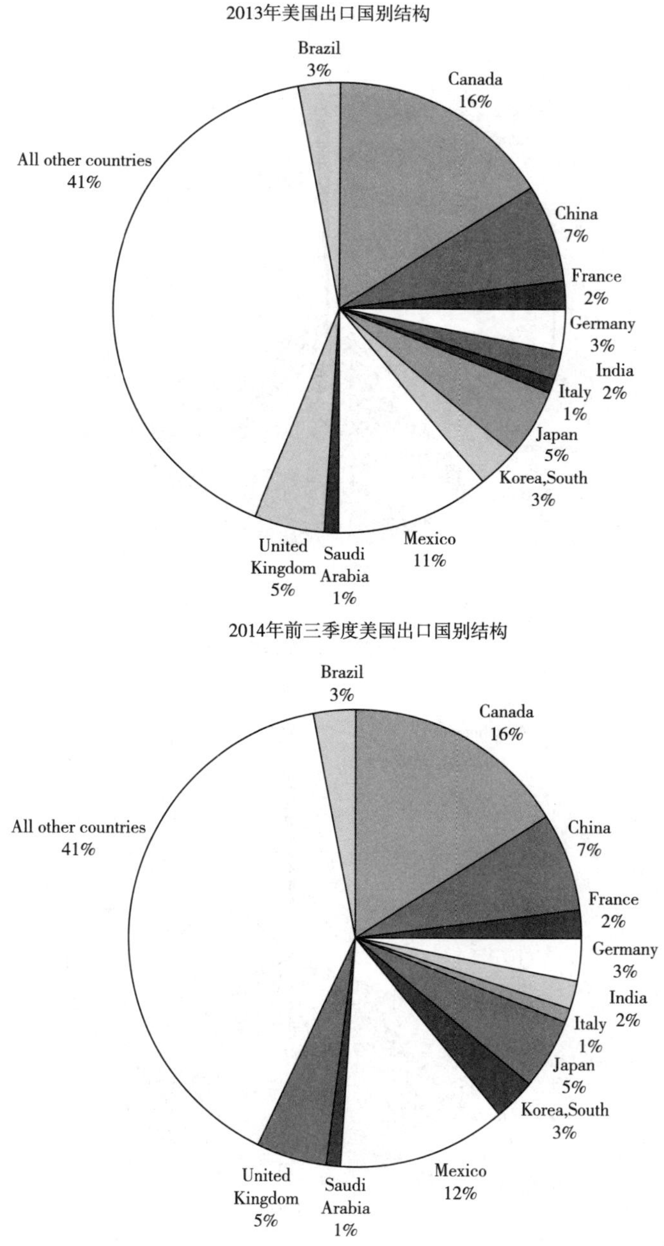

图 31　2013～2014 年美国出口国别结构

资料来源：美国经济分析局。

2013年美国进口国别结构

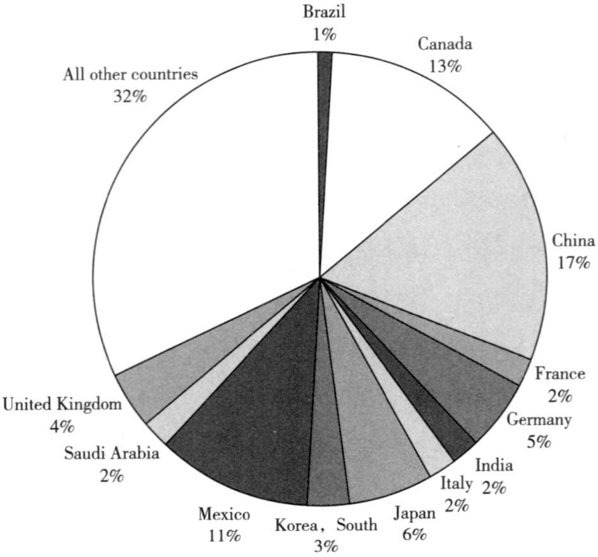

2014年前三季度美国进口国别结构

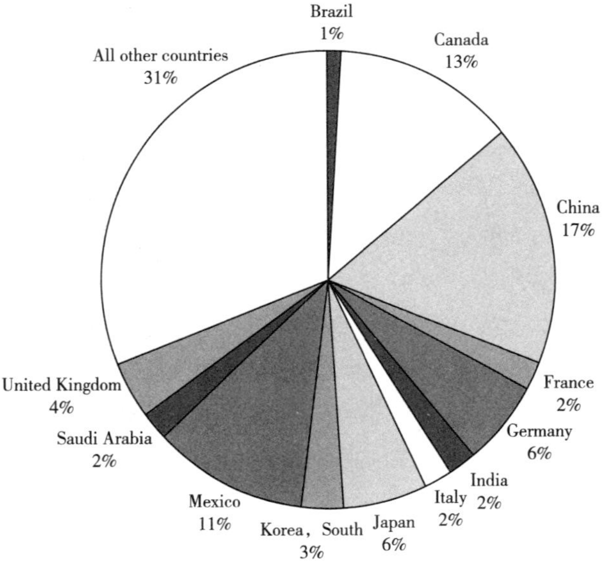

图 32　2013～2014 年美国进口国别结构

资料来源：美国经济分析局。

三季度与 2013 年并无变化，中国依旧在美国出口结构中占比为 7%，在美国进口结构中占比为 17%。美中两国货物与服务贸易的结构发生了细微的变化。

从 2013 ~2014 年美国对华货物出口的结构来看，如图 33 所示，美国对华出口的汽车及零部件与发动机呈现大幅上升态势，2013 年对华出口占比为 9%，2014 年前三季度跃升至 12%；除汽车之外的资本密集品①在前三个季度的占比达到了 36%，比 2013 年全年 34% 的比重高出两个百分点；而食品、食料与饮料下降了 5 个百分点，工业原材料的占比下降了 1 个百分点，说明美国高科技高资本密集型产品进入中国的步伐正在加快。

从美国对华的服务贸易来看，如图 34 所示，旅游（包含教育）服务占比上升了 4 个百分点，专利服务占比上升了 1 个百分点，而其他商业服务占比下降 3 个百分点，运输服务和金融服务分别下降了 1 个百分点，说明中国对美国的高科技使用与教育等方面的进口额度加大。

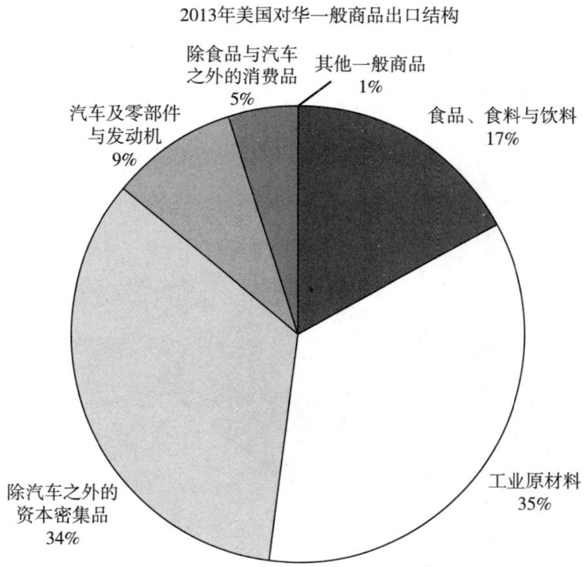

① 美国统计分类中的资本密集品（capital goods）主要包括发电及电力设备，非电子机械（如石油专探，矿物设备，工业与服务机械，农业机械设备，计算机、半导体及辅助设备，电信设备，商业机械设备，科学与医疗设备），交通设备等，但是美国的资本密集品中不包括汽车及零部件与发动机，此一项在美国的对外贸易数据中单独列出。

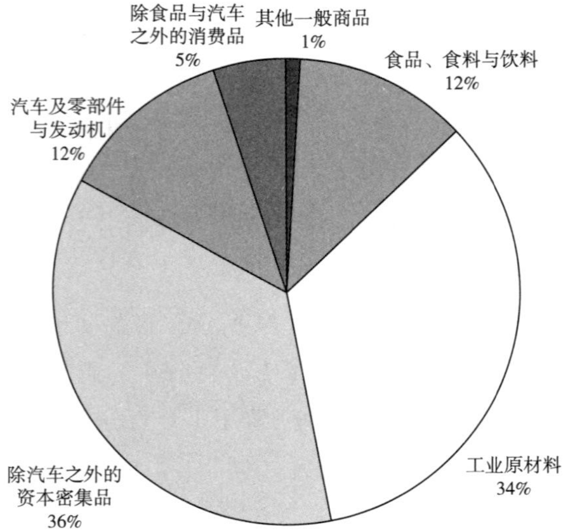

图 33　2013～2014 年美国对华货物出口结构

资料来源：美国经济分析局。

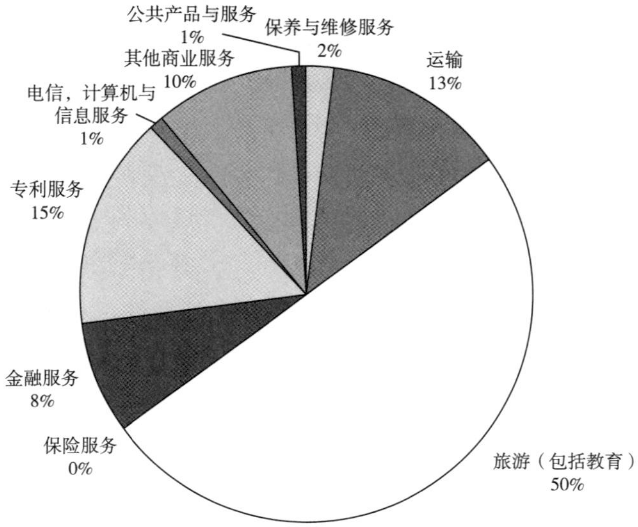

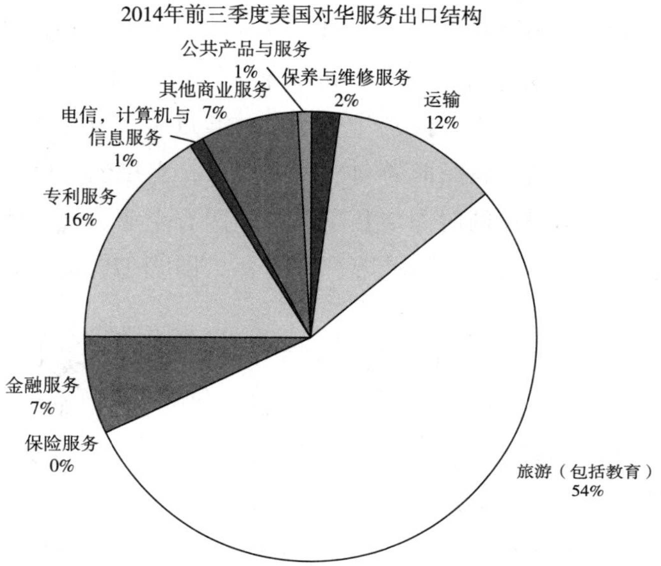

图 34　2013～2014 年美国对华服务出口结构

资料来源：美国经济分析局。

五　美国正在谈判中的自由贸易协定

为应对国际金融危机的冲击和影响，奥巴马政府近年来致力于推动开放市场、遵循美国贸易政策和商业规则、创造公平的竞争环境，为美国增加就业提供新的机会，为美国经济增长提供重要支撑，为美国创造竞争新优势提供良好规则条件。这种战略意图主要体现在 2009 年以来美国推进的跨太平洋伙伴关系（TPP）和跨大西洋贸易和投资伙伴关系（TTIP）两大自由贸易区的协议谈判；同时，也体现在美国大力推动的所谓高标准的投资协定 2012 年范本（BIT2012）、服务贸易协议（TISA）以及新议题。

2014 年，美国主导的 TPP、TTIP 这两个自由贸易区协议谈判取得了一定进展。2014 年 2 月，TPP 成员方在新加坡进行了为期四天的部长级会议，以求在全面和平衡的原则下在市场准入领域达成工作方案。2014 年 5 月，TPP 成员方进行了为期两天的部长级会议，目的是期待在市场准入上取得实质性进展，努力缩小在高标准规则问题上的分歧。2014 年 10 月 27 日，TPP 成员方在悉尼进行了为期三天的部长级会议，声称 TPP 成员在市场准入、贸易和投资规则两个方面取得了显著进步。2014 年 11 月 10 日，TPP 贸易部长会议向各国首脑递交谈判状况报告，包括市场准入、区域协定、新的贸易问题、跨部门贸易问题以及下一步打算等内容。2014 年 11 月，在 TPP 领导人的会面中又重申了缔结全面的、高标准的和平衡的协议，支持创造就业机会，刺激经济增长和繁荣的承诺。同时围绕数字经济和国有企业、环境保护和劳工权利等新问题也重申了继续推进的承诺，2015 年，围绕 TPP 的最终敲定，谈判工作将继续进行。

2014 年，跨大西洋贸易和投资伙伴关系（TTIP）谈判共进行了四轮，讨论 TTIP 如何在广泛领域增加跨大西洋贸易及其对经济增长、就业和提升竞争力方面作出贡献。也包括商品、服务的新市场准入，投资和具体的实施步骤，以减少不必要的监管和其他非关税贸易壁垒的相关成本。在 G20 峰会上，美国总统奥巴马和欧盟领导人重申了他们对达成一个全面的、高标准的 TTIP 协议的承诺。到 2014 年的年初，美国与欧盟的 TTIP 谈判已经历了三轮谈判。2014 年 3 月 10 日，美欧之间围绕服务、劳动、原产地规则、知识产权和监管部门等议题在布鲁塞尔展开了第四轮谈判。2014 年 5 月 19 日，美欧展开了第五轮谈判，谈判的议题为监管一致，知识产权，劳动和部分行业领域的监管，也包括服务与投资，技术性贸易壁垒，农产品市场准入，原产地规则方面。2014 年 7 月 18 日，TTIP 第六轮谈判开始，确认了今后 TTIP 的谈判路径。2014 年 9 月 18 日，TTIP 第六轮谈判结束，对提案的文本语言进行审查。2014 年 11 月 6 日，美国、欧盟、英国、德国、法国、意大利和西班牙联合发布关于 TTIP 的领导人声明，重申推动全面、高标准的 TTIP 的重要性。

六　美国经济的未来展望

经过多年的努力，美国经济复苏终于在 2014 年迎来了重要转折点。展望来年，美国经济将在巩固现有成果的基础上，进一步保持增长势头。但是，美国经济复苏政策的调整可能给世界经济带来不确定性影响和冲击。

（一）2015 年美国经济增长态势将继续向好

首先，美国经济进一步持续增长的基础已经具备。一是美国联邦政府债务下降，家庭资产稳步回升。2014 年，美国国内债务状况大幅改善，国内非金融债务稳步上升。这一切表明，美国经济已经渡过了最艰难的时期，具备了继续向好的基础。二是实体经济转型初见成效。经过多年的经营，美国再工业化取得了一定成功，工业经济止跌回升的态势较为明显。这为美国经济继续保持发展势头提供了实业基础。三是多年促进出口政策的努力，为出口进一步扩大奠定了基础。随着美国工业技术优势和综合实力进一步显现，美国商品和服务通过各种渠道扩展延伸到世界各地，将进一步为拉动美国经济提供动力。

其次，美国消费者信心恢复明显。如图 35 所示，自 2014 年 8 月以来，美国消费者指数就呈现快速抬头趋势，这表明美国消费者在家庭资产净值增加的条件下，消费信心大增。美国密歇根大学消费者信心指数 10 月份上升为 86.9，11 月份为 89.4，创下近 7 年新高。2015 年 1 月 30 日，密歇根大学和路透社联合发布的报告显示，美国 2015 年 1 月份密歇根大学消费者信心指数终值为 98.1，高于上年 12 月份的 93.6，为 2004 年 1 月以来的最高水平，创下 11 年来的新高。受未来美国经济形势及就业市场持续改善的预期影响，美国消费者的消费信心倍增，这为拉动美国经济增长提供了新动力。2015 年，多个国际机构在对全球经济复苏预测中均不同程度地提高了对美国增长的预期。国际货币基金组织（IMF）将美国 2015 年增速上调为 3.6%，并认为主要原因是该国的内需变得更为强劲。

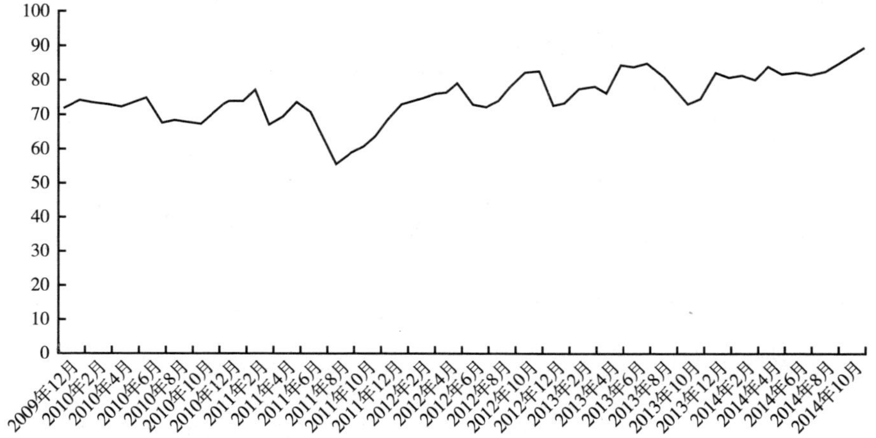

图 35　美国消费者信心指数走势

资料来源：Wind 资讯。

（二）美国经济政策调整可能给世界经济带来的影响和冲击

2015 年，美国经济复苏势头向好将带动其国内消费和投资增长，引致其进口需求上升和对外投资增长，进而重新担当起世界经济增长引擎的重要作用。国际金融危机爆发后的过去 6 年来，拉动世界经济增长的引擎主要是中国及其他新兴经济体、经济基本面比较健康的发达国家。

同时，美国宏观经济政策特别是量化宽松货币政策的调整很可能对世界经济带来巨大的影响和外部冲击。研究结果表明，如图 36 所示，国际资本购买美国中长期债券净额与长期债券收益率存在比较稳定的反向关系。如 2014 年 9 月份，美国国债购买净额为 481.39 亿美元，6 期移动平均值上升至 106.15 亿美元，当月美国 10 年期国债收益率小幅走低至 2.53%，当月两者反向关系略有显现。如果美元加息，将会提高美国国债收益率，进而引发国际资本加快流入美国，导致国际资本从发展中国家市场撤离，过去 6 年的全球泡沫平衡就会被破坏，进而给世界经济和发展中经济体带来更大的不确定性风险。

图 36　国际资本流动与长期国债收益率的关系

资料来源：Wind 资讯。

总之，面向 2015 年，美国经济将成为发达国家经济中的一枝独秀，重新扮演拉动世界经济增长的重要引擎之一，为促进世界经济增长做出应有的贡献。同时，美国经济政策调整给世界经济带来负面影响和外部冲击的可能性也在增加。

美国会承担更多大国责任，还是继续转嫁结构调整风险和不确定性冲击？2015年将可能揭开谜底。

（撰稿人：国家发展和改革委员会学术委员会秘书长、研究员张燕生；中国人民大学世界经济专业博士生申现杰）

2014年欧元区经济债务形势分析及展望

一　2014年回顾：波澜不惊

2014年欧元区形势总体上是波澜不惊，经济与债务形势均比较平静。经济维持了低速复苏的态势，但价格水平持续走低，显示出欧元区经济通缩风险增加，失业率高企依然困扰着欧元区经济增长。得益于欧元区对债务危机的积极治理和财政整顿取得成效等因素，债务危机扩大蔓延的形势有所遏制。区域内值得关注的重大政策进展不一，显示欧元区内的各种分歧依然存在。

（一）经济低速复苏

我们在2013年底展望2014年的欧元区形势时预测，2014年欧元区经济与债务形势总体上将保持平稳。由于欧元区成员国的结构改革取得一定成效，财政整顿取得进展，欧洲经济有望保持相对稳定并维持低速复苏势头，但很难实现经济强劲增长。主要原因在于：一是欧元区仍然缺乏新的经济增长点，重振竞争力有很长的路要走。二是高失业削弱了市场需求，加大了财政支出压力。三是债务危机问题仍对经济增长形成掣肘。严格的财政纪律限制了财政刺激的手段和空间；银行业去杠杆化，惜贷问题难以解决，中小企业融资比较困难；企业去杠杆化使得投资意愿下降。四是政治影响因素日益凸显。欧元区一体化进程仍然比较迟缓。核心国家与外围国家在关于经济政策、主权让渡等问题上还存在矛盾，干扰欧盟在财政纪律、救助等问题上的决断。

从2014年欧元区的实际经济形势来看，总体上保持了比较平稳的低速复苏态势，与我们之前的预测相符。2014年一季度，欧元区经济同比增长1.1%，二季度经济增速回落至 0.6%，三季度经济回升至 0.8%。同期，欧盟地区的经济增长率前三季度分别为 1.6%、1.3% 和 1.5%。从拉动欧元区经济增长的因素来看，商品及服务出口发挥了重要作用，一季度同比拉动经济增长 1.57%，二季度拉动率同比增长 1.42%，三季度拉动率同比增长 1.45%。从三季度情况看，除出口外，对欧元区经济增长拉动率贡献比较高的分别为消费和固定资产投资。

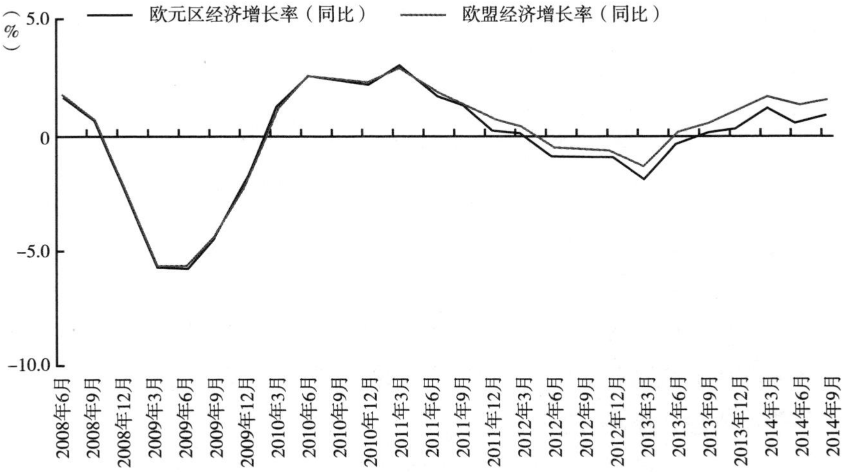

图 1　欧元区与欧盟经济增长率（2008～2014）

资料来源：欧盟统计局。

价格水平持续走低是 2014 年欧元区经济的重要特征。从欧元区价格水平走势来看，消费者物价指数持续在低位徘徊，全年价格水平的最高涨幅出现在年初，为 0.8%，随后持续走低。2014 年 12 月，欧元区调和 CPI 同比下降 0.2%，全年价格水平远低于欧元区的 2% 的目标通胀水平，这给欧洲央行的货币政策操作创造了空间。

失业率高企是欧元区经济发展的严重负累。尽管失业率略微下降，但是失业形势未有明显好转。2013 年欧元区失业率一度高达 12% 的历史高位，进入 2014 年以来，失业率略有下降，但是仍然比较高。2014 年 8 月以来，欧元区失业率维持在 11.5% 左右，欧盟失业率维持在 10%。欧元区高失业率是欧元区经济社会发展之累。比如，根据相关报道，西班牙、希腊、法国等国的高失业率已经影响到其国内旅游业的发展，特别是大量青年事业，使得社会治安变差，部分国家

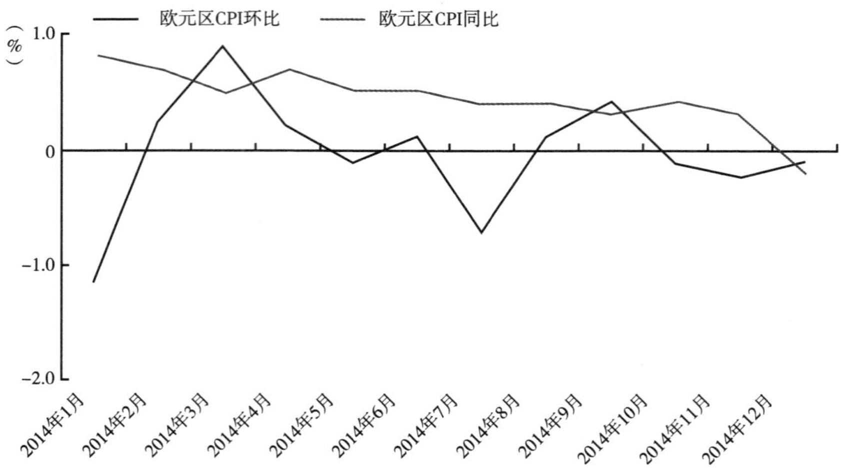

图 2　欧元区通胀形势

资料来源：欧盟统计局。

小偷横行，引起国际游客的反感，甚至望而却步，进一步影响旅游业的发展。欧元区经济复苏疲弱拖累就业问题的解决，同时高失业率又在困扰欧元区的经济增长，有可能形成恶性循环。

欧元区主要国家的经济增长难言强劲。从 2014 年全年形势看，欧元区核心国家经济形势并不乐观，德法两国经济虽然重返增长通道，但经济增长动力依然疲弱，意大利仍然困在衰退泥潭。根据欧盟统计局数据，2014 年第三季度，德国经济同比增长 1. 24%，环比增长 0. 07%，与第二季度负增长 0. 09% 相比略有改善，但难言强劲。法国经济也在经历第二季度负增长后实现了环比 0. 25% 的增长，但同比增长仅为 0. 3%。欧元区第三大经济体意大利经济表现仍然比较低迷。根据欧盟统计局数据，2014 年前三季度，意大利经济均出现了环比和同比负增长，三季度意大利经济环比负增长 0. 6%，同比负增长 0. 49%。欧元区主要国家经济增长乏力导致欧元区经济很难有大起色。

（二）债务形势趋稳

总的来看，经过欧元区国家的持续努力，2014 年欧债危机蔓延扩大的趋势已经有所控制。从欧元区公债收益率情况看，短期和长期公债收益率都出现了比较明显的下降。进入 2015 年，3 个月和 1 年期的短期公债收益率已经降至零以下，10 年期长期公债收益率维持在 1% 以下的历史低位。欧元区公债收益率下降

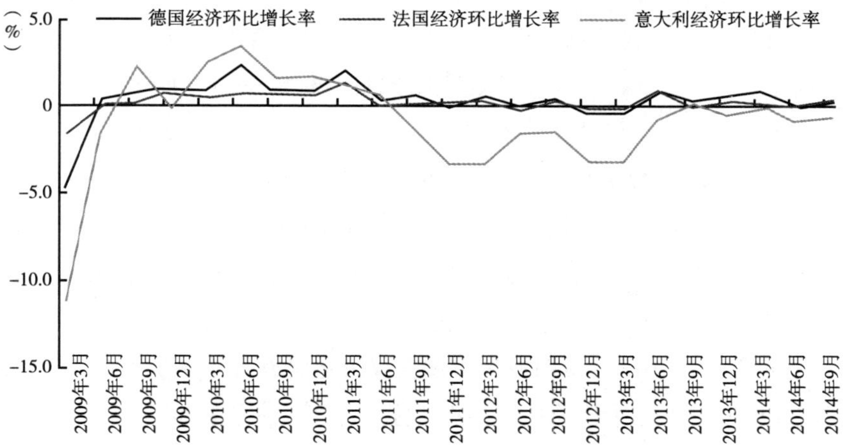

图 3　欧元区核心国家经济增长率（环比）

资料来源：欧盟统计局。

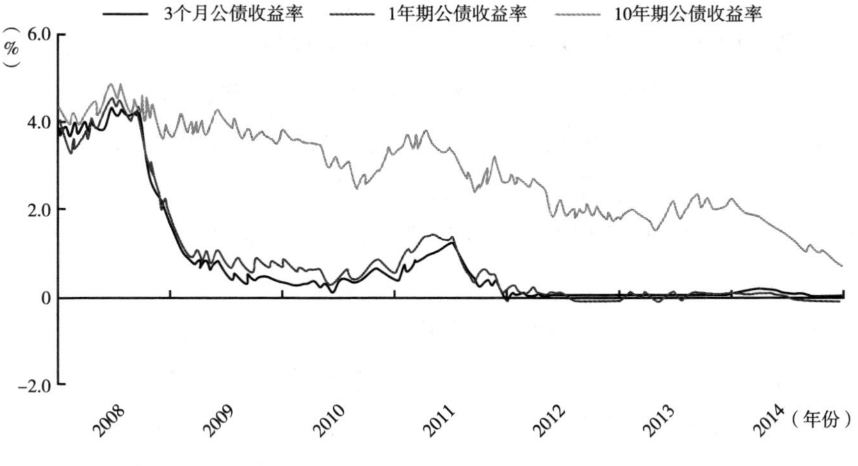

图 4　欧元区公债收益率

资料来源：欧洲央行。

在很大程度上能够反映出欧债危机形势有所缓解。

我们认为，欧洲主权债务危机形势短期内有所控制，主要得益于以下几个方面的因素。

一是得益于欧元区国家在危机治理上的积极作为。欧债危机爆发以来，欧盟和欧元区相关国家主动作为，在欧元区制度建设方面进行了积极探索，推动建立了一系列危机应对机制。2010 年 5 月，欧盟联合 IMF 出台了为期 3 年、总额为 7500 亿欧元的欧洲稳定机制（ESM），其中欧元区国家提供 4400 亿欧元的贷款担保。同年 6 月，欧元区国家正式建立欧洲金融稳定基金（EFSF）以具体实施该担保计划。基金总部设立于卢森堡，负责从金融市场上筹集 4400 亿欧元稳定基金，以提供给需要救助的成员国。如果有欧元区成员国陷入债务危机，无法从金融市场上筹资，该机构将根据其他成员国提供的贷款担保，通过发行债券的形式在金融市场上融资，提供给陷入危机的成员国。EFSF 对维护欧元区稳定发挥了重要作用，特别是在救助爱尔兰、葡萄牙的过程中作用显著。为进一步提高 EFSF 的救助能力，2011 年 6 月欧盟首脑会议决定将欧元区国家的贷款担保额提高，允许 EFSF 在必要时干预国债一级市场。同时，决定在 2013 年 6 月成立正式的欧洲稳定机制（ESM）以替代到期的 EFSF 及其他稳定机制。欧洲稳定机制建立于 EFSF 基础之上，于 2013 年 6 月开始运作，是应对主权债务危机核心的、永久性的救助机制。ESM 获得批准后，与欧洲金融稳定基金（EFSF）合并，从而将救助基金总额提升至 7500 亿欧元，最大放贷能力达到 5000 亿欧元。根据 ESM 规定，任何国家在其经济结构改革达到与欧盟协议标准的条件下，均可向 ESM 直接申请取得优惠贷款。ESM 可以参与银行再融资操作，或接受重债国申请，由 OMT 出资购债。ESM 的重要意义在于，它以穷国财政约束为条件，实现富国对穷国的财政转移支付，在一定程度上具有财政联盟的特性，既是一种金融救助工具，也是财政协调的手段。ESM 是欧洲一体化建设的里程碑，是欧债危机综合治理的大事件。

二是欧元区经济缓慢复苏在一定程度上缓解了严峻的债务形势。尽管有所反复，但总的来看，2014 年欧元区经济处于缓慢复苏的态势。尽管核心国家经济增长并不强劲，但是仍然相对稳定。部分重债国，比如希腊经济萎缩幅度较上年有所减少，环比折年率在上升，西班牙经济环比折年率也在不断上升。应该说，欧元区温和的经济复苏也有助于稳定欧债危机形势。

三是得益于对重债国的财政整顿更加积极有效。针对欧债危机重债国的财政与经济形势，欧元区开展了持续的财政整顿，有助于降低财政赤字率，缓解政府债务率上升压力。欧元区从 2010 年开始进行财政整顿，目前，欧元区财政赤字率从 2010 年一季度 8.2% 的峰值开始下降，2014 年一季度欧元区财政赤字占 GDP 的比重为 4.06%。财政赤字缩小，减少了政府的融资压力，也有助于政府提升在债券市场上的信用。

（三）重大政策进展不一

我们在 2013 年的年度报告中提出，应该高度关注欧元区内的重大政策变化，分别为：一是欧洲银行业单一监管机制（SSM）获得通过。2013 年 9 月 12 日，欧洲议会通过 SSM 相关法案，标志着欧盟完成 SSM 立法程序并正式进入筹建实施阶段，计划于 2014 年 9 月份建成。SSM 是欧洲建立银行业联盟的重要基石，其获得通过具有重大意义。二是跨大西洋贸易与投资伙伴关系（TTIP）取得突破性过展。2013 年 2 月 13 日，美国总统和欧盟领导人共同宣布，双方将分别启动内部程序，开展 TTIP 谈判。谈判不仅有利于推动美欧贸易与投资自由化便利化，促进并协调双方的结构改革和经济转型，也是想为未来全球贸易与投资“建章立制”，打压新兴经济体的发展，拓展美欧在全球经济治理中的作用。三是金融交易税（FTT）方案的启动。2013 年 2 月，欧盟委员会发布了金融交易税提案，并拟定于 2014 年 1 月 1 日在签订协议的 11 个欧元区国家中征收，预计每年将征收 300 亿～350 亿欧元。四是在推动与中国经贸关系方面更加积极活跃。

从 2014 年实际情况来看，四个方面的重大政策变化进展不一，也能够凸显欧元区在相关政策和制度上，仍然存在较大的分歧。

在银行业单一监管机制方面，2014 年欧元区已经更进一步，于 2014 年 3 月达成了银行业联盟协议，完成了关于建立银行业联盟的谈判。这被普遍认为是欧元区为化解金融危机而出台的旗舰式改革，也是自 14 年前创建单一货币以来最雄心勃勃的一体化项目。银行业联盟建立后，欧元区的银行将接受欧洲央行的监管，并由一个中央当局使用 550 亿欧元的救助基金对其进行清盘，欧洲银行业联盟将成为欧元区的一项永久遗产。此前，在银行业联盟问题上，欧洲议会与德国之间存在一定的分歧，德国主要是致力于保护本国的纳税人利益，而欧洲议会则是努力争取更大的互助化和集中化。最终各方达成协议，意味着欧元区将在 8 年内设立清盘基金。欧洲银行业联盟的建立，意味着欧元区金融监管迈向一体化，这将是欧元区经济更紧密协同发展的重要一步。未来欧元区在遭遇金融危机时，将可以更加一致地对外抗争，增强欧元区的整体实力。

在 TTIP 谈判方面，尽管美欧各业界对 TTIP 谈判表现出很大的认同和支持，并且努力推动谈判进展，比如，奥巴马曾表示，TTIP 谈判是他第二个任期的核心经济议程，并有意向国会申请贸易谈判快轨授权（TPA），为签署 TTIP 做准备。欧盟委员会进行的公共咨询表明，相关利益方都高度支持 TTIP，欧方希望在2014年年底前完成谈判。但是从2014年的进展情况看，TTIP谈判进展并不一帆风顺。一是美欧的战略利益并不完全一致。美国的着眼点是战略利益，想凭借地跨两洋的位置优势，通过TPP和TTIP谈判构筑自身的战略布局以应对新兴国家的挑战，努力保住其超级大国的地位，并遏制中国的发展。而欧盟追求的是经济利益，通过推动全球自贸战略来促进贸易的发展，进而推动自身的经济增长和增加就业。战略利益不一致，在一定程度上拖延了谈判的进程。二是TTIP仍然面临着比较强大的反对力量。有很多人认为，TTIP不利于全球贸易多边化进程，敲响了多哈回合的丧钟。一些企业和既得利益者也受到协议的影响，谈判面临着产业游说集团的阻挠。2014年12月9日，反对TTIP谈判的欧盟民众和组织收集了110万欧洲公民实名签署的请愿书，希望欧盟叫停TTIP谈判。三是农产品贸易方面将仍然存在比较大的障碍。美国对欧盟出口大量农产品，而欧盟对农产品设立的贸易壁垒非常高。在2014 ~2020年的欧盟预算中，欧盟为农业提供的补贴高达3700亿欧元，是否改变农业保护政策将是欧盟要做出的重要抉择。不过从未来发展看，TTIP谈判仍将会得到推进，特别是乌克兰危机爆发后，美欧战略利益重新契合，也有利于TTIP谈判。目前，美欧都下定决心在美国下次大选之前完成TTIP的谈判。最新一轮的谈判将在2015年2月于布鲁塞尔举行。欧盟委员会主席容克希望带领欧委会尽快谈成TTIP，他表示TTIP谈判的完成目标时间将是2015年。不过也有分析指出，如果在美国大选前无法完成TTIP谈判，TTIP的前景则令人担忧。

在金融交易税方面，欧盟委员会原计划2014年1月1日在签订协议的11个国家中开始征收。但是从2014年的实际情况看，金融交易税计划进展得并不顺利。主要原因是围绕金融交易税的博弈比较激烈，美国和英国都提出了反对意见。金融交易税可能引发资本异动，也引起了未签署协议的部分欧元区国家的反对。相关法律服务机构也认为，金融交易税计划“超越了欧盟所理解的国际习惯法规范下的成员国税收管辖权”，与欧盟条约“不相容”。由于未能如期开展金融交易税，法国和德国等多个欧盟国家推迟金融交易税的征收，推迟到2016年前开始对股票和部分衍生品交易征税，但是仍然未列明所涉衍生品种类。欧盟财政部长会议协议声称，金融交易税应当分步骤实施，并就金融交易税的最终提案达成一致。对于意大利等已存在金融交易税的国家还能继续加大税率征税。2016年能否如期开征金融交易税，仍需拭目以待。

在中欧经贸合作方面，2014年中欧经贸合作亮点纷呈。3月份，国家主席习近平访欧，提出了建设中欧和平、增长、改革、文明四大伙伴关系。李克强总理6月访问英国和希腊，10月份再次访问欧洲，中国与欧洲以及多个欧洲成员国的双边和多边关系发展进入全新的合作阶段，中欧经贸关系正在从过去的以贸易为主，逐步迈向全方位合作的新阶段。中欧经贸关系是世界规模最大、最具活力的经贸关系之一，中欧在多个领域都有很好的合作潜力。欧洲是中国的第四大投资来源地，也是越来越多中国企业对外投资的首选。2013 年，中国对欧盟直接投资36.2 亿美元，中国投资者收购、并购 120 家欧洲企业，达到历史最高水平。中欧经贸关系不是“一锤子买卖”，而是长期、可持续、利益相互交融的合作。中欧经济总量占世界经济的三分之一，但双方的贸易总量在全球贸易总量中仅占1.5%左右，未来还有很大的提升空间。随着科技进步日新月异，中欧在战略性新兴产业和创新等方面都有广阔的合作空间。未来推进中欧经贸合作的重点，是大力推动中欧经贸合作的制度建设，特别是中欧投资协定谈判是重要一环，也是明年中欧经贸关系的重要工作之一。

二　2015 年展望：不确定性上升

展望2015 年，欧元区经济与债务发展的不确定性上升。经济或将保持微弱增长，但是通缩风险渐行渐近，经济很难实现强劲增长。债务形势依然严峻，有加剧或者反复的危险。从政策走向看，欧元区实施积极宽松的政策可期。预计欧洲央行会推出量化宽松货币政策。财政政策更加积极，推出了欧洲经济复苏计划。对外开放特别是在与相关国家开展自贸谈判方面更加主动。困扰欧元区发展的经济与债务问题也导致欧洲政治出现变数，反欧盟政党大举进入欧洲议会和影响成员国政治稳定态势值得高度关注。

（一）经济难现强劲增长

普遍认为，欧元区明年经济增长形势并不乐观。国际货币基金组织（IMF）在其最新一期《世界经济展望》中指出，欧元区可能重回衰退，IMF 认为明年欧元区有 40% 的几率陷入金融危机爆发以来的第三场衰退。欧盟委员会（European Commission）也大幅下调了欧元区的经济增长预测。欧盟委员会认为，欧盟经济不仅相对于其他发达国家“特别疲弱”，相对于其以往危机后的复苏也表现不佳，同时增长放缓有自我强化的风险。认为危机的后遗症对不同成员国的影响程度不同，但通过贸易和市场信心的传导，这种影响的外溢效果明显。其预测欧元区 2015 年经济增长率仅为 1.1%，显著低于之前预测的 1.7%。同时，欧盟委员会也将欧元区最大的两个经济体德国和法国的经济增长预测进行了下调，将 2015 年德国经济增长预测从 2% 调低至 1.1%，将法国增长预测从 1.5% 调低至 0.7%。

我们认为，2015 年欧元区经济或将延续微弱增长态势。主要先行经济指标显示，欧元区经济可能不会出现显著下跌态势。尽管制造业采购经理人指数和服务业采购经理人指数出现了下行的态势，但是仍然处于荣枯线以上。2014 年 12 月欧元区制造业 PMI 和服务业 PMI 分别为 50.6 和 51.6，出现了一定的回升势头。2014 年 12 月欧元区消费者信心指数为 -10.9，比 2013 年同期有所回升。欧盟 28 国消费者信心指数 2014 年 12 月为 -7.5，虽然与之前几个月略有下降，但是仍然比 2013 年同期有很大的回升，预示着 2015 年欧元区经济复苏仍将比较温和。欧元区 sentix 投资信心指数 2015 年 1 月为 0.9，尽管没有 2014 年那么强劲，但是与 2013 年同期相比，仍然处于比较好的水平。因此，从欧元区先行经济指标来看，2015 年欧元区经济或仍处于温和的低速增长态势，不大会出现大幅下跌的情况。

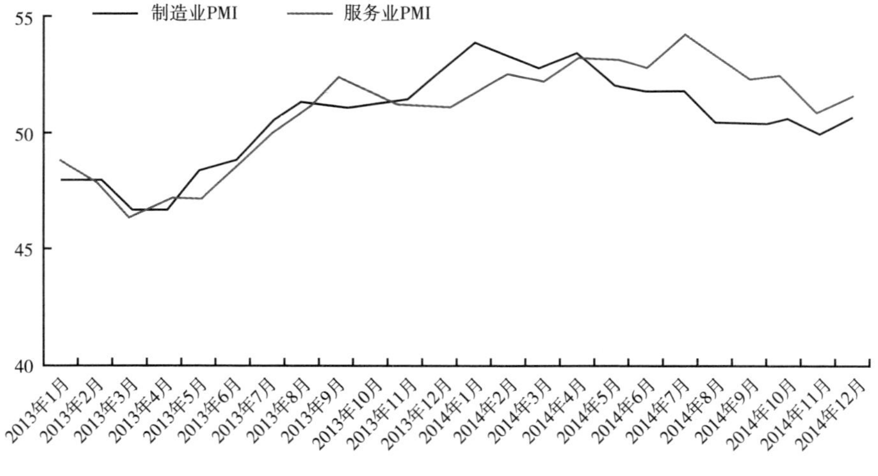

图 5　欧元区制造业 PMI 和服务业 PMI

资料来源：Wind 数据库。

IFO 研究所发布的欧元区经济景气指标显示，欧元区经济景气有所恶化。其发布的经济景气指数从三季度的 118.9 下降至四季度的 102.3，是 2013 年三季度以来的最低水平，表明未来六个月欧元区经济面临一定的下行压力。特别是与2014 年相比，未来经济形势可能有所恶化。其认为欧元区未来经济下行主要原因在于高失业率，疲弱的需求和公共部门赤字是拖累经济的主要因素。但是从IFO 欧元区经济景气指数来看，虽然出现了比较明显的下滑，但是与 2013 年三季度之前的数据相比，目前的经济景气指数仍然处于较高的水平。因此，我们认为，未来六个月欧元区经济可能不会出现显著下跌。

但 2015 年欧元区经济不会出现强劲增长，主要有以下几个方面的原因。

第一，全球经济增长减速制约欧元区经济发展。尽管当前世界经济形势出现了一些有利于欧元区经济增长的因素，比如国际油价持续下行，美联储退出量化宽松货币政策导致欧元贬值等等，有利于带动欧元区消费并扩大欧元区的出口，但是从大的宏观环境来看，世界经济正处于一轮紧缩下行的周期，难以重现世纪之初的繁荣景象。欧元区经济亦将不可避免受此影响，在世界经济的下行周期中，难以独善其身，一枝独秀。世界经济下行将极大地抑制欧元区的外需。而从欧元区自身的经济情况看，其正在努力推行结构改革、财政纪律等，也都在挤压欧元区的需求空间。需求不足将是严重困扰欧元区经济发展的重要因素。

第二，欧元区寻找新的经济增长点之路依然崎岖。我们认为，欧债危机的爆发有欧元区制度方面的根源，但从根本上来说，欧债危机本质上还是实体经济的危机。希腊等欧元区外围国家出现的债务问题，仅归咎于欧元的诞生并不合理，欧元区内一些重债国的经济发展乏力也不是欧元造成的，而是因为这些国家的实体经济竞争力下降，没有新的经济增长点支撑其高工资、高福利的发展模式。经济学的基本原理表明，决定一个国家人民生活水平的是其国民劳动生产率情况。从欧元区国家的经济增长和竞争力来源看，其实体竞争力提升不是由于技术创新和产业升级所致，因此，在新一轮全球经济发展中，其不可避免地会遭遇各种问题。事实上，如果没有欧元，欧元区重债国的问题可能会更加严重，正是欧元的存在，使得欧元区各国成为了利益和命运共同体，并在很大程度上，解决其共同的困难，促进了欧元区各国经济发展。

第三，欧元区经济通缩风险增加或拖累经济增长。2014 年以来，欧元区内物价水平持续下降，12 月欧元区调和 CPI 同比下降 0.2%，远低于 2% 的目标通胀水平，引发了对欧元区经济陷入通缩的担忧。通货紧缩意味着消费者购买力增加，但持续价格下跌也会导致债务负担加重，企业投资收益下降，从而宏观经济可能陷入价格下降与经济衰退的恶性循环之中。此外，经济通缩也使得个人和企业的负债增加，产生新一轮金融压力，从而增加违约风险。当然，通缩只是现象，尽管欧元区面临着较大的通缩风险，但是并不必然陷入通缩。

第四，欧元区银行业的风险未得到完全消除。特别是欧元区外围国家的银行不良资产比例继续上升，蕴含着较大风险。在形势未明显改善之前，银行对实体经济进行融资的意愿和能力都在下降。欧央行两轮长期再融资操作，向经济体注入了超万亿欧元的流动性，但大量流动性还滞留在金融体系内，并未有效刺激经济复苏。2014 年欧洲央行开展了对欧元区银行的资产负债表审计（或资产质量评估）和压力测试。结果表明，欧元区 25 家银行压力测试未及格。此外，欧元区银行“去杠杆”速度也在放缓，缩减资产负债表规模的速度已降至自欧元区金融危机爆发以来的最低点。苏格兰皇家银行估计，为达到监管当局的资本金要求，欧元区银行业还需进一步去杠杆 1.8 万亿欧元，资产缩减将主要来自规模较小的银行，特别是受经济危机打击最为沉重的南欧国家。

第五，地缘政治风险依然困扰着欧元区经济发展。由乌克兰危机引发的地缘政治紧张将持续对欧元区经济增长造成影响。目前，作为应对俄乌冲突的主要办法，欧元区对俄罗斯进行经济制裁。但是经济制裁是一柄双刃剑，在给俄罗斯经济发展带来负面影响的同时，也会对欧元区经济带来负面冲击。俄罗斯与欧元区国家的经济贸易往来非常紧密，根据相关数据，2013 年俄罗斯从欧元区进口总额占其总进口额的 40% 以上，其中 12% 又来自于德国。对俄罗斯的经济制裁导致的需求减少，将传导至欧元区的贸易新订单上，从而将实实在在地影响欧元区国家的经济发展。

（二）债务风险或加剧

2014 年欧元区的债务形势比较稳定，没有出现大的波折，甚至有观点认为，债务危机最困难时期已经过去。但我们认为，欧元区债务危机形势仍然难以根本好转，随着 2015 年欧元区内影响债务形势的各方面因素不确定性上升，不排除债务形势出现反复甚至加剧的危险，有可能形成新的债务危机压力。这主要有以下几个方面的原因。

第一，欧元区经济难以实现强劲增长仍然制约债务问题解决。从上述分析可见，尽管 2015 年欧元区经济可能不会出现大幅下跌，但是受制于全球经济增长减速，区内通缩风险隐现，实体经济竞争力提升困难，新的经济增长点尚未明朗、地缘政治紧张等因素的影响，欧元区经济可能也不会实现强劲增长，从而制约欧元区债务问题的解决。

第二，欧元区债务形势短期内难以有效改观。欧元区国家的债务负担依然比较沉重。根据欧洲央行的数据，2014 年第一季度，欧元区债务占 GDP 的比重达到 93.88%，呈现上升的态势。从欧盟统计局的数据看，2014 年二季度，欧盟债务占 GDP 的比重为 87%，也呈现上升的态势。

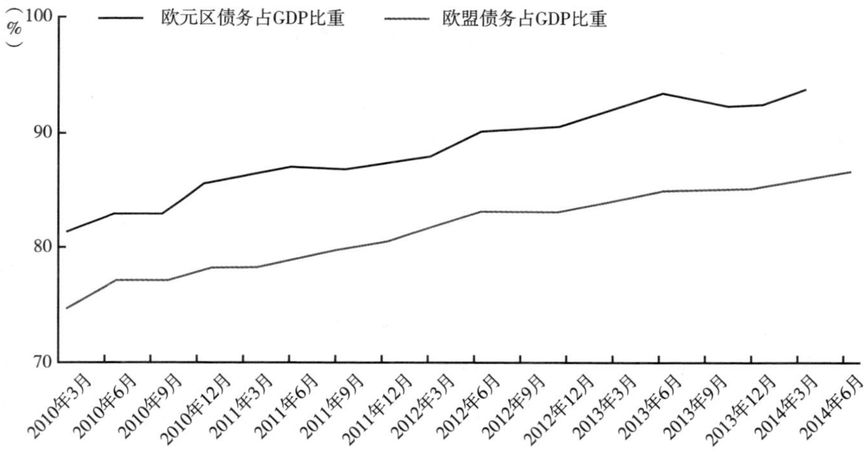

图 6　欧元区和欧盟的债务形势

资料来源：欧洲央行、欧盟统计局。

截至 2013 年底，欧盟 28 国一般政府债务总额达到 11.5 万亿欧元，占 GDP 的比重由 2012 年的 83.6% 升至 85.4%。2012 年欧元区一般政府债务总额达到 8.6 万亿欧元，占 GDP 的比重达到 90.6%。欧元区主要国家的政府债务占 GDP 的比重也仍然比较高。根据欧盟统计局的数据，2013 年德国一般政府债务占 GDP 的比重达到 76.9%，较 2012 年有所下降。法国政府债务占 GDP 的比重为 92.2%，较 2012 年上升了 3 个百分点。意大利政府债务占 GDP 的比重为 127.9%，较上年增加了近 5 个百分点，预计欧洲国家公共债务不断增加的势头可能需要相当长一段时间才能解决。

第三，欧元区政治架构仍将制约债务问题的解决。从欧元区的政治结构来看，其本质上仍然是一个比较松散的政治联盟。这主要源自欧盟内部各主权国之间的权力严重不平衡，主导欧盟的是德法等大国，它们在各种事务上相互牵制明争暗斗，其余的西南欧诸国拥有的话语权十分有限，特别是后来加入的中东欧国家在欧盟内部力量更是非常单薄。在这样的权力架构下，欧元区缺乏强有力的领导核心，没有统一的权威力量，在重大事务上各国囿于本国利益，缺乏政治团结，难于做出有利于全局的决策，特别是欧盟本身复杂的民主决策机制和各国内部各利益团体的压力，都使得欧盟的运作效率下降。从世界各国的实际经验来看，应对危机需要果断而快速的行动，但是在欧盟的制度安排中，行动磋商起来非常困难，很多重大的欧元区制度也难以出台。

第四，重债国的债务形势依然比较严峻。欧元区外围国家仍然债台高筑，虽然过去两年时间里，债券收益率下降减少了借贷成本，但经济复苏疲弱以及预算赤字意味着葡萄牙、爱尔兰、意大利、希腊和西班牙等国家的利息支出仍在攀升。2013 年希腊政府债务占 GDP 的比重达到 174.9%，比 2012 的 156.9% 的水平上升了很大一块。2013 年西班牙政府债务占 GDP 的比重达到 92.1%，2012 年时仅为 84.4%。2013 年爱尔兰政府债务占 GDP 的比重达到 123.3%，比上年上升了 1.6 个百分点。2014 年 12 月 9 日，希腊政府宣布提前举行总统选举，市场对左翼激进联盟 Syriza 或在大选中胜出的忧虑加剧，使得该国政局和金融市场再度动荡。Syriza 的政治主张具有鲜明的反欧盟特征，一是希腊应该退出欧元区，二是希腊应该主权债务违约以减少偿债压力，三是希腊应重新与“三驾马车”磋商救助条款，四是希腊应该放弃财政紧缩来摆脱危机。在欧洲央行和 IMF 提供希腊的 2400 亿欧元区救助贷款将于 2 月 28 日到期的背景下，市场忧虑 Syriza 上台，不仅救助贷款无法偿还，而且希腊或就此退出欧元区。受希腊因素的拖累，欧洲股市也出现了大幅下挫。

最后，制度障碍以及政治不确定因素隐患仍存。欧元区内货币政策统一，财政政策相对独立的制度设置还没有根本改变，这是欧元区爆发债务危机的重要制度原因。在失掉货币政策主权之后，欧元区各国只能靠财政政策来进行治理，特别是维持其国内的高福利模式，从而导致国内债务不断上升。而欧元区的特定政治结构，使得其缺乏政治团结，也缺乏相应的决断力，只能把希望寄托于欧洲央行的货币政策。这一制度障碍将持续困扰欧元区的经济发展。

（三）积极宽松政策可期

我们认为，鉴于欧元区未来的经济与债务形势，欧元区经济政策总体上将呈宽松取向。2015 年欧元区货币政策将进一步放松，可能推出欧洲版量化宽松（QE）货币政策。财政政策将会更加积极，欧盟委员会将推出欧洲战略投资基金（European Fund for Strategic Investment，EFSI）。对外开放政策也将更加积极，与多国签署或者开展自贸协定谈判。

从货币政策看，欧洲央行可能启动量化宽松货币政策。2008 年全球金融危机之后，美联储启动了量化宽松货币政策，通过购买政府债务，扩充央行资产负债表规模，向经济投放大量流动性。普遍认为，量化宽松货币政策是人类社会的大规模经济实验，在特定的经济环境背景下，也取得了一定的成效。我们认为，2015 年，欧洲央行模仿美联储，采取量化宽松货币政策的可能性很高。一方面，这是由欧元区内的政治制度决定的。欧盟在本质上是一个相对比较松散的政治联盟，区内实行统一货币政策、分散财政政策的制度。各国在讨论经济问题、进行经济决策的时候，往往优先考虑本国利益，缺乏政治团结。在政府债务压力之下，各国财政政策的实施均受到很大的掣肘，难以形成合力，因此各国把解决本国经济问题的寄望均寄托于统一的货币政策，推出相对宽松的货币政策来缓解各国债务负担、促进经济增长在政治上比较可行，也是欧元区内各国的众望。另一方面，这是由欧元区内的经济形势决定的。欧元区经济形势的两个突出特点是长期的低速脆弱复苏和价格持续走低，这都给欧洲央行实施进一步的宽松政策提供了空间。普遍认为，欧洲央行并没有完全实现其保障价格稳定的职责。欧洲央行力图把欧元区内通胀率控制在低于但接近 2% 的水平，但是 2014 年欧元区平均通胀率仅为 0.4%，与 2% 的目标相去甚远，通缩风险渐行渐近，这给欧洲央行进一步放松货币政策提供了基本背景。

从政策选择来看，目前欧元区基准利率处于 0.05% 的历史低位上，降息空间基本不存在。当基准利率接近于零时，量化宽松将是比较有效的政策。欧洲央行已经暗示 2015 年初可能启动量化宽松政策。一名欧洲央行（ECB）高官暗示，如果现有举措不足以阻止经济停滞，明年初可能启动主权量化宽松（QE），欧洲央行将根据欧元区各成员国在欧洲央行的资本比例买入其主权债务，该资本比例基于成员国对欧元区 GDP 的贡献，从而使欧洲央行的资产负债表规模扩大 1 万亿欧元。

当然，制约欧元区实施宽松货币政策的因素也存在：一是对宽松货币政策效果的质疑。货币政策更像是绳索，可以拉它以抑制通胀，但不能推它以促进增长。欧洲央行进一步放松货币政策是否能够取得积极成效，仍然存疑。二是欧元区内核心国家德国反对。德国国籍欧洲央行执行委员会委员劳滕施莱格认为，即使欧元区通胀率还在下降，欧洲央行也无进一步货币宽松的空间。德国央行行长兼欧洲央行管理委员会委员魏德曼认为，欧洲央行能在持续一段时间内提升经济潜力是不切实际的想法，只有结构性改革和更强的竞争力才能点燃欧元区经济。

从财政政策看，尽管受到债务高企等因素制约，欧元区财政政策空间受到很大制约，但是欧元区财政政策仍然会更加积极。从当前欧元区经济形势看，主要矛盾在需求不足，需要创造新的经济需求，财政政策的经济效果才会更加明显。一个可能是积极运用财政政策，在仍有财政调整空间的国家增加公共投资和减税。在欧盟层面，目前欧元区已经积极实施相关财政计划。2014 年 11 月，欧盟推出了一项总额为 3150 亿欧元的欧洲经济复苏计划，取名为欧洲战略投资基金（European Fund for Strategic Investment，简称 EFSI），这是容克成为欧盟委员会主席以后采取的一个重大举措。EFSI 试图通过少量公共资金，以杠杆手段吸引大量私人资本。计划的启动资金为 210 亿欧元，160 亿欧元将来自欧盟现有预算，50 亿欧元将来自欧洲投资银行。其主要依靠金融工程调动大量私人投资，根据计划，该资金将以保证金的形式，用来筹集私人基金，从而投资于总价值估计为 3150 亿欧元的项目。未来欧盟政府可能会把自身的现金放入该基金，意味着基金的总体数字还有可能增加。此外，欧洲主权债务危机表明，欧元区需要共同的财政和经济政策，同时相应提高治理水平。英德正携手提出一个简化欧洲内部官僚程序的计划，该计划已经获得了另外 12 个成员国和欧洲议会（European parliament）的支持。

从对外开放政策来看，欧洲一体化的初衷就是利用欧洲的统一大市场，发展国际贸易。目前，在拉动欧元区经济增长的诸多因素中，对外贸易仍然发挥着十分重要的作用。在货币政策、财政政策之外，欧元区对外开放政策也将更加积极。2014 年欧盟与加拿大、新加坡和韩国签署了贸易协定，特别是在与韩国签署协定之后，欧盟对韩国服务业出口增长 9%。2015 年，欧盟对外开放的重点任务是与美国签署跨大西洋贸易和投资合作协定（TTIP），这将给欧元区带来巨大的经济好处。

（四）内外政治形势堪忧

我们认为，2015 年乃至未来一段时期，内外政治形势变化将给欧元区发展带来很大的不确定性。欧元区国家政治不确定性增加，是欧元区面临的大风险，在某种程度上说，欧元区政治形势可能比其经济和债务形势更加让人担忧。有效管控欧元区内的政治分歧，是欧洲政治家和欧元区治理能力的重大考验。

欧盟成立和欧元使用，力图通过和平和合作化解战争与冲突，是欧洲政治先驱们在反思欧洲战争历史后做出的重大战略选择，被普遍认为是欧洲国家成功合作的最重要象征之一。2008 年爆发的全球金融危机和随后的主权债务危机，不仅给欧洲带来了巨大的消极影响，而且影响正在向社会和文化领域蔓延，出现了欧盟民众亲欧热情下滑的现实。一方面，欧洲似乎并未展现出能够恢复经济发展和创造就业岗位的能力，另一方面，欧盟也正在成为官僚气息浓厚、疏远民众的权力机构，欧洲民众感觉到与自身生活息息相关的决策和监督正在慢慢消失。在此背景下，欧洲许多国家的疑欧、反欧情绪日益滋生，欧洲政治形势及其可能带来的影响不确定性上升。

从内部看，反欧盟政党的崛起将给欧洲带来很大影响。欧洲议会全部议员按党派而不是国籍组成不同党团，长期以来，欧洲议会由欧洲人民党和欧洲社会党两大党团占据主要议席。从 2014 年 5 月的欧洲议会选举情况看，这一形势仍然没有根本改变。两党在欧洲议会 751 个席位中占有 410 席，超过半数，而且主流政党执政理念和政策举措相近，加强联合的趋势也比较清晰。中左的社会党党团和中右的欧洲人民党党团两大主流政党将会进一步靠拢，共同合作，防止民粹主义政党获得更多话语权。

但是，反欧盟政党的崛起则是欧洲政治中的重要事件，反欧盟政党大举进入欧洲议会的态势值得高度关注。特别是右翼民粹和左翼民粹势力的异军突起引起了欧洲各方担忧。欧盟委员会（European Commission）前主席巴罗佐曾表示，“非常担心”反欧洲政党的支持率上升，认为是“欧洲机构有史以来经受的最大压力测试”。欧洲各国的反欧盟（EU）政党在关键的议会选举中赢得前所未有的支持，怀疑欧洲的势力急剧增强，其冲击波可能引发欧盟国家政坛“地震”，反欧盟情绪在几乎所有欧元区国家达到历史最高点。极右政党利用欧债危机和欧盟的财政紧缩政策，以简单激进的口号赢得选民关注，在欧洲议会选举中获得了 140 多个议席。反欧盟政党的崛起，将进一步影响欧元区的政治决断力，影响欧洲政治团结，从而给欧元区的发展带来更多的不确定性。

欧盟成员国的政治情况、欧洲议会选举的冲击将持续影响各成员国的政坛。以“反欧盟”和“反移民”为政治纲领的法国极右翼政党国民阵线和英国独立党战胜各自国内的主流政党，分别占据法英两国欧洲议会选举的头名，在欧洲议会选举中，这两个政党都获得 24 个席位，并列成为欧洲议会中的第四大党。德国总理默克尔所属的基督教民主党（CDU）在议会选举中得票率为 35.3%，低于上年联邦选举创下的得票率高位纪录 41.5%。中间偏左的联合执政盟友——社会民主党，得票率为 27.3%。而反欧元的德国新选择党（AfD）得票率达到

7%，首次拿下席次，是上年成立以来取得的最佳成绩。德国新选择党走保守路线，反对纾困弱国，主张应将弱国踢出欧元区。一些欧元区成员国的主流政党领导人被赶下台。西班牙中间偏左的社会党的领导人辞职，该党得票率仅达到23%；爱尔兰副总理下台，他所在的工党作为执政联盟中的较小伙伴，在选举中得票率屈居第五。2014 年 12 月，希腊再度爆发政治危机。希腊总理安东尼斯·萨马拉斯（Antonis Samaras）宣布提早举行总统选举，投资者担心，大选可能让极左政党——激进左翼联盟（Syriza）上台，将重燃对希腊在欧洲货币联盟内地位的担心。此外，欧洲地缘政治形势也给欧元区经济债务发展带来很大的不确定性。主要是乌克兰危机带来的欧盟与俄罗斯的关系紧张。乌克兰长期面临着“向欧洲靠拢”和“向俄罗斯靠拢”的政治徘徊。乌克兰危机爆发后，演变成为美欧与俄罗斯之间的地缘政治博弈。目前来看，欧盟的选择是一方面对乌克兰进行支持和援助，另一方面对俄罗斯进行制裁。但是正如我们在前文中所述，俄罗斯是欧盟的重要经济伙伴，欧洲高度依赖俄罗斯的能源，制裁俄罗斯也将给欧盟带来很大的负面影响。未来乌克兰局势的走势仍然存在很大的不确定性，将持续影响欧俄关系，也给欧元区经济与债务形势带来很大的不确定性。

参考文献

1. 姜姝：《后危机时代的欧洲一体化：国际学术研讨会综述》，《欧洲研究》2013 年第 5 期。
2. 江时学：《跨大西洋贸易与投资伙伴关系的进展与影响》，《欧洲研究》2013 年第 6 期。
3. 袁国龙：《从“欧猪五国”到新“重债七国”——再论欧洲主权债务危机治理》，《中国经济问题》2014 年第 2 期。
4. 刘荣、崔琳琳：《欧洲稳定机制框架设计及启示》，《财经问题研究》2014 年第 5 期。
5. 赵晨：《欧洲议会选举之后的欧洲政治走向》，《当代世界》2014 年第 8 期。
6. 丁纯：《从欧洲议会选举结果看欧债危机的影响和欧洲一体化前景》，《当代世界》2014 年第 6 期。
7. 周舟：《从欧元区各国的比较看欧债危机根源》，《国际金融研究》2013 年第 12 期。

（撰稿人：中国国际经济交流中心副研究员王天龙）

2014年日本经济形势分析与展望

2014年日本经济复苏进一步放缓，提高消费税的负面影响明显显现，安倍经济学前景堪忧。上调消费税率引发了日本国内需求回落，为拉动内需、激活经济长期增长动力，日本政府出台新版经济增长战略，被视为“安倍经济学”的第三支箭。但是，日本经济连续两个季度出现负增长，日本经济陷入技术性衰退。未来日本经济既面临短期瓶颈，又将面临长期结构性问题，同时世界经济形势将对外向型的日本经济产生显著影响。因此，在消费者信心低下及外部环境等不确定因素的影响下，预计未来日本经济复苏步伐艰难。中日经贸合作出现新特点，应进一步扩展合作新领域，关注日本经济新动向，特别关注安倍经济学对我国的溢出效应。

一 2014年日本经济形势的主要特点

2014年日本经济复苏进一步放缓，提高消费税的负面影响明显显现，日本经济连续两个季度出现负增长，日本经济陷入技术性衰退，安倍经济学前景堪忧。

（一）提高消费税的负面影响明显显现，安倍经济学前景堪忧

从宏观上来看，因消费税上调造成的负面影响明显显现，日本经济连续两个季度衰退。2013年以来，日本实施以“安倍经济学”为核心的一系列新经济政策，推动日本经济复苏。其中，提高消费税措施是重要一环，以期改变日本国内

通货紧缩状况，削减公共债务，推动结构性改革。2014 年 4 月，日本提高消费税 3 个百分点，由 5% 提升至 8%，为避免消费税提高带来损失，日本居民提前消费，由此带动一季度日本经济大幅上升，实际 GDP 同比增长 2.22%，也由此透支了二季度的消费，二季度实际 GDP 同比下降 0.29%。市场认为安倍经济学的成败主要取决于第三季度的经济数据，多数专家认为三季度日本经济能够复苏，若三季度经济数据不如市场预期，则意味着安倍经济学有失败的可能，日本将被迫出台新的经济刺激措施。从实际情况来看，日本三季度经济增长大大低于市场预期，三季度实际 GDP 同比下降 1.3%，下降幅度远大于第二季度，这表明安倍经济学未能达到预期效果。设备投资和出口增幅下降是拖累日本经济复苏的主要因素。三季度，企业设备投资环比减少 0.4%；外需对经济增长的贡献度仅为 0.1%，一季度曾为 -0.2%，为两年来首次负贡献，新兴经济体经济减速是日本外需下降的主要原因。

表 1　用支出法计算出的日本经济季度增长率与贡献率（季节调整实际值，环比）

单位：%

项　目	2014 年		
	一季度	二季度	三季度
国内生产总值(GDP)	1.4	-1.7	-0.5
国内需求	1.6	-2.7	-0.5
民间需求	2.3	-3.7	-0.9
民间消费	2.2	-5.1	0.4
民间住宅投资	2.3	-10.0	-6.8
民间企业投资	6.2	-4.7	-0.4
公共需求	-0.8	0.5	0.5
政府消费	-0.3	0.3	0.3
政府投资	-2.7	0.9	1.4
货物和服务出口	6.4	-0.5	1.3
货物和服务进口	6.2	-5.4	0.7
内需贡献率	1.6	-2.8	-0.5
民间需求	1.8	-2.9	-0.7
政府需求	-0.2	0.1	0.1
外需贡献率	-0.2	1.0	0.1

资料来源：日本内阁府。

（二）日本超宽松货币政策扭转了通缩趋势，引发股市大涨

1. 近年来日本超宽松货币政策确实扭转了通缩趋势，消费价格开始大幅上涨

1998 年亚洲金融危机至 2012 年期间（除 2008 年国际金融危机初期），日本基本处于通货紧缩阶段，居民消费价格指数（CPI）长期为负或不到 1% 的水平。2013 年安倍经济学实施以来，日本超宽松货币政策逐步扭转了日本的通货紧缩状况，2013 年 6 月 CPI 由负转正，自此 CPI 一路上扬，2014 年 5 月达到 3.7%，为 14 年间的最高点，11 月份降至 2.4%，但仍高于 2% 的通胀预期。2013 年日本 CPI 水平为 0.9%，2014 年三个季度的 CPI 水平分别达到 1.5%、3.6%、3.3%，预计 2014 年年度 CPI 将上涨 3.2%，上涨趋势明显。

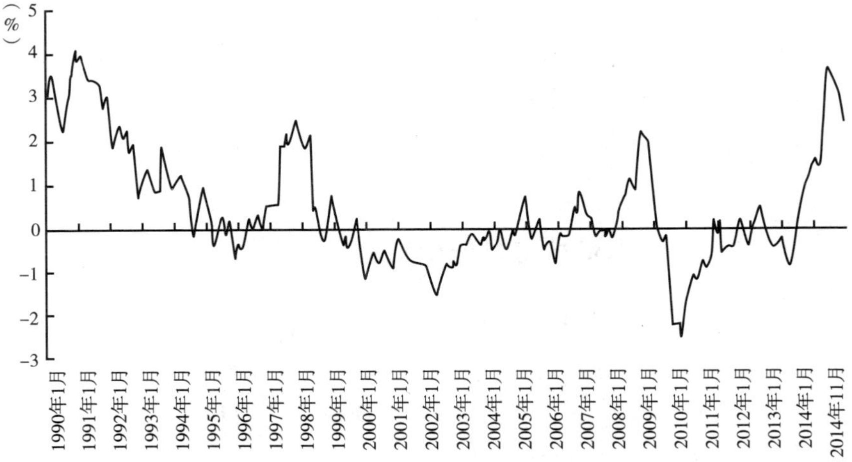

图 1 日本 CPI 同比增长率（1990－01～2014－11）

资料来源：Wind 资讯。

2. 股市大涨，房地产市场没有明显上涨

一般情况下，一国实施超宽松货币政策，将推动物价大幅上涨，超发货币将进入收益率较高的资本市场，如股票市场和房地产市场。在日本超宽松货币政策推动下，日本股市大涨，2012 年底至 2014 年底，日经 225 指数累计上涨 7055 点，涨幅约为 70%。然而，日本的超宽松货币政策并没有推动日本房价大幅上涨。2014 年以来日本新屋开工率呈下降趋势，2014 年 11 月日本新建住房约 7.8

万套，同比下降 14.3%。房地产市场没有明显上涨的短期原因在于市场担心若安倍经济学失败，日本将会再度提高消费税，这将加重财政赤字，资本会逃离日本，房价下跌风险较大。长期原因则是日本少子老龄化趋势不可避免，长期需求下降，买房热情不高。

图 2　日经 225 走势（2012－01～2014－12）

资料来源：Wind 资讯。

（三）日本失业率保持相对低位

2014 年 11 月日本失业率为 3.5%，降至 1998 年以来的较低水平。2014 年日本失业率大幅下降得益于日本经济的整体复苏，以及日本政府出台刺激经济的新版经济增长战略和鼓励女性工作的政策，更多的人特别是女性开始寻找工作机会。三季度日本用人需求和求职人数之比（求人倍率）增至 1.10 倍，意味着每对应 100 个求职者就有 110 个就业岗位。求人倍率连续三个季度上涨，表明用人需求旺盛。

（四）日元呈现大幅贬值趋势

安倍内阁组建以来，日本采用日元大幅贬值措施刺激出口、拉动日本经济。2012 年日元对美元平均汇率水平为 80 日元兑 1 美元，2013 年末贬值至 105 日元兑 1 美元，一年之中日元对美元汇率贬值幅度高达 32%。2014 年以来，日元对美元汇率累计贬值 9%，截至 2014 年 12 月底，日元对美元汇率达到 120，相比 2012 年累计贬值 50%。

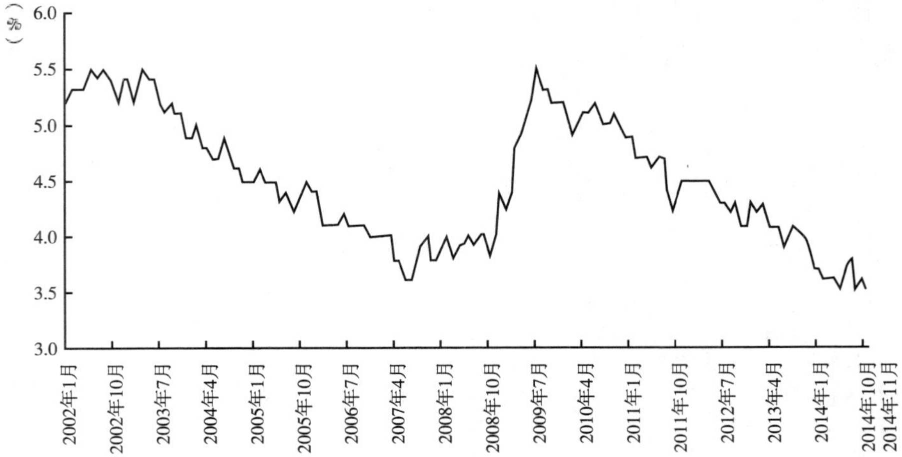

图 3　日本失业率（2012－01～2014－11）

资料来源：Wind 资讯。

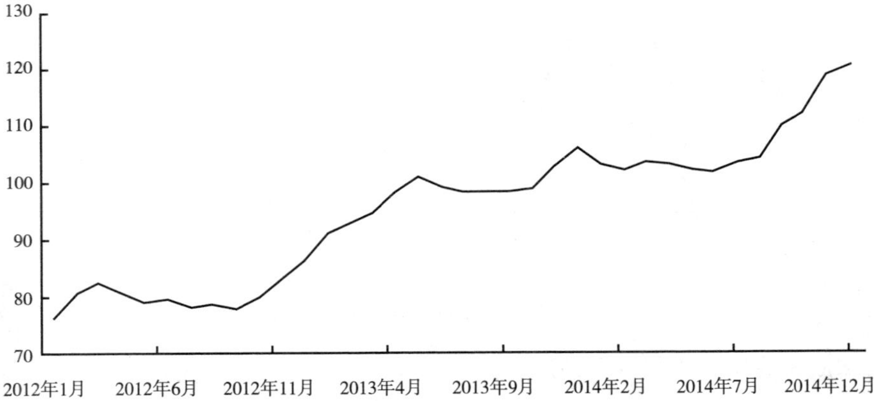

图 4　日元对美元汇率（2012－01～2014－12）

资料来源：Wind 资讯。

（五）国际油价大幅下降，日本贸易逆差问题有所减缓

国际油价大幅下降缓解了日本贸易逆差不断扩大的趋势。2011 年日本大地震以来，日本核电站停产，日本能源进口激增，这是日本贸易逆差不断扩大的主要原因。然而，2014 年下半年以来，国际油价大跌，目前布兰伦特原油期货跌至四年来最低。受此影响，日本贸易逆差有所缓解。2014 年 1 月，日本贸易

逆差额达到2.8万亿日元历史最高，10月份已大幅降至7407亿日元（11月份为8935亿日元），贸易逆差额相比年初大幅缩小2.1万亿日元，收窄幅度达74%。

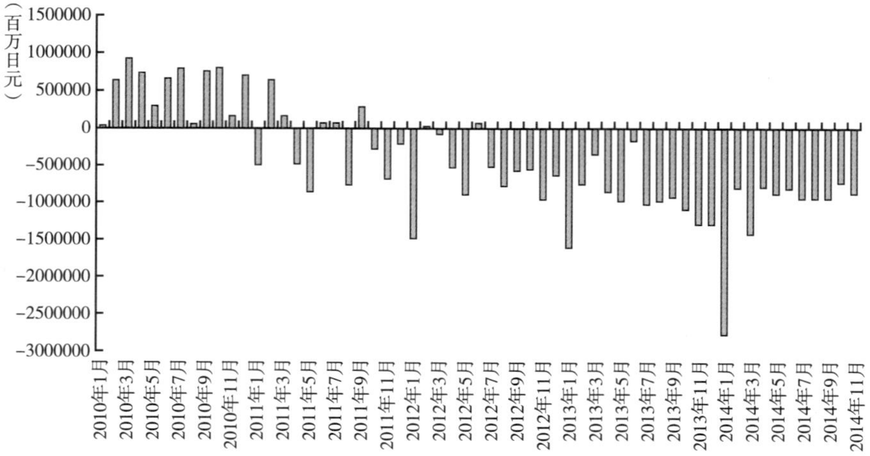

图5　日本贸易差额（2010－01～2014－11）

资料来源：Wind资讯。

二　2014年日本经济刺激政策的变化

2012年末安倍上台以来，安倍政府推出了以大胆的金融政策、灵活的财政政策和成长战略“三支箭”为核心的一系列新经济政策，统称为“安倍经济学”。第一支箭旨在消除通货紧缩；第二支箭以在短期内支撑日本经济、中期内实现财政健全化为目标；第三支箭旨在扩大投资和提高经济增长的结构性改革，是安倍经济学的核心部分，也是最难落实的部分。2013年，安倍经济学推行一周年之际，日本经济出现正增长、股价上涨、通胀缓慢上升等积极的征兆，可以说，安倍经济学取得短期成效，日本经济初步走进复苏通道。

2014年，日本政府提高消费税、出台新版经济成长战略，旨在推升价格，扭转通货紧缩的态势，刺激经济增长。上调消费税率引发了日本国内需求回落，为拉动内需、激活经济长期增长动力，日本内阁府6月24日正式公布了新版经济增长战略和“经济财政运营和改革的基本方针”，该战略是日本政府

2013 年提出的“日本再兴战略”的升级版，被视为“安倍经济学”的第三支箭。与旧版增长战略相比，新版增长战略更加注重结构性改革。但是，日本经济连续两个季度出现负增长，安倍经济学前景堪忧，日本经济复苏步伐艰难。

（一）“安倍经济学”刺激措施并未实质改变通货紧缩状况，日本内需驱动经济动力严重不足

日本消费税率 4 月 1 日起从 5% 上调至 8%，这是日本时隔 17 年再度上调消费税。上调消费税率旨在削减公共债务，推动结构性改革。然而，由于加税后严重打击消费意愿，冲击安倍经济学带来的复苏态势，目前，日本内需驱动经济动力严重不足。“安倍经济学”刺激措施并未实质改变通货紧缩状况。

1. 日本长期通货紧缩主要原因

日本通货紧缩是结构性的，经济外生增长模式难以转变。上世纪 90 年代，日本泡沫经济破裂之后，日本陷入通货紧缩泥潭长达二十年之久，通缩造成严重内需不足，长期内需不足又严重影响经济复苏，形成恶性循环，造成日本经济长期低迷。尽管安倍执政一年来，安倍经济学取得成效，实现经济增长，初步达成通货膨胀目标，出现股市大涨等经济向好现象，然而这种通货膨胀仅仅是一种货币效应，是通过日本央行实施量化宽松货币政策超发货币和日元贬值实现的，根本而言，并没有实质改变日本通货紧缩状况。实际上，日本国内消费仍低迷，当前日本仍处于通货紧缩之中。

内需长期低迷，消费意愿不足。日本处于长期通货紧缩状态，民间内需严重不足。20 世纪 90 年代初期，日本经济开始出现通货紧缩现象，2000 年以后，通货紧缩已经成为日本经济的主要特征。日本总务省公布的数据显示，1999 年至今，除个别年份（2006 年 0.3%，2008 年 1.4%，2013 年 0.4%）日本消费者物价指数同比都是下跌或零增长。通缩造成民间内需严重不足。过去 20 年中（1993 ~ 2013），占其 GDP 近 6 成的民间消费需求一直处于极度低迷状态，据日本内阁府公布的统计数据显示，日本家庭消费支出（剔除租金）除 1994 年上升 2.5% 外，其余年份均低于 2%，2000 年之后负增长低增长（低于 1%）成为常态，2009 年跌幅达到 3.9%。

人口老龄化及较高的储蓄率，削弱了居民消费能力。当前，日本老龄化趋势加剧，国内需求严重不足。日本总务省的调查显示，日本老龄化率（65 岁以上

的人口比例）达23%，为世界最高。2010年日本总人口为1.28亿，国际货币基金组织（IMF）预测2019年日本总人口将降至1.25亿，人口将减少300万。同时，日本储蓄率较高，较高的储蓄率进一步削弱了居民消费能力。IMF预测日本国民总储蓄率2014年为23%，2019年为24%，远高于G7（七国集团）国家国民储蓄率18%～20%的平均水平。

产业空心化加剧，国内投资低迷。上世纪七十年代广场协议之后，日元大幅升值导致日本企业大量投资海外，成为世界最大债权国，国内投资不足。2011年日本大地震之后，日本加快海外产业转移步伐，进一步加剧了国内产业空心化态势。大地震引发日本企业对全球产业链布局的重新思考。面对日本频发的自然灾害与核泄漏等不可抗拒的风险，确保产业链的安全、保持企业的核心竞争力成为日本新一轮产业布局的重点，很多企业把产业转移到相对安全的周边国家，一些高端产品的生产也逐步向新加坡、马来西亚等地转移，核心研发部门也开始向外布局，新一轮产业布局思路的转变，必然加快日本产业外移速度。日本海外投资日益增长，国内投资大幅减少，而国内需求不旺，海外回流的资金又重新投回海外，导致国内产业发展急剧萎缩，加剧了日本产业空心化程度。

2. 日本依靠内需驱动经济的动力不足

尽管安倍经济学三支箭促使日本在2013年实现难得的增长和温和的通货膨胀，但这种在央行大量印钞、政府开支激增的措施下带来的增长并不具有可持续性，通货膨胀也并非是因为真实需求推动，除了推高股市和打压货币外，并没有真正驱动内需并带领日本经济走出增长乏力的困境。日本提高消费税率抑制了内需，可能改变目前日本经济复苏依靠国内需求驱动的模式。随着政策刺激驱动力减弱，日本经济增长率明显呈季节性递减趋势。2014年第二、第三连续两个季度经济出现负增长。随着政策驱动力的减弱，当前出现了不利于物价上涨趋势的因素，日本经济后续乏力的特征正在显现。

（二）日本经济后续乏力特征逐步显现，新版经济增长战略出台

2012年四季度至2014年一季度，日本实际国内生产总值（GDP）已连续六个季度实现了正增长，累计增长4.2%。通货紧缩状态持续改善，剔除消费税上调的影响，2014年4月核心消费者价格指数（CPI，剔除生鲜食品价格）同比增长1.5%，核心－核心CPI（剔除生鲜食品及能源价格）同比上涨1.0%。就业

形势好转，新增用人倍率（新增用人需求和新增求职人数之比）超过 1.6 倍，达到自 1992 年以来的最高水平，有效用人倍率（用人需求和求职人数之比）为 1.08 倍，为 7 年 9 个月以来的最高水平，失业率为 3.6%，基本处于 2007 年以来的最低水平。2014 年劳资谈判结果是月工资上调率超过 2%，工资上调率达到过去 10 年的最高水平。然而，安倍经济学的第一支箭和第二支箭的政策效果开始出现减弱，日本经济后续乏力的特征逐步显现，亟须出台能够支撑经济长期发展的经济措施。在此背景下，2014 年 6 月，安倍经济学的第三支箭即新版经济增长战略出台。

经济增长战略的核心是放宽政府管制、促进市场竞争，激发企业创造活力，增强经济发展内生动力，旨在通过改善资本、劳动力及生产环境等生产要素供给能力，提高企业生产效率，并转变经济发展模式，促进日本经济实现可持续增长。主要有以下几个方面的内容。

1. 鼓励企业在设备和基础设施等领域投资

日本政府实施了约 95 亿美元的设备投资减税等措施，以恢复设备投资水平。2013 财年，设备投资达 6359 亿美元，同比增长 3.5%，2014 年一季度同比增长 7.4%，为连续 4 个季度增长，2015 财年的目标为 6643 亿美元。提前一年废除复兴特别法人税，2014 年 4 月下调企业税 2.4%。新政策提出重点改革企业税，争取数年内将企业税由目前的 35% 降至 20%，从 2015 财年开始下调。

2. 强化公司治理，激活企业内生动力

《公司法》修订版获得通过，旨在促进上市企业引进独立董事。上市企业中选聘独立董事的比例由 2013 年的 47% 大幅提升至 2014 年的 61%。丰田汽车、佳能、东丽、新日铁住金等大公司开始引入独立董事。新措施包括制定《公司治理准则》，促进金融机构对企业的支持等。

3. 提高劳动人口特别是女性的就业率

改革劳动方式方面，政策重心由维持就业向支持劳动转移转变，扩大正式员工比例。劳动力市场有效用人倍率为近 8 年来的最高水平，工资上调率达到过去 10 年的最高水平，夏季奖金上调率增长 8.8%，是过去 30 年的最高水平。日本政府采取新措施防止过度劳动，修改工作时间，建立不看时间看成果的“新劳动时间制度”等，使选择多种劳动方式成为可能。鼓励女性发挥更大作用方面，推行“加快落实消除待入托儿童计划”，针对托儿所名额不足导致适龄儿童无法入托问题提出了解决方案，到 2017 财年底拟确保 40 万个托儿所名额。提高育儿休假工资支付水平，支付金额由休假前工资的二分之一提高到三分之二。安倍政府成立后约1年内女性就业人数增加了53万人，企业女性管理者比率提高，由2012年6月的6.9%提升至2013年6月的7.5%。新政策为打破“小学一年级壁垒”，即孩子上小学之后因没有适当的托儿设施导致在外工作的母亲被迫辞职的现象，到2019财年底拟确保约30万个小学生进入托儿设施的名额。

4. 重视创新驱动相关制度的改革，积极改善生产环境

促进科技创新方面，赋予综合科学技术会议跨中央政府部门政策推进功能，鼓励研发和创新。推动建立国家创新体系，强化政府在科技创新体系建设中所起的桥梁和纽带作用。农业领域，实施农业政策改革，决定到2018年3月底全面废除已实行长达40多年的大米补贴政策。农林水产品及食品出口额创历史新高，2013年出口额约为52亿美元，同比增长22.4%。新政策为加强农业竞争力，实施一体化改革，时隔60年首次进行农业协同组织（JA）改革，削弱JA的权限，允许地区农协根据实际情况对农户进行扶持。医疗及健康领域，设立医疗领域研发指导机构，即独立行政法人日本医疗研究开发机构。实施旨在促进再生医疗实用化的改革，如细胞培养与加工均外包给外部工程师。新政策创设“患者申报疗养”混合诊疗制度，允许保险内诊疗和保险外诊疗两种方式并行，同时大幅缩短审查时间，由目前的6个月压缩到6周。金融领域，启动小额投资免税制度（NISA），截至2014年3月底，开设了650万个NISA账户，总额约97亿美元。实施促进企业民间风险投资的税制，放宽众筹管制。新政策调整日本政府养老金投资基金（GPIF）的投资组合构成比例，强化GPIF的治理体制。能源领域，约60年来首次进行彻底的电力系统改革。新政策拟最迟在2020年前完成包括发电与输配电分离的一系列改革。国际业务拓展至旅游领域，实施总理及部长级高层营销策略，并针对以东盟各国为主的10个国家放宽签证条件。

三　未来日本经济复苏步伐艰难

未来日本经济既面临短期瓶颈，又将面临长期结构性问题。同时，世界经济形势将对外向型的日本经济产生显著影响。因此，在消费者信心低下及外部环境等不确定因素的影响下，预计未来日本经济复苏步伐艰难。

（一）受消费者信心低下及外部环境等不确定因素影响，未来日本经济复苏步伐艰难

从整体上来看，日本上调消费税给经济复苏带来的负面影响不可低估，未来日本经济复苏步伐放缓。据日本内阁府预测，2014 年日本实际 GDP 增速为 1.4%，低于 2013 年 2.1% 的增速。IMF 在 2015 年 1 月发布的最新报告中，下调了日本经济增长预期，预测 2014 年增长 0.1%，2015 年增速为 0.6%，相比此前 2014 年 10 月份的预测分别下调了 0.8 个百分点和 0.2 个百分点。通货膨胀方面，IMF 预测日本将结束持续二十年的通货紧缩，2014 年实现 1.3% 的通货膨胀，2015 年 CPI 上涨 1.4%，2019 年 CPI 涨幅为 1.3%。

促进未来日本经济发展的积极因素：一是就业和居民收入有所改善，二是日本政府刺激经济发展的各种政策效果仍然存在。因此，2015 年日本经济仍将持续缓慢复苏态势。

2015 年日本经济发展面临的不确定性在于内需低迷和外部经济环境等因素。国内不利因素在于消费者信心低下。因上调消费税造成的负面影响，消费者信心连续 4 个月出现下降，由 7 月份的 41.8 下降至 11 月份的 37.4。外部不利因素在于世界经济下行风险加大。2014 年 10 月 IMF 再次下调 2014 年全球经济增速至 3.3%，并警告全球经济下行风险正在加剧，这是 IMF 今年以来第三次下调全球经济增长预期。2015 年 1 月 IMF 下调 2015 年全球经济增速 0.3 个百分点至 3.5%。

表 2　2012～2016 年世界经济增长趋势

单位：%

年　份	2012	2013	2014	2015	2016
世界经济	3.4	3.3	3.3	3.5	3.7
发达国家	1.2	1.3	1.8	2.4	2.4
新兴经济体和发展中国家	5.1	4.7	4.4	4.3	4.7
美国	2.3	2.2	2.4	3.6	3.3
欧元区	-0.7	-0.5	0.8	1.2	1.4
日本	1.5	1.6	0.1	0.6	0.8
中国	7.7	7.8	7.4	6.8	6.3

注：2015 年和 2016 年为预测值。

资料来源：IMF，《世界经济展望》，2015 年 1 月。

（二）2015年日本重启核电站意义重大，将影响日本贸易和投资格局

出于对能源安全和成本方面的考虑，2015年日本将重启核电站，结束日本持续一年的零核电状态。自2011年日本大地震之后，日本境内核电站全部停运，实施核电站安全新标准，要求所有核电站能够应对2011年日本大地震级别的地震和海啸。2012年5月，日本进入零核电状态，然而为应对夏季电力短缺问题，6月大阪核电站暂时重启，并于2013年9月再次停运。目前，日本约有50座商业反应堆，在2011年大地震之前，约有30多座反应堆处于运转状态，目前日本原子能规制委员会正在对13座核电站的20座反应堆进行审查。

2015年重启核电站对日本经济意义重大。一是将扭转贸易逆差格局。日本全国电力供应约30%来自核电，2011年日本大地震后关停日本所有核电站，导致能源严重短缺，日本不得不大量进口能源，企业成本上升，进而导致日本出现巨大贸易逆差，并且具有贸易逆差长期化趋势，改变了日本贸易格局。重启核电站能够缓解日本能源短缺问题，能源供给不再严重依靠进口，进而缓解日本贸易逆差问题。预计随着越来越多的核电站通过审查，日本能源供给将逐步得到缓解，日本贸易格局将重新出现扭转，重回贸易顺差时代。二是将扩大投资力度。核电站重建投资巨大，日本将进一步加大投资力度，有利于拉动经济增长。三是将降低企业成本。重启核电能够保证日本的电力供应更加稳定，有利于企业降低成本，增加价格竞争力。

（三）安倍经济学没有达到预期，日本经济面临两难选择

安倍经济学的初衷是引导经济从通缩转为通胀，通过日元贬值提高出口等。然而，目前出现了一些不利于物价上涨的因素，并且日元贬值对出口并没产生明显效果，反而大大增加了进口负担。这从三季度的经济数据低于市场预期可以看出，经济已经出现疲软迹象。出现阻碍通胀因素的主要原因在于日本上调消费税导致市场后续需求下降，增税打击了国内消费，进而抑制了通胀这一重要目标。另外，日元贬值未能扭转日本贸易逆差问题，反而对国民经济以及中小企业都造成了负面影响。2011年以来日本已连续三年出现贸易逆差，逆差额不断扩大。在贸易逆差的情况下，日元贬值大大增加了进口负担，导致进口金额不断超过出口金额，进一步加剧了日本贸易逆差，对日本经济的负面影响加大。

未来日本经济面临两难选择：若2015年日本继续上调消费税，将进一步抑

制经济发展；若不增加消费税，巨额财政赤字难以缩减，日本将失去财政信用，利率也会继续上升，对经济的负面影响较大。

（四）未来日本经济发展面临的短期难题

1. 政府如何弥补减税后的债务增加？

在下调企业税的背景下，日本政府如何实现 2015 年相比 2010 年财政赤字减半、2020 年财政盈余的目标？下调企业税是安倍经济学第三支箭的核心内容，然而作为日本税收的第三大来源的企业税下调之后，日本政府如何弥补财政缺口？据测算，每下调 1% 的企业税会导致日本政府税收减少数十亿美元。如果不能有效解决财源问题，日本负债会更重。

2. 如何促进企业将减税受益部分用于再投资？

日本政府降低企业税旨在增加有效需求和促进投资，释放经济活力。降低企业税能够鼓励企业将减税的受益部分用于再投资和更新基础设备，并抵消由于提高消费税所带来的损失，能够吸引外国投资者投资日本国内，但这些将取决于企业的意愿和国际市场的需求。

3. 如何应对消费税率上调引发的消费需求回落？

尽管日本国内主要观点认为，到目前为止，由 4 月份提高消费税引起突击消费后的需求回落仍在预期之内，然而，为弥补降低企业税所带来的税收减少，日本很可能在 2015 年第二次提高消费税，由目前的 8% 提升至 10%，这将进一步抑制日本国内需求，不利于日本经济转型和可持续增长。

4. 如何有效实施经济增长战略？

新版经济增长战略希望促进民间投资和提振消费者信心，激发企业活力并拉动内需增长，从而推动日本经济增长。实现 2013 ~ 2022 财年名义 GDP 年均增长 3% 和实际 GDP 年均增长 2% 的目标，同时提高实际国民总收入（GNI）的增幅。尽管新版经济增长战略对税制、劳动力市场、农业改革、创新机制等日本长期结构性问题都有所涉及，但缺乏具体的实施细则，解决这些问题需要更大力度和更具可行性的政策设计。

（五）未来日本经济发展面临的中长期结构性难题

虽然积极的货币政策和财政政策能够提振日本经济增长，但是作为安倍经济学三支箭中核心部分的结构性改革仍缺少更有效的具体行动，日本中长期前景仍不明朗。日本仍面临长期结构性难题，主要包括外需依赖型经济结构、产业空心化、人口老龄化和不断增长的国债负担等问题。

1. 外需依赖型经济结构，贸易逆差长期趋势明显

2011 年以来，日本贸易逆差趋势显著，逆差额不断扩大，日本“贸易立国”模式经历重大考验。2014 年 1 月日本贸易逆差高达 2.8 万亿日元，折 274 亿美元，创 1979 年以来单月贸易逆差最高纪录，日本已连续 3 年呈现贸易逆差。造成贸易逆差的主要原因，在于日元大幅贬值和日本能源严重依赖进口。日本是世界第三大原油进口国，核电占日本发电总量约 30%。2011 年大地震后，日本本土电力供应和原油生产受到较大影响，能源供给严重短缺。目前，日本能源 90% 依赖进口，2013 年日元大幅贬值 20%，造成进口燃料价格急剧攀升，企业成本大幅上升。2014 年下半年，国际原油价格崩盘，日本能源进口成本下降，日本贸易逆差状况有所缓解，但仍处于贸易逆差之中。

同时，日本出口现状也令人担忧。作为日本主要出口对象国的美欧、中国和新兴经济体状况不容乐观。美国货币政策收紧，其后果依然未知，美国经济复苏的不稳定因素增加；欧元区经济尚未彻底走出危机，经济复苏动力不足；中国经济减速和中日政治因素影响两国贸易；新兴经济体总体上处于调整状态。同时，随着日本制造业持续向海外转移，日元贬值对出口的推动作用将会越来越小，日本企业出口竞争力整体减弱。因此，日本出口的整体状况不容乐观，进一步扩大了日本贸易逆差。日本这种外需依赖型经济结构若不能改善，贸易逆差可能成为一种长期趋势，不利于推动日本产业的转型升级和日本经济发展。

2. 产业空心化加剧，长期供给能力下降

近年来，随着日本海外投资日益增长，国内投资大幅减少，国内产业发展急剧萎缩，加剧了产业空心化程度，削弱了日本国内企业的长期供给能力，未来日本经济增长动力不足。2011 年日本大地震重创日本本土制造业，加快了日本企业向海外布局的步伐，产业海外转移的规模和结构也发生了巨大变化，传统工业和劳动密集型等低技术、低附加价值的产业链向研发技术等高技术、高附加价值核心链条的大规模转移，进一步加剧了日本国内产业空心化趋势，威胁了日本国内的产业基础，不利于日本产业结构调整和转型升级。

3. 少子化老龄化趋势加剧，国内需求严重不足

劳动力资源是社会经济发展的动力来源，日本少子化老龄化趋势加剧，必将引起社会劳动人口的减少，进而引起国内需求严重不足。日本总务省的调查显示，日本人口增长缓慢，2005～2010 年五年间日本人口仅增长 0.2 个百分点，年均增长 0.05 个百分点。日本老龄化率（65 岁以上的人口比例）达 23.1%，为世界最高，少子化率（不满 15 岁的人口比例）是 13.2%，为世界最低。据 2010 年厚生省白皮书披露的数据显示，2030 年日本男性终身未婚率（到 50 岁没结过一次婚）将达到 29.5%，女性则将达到 22.6%，未婚人口比例的增加将加剧日本少子化趋势。

4. 财政重建问题紧迫，刺激经济发展的政策空间有限

安倍上台以来，包括补充预算在内，累计出台高达 100 万亿日元的财政刺激方案，比 2008 年金融危机之前的 83 万亿日元还多出 17%，政府对国债的依赖不断加剧，整个经济严重依靠财政投入。2013 年，日本财政赤字率达到 9.5%，公共债务达到其 GDP 的 244%，引发外界对日本主权债务危机的担忧。安倍对国际社会承诺削减财政赤字，使得 2015 年的财政赤字缩减到 2010 年规模的一半，2020 年全部削减完全实现盈余。若不能如期达到减赤目标，将对日本的国际信誉和日元汇率形成冲击。但目前除增收消费税之外，尚未看到其他更有效的具体措施，日本在财政重建问题上依然举步维艰。由于债务压力过大，日本政府通过继续实施财政政策来刺激经济发展的空间有限。

（六）世界经济形势影响未来日本经济走势

日本作为世界第三大经济体持出口外向型经济发展方式，其经济走势和政策制定受世界经济形势影响较大，同时其对世界经济的影响显著。2014 年以来，世界经济维持复苏态势，但也出现一些新的情况。总的来看呈现以下三个特征。

一是世界经济增长格局“西升东降”。主要发达国家经济复苏增长出现分化。首先，美国经济复苏势头稳固。美国因受极端天气以及财政刺激和量化宽松货币政策效应减弱等影响，一季度实际 GDP 环比折年率萎缩 2.1%，第二、三季度出现明显反弹，分别增长 4.6% 和 5.0%，经济重新步入上升轨道。具体来看，第三季度人均个人消费支出同比增长 1.96%，增幅快于一、二季度的 1.46% 和 1.65%；8 月和 10 月份美国的制造业采购经理人指数（PMI）升至 59.0%，12 月份小幅下降至 55.5%；9 月份新房开工量同比折年率大幅增长 19.12%，新房销售同比增长 14.0%；8 月份汽车销售量同比折年率增长 6.0%；12 月份美国的失业率已降至 5.4%，连续 9 个月低于或等于美联储设定的 6.5% 的货币政策退出阈值，就业状况持续改善。其次，欧元区经济回升但通缩风险仍存。欧元区一至三季度同比分别增长1.1%、0.6%和0.8%，基本走出了主权债务危机的阴影，但复苏势头微弱。其中核心国德国经济增速较快，一至三季度德国GDP同比增长分别为2.6%、1.0%和1.2%；法国微幅增长，一至三季度GDP同比增长分别为0.7%、0.1%和0.3%；同时意大利、西班牙、希腊等部分重债国也开始逐步走出衰退。最后，新兴经济体经济减速。新兴经济体受制于结构性问题普遍进入减速通道，一至三季度，印度GDP同比分别增长6.1%、5.9%和6.0%，俄罗斯分别为0.9%、0.8%和0.7%，印度尼西亚分别为5.2%、5.1%和5.0%，南非分别为1.9%、1.3%和1.4%，巴西一季度增长1.9%，二、三季度分别下降0.9%和0.2%。同时，新兴经济体PMI出现不同程度下滑，通胀率仍居高不下。总体来看，新兴经济体经济增长仍处于持续放缓阶段，但整体增速仍然高于世界平均水平。

二是全球货币政策明显分化。由于经济走势不同，2014年发达经济体中的美国与欧日的货币政策出现分化。全球金融体系关注的焦点是美联储如何削减量化宽松政策。由于美国经济复苏日益稳固，美国收紧货币政策。美联储宣布从2014年1月份开始削减购债规模，标志着持续五年之久的量化宽松政策正式步入退出阶段，市场预测美联储可能在2015年年中首次加息。欧洲和日本实施宽松的货币政策，以稳定经济和国内金融市场。欧洲方面，为提振经济、摆脱通货紧缩风险、缓解欧洲金融市场尤其是银行业面临的困境，2014年以来，欧洲央行实施包括降息、新一轮长期再融资操作等一系列宽松货币政策措施。6月，欧央行将隔夜存款利率削减至-0.1%，成为全球首个推行负利率政策的主要经济体央行。9月，欧央行全面下调三大利率，隔夜存款利率降至-0.2%，宣布将推出包括直接购买资产支持证券（ABS）在内的一系列欧版量化宽松措施。日本方面，日本央行继续推行“超级量化宽松政策”，以使通胀率达到2%的目标。在此宽松政策冲击下，日元大幅贬值。2014年新兴经济体的货币政策调整较为被动，面对高通胀压力的新兴经济体主要以紧缩货币为特征。由于新兴经济体尚处于经济结构调整过程中，新兴经济体货币政策仍需继续相机调整，随着全球资本流动风险加剧，新兴经济体的货币政策调整难度将加大。

三是国际资本流动“频繁无序”。2014年上半年，受美联储退出量化宽松政策、乌克兰危机、俄罗斯面临大幅资本外流和中国采取措施减少短期套利资金流入等因素影响，短期内资本频繁流入或流出新兴经济体，国际资本流动的无序性和波动性显著增强。相关数据表明，新兴经济体股票和债券基金在连续12个月面临资金净流出后，今年 4 月转为净流入，近几个月来国际资本又快速回流至新兴市场。国际金融协会发布的新兴市场资本流动报告显示，今年 5 月新兴经济体股票和债券市场共净流入资金 450 亿美元，创 2012 年 9 月以来新高，新兴经济体股市平均上涨约 5%。新兴市场资本流入强劲反弹的主要原因是全球金融市场风险偏好上升，以及投资者降低了对美联储加息节奏的预期。

表 3　世界主要经济体 2014 年前三季度 GDP 增长率（美国为实际 GDP 环比折年率，其他国家为 GDP 同比）

单位：%

国家或地区	一季度	二季度	三季度
美　　国	2.6	4.6	5.0
日　　本	2.5	1.8	0.7
欧 元 区	1.1	0.6	0.8
德　　国	2.6	1.0	1.2
法　　国	0.7	0.1	0.3
印　　度	6.1	5.9	6.0
俄 罗 斯	0.9	0.8	0.7
印度尼西亚	5.2	5.1	5.0
南　　非	1.9	1.3	1.4
巴　　西	1.9	-0.9	-0.2

资料来源：根据 Wind 资讯数据整理。

未来全球经济面临四大风险。一是发达经济体的政策风险。美国货币政策调整将引发全球资本流动格局变化。目前，美国量化宽松货币政策正在逐步退出，可能会引发全球资本流动变化，使得热钱开始大幅流出新兴经济体、回流美国等发达经济体，加大国际资本市场和汇率市场的波动性，从而增加新兴经济体资本外流和汇率波动的风险，增加新兴经济体宏观经济管理的难度。欧盟和日本的政策调整将引发全球贸易格局变化。欧元区经济在宽松货币政策支持下，逐步加快复苏步伐，欧盟整体贸易格局也随之发生变化，1999～2012 年欧盟整体为贸易逆差格局，2013 年至今开始转变为顺差格局，对外进口需求相对减少。日本的政策调整对自身及世界经济影响较大。日本从 4 月份开始提高消费税，导致一些消费提前进行，带动一季度日本经济增长较快，也透支了二季度的消费，导致二季度日本经济萎缩。提高消费税带来 CPI 持续攀升，加之日本家庭收入水平不升反降，也会制约未来内需增长，影响日本对外贸易。欧盟和日本是新兴经济体主要出口目的国，随着欧盟和日本政策调整，其对外需求相对减少，势必影响新兴经济体出口。二是主要经济体的结构性改革风险。目前，欧元区虽然正积极采取一系列措施应对欧债危机，但是，解决欧债危机还需要相当长的时间。日本推出的新经济政策虽然取得了短期效果，但不能解决产业空心化、人口老龄化等长期性问题。新兴经济体处于结构性调整期，经济增速普遍回落。新兴经济体经济增长主要靠出口拉动，但多数国家的内需仍然低迷，为促进经济发展，新兴经济体迫切需要推进结构性改革，转变经济发展方式，因此也面临较大的经济转型风险。三是全球金融市场大幅波动风险。全球资本无序流动将加大全球金融市场波动。一些新兴市场国家采取加息等短期措施缓解资本外流，将制约其投资和消费的增长，而国际资本大进大出造成其金融秩序紊乱，因此，加大了新兴经济体"稳增长"的压力。四是地缘政治风险。2014 年以来，加沙战火重燃、乌克兰危机持续发酵、伊拉克乱局升级恶化、印度和埃及大选、越南国内反华暴行、泰国军事政变、俄罗斯和西方对峙升级、南海摩擦加剧等事件导致全球地缘政治风险继续上升，对世界经济增长造成较大负面影响。

展望 2015 年，全球经济走势总体向好，但仍存隐忧，日本经济受世界经济发展大环境的影响，仍有下行压力。IMF 在 2015 年 1 月的预测中下调 2015 年全球经济增长预期 0.3 个百分点至 3.5%。这是 IMF 2014 年以来第三次下调全球经济增长预期。但总体上看，2014~2015 年世界经济将呈现温和回暖的趋势。发达经济体经济增长分化趋势明显，美国经济复苏态势将更加稳固，美国通胀走势和美联储货币政策将是全球市场焦点；欧洲经济复苏状态不均衡，欧央行推出欧版量化宽松措施，以支持经济复苏，摆脱通缩风险。日本经济大起大落，面临长期增长动能不足问题，未来仍有下行压力。新兴经济体经济平稳增长但下行压力较大，由于受政局动荡、内需疲软及外需不景气影响，新兴经济体经济增长仍将疲弱。

四　中日经济合作建议

中国是日本第二大贸易伙伴，日本是中国第五大贸易伙伴。海关总署数据显示，截至 2014 年底，中日双边贸易额为 3124 亿美元，同比下降 1%。其中，中国对日本出口同比减少 0.5%，中国从日本进口同比增长 0.4%。中日经贸合作出现新特点，应进一步扩展合作新领域，关注日本经济新动向，特别关注安倍经济学对我国的溢出效应。

（一）近期中日贸易变化情况

重要工厂在中国制造销售，日本对中国出口难以提高。近年来，日本企业逐渐意识到中国市场需求潜能巨大，企业经营理念发生转变。此前日本在中国制造的目的是出口国外，看中的是中国的廉价劳动力和资源，并未重视中国市场。目前日本企业到中国的主要目的是扩大中国国内市场的销售，在中国制造并销售。目前在华日资企业超过 23000 家，在华日资企业数量也超过美国，位列第一。由于日本企业已在中国制造并销售，多数商品不需从日本出口到中国，因此，日本对中国的出口难以进一步提高。同时，由于近年来中国劳动力成本上升，日本企业收益率下降，日本企业转向投资东南亚国家趋势显著，这也是不争的事实，这从日本的 FDI 流向可以看出。联合国贸发会议发布的 2014 年《世界投资报告》显示，2013 年日本对外投资流量为 1357.49 亿美元，连续三年上升，主要投资目的国为美国和东南亚国家，占世界 FDI 流量（1.4 万亿美元）的 10%。

中日政治环境对两国经济产生一定影响。不同以往的中日之间的政冷经热现象，近年来的事实表明，中日政治关系对中日经济会产生一定的影响。例如 2013 年中日贸易下滑，中日贸易总额 3120 亿美元，同比下降 5.1%，日本降为我国第五大贸易伙伴。其中我国对日本的出口 1502.8 亿美元，下降了 0.9%，我国自日本的进口 1622.7 亿美元，下降了 8.7%。一方面，日元贬值削弱了中国产品在日本市场上的价格竞争优势；另一方面，2013 年日本钓鱼岛事件带来的中日政治上的争端，对双边贸易产生的影响不可忽视。

表 4　2014 年 1～12 月中国进出口商品主要国别（地区）累计总值

单位：十亿美元，%

	进出口金额	进口金额	出口金额	进出口同比	出口同比	进口同比
欧盟	615	244	371	9.9	9.4	10.7
美国	555	159	396	6.6	7.5	4.2
东盟	480	208	272	8.3	11.5	4.4
香港	376	13	363	-6.2	-5.5	-20.7
日本	312	163	149	0.0	-0.5	-0.4
总值	4303	1960	2343	3.4	6.1	0.4

资料来源：根据中国海关总署网站公布数据整理。

（二）推进中日经济合作的建议

一是深化双边贸易投资合作。中日之间存在较强的经济互补性，贸易投资合作空间广阔。例如，日本在环保、高科技领域拥有优势，中国则拥有世界第一大市场和充足的劳动力，双方投资合作发展迅速。日本是第二大对华投资国，2013年日本对华直接投资额达70.6亿美元。近年来，中国也加快了对日本的投资和并购。如苏宁电器控股日本著名电器零售商Laox，这是中国家电零售企业首次收购日本上市公司。投资行业主要包括科技产品零部件供应企业以及食品加工企业等。

二是共同推动中日韩自贸协定谈判。中日韩自贸区谈判自2012年11月启动，截至目前，共举行了6轮谈判。2014年11月，中韩FTA（自由贸易协定）结束实质性谈判，中韩或将于2015年上半年正式签署协定，这将成为中日韩FTA的突破口，有利于中日韩FTA的推动。中日双方应充分考量各自诉求，针对热点产品的关税减让情况、各自市场的开放程度等达成一致，尽早缔结中日韩FTA。

三是推进可再生能源领域的技术合作。2014年11月中国政府出台《能源发展战略行动计划（2014～2020年）》，明确将发展清洁低碳能源作为我国能源战略的主攻方向。这表明中国将鼓励大规模发展可再生清洁能源，而日本在可再生能源领域的技术水平和实践世界领先。因此，中日两国可推进可再生能源领域的技术合作，推动太阳能、风能、生物质能、地热能等方面的科技合作。建议建立政府层面的合作机制，推动两国间科学技术人员的互访和交流，鼓励建立联合实验室和产业基地。

（三）关注安倍经济学对我国的溢出效应

若安倍经济学长期政策成功，将能够促进包括中国在内的亚洲各国经济的发展。若日本实现产业结构调整，由制造业的大规模生产转变为以服务业为主的生产结构，将能够带动亚洲各国产业结构转型。原来以日本为头雁的“雁形发展结构”继续向亚洲西南方向延伸，即中国内陆以及缅甸、老挝等国家，形成一个新的产业升级过程。当然，日本依靠国外市场吸纳国内企业产能的“供给管理”模式和出口发展战略相结合的外向型经济模式与同样经济发展模式的中国会产生一定竞争，但通过产业结构升级可有效改善两国在出口产品上的竞争状况。

若“安倍经济学”长期政策没有取得预想中的成功，日本经济继续低迷，这对中国经济的长期发展会产生一定的不利影响。特别是，中国在工业技术方面对日本依赖程度较高，日本的科技创新能力和企业转型升级对中国具有一定的带动作用。同时日本是中国主要贸易伙伴之一，重要的出口对象国，若日本经济持续低迷，必将影响其国内需求能力，不利于中国对日出口。但随着中国经济的稳步增长和科技研发能力的提高，中国将逐渐降低对日本的依赖程度，有利于东亚经济的重心继续向中国转移，有助于中国在东亚区域经济发展与合作进程中发挥主导作用。

（四）关注日本经济新动向

关注日元贬值风险。2013 年至今，日元大幅贬值，国际热钱开始投机炒作亚洲货币，应警惕日元贬值可能引发亚洲金融危机。日元是我国外汇储备三大币种之一，日元贬值对我国外汇储备保值增值极为不利。同时，中日都是以出口为导向的经济体，彼此为竞争关系，日元贬值将增加日本产品出口竞争力，对我国出口形成挤压。此外，日元贬值将进一步加剧人民币升值压力，影响中日韩三国的自贸区谈判。

关注日本主权债务风险。安倍经济政策并没有根本改变日本经济面临的长期难题。庞大的债务是其面临的最大风险。尽管过去二十年日本并没有爆发过主权债务危机，然而近年来日本债务结构发生了实质性变化，债务持有人中外国人持有比重增加，主权债务风险敞口加大，对全球经济复苏构成巨大威胁，我国应该未雨绸缪，做好应对日本主权债务风险预案。建议国家有关部门委托相关机构，整合知名院校和智库力量，成立“日本主权债务风险对策研究小组”，设立专项基金，长期跟踪研究日本主权债务风险。与此同时，加快调整我国外汇储备资产的币种结构，适度增持日本国债，在日本经济危机爆发时刻，以支持日元稳定和日本经济发展为筹码，压日本右翼势力转向，争取我在解决日本问题时的主动权。

关注日本贸易走势。日本贸易格局影响中日贸易走向。长期以来，日本对中国贸易比重保持在 20% 左右，中国对日本贸易比重保持在 10% 左右，中日贸易关系密切。因此，日本贸易格局的转变将对中日贸易产生深远影响。近年来，日本外贸出现由长期贸易顺差转向长期贸易逆差趋势。日本保持贸易顺差格局长达二十年之久，2011 年日本大地震之后，这种格局被打破，目前已连续三年出现贸易逆差，逆差额仍在不断扩大，2013 年贸易逆差高达 11 万亿日元，约合 1126 亿美元，预计 2014 年日本仍将出现贸易逆差。中国是日本主要进口来源国，中国应抓住日本贸易格局转变的机遇，积极开展双边贸易，提高产品质量，扩大对日出口。

关注安倍经济学发展新动向。鉴于安倍经济学的成长战略前景不可预期，中国作为日本的邻国和重要的贸易伙伴，应做好全方位的应对措施。建议持续跟踪日本国内经济走势和政治动向，关注安倍经济学能否带领日本真正走出通货紧缩及日本结构性改革的效果，注意防范安倍经济学失败对中国经济发展造成连锁反应。

注重中短期外需对经济增长的驱动作用。中日两国都是外向型经济，同时存在金融危机导致外需下降进而引起经济放缓的现象，两国政府都采取刺激内需的措施，试图通过拉动内需刺激经济增长。然而，日本提高消费税进一步抑制了内需，并未实质改变日本通货紧缩的状况。因此，日本经济发展仍需依靠外需。中国则由于国民收入分配结构不合理、教育和医疗养老等方面的后顾之忧导致较高的储蓄率，同样存在内需在中短期内难以拉动的难题。IMF 预测 2013 年中国国民总储蓄率为 22%，2019 年达到 24%，与日本持平。因此，中短期内中国经济发展仍需依靠外需拉动。应积极扩大外需，稳定中国外需市场。一方面，与贸易伙伴国家积极开展双边或多边贸易谈判，如加强与欧美的双边投资协定谈判，加快推进亚太自贸区建设。另一方面，加强与贸易伙伴的相互沟通，降低因误解带来的不必要贸易摩擦。

注重长期经济增长仍需依靠内需拉动。促进中国经济发展，长期来看，仍需依靠内需拉动经济增长。目前，我国居民消费需求呈下降趋势，国内居民消费占 GDP 的比重不断下降。改革开放三十年来，GDP 增速达到年均 10%，然而居民消费率却由 1981 年的 67. 11% 下降至 2013 年的 49. 8%，基本处于历史较低水平，居民消费严重不足。居民消费支出对 GDP 增长的贡献率也由 1981 年的 93. 4% 下降到 2014 年的 51%，内需对经济的拉动作用在减弱。

然而，中国内需市场潜力巨大，保持中国经济可持续发展，扩大居民消费需求是关键。第一，提高消费能力。在发展经济、扩大就业的基础上，提高居民收入水平，着重提高农民和低收入群体的收入水平，从而提高居民的消费能力。第二，改善供给结构。扩大旅游等各种服务性消费，使生产满足城乡居民多样化、多层次的消费需求。第三，引导消费预期。完善社会保障体系，解决人们在教育、医疗、养老等方面的后顾之忧，提高人们的消费预期。第四，优化消费环境。规范市场秩序，加强对食品药品安全的监管，让人们能够放心消费。第五，开辟将高储蓄转化为有效投资的多种途径。

（五）关注包括日本在内的世界经济环境变化带来的机遇

当前，世界经济复杂多变，世界经济已经由危机前的快速发展进入深度转型调整期，国际经济环境给中国带来的机遇大于挑战。一是海外经济复苏带动中国外贸回暖。受益于发达经济体总体企稳回升，中国外需市场总体趋于好转。2014年年底，出口同比增长 9.7%，扭转了年初大幅下降局面，如 2 月份出口同比下降 18.1%。进口方面，11 月份和 12 月份进口增速分别同比下降 6.7% 和 2.4%，主要反映了内需不足。这意味着净出口对经济贡献度上升。随着海外市场的陆续复苏，外贸形势有望进一步回暖，预计今年下半年进出口增速将显著高于上半年。二是世界经济转型调整促进中国经济改革和结构调整。当前，世界经济处于深度转型调整期。发达国家实施再制造业化战略，国际产业加速转移，国际分工不断调整，以互联网、新材料、新能源为代表的“第三次工业革命”正在兴起。中国应顺势而为，加快改革步伐，推动自身经济结构调整，努力谋求更大的国家利益。中国应注重解决中长期的结构性问题，激发市场的内生力量。要加快转变政府职能，减少行政审批，放宽市场准入，有效配置市场资源，增强可持续发展动能，提高适应国际市场变化的综合竞争力。三是发达经济体货币政策调整增加中国热钱流出风险。美国退出量化宽松政策将加大中国资本流动的不确定性，使得中国在 2015 年有热钱流出的风险，中国货币政策应该对此提前做好防范措施。中国应进一步完善人民币汇率市场化形成机制，有序扩大人民币汇率波动区间，更多地让市场决定汇率，减少跨境资本套利空间；完善跨境资本流动监管体系，有序推动人民币资本账户开放；积极利用多边平台，通过签订货币互换协议等方式共同抵御相关风险。四是中国应防范地缘政治风险。2014 年以来，全球地缘政治风险加大，对世界经济增长的稳定性产生较大负面影响。近日，IMF 警告称，地缘政治紧张将拖累全球复苏。地缘政治风险可能产生更大负面溢出效应，并波及中国，中国应做好防范措施。出口企业应加强风险管理意识，通过重视合同评估、寻求当地合作伙伴支持、充分利用出口信用保险等政策性金融工具，有效防范贸易风险。

参考文献

1. 崔成、牛建国：《提高消费税对日本经济的影响及对策分析》，《中国经贸导刊》2013 年第 11 期。
2. 贺满萍：《日本经济存在的结构性问题及其对中国的启示》，《经济研究参考》2013 年第 47 期。
3. 高海红、陈思翀：《安倍经济学经济增长战略的目标、内容和评价》，中国社会科学院世界经济与政治研究所国际金融研究中心，Working Paper，No. 2013W18，2013 年。
4. 李晓、张虎、丁一兵：《从“安倍经济学”的前景看中国经济面临的挑战与机遇》，《国际经济评论》2014 年第 1 期。
5. 刘红、胥鹏：《安倍经济学能否破解日本经济难题》，《日本经济》2014 年第 1 期。
6. 逯新红：《“安倍经济学”刺激措施的效应分析》，《中国物价》2014 年第 9 期。
7. 逯新红：《多重困难下的日本经济发展前景并不明朗》，《中国经贸导刊》2014 年第 6 期。
8. 鲁政委：《拆解安倍经济学》，《中国金融》2013 年第 14 期。
9. 唐建伟、陈鹄飞：《安倍经济学“三支箭”的风险》，《中国金融》2013 年第 18 期。
10. 吴庆：《安倍经济学的要点在“第三支箭”》，《中国发展观察》2013 年第 7 期。
11. 易宪容：《“安倍经济学”效果及影响的理论分析》，《国际经济研究》2013 年第 6 期。
12. 《日本将重启川内核电站为福岛核事故后首次》，中国新闻网，2014 年 11 月 7 日。
13. 日本内阁府：《日本经济增长战略改定 2014》，http：//www5. cao. go. jp/keizai－shimon/kaigi/cabinet/2014/decision0624. html。
14. 日本首相官邸：《经济财政运营和改革的基本方针 2014》，http：//www. kantei. go. jp/jp/singi/keizaisaisei/pdf/honbun2JP. pdf。
15. IMF，“World Economic Outlook”，October，2014.
16. IMF，“World Economic Outlook”，January，2015.

（撰稿人：中国国际经济交流中心副研究员逯新红）

2014 年亚洲经济形势分析与展望

2014 年，亚洲经济面临的世界经济形势背景发生了较大变化。一方面，在国际金融危机爆发 6 年后，世界经济未完全摆脱危机阴霾，世界经济总体增长乏力，不少新兴经济体也面临增速下滑挑战。但另一方面，中国提出的“一带一路”战略为亚洲合作发展带来了新契机和新动力，从亚洲基础设施投资银行到金砖银行，从丝路基金到欧亚高速运输走廊，这些新兴战略必将有效助益构建开放型世界经济格局，为亚洲乃至世界经济实现持续、均衡、健康增长不断注入新能量。尽管如此，2015 年，亚洲改革、创新和发展任务更加艰巨，结构调整难度加大，经济下行风险依然存在，领土争端等各种正式、非正式的合作障碍依然严重，进一步结构改革、深化地区合作仍然是亚洲经济持续健康发展的必经之路。

一 2014 年亚洲经济形势

面对国际国内经济下行和复苏缓慢的压力，亚洲主要经济体 2014 年采取了多种措施提升经济，继续加快区内外一体化规模和进程，取得了一定进展。各种迹象表明，2014 年美国经济持续复苏，对亚洲国家出口是利好，但总体看亚洲外部环境并未有效改善，面临劳动力、土地、资源、能源等要素成本的大幅攀升，竞争力在削弱，整体经济仍处于低迷状态，通胀压力在 2014 年仍然挥之不去，中国和日本经济开始放缓，经济增长低于国际权威机构的预期，美国 QE 退出造成的资本流动压力对亚洲新兴经济体影响更大。

（一）中国经济在新常态下运行总体基本平稳，仍是世界经济的重要引擎，但经济下行压力和风险依然较大①

2014 年，中国经济增速有所回落，据国家统计局 2015 年 1 月 20 日公布的统计数据，全年国内生产总值（GDP）636463 亿元，同比增长 7.4%。但据国际货币基金组织测算，2014 年中国经济对世界经济增长的贡献率高达 27.8%，仍然是世界经济的重要引擎，而且经济增长仍保持在合理区间，经济结构不断优化升级，“新常态”成为描绘中国经济发展最新态势的关键词（见图 1）。

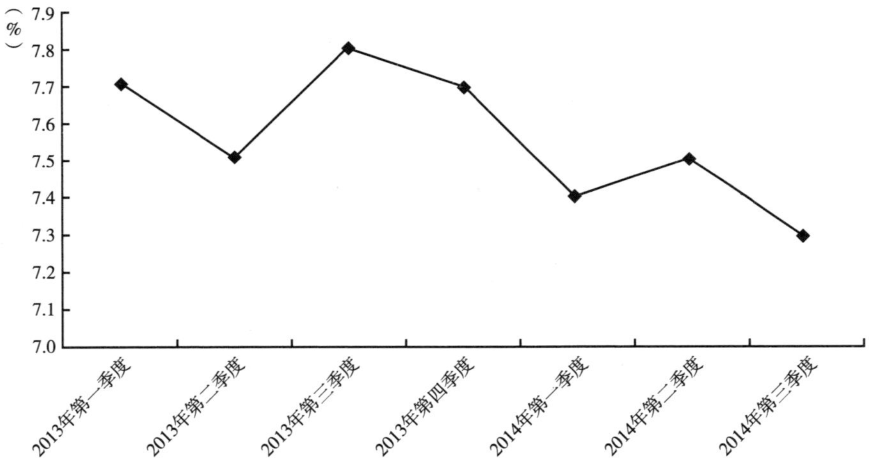

图 1　2013 年一季度至 2014 年三季度中国 GDP 同比增速

资料来源：国家统计局。

在产业结构方面，调整稳步推进，转型升级势头良好，高新技术制造业和服务业主导型经济正加快形成，据国家统计局 2015 年 1 月 20 日公布的数据，第一产业同比增长 4.2%；第二产业增长 7.3%；第三产业增长 8.1%，同比提高 0.8 个百分点。2014 年工业经济增速出现一定程度的放缓，2014 年全国规模以上工业增加值增长 8.3%，中国工业经济增速已从高速开始转向中高速（见图 2）。工业产业结构调整稳步推进。从工业三大门类看，2014 年制造业同比增长 9.4%。

① 《2014 年中国经济形势分析与 2015 年经济走势预测》，《经济日报》2014 年 12 月 30 日；《2014 年世界经济形势回顾》，中国质量新闻网，2014 年 12 月 17 日。

电子制造业增长12.2%，装备制造业增长10%，消费品工业、原材料工业分别增长8.4%和8.3%。从效益看，2014年，规模以上工业企业实现利润同比增长3.3%，其中制造业实现利润增长6.5%。在41个工业大类行业中，28个行业利润总额同比增长。

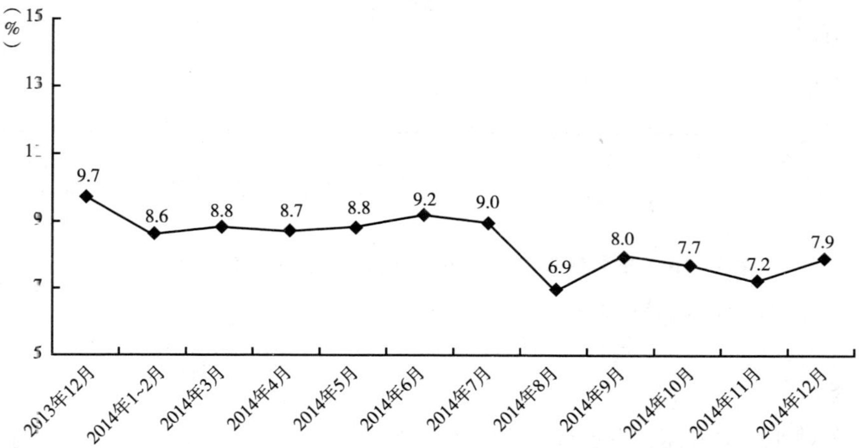

图2 规模以上工业增加值同比增长速度

在需求结构方面，2014年全年，社会消费品零售总额262394亿元，同比名义增长12.0%，实际增长10.9%。其中，限额以上单位消费品零售额133179亿元，增长9.3%（见图3）。同时据商务部监测的去年1~12月5000家重点零售企业销售额增长6.3%，较上年回落2.6个百分点。全年最终消费对GDP增长的贡献率达到51.2%，比上年提高3个百分点，成为拉动经济增长主引擎。在民生方面，就业与居民收入增长较快。国家统计局2015年1月20日发布数据显示，2014年，中国居民人均可支配收入同比实际增长8.0%，这一数字高于国内生产总值（GDP）7.4%的增速。国家统计局城乡一体化住户调查显示，2014年全国居民人均可支配收入20167元人民币（下同），比上年名义增长10.1%，扣除价格因素实际增长8.0%。全国居民人均可支配收入中位数17570元，比上年名义增长12.4%。2014年全国居民收入基尼系数为0.469。2014年，中国城乡居民收入差距进一步缩小，城镇居民人均可支配收入实际增长6.8%，农村居民人均可支配收入实际增长9.2%。城乡居民人均可支配收入倍差2.75，比上年缩小0.06。就业方面，2014年中国城镇新增就业1322万人，超额完成1000万人

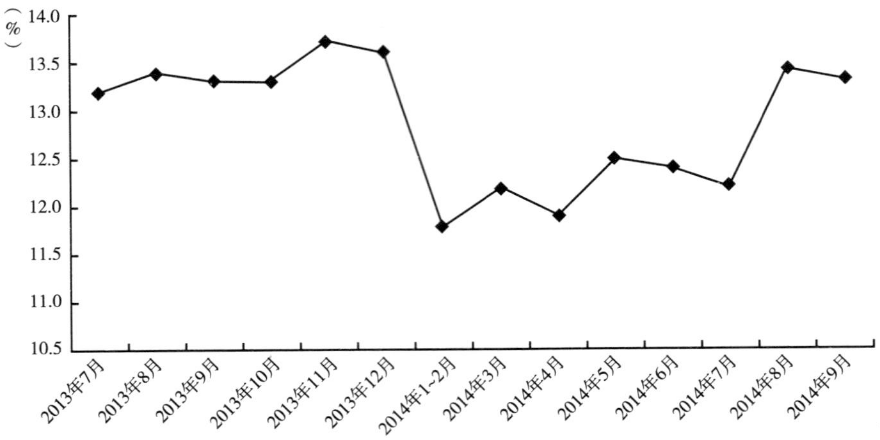

图3　2013年7月至2014年9月社会消费品零售总额同比增长

资料来源：国家统计局。

的任务。

在对外经济方面，发展较稳定。外部需求有所好转，中国利用上海自贸区在准入前国民待遇、负面清单等领域的探索，既为国内深化改革探路，也在更广领域扩大对外开放；中澳、中韩自贸谈判的完成标志着中国自贸区战略迈上新台阶。中国海关总署2015年1月13日公布的数据显示，按美元计价，2014年中国进出口额比上年同期增长3.4%，较上年年初制定的7.5%左右的目标差距较大。其中，出口14.39万亿元，增长4.9%；进口12.04万亿元，下降0.6%。进口的走弱，成为拖累外贸整体低位运行的重要因素。2015年1月15日，商务部数据显示，2014年全年，外商投资新设立企业23778家，同比增长4.4%；实际使用外资金额7363.7亿元人民币，同比增长1.7%（未含银行、证券、保险领域数据）。其中，服务业实际使用外资金额4068.1亿元人民币，在全国总量中的比重为55.4%。2014年服务业实际使用外资保持增长，主要国家、地区使用外资保持稳定，中部地区实际使用外资增长较快。此外，中国积极推进"一带一路"的基础设施互联互通、人民币国际化进程加速等，也促进了对外经济发展。值得一提的是，2014年中国的服务贸易发展迅速，占对外贸易比重持续提升，服务贸易结构继续优化。1～9月，中国服务进出口总额为4305亿美元，比上年同期增长10.2%。其中，服务出口1572亿美元，同比增长6.8%；服务进口2733亿美元，同比增长12.2%（见图4）。

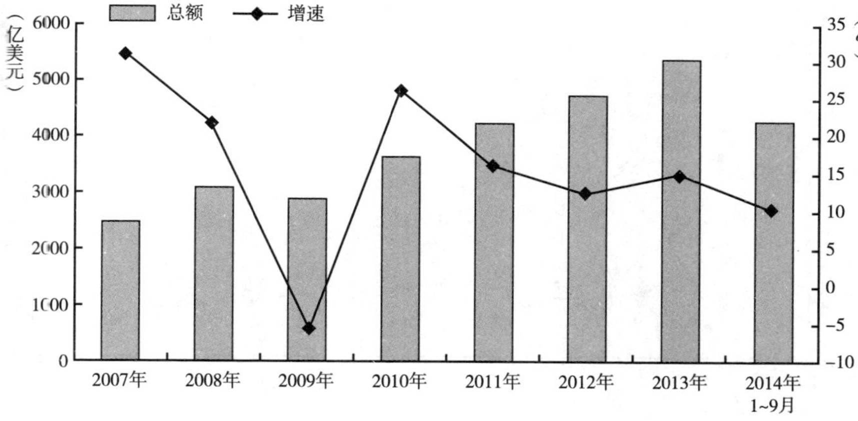

图 4　2007 年至 2014 年 1 ~ 9 月中国服务贸易进出口总额及增速

资料来源：商务部服贸司（下同）。

但中国经济下行压力和风险依然较大。一是投资增长后劲不足，各主要投资领域和投资主体都面临着一些困难与问题：受制造业持续产能过剩、需求不足影响，民间投资意愿减弱；房地产市场深度调整带动房地产投资持续下行；税收和土地出让收入减少，偿债进入高峰期，地方政府投资能力受限，基础设施投资增长难度加大；受预期以及其他各种因素影响，国有大中型企业和外商企业投资步伐放慢；新开工项目减少。2014 年，民间固定资产投资 321576 亿元，同比名义增长 18.1%，增速比 1 ~ 11 月份加快 0.2 个百分点。民间固定资产投资占全国固定资产投资（不含农户）的比重为 64.1%。国家统计局 1 月 20 日发布的数据显示，2014 年全国房地产开发投资 95036 亿元，比上年名义增长 10.5%，其中住宅投资增长 9.2%。中央项目投资 25371 亿元，同比增长 10.8%，增速比 1 ~ 11 月份提高 3.5 个百分点；地方项目投资 476634 亿元，增长 15.9%，增速回落 0.3 个百分点。从施工和新开工项目情况看，施工项目计划总投资 968785 亿元，同比增长 11.1%，增速与 1 ~ 11 月份持平；新开工项目计划总投资 406478 亿元，增长 13.6%，增速比 1 ~ 11 月份提高 0.1 个百分点。二是社会融资规模和货币信贷大幅回落，凸显资金面紧张，尤其是下半年以来，7 至 10 月份社会融资总量共计 3.03 万亿元，仅为上年同期的 60%。三是企业经营依然困难。受主要工业品价格下降影响，工业企业产成品存货持续回升，同时库存周转率下降，经营效益普遍下降。

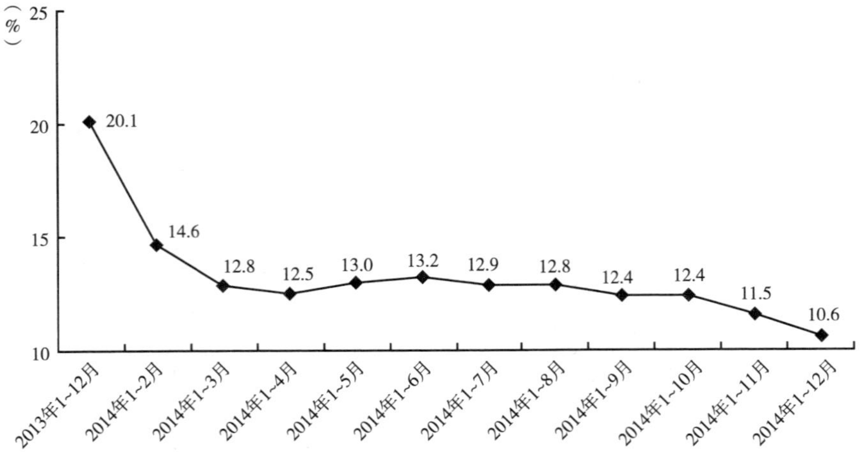

图 5　固定资产投资到位资金同比增速

（二）日本经济衰退程度进一步加剧，“安倍经济学”成效遭质疑①

2014 年一季度日本实际 GDP 增长约 1.6%。但是在消费税率上调后，经济状况变得严峻，2014 年二季度实际 GDP 收缩 1.8%，三季度由于个人消费回升缓慢和企业设备投资后劲不足，实际 GDP 增长约 -0.4%，虽然下滑与二季度相比有所缩小，但与预期相比，还是大幅度下降。日本内阁府 2014 年 12 月 8 日发布，2014 年第三季度日本国内生产总值（GDP）第二次修正值。经通货膨胀调整后，当季日本国内生产总值从此前的环比下滑 0.4% 下修至下滑 0.5%，换算成年率计算萎缩 1.9%，不及初值的萎缩 1.6%。被安倍政府视为支撑经济关键因素的企业资本支出在第三季度环比下滑 0.4%，不及初值的下滑 0.2%。第三季度公共需求也从此前的环比增长 0.7% 下修至增长 0.5%，其中公共固定资产投资从环比增长 2.2% 下调至增长 1.4%。约占日本国内生产总值 60% 的个人消费在第三季度仅增长 0.4%，与初值相同。进出口数据方面，第三季度日本进口从此前环比增长 0.8% 下调至增长 0.7%，出口则维持初值环比增长 1.3% 不变。住房投资从此前的下滑 6.7% 下调至下滑 6.8%。这些数据出乎大部分经济学家的预料，大部分经济学家此前预计第三季度数据将向上修正，但此次公布的数据

① 《2014 年全球经济形势分析：2014 年全球经济格局大观》，南方财富网，2014 年 12 月 15 日；《日本经济衰退程度超预期、财政状况恶化》，《经济参考报》2014 年 12 月 9 日。

令人失望，表明日本经济衰退程度或进一步加剧，企业投资和公共支出均遭下调，个人消费持续疲软。事实上，日本上一季度国内生产总值已出现大幅下滑。此前公布的数据显示，日本二季度已大幅下滑 7.3%，实际国内生产总值折合年率下滑 6.8%，创 2011 年“3·11”地震以来最大跌幅。由于连续两个季度出现负增长，日本经济已陷入技术性衰退。而最新的数据则进一步表明，经济衰退的程度似乎已超出预期。日本政府近日紧急通过总额约 3.5 万亿日元（约合 290 亿美元）的一揽子经济刺激措施，以拯救陷入萎缩的日本经济。日本央行则在 10 月底将货币宽松规模进一步扩大至每年购买约 80 万亿日元金融资产，以刺激因 4 月 1 日消费税上调而遭受打击的日本经济，并力争如期实现将通胀率推升至 2% 的目标，用以应对经济增长疲软以及油价下跌导致的物价下行压力。但日本仍面对消费、出口和劳动力不足的压力，预计日本 2014 年财年的经济增长仍然可能为负。在即将举行的日本大选投票前夕，“安倍经济学”提振经济增长的承诺再次遭受质疑，安倍曾强调，其一揽子经济政策“安倍经济学”是推动日本重回稳定增长轨道的唯一途径。

美联社报道称，日本在 4 月 1 日将消费税从 5% 上调至 8%，这一政策被视为日本经济复苏乏力的主要原因。经济学家表示，此次发布的 GDP 修正数据清楚地表明，消费税上调对日本经济继续形成拖累。涨薪速度赶不上日元贬值导致的物价上涨进一步抑制了居民消费。为此，日本首相安倍晋三在 11 月中旬正式宣布推迟本定于 2015 年 10 月起执行的增长消费税第二步计划，将该计划推迟 18 个月至 2017 年 4 月执行。安倍称，如期进一步增税可能对国内消费水平产生更深重的负面影响，恶化政府财政状况，打击日本多年对抗通缩的努力。

但是，共同社报道称，大部分经济学家对日本经济前景仍持乐观态度。许多分析师称，推迟进一步上调消费税将促进消费和出口的回升，有利于对抗通缩和改善财政状况，第四季度经济增长也有望获得“相对强劲的反弹”。随着全球经济形式的好转，投资者对日本走出经济困境的信心也在增长。此外，将于日本东京举办的 2020 年奥运会也将为日本经济增长创造更多动力，外国投资者正看好日本商业地产的发展，开始在东京投资新项目。数据显示，2013 年东京写字楼投资中，跨境投资占 14%，而 2011 年这个比例仅为 5%。亚洲邻国也增加了在东京的住宅项目投资。预计短期内日本经济将呈现小幅增长走势，顶级写字楼需求将维持高位。这有助于维持“安倍经济学”的影响力。

（三）印度经济增速呈下滑趋势，但印度经济发展状况仍然超出了人们预料①

2014 年一季度，印度等新兴国家经历了资本外流导致的金融动荡。受此影响上半年印度等新兴国家经济增长普遍疲软，一季度 GDP 同比增速回落到 4.6%。此前，2011 年起，印度的 GDP 增速结束腾飞的神话，一路下滑到目前的 5% 以下。但在金融动荡结束之后，尤其是莫迪政府上任以来，印度经济好转，二季度则迅速上升到 5.7%，利用外资同比增长 38%。到第三季度，印度经济增速呈下滑趋势，增长 5.3%。尽管经济增长率有所波动，但印度经济发展状况仍然超出了人们的想象。在莫迪政府的领导下，农业和服务业正在发展壮大。印度不利的雨季也没有影响第一、三产业的发展。此外，印度政府还将减少对国有银行的控制权，这一消息受到投资者们的高度赞同。

通货膨胀方面，得到一定控制。一直以来，印度对农业和农产品流通领域的投入普遍不足，导致某些重要农产品供不应求，从而使食品价格上涨，加之高利率政策、本币贬值、垄断、地缘政治等因素加剧了通货膨胀。因此，与发达国家相反，印度始终保持较高的通货膨胀水平。2014 年 5 月份，印度批发价格指数上升到 6.2%，在此背景下，印度总理莫迪 5 月底上台以来一直将抗通胀作为首要任务，通过修改法律打击囤积食品的投机行为，同时控制诸如土豆和洋葱等印度人大量消耗的食品出口，有效抑制了食品价格飞涨，10 月份批发价格指数下降到 1.8%。印度卢比 2014 年下跌约 2%。

在结构调整方面，力度进一步加大。印度在外资政策上已做出重大调整，一是采取更为宽松的政策推进经济特区建设，二是放松对外资进入国防企业的管制，三是引进外资改善铁路系统，四是改善外资企业用工制度。事实上，这些调整已在进行并取得了初步成效。

在民生方面，仍存在巨大贫富差距。世界银行报告称，按购买力平价计算，印度 GDP 超过日本成为全球第三大经济体。但是，在印度，依然有超过 3 亿人口生活在贫困线以下，而每年还有新的 1500 万劳动力大军需要吃饭，有着巨大的贫富差距和政府腐败。

---

① 《2014 年世界经济形势分析与 2015 年展望》，中国新闻网，2014 年 12 月 26 日。

（四）韩国经济陷入“长期性经济停滞”，汇率波动是韩国经济最大风险

韩国经济将进入长期停滞状态，这是韩国《中央日报》网站 2014 年 11 月 25 日对韩国 2014 年乃至 2015 年经济状况的报道，低增长、低利率、低消费将成为韩国经济经常化的“常态”。由于长期供过于求，韩国经济界人士忧虑投资和雇佣萎缩造成的长期性经济停滞现象。韩国《中央日报》2014 年 11 月 26 日报道称，一方面，通货紧缩的担忧正在一天天变成现实，另一方面是家庭负债急速增加，韩国经济正陷入进退两难的境地。韩国《亚洲经济》2014 年 11 月 15 日报道称，受韩国经济不振影响，销售规模较大的企业缩减新投资并大幅裁员；而中小、中坚企业也陷入经营难。明年青年就业市场或也将雪上加霜。外界分析人士亦看低韩国增长。荷兰国际集团（ING）的经济学家康顿 2014 年 11 月表示，韩国央行可能会降低对韩国经济增长的预期。至 2014 年底，韩国政府对 2014 年的经济增长预期为 3.4%，这较 2013 年底做出的预测低 0.5 个百分点。消费者物价上升率预期与 2013 年持平，为 1.3%，这较 2013 年底做出的预测下降 1 个百分点，这些都显示出韩国经济仍然没有回暖。

货币政策方面，进退两难。当前韩国还未进入通缩，但很可能面临通缩风险。2014 年 10 月份韩国居民消费价格指数（CPI）同比上涨 1.2%，这是继 2014 年 6 月份以来涨幅首次出现反弹，但仍远低于韩国央行提出的 2.5% 至 3.5% 的物价稳定目标。韩国统计厅方面分析认为，今后 CPI 涨幅放大的空间将不会很大。韩国企划财政部长官崔炅焕则提出警告，韩国经济进入“通缩初期”。韩国智库也警告韩国央行不要对韩国陷入通缩的风险掉以轻心，并呼吁央行进一步降息。但韩国很高的家庭负债使得韩国央行一直谨小慎微，不愿降息，担心借债成本下降会使这个老龄化社会的家庭债务水平继续增加。韩国央行称，今年第三季度韩国家庭信贷为 1060.3 万亿韩元，约合人民币 117 亿元，同比增加了 2.1%。韩国家庭开支贷款余额第三季度后期为 1002.9 万亿韩元，史上第一次超过了 1000 万亿韩元大关。对此，韩国现代经济研究院研究人员称，增加家庭收入是唯一的办法，要想把利率下调与扩大消费和投资连接起来，应该尽快放宽管制并进行结构改革。

出口方面，2014 年第三季度的 9 月份出口额为 476.91 亿美元，同比增长 6.8%，进口额为 443.3 亿美元，同比增长 8.0%。韩国产业部相关人士预测，

2014 年第四季度出口仍有望呈增长态势。但鉴于日元贬值，隐忧也在浮现，受此影响，韩国的汽车、钢铁、机械和造船行业“一定会遭受打击”。同时，中国廉价产品及中国本土企业技术实力的增强，也使韩国出口商压力倍增。

民生方面，据韩国媒体报道，韩国现代经济研究院发布最新数据显示，得益于韩元对美元小幅升值，2014 年韩国人均国民总收入（GNI）将达 2.8 万美元左右，比 2013 年增加 1800 美元。另外，2014 年韩国人均国内生产总值（GDP）将在 2.85 万到 2.90 万美元之间。国际货币基金组织（IMF）在近日发布的世界经济展望报告中预测，2014 年韩国人均 GDP 将达 2.8738 万美元。

（五）东盟国家经济增长呈缓慢下行趋势，走势低于预期

货币方面，新兴亚洲货币 2014 年下滑，马币（林吉特）领跌。① 根据路透数据，马币兑美元 2014 年下跌 6.3%，是表现最差的新兴亚币。由于马来西亚为石油净出口国，外界担心原油价格重挫将损及该国经常账，并导致财政赤字扩大。新加坡元 2014 年下跌 4.4%，受经济成长放缓拖累。泰铢为 2014 年表现最佳亚洲货币，仅有微幅的变动，因泰国军政府 5 月掌权后，外资回流该国。印尼盾 2014 年下跌约 2%，不过它的跌势比起其他货币的跌幅要小，因预期印度尼西亚新政府将进行经济改革。菲律宾比索，也总体呈小跌趋势。新兴亚币走势疲弱，一个关键因素就是美元强势。

经济方面，东盟各国总体形势趋于稳定。越南国家统计总局网站、《越南新闻》报道，2014 年以来，越南政府宏观经济调控继续以控制通胀、调整结构和保障民生为主线。国内生产总值（GDP）保持低位增长，消费价格指数（CPI）涨幅较低，外商投资同比下降，国际收支基本平衡，但企业生产仍面临困难，就业形势依然严峻。上半年，越南 GDP 增长 5.18%，与 2013 年同期 4.9% 的增速相比略有回升。二季度增幅 5.25%，高于一季度的 5.09%。其中，服务业增长 6.01%；工业增长 5.33%；农林牧渔业增长 2.96%。1～6 月 CPI 同比增长 4.98%，其中 6 月环比增长 0.3%。1～7 月 CPI 同比增长 4.8%。1～7 月，越南商品和服务零售总额为 1654.9 万亿越盾（约合 788 亿美元），同比增长 11.4%，剔除物价因素实际增长 6.3%，内需依然不振。1～7 月，财政收入 448.9 万亿越盾（约合 214 亿美元），支出 533.9 万亿盾（约合 254 亿美元），赤字 40 亿美元，

① 《新兴亚洲货币 2014 年下跌 2015 年料仍将承压》，新浪财经，2014 年 12 月 31 日。

在可承受范围内。政府公债（未含国企债务）逐年增加，已相当于 GDP 的 54.1%，到 2020 年预计增至 GDP 的 65%。工业生产逐步恢复。2014 年 1~7 月，越南工业生产指数（IIP）同比上升 6.2%，高于 1~6 月 5.8% 的增幅，释放出企业生产复苏的积极信号。2014 年越南出口稳步增长。前 3 个季度，货物贸易出口额据估计为 835 亿美元，同比增长 14.1%。进口额据估计为 822 亿美元，同比增长 11.4%，实现贸易顺差 12.6 亿美元，但是对华贸易逆差为 148 亿美元，同比增长 14.4%。对华出口额为 86 亿美元，同比增长 16.9%；自华进口额为 234 亿美元，同比增长 15.3%。

老挝以加入 WTO 为契机，致力于结构调整。WTO 已于 2012 年 10 月接纳老挝成为其第 158 个成员国。2014 年，老挝按照 WTO 要求继续改革开放，对投资结构、国有企业结构和金融市场结构三个最重要的领域实施了结构调整，同时正逐步改变粗放式发展方式，提高经济增长质量。

缅甸贸易赤字同比增加 161.4%。据《缅甸时报》8 月 1 日报道：从缅甸商务部获悉，缅甸在本财年（2014 年 4 月至 2015 年 3 月）至 7 月中旬两个半月，贸易进口额为 41.97 亿美元，出口额则仅为 25.87 亿美元，逆差 16.1 亿美元，较上财年同期的 6.16 亿美元增加近 10 亿美元，同比增幅 161.4%。商务部官员对此称，逆差增大的原因是外资项目建设所需原材料和车辆进口持续增加。

旅游业成为部分东盟国家经济运行中的新亮点。柬埔寨上半年旅游人数达到 210 万，同比增长 19.1%，预计旅游业全年将拉动整个服务业增长 7%。老挝旅游业持续增长，2004 年一季度旅游到达人数达到 99.8 万人，增长 15%；缅甸前两个月旅游到达人数也增长了 36%。

二　2015 年亚洲经济增长预期与展望

据权威机构预测，2015 年，世界经济增速略有回升，但仍处于历史较低水平，增速分化态势可能更加明显。从全球范围来看，世界经济缺乏强有力的新增长点，复苏势头总体依然疲弱。IMF 预计，2015 年世界经济将增长 3.5%。发达经济体经济增长势头加快，预计增长 2.3%，增速比 2014 年提高 0.5 个百分点。其中，美国经济增长 3.1%，加快 0.9 个百分点；日本经济增长 0.8%，比 2014 年的 0.9% 进一步下滑。新兴经济体和发展中国家预计增长 5%，增速高于 2014 年的 4.4%，其中印度增长 6.4%。全球贸易发展弱于预期，特别是发展中国家进口需求下降，热点地区地缘政治危机也对相关地区贸易复苏造成阻碍。2015年，亚洲经济机遇和挑战并存。可以预料，在世界经济低速增长的环境下，亚洲各国为加快自身发展，将纷纷出台投资促进措施，跨国投资政策环境总体将更加宽松、自由，国际投资将有所增长。

表1　2012～2015年世界经济增长趋势

单位：%

年　份	2012	2013	2014	2015
世界经济	3.4	3.3	3.3	3.8
发达国家	1.2	1.4	1.8	2.3
美国	2.3	2.2	2.2	3.1
欧元区	-0.7	-0.4	0.8	1.3
日本	1.5	1.5	0.9	0.8
新兴市场和发展中国家	5.1	4.7	4.4	5.0

资料来源：IMF，《世界经济展望》，2014年10月。

表2　2012～2015年世界贸易增长趋势

单位：%

年　份	2012	2013	2014	2015
世界货物贸易量	2.3	2.2	3.1	4.0
出口：发达国家	1.1	1.5	2.5	3.8
发展中国家	4.1	3.9	4.0	4.5
进口：发达国家	0.0	-0.3	3.4	3.7
发展中国家	5.4	5.3	2.6	4.5

资料来源：WTO，《贸易快讯》，2014年9月23日。

（一）中国将以“一路一带”建设为契机积极促进国际合作和国内经济增长

2015年是中国“十二五”收官、“十三五”时期开局的奠基之年，中国将面临一些主要任务，包括改善公司治理，应对房地产市场滑坡及其相关影响，提高社会保障力度以支持消费，继续推进金融市场自由化等。增长质量、市场力量、社会公平和法治精神是中国经济发展的追求目标。中国将以“一路一带”建设为契机首先促进基础设施国际合作，在共同促进世界经济发展的同时，为我国经济和企业带来发展机遇。同时，在当前形势下，中国将积极参与国际分工，进一步增强同新兴经济体的合作，培育向全球价值链中高端延伸的国际竞争新优势，促进国内产业结构升级，增强国际竞争力。此外，中国还将加快改革，扩大先进技术设备的进口，进一步加快职业技术培训，提高技术进步对潜在经济增长率的贡献，进一步提高全要素劳动生产率。

对于中国 2015 年经济情况，《华尔街日报》2014 年 12 月 10 日对 2015 年亚洲经济格局展望中认为，受疲软的房地产投资拖累，预计中国 2015 年上半年的同比增速为 6. 9% 。为了应对潜在风险，预计 2015 年中国还要两次降息，并两次下调存款准备金率。认为中国增长前景既面临上侧风险，也面临下侧风险，上侧风险来自地区贸易合作和大陆开放带来的服务业出口。宽松货币政策周期的滞后影响，加上更加积极的财政政策，中国 2015 年下半年的 GDP 增幅将有望达到 7. 2% 。

（二）日本将缓慢复苏①

2015 年，安倍晋三提前大选后重新等待日本民众认可，其安倍经济学的措施可能将继续延续，货币刺激政策可能继续加码，此外消费税的推迟也给 2015 年的日本经济带来喘息之机，总体来讲 2015 年日本将缓慢复苏，但日本人口老龄化、制造业空心化、国债高企等问题对经济增长形成较大制约，加之面临工资、通胀水平难以提升以及日元持续走弱等难题，日本结构性改革前景不明朗。对于 2015 年日本 GDP 增长，高盛预计为 1. 6% ，IMF 和 OECD 预计为 1. 1% ，而花旗预计增速仅为 0. 6% ，野村在此前也将增速从 1. 7% 下调至 0. 8% ，摩根士丹利更是悲观认为日本 2015 年经济将萎缩至 1% 。对于进出口，日本贸易会公布的 2015 年贸易数据：预计 2015 年度的出口总额将比 2014 年度增长 3. 5% ，增至 75. 427 万亿日元。进口总额将增长 1. 4% ，增至 85. 884 万亿日元。对于通货膨胀，高盛预计日本核心 CPI 通胀率仍将低于 1. 5% （即使是 2015 年下半年），因为能源价格的下跌将部分抵消日元贬值带来的成本推动型通胀。因此，日本央行乐观的预期与实际核心 CPI 数据之间的差距扩大，并随之迫使日本央行在 2015 年 7 月或 10 月底的会议上进一步放松货币政策。野村证券预测明年日本核心通胀可能降至 0. 9% ，这将远低于日本央行预期。但汇丰在最近的报告中警告日本实验性的宽松可能引发日本由通缩发展成恶性通胀。

① 《2015 年日本经济前景展望》，金通网，2014 年 12 月 22 日。

（三）印度经济仍有起伏波动，但消费者信心和商业信心将大幅上升

印度国内表现强劲，有望从近年来实施的强有力财政、货币和结构改革措施以及投资者对其新政府的信心中收获一些红利。有关报道认为，到目前为止，新政府在结构性领域少有建树，但在税收、外商直接投资和矿业方面的实际措施可能很快出台。数据表明，印度经济仍在波动，但消费者信心和商业信心大幅上升对此轮经济周期构成良好支撑。明年或出现投资复苏及消费重新加速的情况。另有报道认为，近年来，印度企业已经借入了大量美元债务。印度经济面临的一个风险在于，不良投资和贷款造成的拖累有可能延迟复苏，令高企的资产市场估值受到质疑。此外，美联储利率正常化造成的市场波动有可能导致印度企业部门偿债困难。

（四）东盟国家受大宗商品价格下跌等因素影响，经济将面临考验

《华尔街日报》认为，泰国 2015 年将试图回归民主，在此之前，军政府将努力提振投资和增长。泰国明年年初经济增速可能会触底，3.5% 的实际 GDP 增速预期面临许多内部和外部风险。由于缺少通胀压力，泰国央行全年无需加息，但如果在经济复苏趋势远未确立之前出现实际利率上升，那么泰国央行可能会降息。然而泰国经济前景面临很多风险。如果该国的政治局面没有改善，其出口和旅游业可能依旧难有起色。

印度尼西亚经济将受大宗商品价格下跌的不利影响，加之印度尼西亚财政、货币政策方面一定程度的收紧有可能令 2015 年其增速低于趋势水平。对印度尼西亚来说，明年可能是充满挑战的一年，如果经常项目在燃料价格上涨之后没有改善，汇率有可能承压。但进行之中的宏观调控有可能为未来更强劲的基本面和可持续经济表现奠定基础。不过，外界还担忧，总统佐科维多多（Widodo）的改革方案可能会受到难以驾驭且敌对的国会的拖累。

受大宗商品价格下跌的影响，加之财政整顿的推进，马来西亚经济将面临考验。该国货币贬值和融资成本上升可能还将令其面临更大的挑战。国内需求放缓，加上油价下滑导致出口收入不振，可能令其 2015 年的经济增长率不足 5%，从而逆转今年的经济复苏势头。

2016 年菲律宾大选前公共支出加速增加、海外资金持续汇入、IT 服务外包业强劲扩张，加上大宗商品价格走低，可能令该国未来两年的经济增长率至少达

到6.5%。但是供电缺口可能影响国内的经济活动。

此外，《华尔街日报》等预计，2015年，韩国GDP增长率将由2014年的3.4%小幅扩大至3.6%，同时该国政府将启动提升生产率的改革措施。但是韩元持续走软可能影响资本流情况。对于新加坡而言，如果美国订单的增加抵消掉中国和欧盟经济放缓的不利影响，则2015年新加坡实际经济增长率仍可能达到3%。通胀风险可能基本消失，因此新加坡金管局（MAS）或许会让新元的名义有效汇率持平或贬值。中国台湾未来两年经济增速将徘徊在3.5%左右，但若要经济持续强劲增长，台湾必须采取刺激增长的改革措施。新台币疲软对外国投资者投资台湾证券构成风险。但由于台湾外汇储备规模庞大，新台币疲软对金融市场稳定性不构成巨大威胁。

总之，亚洲要保持经济的长期稳定发展，就必须继续从解决自身问题入手，主动调整和变革，尽可能减少不确定性带来的影响，消除各种正式、非正式的障碍，增进发展中国家之间的合作，促进亚洲经济融合。

（撰稿人：中国国际经济交流中心战略研究部副部长、研究员田青）

2014 年金砖国家经济分析与展望

早在 2013 年末，英国《金融时报》就发表社评，“自此次金融危机以来，全球经济一直以两个速度运行。发展中国家因中国对原材料的旺盛需求而全速前进。同时，西方则因不断攀升的债务带来的家庭和政府支出削减蹒跚而行。”预言“新兴市场将迎来更艰难一年”，当然也包括金砖国家。事实也是如此，经过激烈变化的 2014 年的洗礼，金砖国家经济延续了前两年的高位震荡微幅下降态势，而且整体趋稳迹象也日益明显，正以“新常态”的方式展现在世人面前。

一　金砖国家 2014 年度经济表现

如同历史上的全球经济危机一样，本轮国际金融危机的深化也表现为传统市场空间争夺的日益激烈。过去的 2014 年，金砖国家传统市场空间在争夺中进一步萎缩，经济整体表现稍逊上年。

（一）金砖国家经济 2014 年度增速高位微幅放缓

在过去的 2014 年，金砖国家经济增速整体表现为放缓，但也出现了一定程度的分化。如图 1 所示，中国一季度 GDP 同比增长 7.4%，二季度为 7.5%，三季度为 7.3%，都低于上一年四季度的 7.7%，但下滑幅度很小，呈现微幅下滑趋势。据俄联邦统计局资料，2014 年第一季度俄 GDP 同比增长 0.9%，二季度增长 0.8%，三季度增长 0.7%。12 月 29 日，俄罗斯政府发布的经济数据显示，按年率计算，11 月份俄罗斯 GDP 同比下降 0.5%；2014 年前 11 个月 GDP 增长

0.6%。经季节调整，11 月俄罗斯经济下降 0.2%。这是 2009 年 10 月份以来俄经济首现月度负增长，呈现一路下跌趋势。考虑到欧美制裁和油价下跌因素，俄罗斯经济这种趋势还可能持续。受工人罢工影响，南非经济增速呈现探底回升态势。据南非统计局消息，南非 2014 年一季度环比下跌 0.6%，二季度 GDP 增长 0.6%，三季度同比增长 1.4%。印度经济年度表现整体向好，多家国际机构看好印度经济发展前景。一季度印度 GDP 增长率为 4.6%，二季度 GDP 增长率为 5.7%，三季度为 5.3%。花旗的报告认为，印度过去两年 GDP 增长率都低于 5%，但 2014 ~ 2015 年度 GDP 可望增长约 5.6%，2015 ~ 2016 年度增长约 6.5%，2016 ~ 2017 年度可望增长 7%。受“滞胀”现象严重、投资减少、工业萎缩以及国内需求不足的影响，巴西经济增速表现不佳。一季度巴西 GDP 同比增长 -0.2%，二季度 GDP 增长率则为 -0.6%，三季度为 0.59%。据巴西央行 2014 年年初的调查报告，巴西 2014 年全年 GDP 增长率约为 0.15%，有望走出技术性衰退。受石油价格暴跌的影响以及地缘政治紧张局势对外国投资、国内生产和信心的影响，俄罗斯经济疲软，前三季度 GDP 分别同比增长 0.9%、0.8% 和 0.7%。俄罗斯央行预计俄罗斯 2014 年 GDP 增长率为 0.6%。与此同时，新兴经济体中的部分“新钻十一国”经济增长表现不俗。印度尼西亚三季度 GDP 环比增长约 5.3%。墨西哥经济也有不俗表现。

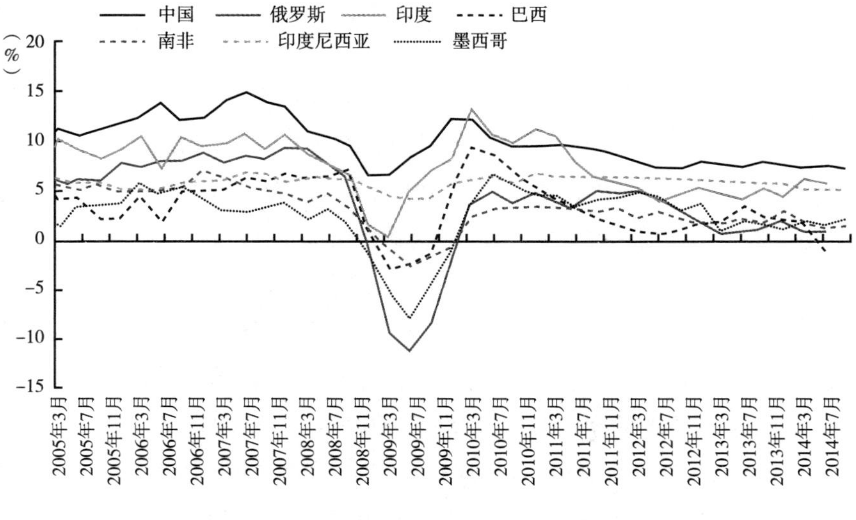

图 1 金砖国家及部分新兴经济体 GDP 增速发展趋势

资料来源：Wind 资讯。

（二）受“跷跷板效应”影响，金砖国家外贸出口增速整体下滑

在国际金融危机进一步深化、世界经济复苏乏力的大背景下，国际市场争夺愈演愈烈。国际市场空间分割的“跷跷板效应”十分明显，金砖国家外贸出口市场份额面临缩水的巨大压力。

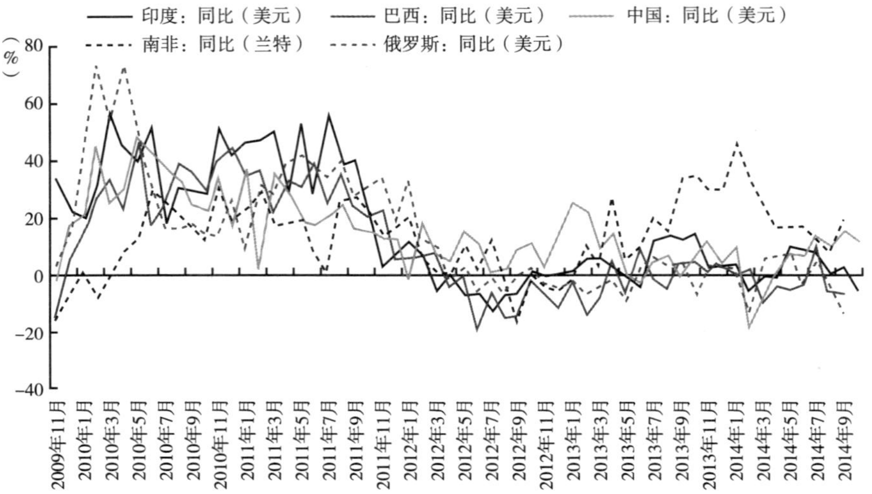

图2　金砖国家出口同比增速发展趋势

资料来源：Wind 资讯。

首先，与发达经济体相反，2014 年金砖国家外贸出口增速整体下滑，并有分化。如图 2 所示，从 2014 年 1 月起至 8 月份，南非外贸出口增速经历了一个大幅下滑，然后出现了小幅反弹，整体表现为大幅下滑。受中国“一带一路”战略的带动，中国外贸出口增速在 2014 年整体快速回升，7 月份之后进入震荡波动回调阶段。印度外贸出口增速进入 2014 年之后也经历了一轮上升，进入 7 月份以后则出现了大幅回落。俄罗斯、巴西外贸出口增速也经历了同样的过程，只是巴西回落的幅度更大。2014 年 9 月，中国、南非出口额同比走高，分别增长 15.31%、19.67%，而巴西、俄罗斯分别比去年同期下降 6.57%、13.44%。

与金砖国家外贸出口的整体走势相反，发达经济体的外贸出口额同比整体呈现上升趋势。如图 3 所示，德国、日本对外出口同比增速整体保持了上升态势。2014 年 9 月份，美国、德国、日本出口金额同比分别增长了 2.81%、8.50%、6.89。美国出口额同比虽然整体表现为微幅下行态势，但是传统主导产业已经恢

复了元气，呈现持续快速增长的态势。如图 4 所示，美国汽车行业销售额呈现快速增长态势。据 Auto Data 公司发布的统计数据，季节调整后，美国 2014 年 10 月份汽车销售以年率计算回升至 1646 万辆，仅次于 2004 年 10 月份所创的 1710 万辆销售业绩，销售额同比增长 21%。这表明，在科技革命引领的出口优势发挥之前，美国的传统主导产业出口也已经形成气候。

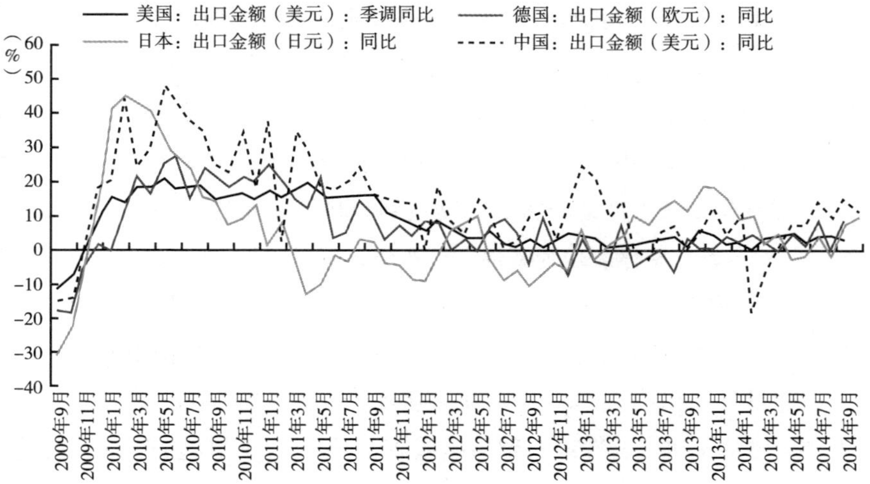

图 3 主要出口国出口额同比增速发展趋势

资料来源：Wind 资讯。

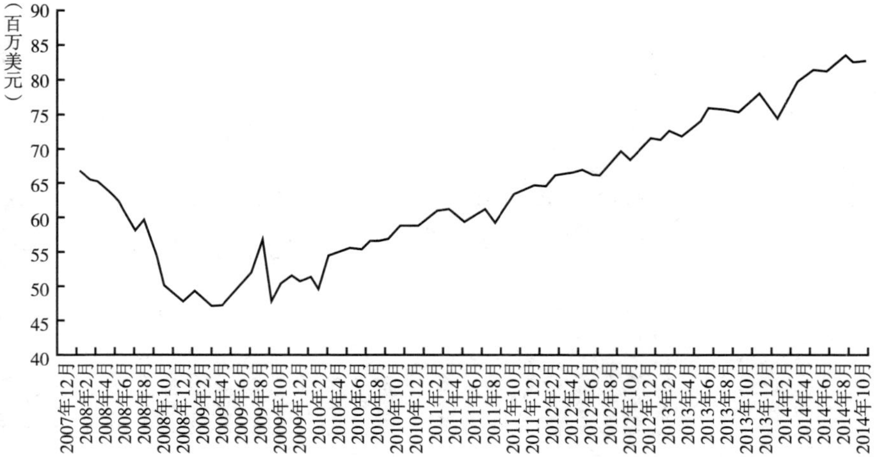

图 4 美国汽车销量发展趋势

资料来源：Wind 资讯。

总体来讲，金砖国家出口整体还是处于下降态势之中，整体表现稍逊于发达经济体。这给需要销售市场拓展的金砖国家企业经营带来了巨大压力，严重影响了金砖国家的出口增长。

其次，2014 年金砖国家贸易顺差总体呈现下降趋势。如图 5 所示，印度、俄罗斯和巴西四国的贸易顺差在过去的一年里波动幅度不大，基本保持稳定，但总体表现为小幅下滑，而印度一直表现为贸易逆差。俄罗斯对外贸易整体表现为顺差，1 ~7 月份贸易顺差达到 1327 亿美元，8 月贸易顺差扩大 158 亿美元，1 ~10 月贸易顺差同比增长 5.2%，达到 1808 亿美元。但是，俄罗斯贸易顺差额度 4 月份之后呈现下降趋势，11 月贸易顺差为 144 亿美元，同比下降 15.4%。整个 2014 年，中国贸易顺差波动较大，一度达到 500 亿美元的顺差，一度也出现了 300 亿美元的逆差，整体表现为震荡上行态势，可以预见，随着“一带一路”战略的实施，中国贸易顺差有望继续震荡上行。另外，据南非税务局（SARS）统计数据，由于原油和汽车配件进口量大幅上升，2014 年 7 月份南非贸易逆差扩大至 69 亿兰特，前 7 个月国际贸易逆差达到 555 亿兰特，整体表现为贸易顺差下行态势。整体来讲，金砖国家贸易顺差 2014 年呈现下滑趋势，而且分化比较明显。2014 年 10 月份，印度贸易逆差 133.6 亿美元，较上月减少 8.9 亿美元；中国贸易顺差 454.1 亿美元，较上月增加 143.64 亿美元；巴西贸易逆差为 11.8 亿美元，较上月增加 2.4 亿美元；11 月份，南非贸易逆差为 57.1 亿兰特。这一

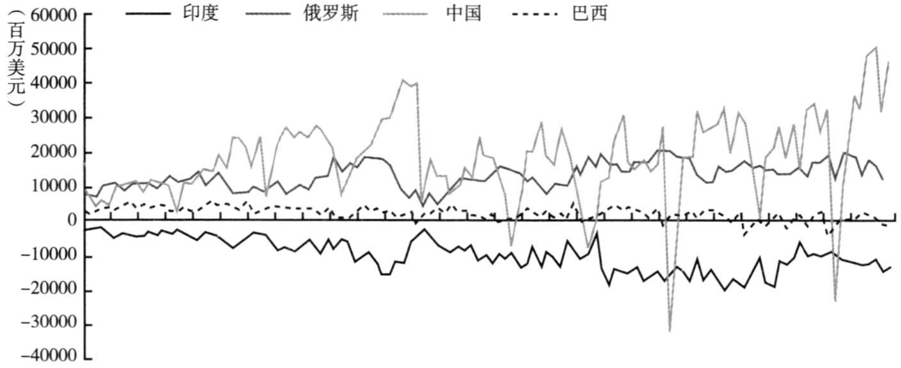

图 5　金砖国家贸易顺差发展趋势

资料来源：Wind 资讯。

切表明，在世界经济复苏的关键时期，世界贸易环境更加复杂，金砖国家外贸出口不仅不同程度地出现了下滑，而且发展趋势也出现了分化迹象。

最后，金砖国家外贸出口出现分化迹象一定程度上与全球大宗商品价格走势的变化有关。如图 6 所示，进入 2014 年以后，由于世界各经济体经济普遍减速，对能源资源等大宗商品的需求持续疲软，从原油、镍到大豆油、胶合板，再到糖等食品，伴随着全球经济增长动力不足，全球大宗商品价格一直在持续下跌。全球初级产品价格一路走低，目前还难以看到这种趋势的拐点。2014 年 10 月份，IMF 全球初级产品价格指数中能源、金属和食用品价格指数分别从 9 月份的 160. 54、175. 89 和 161. 45 下降至 159. 20、160. 07 和 156. 83，当月商品价格普遍走低。随着价格战的深化，国际原油价格已经跌破 50 美元/桶。2014 年初级产品价格的下跌对金砖国家的分化产生了深刻影响。金砖国家中的俄罗斯出口严重依赖石油，巴西出口对粮食和矿产的依赖度也很大，南非对矿产资源的出口业依赖度比较大。食品、能源和金属等初级产品价格的走低，必然对这些金砖国家的外贸出口形成巨大冲击。而中国由于出口对制造业的依赖性比较大，虽然国际市场压力巨大，外贸出口受到压制，但是原材料价格的走低，实际增强了中国出口商品的国际竞争力。因此，中国的外贸出口就出现反弹态势。虽然金砖国家外贸出口态势还受到其他因素的影响，但大宗商品价格的变动是主要原因。

图 6　全球初级产品价格走势

资料来源：Wind 资讯。

（三）工业品国际市场竞争加剧，金砖国家制造业增长乏力

过去的2014 年里，国际工业品市场的竞争变得异常激烈。由于国际市场的萎缩，金砖国家的制造业普遍受到压制，虽然扭转了前年以来的下跌态势，但没有实现根本性反转，表现平平。如图 7 所示，除南非较为特殊外，俄罗斯、印度和中国的 PMI 指数在 2014 年的前 6 个月，先是微幅震荡，然后以较大的幅度上行；然后进入长达两个月的快速下行。8 月份之后，这三个国家的 PMI 指数又出现阶段性震荡回调。巴西的制造业 PMI 指数走势与前三个金砖国家整体相似，但在 2014 年的前 6 个月大致是快速下行的，不是上行。南非的制造业 PMI 指数表现与其他四个国家不同，由于受到矿工工人罢工的影响，前 6 个月急速下滑；后又受到车辆、配件以及其他交通设备的生产的刺激，PMI 指数急速蹿高；受油价下降的影响，交通设备使用增多，估计其 PMI 指数还将继续处于冲高趋势之中。10 月份，中国、巴西和俄罗斯的制造业 PMI 指数分别比上月下行 0. 3、0. 2、0. 1 至 50. 8、49. 1、50. 4；而南非和印度制造业 PMI 指数分别从上月的 52. 6、51. 0 上升至 53. 6、51. 6。这表明，金砖国家的制造业整体处于微幅下行之中，相对比较平稳，但已经有了一定分化，南非占据了极佳和极差表现的两端，变化比较激烈。

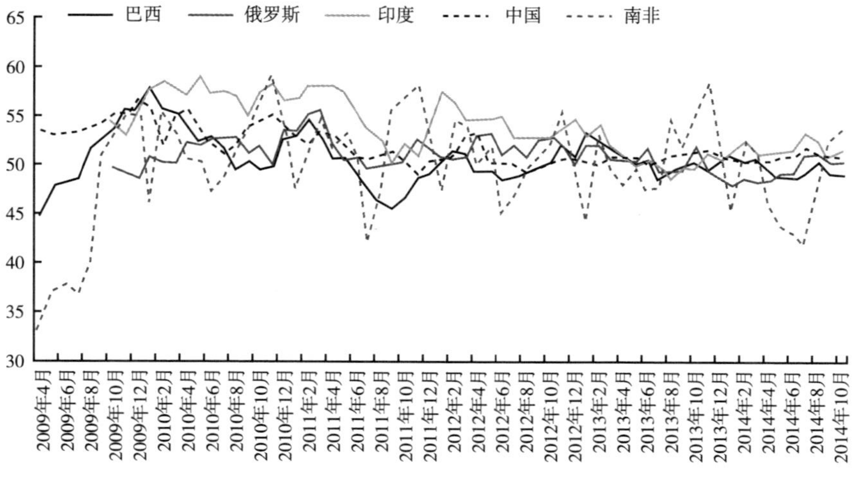

图 7　金砖国家制造业 PMI 发展趋势

资料来源：Wind 资讯。

金砖国家制造业如此表现有其历史必然性。国际金融危机爆发后，各经济体都为治理国际金融危机付出了巨大努力，同时沿承了个体理性而集体非理性的“囚徒困境”逻辑。本次国际金融危机的治理是建立在个体理性基础上的治理，是以本经济体经济复苏为根本原则的治理，而在全球集体层面却充斥着以市场“跷跷板效应”为特征的非理性治理。这使金砖国家传统国际市场空间不断萎缩，制造业受到压制。

国际金融危机爆发后不久，美国就实质性把国际市场争夺问题提上历史日程。2010 年，为了应对国际金融危机对美国经济的冲击，美国奥巴马总统在国情咨文中除提出了“再工业化战略”之外，更重要的是提出了启动和推进“国家出口倡议”（National Export Initiatives）。美国“国家出口倡议”的本质就是“出口倍增计划”，其核心内容就是要求美国用五年时间使其出口规模翻一番。这个“出口倍增计划”不仅有明确的时间表，要求五年翻一番，而且采用了东方国家政府常用的计划经济做法。金融危机重创了美国经济，失业率不断走高。坦率地讲，恢复经济增长和增加就业，应该成为美国重整经济的首要任务。美国比任何时候都希望通过出口翻一番扩大 200 万个就业机会。美国宣布“出口倍增计划”，主要目的也就是反本国的经济危机。为了尽快见到反危机的效果，美国全力加快落实该计划，不仅在“亚太再平衡”的旗号下全力执行面向太平洋的跨太平洋伙伴关系协议（TPP），还全力执行面向大西洋的跨大西洋贸易与投资伙伴关系协定（TPIP），双向展开市场争夺攻势，加快在全球市场跑马圈地，增强国际市场争夺的力度。出于同样理由，日本、欧洲等发达经济体也相继出台类似的“出口倍增计划”，致力于拓展海外市场，消化国内过剩产能，解决国内就业问题，恢复经济增长。

发达经济体内部消费市场萎缩以及加快进军海外市场的反危机政策构成了金砖国家的战略环境，不仅国际市场萎缩，而且要让出部分国内市场，制造业 PMI 指数下行也就成为必然。发达经济体的反危机措施不仅减小了对金砖国家产品的吸纳能力，还反过来要向金砖国家市场销售自己的产品，挤压其传统市场空间，国际市场的“跷跷板效应”就显现出来。在国际产业链中，金砖国家多处于发达国家的下端，对发达经济体市场的依赖性强，自主开拓市场的能力差，只能被动接受传统市场空间不断被挤压的现实。金砖国家虽然是发展中国家的领头羊，但是第二产业的国际竞争力还是很难与老牌工业化国家抗衡。在市场空间受到挤压的情况下，金砖国家企业的经营环境更加恶化。一方面，由于发达经济体对国际市场的争夺，金砖国家不仅出口受到压制，国内市场也被分割，经济增长遇到很大困难，国内企业库存增加，生产链条被打破，企业市场环境愈发恶化。另一方面，由于生产技术落后，金砖国家产业升级受到基础设施、技术和资金的限制愈发明显，国内市场难以产生增量，愈发增加了金砖国家企业市场竞争的激烈程度。在国民经济的细胞——企业经营环境日益恶化的情况下，第二产业的生产遭遇巨大阻碍，金砖国家的制造业 PMI 指数下行也就成为必然。

（四）金砖国家资本市场整体迎来拐点

与国际金融危机爆发初期的 2010 年相比，金砖国家资本市场 2014 年整体触底反弹，但还未恢复到以前的水平。如图 8 所示的金砖国家股票市场走势，除印度之外，其他金砖国家的股票市场指数基本都维持 2010 年的平均水平之下，离有效突破 2010 年四国股票指数交汇原点的水平尚有很大距离。只有一个例外，就是印度股市。自 2011 年以来，特别是 2014 年，印度股票指数一路高歌猛进，连创新高，成为金砖国家资本市场的一大亮点。总体来看，金砖国家股市已经出现分化。2010 年以来至 2014 年 11 月 25 日，金砖国家中只有印度股市上涨了 62.26%，而同期巴西、俄罗斯和中国均出现下跌，分别下跌了 18.99%、27.01% 和 21.65%，俄罗斯股市整体表现不佳，依然处于大幅下行状态。

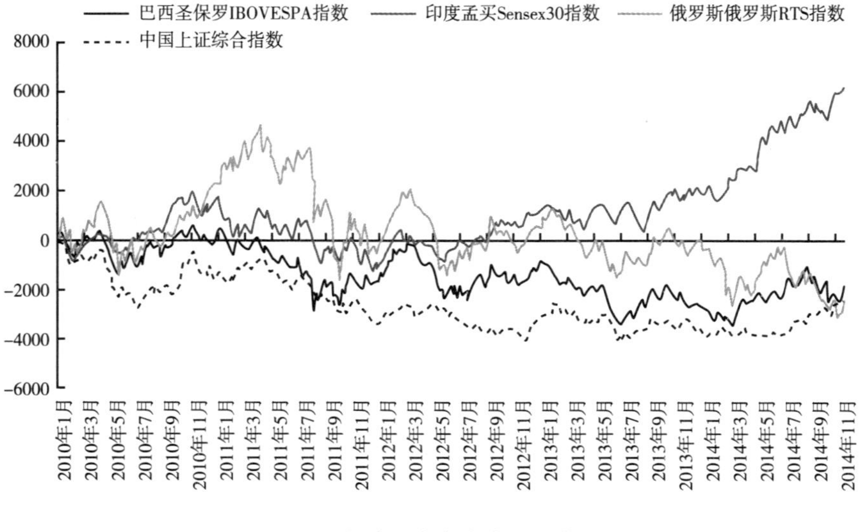

图 8　金砖国家资本市场趋势

资料来源：Wind 资讯。

但是，值得注意的是，2014 年巴西和中国股市都表现出了探底回升的迹象，整体迎来了走势拐点。综观 2010 年以来的金砖国家股市，我们发现，巴西、中国的股市已在 2012 年底和 2014 年 7 月之前触底，分别于 2014 年 3 月和 7 月迎来了拐点，开始触底反弹。中国股市自 2014 年 7 月份以来持续大涨，截至 12 月 6 日，中国股市上涨超过 37%。11 月 28 日，深沪两市发生 7100 亿元的交易天量，创造了全球股市的历史性纪录，中国股市的交易市值更是一举超过日本。当前，中国在基础设施建设方面有较大竞争优势，同时中国有大量外汇储备。中国出台“一带一路”战略，既可以帮助其他发展中国家建设基础设施，也可帮助中国经济向外扩张市场。而且，基础设施建设一直是所有发展中国家经济增长所面临的瓶颈，“一带一路”战略可以帮助这些发展中国家促进经济增长，也可以帮助中国和其他高收入国家拓展市场，对所有参与方来说将是多赢。投资者普遍预期中国经济向好。因此，我们有理由相信，作为中国经济的晴雨表，中国股市还将继续创出新高。巴西股市早在 2014 年 3 月就迎来了触底反弹，目前依然保持整体向好的态势。这意味着巴西经济的拐点也将到来。2014 年 3 月，与巴西股市一样，俄罗斯股市迎来了一波小幅反弹，但是受乌克兰危机以及后来欧美制裁等地缘政治危机事件的影响，2014 年 7 月起又进入了大幅下跌过程之中，至今还看不到反弹的迹象。2014 年，南非股市成为外国投资者追捧的热点。南非约翰内斯堡证券交易所（JSE）电子结算系统的最新统计数字显示，2014 年头 10 个月，外国投资者在该交易所进行的股票买卖总额高达 7852 亿兰特（约合 1121 亿美元）。其中，买入金额为 4035 亿兰特（约合 576 亿美元），卖出金额为 3817 亿兰特（约合 545 亿美元）。目前，外国投资者所拥有的股票数已占约翰内斯堡证券交易所股票总量的 31%。外国投资者最青睐南非的黄金采矿业、零售业和银行业等行业。早在 2012 年年中，印度股市就扭转下跌态势进入上升轨道。2014 年，印度新一届政府受到资本市场青睐，印度股市更是加快了上升步伐。如图 9 所示，印度股市的银行业指数、消费品指数以及敏感 30 指数都一路飙升，只有房地产指数呈现低位震荡态势。11 月份以来，印度股市连创新高，处于历史新高位，银行板块持续上扬，而地产板块低位徘徊。可见，投资者更加青睐印度的银行、消费品行业，不看好房地产行业。

总之，作为经济的晴雨表，金砖国家的股市在 2014 年虽然难与美国股市媲美，但整体（除俄罗斯的特殊情况之外）迎来了发展拐点，呈现触底反弹态势。

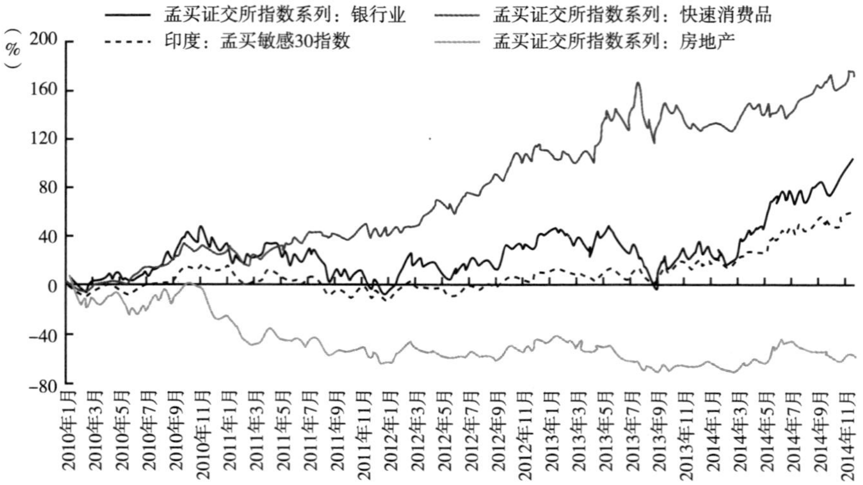

图 9　印度股市走势

资料来源：Wind 资讯。

（五）金砖国家货币汇率和外汇储备整体稳定

在牙买加国际金融体系下，汇率波动成为国际资本流动的晴雨表，本币升值多意味着国际资本的流入，而本币贬值则多意味着国际资本的流出。在全球经济一体化的今天，金融实力成为经济体的重要指标。

首先，2014 年，金砖国家的货币汇率整体表现稳定。如图 10 所示，以美元为参照货币，2014 年以来，美元兑巴西货币雷亚尔的汇率呈现先是微幅下跌、然后微幅上行的震荡走势，整体表现稳定；美元兑俄罗斯货币卢布的汇率整体呈现震荡上行态势，而且上行幅度较大；美元兑印度货币卢比的汇率呈现先是较大幅度下跌、然后较大幅度上行的震荡走势，整体表现稳定；美元兑人民币的汇率呈现极其稳定的态势，几乎接近定值，波动极小；美元兑南非货币兰特的汇率呈现规范的波浪式走势，整体表现稳定。

金砖国家货币汇率实际处于升值状态。如图 11 所示，整个 2014 年，美元指数整体处于上升通道，特别是 7 月份以来几乎可以用飙升来形容，一路急速上行。考虑到美元升值因素，金砖国家货币汇率的整体稳定表明其货币汇率实际处于升值状态。也就是说，随着美元指数进入上升通道，金砖国家货币也整体随之进入了上升通道。这表明，美国放弃金本位之后，凯恩斯主义鼓动下的美联储不

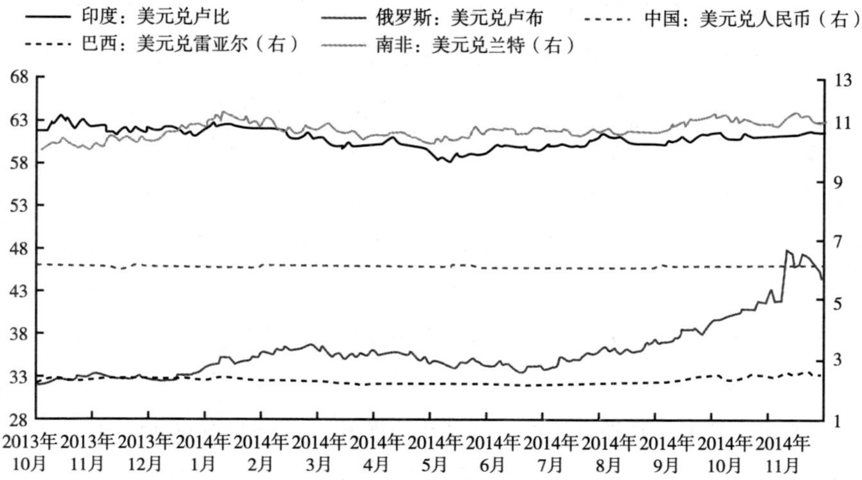

图 10　金砖国家货币汇率趋势

资料来源：Wind 资讯。

断印钞强有力地稀释了美元的购买力价值，投资者对美元的信心受到侵蚀，美元哇一世界储备货币的地位受到侵蚀；在美元升值的大背景下，国际投资者依然看好金砖国家经济发展前景，选择向金砖国家投资，国际资本流向金砖国家；金砖国家货币在世界经济中的地位增强了。

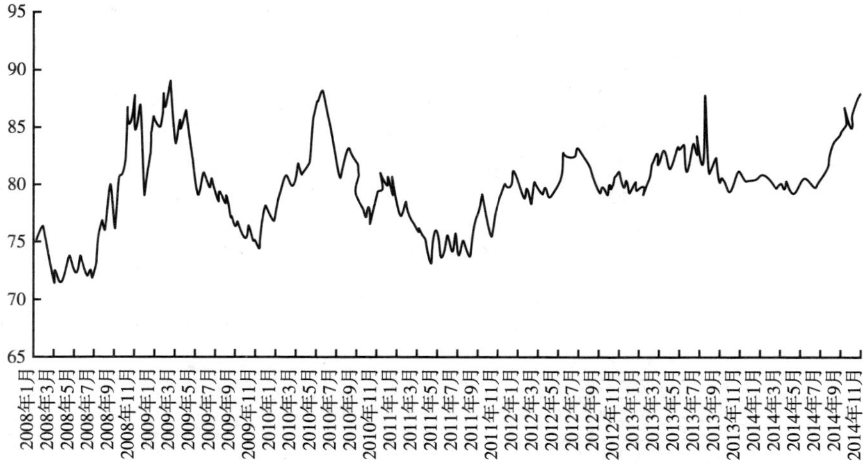

图 11　美元指数走势

资料来源：Wind 资讯。

其次，金砖国家的外汇储备整体稳定。如图 12 所示，俄罗斯的外汇储备规模虽然受到地缘政治危机事件和油价暴跌的影响在 5 月份之后出现了大幅下滑，但是下降的规模并不是很大；印度的外汇储备规模在 2014 年保持稳定扩张的态势，一度创出历史的新高；巴西虽然受到国际大宗商品价格下跌的影响，但外汇储备规模依然保持了上升势头；南非经历了国内矿工罢工和矿产品价格下跌的负面影响，但国际储备并没有出现大幅减少，基本保持了外汇储备规模的稳定；据国家外汇管理局 12 月 29 日公布的数据，截至 2014 年三季度，中国外汇储备 38877 亿美元，较 6 月末下降了 8932 亿美元，出现两年来首次下降。但是，截至 2014 年 9 月末，中国对外金融资产 62880 亿美元，对外负债 44918 亿美元，对外金融净资产 17962 亿美元。其中，对外直接投资持续快速攀升，为 6648 亿美元。中国外汇储备规模下降的主要原因是美元汇率在国际市场上走强引起的汇率折算变化。今年三季度，美元指数上升了 7.7%。这些折算造成的余额变化只是账面的估值变化，并不是实际的损失，也不会有实际的跨境资金流动。考虑到中国对外投资的快速增长，中国外汇储备规模也整体保持了稳定，实际是在增加。印度尼西亚的外汇储备规模在 2014 年也整体保持了稳定，没有出现减少。整体来讲，包括金砖国家在内的新兴经济体的外汇储备规模保持了稳定，没有出现大规模国际资本流出现象。

总之，经历了 2014 年世界经济复苏的洗礼，金砖国家的金融实力不是减少了，而是出现了增长。这被国际投资者的选择所证实。

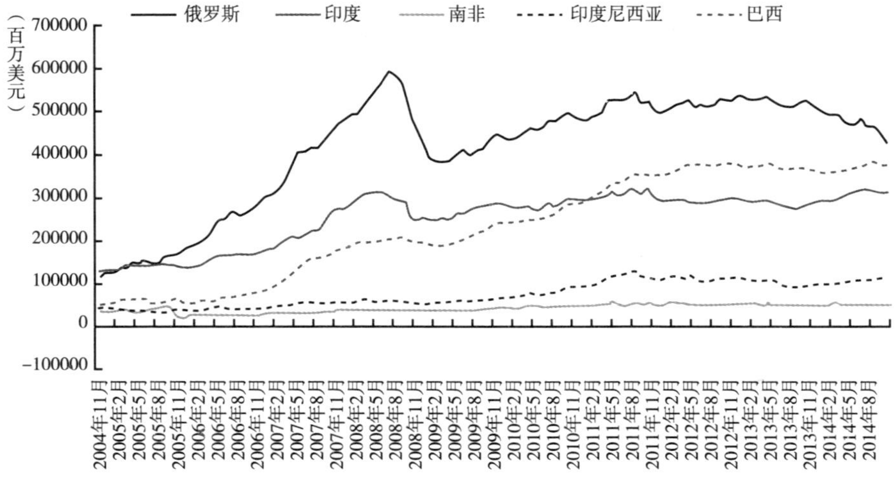

图 12　新兴经济体外汇储备规模走势

资料来源：Wind 资讯。

（六）金砖国家创新环境改善、创新能力整体增强

创新能力是金砖国家参与下一轮世界经济周期的基础，其决定了金砖国家未来国际地位改变的程度。作为发展中国家，金砖国家的创新环境基础普遍较差。但是，经过不断努力，金砖国家的创新环境在原来较差的基础上得到较大改善，创新能力整体增强。

首先，金砖国家创新环境得到较大改善。作为发展中国家，金砖国家的创新环境基础普遍较差。作为相对落后的第三世界经济体，金砖国家的经济成果多用在维持基本的生存上，发展领域投入不足，创新投入较少，创新环境较差。金砖国家亚洲创新社会环境的落后，直接导致亚洲企业创新能力落后。中国科学技术发展战略研究院从 2006 年开展国家创新能力的研究，2011 年开始正式发布报告。报告借鉴国内外关于“国家竞争力”和“创新评价”等方面的最新研究成果，参考世界经济论坛、瑞士洛桑国际管理发展学院等国际权威机构的评价报告，采用国际通用的标杆分析法，基于 2011 ~ 2012 年相关统计数据，测算了全球 40 个国家的创新指数。2014 年 3 月份，中国科学技术发展战略研究院发布的《国家创新指数报告 2013》显示，根据这份研究报告，如图 13 所示，在 2012 年国家创新环境排名的前 30 名中，虽然除俄罗斯外金砖国家全部入列，但是排名相对落后，没有一个金砖国家跻身前十名。而欧美经济体凭借雄厚的创新资源和具有悠久历史的创新体制机制不仅排名靠前，而且在创新环境排名中占据绝对优势。总体看来，金砖国家在包括创新资源、创新体制机制以及创新社会氛围等方面的创新基础环境表现较差。但是，金砖国家创新环境改善速度十分迅速。中国创新环境指数排名由上年的第 19 位提升到第 14 位。尤其在政府创新政策的完善落实，以及风险投资对企业创新支持力度等方面都取得了显著进步。其中，政府规章对企业负担影响、政府采购对技术创新影响分别从上年的第 6 位和第 8 位提升到 2012 年的第 3 位，企业创新项目获得风险资本支持的难易程度排名则从上年的第 12 位提升到第 8 位。中国研发经费长期处于快速增长通道，达到 10298. 4 亿元，稳居世界第 3 位，占全球份额由 2000 年的 1. 7% 迅速提高到 11. 7%，与美国、日本的差距进一步缩小。研发人员全时当量达到 324. 7 万人年，居世界首位，占到全球总量的 29. 2%。巴西、印度、南非的创新环境排名也都取得很大进步。这表明，金砖国家已经十分重视创新环境的改善，致力于培育面向未来的国际竞争力。

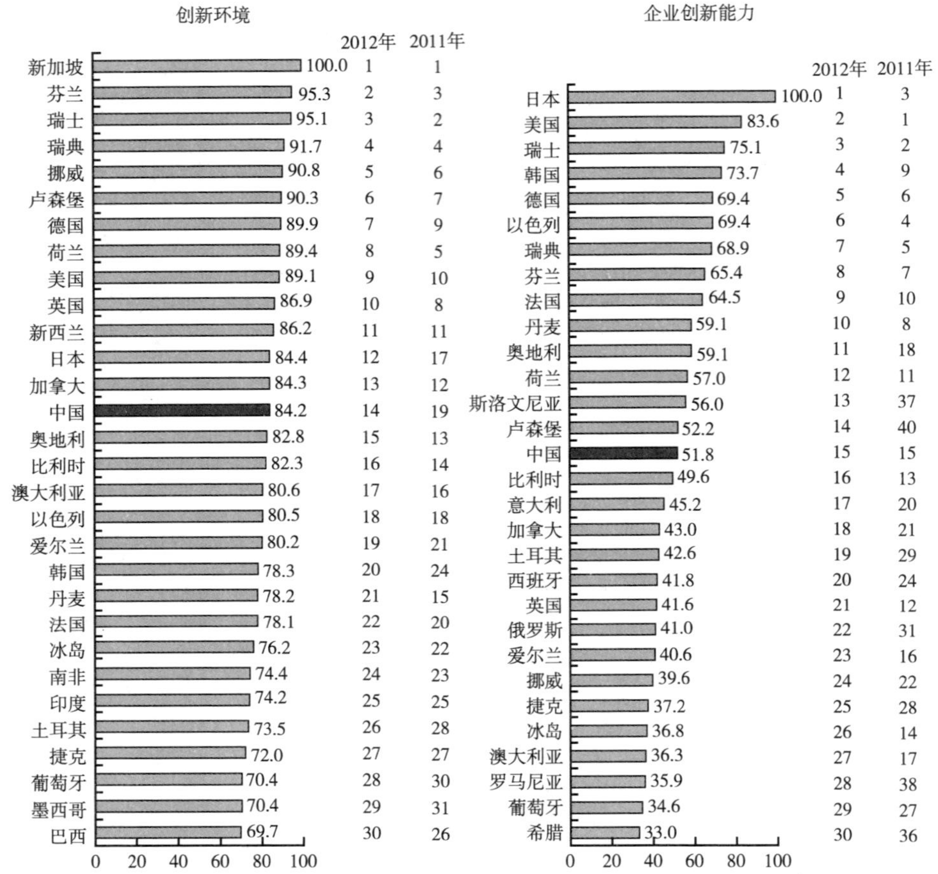

图 13　全球创新环境和企业创新能力排名

资料来源：《国家创新指数报告 2013》。

金砖国家创新环境的整体改善，促进了企业创新能力的提高。同样，中国科学技术发展战略研究院发布的《国家创新指数报告 2013》（如图 13 所示）显示，在企业创新能力排行榜的前 30 名中，发达经济体的企业创新能力依然保持了绝对优势的基本格局，但是中国和俄罗斯已经跻身前 30 名的行列，金砖国家企业创新能力发展进入了快车道。虽然中国企业创新排名没有较前一年出现变化，但企业创新能力提高方面取得的成绩是巨大的。在 2012 年中国全社会全部研发经费投入中，由企业提供的经费占 74%，由政府提供的经费占 21.6%。在全国研发经费支出总额中，企业研发经费支出额占比从 2000 年的 50% 迅速上升至 2012 年的 76.1%。中国企业在世界科技创新活动中的地位越来越突出，其研发经费支出已经占全球企业 R&D 经费总量的 13%，比 2000 年提升 11.5 个百分点。随着研发经费投入的大幅增长，中国企业创新成果也大量涌现。2012 年，全国规模以上工业企业发明专利申请量达到 17.6 万件，平均每万名就业人员拥有发明专利 29.2 件，分别是 2000 年的 22 倍和 10 倍之多。而俄罗斯企业创新由前一年的第 31 名提升到第 22 名。

可见，随着经济实力的增强，金砖国家在创新方面的投入快速增加，创新环境改善已经具备了高速惯性，创新环境日益优化，快速缩短与发达经济体的差距。

其次，金砖国家创新能力快速增强。虽然在创新能力方面，金砖国家存在结构性落后格局，但金砖国家创新能力在快速增强。2014 年 7 月，美国康奈尔大学、欧洲工商管理学院和世界知识产权组织联合发布了《2014 全球创新指数报告》。根据这份指数报告（如表 1 所示），瑞士、英国、瑞典、芬兰、荷兰依次位居“最具创新力经济体”的前 5 位，其中瑞士已连续 4 年高居榜首。美国曾于2009 年占据榜单的首位，2014 年的排名为第 6 位，部分原因在于美国经济受到金融危机的拖累。金砖国家只有中国跻身前 30 名榜单，但排名仅为第 29 位。

表 1　2014 年全球投入/产出创新指数排名

国　家	排名	国　家	排名
瑞　士	1	韩　国	16
英　国	2	澳大利亚	17
瑞　典	3	新西兰	18
芬　兰	4	冰　岛	19
荷　兰	5	奥地利	20
美　国	6	日　本	21
新加坡	7	法　国	22
丹　麦	8	比利时	23
卢森堡	9	爱沙尼亚	24
香港(中国)	10	马耳他	25
爱尔兰	11	捷　克	26
加拿大	12	西班牙	27
德　国	13	斯洛文尼亚	28
挪　威	14	中　国	29
以色列	15	塞浦路斯	30

资料来源：《2014 全球创新指数报告》。

从整体来看，创新能力排名与收入有直接的正相关性，收入高的国家在榜单中的排名一般比较靠前。高收入经济体创新能力更强，占据了排行榜的前25位，特别是欧洲国家，在“最具创新力经济体”排行中更是位居前列。中等收入经济体和低收入经济体的创新能力则依次降低。可见，发达经济体整体创新能力强的基本格局没有改变，金砖国家创新能力在全球中仍处于较弱地位。

但是，金砖国家的创新能力在快速提高。同样根据这份报告，金砖国家中有四个国家的名次都有所提升。巴西提前3位，排名第61；俄罗斯提前13位，引人注目，排名第49；南非提前5位，排名第53。但印度的名次滑至第76名，下降10位。中国的排名由上年的第35位上升到第29位，位次提高了6位，与许多高收入经济国家可比肩。报告认为，中国在创新领域的综合表现明显超出高收入经济体的平均水平；和其他金砖国家相比，中国的创新能力正在快速提高，未来几年在榜单中的排名有望进入前10。

总体来看，金砖国家的创新能力在基数方面存在先天不足，但提高速度方面表现不俗，为在下一轮世界经济周期综合国力的进一步提高奠定了基础，也为世界格局的进一步扁平化奠定了坚实的基础。

二　未来金砖国家经济发展前景展望

基于金砖国家2014年在实体经济、虚拟经济和创新能力方面取得的良好成绩和发展趋势，立足世界经济发展趋势以及金砖国家发展战略方面的调整，可以判断，金砖国家经济将迎来光明的明天，金砖国家经济增长将取得更好的成绩。

首先，从OECD综合领先经济指数看，金砖国家的经济增长将进入上升期。如图14所示，中国、巴西、印度的OECD综合领先经济指数已经进入了拐点期，在经历了国际金融危机以来的调整之后，这三国的领先指数均已在2013年年中至2014年年中达到历史的低点，随后进入了触底反弹发展阶段。2014年9月，中国、俄罗斯、印度和巴西OECD综合领先经济指标分别为99.34、100.22、99.10和99.23，与长期趋势取值100相比，仅俄罗斯位于长期趋势上方。10月，OECD综合领先经济指标显示，中国和巴西经济增长动能保持稳定，印度经济明确指向增长，俄罗斯经济暂时失去增长动能。这个经济领先指标表明，除非世界经济有更大的黑天鹅事件出现，金砖国家的经济应当进入更高的增长期。俄罗斯的OECD综合领先经济指数表现不是表明金砖国家的经济增长有可能进入下行期，而是反过来证明金砖国家经济发展应当进入一个更高的增长期。因为，俄罗斯的 OECD 综合领先经济指数下行迹象是对乌克兰危机以及欧美经济制裁的反应。俄罗斯 OECD 综合领先经济指数是对其特殊经济政治环境的反应，不是代表金砖国家整体都遇到了俄罗斯的经济政治环境。所以，从 OECD 综合领先经济指数的表现可以判断，未来金砖国家经济将进入上行期。

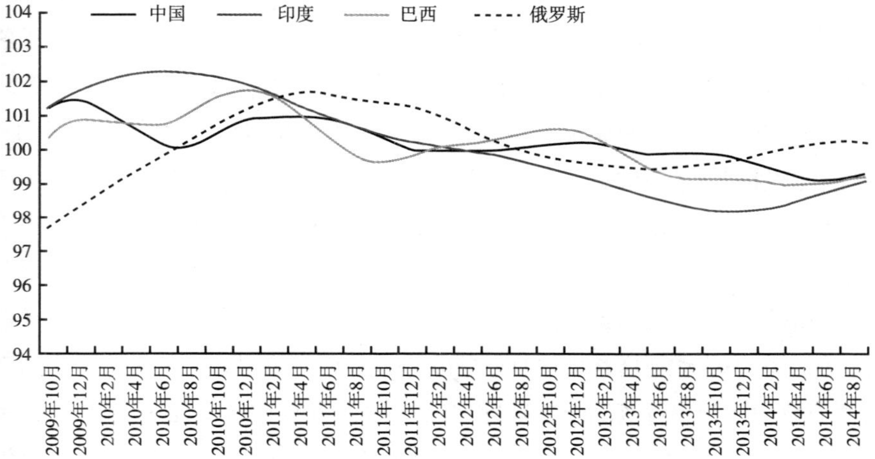

图 14　金砖国家 OECD 综合领先经济指数走势

资料来源：Wind 资讯。

其次，从世界经济发展整体来看，金砖国家经济将进入上行期。当前各机构纷纷表达了对世界经济发展的看法。对于全球经济整体走势，经合组织认为，未来两年将逐步改善。OECD 在半年度经济展望中预计，整体而言，全球经济 2014 年增长 3.3%，2015 年和 2016 年经济增速会达到 3.7% 和 3.9%。联合国《2015 年全球经济形势和展望》报告认为，全球经济未来两年将明显复苏，2015 年，全球经济增速将为 3.1%，2016 年将为 3.3%，大幅高出 2014 年 2.6% 的预测增速，世界经济重回稳定发展的轨道。纽约梅隆认为，过去 3 年国际货币基金组织对全球经济增速的预计均为 3%。得益于低利率所带来的滞后反应及能源价格产生的影响，2015 年全球经济的增速将有所加快。法国巴黎银行预计，2015 年全球经济将逐步、不均衡地复苏。全球经济 2014 年增长 3.1%，2015 年增长 3.2%。

对于区域经济，联合国认为东亚国家经济增速最快，2015～2016 年将经济增速达到6%，南亚国家经济将逐渐复苏。发达国家中，美国经济前景良好，2014年经济增长将超过2%，2015年2.8%，2016年3.1%。欧元区经济增长仍不稳定，因为经济复苏的基本条件易受外部事件冲击。OECD认为，2015年，各国经济增长分化将非常显著，并伴有很大风险和脆弱性。美国和英国经济会强于欧元区和日本。而在新兴市场国家中，印度、印度尼西亚和南非将稳步复苏，俄罗斯经济明年将会停滞，而中国经济将会降温，将从2014年增长7.3%放缓至2015年的7.1%。欧元区对全球经济增长构成了严重影响，因为失业率高企不下、通胀远低于预期，欧元区已停滞不前。欧元区2014年的经济增速为0.8%，低于2002～2011年间1.1%的平均增长率。纽约梅隆认为，美国经济刚从过去5年实际GDP增速略高于2%向未来3年的实际GDP增长3%迈进。其增长加速主要归因于过去5年拖累美国经济的政府因素正在持续减弱。该行预计，未来3年美国实际GDP的增速将提至3%，名义GDP增长将提速至约5%。从周期性角度来看，对欧洲近期经济前景仍持乐观态度，并预计其将于未来3年呈现适度但持续的扩张。因为劳动力增长放缓且亟须修正过去信贷及房地产的过剩，中国正从过去两位数的增长率过渡至未来接近6%的可持续增长率。瑞银集团认为，美国2015年的实际GDP将增长2.9%，超越2014年的2.2%。这意味着，在明年全球复苏成果中来自美国的贡献将超过一半以上。高盛集团认为，到2017年之前，美国经济都会持续超越平均趋势以上的增速。野村证券认为，中国经济将步入新常态——经济增长放缓但经济结构更加趋于平衡，同时改革步伐可能会加快。该行预计2015年中国GDP将从2014年的7.4%降至6.8%，2016年继续降至6.5%。

尽管这些机构的预测依据不同，结论也稍有差异，但大家都认同世界经济将以更快的速度复苏，绝大多数经济板块也将迈入更快的增长期。基于这种共同结论，我们判断，世界绝大多数经济体以及世界经济整体的更快增长必将带来更多需求，而金砖国家经济已经与世界经济深度融合，这增长的需求也必将带动金砖国家经济以更快的速度增长。尽管几个机构都判断中国经济将放缓，但是考虑到中国“一带一路”战略实施带来的巨大增量市场空间，考虑到行业齐全的生产能力的保存良好，考虑到中国劳动力红利释放实际还保有很大空间，我们判断，中国经济顺应世界经济增长潮流实现更高增长的可能性实际很大，而不仅仅是稳定，更不是放缓。考虑到欧元区与俄罗斯经济动能不足主要源于乌克兰危机和欧美对俄制裁等地缘紧张事件引发当地供应链和产业链紊乱、引发供需紊乱，结合欧元区与俄罗斯产业和市场状况，我们判断，随着地缘政治危机的消化，以及中国“一带一路”战略的实施，欧元区和俄罗斯经济也将步入增长期，而不是增长动能不足。综合考虑各方面因素，可以判断，金砖国家的经济增长整体将进入上升期，未来前景光明。

最后，从中国发展战略调整来看，金砖国家经济也将进入上行期。与大多数发达经济体应对国际金融危机的措施不同，中国一直采取了扩大国际市场增量而非争夺市场存量的战略，不仅为缓解危机对世界经济的冲击做出了贡献，而且为进一步走出危机、改善世界各经济体的市场空间环境带来了希望。

早在国际金融危机爆发之初，在世界主要经济体还在热衷于执行瓜分市场存量的国际金融危机治理政策的时候，中国就执行了开拓国际市场增量的政策。国际金融危机爆发后，中国出于缓解国际金融危机冲击、推进本国经济发展和和平发展的战略考虑，坚持改革开放的国策不变，不但没有采取缩小进口的对策，反而卓有成效地采取了扩大国内投资规模、扩大消费、加大进口的应对措施，向世界特别是周边国家敞开了市场大门，依靠自身消费和投资市场的扩容，加大对世界库存的消化，进一步加大了对包括欧美等发达经济体在内的世界经济发展的市场拉动力度，在推进本国经济发展的同时，加快世界经济复苏步伐，一度扮演了世界经济火车头的角色。如图15所示，根据世界银行的统计，如果以人均购买力平价衡量，在金砖国家中，2013年中国人均收入仅高于印度。俄罗斯人均收

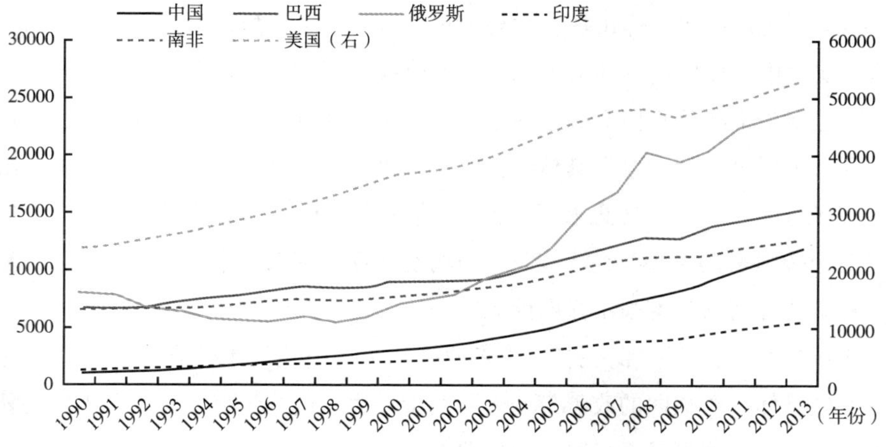

图15　金砖国家人均购买力与美国的比较（单位：国际元）

资料来源：Wind资讯。

入是中国的2.03倍，美国人均收入是中国的4.46倍。但是，2013年中国人均购买力增速达8.76%，不仅高于其他金砖四国，也高于美国。由于后续“一带一路”战略的提出，这种市场扩大不仅表现在消费领域，也将在投资领域放大。这种市场扩大态势呈现几何级数增长，一直延续到当前，还将延续到未来。中国以扩大全球市场增量为核心的扩大消费和投资政策不仅维持了自身经济以较高的速度增长，还带动了周边乃至欧美国家的经济复苏，特别是亚太经济体的增长，为包括金砖国家在内的世界各经济体扩大市场空间，拉动经济复苏找到了实实在在的出路。

中国新一届政府诞生之后，延续并进一步放大了拓展市场空间的战略，从更高层次提出了“一带一路”战略，为包括金砖国家在内世界各经济体改善市场空间环境带来了光明的前景。中美两国首脑在美国加利福尼亚州安纳伯格庄园会晤时，习近平主席提出了构建中美新兴大国关系的主要原则。习近平主席在2013年9月出访中提出了“一带一路”战略。这个战略延续了扩大市场增量的思路，不仅为中国经济持续发展找到了出路，还为世界各经济体通过扩大国际市场增量应对国际金融危机、推进世界经济复苏找到了战略出路，为改善包括金砖国家在内的世界各经济体市场空间环境带来了广阔的发展前景。“一带一路”战略的核心要义就是充分盘活中国资金、技术相对优势以及国际产业链下游经济体市场优势，通过基础设施互联互通推进亚欧大陆生产要素在更大范围配置，提高资源配置效率，挖掘亚洲市场潜力；通过经济带产业投资推进沿经济带经济体产业升级，扩大沿线经济体市场，大规模扩展国际市场容量，不仅为各经济体产品打开了更大的市场空间，还为本国过剩产能找到了市场，提高资金使用效率，而且提升经济带沿线经济体人民生活水平，实现互利双赢。与此同时，通过亚洲市场空间拓展增量，带动世界其他经济体的发展。“一带一路”战略大规模拓展了世界市场空间，不仅直接惠及“一带一路”沿线经济体，也将间接惠及世界，为包括金砖国家在内的各经济体改善市场空间环境带来了曙光，为世界经济复苏和各经济体经济增长带来了光明前景。

不仅如此，在“一带一路”战略的推动下，中美的市场合作战略也进一步给亚太经济体市场空间的改善带来光明前景。为了进一步打开其第二大贸易伙伴中国的市场，美国还基于自身利益需要改革了坚持多年的出口管制体系，相对放松了美国占优势的清洁能源等高技术产品对华出口管制，还启动了双方的投资保护协定（BIT）的实质性谈判。中国国际经济交流中心理事长曾培炎先生在2014

年“二轨”（中美商业领袖和前高官第二轨道对话会）会谈上倡导，在BIT的基础上再加一个T（trade），变成BITT，中美双方经由BIT到BITT，最终实现中美自由贸易区（FTA）。这在中美战略圈内已经形成广泛范围内的共识，也为在亚太地区通过中美FTA把TPP和RCEP连接起来，避免双输的市场分割对立，实现互利共赢，最终实现亚太自由贸易区（FTAAP）奠定了基础。为世界经济复苏而努力的中美市场合作有利于亚太市场的顺畅联通和扩容，不仅直接惠及亚太经济体，也将间接惠及世界，为亚太经济体和世界各经济体市场空间的改善带来光明前景。

金砖国家将是中国“一带一路”战略和中美市场合作战略的最大赢家。在国际金融危机爆发之前，金砖国家已经在世界经济大三角框架下形成了相对完善顺畅的生产链和供应链体系。近水楼台先得月，中国的市场增量战略和中美市场合作战略必将激活原来世界经济大三角框架下业已形成的国际价值链、商品链和物流网络，首先给沿线经济体和金砖国家的经济增长提供强大的动力，惠及金砖国家经济，推动金砖国家经济发展。中国执行的“一带一路”战略和中美在亚太的市场合作发展战略，有利于全球市场增量的大幅扩展，给世界各经济体经济增长提供了巨大动能，为世界经济改善市场空间环境带来了光明前景，也将间接惠及世界各经济体，推动世界经济更快复苏。

综合考虑以上各方面因素，金砖国家经济已经具备进一步增长的基础，并将受惠于世界经济增长，受惠于中国市场增量战略和中美市场合作战略，应进一步进入更快的增长期，前景光明。

（撰稿人：中国国际经济交流中心副研究员徐长春）

2014年拉美经济形势分析与展望

2014年，全球经济实现了稳健复苏，其中，发达经济体中美国经济增长一枝独秀，日本和欧元区经济则处于增长与衰退的边缘。新兴市场中，尽管大多数国家经济增速普遍下行，但下行的幅度和原因各自不同。全球经济环境的变化，特别是大宗商品价格持续下行，对拉美地区经济造成较大冲击，一部分国家面临通货膨胀上升、财政赤字增加、国际收支失衡、资本外逃和货币贬值的多重挑战，针对不同的经济形势，拉美各国也进行了相应宏观经济政策调整。

一 拉美经济增长面临的国际经济环境

2014年，全球经济复苏态势持续分化，内生增长动力仍然不足，全球经济面临各国货币政策分化、地区动荡等风险。2014年，全球经济能保持增长的关键是美国经济的强劲反弹。二季度美国GDP折年率增长4.6%，三季度进一步升至5%，创十一年来的新高。然而，欧洲、日本则始终处于增长与衰退的边缘，中国、印度经济增速持续下行，金砖国家中巴西、俄罗斯接近于零增长，这些导致全球经济复苏仍然疲软。

除了短期因素之外，全球经济低速增长的根源还在于内生动力不足，具体原因有二：一是人口红利因素正在衰减。发达国家特别是欧洲和日本的人口老龄化、劳动人口减少，削弱了人力资本对经济增长贡献。中国面临人口红利拐点，经济步入中速增长“新常态”。二是技术创新缺乏显著亮点。生产技术、管理技术创新带来的劳动生产率提升，是经济增长的另一个源泉。但是，金融危机后能够转化为生产力的技术创新并未涌现，未能推动大规模固定资产投资更新和消费升级。

展望 2015 年，全球经济增速将有所回升，有望迎来增长新拐点。具体而言，推动全球经济复苏力度增强的因素有：一是干扰经济复苏短期性因素有望缓解或消除，2015 年美国、日本、欧洲和中国经济增速将稳步回升，并通过贸易渠道拉动其他地区经济增长。二是大宗商品价格下跌尽管对少数出口国产生负面影响，但对全球经济增长要素成本下拉作用明显，有利于促进投资和消费增长。三是全球特别是"一带一路"沿线国家的基础设施建设将迎来新的强劲增长，这将有利于这些国家的增长中速上移。四是全球经济再平衡取得进展。美国和中国经济的国际收支失衡问题缓解，中国改革和持续的产业结构调整大大降低了对外部的依赖，同时中国持续扩大的进口对亚洲新兴市场国家和初级产品出口国的出口拉动作用将更加明显。

然而，2015 年全球经济增速能否回升依然面临两方面风险因素，一方面是全球货币政策分化。主要发达经济体终结了同步宽松的货币政策取向，新西兰率先加息，美联储完全退出 QE，美、英利率政策面临转向，相反，欧洲央行史无前例地推出负利率政策，并推出欧洲版 QE 政策，日本央行则继续扩大资产购买规模。与此同时，新兴经济体货币政策同样出现分化，俄罗斯、巴西等国连续加息和干预外汇市场，以应对通胀和货币贬值压力，而中国、智利、土耳其等国则下调利率以提振经济。另一方面的风险是非经济因素，特别是乌克兰、东欧地缘政治长期化与复杂化风险，朝鲜半岛、中东局势的错综复杂和不确定性，将对全球政治、经济格局产生长期负面影响。

二　2014 年拉美经济增速出现明显下滑

（一）投资大幅下挫是拉美经济增速快速下滑的主要原因

2014 年上半年，拉美经济增速出现明显下行。一、二季度的地区经济增速分别为 2.089% 和 1.223%，其中二季度的经济增速创下了金融危机以来的新低。经济增速显著下滑，与拉美地区投资低迷密切相关，二季度拉美地区投资对经济增长的贡献下拉 1.116 个百分点，消费贡献的经济增长为 1.905 百分点，净出口贡献了 0.434 个百分点的增长。

从全年的预测值来看，经济增长来自消费增长的贡献大约为 1.4 个百分点，投资对增长的贡献为下拉 1.1 个百分点，净出口对增长的贡献为 0.8 个百分点。从投资具体情况来看，2014 年尽管拉美各国情况有所差异，但整个地区的固定资本形成总额将萎缩3%。哥伦比亚、厄瓜多尔、巴拿马、玻利维亚等国的投资增速在5%以上，但阿根廷、委内瑞拉、巴西和智利的投资则出现急剧下滑，秘鲁的固定资产投资较前几年的下降幅度更为明显。以2010年价格计算，2014年拉美地区的固定资产投资占GDP的比重下降到19.2%，甚至低于危机较为严重的2010年19.8%的投资率，也低于2011～2013年平均20.5%的投资水平。从横向比较看，2010～2012年，拉美国家的投资增速，一直在东亚国家投资增速之上，2014年，东亚国家投资增速触底反弹，而拉美国家却陷入负增长的通道之中，这也是拉美国家经济增速下滑程度高于东亚国家的重要原因。

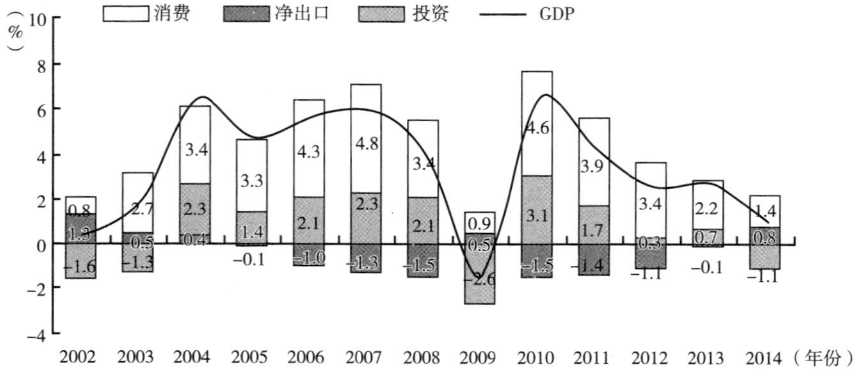

图1　拉美经济增长动力

资料来源：联合国拉美经委会。

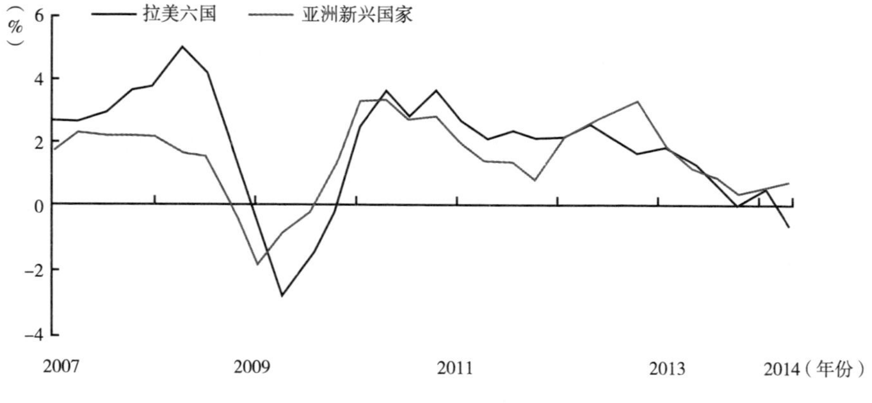

图2　拉美国家和亚洲新兴国家投资增速

注：拉美六国包括巴西、智利、哥斯达黎加、墨西哥、秘鲁和乌拉圭，亚洲新兴国家包括印度、印度尼西亚、马来西亚、菲律宾、泰国。

资料来源：国际货币基金组织。

（二）拉美各国经济增长趋势出现背离

从全年的情况看，2014 年拉美地区经济增速预计为 1.1%，大幅低于上年的 2.5%。然而，各国经济形势背离的趋势继续存在，2014 年拉美第一大经济体巴西的增长率仅为 0.2%，陷入衰退的边缘，第三大经济体阿根廷则正式陷入经济衰退，增长率为 -0.2%。相反，在美国经济强劲复苏带动下，拉美第二大经济体墨西哥则实现了 2.1% 的增幅，高于上年 1.1% 的增速，也高于拉美地区的平均增速。

从拉美中型经济体来看，新世纪以来，智利经济增速一直十分稳健，特别是 2010 ~2013 年增速始终保持在 4% 以上，然而在 2014 年，随着铜矿和铜制品价格的大幅下挫，智利经济也受到了显著冲击，经济增速仅为 1.8%，远低于上年 4.1% 的增速，创下了近年新低。相反，哥伦比亚、玻利维亚、厄瓜多尔、乌拉圭等拉美中型经济体，在基础设施投资和国内消费需求的推动下，经济增速继续保持在 3.5% ~5.2% 的区间内，经济增速的稳定性较高。值得注意的是，受石油价格急速下挫的影响，2014 年委内瑞拉经济将衰退 3%，前任总统查韦斯开启的委内瑞拉玻利瓦尔革命和“21 世纪社会主义”面临前所未有的挑战。分次区域来看，中美洲 9 国受美国经济强劲反弹的带动作用较大，2014 年经济增速将稳定在 3.7%，相反，南美国家受全球大宗商品和能源价格下跌的负面影响，GDP 增速仅为 0.7%。

综上所述，2014 年拉美地区经济大幅下挫的原因在于阿根廷、巴西、委内瑞拉和智利等大国经济的低迷和衰退，而墨西哥、哥伦比亚等国则成为拉美经济仍能保持增长的稳定器。

（三）巴西、阿根廷经济陷入困境，墨西哥经济稳健增长

从拉美三大经济体巴西、墨西哥和阿根廷的具体情况看，2014 年巴西经济在大宗商品大幅下挫、资本外逃的双重冲击下，经济增速在二、三季度自金融危机以来再度陷入衰退，一季度巴西经济仍保持了接近 2% 的增速，二、三季度经济增速分别为 -0.87% 和 -0.24%。从工业指数增长情况看，1 ~10 月巴西工业生产指数月度平均衰退了 2.8%，其中 9 月份衰退幅度高达 4.82%，创下了近年来最大衰退幅度，下半年工业生产指数的衰退幅度，明显高于上半年。巴西全国工业联合会报告显示，11 月份巴西工业信心指数下跌至 44.8 点，是这项指数自

表 1　拉美主要国家经济增速

单位：%

国　家	2009 年	2010 年	2011 年	2012 年	2013 年	2014 年	2015 年
拉美地区	-1.2	6.1	4.2	2.6	2.5	1.1	2.2
阿根廷	0.1	9.1	8.6	0.9	3.0	-0.2	1.0
玻利维亚	3.4	4.1	5.2	5.2	6.8	5.2	5.5
巴西	-0.3	7.5	2.7	1.0	2.0	0.2	1.3
智利	-1.0	5.8	5.8	5.4	4.1	1.8	3.0
哥伦比亚	1.7	4.0	6.6	4.0	4.7	4.8	4.3
哥斯达黎加	-1.0	5.0	4.5	5.1	3.5	3.6	3.2
厄瓜多尔	0.6	3.5	7.8	5.1	4.5	4.0	3.8
墨西哥	-4.7	5.2	3.9	4.0	1.1	2.1	3.2
秘鲁	1.0	8.5	6.5	6.0	5.8	2.8	5.0
乌拉圭	2.4	8.4	7.3	3.7	4.4	3.5	3.5
委内瑞拉	-3.2	-1.5	4.2	5.6	1.3	-3.0	-1.0
中美洲 9 国	0.4	4.1	4.3	4.1	4.0	3.7	4.1
南美洲 10 国	-0.3	6.7	4.4	2.1	2.8	0.7	1.8

注：中美洲 9 国包括哥斯达黎加、古巴、多米尼加、萨尔瓦多、危地马拉、海地、洪都拉斯、尼加拉瓜和巴拿马。南美 10 国包括阿根廷、委内瑞拉、巴西、智利、哥伦比亚、厄瓜多尔、巴拉圭、秘鲁、玻利维亚和乌拉圭。2014 年和 2015 年数据为预测值。

资料来源：联合国拉美经委会。

1999 年 1 月创立以来的最低水平，该指数满分为 100 点，低于 50 点意味着工业缺乏信心，前景悲观，该联合会预测，2014 年巴西工业将衰退 1.5%。2014 年 1～12 月，巴西制造业采购经理人指数（PMI）月度平均水平为 49.6，其中 11 月 PMI 为 48.7，创下全年最低水平。相反，消费增长是巴西经济的唯一亮点，1～10 月巴西消费者信心指数始终处于荣枯线 100 以上，但受经济快速下滑的影响，11 月和 12 月则是近年来首次陷入荣枯线以下，分别为 97.5 和 98.8。由此可见，巴西经济的疲软，正在由投资和出口的萎缩，向消费领域传统蔓延，巴西经济的前景不容乐观。

阿根廷和巴西经济关系紧密，受巴西经济低迷的影响，2014 年阿根廷经济也陷入了衰退，2014 年上半年阿根廷经济几乎是零增长，三季度阿根廷经济为负增长 0.8%。经济的持续衰退，还表现在阿根廷工业指数持续疲软，1～11 月，工业生产指数月度增速为 -0.8%，其中 5 月份衰退幅度为 1.25%，创下了近年来的最低水平。与此同时，代表经济景气的阿根廷经济活动指数也持续下滑，

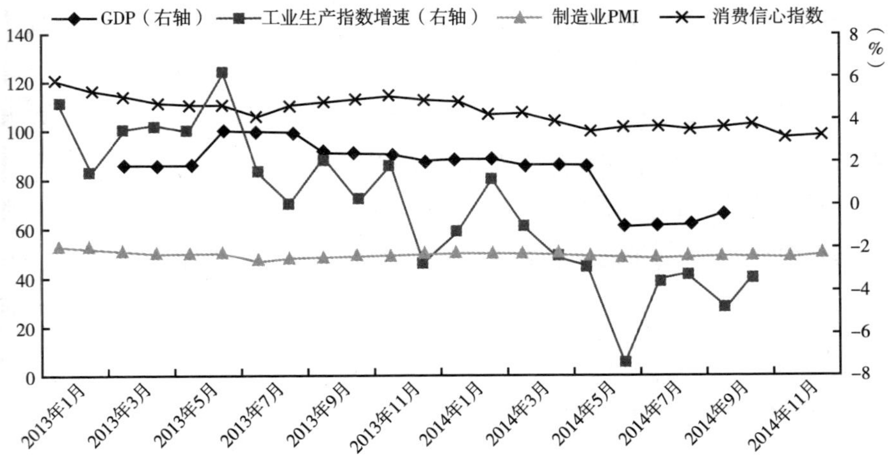

图 3　巴西经济增长和经济景气指数变化趋势

资料来源：Wind 资讯。

1～11 月经济活动指数月均降幅为 2.5%，其中 3 月降幅高达 5.95%，创近年来的最大降幅。总之，阿根廷经济受巴西经济低迷和全球大宗商品价格下挫的影响，正处于金融危机以来最为严峻的时期。

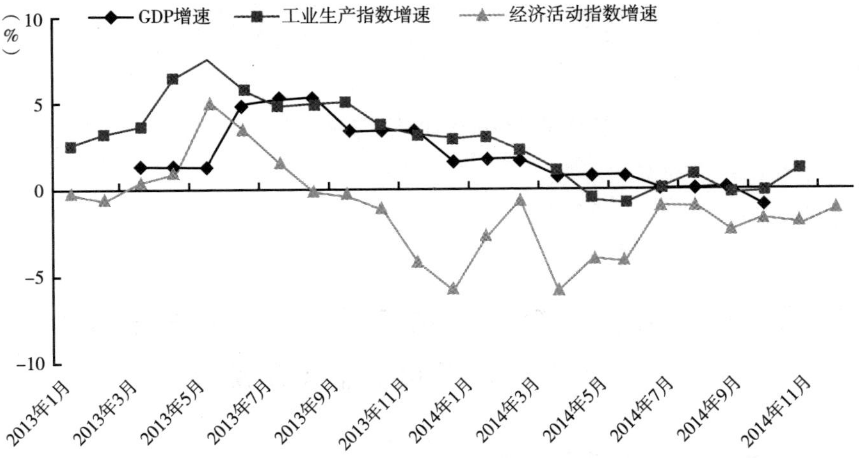

图 4　阿根廷经济增速和经济景气趋势变化

资料来源：Wind 资讯。

2014 年，与巴西、阿根廷经济疲软相比，在美国经济强劲反弹的带动下，墨西哥经济保持稳定增长态势。前三季度，墨西哥经济增速分别为 1.93%、

1.62%和2.15%，平均经济增速显著高于2013年的水平。从工业生产指数增速来看，除3月份受季节性因素影响出现0.91%的负增长外，1～10月全部保持正增长，月均增速为1.66%，其中下半年的月均增速接近2%，工业生产指数出现加速增长趋势。从制造业采购经理人指数（PMI）看，1～12月PMI月均水平为52.69，显著高于荣枯线50以上，其中12月PMI为55.30，创下了近年来的新高。在经济持续增长的带动下，墨西哥消费者信心指数也持续稳步上扬，11月消费者信心指数为92.88，为全年最高水平，预计2015年墨西哥的消费增长前景较为乐观。

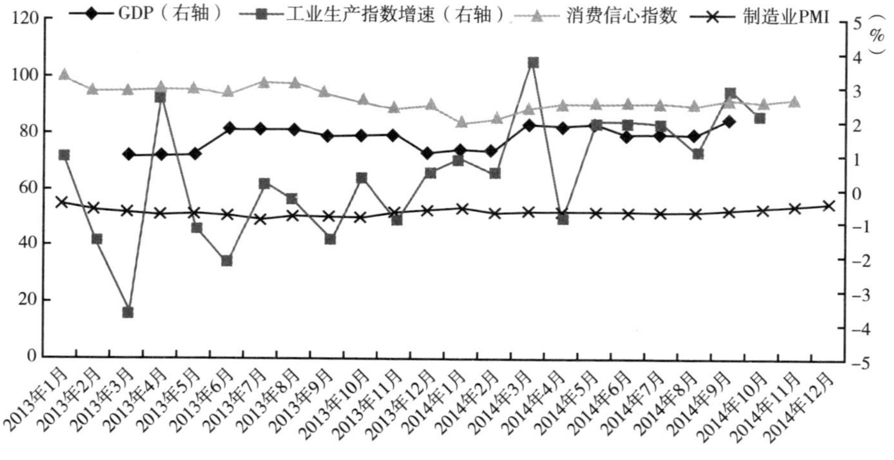

图5　墨西哥经济增速和经济景气指数变化趋势

资料来源：Wind资讯。

三　拉美国家一些经济指标有所恶化，部分国家的宏观经济政策面临多重挑战

（一）拉美国家财政状况有所恶化，债务状况保持稳定

2014年，拉美国家财政状况有所恶化，整个地区的初级财政赤字占GDP比重大约为0.8%，中央政府财政赤字占GDP比重由上年2.3%上升到2.7%。从收入和支出来看，拉美国家中央政府总收入显著下降，公共支出有所上升。从次区域看，2014年加勒比地区财政状况有所改善，中央政府财政赤字占GDP比重

从上年 4.1% 下降到 3.9%，其中仅牙买加在“财政巩固计划”推动下，财政赤字减少额就占 GDP 比重为 4%。

从各国国家的具体情况看，巴西的财政状况有所恶化，初级财政盈余占 GDP 比重为 1.3%，显著低于上年 1.9% 的盈余水平，更值得注意的是，巴西公共债务水平长期居高不下，占 GDP 比重高达 65.8%，高债务水平加上高利率，使得债务利息支出长期成为政府财政的重要负担。墨西哥财政状况在经济持续稳定增长的推动下，尽管石油价格下跌使得墨西哥政府收入中非税收收入占 GDP 比重下降了 1.8 个百分点，但税收收入的稳定增长，使得 2014 年初级财政赤字率预计为 1.5%，赤字水平保持了基本稳定。智利初级财政赤字率则达到了 1.6%，同样大幅高于上年的 0.6%，这主要是铜矿产品需求和价格下挫，影响了政府的非税收收入。在能源出口国中，委内瑞拉、厄瓜多尔受全球能源价格下挫冲击的影响最大，其中委内瑞拉初级财政赤字占 GDP 比重高达 10.7%，赤字水平为整个地区最高，厄瓜多尔次之，赤字率为 3.1%。

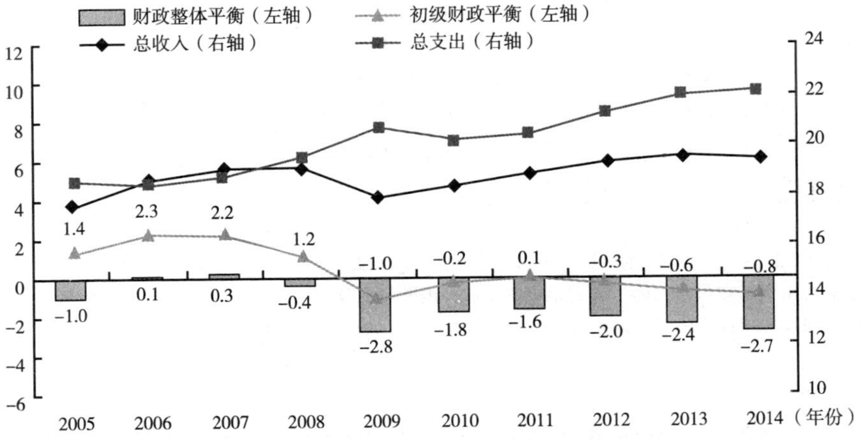

图 6　拉美国家财政状况（%，占 GDP 比重）

拉美国家财政状况的恶化，使得各国的债务问题有所加剧。巴西债务规模和债务率高达 65.8%，整个地区中局指可数，也是拉美地区公共债务居高不下的主要原因。2014 年全地区公共债务余额占 GDP 比重为 50.6%，出现连续四年的上升趋势。墨西哥债务水平、阿根廷的债务水平也有所上升，其中墨西哥公共债务占 GDP 比重为 48%，高于上年 46.4% 的债务水平，阿根廷债务则大幅上升，2014 年债务余额占 GDP 比重预计为 48.9%，主要原因仍然是阿根廷主权债务是垃圾级，债务融资成本居高不下。智利、哥伦比亚、秘鲁、玻利维亚和厄瓜多尔等拉美中型经济体的债务水平一直保持在相对较低水平，五国的债务水平处于13%～35%的低债务水平区间。综上所述，近年来拉美国家的债务水平总体保持稳定，但上升的趋势和苗头值得关注。

表2 拉美国家财政收支平衡和债务状况

单位：%

国家	初级财政盈余/GDP					公共债务/GDP				
	2011年	2012年	2013年	2014年	2015年	2011年	2012年	2013年	2014年	2015年
墨西哥	-1.0	-1.1	-1.3	-1.5	-1.4	43.2	43.2	46.4	48.0	49.0
阿根廷	-0.4	-0.5	-0.7	-1.2	-1.7	35.9	37.6	41.0	48.9	54.2
玻利维亚	2.1	2.8	1.6	0.5	0.9	34.7	33.4	32.6	29.8	27.1
巴西	3.1	2.1	1.9	1.3	2.0	64.7	68.2	66.2	65.8	65.6
智利	1.5	0.8	-0.6	-1.6	-1.0	11.1	12.0	12.8	13.9	14.6
哥伦比亚	-0.1	1.6	1.2	0.8	0.9	35.7	32.0	35.8	34.0	33.1
厄瓜多尔	0.6	-0.3	-3.7	-3.1	-3.2	18.3	21.3	24.4	27.0	30.0
秘鲁	3.1	3.1	1.7	0.6	0.7	23.2	21.2	20.0	19.3	19.2
乌拉圭	2.0	-0.2	0.4	-0.4	0.0	59.0	59.5	62.1	66.4	67.0
委内瑞拉	-9.4	-13.8	-11.9	-10.7	-11.8	43.3	46.0	52.1	46.2	41.3
拉美地区	0.8	0.0	-0.1	-0.8	-0.2	48.7	49.3	49.9	50.6	51.1
金融自由化国家	1.4	1.0	0.5	-0.1	0.2	39.5	39.3	40.6	41.2	41.5
大宗商品出口国	-1.1	-2.6	-3.0	-3.0	-3.0	28.7	30.5	32.9	34.1	34.1

资料来源：IMF，*World Economic Outlook*；*Regional Economic Update—Latin America and the Caribbean*，October 2014. 2013年和2014年数据为预测值。注：初级财政盈余为公共债务本息偿付前的财政收支平衡。金融自由化国家包括巴西、智利、哥伦比亚、墨西哥、秘鲁、乌拉圭六个经济自由度较高的大国；大宗商品出口国包括阿根廷、玻利维亚、厄瓜多尔、巴拉圭和委内瑞拉。

（二）货币政策面临控制通货膨胀和刺激经济增长的两难选择

至2014年10月，拉美国家12个月累计通胀率为9.4%，大幅高于2013年7.6%年通胀率，尽管大部分国家的通胀率都高于上年，但各国之间仍存差异。整体而言，自2014年5月以来，拉美国家的食品价格普遍大幅上涨，1～10月食品价格平均涨幅为11.8%，而2012年和2013年分别为8.3%和9.3%，2014年扣除食品、能源价格外的核心通胀率为9.1%，而2013年为7.0%。由此可见，食品等日用品价格上涨是拉美国家通货膨胀恶化的主要原因。

从各国的具体情况看，委内瑞拉无疑是近年来拉美国家中通货膨胀最为严重

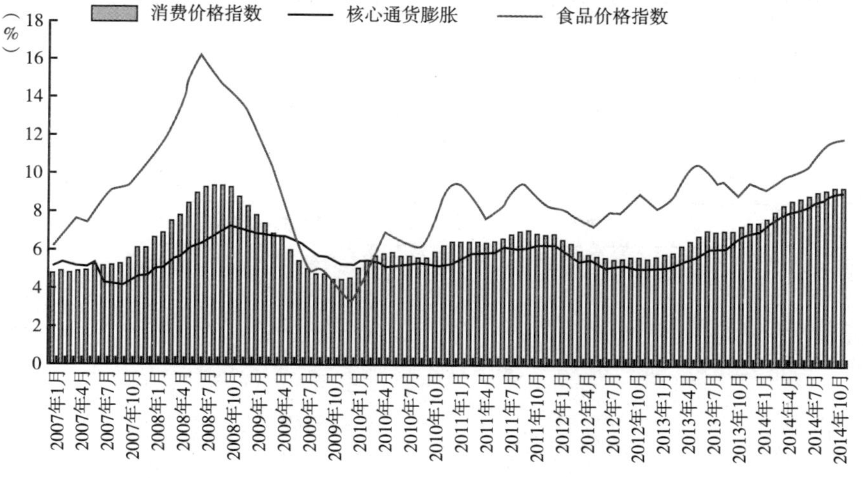

图 7　拉美地区各类物价指数和通货膨胀趋势

资料来源：联合国拉美经委会。

的国家，2014 年通胀率预计为 69.8%，其主要原因是委内瑞拉过度依赖石油的单一产业结构，大量食品和日用消费品都严重依赖于进口，加上委内瑞拉国内滥发货币问题严重，中央银行长期是财政计划部的取款机。阿根廷是通货膨胀问题仅次于委内瑞拉的国家，2014 年通胀率官方统计数据预计为 25.3%，而私人机构预测的阿根廷通胀率则高达 40% 以上，阿根廷恶性通胀的主要推动因素是货币大幅度贬值，同时大量日用消费品短缺，严重依赖进口。巴西作为实行通货膨胀目标制的国家，近年来通胀率一直高于央行的目标中间值 4.5%，2014 年通胀率预计为 6.2%。拉美其他国家中，墨西哥、智利、哥伦比亚、秘鲁等国通胀率均维持在 2% ~5% 的正常区间范围内，这与这些国家严格的财政和货币纪律密不可分。

面对不同的通货膨胀形势，拉美各国的货币政策也各有差异。为了控制通胀压力，自 2013 年 4 月以来巴西央行连续 11 次提高基准利率，2014 年 12 月 3 日利率上升至 11.75%，然而，巴西当前利率水平在全球主要国家中处于最高水平，因此巴西央行的货币政策始终面临控通胀和稳增长的两难选择。继续升息势必影响到增长。但是央行继续升息的决定，显示了其对待通胀的坚定信念。相反，墨西哥、智利和秘鲁在通胀压力较小的情况下，为了稳定经济增长预期，普遍采取了降低基准利率的措施，其中智利央行自 2013 年 9 月以来连续四次下调央行基准利率，墨西哥经过连续三次下调利率，2014 年末央行基准利率保持在 2.5% 的水平。

表 3　拉美国家通货膨胀率

单位：%

国家	2011	2012	2013	2014	2015
墨西哥	3.8	3.6	4.0	4.0	3.5
阿根廷	9.5	10.8	10.8	25.3	24.6
玻利维亚	6.9	4.5	6.5	5.5	5.2
巴西	6.5	5.8	5.9	6.2	6.0
智利	4.4	1.5	3.0	4.2	3.0
哥伦比亚	3.7	2.4	1.9	3.3	3.0
秘鲁	4.7	2.6	2.9	2.9	2.2
乌拉圭	8.6	7.5	8.5	8.6	8.4
委内瑞拉	27.6	20.1	56.2	69.8	55.9
哥斯达黎加	4.7	4.6	3.7	5.5	4.0
拉美地区	6.7	5.4	7.5	8.3	7.2
经济自由化国家	5.3	3.9	4.4	4.9	4.3
大宗商品出口国	8.2	11.2	17.3	20.8	17.3

资料来源：IMF, *World Economic Outlook*: *Regional Economic Update—Latin America and the Caribbean*, October 2013. 2013 年和 2014 年数据为预测值。金融自由化国家包括巴西、智利、哥伦比亚、墨西哥、秘鲁、乌拉圭六个经济自由度较高的大国；大宗商品出口国包括阿根廷、玻利维亚、厄瓜多尔、巴拉圭和委内瑞拉。

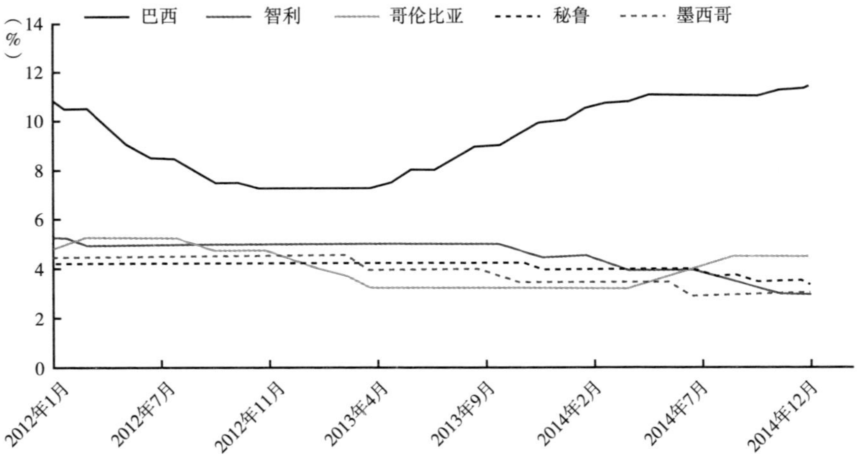

图 8　拉美国家央行基准利率变化趋势

资料来源：联合国拉美经委会。

（三）大宗商品价格和外部需求萎缩使得拉美部分国家国际收支失衡问题加剧

2014 年，拉美地区经常项目逆差占 GDP 比重由上年 2.6% 下降到 2.3%，终止了赤字率连续四年上升的趋势。然而，各国国际收支平衡状况差异依然较大，美国经济的强劲复苏，使得墨西哥和中美洲等临近美国的国家，对美出口稳定增长，同时该地区侨汇收入也有所上涨，显著改善了这些国家的国际收支平衡。

据美洲开发银行的研究预测，2014 年墨西哥出口增长远超拉美其他国家，墨西哥全年出口额达 3970 亿美元，同比 2013 年增长 5.0%，其中占墨西哥出口 80% 的美国市场，增长了 6%。墨西哥出口占拉美地区总出口的 40%，因而墨西哥出口的稳定增长对地区的出口影响十分关键。从墨西哥的出口结构看，占出口总额 10% 的石油出口同比下降了 10%，而在制造业特别是汽车产业出口增长推动下，墨西哥非石油出口增长了 7.0%。从区域看，墨西哥对欧盟出口增长了 4.0%，对全球其他地区特别是拉美区域内市场的出口下降 8%，对阿根廷、巴西、哥伦比亚和委内瑞拉等主要经济体的出口量均出现萎缩。

相反，南美国家的出口市场主要是面向欧洲和中国，欧洲经济的低迷和中国经济增速下行使得巴西出口量仅增长了 0.1%，智利出口增长了 1.8%，秘鲁则下降了 5%，阿根廷和委内瑞拉出口也停止了增长步伐。与此同时，欧洲劳动力市场低迷使得南美国家侨汇收入也出现下降。总体而言，南美地区出口的疲软，使得 2014 年拉美地区总出口下降了 1.4%，低于 2013 年 0.3% 微幅增长。该地区对世界其他国家出口的减少抵消了美国进口需求的复苏，亚洲经济增长放缓，尤其是中国需求的下降，使得南美国家出口出现下滑。

拉美地区出口的低迷，还与全球大宗商品和能源价格大幅下挫的趋势密不可分，2014 年以来，拉美国家的能源、金属矿藏、大豆、牛肉、木材等初级产品出口都出现了显著下滑，特别是能源价格的下跌，是造成委内瑞拉经济陷入困境的根本原因，大豆出口价格低迷，对巴西和阿根廷的国际收支平衡形成了冲击。世界经济增长速度放缓，铁矿石需求减少，致使巴西的出口量明显减少，2014 年 1～11 月铁矿石出口占全国出口总额比重下降到 11.5%，铁矿石均价也从每吨 75 美元下降到 52 美元，这一趋势使得 2014 年巴西对外贸易将出现 45 亿美元逆差，这是巴西 14 年以来对外贸易首次出现逆差。铜矿等金属制品价格疲软，对智利和秘鲁的出口形成冲击，也是智利经济大幅下挫的根本原因。由此可见，拉美作为全球大宗商品和能源的主要供应地，全球大宗商品和能源价格下跌，恶化了拉美国家的贸易条件，对拉美国家经济增速、国内需求、财政状况和国际收支平衡都形成较大的负面影响。

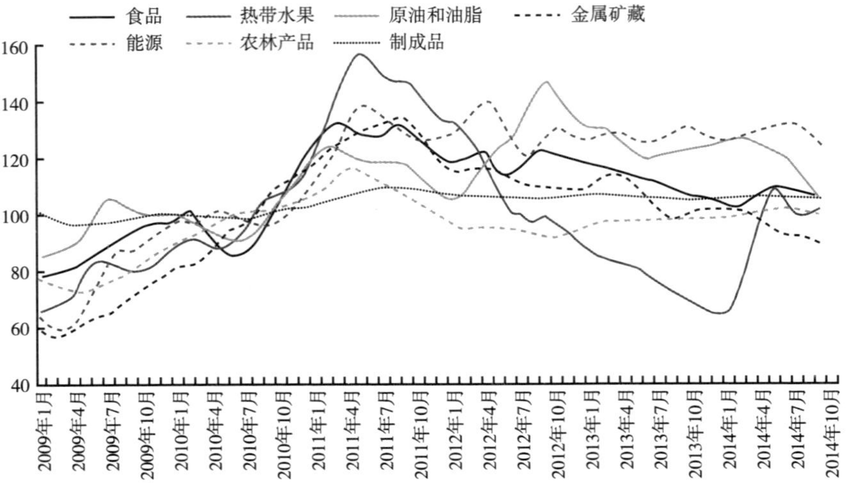

图 9　2009 年 1 月至 2014 年 9 月拉美国家大宗商品和制成品出口价格指数（2010 年为 100）

资料来源：联合国拉美经委会。

图 10　拉美国家出口增速和贸易条件的变化

资料来源：国际货币基金组织。

从进口来看，2014 年整个拉美地区进口仅增长 1%，是自金融危机以来的新低。然而，各次区域的差异较大，南美地区进口由于区域内投资和消费需求疲软而出现急剧下滑，其中智利进口萎缩了 7.8%，巴西下降了 2.6%，秘鲁下降了 2%，阿根廷降幅为 9.9%，委内瑞拉更是下降了 17.7%。相反，哥伦比亚、墨西哥和大部分中美洲国家的进口由于国内需求的复苏而持续增长。

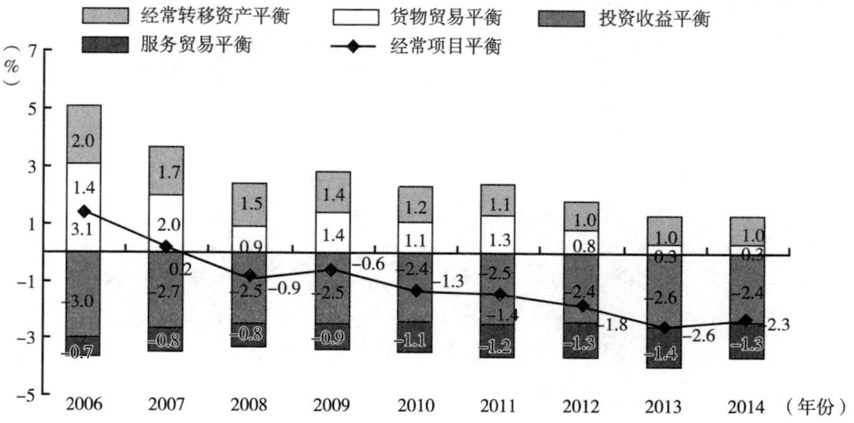

图 11　拉美国家经常项目赤字的结构（占 GDP 比重）

资料来源：联合国拉美经委会。

拉美国家的经常项目逆差，还与各国的外债利息支付（经常项目构成中的投资收益平衡）、服务贸易平衡、经常转移资产平衡（侨汇收入）密切相关。2014 年，侨汇收入对拉美地区的经常项目盈余贡献最大，占 GDP 比重高达 1%，货物贸易的盈余仅为 0.3%，服务贸易的逆差为 1.3%，而对外债利息支付和对外资产投资收益构成的赤字占 GDP 比重继续维持在 2.4% 的高位，这充分说明拉美国家特别是巴西的对外债务利息支付负担仍然较重。

国际融资环境的宽松，使得拉美地区资本流入保持稳定增长，进而使得拉美国家外汇储备稳定增长。2014 年上半年，拉美 FDI 流入规模为 854.7 亿美元，而 2013 年同期为 1111.34 亿美元，同比下降了 23%，出现这一趋势的原因是企业并购和矿产投资的逆周期特征出现接近 30% 的下滑。FDI 出现增长的国家有巴西、哥伦比亚和乌拉圭等，吸引 FDI 规模为 410 亿美元、84.5 亿美元和 15.68 亿美元，而智利、墨西哥和委内瑞拉 FDI 流入规模均出现萎缩，分别为 103.67 亿美元、97.33 亿美元和 17.61 亿美元，其中阿根廷的 FDI 出现净流出 5500 万美元。证券投资方面，拉美地区证券投资特别是拉美地区在区域外发行的债券规模则出现大幅增长，但是，美联储退出量化宽松货币政策，也使得拉美国家面临资本外逃的压力。

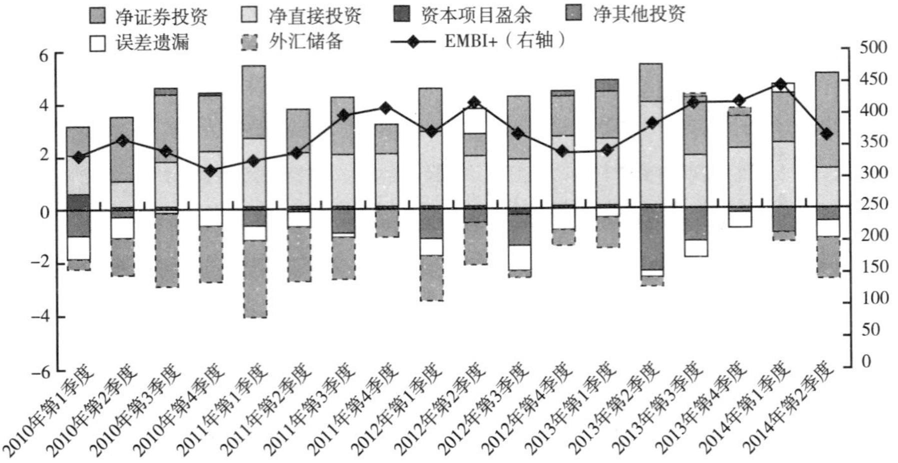

图 12　拉美国家资本项目平衡的构成

资料来源：联合国拉美经委会。

四　2015 年拉美经济形势展望

（一）短期内拉美经济依然面临较大挑战

短期来看，拉美地区的经济增长仍然面临较大的挑战，以巴西为例，当前巴西实施扩张性的宏观经济政策的操作空间不大，其主要原因是：一方面，未来两年内巴西通胀率仍将高于央行确定目标水平，难以采取宽松的货币政策。另外，由于国际资本的大量流出，货币走弱仍将加剧国内通胀压力，因此，短期还可能进一步上调利息，较高的利率虽然有助于控制通胀，但同时也抑制了国内投资，影响到巴西经济增长潜力。另一方面，巴西财政赤字规模仍然较大，难以采取扩张性的财政政策刺激经济增长。此外，较高的利率水平使得债务利息负担仍然较重，奥运会场馆建设的后期投入仍然较大，财政支出缩减难度很大。

从国际环境来看，拉美国家的外部经济环境可能还将继续恶化。一是以中国为代表的新兴国家经济增速下滑势必继续影响到拉美资源产品的出口。中国作为拉美国家最大的出口目的地，其经济增速放缓对巴西的影响程度大于欧债危机和美国经济衰退。根据联合国报告，2013 年中国经济增速放缓将使巴西 GDP 增长率下降0.4个百分点，由此可见中国经济“换挡”对拉美经济影响之大。同时，南美大部分国家以原材料为主的出口模式也决定了其经济结构的脆弱性。二是美联储加息政策势在必行，拉美国家将可能再次面临资本外逃和货币贬值的恶性循环。使得国际收支失衡问题进一步恶化。此外，货币贬值使得出口价格降低，进口价格上升，但由于拉美各国贸易结构中出口主要以矿产和农产品等初级产品为主，进口以机电产品、化工产品、医药、食品为主，货币贬值势必造成贸易条件恶化。加之贬值后资本外流，拉美地区对外不平衡的问题将加重，甚至可能形成货币贬值－资本外流－经常项目逆差－外储下降的恶性循环，并最终引发危机。

（二）长期看基础设施投资将提升拉美经济的增长潜力

然而，从长期来看，拉美国家的经济增长潜力仍然较大，2013年美洲开发银行发布的研究报告《能源：拉美和加勒比地区面临的挑战和机遇展望》认为，未来二十年，拉美国家仅在交通和能源等基础设施投资就将达2万亿美元，其中48%将用于改善地区交通基础设施，25%将用于投资能源领域基建，20%将用于改造电信行业设施，7%将用于建设水利设施。

近年来，拉美国家已经制定了一系列基础设施投资计划。2013年7月，墨西哥总统培尼亚·涅托宣布，政府将在2013～2018年间投入1.28万亿比索，用于改善国内交通和通信领域的基础设施状况。与此同时，墨西哥还宣布了石油和电力等领域基础设施项目的投资计划，未来6年基建领域投资总额将达4万亿比索，相比2007～2012年上涨48.3%。为了筹集资金，墨西哥政府通过了能源改革法案，开始将能源领域向私人和外国投资开放。与此同时，2013年5月，巴西国会正式通过595号临时法案，旨在推动巴西港口现代化进程，减少港口运营费用。作为2016年奥运会的主办国，巴西的机场、公路、铁路以及体育竞技场还需要大量改建或重建。综上所述，基础设施的大规模投资，将大幅提升拉美经济的增长潜力。

五　中国－拉美合作前景广阔

（一）中国－拉美经贸合作取得了重大成就

2015年初，中国－拉美共同体首届部长级会议在北京召开，委内瑞拉、厄瓜多尔、哥斯达黎加等国家元首和数十位拉美国家部长与会，这标志着中拉关系进入了一个新的阶段。中国与拉美虽然相隔万里，但双方友好合作关系在近半个世纪的时间里持续稳步前行，中拉关系成为中国全方位外交布局中的重要内容，具体表现在以下几个方面。

第一，双方高层交往日益频繁，政治互信日益增强。2010～2014 年，访华的拉美国家元首、议长和政府首脑多达数十人次，中国最高领导人也多次访问拉美，高层交往带来了不断增强的政治互信和推动互利合作的有效机制。中国同巴西、墨西哥、秘鲁、委内瑞拉、阿根廷和智利建立起全面战略伙伴关系或战略伙伴关系，与绝大多数建交的拉美国家形成定期或不定期的政治磋商或对话机制。“中国机遇论”已经取代“中国威胁论”、“新殖民主义”，成为拉美舆论看待中国高速发展的主流。中国还同拉美国家在各种多边机制的框架内，就全球性重大或热点问题保持沟通与协调，共同维护广大发展中国家利益。

第二，中拉经贸互补性充分显现。中国已成为拉美第二大贸易伙伴和第三大投资来源国，双边贸易额已由 2000 年的区区 100 多亿美元增至 2013 年的 2616 亿美元，翻了近 5 番。中国对拉美投资存量亦由 2000 年的不足 10 亿美元增至 2013 年的 861 亿美元。拉美为中国提供了巨量的初级产品和原材料，也为中国提供了广阔的制成品市场。中拉贸易结构由单一逐步走向多元。

第三，中拉人文交流蓬勃发展。中国向 30 个拉美国家提供了政府奖学金名额，已有 3000 多名拉美留学生来华学习。中国在拉美开设了 32 家孔子学院和 10 个孔子课堂，在智利成立了孔子学院拉丁美洲中心，与墨西哥互设文化中心。所有同中国建交的拉美国家都已成为中国公民旅游目的地国。而拉美足球、饮食、文学艺术作品，也日益为更多的中国人民所接受。

（二）中拉经贸合作前景广阔

根据联合国拉美经委会测算，中国经济每增长 1 个百分点，将拉动拉美经济增长 0.5 个百分点，中国已成为拉美国家经济增长的主要引擎，2014 年，习近平主席访问拉美期间，提出“1＋3＋6”中拉务实合作新框架，其中“1”是“一个规划”，即以实现包容性增长和可持续发展为目标，制定《中国与拉美和加勒比国家合作规划（2015～2019）》；“3”是“三大引擎”，即以贸易、投资、金融合作为动力，推动中拉务实合作全面发展，力争实现 10 年内中拉贸易规模达到 5000 亿美元，力争实现 10 年内对拉美投资存量达到 2500 亿美元，推动扩大双边贸易本币结算和本币互换；“6”是“六大领域”，即以能源资源、基础设施建设、农业、制造业、科技创新、信息技术为合作重点，推进中拉产业对接。对于这一目标，泛美开发银行行长莫雷诺认为，中拉合作规划提出的在未来 10 年达到 5000 亿美元的双边贸易额目标完全可以实现，但要注意优化进出口产品结构，鼓励高附加值产品贸易。

面对纷繁复杂的世界变局和日益增多的全球性挑战，作为世界上最大的发展中国家和全球发展中国家最为集中的地区，中国与拉美命运相连、利益相融。在寻求域外合作、扩大国际事务的参与方面，双方相互倚重不断加大，彼此加强合作与支持势在必行。现在，拉美各国对发展拉中关系具有战略意义的认识比以往任何时候都更加清晰。拉美国家领导人应以中国－拉美共同体论坛为合作平台，全力推进中拉经贸合作和人文交流。

一方面，在习近平主席提出的“1＋3＋6”合作的新框架下，积极拓展中拉经贸务实合作，深化双方利益融合，实现共赢发展。从近中期看，可以开展的工作包括：将提高质量作为中拉合作主要增长点，更加重视促进拉美对华贸易多元化，增加拉美高附加值和高技术产品对华出口；特别是双方应共同努力，为拉美适销对路输华产品拓展市场，扭转人们心目中双方贸易“失衡”的印象。扩大优势互补，加强产业对接，推动产业一体化，拓展双方在航天、生物、现代农业、清洁能源等高科技领域合作，减少同构竞争。加大双向投资的力度和规模，增加对拉美制造业的投资，特别是加大对高附加值产业的开发。加强科技创新与合作，增加对拉美的技术转让，促进拉美产业升级，帮助拉美国家实现自主、可持续发展。

另一方面，要保持中拉高层交往，进一步加强双方在重大国际和地区问题上的协调与配合，不断凝聚共识。要充分发挥中拉政党交往对促进中拉关系的重要作用，继续大力推进中国共产党与拉美各类政党开展形式多样的党际交流，就治国理政经验互学互鉴，加强政党属下的工青妇等群众团体、学术机构、智库以及重要媒体的交流合作。这可以增进双方政治互信，加强双方人民的了解、认知和信任，扩大拉美国家社会各界对中拉合作的支持，夯实中拉友好的社会基础。

（撰稿人：中国国际经济交流中心副研究员黄志龙）

2014年非洲经济形势分析与展望

2014年，非洲经济一直较平稳增长，既保持了过去几年来经济发展的总趋势，也与非洲大陆的局势稳定有重要关联。经济形势主要表现在以下几个方面，经济保持平稳发展态势，区域整合助推经济运行。从目前的发展趋势看，非洲经济在2015年仍会稳步发展。

一 非洲发展总体状况

（一）经济发展有赖政治稳定

非洲大陆经济增长率这些年来保持着一定的增长速度，但有起有伏。2013年的经济发展虽然有一定增幅，但石油对非洲经济的贡献率约为24%，拥有全世界60%可耕种土地的非洲其农业的农产品加工率仅为10%。这说明非洲的制造业和农业加工业的潜力非常大。非洲经济转型中心的研究认为，非洲经济转型有四个路径，首要的是劳动力密集型制造业，其次为具有绿色前景的农产品加工，无可持续潜力的资源型产业应为第三选项，正在兴起的旅游业为第四路径。

在2014年上半年，一些国际组织或地区组织对非洲经济增长的预测相当乐观。世界银行认为非洲国内生产总值的增长将保持在5%以上，有的经济学家甚至认为2014年非洲经济的增长率将接近7%，其理由在于持续加强的经济发展动力，不断增长的中产阶级以及随之带来的旺盛的消费需求，以及一直在经济中起重要作用的石油、能源和采矿工业。然而，持续的增长呼唤经济多元化，一些国家的高失业率要求发展制造业。

表 1　旅游目的地行动建议

行动地区	要采取优先行动的国家	旅游目的地
进入	加蓬，肯尼亚，莫桑比克，圣多美和普林西比	采取措施放宽航空法规和投资道路的改善
客户服务	埃塞俄比亚，坦桑尼亚，乌干达	提高在职服务质量的培训
商业环境	安哥拉，喀麦隆，加蓬，坦桑尼亚，乌干达	提高激励计划，同时使贷款更容易
签证手续	安哥拉，加蓬，几内亚	在区域范围进行签证试验和降低了签证费用
地勤操作人员的培训	喀麦隆，埃塞俄比亚，马达加斯加	为地勤操作人员组织常规的培训
市场营销	喀麦隆，圣多美和普林西比，赞比亚，津巴布韦	给目的地市场营销分配更多的资金，同时向该地区其他成功运作的案例学习
产品开发	马拉维，纳米比亚，卢旺达，乌干达	升级标志性的旅游网站/地点，同时增加到他们的诉求之中
电子－商务	所有的目的地	为操作人员提供电子商务培训课程
可持续性	肯尼亚，莫桑比克，赞比亚，津巴布韦	投资公园的管理和保护，提倡供应商的生态认证

资料来源：ACET 2014，*African Transformation Report Growth with Depth*，p. 163。

从 20 世纪 90 年代中期起，撒哈拉以南非洲经济一直保持着较快速度发展，增长速度超过 5% 以上。在北非，摩洛哥的情况较好，除石油生产外，其他行业也运行良好，特别是加大了对非洲大陆的投资。埃及因 2014 年完成选举，各方面工作正在落实，但埃及的经济增长仍然超过 1%。阿尔及利亚一直在平稳发展，2001 年开始经济复苏发展计划，重点加强基础设施建设，2010～2014 年期

表 2　非洲国家实际国内生产总值增长率（2004～2014）

单位：%

国家类型	2004～2008 年	2009 年	2010 年	2011 年	2012 年	2013 年	2014 年
撒哈拉以南非洲	7.1	4.1	6.9	5.1	4.4	5.1	5.1
石油输出国家	9.9	7.4	9.0	4.7	3.7	5.7	6.0
中等收入国家	5.2	-0.4	4.3	4.9	3.5	3.1	2.4
低收入国家	7.1	5.3	7.9	7.2	6.3	6.7	6.7
脆弱国家	2.4	2.3	4.1	3.1	7.3	5.5	6.0
尼日利亚	9.6	9.6	10.6	4.9	4.3	5.4	7.0
南非	4.9	-1.5	3.1	3.6	2.5	1.9	1.4

资料来源：IMF，Regional Economic Outlook-Sub-Saharan Africa：Staying the Course，2014，p. 63。

间加大了对南部和高原省份的建设力度。利比亚因政局不稳，经济面临困境。突尼斯与其他非洲国家相比，具有与欧洲相邻的独特的区位优势，从而保持了一定的竞争力，对不少外国投资者具有相当的吸引力。

尽管全球经济形势总体并不十分乐观，尽管非洲个别国家存在着恐怖袭击或军事政变，尽管西非地区特别是利比里亚、塞拉利昂和几内亚遭受了埃博拉病毒的灾难，但非洲的总体发展仍能保持5%左右（国际货币基金组织的估算）的增长速度。国际货币基金组织非洲部主管安托瓦内特－萨耶（Antoinette Sayeh）在发布世界经济发展年度报告时指出，低收入的非洲国家在2014～2015年期间可能会有高达7%的经济扩张。一些较低收入的国家正在奋起直追。政治稳定使经济发展增速。可以说，非洲在2014年的经济发展能保持持续增长，与非洲大陆相对稳定的政治局势有很大关系。

2014年有多个非洲国家举行了总统和议会（人民代表大会）选举，基本上都比较平稳。阿尔及利亚作为北非的重要大国，其选举无疑引人注目。一方面因为这些年来北非因阿拉伯变局动荡多于稳定，阿尔及利亚虽躲过一劫，但何去何从，引人关注。二是总统布特弗利卡1999年当选阿尔及利亚总统，此后于2004年和2009年成功连任。如果当选将开启他第4个总统任期，为期5年。三是现年77岁的布特弗利卡年事已高，但仍宣布要参加选举，国人如何看待此事，后果令人期待。虽然选举数日前曾发生反政府武装的袭击事件，但整个选举在平稳气氛中结束。选举结果表明：布特弗利卡在6位候选人中胜出，以81.53%的高票赢得选举。阿尔及利亚宪法委员会随后发表声明，确认布特弗利卡成功连任。阿尔及利亚的选举普遍获得国际社会的认可。

南非的选举也是一台重头戏。一是曼德拉去世后不知非国大能否在失去曼德拉的光环后仍保持原有的地位。二是非国大已经执政20年，执政期间所作所为不知是否能够获得民众的认可和拥戴。三是这些年来经济情况不太好，贫富悬殊、社会问题以及高失业率引发民众的不满。四是这几年存在的十分紧张的劳资关系使一些公司停产从而影响了国民经济。更有甚者，非洲第一大经济体的头衔也被尼日利亚夺去。正是因为这些不确定性和问题，有媒体将南非选举列为全球十大政治风险事件之首。然而，整个选举过程平稳有序。报名参加全国大选的政党高达29个，每位选民有权参加全国和省级选举。全国参与登记的选民有近2539万人，实际参与数为73.43%，比例相当高。非国大与南非共产党和南非工会大会组成的三方联盟的得票率达到62.15%，是该党连续第五次赢得大选。

埃及、博茨瓦纳、马拉维和突尼斯等国的选举也顺利进行，选举出新的国家领导人和领导机构。以前西方总是用“逢选必乱”来形容非洲国家的选举。2014 年的选举表明：尽管各国的大选竞争激烈，但公正有序地行使宪法赋予的政治权利已逐渐成为一些非洲国家人民的共识。正如有的观察者所言：“逢选必乱并不是非洲政治生态的全部内容，成熟、稳定的政治规则能够在非洲有效运转。”

非洲经济的发展有两个关键方面需要加强，可耕地开发和工业化进程。2014 年非洲进步小组的报告指出，非洲每年在食物进口方面的花费达 350 亿美元，然而非洲的可耕地却有巨大潜力可以利用。由联合国非洲经济委员会发布的《2014 年非洲经济报告》，主题为“非洲积极工业政策：创新的制度、有效的决策和灵活的机制”，对非洲工业化进程的政策与方法等进行了论述，提出了一系列旨在促进非洲工业化发展的建议，呼吁非洲国家根据本国国情来采取相应的工业化政策，使更多民众从经济增长中获益。

（二）经济持续增长稳中有降

国际货币基金组织（IMF）在 2014 年 7 月曾经将撒哈拉以南非洲 2014 年的经济增长率定为 5.5%。然而，埃博拉病毒的爆发对非洲经济产生了重要的负面影响，该组织于 10 月份发表的年度报道《地区经济展望　撒哈拉以南非洲：坚持到底 2014》认为，非洲地区的发展仍保持着持续增长的趋势，但将 2014 年撒哈拉以南非洲经济的增长率预期下调为 5%。以西非经济货币联盟国家为例。2014 年西非经济货币联盟经济增长率为 6.9%，其中科特迪瓦为 10%，布基纳法索 6.7%，贝宁、马里和尼日尔为 6.5%，多哥 6%，塞内加尔 4.9%，几内亚比绍 3.5%。2014 年联盟体内赤字进一步加大，预算支出大于预算收入。赤字分别占 2014 年国内生产总值的 6.7%（不含赠款）和 3.1%（总赤字）。受强劲的外来投资的推动，加上日益增长的中产阶级群体的私人消费拉动，撒哈拉以南非洲经济保持着较快增长，其增速仅次于亚洲地区。此外，世界经济论坛的《全球竞争力报告》将南非的约翰内斯堡交易所排名为全球第一，这已是该交易所第 5 年连续获得该殊荣。

经济多元助推平稳发展。非洲经济在 2014 年有 5% 的增长，与 2013 年的增长速度相当。主要的驱动除油气等采掘业的继续强劲增长外，基础设施建设投资、服务行业的蓬勃发展以及强势的农业生产是另外的动力。除了那些一直依靠资源产业的非洲国家外，其他一些国家开始利用新发现的石油天然气来推动自己的经济。例如，到目前为止，国外油气公司在坦桑尼亚天然气行业已投资 47 亿美元，超过了国外直接投资（127 亿美元）的三分之一。莫桑比克在 2010～2014 年共吸纳外商直接投资达 160 亿美元。这些资金大部分投放于自然资源的开采，特别是煤炭和鲁伍玛盆地的石油和燃气。统计数据显示，2014 年乍得的实际国内生产总值增长率达到 9%，莫桑比克达到 8.3%，埃塞俄比亚达到 8.2%，低收入国家的平均增长也达到 6.7%。有的国家的经济发展主要依靠能源行业的大规模基础建设，如莫桑比克和坦桑尼亚；有的主要是提高了电力能力，如埃塞俄比亚、卢旺达和乌干达；有的是由于运输业的发展，如埃塞俄比亚和尼日尔；还有的是区域间跨边界的合作，如科特迪瓦等国。科特迪瓦、刚果民主共和国和莫桑比克等国的经济快速发展。在相当多的国家里，基础设施项目建设以及资源产业和电力产业生产力的扩展，加上不断升温的服务业以及农业生产的增收，这一系列因素构成了撒哈拉以南非洲 2014 年经济发展的亮点。尽管国际需求量的变化导致石油等相关产品价格下降，持续下跌的油价确实对尼日利亚等主要依赖石油出口的国家的经济产生了一些负面影响，但这并未给非洲大陆总体的经济发展带来根本性影响。

非洲中产阶级增长迅速。非洲大部分国家的经济保持持续增长的重要原因除了生产因素外，消费能力的增加也是因素之一，而这与非洲中产阶级的快速增长有直接的关系。非洲最大银行——南非标准银行发布的《理解非洲的中产阶级》报告揭示了非洲中产阶级的标准、规模和发展趋势。总体而言，非洲中产阶级规模不大，但呈增长迅猛的发展态势。这一报告用家庭消费标准来衡量非洲家庭的收入状况，并以此作为中产阶级的标准。非洲家庭的收入被分为四个等级，低收入家庭的消费在每天 15 美元以下，中产阶级家庭的日消费介于 15 美元至 115 美元之间，其中，日消费 15～23 美元的为低等中产阶级，日消费 23～115 美元的是标准中产阶级，日消费超过 115 美元则为高等的中产阶级，即所谓强中产阶级。报告根据经济发展情况，对撒哈拉以南非洲经济表现前 11 名的国家（安哥拉、埃塞俄比亚、加纳、肯尼亚、莫桑比克、尼日利亚、南苏丹、苏丹、坦桑尼亚、乌干达和赞比亚）1.1 亿个家庭的收入进行了相应的调研。研究人员发现，上述家庭中只有 1500 万个属于中产阶级家庭，其余 86% 的家庭都属于低收入家庭。尽管非洲中产阶级规模尚小，但这一集团的数量自 2000 年以来增长了 230%，虽然总体人数不大，但增长迅猛。这一调查本身说明，近年来随着非洲经济的高速发展，非洲中产阶级也不断壮大，同时得到世界各界的日益关注。此外，有研究认为非洲中产阶级在 2015 年将达 1 亿人。经济增长也带来了社会发展。研究表明，撒哈拉以南非洲地区的人类发展指数进步显著，列全球第二，仅次于南亚地区。

埃博拉病毒带来严重的负面影响。埃博拉病毒泛滥对西非地区特别是几内亚、塞拉利昂和利比里亚三国影响较大。埃博拉病毒爆发所带来的“经济溢出效应正在开始实体化”。从 2013 年年底疫情爆发以来，埃博拉病毒已经在几内亚、利比里亚和塞拉利昂造成超过一万多人死亡。国际货币基金组织的声明指出，“在受到埃博拉疫情影响的国家，财政状况可能恶化，而在公共债务可以被控制的国家，财政赤字应该被允许暂时扩大。”埃博拉病毒在西非地区蔓延致使世界卫生组织及各国政府纷纷发出预警与出行建议，加深了全球各地人们的恐惧感。从实际情况看，世界各国一方面对非洲大陆地理的总体情况特别是其多样性和差异性缺乏足够的了解，同时对埃博拉病毒的认识过于夸大，加之新闻媒体的过度炒作，埃博拉病毒对非洲经济发展产生了非常不利的影响。除了埃博拉病毒在对非洲相关国家的人力资源和物力资源造成巨大损失外，其还从其他方面造成了伤害。各类旅游出行活动减少，这对正在兴起的西非旅游业和航空业造成了实实在在的损失。与非洲大陆的商业活动、投资活动或推介活动相关的国际会议和地区行业会议纷纷取消或推迟。有的远离疫区的其他非洲国家的商业与投资活动都受到一定的影响。所幸西非各国政府和世界一起对埃博拉病毒进行了有力的抗击，这一行动正在取得阶段性成果。

持续下跌的油价使相关国家遭遇困境。石油价格下降对一些严重依赖石油出口创汇的国家打击较大，如尼日利亚和安哥拉等国。这种影响表现在以下三个方面。以尼日利亚为例。第一，国民收入减少。国家 80% 的财政收入依靠石油出口，受国际油价下跌影响，国家的收入直接受到影响。第二，贸易顺差大幅下滑。强劲的贸易顺差一直是尼日利亚经济的亮点之一，且主要靠出口石油获得贸易顺差。国际油价的下跌导致尼日利亚出口收入大幅下降 36%。2013 年 2 季度至 2014 年 2 季度间，季均贸易顺差达 236 亿美元。自年中油价大幅下滑后，尼日利亚贸易顺差受到极大冲击。第三，外汇储备减少。尼日利亚 90% 的外汇储备靠石油出口。目前外汇储备 365 亿美元，在石油输出国组织 12 个成员国中排名第 10；其外汇储备占国内生产总值比重为 7%，在成员国中排名第 8。作为非洲最大经济体，尼日利亚外汇储备规模及在国内生产总值中占比明显偏低，说明政府抗风险能力不足。第四，货币急速贬值。非洲大陆的产油国远不只尼日利亚一国。中非经济货币共同体（喀麦隆、刚果、加蓬、赤道几内亚、中非和乍得）中多为产油国，面临国际油价的大幅下挫，财政收入明显低于预期。如何协调经济发展重点领域的财政支出也成为各国政府面临的巨大挑战之一。

二 区域整合加快助推经济发展

2014 年，非洲的区域一体化在继续推进。非洲大陆现有比较活跃的八个次区域组织有东非共同体、阿拉伯马格里布联盟、东南非共同市场、萨赫勒 - 撒哈拉国家共同体、中部非洲国家经济共同体、东非政府间发展组织、西非国家经济共同体和南部非洲发展共同体。

（一）东非共同体是发展最快、一体化程度最高的次区域组织

非洲发展银行通过对八个次区域组织调查后认为，东非共同体是目前一体化程度最高、进展最快的次区域组织。东非共同体的主要成就体现在以下三个方面。

（1）该组织于 2009 年 7 月成立了关税联盟。

（2）该组织于 2010 年 9 月成立了共同市场。

（3）该组织于 2013 年通过货币联盟协议，并计划于 10 年内成立货币联盟。

在上述八个次区域组织中，只有东非共同体形成了共同市场，其他组织只是组成了自由贸易区或者关税联盟。同时，在与非洲国家内部贸易方面，东非共同体也处于领先水平。目前，东非共同体正在着力推动单一关税区于 2015 年 4 月全面启动，这是实施关税联盟的必经阶段和必然要求。

2014 年底，在内罗毕召开第 16 次东非共同体领导人峰会。这次峰会的最重要议题是启动制定东非共同体政治联邦宪法和发布东共体联邦政府的时间表，为东非共同体实现关税同盟、共同市场和货币联盟等一体化铺平道路。东非共同体在成立政治联邦政府的行政、立法和司法权方面尚存在多方挑战，因为这涉及国防和安全、外交与国际贸易、移民、基础设施建设和联邦公共服务以及相关的法律和政策等重大问题以及联邦与各成员国的关系，需要各成员国进一步磋商。然而，东非共同体肯尼亚内罗毕峰会在经济方面达成一致并发布了联合公报，宣布该共同体将在未来十年内投资至少 1000 亿美元在该地区建设铁路、能源、港口

及通信等基础设施，以带动经济发展，推动该地区一体化进程。东非共同体将就有关建设基础设施的资金问题同世界银行、非洲发展银行、欧洲投资银行及中国和印度等展开协商与密切合作，以推动这一计划的实施。

东非共同体在推进货币联盟进程方面也取得一定进展。2013 年 11 月，东非跨境支付系统（EAPS）率先在肯尼亚、坦桑尼亚和乌干达三国间正式启动。该系统与东非共同体即时结算系统（RTGSs）相连，支持区域内实时大额跨境支付，可有效降低区域内的汇款成本，缩减贸易时间，有助于东非共同体在 2024 年实现发行单一货币、建立货币联盟的目标。2014 年 11 月，卢旺达开始实施东非跨境支付系统，布隆迪也在积极准备实施。东非共同体还拟于 2015 年成立东非共同体货币研究机构（EAC Monetary Institute）。

（二）西非经济共同体成为非洲经济发展最具活力的地区

2014 年，西非国家经济共同体（简称西共体）公布的 2014 年年报认为，西非国家经济共同体区域是非洲经济发展最具活力的地区，2014 年经济增长率预计达到 6.3%，而 2013 年为 4.8%。科特迪瓦则是该地区经济增长最快的国家，其增长率达到 9.1%。西非国家经济共同体共同对外关税工作一直在紧张地筹备，基本工作已经就绪。2014 年 11 月 24 ~ 26 日，西非国家经济共同体在加纳首都阿克拉举行西共体/西非经货联盟共同对外关税联合执行委员会第 16 次会议，各成员国财政部和海关官员与会。尽管埃博拉疫情对各成员国一直在紧锣密鼓地进行的对外关税相关工作产生了一定负面影响，但截至 10 月底，其共同对外关税各项筹备工作已完成 90%。这样，在区域一体化方面，西非国家经济共同体于 2015 年 1 月 1 日起正式实施共同对外关税（CET），2016 年推出“西共体生物标识身份证”，以实现区域内货物和人员自由流动。

西非国家经济共同体基础设施项目筹备和发展部（PPDU）也在 2014 年 10 月正式在多哥首都洛美成立。西共体委员会承诺，将在未来五年为基础设施项目筹备和发展部提供 868 万美元日常经费和 1000 万美元的“基础设施基金”。作为西共体特设机构，筹备和发展部将承担如下职能：在广泛听取西共体委员会、成员国和私营部门意见基础上，甄别和选择区域整体基础设施发展项目并进行优先排序；多方寻求基础设施融资和项目发展所需资源；加强能力建设，协助/支持负责基础设施项目实施的国家和政府间组织；推动基础设施融资领域的公共私营合作。西非国家正处于快速发展期，大规模的基础设施势在必行，各国既面临着巨大压力，也有各种机会。非洲开发银行、欧盟、日本国际协力机构、联合国非洲经济委员会、西班牙国际合作发展署、英国国际发展署等机构都对合作表示有兴趣。

西非8个法语国家贝宁、布基纳法索、科特迪瓦、几内亚比绍、马里、尼日尔、塞内加尔和多哥组成西部非洲经济与货币联盟（UEMOA），总部设在多哥首都洛美。联盟下设西非国家中央银行和西非开发银行两个机构。这一机构成立后，于2014年9月在迪拜举行了首届西非投资论坛。阿联酋及其他海合会国家决定将向西非8个国家投资，总额达190亿美元。其中，160亿美元来自阿联酋公司，7亿美元来自阿曼企业。本届论坛上宣布了西部非洲经济与货币联盟（UEMOA）地区总计17项基础设施建设项目，包括道路、桥梁、机场、能源，以及食品安全等。项目由联盟成员国政府与国际商业机构合作进行。为推动相关项目，有关方面宣布成立一家专门的公司，负责督促和推动项目的实施，并为项目寻求外来投资。

中国与西非国家经济共同体的关系发展良好。2014年1~11月间，中国与西共体15国整体贸易额为361.7亿美元，超过2013年全年水平，同比增长20.1%。其中，中国对西共体出口294.9亿美元，增长16.6%；从西共体进口66.8亿美元，增长38.5%。这一期间，中国与西共体贸易额在中国－非洲贸易总额的比重中占18%，高于上年同期2.2个百分点。其中，出口占中国对非洲出口总额的30.8%，进口占6.3%。

（三）其他次区域组织加紧整合，推动区域内经济发展

2014年在津巴布韦维多利亚瀑布城举行的第34届南部非洲发展共同体（南共体）首脑峰会的主题为南共体经济转型策略。然而，非洲自由贸易区的谈判进程是备受瞩目的议题。这一大自贸区建成后将覆盖非洲三大区域经济组织东非共同体、东南非共同市场和南部非洲发展共同体，惠及非洲大陆6.25亿人口，国内生产总值总计约1万亿美元。这一自由贸易涵盖了26个国家，国内生产总值达120亿美元，占非盟国家的58%。这将是非洲大陆最大的自由贸易区。由于非洲大陆预期于2017年启动泛非自由贸易区，这一贸易区的成立无疑将成为泛非自贸区的主要部分。这一非洲大自贸区有望于2015年建立。

此外，中部非洲也在加强次区域化整合。为此，中非国家经济共同体成员国正在加紧制定中长期规划。中非国家经济共同体成员国的元首和政府首脑创立了

中部非洲电力联营以负责组织和刺激次区域的电力活力。2014 年 11 月，中部非洲电力联营 10 国专家齐聚喀麦隆首都雅温得讨论中非这一次区域电力面临的挑战，尝试通过制定“共同战略”找到解决方案，达到加速中非地区电力供应进程的目的。会上，中部非洲电力联营各成员国电力部委及国家电力公司的专家们讨论的主要议题是制定战略文本，寻求次区域电力快速入户的共同解决方案。该文本提出了中非国家经济共同体成员国中（2018 年）、长（2030 年）期的共同愿景。这一次区域组织也就地区发展与欧盟“经济伙伴关系协议”（APE）进行谈判，从而为该地区争取更多的对外合作机会。

四　尼日利亚——非洲第一大经济体的发展

2014 年非洲经济的一个重要事件是尼日利亚成为非洲第一大经济体。尼日利亚政府经过重新统计，确定其经济规模已达 5090 亿美元，是实行回溯调整前经济规模的两倍，从而超过南非成为非洲第一大经济体。目前，非洲前 10 大经济体依次为：尼日利亚、南非、埃及、阿尔及利亚、安哥拉、摩洛哥、利比亚、苏丹、肯尼亚和加纳。过去十年，尼日利亚经济保持年均 8.3% 的增速。在此期间，尼日利亚吸引外资规模持续扩大，通胀形势大为缓和，尼日利亚的经济发展虽然受到油价下跌和恐怖活动的干扰，但经济发展总体趋势并未受明显影响。除石油等资源产业外，其他企业也在齐头并进，逐渐呈现出经济多元化的理想局面。以电信业为例，2013 年，尼日利亚只有一家控制 3000 条线路的电信运营商，而 2014 年则拥有超过 1.2 亿手机用户、数十家电信运营商。尼日利亚也是世界上首先使用非现金交易体系的极少数国家之一。

（一）经济多元化的趋势十分明显

除石油等资源工业保持快速增长外，农业、制造业、服务业等也在加快发展。尼日利亚政府启动了本土食物和粮食自给的计划，一些基本生产资料也开始在本地生产并供应周边地区。2014 年西非地区的可可生产喜获丰收，产量达 310 万吨，主要生产国是加纳、科特迪瓦和尼日利亚。国际评级机构穆迪认为尼日利亚较为强劲的经济基本面有利于信用质量稳定，该机构发布的《尼日利亚信用分析年度报告》维持尼日利亚 Ba3 的主权信用评级。报告指出，尽管近期国际油价大幅下挫给尼公共财政带来较大压力，赤字规模预期扩大，但尼日利亚的经济运行总体良好，财政调控空间也有利于维持信用质量稳定。

服务业为龙头已见成效。尼日利亚食品业主导非油气商品的出口。在尼日利亚非油气行业出口商品中，食品业相关商品占绝大多数，出口额达 29.7 亿美元。其中可可及可可制品出口额 7.59 亿美元，占非油气商品出口总额的 26%。其他出口农产品还包括羊、山羊皮与皮制品、芝麻籽、橡胶、烟草制品、奶制品、腰果以及对虾、虾产品、鱼、甲壳类等水产品。此外，还有面条、饼干、西红柿酱、果汁等。食品制造业的增长率为 12%。预计，随着西南部电力行业投入的加大，包括食品制造业在内，尼将保持强劲增长势头。食品行业的领军企业以尼日利亚本土企业丹格特面粉厂为首，尼日利亚啤酒公司以及一些食品企业在食品出口中也都有突出表现，尼日利亚的食品在国际市场日益具有竞争力。此外，尼日利亚的零售业也有很大发展，表现在零售业新增投资额大大增加和批发零售业态由传统的露天大市场等转变为超市、便利店和网店。网店目前普遍得益于网民的增加和国家非现金交易政策的实施，因其进一步方便了用户的网上结算。

制造业贡献日益突出。在经济多元化的趋势中，尼日利亚制造业对国内生产总值的贡献率 2013 年提高至 9%，制造业整体增长率为 22%，2014 年更为突出。为了鼓励青年积极创业，2011 年创立了“创新青年企业计划（YouWin）”以扶持 18～45 岁青年企业家，帮助符合条件的企业扩大经营规模和转化创新成果。2014

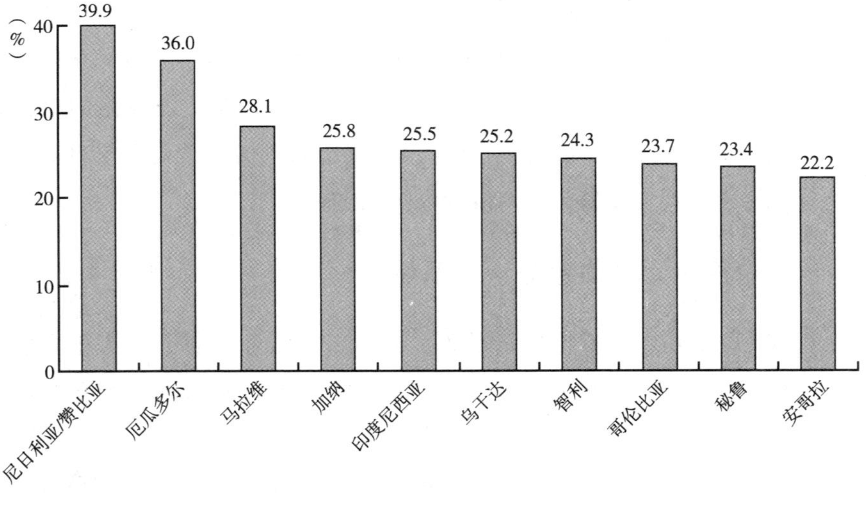

图 1　总的初期创业活动（TEA）：开始创业或已经创业不到 35 年的成年人比例最高的前 10 个非洲国家

注：所有数据基于 18～64 岁的成人。

年，尼日利亚总统乔纳森宣布，第四轮“创新青年企业计划”下设规模为 5000 万美元的中小企业基金，以扶持 1500 名创业企业家。此外，为推动尼日利亚汽车工业的发展，尼日利亚政府制定政策，将新车进口税收由 20% 提高至 70%，从而致使尼新车进口量显著下降，不少汽车巨头计划在尼日利亚投资新车组装工厂，如标志汽车、现代汽车等。汽车组装厂的涌现将催生尼日利亚进口汽车散件的商机。这种经济多元化和制造业的贡献，使尼日利亚就业率相对较高，女性企业家的比例也较高。

（二）政府意志、优惠政策和企业合作发展农村经济

推进农业机械化。尼日利亚农业正在加快发展，一方面是政府加大扶持力度，另一方面，私营部门正加大对农业的投资力度。可以说，尼日利亚已进入现代农业发展一个新阶段。虽然尼日利亚在农业方面取得了不少令人瞩目的成绩，但面临的挑战仍十分严峻，农业机械化水平低下是一个关键问题。乔纳森总统的计划之一是用现代农业技术来改造尼日利亚农业。2014 年，政府启动了 3.4 亿美元的农场机械化计划，通过运用简便适宜的机械代替锄头和砍刀。与此计划相配套的是，政府还将让农用拖拉机制造者及服务人员建立 1200 个农业设备雇用企业，并将通过手机为农民提供机构化资金，这样他们可以在自己的机构服务地享用这项服务。非洲与其他大陆一样，农业人口老龄化成为日益严峻的问题。在许多国家，农民的平均年龄为 60 岁。随着青年人移民城市，非洲也将面临农业劳动力缺失问题。为了防止“农民老年化危机”，尼日利亚启动了“青年就业农业项目”，其目标是在未来 5 年里发展 75 万新的青年农民企业家干部，国家将建立一个发展系统以支持这些年轻人接受技术和企业培训，提供其土地和适当资金以及市场。

粮食进口额大幅下降。尼日利亚是非洲人口大国，粮食安全十分重要。尼日利亚政府正在致力于粮食自给。这些年来卓有成效。尼日利亚的农业部长在参加阿布贾一座粮仓落成典礼活动时指出，尼日利亚的粮食仓储能力有 130 万吨，去年在阿布贾落成的粮仓储量为 10 万吨，这是西非地区仓储量最大的一座粮仓。2012 ~2014 年间，600 万种植谷物的农民获得了经过改良的种子，国内耕种面积累积数增加了 2 万公顷（HECTARE），总产量增加了 700 万公吨。政府的目标是在未来 4 年里将尼日利亚变成一个粮食出口国。2013 年，尼日利亚粮食进口额为 43.5 亿美元，较 2009 年的 69 亿美元下降了 25.5 亿美元，2014 年尼日利亚粮

食进口额将进一步下降。尼日利亚最大的企业丹格特集团主席丹格特在投资农业后明确指出，投资计划旨在通过发展农业，支持尼日利亚粮食自给自足来推进国家经济发展。

私人企业踊跃投资农业。尼日利亚政府明确的政治意愿与切实可行的配套支持政策，不仅取得了可喜的成就，也大大激发了国内外私人企业的投资热情。2012 ~2014 年间，国家粮食生产增产 2100 万公吨，超过了在 2015 年超额 2000 万公吨的目标，提前两年完成了联合国关于消除饥饿与极度贫困的千年目标第一期计划。国家的鼓励政策吸引了 16 亿美元的私人投资。例如，尼日利亚本土最大的企业——丹格特集团与政府签订了 10 亿美元的稻米投资项目备忘录。为了表示政府与私人企业的良好关系，乔纳森总统专门安排在总统府举行项目签字仪式。该集团在尼日利亚的埃多、吉加瓦、凯比和夸拉四个州已获得 15 万公顷的农用土地，初期将先建设 2 座加工能力为 12 万吨的大型稻米加工厂，随后两年将产能扩大一倍。这一投资项目无疑将降低尼日利亚以进口为主的稻米市场价格。未来几年，项目有望以辐射的方式带动区域内大量小农户稻米的种植及相关产业的发展，推动尼日利亚实现稻米净出口，以实现经济的包容性增长。

（三）金融市场日益活跃但面临巨大压力

2013 年底，尼日利亚场外交易市场平台建立。该平台建立以来发展迅速，成交量从 2014 年 1 月份的 6.69 万亿尼日利亚奈拉（约合 400 亿美元）增至 10 月份的 80.38 万亿奈拉（约合 5000 亿美元）。除外汇、国债、回购等常规交易品种外，外汇和固定收益衍生品的各种交易规模也在逐步扩大，成交量从 1 月份的 0.5 万亿奈拉（约合 29 亿美元）增至 10 月份的 1.1 万亿奈拉（约合 68 亿美元）。很明显，这种多样化的金融衍生品极大丰富了金融市场的活力，有力地吸引了外资的注入，有助于提升金融市场的效率，充分发挥市场价值的重要作用。然而，国际油价的持续下跌对尼日利亚的金融市场特别是货币产生了严重威胁。

尼日利亚货币奈拉兑美元的汇率多次下调。由于外汇储备减少，尼日利亚央行维持汇率稳定的能力受到限制。为了维持奈拉汇率稳定，尼日利亚央行消耗了过多的外汇储备，而油价持续下跌进一步蚕食外储规模，制约了央行捍卫币值的能力。为了应对危机，尼日利亚央行在 2014 年多次召开货币委员会会议，商讨对策。在第 5 次会议上，央行被迫打出加息和贬值组合拳应对油价下跌的冲击。会议宣布，为应对国际原油价格持续下跌导致的尼日利亚货币奈拉大幅贬值以及外汇储备缩水的压力，决定将货币政策基准利率由 12% 提高至 13%，将商业银行吸收的私营部门存款的存款准备金率由 15% 上调至 20%，将奈拉对美元汇率的目标区间由 155∶1 上下浮动 3% 调整为 168∶1 上下浮动 5%。除上述措施外，政府还采取多项应对措施，如缩减财政支出、增加非石油收入等，努力维持经济总体稳定。目前看来，更灵活的汇率区间是更为可行的选择。

五　2015 年非洲经济发展展望

根据目前非洲大陆的发展情况看，2015 年的非洲经济形势应该会进一步稳步发展。经济增长率应在 5.5% 左右。总的趋势还是一句老话：挑战与机遇共存。非洲经济发展主要会有以下表现。

（一）采掘业仍将是主要产业，经济多元化将成为趋势

由于在多个国家发现新的油矿资源（如坦桑尼亚、乌干达等），加之资源产业的收益相对较快，非洲的资源国家仍会将采掘业（油气、矿产等）作为国家经济的主打行业，但经济多元化将成为各国的长期目标。作为非洲大陆第一大经济体的尼日利亚在经济多元化方面取得了较大的成就，特别是对农业的重视将会产生一定的示范效应。除一些发展迅速的经济规模较大的国家外，一些小国也在通过各种方式投资于其他产业。例如，2014 年末，摩洛哥投资优惠待遇部际审核委员会批准了 32 个涉及金额达 155 亿迪拉姆的投资项目，这些项目主要集中在工业领域，金额达 117.6 亿迪拉姆。2014 年，为吸引外资，摩洛哥规定凡是投资额超过 2 亿迪拉姆的项目可享受关税和增值税免除待遇。自 2015 年起，摩洛哥降低了享受优惠待遇投资项目的投资额门槛，从 2 亿迪拉姆降至 1 亿迪拉姆。西非开发银行（BOAD）将向几内亚比绍提供 1.16 亿欧元贷款用于基础设施建设，重点领域为农业、道路基础设施、电力和几比港口建设等。

（二）基础建设将助推非洲经济增长

前面已经提到，多个次区域组织开始将重点放在基础建设方面，如东非共同体肯尼亚内罗毕峰会宣布，该共同体将在未来十年内投资至少 1000 亿美元在该地区建设铁路、能源、港口及通信等基础设施，以带动经济发展，推动该地区一

体化进程；西非国家经济共同体基础设施项目筹备和发展部选择区域整体基础设施发展项目并积极筹措资金以支持基础设施项目的实施，推动基础设施融资领域的公共私营合作；西部非洲经济与货币联盟将开始总计17项基础设施建设项目，包括道路、桥梁、机场等方面的建设，并将为项目寻求外来投资；中部非洲电力联营也将促进中部非洲国家的经济发展。在第34届南部非洲发展共同体（南共体）首脑会议开幕式上，非盟委员会主席祖马呼吁在非洲国家首都和主要商业中心间建设高速铁路，促进非洲工业化进程。“通过高铁连接各国首都和主要商业中心，能够加速区域融合速度，促进贸易流通，最重要的是能够加速非洲工业化进程。”一些国家也开始重视基础设施的建设。塞内加尔2015年将在基础设施建设方面启动一批公路项目，如城北交通道延长线、新机场高速公路延长线、坦巴贡达－加拉科托公路整治、芒塔－维兰卡拉－济金绍尔公路修复等项目。2015年还将启动54公里标准轨道（快车道）项目，连接新国际机场、加米尼亚迪奥新城和达喀尔市郊。

（三）国际合作与外来投资将助推经济发展

国际合作将继续推进非洲发展。这种合作既包括与传统伙伴的合作，也包括与新兴经济体的合作。美国的“电力非洲”非洲项目将为非洲注入大量资金，欧盟国家、日本、印度及中东国家会加强对非援助和投资，这些将促进非洲的经济发展。以欧盟为例。欧盟于2014年4月在欧盟与非洲峰会上提出“泛非计划”，是欧盟提出的首个覆盖全非洲的计划。该计划实施期限为2014～2020年，其间欧盟将向非洲提供8.45亿欧元援助资金，旨在进一步促进非洲一体化发展进程。同时，欧盟还将继续通过“欧洲发展基金”向非洲提供其他合作计划。欧盟委员会在8月宣布正式启动第一期“泛非计划”，实施期限为2014～2017年，在此期间欧盟将向非洲提供4.15亿欧元援助资金，旨在促进非洲粮食安全、区域间贸易与加强地区制度建设。欧盟委员会提出的第一期“泛非计划”包括五个优先行动领域，其中第一个领域为“可持续发展、地区增长与非洲一体化”，将动用2.1亿欧元，占总资金的51%，旨在加强非洲内部贸易和促进非洲自由贸易区的努力。迪拜、新加坡、中国等主权投资基金也将目光投向非洲。不断有新企业和金融机构加强或加入对非投资，如国际私募股权巨头凯雷集团投资1.5亿美元收购了尼日利亚钻石银行18%股权，首次涉足尼日利亚市场。另一私募巨头KKR集团2014年首次进军非洲市场，投资2亿美元收购了埃塞俄比亚一家鲜花企业。国际知名的黑石集团则与非洲首富、尼日利亚人阿里科·丹格特合作在非投资。除私人资本外，印度在非洲的油气项目投资仍在增加，例如印度国营 ONGC Videsh、印度石油和 Bharat 石油共同拥有莫桑比克北部离岸鲁尔玛盆地 1 号区块的 30% 权益。ONGC Videsh 是印度 ONGC 集团旗下、负责海外业务的公司，目前已花费超过 50 亿美元收购了 1 号区块的 20% 股权；该公司还将出资 30 亿美元参与拓展液化天然气项目。

（四）非洲农业投资的增加将促进非洲农业的发展

非洲农业占整个大陆国民生产总值的一半左右，为 60% 的劳动人口提供就业，农业产业具备减少该地区贫困的最大潜力。非洲国家多已认识到农业与国家粮食安全的相关性，将进一步加强对农业的投资和政策扶持。投资农业产业已经成为非洲大陆企业和外国投资的主要方向之一。尼日利亚的丹格特公司的投资必将促进尼日利亚的农业开发，国际金融公司针对撒哈拉南部非洲日益增长的粮食安全风险做出战略决策，宣布在 2018 年前每年将向非洲农业产业投资 20 亿美元。据估算，非洲农业产业的产值 2030 年前将达到 10000 亿美元。印度在非洲也加大对农业的投资力度。例如，为了配合塞内加尔的农业振兴，支持塞内加尔政府制定的粮食自给的发展计划，提高农业耕种机械化水平，使塞内加尔减少对谷物的进口，印度计划投资 800 亿西非法郎（约 1.6 亿美元）在塞内加尔河谷流域发展水稻种植，其中首批投入的 310 亿西非法郎已于 2014 年启动。

（五）中非合作升级版的新动力及潜在问题

2014 年李克强总理访问非洲时提出了与非洲共同推进中非合作的“461 框架”，即坚持真诚平等相待、增进团结互信、共谋包容发展、创新务实合作四项原则，实施产业合作、金融合作、减贫合作、生态环保合作、人文交流合作、和平安全合作六大工程，用好中非合作论坛这一平台，适应非洲发展新需求，打造中非合作升级版，把双方新型战略伙伴关系提高到新水平。中非合作经历了援助、承包、贸易等阶段，现在进入投资阶段，中国企业的大规模进入非洲必将大力推进非洲的发展。当然，事物都有两面性。一些非洲国家与中国的经济联系密切，中国国内经济增长放缓会使大批企业到非洲寻求机会，如果中非双方在交往中不默契，可能会给合作带来困难或问题。这要求双方政府切实做好服务，在法律法规的制定、投资政策的配套、文化交流的加强以及公民教育、职业道德和投资引导等方面加强工作。

（六）军事开支和埃博拉防治使费用增加将对经济发展产生负面影响

额外开支的增长将影响非洲经济，这主要表现在反恐和埃博拉防治工作方面。为打击博科圣地、伊斯兰青年党等恐怖组织，近年来，非洲国家的军事开支增长较快。2004～2013 年间，非洲军费累计超过 3000 亿美元。2013 年，非洲军费达 450 亿美元，比 2004 年增长 81%。由于反恐形势的发展，非洲各国特别是一些地区大国将加强军力，用于购买军火的资金会有一定程度的增加，从而对经济发展造成负面影响。为应对埃博拉病毒的影响，非洲也划拨了一部分经费。

非洲地区的经济增长应可保持。然而，国际政治经济秩序的不平等、国家治理上的问题（贪污腐败、行政效率等）、区域和国家之间的阻碍（边界通关、人口流动、基础设施等）、外来投资不足、非法资金外流（每年达 50 亿美元），各种流行性疾病等，都给非洲发展带来了各种障碍。

非洲的发展也面临着一些问题。少数国家政局不稳，主要表现在军事政变和恐怖活动，个别国家的军事政变（如最近发生的布基纳法索政变）不仅影响了国家正常的政治秩序，也对地区稳定产生了消极影响。恐怖活动主要发生在尼日利亚、肯尼亚和索马里等国，给这些国家民众的生活带来威胁，也打击了外来投资的积极性。国际油价下降带来的影响不一，对产油国带来损失，对那些处于快速发展中的用油国却是好事。此外，非洲第一大经济体尼日利亚 2015 年将举行选举，第二大经济体南非增长低迷、加纳等国宏观经济失衡状况加重等因素，也给区域增长前景增添不确定性。

参考文献

1. African Center for Economic Transformation, *African Transformation Report Growth with Depth*, Accra, 2014.
2. Africa Progress Panel, *Grain Fish Money Financing Africa's Green and Blue Revolutions*, *Africa Progress Report 2014*, Geneva, 2014.
3. International Monetary Fund, *Regional Economic Outlook-Sub-Saharan Africa: Staying the Course, 2014*, Washington, D. C. 2014.

4. United Nations, *The least Developed Countries Report 2014*, United Nations Conference on Trade and Development, Geneva, 2014.
5. 中国驻非洲各国大使馆网站。
6. 《中非基金非洲动态》，2014。

（撰稿人：北京大学非洲研究中心主任、博导李安山）

中篇
国际经济专题研究

2014年世界贸易分析与展望

2014年上半年全球货物贸易出口金额（包括重要的转口贸易）达93190亿美元，同比增长2%，略低于上年平均水平。其中第一季度出口比上年同期增长1.5%，第二季度比上年同期增长2.6%。2014年前三季度全球货物贸易出口额达140530亿美元，同比增长2.2%，略高于2013年2.1%的平均水平。全球服务贸易在第一季度和第二季度进出口增长率同时分别达到了6%和7%的水平，不低于2013年6%的平均水平。总体来看，2014年世界贸易呈现以下特点：商业服务贸易增长速度仍然快于货物贸易，虽然发达国家和地区仍然是主要的货物贸易进出口地，但是发展中国家贸易增长速度更快，北美地区货物贸易逆差最大，美国是全球最大的货物贸易进口国，同时也是全球最大的商业服务贸易出口国。欧洲和北美洲的商业服务贸易在全球仍占据绝对的优势。

2014年全球经济继续保持低速增长、缓慢复苏的态势。同时，发达经济体表现不一，呈现明显分化，新兴经济体增速减慢。在此背景下，虽然前三季度显示的货物贸易相对于2013年有温和的增长，但全球贸易增长情况仍然弱于预期。WTO 9月对2014年全球货物贸易增长率作了大幅下调，预计为3.1%。相对于之前4月4.7%和2013年4.5%的预期分别下调1.6和1.4个百分点。

一　货物贸易情况

（一）全球货物贸易出口情况

2013年上半年，货物贸易出口仍然低位增长，下半年增速明显上升，第三季度和第四季度分别达到3.3%和3.8%。但是2014年第一季度，货物贸易出口增速又出现明显下滑，为1.5%。同时全球除了北美和欧洲同比增长率为正数外，亚洲、独联体国家和南部、中部的非洲则出现了负的同比增长率。第二季度和第三季度全球贸易出口同比增长达2.6%和2.5%，温和回升（见表1）。第一季度的低速增长会拖累整个年度的数据。

表1　2013年第三季度至2014年第三季度主要国家和地区货物贸易出口额同比变动率

单位：%

地区或国家	2013年第三季度	2013年第四季度	2014年第一季度	2014年第二季度	2014年第三季度
世界 a	3.3	3.8	1.5	2.6	2.5
北美	3.0	3.4	2.0	3.8	5.0
加拿大	1.8	1.1	-0.2	4.4	7.4
墨西哥	5.6	3.4	2.9	5.4	5.2
美国	2.7	4.0	2.5	3.3	4.2
南美和中美	0.3	-1.2	-2.9	-3.7	-2.7
巴西	-0.5	4.1	-2.5	-4.2	0.0
欧洲	6.5	6.0	5.2	3.7	1.3
法国	3.5	4.2	3.5	2.7	0.5
德国	5.1	7.0	7.0	7.0	5.8
意大利	6.1	5.5	5.3	5.7	2.4
英国	14.4	10.4	1.6	-15.8	-8.4
欧盟(28)	6.9	6.5	5.1	3.8	1.3
独联体国家	1.2	-0.5	-1.3	0.9	-6.2
俄罗斯	4.2	-0.2	-1.6	3.9	-4.0
非洲					
南非	-2.1	-0.8	-4.1	-7.0	-4.2
中东					
沙特阿拉伯	5.8	3.4	5.4	4.6	-9.0
亚洲 a	1.9	4.5	-0.9	2.8	6.2
中国	3.8	7.4	-3.5	5.0	13.0
印度	12.9	7.2	-2.2	5.2	3.8
日本	-10.5	-5.1	-3.9	-3.3	-2.1
韩国	2.8	4.7	1.7	3.2	3.7

注：a，包括重要的转口贸易，数据没有经过季节性调整。季度数据加总不必与其他地方出版的WTO统计出版物或在线数据库数据一致。

资料来源：WTO短期数据。

2014年第一季度，欧洲地区货物出口同比增长率为5.2%，到第二和第三季度进一步下降为3.7%和1.3%。欧洲主要国家之间也有了明显的分化。德国表现最为突出，第一季度和第二季度出口同比增长率分别达到了7%，第三季度略下滑为5.8%。英国在经历了2013年的高速增长之后，2014年第一季度增长率降到了1.6%，第二和第三季度则出现了负增长，分别为-15.8%和-8.4%。

欧盟（28）货物贸易出口在2013年第三和第四季度表现还不错，2014年第一季度增长率下滑为5.1%，第二、三季度分别降至3.8%和1.3%。在整个欧盟出口增长率下滑的同时，欧盟对内和对外货物出口出现了明显的分化，出现了对内增长而对外下降的特点。整个2013年，欧盟对内货物出口同比增长率为3.3%，对外同比增长率为6.5%。2014年前三季度，欧盟对内货物出口同比增长率为上升为5.9%，而对外出口同比增长率降为-0.7%。2013年同期，这两个数据分别为2.1%和6.7%。

金砖国家在2014年第一季度出口同比增长率同时为负，第二和第三季度则出现了分化。巴西、俄罗斯、南非表现依然令人失望。巴西在第一、二季度同比增长率都为负，第三季度有所好转，增长率为0.04%。南非在2014年依然没有扭转2013年的负增长态势，第一季度增长率为-4.1%，第二季度则跌至-7%。俄罗斯的商品出口在经历了2011年30%的高速增长后，2012年增长率下跌到1%，2013年则降为-1%。2014年第一季度出口同比增速依然为负，第二季度虽然有所好转，但第三季度又下降为-4%。印度在经历了第一季度2.2%的负增长之后，在第二和第三季度表现出了不错的增长，分别为5.2%和3.8%。所有金砖国家中，中国表现最突出。虽然在第一季度经历了3.5%的负增长，但是第二和第三季度同比增速则呈现大幅度上升，分别为5%和13%。

亚洲国家中，日本货物贸易出口在经历了2012年和2013年-3%和-10%的负增长之后，2014年依然延续了负增长的态势，第一、二、三季度的同比增速分别为-3.9%、-3.3%和-2.1%。韩国在2014年则表现较好，出口同比增速从第一季度的1.7%逐渐上升到第二、三季度的3.2%和3.7%。

作为中东地区最大的贸易体，沙特阿拉伯货物贸易出口额在2014年的前三个季度分别为953亿美元、940亿美元和890亿美元，三个季度的出口额逐渐下降。前两个季度相对于上年同期分别增长5.4%和4.6%，第三个季度，出口额不但出现了环比下降，同比增速也为-9%。沙特阿拉伯出口额变动的一个很重要的原因就是国际原材料价格。沙特阿拉伯的出口结构中，燃料和矿物占据绝对比重。据 WTO 统计数据，主要原材料的价格在 2013 年和 2014 年均出现下跌。

（二）货物贸易进口情况

2014 年世界货物贸易进口情况与 2013 年相比出现了较大的变化，发达国家进口需求明显上升，而发展中国家则进口需求低迷。据 WTO《贸易快讯》数据显示，2013 年发达国家货物进口增速为 -0.3%，发展中国家为 5.3%。根据 WTO 的数据，2014 年发达国家货物贸易进口增长率上升为 3.4%，而发展中国家则下调到 2.6%。发展中国家低迷的进口需求是影响 2014 年全球贸易形势的重要因素。

2014 年前三季度，北美地区货物贸易进口总额达到了 24488 亿美元，比上年同期增长 3.1%。其中第一季度同比增速为 1.3%，第二、三季度则上升为 4.1% 和 3.7%。北美国家中，美国和墨西哥进口表现更为突出。美国经济的向好促使进口需求明显好转。美国在前三季度进口同比增速分别达到 2%、4.5% 和 3.7%。

欧洲在 2014 年上半年的货物进口也有较好的表现。第一季度和第二季度的货物进口同比增速分别达到 5.1% 和 5.6%，第三季度为 2.2%。欧洲国家内部表现不一。英国和德国的进口表现较为突出。由于英国经济的增速加快，2014 年英国的进口相对 2013 年有了巨大变化。据 WTO 数据，2013 年，英国货物进口增长率在 2013 年为 5% 的负增长。而 2014 年第一季度，英国的进口同比增速达到了 4%，第二和第三季度同比增长率则达到了 7.9% 和 8.1%。德国在 2014 年上半年进口增长率超过 5%。

相对于 2013 年低迷的进口需求，欧盟在 2014 年的货物进口也有了较大的增幅。2014 年欧盟的货物进口相对于 2013 年也有新的特点。2013 年，欧盟从外部的货物进口为 3.1% 负增长，而从内部进口则为 3.3% 的增长率。根据 2014 年前三季度的数据，欧盟内部货物进口同比增长率达到了 5.9%，从欧盟外部进口则实现了 2.7% 的增长率。

亚洲货物进口增长情况并不太理想，前三季度进口同比增长率分别为 0.2%、0 和 1.0%。相对于 2013 年的 7% 的进口增长率，中国 2014 年的增长率有了大幅下降。前三个季度进口同比增长率分别为 1.6%、1.5% 和 1.2%，比 2013 年有大幅下滑。印度在第一季度和第二季度分别出现了 -13.6% 和 -5.8%

的同比负增长，第三季度由负转正，不排除上年同期基数较低的原因。2013年日本货物贸易进口增长率为-6%，2014年第一季度进口同比增速为5.6%，第二和第三季度分别是-0.8%和-2.9%，2014年整体情况要好于2013年。韩国则表现出了不错的增长情况。2014年前三季度，韩国的货物进口同比增长率分别为2.0%、3.2%和5.6%，韩国2014年的整体情况也要优于2013年。

其他新兴经济体也普遍出现了进口负增长情况。巴西在2013年的进口额达到了2504亿美元，增长率达到7%。2014年前三季度货物进口额为1819亿美元，与2013年同期相比下降2.9%。其中第一季度同比下降0.6%，第二和第三季度分别同比下降6.8%和1%。据世界贸易组织的数据，俄罗斯2013年货物进口金额为3413亿美元，年增长率为2%。2014年前三季度进口货物总额为2328亿美元，与上年同期相比下降6.3%。前三季度进口同比增速均为负数，分别为-5.4%、-4.7%和-8.5%。南非在2013年时，进口增速由正转负，为-1%，2014年下降速度出现了加快的态势。前三季度货物进口总额为748亿美元，比上年同期下降4.4%，前三季度进口同比增速均为负数。2014年，沙特阿拉伯结束了上一年的较高进口增长率，出现了负增长。第一季度，进口同比降至-2.8%，第二和第三季度则分别降至-6.1%和-4.4%，整个前三季度，沙特阿拉伯的货物进口额为1224亿美元，相对于上年同期的1282亿美元降低4.5%。

表2　2013年第三季度至2014年第三季度货物贸易进口额同比变动率

单位：%

地　区	2013年第三季度	2013年第四季度	2014年第一季度	2014年第二季度	2014年第三季度
世界a,b	2.8	2.4	2.0	2.4	1.6
北美	1.8	0.7	1.3	4.1	3.7
加拿大c	0.3	0.1	-3.5	1.9	1.8
墨西哥	5.2	-0.5	3.4	3.8	6.1
美国	1.6	1.1	2.0	4.5	3.7
南美和中美	3.0	-2.9	-2.9	-4.9	-1.1
巴西	12.4	3.4	-0.6	-6.8	-1.0
欧洲a	3.6	4.0	5.1	5.6	2.2
法国	4.3	4.4	2.0	3.2	0.0
德国	5.3	5.0	7.5	5.6	2.3
意大利	2.3	1.5	0.2	4.5	-1.7
英国	-7.9	-2.2	4.0	7.9	8.1
欧盟(28)a	3.6	3.8	5.4	6.3	2.4

续表

地　区	2013 年第三季度	2013 年第四季度	2014 年第一季度	2014 年第二季度	2014 年第三季度
独联体	0.2	0.1	-7.6	-6.7	-10.7
俄罗斯 c	0.0	-0.1	-5.4	-4.7	-8.5
非洲					
南非 c	2.1	-2.7	-3.3	-5.2	-4.8
中东					
沙特阿拉伯	5.3	0.8	-2.8	-6.1	-4.4
亚洲 b	2.6	1.9	0.2	0.0	1.0
中国	8.5	7.1	1.6	1.5	1.2
印度	-8.6	-15.0	-13.6	-5.8	10.3
日本	-6.7	0.3	5.6	-0.8	-2.9
韩国	0.3	2.5	2.0	3.2	5.6

注：a，包括调整的在录欧盟内部进口；b，包括重要的进口转出口；c，进口 FOB 计价；d，不包括黄金贸易，数据没有经过季节性调整。

资料来源：WTO 在线数据库。

（三）2014 年全球货物贸易特点

1. 货物贸易量持续上升，贸易额增长缓慢

据 WTO 数据统计，2014 年全球货物贸易出口量指数从第一季度的 135.8 上升到第三季度的 143.1，出口量在前三个季度实现了连续增长（见图 1）。由于 2013 年第四季度基数较高，2014 年第一季度世界货物贸易进出口量平均下降 4.7%，到第二季度，贸易量增长 3.5%，第三季度贸易量增加 1.6%。如果考虑到季节性调整，第一季度进出口量增长率为 0.8%，第二季度进出口量增长率下降为 -0.2%，第三季度有所好转为 1.3%。

虽然贸易量指标在 2014 年有了一定增长，特别是第三季度（经过季节性调整）贸易量增长率达到了 1.3%，出口量增长率达到了 1.1%，但是第三季度的货物贸易额增长率则为负（见表 3）。主要原因是全球商品价格的下降。据 WTO 贸易快讯的数据显示，2014 年第四季度，能源价格下降幅度几乎达到 6%，非能源商品价格下降超过 4%，而工业制成品的价格下降幅度超过 1%。商品价格的下降造成了 2014 年第三季度商品贸易量上升而贸易额下降。当然，由于不同国家和地区的出口商品结构不同，价格变动对各地区商品贸易额的影响程度也不同。

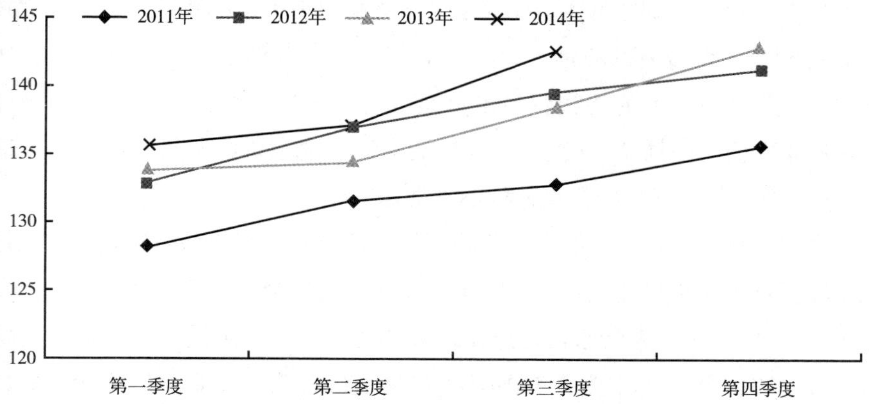

图 1　全球没有经过季节调整的货物贸易出口量指数（以 2005 年指数为基数 100）

资料来源：WTO 在线数据库。

表 3　全球主要地区货物贸易额和贸易量季度变动率（经过季节性调整）

单位：十亿美元，%

贸易额		地区	贸易量(季度增长率)			
货物贸易额（2014 年第三季度）	季度增长率		2013 年第四季度	2014 年第一季度	2014 年第二季度	2014 年第三季度
—		世界(平均进口/出口)	0.6	0.8	-0.2	1.3
4733	-0.4	出口	0.6	1	-0.3	1.1
626	-1.2	北美	2	-2	2.9	2.1
—	—	南美和中美	-0.2	0.7	-2.1	0
1651	-4.4	欧洲	-0.1	0.5	0	0.2
1685	5.4	亚洲	1.1	2.6	-0.3	1.7
770	-3	其他	-0.1	1.4	-3.3	1.9
4781	-0.1	进口	0.6	0.7	-0.2	1.5
844	0.6	北美	0.7	0.1	2.6	0.8
—	—	南美和中美	-1.6	1.2	1.7	1.9
1667	-3.7	欧洲	0.7	0.1	0.7	0.6
1618	2.9	亚洲	0.5	2.7	-2.7	2.5
652	1.2	其他	1.1	-2.3	0.1	2.8

资料来源：见 WTO《贸易快讯》，16/12/2014。

2. 全球货物贸易格局依然不平衡

2014 年，发达国家和地区仍然是全球最主要的货物进出口地。2014 年前三季度，欧洲货物贸易出口额为 50938 亿美元，进口金额为 51182 亿美元。欧洲是世界最大的货物贸易进出口地，占全球货物贸易金额的 36%。欧盟（28）仍是世界上最大的货物贸易经济体。亚洲是全球货物贸易第二大地区，占全球货物贸易金额的34%。值得注意的是，2014年第三季度，亚洲地区的货物出口首次超过欧洲，成为全球最大的货物贸易出口地区。中国的货物出口贸易额居全球第二，仅次于欧盟。而据WTO统计，世界最不发达国家货物贸易总额仅占全球总额的1%，全球货物贸易的格局依然不平衡。

再来看贸易差额情况。欧洲的货物贸易进出口基本平衡略有逆差。北美地区前三季度货物贸易出口金额达到18579亿美元，进口金额为24489亿美元，贸易逆差为5910亿美元，为全球贸易逆差最大的地区。在北美国家中，美国的贸易逆差最大，2014年前三季度，美国货物贸易出口金额为12084亿美元，进口金额为17974亿美元，贸易逆差达5889亿美元。亚洲前三季度的贸易顺差为24.9亿美元，中国是亚洲最大的贸易顺差国，日本则表现为逆差（见表4）。

表4　2014年前三季度世界主要地区货物贸易进出口情况

单位：十亿美元，%

地　区	出口额	占比	进口额	占比	贸易差额
世界 a	14052.6		14220.0		－167.4
北美 b	1857.9	13.2	2448.9	17.2	－591.0
南美和中美	528.0	3.8	548.5	3.9	－20.5
欧　洲	5093.8	36.2	5118.2	36.0	－24.4
独联体	549.6	3.9	382.7	2.7	166.9
亚洲 a	4768.2	33.9	4743.3	33.4	24.9
其他 d	1255.2	8.9	978.3	6.9	276.9

注：a，包括重要的转口和进口转出口；b，包括墨西哥；c，包括在录的欧盟内部进口的调整；d，包括中东和非洲，这些地区的总数显著代表性不足。数据没有经过季度调整，季度数据加总不必与其他地方出版的WTO统计出版物或在线数据库数据一致。

资料来源：WTO，Eurostat，UNCTAD stat 数据库。

3. 发达国家货物贸易恢复，发展中国家进口低迷

受经济形势的影响，2014年发达国家的货物贸易进出口情况恢复良好，而发展中国家则进口低迷。从2014年前三个季度的情况可以看出，北美地区出口增长良好，第一、二、三季度出口同比增长率分别为2.0%、3.8%和5.0%，欧洲在前三个季度的出口同比增速也分别达到了5.2%、3.7%和1.3%。而金砖五国在2014年第一季度货物出口同比增长率均为负数，第二、三季度，中国和印度有所好转，而俄罗斯、巴西和南非表现则差强人意。再来看进口情况，2014

年前三季度，北美地区在 2014 年前三季度货物贸易进口增长率分别为 1.3%、4.1% 和 3.7%，欧洲则分别达到了 5.1%、5.6% 和 2.2%。金砖五国中，巴西、俄罗斯、南非、印度进口均为负增长。中国进口虽然实现了一定的增长，但是增长速度远远低于之前的水平。整体来看，2014 年，发达国家和地区货物贸易进出口均开始复苏，而发展中国家则表现平平，特别是进口需求低迷，拖累了全球贸易的增长。

二 全球服务贸易情况分析

根据 WTO 提供的最新数据，全球商业服务贸易在 2011 年经历了 12% 的高速增长。独联体国家商业服务贸易和南美、中美洲增速最高，而欧洲和亚洲其次，然后是北美地区。2012 年全球服务贸易出口增速仅为 2%，欧洲表现最差，增速为 -2%，北美为 5%，南美和中美是 4%，亚洲为 6%，即使增速最快的独联体国家增速也不到两位数，仅为 9%。2013 年全球服务贸易金额达到 46450 亿美元，增长率为 6%，高于 2012 年，但是仍然低于 2015 ~ 2013 年 8% 的平均水平。2014 年全球商业服务贸易增长率与 2013 年基本持平，第一季度进出口增长率为 6%，与 2013 年持平，第二季度进出口增长率为 7%，略高于 2013 年的水平。2014 年上半年，全球服务贸易主要呈现出以下特点。

（一）欧洲地区服务贸易进出口增速双双高于全球平均水平

2014 年上半年，欧洲地区服务贸易增长率远远高于世界平均水平，延续了 2013 年第三季度和第四季度的态势。2014 年第一季度和第二季度欧洲服务贸易出口增速均为 9%，高于全球 6% 的平均水平。欧盟（28）在第一季度的出口增速甚至达到了 11%。在服务贸易出口大幅增长的同时，欧洲地区服务贸易进口增长也全球领先，2014 年第一季度和第二季度的同比增长率分别为 8%。而之前呈现高速增长的发展中国家则出现了下滑（见图 2、图 3）。

金砖国家表现各异。巴西在 2014 年第一季度服务贸易出口增长率为 3%，结束了 2013 年后三个季度的负增长局面，2014 年第二季度增长率为 8%。服务贸易进口增长率相对于 2013 年有所下降。俄罗斯在 2014 年结束了 2013 年高速增长的局面，前两个季度的出口增长率都为负，进口增速为 1%，也是远远低于 2013 年的增长水平。南非则基本保持了进出口的负增长局面。中国服务贸易出

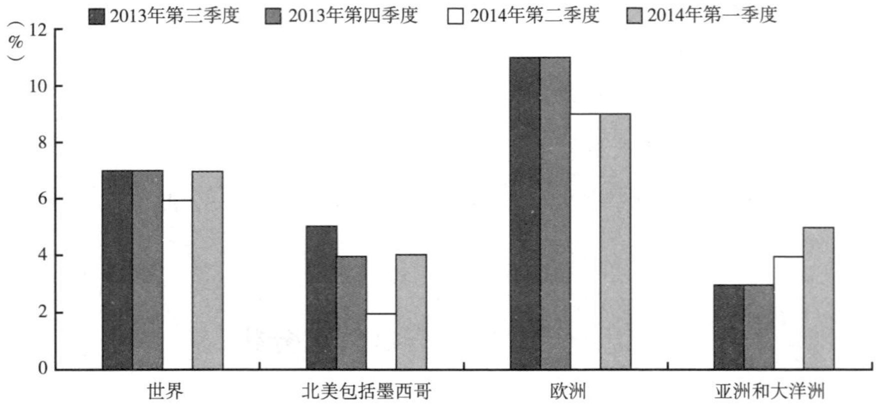

图 2　2013 年第三季度至 2014 年第二季度全球主要地区服务贸易出口变动率

注：以上变动率为同比变动率。

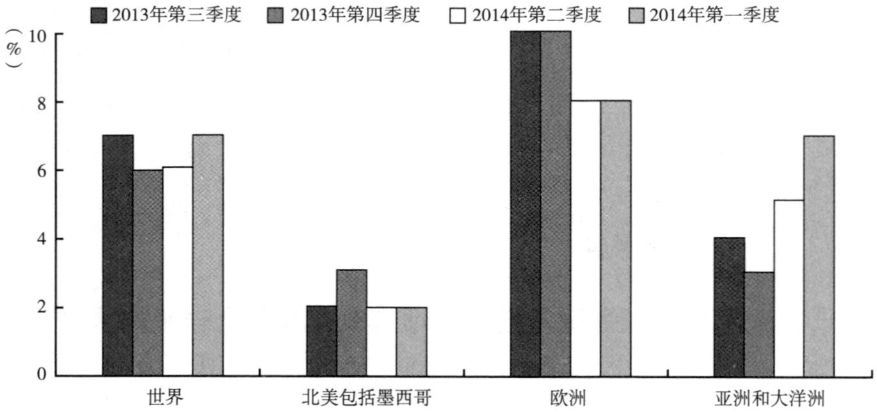

图 3　2013 年第三季度至 2014 年第二季度全球主要地区服务贸易进口变动率

注：以上变动率为同比变动率。
资料来源：WTO 在线数据库。

口在第一季度为负增长，不过进口仍然保持了 17% 的高速增长局面。印度出口比上年有所好转，进口则和上年基本持平。值得注意的是日本在 2014 年结束了之前的低增长或负增长，日本的服务贸易出口增长率在第一季度和第二季度分别为 13% 和 19%，进口增长率分别为 9% 和 18%，而 2013 年进口则一直为负增长。美国第一季度服务贸易出口增长率分别为 3% 和 4%，低于 2013 年 5% 的平均增速，进口增长率与 2013 年持平（见表 5）。

表 5　特定国家和地区商业服务贸易季度变动率（与上年同期相比）

单位：%

出口					国家或地区	进口				
2013 年第二季度	2013 年第三季度	2013 年第四季度	2014 年第一季度	2014 年第二季度		2013 年第二季度	2013 年第三季度	2013 年第四季度	2014 年第一季度	2014 年第二季度
6	7	7	6	7	世界	5	7	6	6	7
4	5	4	2	4	北美（包括墨西哥）	3	2	3	2	2
5	6	4	3	4	美国	3	3	4	4	4
2	-2	0	-4	-1	加拿大	2	-3	-3	-6	-2
8	11	11	9	9	欧洲	7	10	10	8	8
—	—	—	9	9	欧盟（28）a	—	—	—	8	9
7	10	10	11	8	欧盟（28）对外	4	8	8	6	8
5	5	6	11	7	瑞士	8	12	5	10	5
5	3	3	4	5	亚洲和大洋洲	3	4	3	5	7
-1	-6	2	-2	—	中国	14	20	17	17	—
7	4	0	13	19	日本	-10	-11	-6	9	18
2	5	2	7	3	印度	-2	-3	-8	-4	0
5	5	2	3	1	新加坡	4	4	4	5	2
					其他经济体					
-2	-5	-1	3	8	巴西	5	12	5	1	7
13	12	9	-1	-3	俄罗斯	22	20	10	1	1
-6	-9	-5	-6	1	南非	-4	-10	-8	-10	-6

注：a，欧盟（28）服务贸易数据是 WTO、UNCTAD 和 ITC 等组织在对各成员数据的基础上估算出的，上述全球和地区数据加总得到覆盖全球 90% 的服务贸易。

资料来源：WTO 和 UNCTAD 在线数据库。

（二）发达国家仍是最主要的商业服务贸易出口国

目前，发达国家商业服务贸易的份额依然占据绝对的优势。根据世界贸易组织 2014 年的统计报告得知，2013 年全球商业服务贸易额前五名依次是美国、英国、德国、法国和中国，其中前四个发达国家服务贸易出口额占全球的 31.9%。除了英国、德国外，其他国家服务贸易均为顺差。仅美国一国服务贸易出口额就占全球份额的 14.3%，而且美国是顺差最大的国家。从进口方面看，美国依然是份额最大的。值得注意的是，2013 年，中国取代德国成为第二进口方，法国前进到第四位，英国退到第五位（见表 6），中国金融服务出口（包括银行和其他金融中介提供的）贸易增长率为52%，但美国此方面的贸易仍然以820亿美元的规模居于第一。2014年第一季度，中国服务贸易进口以高达17%的速度增长，而出口增速则为－2%，如果继续以这样的情况发展，则服务贸易逆差会逐渐变大。

表6　2013年全球服务贸易进出口前五名的国家

单位：十亿美元，%

出口			进口		
国家	金额	比重	国家	金额	比重
美国	662	14.3	美国	432	9.8
英国	293	6.3	中国	329	7.5
德国	286	6.2	德国	317	7.2
法国	236	5.1	法国	189	4.3
中国	205	4.5	英国	174	4.0
合计	1682	36.4	合计	1441	32.8

资料来源：见WTO《世界贸易报告（2014）》。

三　世界经济贸易形势分析与预测

（一）世界主要经济组织对未来全球经济和贸易的预测

由于2014年春季经济贸易增长弱于预期情况，全球经济贸易仍然面临危机遗留问题以及其他不确定性风险，WTO在2014年9月下调了之前4月贸易增长率的预期，国际货币基金组织也对之前的全球经济展望有所调整。

2014年10月，国际货币基金组织将2014年世界经济增长率下调到了3.3%，与上年基本持平，弱于2012年的情况。2014年整个年度经济增长情况较上年并没有明显的起色，可以说仍然处于经济危机之后缓慢的复苏期。世界贸易组织对2014年实际GDP增长率的预测为2.6%，略好于2013年。比较两个国际组织对于经济增长的预测情况，可以发现发达经济体和发展中经济体的经济走势截然不同。虽然发达经济体的增长率仍然低于发展中经济体，但是经济增长率在逐年走高，反映了主要发达经济体复苏的强劲势头，而发展中国家不明朗的经济前景也反映在了逐年走低的增长速度上。此种情况也反映在了国际贸易中。根据WTO 对世界商品贸易数据的统计和预测，不管是出口还是进口，发展中国家都出现了逐年降低的增速。尤其是进口方面，发展中经济体在 2014 年增长率只有 2.6%，可以说发展中经济体疲软的进口需求也是减缓全球贸易增长的重要原因，而发达经济体的进出口贸易在 2012 年之后逐年走高，北美地区的数据尤其亮丽（见表 7、表 8）。

表 7　全球商品贸易和 GDP 增长情况（2010～2015 年 a）

单位：%

国家或地区	2010 年	2011 年	2012 年	2013 年	2014 年	2015 年
全球商品贸易量	13.9	5.4	2.3	2.2	3.1	4
出口						
发达经济体	13.4	5.2	1.1	1.5	2.5	3.8
发展中经济体	15	5.5	4.1	3.9	4	4.5
北美	15	6.6	4.4	2.8	3.7	3.9
南美和中美	4.7	6.8	0.7	1.4	0.4	3.2
欧洲	11.6	5.6	0.8	1.5	2.3	3.5
亚洲	22.6	6.4	2.8	4.7	5	4.8
其他地区 b	6	1.9	4.2	0.6	-0.1	4.2
进口						
发达经济体	10.9	3.4	0	-0.3	3.4	3.7
发展中经济体	18.2	7.7	5.4	5.3	2.6	4.5
北美	15.7	4.4	3.1	1.2	3.9	4.2
南美和中美	22.4	13	2.3	3.1	-0.7	4.8
欧洲	9.8	3.2	-1.8	-0.5	2.5	3.5
亚洲	18.1	6.6	3.7	4.5	4	4.3
其他地区 b	11.4	8.3	10.1	3.3	1.3	3.5
以 2005 年价格计算的实际 GDP	4.1	2.8	2.2	2.3	2.6	3.1
发达经济体	2.6	1.4	1.1	1.3	1.8	2.2
发展中经济体	7.5	5.8	4.6	4.4	4.3	4.9
北美	2.7	1.8	2.3	2.1	2.1	3.1
南美和中美	6.1	4.5	2.5	3.2	1.2	2.4
欧洲	2.2	2	-0.2	0.3	1.4	1.7
亚洲	7.2	4.2	4.2	4.2	4.6	4.5
其他地区 b	5.2	4	4.2	2.8	2.9	3.9

注：a，2014 年和 2015 年数据为预测值；b，其他地区包括非洲、独联体国家和中东。

资料来源：WTO 贸易秘书处，经济预测机构对于 GDP 的一致估计。

表 8　IMF 对全球经济增长情况预测

单位：%

国家或地区	2012 年	2013 年	2014 年	2015 年	2016 年
世界	3.4	3.3	3.3	3.5	3.7
发达国家	1.2	1.4	1.8	2.4	2.4
美国	2.3	2.2	2.2	3.6	3.3
欧元区	-0.7	-0.4	0.8	1.2	1.4
日本	1.5	1.5	0.9	0.6	0.8
新兴市场和发展中经济体	5.1	4.7	4.4	4.3	4.7
独联体	3.4	2.2	0.8	-3.0	-1.0

注：2015 年和 2016 年数据为预测值。

资料来源：见 IMF《世界经济展望》，2015 年 1 月。

（二）全球贸易面临的挑战和机遇

1. 世界经济在缓慢复苏中出现分化

（1）发达经济体冷热不均

国际货币基金组织首席经济学家布兰查德认为，危机遗留问题和潜在增长率的下降是影响世界经济复苏的主要阻力因素。全球经济在艰难的复苏进程中出现分化，发达经济体冷热不均，新兴经济体依然令人担忧。国际货币基金组织的数据显示，发达经济体的经济增长率在近几年逐年走高，2014 年预测为 1.8%，比上

表 9　世界主要经济体消费价格变动率情况

单位：%

平均消费价格变动率	2009 年	2010 年	2011 年	2012 年	2013 年	2014 年	2015 年
世界	2.8	3.9	5.2	4.2	3.9	3.8	3.9
发达经济体	0.1	1.5	2.7	2.0	1.4	1.6	1.8
欧元区	0.3	1.6	2.7	2.5	1.3	0.5	0.9
美国	-0.3	1.6	3.1	2.1	1.5	2.0	2.1
日本	-1.3	-0.7	-0.3	0.0	0.4	2.7	2.0
新兴市场和发展中经济体	5.3	5.9	7.3	6.1	5.9	5.5	5.6
独联体国家	11.1	7.1	9.8	6.2	6.4	7.9	7.9
中东和北非	6.0	6.2	8.6	9.6	9.2	7.5	8.0

注：2014 年和 2015 年数据为预测值。

资料来源：国际货币基金组织。

年高出 0.4 个百分点，2015 年的预测值也为 2.4%。欧元区也在 2014 年摆脱了负增长的局面。新兴市场和发展中经济体虽然仍是经济增长的主体，经济增长率高于世界平均水平，但是经济增长率却呈走低趋势（见表 8）。

美国经济进入稳定快速增长的同时，欧洲和日本的情况不容乐观。2014 年甚至之后，欧洲仍将面临高企的失业率和通货紧缩的压力（见表 10、图 4）。据国际货币基金组织的数据，欧元区 2014 年的消费价格增长率为 0.5%，为欧债危机爆发后的历史新低，同时，高达两位数的失业率一直困扰欧洲。主要国家疲弱的经济表现对欧洲经济的拉动作用在降低。2014 年前三季度意大利的 GDP 季度同比增幅延续了 2013 年连续为负的情况，法国经济也几乎陷入停滞，英国、德国表现良好，但是从第二季度开始，德国的增长势头在减弱。欧洲复兴的步伐依然蹒跚。

表 10 世界主要发达经济体失业率情况统计

单位：%

地区	2010 年	2011 年	2012 年	2013 年	2014 年	2015 年
发达经济体	8.3	7.9	8.0	7.9	7.3	7.1
欧元区	10.1	10.1	11.3	11.9	11.6	11.2
主要发达经济体(G7)	8.2	7.6	7.4	7.1	6.5	6.3
除 G7 和欧元区外的其他发达经济体	5.0	4.6	4.5	4.5	4.5	4.4

注：2014 和 2015 数据为预测值。

资料来源：国际货币基金组织。

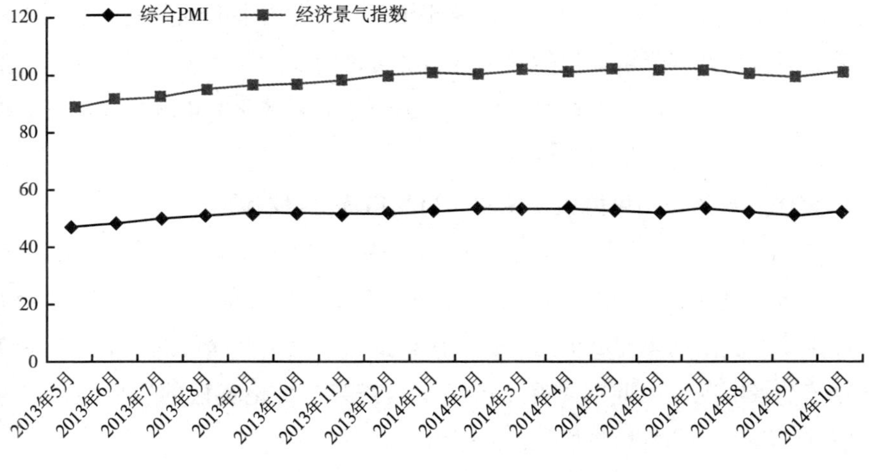

图 4 欧元区综合 PMI 和经济景气指数

资料来源：中国金融信息网。

日本期望通过实行所谓量化加质化宽松的货币政策摆脱通货紧缩的局面，实现 2% 的年度通胀率目标。2014 年日本的消费价格增长率达到了 2.7%，比 2013 年的 0.4% 显著上升。但是宽松的货币财政政策的效果正在逐步减弱，2014 年下半年，日本的核心消费物价指数出现萎缩，国际货币基金组织对 2015 年日本的消费价格变动率预期为 2%。2014 年 10 月，日本继续实行量化宽松的货币政策，随着安倍三度当选首相，日本在 2014 年底通过了约合 291 亿美元的一揽子刺激计划。如果日本没有结构性改革，单纯依靠扩张的财政和货币政策刺激经济，安倍经济学在 2015 年的效果是有限的。国际货币基金组织对 2015 年日本的经济增长预测是 0.6%，低于 2014 年 0.9% 的水平。

（2）新兴经济体潜在增长率下降

2014 年主要新兴国家经济普遍出现下滑。国际货币基金组织对新兴市场和发展中经济体 2014 年经济增长预测是 4.4%，比 2013 年低 0.3 个百分点。独联体国家和拉美国家的情况更为糟糕。俄罗斯 2014 年的经济增长预测值为 0.2%，如此低的经济增速反映了地缘政治危机引发的国内外投资、生产和消费信心的下降。由于国内消费的下降和对外出口的萎缩，2014 年巴西的经济增速也达到 0.3% 的历史性低位。印度情况有所好转，在经过前段时间的大幅下跌及调整后，增长率企稳并在 2014 年上半年逐步回升。国际货币基金组织对 2014 年印度经济增长的预测是 5.6%，高于 2013 年 5% 的水平。中国经济增长率仍是高于 7% 的水平，2014 年增长率是 7.4%，2015 年的预期值为 7%。2014 年，新常态成为中国经济的特征，在经济结构调整及增长更加持续健康的背景下，中国经济增速将适度下调。

总体而言，新兴经济体仍然是全球经济贸易增长的主力军。但是由于内部面临资源环境约束和经济结构调整需要，外部面临美国量化宽松政策退出可能引发资本市场和商品市场价格波动的压力。

2. 美国 QE 的退出可能引发资本和商品市场价格波动

2014 年 11 月，美国宣布退出第三轮量化宽松货币政策（QE3），据 2008 年 11 月第一轮量化宽松（QE1）推出已过去了整整 6 年时间。量化宽松政策引发的全球流动性泛滥和美元贬值给全球经济体造成了复杂而深刻的影响。随着美国经济复苏前景明朗、失业率下降、市场不断繁荣，量化宽松的历史使命已经完成。QE 政策的退出同样对世界经济贸易影响深远。

首先，量化宽松政策的退出会导致国际流动性趋紧，国际金融市场融资成本将会上升。美国升息的预期，加上良好的经济指标，也会吸引国际资本流入，这对于正在面临经济下行压力的新兴经济体来说无异于是雪上加霜。

其次，量化宽松政策退出还会导致美元汇率的上升。而美元汇率的上升导致以美元计价的国际大宗商品价格的下调，并产生多方面的影响。大宗商品价格下调对于进口原材料的企业来说降低了生产成本，但是对于大宗商品生产和出口方的利润冲击也不容忽视。

3. 贸易保护主义势头不减

首先，部分发达经济体复苏步伐减慢，新兴经济体增长下降，贸易保护势头不减，贸易摩擦依然高发。作为扶持本国企业、排斥外国企业的惯用手段，贸易保护在经济不景气的时候往往会越发泛滥。由于部分发达国家经济复苏步伐的缓慢，国内失业率较高，为扶植本国实体经济，贸易保护的势头明显升温。随着新兴经济体增长率的下降和国内工业化进程的推进，贸易保护措施成为保护本国相关行业的惯用手段。总体来看，2014 年全球贸易摩擦依然高发，贸易保护手段花样不断翻新并越来越隐秘。全球贸易预警组织（Global Trade Alert，简称 GTA）报告显示，在全球所有保护主义行动中，直接增加关税和贸易自卫等传统措施因为不符合 WTO 的贸易规则，其占比不到 40%，而新的隐秘手段越来越多。例如，美国曾对中国的三一、华为、中兴等企业以安全为由进行限制和约束。此外，一些国家贸易执法不断强化，有关贸易救济调查政策不断趋严，立案标准不断放宽，导致的结果是虽然贸易摩擦数量没有增加，但是贸易保护的效果更甚。

其次，全球贸易面临区域自由贸易协定的盛况与多边贸易体制的困境。近年来，主要经济体之间的自由贸易协定签署如火如荼地进行着，而与之相对的是多边贸易体制陷入困境。2012 年美国政府高调提出重返亚太地区，并设计和筹划了“泛太平洋合作伙伴”（TPP）的所谓高水平区域合作，2013 年奥巴马连任以后，又和欧盟积极筹划 TTIP（跨大西洋贸易与投资伙伴关系），在启动太平洋和大西洋两翼谈判战略的同时，美国在日内瓦还“导演”了由欧美主导的深化服务贸易开放的多边贸易体制谈判（TiSA）。美国主导的区域贸易协定是对 WTO 多边贸易规则的挑战，引起了全球区域自由贸易协定签署的热潮。多哈回合谈判历经 19 年之后，几经周折才得到各成员方的认可，并通过了巴厘岛一揽子协议。

4. 地缘政治紧张局势和突发事件风险加剧

持续一年多的乌克兰危机引发的地缘政治紧张局势对局部地区的经济贸易已经造成严重影响，随着对峙局面的僵持，西方对俄罗斯的经济制裁使俄罗斯陷入了严重经济困境，经济和贸易陷入了低增长和负增长态势，而俄罗斯的反制裁同样使欧盟部分国家复苏步伐减慢。如果乌克兰危机长期化，则不排除其会对全球经济贸易产生影响。

2014 年突发的公共卫生事件，如埃博拉病毒在非洲地区肆虐，并首次传播到非洲以外的地区，这也给全球经济复苏蒙上了一层阴影。据悉，埃博拉病毒的影响会持续到 2015 年底，这对于世界经济贸易特别是非洲地区经济增长来说无疑是非常不利的事件。

5. 全球贸易前景分析

虽然世界经济依然面临欧元区复苏不确定性和新兴经济体增长下滑的不利因素，未来地缘政治危机的影响依然可能存在，甚至不排除其影响扩散的可能性。但是世界经济贸易在步履蹒跚的复苏中依然孕育着新的机遇。

美国已经进入经济稳定快速增长通道，虽然在 2014 年第一季度有所反复，但是第二季度恢复情况良好。而且美国主要的经济指标 2014 年表现优异，在其他发达经济体经历曲折复苏时，美国经济表现可以说一枝独秀。首先看美国的通胀情况。通货膨胀率是非常重要的一个经济指标，一般认为通胀率低于 2% 就有通缩的可能性。2013 年美国经历了 1.5% 的通胀率，2014 年的通胀率预测值为 2.0%，2015 年预测值为 2.1%。美国逐年走低的失业率和走高的经济增长率也印证了美国经济复苏的确定性趋势。2014 年从 1 月到 11 月，美国的失业率不断降低，9 月之后失业率降到了 6% 以下。随着就业的不断改善，居民消费能力不断增强。数据显示，消费者信心指数从 2014 年初的 80.7 上升到年末的 91。同时制造业经理人采购指数不断创出新高，从年初的 51.3 升到年底的 58.7。在实体经济向好的同时，房地产市场也在趋向繁荣，美国 20 大城市房价指数从年初的 165.5 上升到年末的 173.4，表现出持续的上升势头。随着量化宽松货币政策的退出和加息预期，金融市场或会出现一定的波动。国际货币基金组织对美国 2015 年的增长预测是 3.6%，高于 2014 年 1.4 个百分点。

表 11　2014 年 1 ~ 11 月美国主要经济指标概况

指标/月份	1	2	3	4	5	6	7	8	9	10	11
失业率	6.6	6.7	6.7	6.3	6.3	6.1	6.2	6.1	5.9	5.8	5.8
消费者信心指数	80.7	—	83.9	82.3	82.2	85.2	81.8	79.2	84.6	86.9	91
制造业 PMI	51.3	53.2	53.7	54.9	55.4	55.3	57.1	59	56.6	59	58.7
20 大城市房价指数	165.5	165.4	166.8	168.7	170.7	172.3	173.4	173.7	173.6	173.4	—

资料来源：中国金融信息网。

虽然新兴市场国家面临潜在增长率下降的压力，独联体国家和拉美国家特别是巴西经济贸易的萎缩尤其严重。但是新兴国家在困境中孕育着新的机遇和增长潜能。2014 年以印度为首的南亚国家开始缓慢恢复增长，据印度央行估计，印度 2014 年国内生产总值增长 5.5%，而上年的增长率为 4.7%。2015 年，印度央行将会实行宽松的货币政策。据联合国经济与社会事务部估计，2014 年，非洲经济增长率为 3.5%，并将会持续良好的经济增长态势，估计 2015 年非洲的经济增长将会上升到 4.6%。虽然面临经济下行的压力，东亚地区依然是全球经济增长最快的地区，根据联合国经济与社会事务部公布的统计报告，2014 年东亚地区增长率为 6.1%、2015 年为 6%。

作为最大的发展中经济体，中国的情况无疑最令人关注。中国在告别了连续高速增长之后，经济增长减速、经济结构优化调整，经济发展向创新驱动转型，这些变化将带来中国经济更高质量的增长。中国在调结构、稳增长，促进国内改革的同时，努力提高开放型经济水平，上海自贸区建设在促进投资贸易便利化方面取得一定成效，人民币国际化程度不断提高，“一带一路”的推动带来新的经济势能。中国通过深化改革开放，为全球带来新的增长动力。

回顾 2014 年世界经济贸易形势，走过了金融危机后继续缓慢复苏的一年。金融危机遗留的政府债务、高失业等问题依然有待解决，发达国家经济增长出现分化，发展中国家面临潜在增长率下降的问题。地缘政治危机和地区冲突对局部地区经济造成严重影响，并一度对全球市场形成冲击。全球经济和贸易经过了危机后缓慢增长的一年，主要国际组织下调对全球经济和贸易增长的预测。但是在步履蹒跚的复苏中孕育着新的机遇。新的科技和产业革命带来新的增长点，美国经济强劲复苏，英国、德国强调结构改革，中国改革开放深化都会带来新的更高质量的增长点，成为拉动世界贸易增长的动力。国际货币基金组织对 2015 年全球经济增长的预测为 3.5%，高于 2014 年的 3.3% 的水平，世界贸易组织对 2015 年全球货物贸易增长率的预测也高于 2014 年的水平。世界贸易在经过了 2014 年的艰难复苏后会将继续微弱地回升。

（撰稿人：中国社会科学院经济研究所所长，研究员，博士生导师裴长洪；中国社会科学院研究生院博士研究生付彩芳）

2014 年国际金融形势分析与展望

当前，全球经济进入“大分化”的“新常态”，全球经济的不平衡性复苏也加剧了全球货币政策周期变化，全球股市、债市、汇市，以及货币格局的分化。全球金融市场和金融格局在动荡中加速变化，随着 2014 年美联储启动量化宽松（QE）退出程序，美国量化宽松（QE）政策作为全球影响最为广泛的货币政策正在转向，从而步入“后 QE 时代”，而这也标志着 2015 年乃至未来几年时间里，全球不可避免地将要迎接新的金融结构和金融周期的冲击。

一 “非同步化”周期导致全球金融大分化

当前，全球经济正在由危机之前的“同步化”走向“非同步化”新阶段。发达经济体与新兴经济体以及发达经济体内部、新兴经济体内部复苏步伐不统一，使得全球货币政策和金融市场趋于复杂，大分化成为全球金融格局最主要的“关键词”。

（一）全球货币政策正在走向重要分水岭

2008 年金融危机爆发后，全球主要央行无一例外地开始推行大规模宽松货币政策以刺激经济复苏与稳定金融市场。各国央行资产负债表的扩张准确记录了这一趋势：过去 6 年，美联储与英国央行扩张了约 4 倍，日本央行扩张 2 倍，中国人民银行与欧洲央行分别扩张 1.9 倍与 1.7 倍（见图 1）。

金融危机后，下调基准利率水平成为各国央行首选的货币政策工具。发达市场原本已经长期处于低位的政策利率水平再度被下调至历史低位：目前美国联邦基金基准利率为 0 ~0.25%，欧元区再融资利率为 0.05%，日本隔夜拆借利率为

0.1%，瑞士和瑞典等北欧国家政策利率甚至已经降至 0。在利率政策下行空间日渐狭窄的背景下，央行的资产购买计划在本次危机中发挥了最重要的作用，尤其是国债购买计划成为各国央行资产负债表扩张的最大来源。自 2008 年 11 月至 2014 年 10 月，美联储累计购买 MBS 2.073 万亿美元，国债 1.69 万亿美元，机构债 2000 亿美元。目前，联储资产 4.5 万亿美元，是危机前的 5 倍，MBS 和国债占比在 90% 以上，负债主要是超额准备金，规模为 2.7 万亿美元。

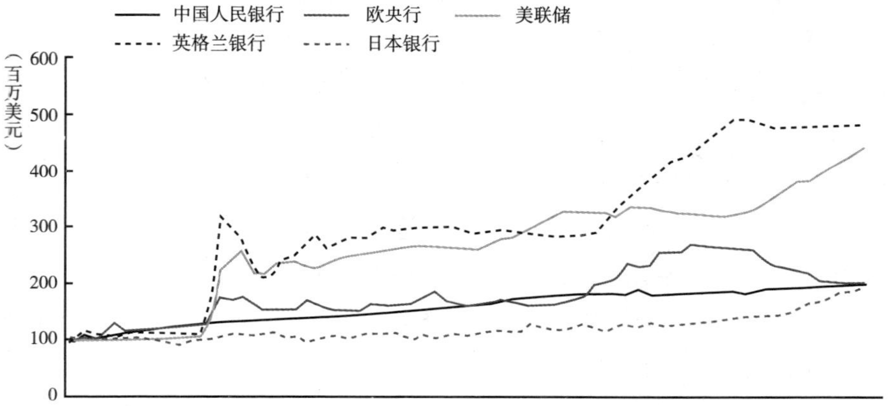

图 1　主要央行资产负债表规模

资料来源：各国央行。

然而，由于全球经济增长不均衡，各国央行做出了不同的政策响应。美国经济持续向好实现稳健复苏，美联储已经退出 QE，而其他发达经济体仍将继续加码，全球主要经济体货币路线图出现重大分化。

（1）美联储加息周期有望展开。尽管当前美联储主观上对加息依然很谨慎，但根据全球金融市场的多数机构预测，美联储在 2015 年 9 月启动首次加息很可能成为大概率事件。2014 年 6 月，FOMC 会议纪要中细化了美联储加息使用货币政策工具的种类与方法，基本确定了以超额准备金率 IOER 为中心，使用隔夜逆回购利率 RRP 来构筑略低于 IOER 的“利率下限”，从而形成有效利率区间的加息机制。联邦基金利率目标调整幅度为 25bp，即首次加息可能上调 25bp 或 50bp。

（2）欧洲央行已经如期启动欧版 QE，实施更大规模的资产购买计划来扩大资产负债表，并宣布从 2014 年 3 月起每个月购买 600 亿欧元债券，持续到 2016

年9月，总规模预计1.08万亿欧元。欧央行宣布实行QE后，欧元对美元迅速贬值了2%以上，至此欧元兑美元的汇率2014年以来已经下跌20%左右，创下11年来的新低。欧洲推出QE希望通过两大渠道刺激经济——汇率贬值和资产价格上升。前者与实体经济相联系，即通常所说的“贸易渠道”；后者为“金融渠道”，QE政策通过压低利率水平，促使资产价格上升。与此同时，通过“债务货币化”消化巨额债务。

（3）日本央行延续实行质化量化宽松（QQE）政策。2014年，在经济增长乏力和通缩阴影的笼罩之下，日本央行扩大QQE的规模超预期。“失去的二十年”形象地表达了日本自1990年以来长期受通缩影响，经济增长近乎停滞的局面。为扭转经济衰退、刺激通胀，日本央行强化了货币宽松的力度，于2013年4月推出大规模QQE，成为投资市场的焦点之一。2014年10月底，日本央行量化宽松继续加码，将每年基础货币扩容规模由之前定的60万亿~70万亿日元扩大至80万亿日元，以提振消费税增加后萎靡的国内经济，并将每年国债购买规模增加30万亿日元，延长国债持有时间至7~10年，大幅扩大ETF投资组合和REIT的购买量。日本央行称QQE将持续实行直至通胀保持在2%，其规模的意外扩大超出市场预期。

（4）新兴经济体货币政策陷入两难。对于新兴经济体而言，在分化复杂的格局中，新兴经济体货币政策的分化也是重要组成部分。俄罗斯3月初、7月底和10月底3次加息，将基准利率由5.5%大幅提高至9.5%。延续2013年的加息节奏，巴西央行2014年多次加息，本月初将利率上调至11.75%。而为提振经济，智利多次下调利率，9月降至3.25%。中国自11月22日起下调金融机构人民币贷款利率和存款基准利率。2015年对于新兴经济体而言，发达经济体货币政策分化带来的不确定性对其构成挑战，将在一定程度上影响其货币政策的独立性。刺激经济增长和稳定资本流动的两难处境将使得未来新兴市场的货币政策陷入两难。

（二）全球主要金融市场在持续分化中动荡加剧

从历史上看，发达国家，特别是美国货币政策的调整往往伴随着严重的外溢效应，通过国际资本流动、汇率变化、融资成本结构变化等渠道传导至各个金融市场。

（1）全球外汇市场非美元货币兑美元加速贬值

美元兑一篮子主要货币2014年实现月13%的涨幅，年度表现为1997年来最为强劲的。广义美元指数从2014年初的101点上涨到111点，涨幅达10%。

2014年美元兑美元指数篮子中的其他货币（欧元、日元、英镑、加元、瑞典克朗及瑞郎）全部升值。未来几年在多数发达国家增长、通胀预期向下的背景下，美国利率的上升与全球投资回报率普遍降低将形成更广泛意义上的分化条件，而美国资本吸引力的上升将推动美元继续走强（见图2）。

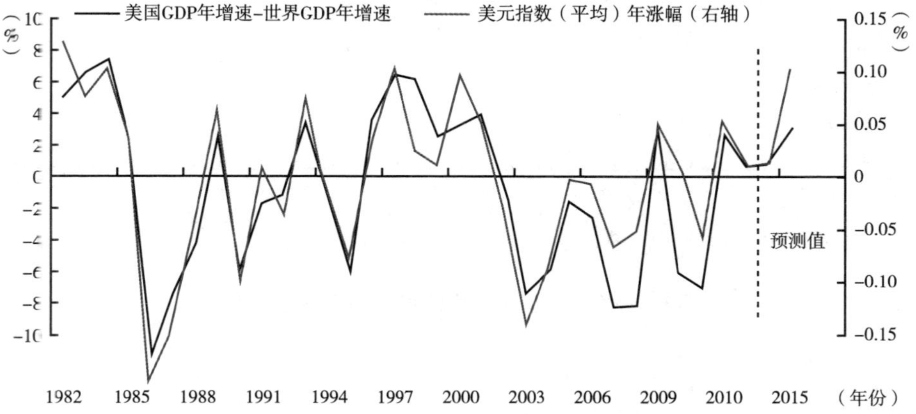

图2　美国复苏节奏快于其他国家将助推美元走强

资料来源：CEIC。

而欧元在欧洲外部账户延续不平衡，以及欧洲央行实施包括两次降息、进行LTRO等量化宽松政策的推动下，欧元兑美元出现大幅贬值，贬值幅度高达13%，2015年欧元仍有继续贬值的空间。欧元区经常账户的盈余已越发难以平衡金融账户赤字。虽然欧元区拥有占GDP 2.4%的经常项目盈余，但持续恶化的金融账户赤字抵消了经常账户盈余对欧元区产生的国际收支净流入，使得国际收支整体未能对欧元形成支持。预期2015年欧元区国际收支形成总体净流出的格局，推动欧元贬值。

近期，瑞士央行放弃欧元兑瑞郎汇率下限1.20，并宣布将3个月期Libor目标区间下调到-1.25%至-0.25%；将活期存款利率降至-0.75%，以对冲放弃下限导致瑞郎的剧烈升值。消息一出，全球外汇市场和股市均出现剧烈波动，欧元兑瑞郎暴跌30%，并跌至11年来的低位。瑞郎放弃与欧元绑定，从表面上看反映了全球各央行之间缺乏协调，央行之间需要协调，这也反映出美联储政策如何影响欧洲央行政策，进而再影响瑞士央行。而从深层次来讲，更是全球货币政策走向分水岭。全球货币政策大分化、美元步入升值周期的大背景下，许多国家，特别是新兴经济体国家不得不面对“不可能三角悖论”（货币政策独立性、汇率稳

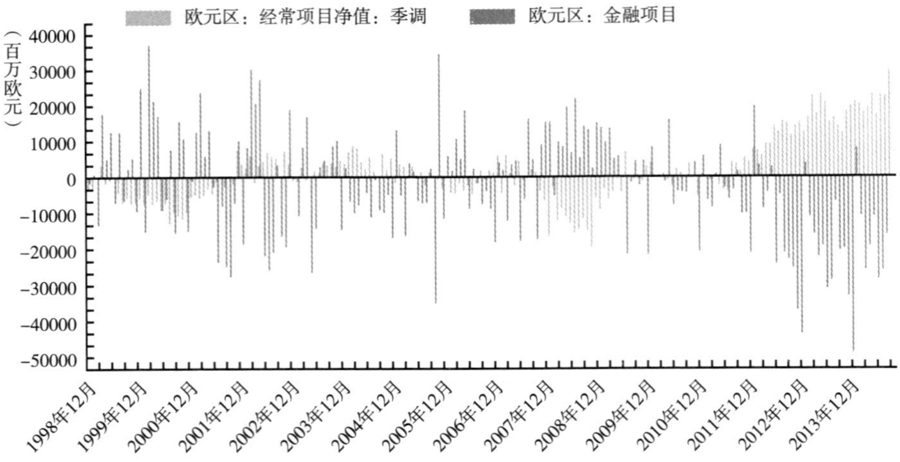

图3　经常账户盈余越发难以平衡金融账户赤字

资料来源：ECB。

定和资本流动不可能同时兼顾），以及政策操作空间明显收窄的典型代表。

日元近两年一直延续贬值趋势。从“安倍经济学”2012年10月开始主导日元走势以来，日元兑美元已经贬值了33%。展望2015年，扩容的QQE与显著调高的GPIF外国资产仓位都对日元汇率产生贬值压力。考虑到10月安倍政府有可能将消费税从8%增加到10%，同时会在加税之后考虑货币政策方面的对冲措施，预计日元2015年将维持贬值态势，日元兑美元即期汇率可能会达到125左右。

新兴市场货币走势的核心逻辑是对美元贬值。过去三个月，衡量多个发展中国家货币兑美元汇率强弱程度的摩根大通新兴市场货币指数（JPMorgan EMCI）下滑8%，12月8日一度跌至2000年开始编制该指数以来的最低水平。美国《彭博商业周刊》追踪20种新兴市场关键汇率的指数当日也降至2003年4月以来的最低点，2014年累计下跌10.2%。受国际原油暴跌影响，俄罗斯卢布跌幅甚至达到两位数。与此同时，大宗商品的繁荣期正在退潮。从原油到工业金属，从农产品到铁矿石，大宗商品暴跌对依赖大宗商品出口的国家带来了致命的打击。最先受冲击的是阿根廷、巴西和墨西哥。2014年，巴西雷亚尔兑美元汇率下跌了10.75%，阿根廷比索累计下滑了23.77%。此外，墨西哥比索也已降至逾四年以来的最低水平，下跌幅度为11.71%。

就人民币汇率走势而言，2014年，人民币兑美元汇率全年贬值2.5%，特别是近一时期，离岸人民币、在岸人民币都贬值，但幅度低于其他货币兑美元的贬值幅度。因此，至 2014 年 11 月，人民币对一篮子货币的名义有效汇率实际上升值了 6.4%。展望后市，从基本面来讲，受“基本平衡”的结构性盈余和较快的“追赶型”生产力增长的影响，预计接下来几年人民币的实际汇率会保持对发达国家的货币的升值趋势。但由于亚洲的许多货币都被低估，人民币实际汇率的升值可能会因此受抑制。此外，2015 年净资本流出可能继续发生，但由于出口正常增长，进口疲软，而大宗商品价格下跌引起中国贸易条件改善，预计 2015 年中国经常账户盈余将上升至 3800 亿美金。因此，净资本流出不足以在长期范围内对人民币造成持久的贬值压力。

（2）杠杆周期分化必然导致全球主要债券市场分化

发达经济体债券市场分化扩大，美国二级市场令人深度担忧。2014 年，发达经济体债券市场整体呈现出三大特征：美债与欧债收益率下降；美欧分化趋势更为明显；二级市场令人深度担忧。由于美国长期通胀预期较低同时经济增长乏力，2014 年美国国债收益率下降，点差曲线趋于平缓，近期 10 年期美国通胀保值债券的收益率已经从 0.6% 降至 0.36%，处于较低水平。2014 年，美国二级债券市场流动性持续下降。金融危机以来，美国债券市场存量规模持续上升，从 2008 年的 32.7 万亿美元上升到目前的 38.2 万亿美元。而日均交易量则从 2007 年的 1 万亿美元下降至 6900 亿美元。低利率环境导致市场波动不足，加之严格的监管使得做市商风险偏好趋于保守，做市活动明显下降，2014 年美国企业债券市场中由做市商持有的债券规模从 2007 年的 2350 亿美元降至 600 亿美元。可见，美国二级债券市场流动性和深度远远低于危机前水平（见图 4）。

2014 年新兴经济体市场债券发行规模创历史纪录。2014 年，由于全球主要发达国家维持低利率水平，资产价格持续上升，同时市场波动水平较低，寻求高回报的资金需求刺激新兴经济体债券一级发行市场。2014 年，新兴经济体非金融企业债券发行量持续 2010 年以来的高速增长趋势，目前总规模达到 4.5 万亿美元。虽然仍远低于发达国家水平，但部分新兴国家企业债占 GDP 比重已接近 100%。展望 2015 年，发达国家货币政策变化将是新兴经济体债券市场的主要影响因子。随着美联储步入升息通道，全球资金环境将出现变化，部分新兴经济体企业因这几年的过度举债可能面临较大的偿还压力。此外，与发达国家的问题类似，新兴经济体二级债券市场的流动性不足可能导致的系统性风险值得关注。

摩根大通亚洲信贷指数（既包含高评级又包含高收益债券）所涵盖的债券总市值目前为 5000 亿美元是 2005 年的 3 倍。2014 年上半年，亚洲企业发债 960

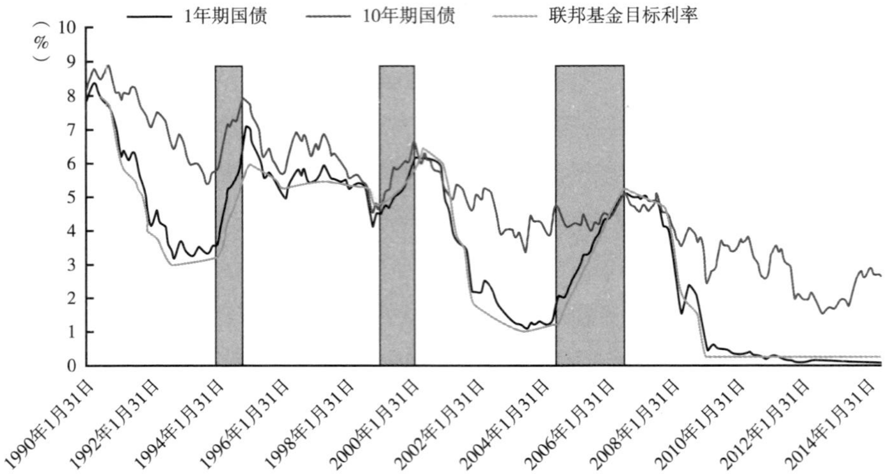

图4　三次加息周期中美国国债到期收益率表现

资料来源：Wind。

亿美元，而2013年全年发债1200亿美元。此外，根据数据提供商CreditSights的统计，自2008年以来，亚洲（排除日本）借款人发行的美元计价债券飙升。2014年前9个月，亚洲发行的美元债券已超过2013年全年发行量，创下历史最高纪录（见图5）。其中超过一半的债券（包括投资级和高收益率债券），是由

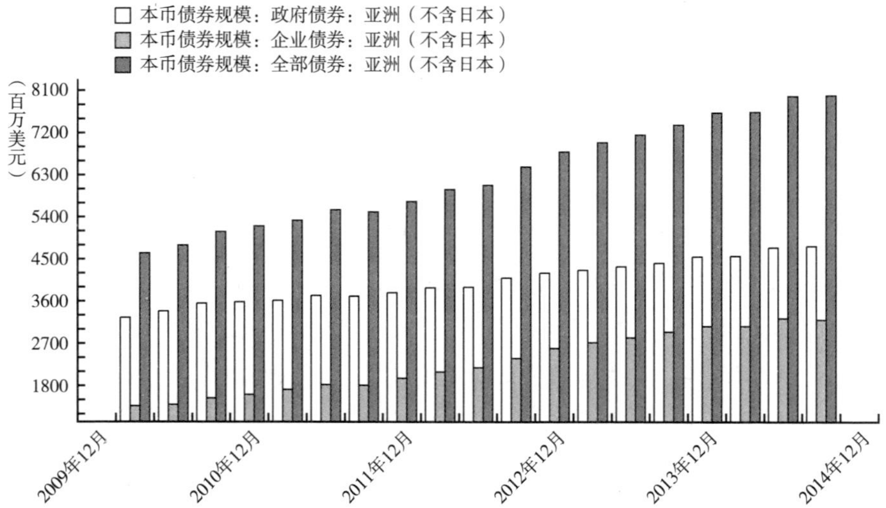

图5　亚洲债券规模统计与走势变化

资料来源：亚洲开发银行（ADB）。

中国内地、香港、澳门以及中国台湾的企业发行。韩国发债人提供了约 17% 的高评级债券，印度和印度尼西亚发行的垃圾债占比达到 11%。金融和房地产公司是最大的借债人。发达国家资产缺乏吸引力，是推升亚洲发债飙升的最主要原因。自金融危机以来，美国、欧洲和日本投资者通过投资共同基金和 ETF 基金，把大量资金注入新兴市场，并持有了大量债券和股票。

二　全球正在陷入普遍性通货紧缩的风险边缘

当前，包括欧元区、日本、中国等多个经济体在内的通货膨胀率持续下行，低通胀正在全球范围内蔓延，并可能进一步带来通缩风险，这背后的深层次因素到底是什么？会不会是全球经济的一种“新常态”？

根据国际货币基金组织（International Monetary Fund）的评估数据，在 1990～2013 年，全球通胀率平均为 11%，2014 年该数值预计为 3.9%，其中低通胀率的发达经济体，1990～2013 年年均通胀率为 2.3%，2014 年仅为 1.7%。2013 年 12 月，美国 CPI 环比下跌 0.4%，创下 2008 年底以来的最大跌幅；欧元区 12 月 CPI 5 年来首次转负，陷入技术性通缩。中国 CPI 和 PPI 分别为 1.44% 和 -2.77%，PPI 已连续 33 个月负增长，出现工业通缩的风险概率大大上升。目前来看，全球多家国际机构已发布警告信息。国际货币基金组织（IMF）更是在最新版的《全球经济展望》中将此视为全球经济复苏的最大威胁。

在全球总体流动性总体比较充裕、多国继续实施量化宽松政策的大背景下，全球通缩风险却持续增强，这背后既包括世界经济增长迟缓、总需求不足等原因，更凸显一些深层次的结构性因素：全球经济仍难以摆脱深度调整压力，全球已由国际金融危机前的快速发展期进入深度结构调整期。全球经济复苏步伐低于预期，产出缺口依然保持高位，一些国家仍然在消化包括高负债、高失业率在内的金融危机的后续影响。同时，由于劳动力人口老龄化、劳动生产率增长缓慢导致全球经济潜在增速下降和价格总水平下降。

（一）大宗商品繁荣周期趋于结束引发一系列价格危机

从价格传导链条看，2014 年以来，由于供过于求拖累价格，全球大宗商品价格下跌 5% 左右，这也是 2011 年大宗商品价格达到峰值后连续第三年出现下滑。特别是在全球能源供应过剩和“三国杀”式国际博弈中，国际油价更是油价自由落体式的下落，较 6 月高位跌幅 48%，创 5 年来的新低，而下跌势头 2015 年将延续（见图 6）。

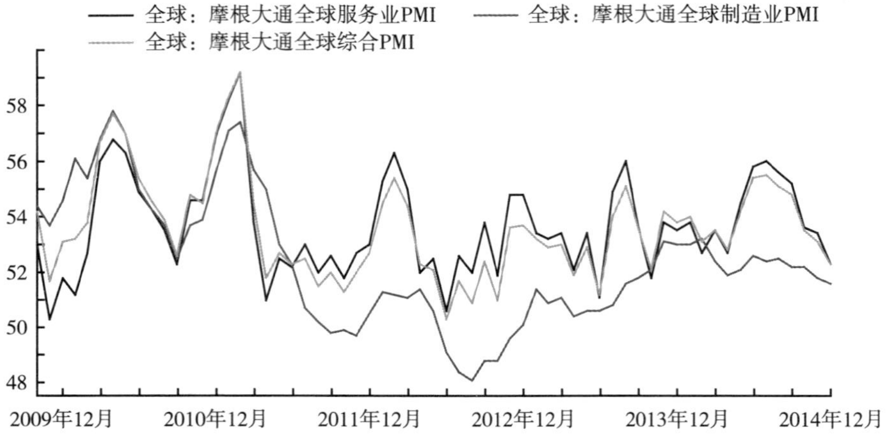

图 6　PMI 持续下滑使全球陷入通货紧缩边缘

资料来源：Wind。

（二）主要经济体陷入资产负债表衰退导致债务型通缩

危机之前，全球总需求扩张的动力很大程度上来自各经济体持续增加债务杠杆。当前，全球债务总负担（包括私人部门债务和公共部门债务）占国民收入的比例，从 2001 年的 160% 升至金融危机爆发后 2009 年的近 200%，到 2013 年更是达到 215%。各经济体不得不面临痛苦的去杠杆过程。从债务规模看，日本总杠杆率最高达到 515.8%、欧元区升至 350%、美国为 300%、新兴市经济体也达到 250%。

在这样的背景下，较高的债务水平根本无法维持，各国迫切要求债务清偿，这就是美国经济学家费雪提出的所谓的“债务－通缩”。“债务－通缩理论”揭示经济体在“过度负债”的负债条件下，遇到外部冲击后，债务与紧缩相互作用，产生导致经济循环下滑的机制。“去杠杆化”效应将使各部门的资产负债表进一步收缩，货币乘数大幅走低，货币流通速度下降，造成名义利率下降，但是通胀水平可能下降得更快。特别是 2008 年之后，由于美国的举债能力达到极限，因此其出清供给的能力也被耗尽。目前，过度供给无法通过不断升高的美国家庭债务出清，供给出清正通过价格降低来实现。

（三）全球需求结构变化导致供需出现缺口

2008年次贷危机、欧债危机以来，全球需求动能和格局发生了重大变化，增量需求从美欧主导开始转变。根据世界贸易组织的数据，2008～2012年，中国进口占全球进口总额的比例由6.9%升至9.5%。金融危机肆虐的三年间（2008～2010年），全球进口总体萎缩8.4%，中国逆势增长23.3%，成为全球需求的主要支撑者之一，然而随着近几年中国启动去杠杆化和去产能化进程，增量需求大大放缓，产出缺口开始加大，全球有限的市场资源成为各国的竞争焦点直接导致了全球价格总水平的下降。

（四）美元步入升值周期引发"输入型通缩"压力

美国货币政策回归正常的过程中，美元升值效应将通过"进口－购进价格－PPI－CPI"的渠道影响价格总水平，从而可能会加剧未来一段时间的通缩压力。而另外，美元升值将加剧新兴经济体的外债压力。国际清算银行（BIS）数据显示，美国以外地区以美元计价的非金融企业债务超过了9万亿美元。与通货膨胀相比，通货紧缩同样会给全球带来非常大的风险。

（五）全球主要经济体处于劳动人口周期变化的拐点

从长期因素来看，2008～2014年的这个时间周期叠加了美系国家（美、英、澳、加）和中国这两个全球最大经济体的劳动人口周期拐点。相关研究显示，以15～64岁劳动年龄人口比重来衡量，美系国家（美、英、澳、加）和中国在2006～2009年经历了劳动年龄人口周期峰值，欧元区国家（德、法、意等）和日本人口周期此前已于1988～1992年见顶，人口结构变化直接导致储蓄与消费结构变化，消费增长趋于停滞或放缓，这是导致供给失衡以及产能过剩，并进一步引发价格总水平下滑的重要因素。

综合以上分析，笔者认为，2015～2018年全球层面的通胀率仍将维持在低位，全球平均通胀率为3.0～3.5%，发达经济体因为需求不足而导致其主要通货膨胀率仍然低于2%的长期目标，其未来五年的通胀预期接近2%。

三　全球资本流动将呈现流出甚至逆转的趋势

统计数据证明，在发生危机时，国际流入新兴市场的资本会大量减少，本国资本的流出也显著下降，而危机的特征往往表现在外国资本流入的骤然减少。只有当这种资本流入的突然中止不能被本国资本流出的减少完全抵消时，外国资本的净流入才会减少。在过去 10 多年里，国际资本流动的一个显著特点是大量的资本从新兴市场流出。2000 ~2013 年，新兴市场国家的资本流出（也包括新兴市场国家向其他新兴市场国家的资本流出）累计达 13.4 万亿美元，其中向发达国家的资本净流出累计为 4 万亿美元左右。其中新兴市场资本流出总额中，股票和债券投资及其他金融资产等“私人”资本（含国有企业和主权财富基金在内）流出约占 2/3，其余为官方资本流出，也即外汇储备的积累。

鉴于美元在决定全球流动性方面的核心作用，一旦掌握全球货币“总阀门”的美联储结束资产购买计划之后，全球的货币基数将由停滞转为下降，势必导致全球总体“资金池”水位下降。全球经济和金融格局正在发生深刻的转变：一是全球资本流向新兴经济体资本的减少，甚至回流。国际金融协会（IIF）预计 2014 年从新兴市场流出的跨境资本将增至 1 万亿美元，并将 2014 年流入新兴市场的资本规模从 2014 年的 1.145 万亿美元下调至 1.112 万亿美元，为 2009 年以来的最低。而新兴组合基金研究全球公司（EPFR Global）统计显示，自 9 月中旬以来全球的投资者已经从新兴经济体的债券和股票基金市场撤出约 65 亿美元资金，而 2014 年以来从新兴市场流出的资金已达 131 亿美元。

二是石油美元缩水也对资本流动产生影响。事实上，过去 10 多年来，石油输出国和生产国的大量“石油美元”都流入全球特别是新兴市场当中，石油美元的流入为全球金融系统提供了流动性，刺激了资产价格上涨。数据显示，石油美元投资占新兴经济体 GDP 总和的 26%，相当于这些经济体发行外债规模的 21%。根据国际金融协会（Institute of International Finance）的报告，随着国际油价暴跌和石油美元的大幅缩水，预计新兴市场能源出口国 2014 年在全球市场的净撤资额将高达 80 亿美元，这是 18 年来首次净撤资。

三是新兴经济体流向美国等发达经济体的储蓄资金也将减少。如果我们把全球资金结构做个划分，可以用“核心 + 夹心 + 外围”来表示，核心是美国，夹心是日本、欧洲，外围是新兴经济体。过去，核心大量消费、外围大量制造、夹心扮演资金放贷角色。但未来这一切必将发生重大改变，美国正在改变消费驱动，而转向“实体再造”，全球资金正在回流美国，特别是随着各国启动经济再平衡战略将遏制全球储蓄增长，新兴经济体储蓄资金大规模流向美国等发达国家的速度也将有所放缓（见图 7）。

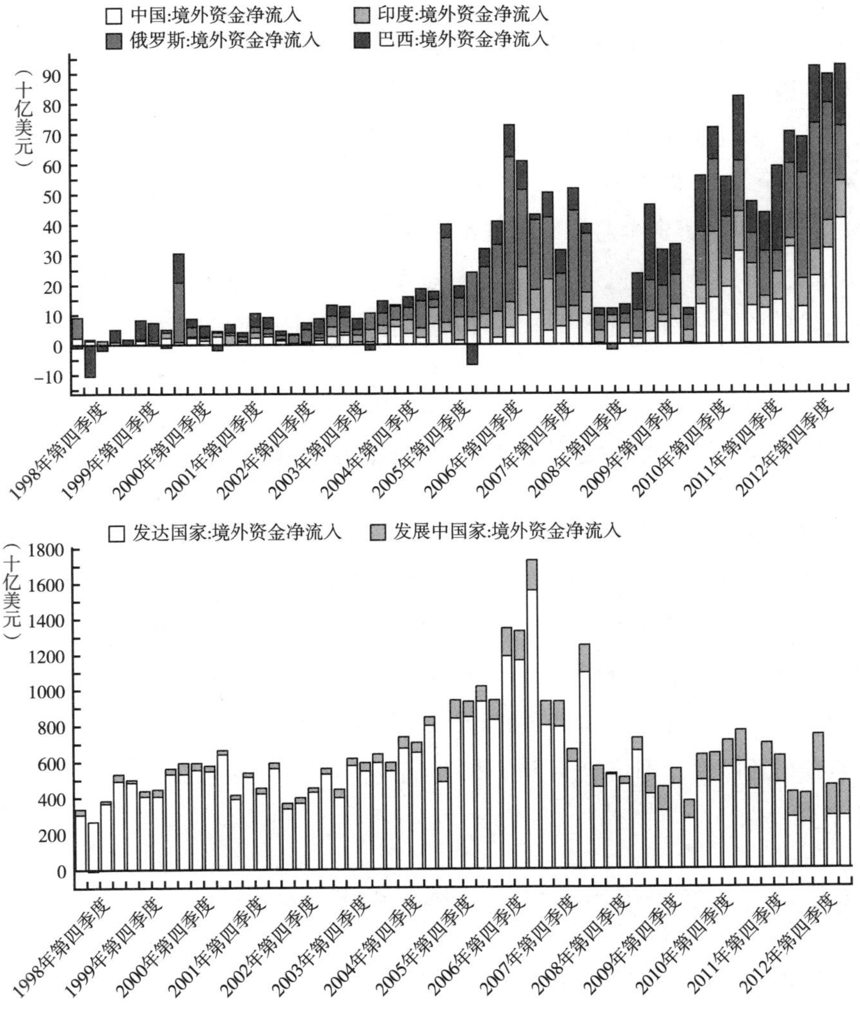

图7　新兴经济体跨境资本流动状况

资料来源：CEIC。

四　全球银行系统面临国际监管新规制及其带来的挑战

(一)《巴塞尔协议Ⅲ》对全球银行系统形成新挑战

《巴塞尔协议Ⅲ》引发国际金融监管准则的调整和重组，影响着银行的经营模式和发展战略。《巴塞尔协议Ⅲ》协议规定，全球各商业银行5年内必须将一级资本充足率的下限从现行要求的4%上调至6%，过渡期限为2013年升至4.5%、2014年为5.5%、2015年达6%。同时，协议将普通股最低要求从2%提升至4.5%，过渡期限为2013年升至3.5%、2014年升至4%、2015年升至4.5%。截至2019年1月1日，全球各商业银行必须将资本留存缓冲提高到2.5%。长期以来，资本监管一直是银行业监管框架的核心，但银行业忽视了对流动性的监管。金融危机过后，新监管框架同时强化了流动性和资本监管，但在加强监管的同时，新的资本要求对西方银行业尤其是对欧洲经济困难国家银行业带来巨大挑战。

（二）全球系统性银行资产、负债增速企稳回升

2008年全球金融危机后，美国、欧元区、日本等地区相继推出量化宽松政策，全球系统性银行资产规模增速出现了短暂扩张。为了符合巴塞尔Ⅲ新规，全球系统性大型银行需筹集数千亿美元的新资本。2011年末，全球系统性银行资产增速为6.33%，较2009年提高了12.88个百分点。2011年以来，全球系统性银行资产扩张速度有所放缓，但在2014上半年有所反弹。2014年第二季度，资产、负债增速同比分别增长1.58%和1.44%，较2013年底分别提高3.52个和3.62个百分点。

（三）全球影子银行系统规模膨胀引发金融风险

近几年，全球虚拟经济爆发式增长仍使得全球影子银行规模增长迅速。在20世纪80年代以前，储蓄类金融机构的信贷所占比重在40%以上，而80年代以后再下降到20%左右。20世纪80年代以来，美国信贷绝大部分来自非储蓄类金融机构，这些从事信贷业务的非储蓄类金融机构被称为“影子银行”。在巴塞尔金融稳定委员会（FSB）追踪的20个国家加上欧元区，2013年广义上的影子银行规模增加5万亿美元，超过75万亿美元。这相当于这些被追踪地区的国内生产总值（GDP）的120%，已接近2007年123.4%的高点（见图8）。金融稳定委员会的数据也显示，2013年影子银行占金融资产的比例为24.5%，为2007年以来的最高点。相比之下，传统银行占金融资产的比例从2008年逾49%的高点下滑到了45.6%。

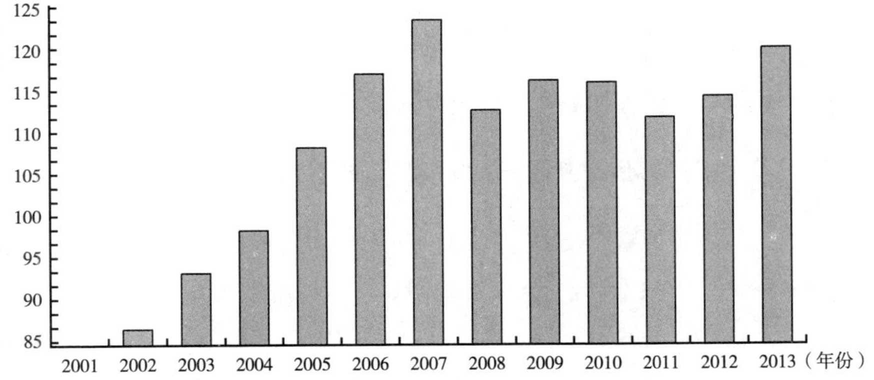

图 8　全球影子银行资产占 GDP 比重

资料来源：FSB。

五　美元升值周期加剧全球主权债务风险

20 世纪 70 年代牙买加体系建立以来，美元走势呈现五个阶段的贬值和升值周期。概括起来，表现出以下几个基本特点：第一，美元贬值和升值呈现明显的周期性特征，而且每个周期升值或贬值幅度都相当大；第二，美元汇率走势受美国债务规模和货币政策尤其是利率政策的影响较大；第三，美元汇率的重大调整往往与其他国家的债务危机或金融危机相生相伴。

（一）美元升值进一步加重全球债务负担

根据 IMF 预测，2014 年，发达经济体的总债务为 50.95 万亿美元，规模同比上升 2.32 万亿美元；发达经济体的负债率为 108.32%，同比上升 0.66 个百分点，债务风险依旧困扰着发达经济体。又有统计数据显示，全球债务总负担（包括私人部门债务和公共部门债务）占国民收入的比例从 2001 年的 160% 升至金融危机爆发后 2009 年的近 200%，到 2013 年更是达到 215%。当前，美元已经进入强势升值周期，将会使许多以美元计价的新兴经济体海外债务面临风险，并推升全球债务负担加重和融资成本上升。据 IMF 统计，在 2008 年金融危机后，新兴市场的非金融类企业的海外发债规模出现了飙升，其本质大多是新兴市场大企业利用离岸子公司通过在离岸市场所发行的债券、跨境外币贷款来进行资金套利交易。根据国际金融协会测算，2014 ~2018 年，所有新兴国家需要展期的新增企业债务将达到 1.68 万亿美元，其中约 30% 以美元计价。如果美元进入升值通道，新兴经济体债券展期成本将显著上升，债务风险将随之升温。

（二）全球三类新兴市场国家尾部风险更大

随着美国货币政策紧缩及美元升值，新兴市场出现了资本流出现象，并导致该市场 MSCI 指数下降，部分新兴市场货币贬值，波动性上升，三类国家更易受到冲击：一是杠杆率高的国家。短期外债率高的国家更为脆弱。为克服金融危机的外部冲击，新兴经济体大量举债，致使负债率不断上升，如印度、阿根廷。其中印度短期外债占全部外债的比例从 2009 年的 23% 上升至 2013 年的 30%，超过 25% 的国际警戒线。

二是“双赤字”国家。对于新兴市场而言，经常账户是一个经济体内外部平衡的联结点，经常账户盈余意味着其债务累计速度更慢，经济体竞争能力更强。反之，经常账户恶化的经济体意味着其债务累计程度更高，面对外部冲击时爆发危机的概率更大。2014 年以来，新兴市场代替了欧洲边缘国家而吸收了国际经济的不平衡，从而成为经常账户赤字的主要承担国，尤其是印度、印度尼西亚、巴西、土耳其和南非，这些国家经济减速最为严重，并且同时拥有庞大规模的经常账户赤字和财政赤字。

三是资源型出口国家。美联储 QE3 退出后，美元进入周期性上升通道，带来大宗商品价格下跌，南非、巴西、印度尼西亚等资源生产国的经济将面临一次大调整。这些国家经常项目顺差减少甚至出现逆差后，不得不靠资本项目净流入维持资金周转，这将进一步加重偿债压力，导致经济脆弱性大幅上升。

表 1　新兴市场对外负债集中在拉美及中东欧

单位：万亿美元

国际头寸表	总资产	总负债	净资产
美国	23.7	29.0	-5.3
欧盟	26.5	28.0	-1.5
中欧及东欧	1.0	2.2	-1.2
拉美	3.9	5.6	-1.7
日本	8.0	4.5	3.5
亚洲新兴市场	7.9	6.8	1.1
其中:中国	6.0	4.0	2.0

资料来源：CEIC。

六　金融制裁升级成为全球金融博弈新手段

随着金融逐步成为国家经济的中枢神经，国际金融关系日益成为国际关系的重要内容。基于国家安全而开展的国际金融活动已经成为影响国际关系的重要因素，近些年来作为全球金融中枢的美国的金融制裁花样翻新。2014 年以来，美国彼德森国际经济研究所发表了一系列文章，如以该所荣誉所长伯格斯滕为首的几位学者指责中国等国家操纵汇率，更提出应该通过改革国际货币和贸易规则，加大对货币操纵国家的制裁力度，以扭转美元所谓的“劣势”。再如，在美国和俄罗斯的较量之中，俄罗斯的国家石油公司和天然气公司也被列为制裁对象，上了黑名单的人在美资产都被冻结，美国人或在美国境内的人和机构都不能和受制裁者进行金融交易。如果美国对俄罗斯的金融制裁进一步扩大，与俄罗斯的重要领域，包括金融服务、能源、金属与矿产、工程及国防领域有相关贸易往来的第三国公司将有可能受到美国的金融制裁。

归根结底，金融制裁的最终目的都在于限制被制裁方的资金融通活动，从而最终迫使被制裁方停止相关行为，最终接受制裁条件。金融制裁的主要实施手段包括，冻结或冻结并没收资产；冻结或取消国家间或国际机构的融资；切断美元获取能力和使用美元渠道；禁止全球金融机构与被制裁对象交易；以及制裁对方银行体系等。正是由于国际货币体系从商品货币向信用货币、法定货币的变化，为国际货币体系的中心国家赋予了更强、更方便实施的金融制裁措施和手段，美国凭借国际金融体系中心地位获得实施金融制裁的不对等权力。

从当前全球，特别是美国金融制裁的发展趋势看，主要凸显以下特点：首先，除美国之外，其他国家无法发动金融制裁。比如，欧盟对利比亚的金融制裁得到了美国的支持，像英国、加拿大、新西兰、日本等主要国家都曾配合美国发起过金融制裁。其次，金融制裁的实施只有在美国的配合下才能奏效。因为，美国控制着全球货币结算网络和全球最主要的支付货币系统。如果没有美元金融网络的支持，任何金融制裁都收效甚微。最后，金融制裁具有强烈单边主义色彩。美国在全球货币金融经济体系的中心地位，赋予美国超过其他任何一国的雄厚金融实力，也让美国在发起金融制裁时逐渐具备了强烈的单边主义倾向。

七　金融区域主义正在改变全球金融结构

事实上，在全球经济、全球贸易出现区域化联盟之后，金融和货币领域也出现以“货币互换网络”为代表的区域化联盟新趋势。近年来，全球掀起了货币互换的热潮，特别是美国次贷危机引发的全球金融危机波及越来越多的国家和地区的时候，各国中央银行之间的货币互换协议签署更加频繁，这种以货币互换网络为基础的金融结构正成为一种新趋势。

（一）以美国为主导的全球货币网络正在形成

货币互换工具是央行之间进行国际金融合作并管理流动性问题的重要工具。美国次贷危机爆发以来，西方各国陷入了流动性短缺之中，许多国家对美元的流动性需求逐步加大，因此加大了双边货币互换的力度，以相互提供流动性支援度过危机。2011 年 11 月 30 日，美联储曾与欧洲央行、加拿大央行、英国央行、瑞士央行和日本央行搭建“临时美元流动互换机制”，以此来为市场注入美元流动性，维护了美元资产的信心。而 2013 年 10 月 31 日，美联储、欧洲央行、英国央行、日本央行、加拿大央行和瑞士央行再次启动美元互换机制，但是这次与以往不同的是，全球六家主要央行把现有的临时双边流动性互换协议转换成长期货币互换协议。在得到进一步通知之前，上述互换协议将持续有效，将充当稳定流动性的角色。根据美联储的公告，这些互换协议在六国央行间建立起了“双边货币互换网络”，一旦签订双边互换协议的两家央行认为当前市场状况可以保证互换发生，那么有流动性需求的央行就可以按照协议规定获得来自其他五家央行的五种货币流动性。

根据该协议，美联储在事实上成为欧、日、英、加、瑞央行的最后贷款人。2008 年国际金融危机时期，正是美联储通过临时货币互换机制，为欧洲央行、日本央行等提供了接近 6000 亿美元的国际流动性，才避免了美元短缺所加剧的全球危机。随着美联储在未来中期逐步退出宽松货币政策，全球正面临新一轮的美元回流，2014 年以来印度、印度尼西亚等新兴市场的资本外流，已经凸显了美元国际流动性的稀缺。目前，美联储货币互换网络是主要货币发行国抱团取暖，共同对抗 QE 退出风险的一种制度安排。而美联储等 6 家央行的货币互换协议，构建了美元最后贷款人的垄断机制，以美元为中心的货币互换机制长期化，很可能意味着，美国正在重新构建一个应对新兴经济体货币崛起的新货币联盟。

未来几年，一个以美联储为中心、主要发达经济体央行参与的排他性超级国际储备货币供求网络已经形成。

（二）双边货币互换推动人民币国际化进程加快

2014 年人民币国际化步伐大大加快，其中一大亮点是人民币离岸市场的迅速发展（见图 9）。2014 年，中国已经与欧洲的英国、德国、卢森堡、法国分别签署了人民币清算协议，英国、德国和法国还分别获得 800 亿元人民币合格境外投资者（RQFII）的额度。再加上近期与瑞士银行签署人民币清单协议，由此，欧洲已经形成伦敦、法兰克福、巴黎、卢森堡、瑞士“五足鼎立”的人民币离岸中心格局。在亚洲，香港和新加坡是人民币前两大离岸中心，而韩国也有意争夺人民币离岸中心的亚洲主导权。2014 年以来，韩国离岸人民币市场建设可谓“四箭齐发”：一次性达成人民币清算行、RQFII 试点、人民币投资产品发行并探索人民币对韩元的直接交易。2014 年以来，中国央行分别与新西兰央行、蒙古央行、阿根廷央行、瑞士央行、斯里兰卡央行、韩国央行、俄罗斯央行以及泰国央行签署货币互换协议，规模共计 8500 亿元人民币。自 2008 年以来，中国央行已经与 28 个国家签署货币互换协议，累计金额超过 3 万亿元人民币。货币互换协议的签署，为打造覆盖全球的人民币离岸市场铺平道路。

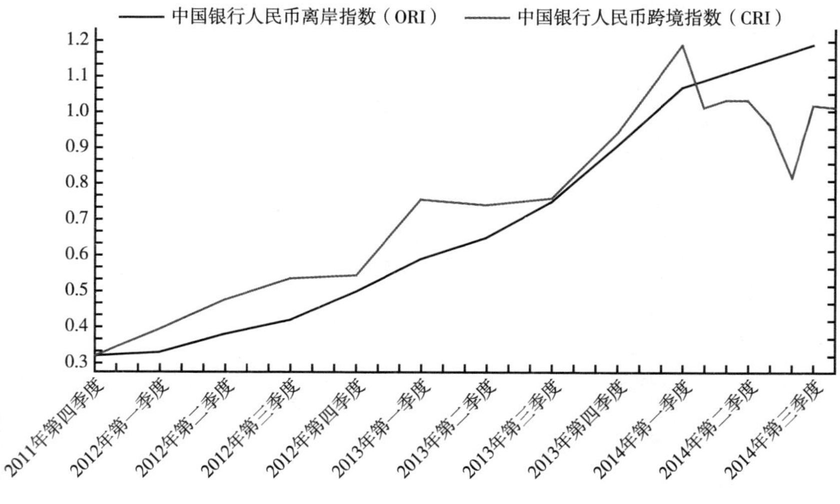

图 9　2008 年以来人民币国际化进程大大加快

资料来源：中国人民银行。

而2014年人民币国际化发展的另一大亮点是人民币投资产品日趋丰富。2014年以来，离岸人民币债券在全球遍地开花，这些债券在各自的地区有极具特色的名字：香港的点心债、台湾的宝岛债、法兰克福的歌德债等。数据显示，2014年前三季度离岸人民币债券发行总额为271亿美元，已经超过了2013年全年的发行总额。惠誉预计2014年四季度离岸人民币债券发行规模将达150亿美元，创历史新高。全年离岸人民币债券发行量将达420亿美元，将比2013年翻一番。此外，除了离岸人民币债券，新加坡交易所（新交所）自2014年10月20日起正式推出美元/离岸人民币期货和人民币/美元期货合约。上市首日交易活跃，交易量突破10亿元人民币。2014年10月14日，人民币国际化更是迎来里程碑式的事件。当天，英国政府成功发行首只人民币主权债券，规模为30亿元人民币，期限为三年。这是首只由西方国家发行的人民币主权债券，也是全球非中国发行的最大一笔人民币债券。

未来从推动人民币国际化的战略目标角度看，应该积极构建人民币互换基金池，这样可以有效地防范风险。在人民币“一对多”的互换、清算系统中，筹建互换资金池，可以极大地扩大这个系统，从而推进清算功能的发展。具体而言，可以仿照国际清算银行，按照年度实行双边差额互换以及余额结算，既包括一个经常账目系统，也包括逐步建立一个资本账目系统，在直接的双边结算融资中，鼓励围绕以人民币国际化为中心，实行间接的双边互换，以逐步摆脱“美元陷阱”。

（撰稿人：中国国际经济交流中心副研究员，博士后张茉楠）

2014年全球外国直接投资分析与展望

2014年，美联储退出量化宽松（QE）政策，加剧了全球金融市场波动，投机活动十分猖獗，但是全球外国直接投资（FDI）保持平稳增长势头。联合国贸易和发展会议（UNCTAD）《2014全球投资报告》显示，2013年全球FDI扭转了2012年的下降趋势，FDI流量增长9.2%，达到1.45万亿美元；预计2014年全球FDI流量可能升至1.6万亿美元，2015年为1.7万亿美元，2016年进一步增加到1.8万亿美元。这些增长主要来自发达国家。随着美国QE政策退出，国际资本回流美国，一些新兴经济体的金融脆弱性和区域经济发展不稳定性带来的风险，可能会对这一增长势头产生某些不利影响。即便如此，未来三年全球FDI规模仍将有所增长。

一　近年来全球外国直接投资的特点

总体而言，近年来全球FDI流动呈现出以下几个突出特点。

第一，全球FDI流量总体平稳回升，与全球经济复苏保持基本同步。UNCTAD报告显示，2013年全球FDI出现温和回升，2014年继续保持回升趋势。2013年全球FDI流入量回升9.2%，至1.45万亿美元；全球对外直接投资（ODI）流出量回升4.8%，至1.41万亿美元。2014年全球FDI流入量继续上涨，预计大约为1.6万亿美元。这种回升趋势与全球国内生产总值（GDP）、国际贸易和就业增长等关键经济指标基本一致。1999年以来全球FDI流动情况如图1所示，最近三年的情况如表1所示。

根据经济合作与发展组织（OECD）的统计数据，2014年第一季度全球FDI流入量延续了2013年第四季度的惯性下跌趋势，跌至近2000亿美元；2014年第

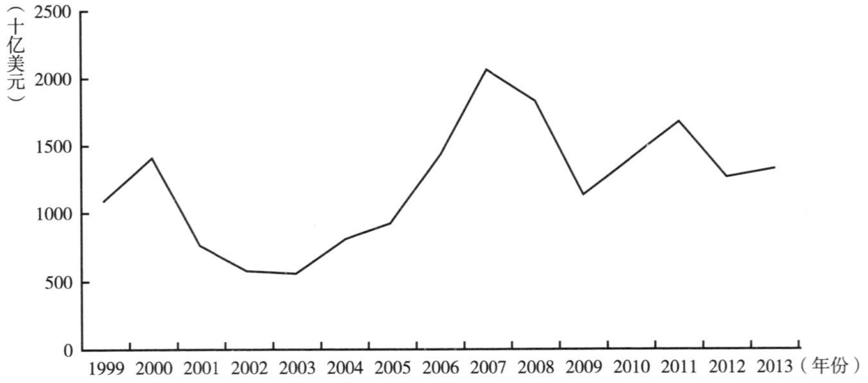

图 1　1999 年以来全球 FDI 流入量

资料来源：OECD 和 IMF。

表 1　近年来全球 FDI 流入和流出情况

单位：十亿美元

地　区	FDI 流入			ODI 流出		
	2011 年	2012 年	2013 年	2011 年	2012 年	2013 年
全球	1700	1330	1452	1712	1347	1411
发达经济体	880	517	566	1216	853	857
欧盟	490	216	246	585	238	250
北美	263	204	250	439	422	381
发展中国家	725	729	778	423	440	454
非洲	48	55	57	7	12	12
亚洲	431	415	426	304	302	326
东南亚	333	334	347	270	274	293
南亚	44	32	36	13	9	2
西亚	53	48	44	22	19	31
拉美和加勒比地区	244	256	292	111	124	115
大洋洲	2	3	3	1	2	1
转轨经济体	95	84	108	73	54	99
弱小经济体	58	58	57	12	10	9

资料来源：UNCTAD。

二季度，全球 FDI 流入量出现反弹，反弹至 3250 亿美元。2014 年第一季度全球 FDI 流入量急剧减少的主要原因是，当时国际市场上盛传美国电信运营商 Verizon 和英国电信运营商沃达丰（Vodafone）之间即将达成一项高达 1300 亿美元的股权收购交易，导致流出英国和流入美国的直接投资急剧减少，引起了全球 FDI 流量出现短期波动。2013 年以来全球 FDI 流入情况如图 2 所示。

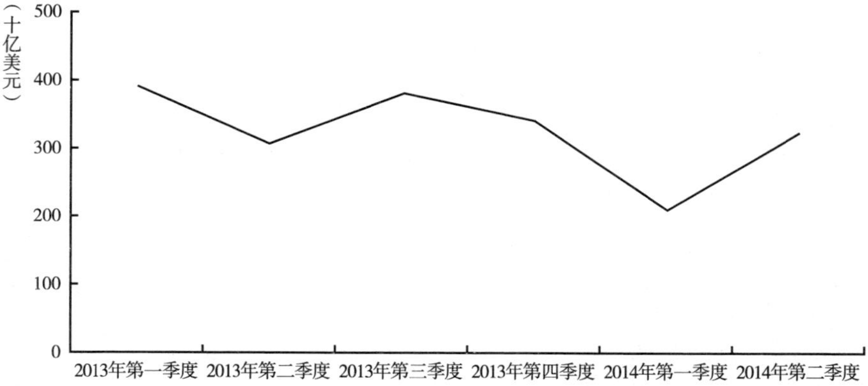

图 2　2013 年以来全球 FDI 流入量

资料来源：OECD 和 IMF。

第二，流入发展中国家的 FDI 规模大于流入发达国家的规模，特别是流入亚太地区、新兴经济体和发展中国家的份额上升。2013 年流向发达国家的 FDI 同比增长 9%，达到 5660 亿美元，占全球 FDI 总流量的 39%；流向发展中国家的 FDI 再创历史新高，达到 7780 亿美元，占到 FDI 总流量的 54%。二十国集团（G20）FDI 流入从金融危机前三年的平均值 8780 亿美元下降到 2013 年的 7910 亿美元，占全球市场份额从 59% 下降到 2013 年的 54%。尽管美国和欧盟正在积极推进跨大西洋贸易和投资伙伴协定（TTIP）谈判，但该地区 FDI 流入规模仍然从金融危机前三年的平均值 8380 亿美元下降到 2013 年的 4340 亿美元，占全球份额从 56% 下降到 2013 年的 30%。欧美国家份额急剧下降是 G20 国家 FDI 份额减少的主要原因。

亚太经合组织（APEC）成员国 FDI 流入量从金融危机前三年的平均值 5600 亿美元上升到 2013 年的 7890 亿美元，在全球市场份额也从 37% 上升到了 2013 年的 54%。美国与部分太平洋地区国家正在积极推进跨太平洋伙伴关系协定（TPP）谈判，该地区 FDI 流入量从金融危机前三年的平均值 3630 亿美元增加到 2013 年的 4580 亿美元，在全球市场份额从 24% 上升到 2013 年的 32%。东盟与 6 个亚太国家正在进行地区全面经济伙伴协定（RCEP）谈判，该地区 FDI 流入量从金融危机前三年的平均值 1950 亿美元上升到 2013 年的 3430 亿美元，占全球市场份额从 13% 上升到 2013 年的 24%。东盟十国（ASEAM）FDI 流入量从金融危机前三年的平均值 650 亿美元上升到 2013 年的 1250 亿美元，占全球的市场份额从4%上升到2013年的9%。

金砖国家（BRICs）FDI流入量增长迅速，从金融危机前三年的平均值1570亿美元上升到2013年的3040亿美元，占全球的市场份额从11%上升到2013年的21%。南方共同市场（MERCOSUR）的FDI流入量从金融危机前三年的平均值310亿美元上升到2013年的850亿美元，占全球的市场份额从2%上升到2013年的6%。此外，有1080亿美元的直接投资流向了转型经济体。在FDI流入量全球前20位的排名中，发展中和转型经济体占到了一半。流入亚洲发展中国家的FDI保持全球第一，远远超出传统的全球第一大FDI流入地欧盟水平。流入其他主要发展中地区的FDI都出现增长。非洲增长4%，拉美和加勒比地区增长6%（不含该地区离岸金融中心）。从发展中国家ODI流出量也达到了历史最高水平。来自发展中国家的企业越来越多地收购发达国家设在发展中国家的子公司。发展中国家和转型经济体ODI达5530亿美元，占全球ODI流出量的39%，这一比例在21世纪初只有12%。

第三，全球FDI排名保持相对稳定。根据OECD统计，2014年上半年全球FDI流入量最多的五个国家分别是美国、中国、英国、巴西和加拿大，排名前五位的ODI输出国家分别是美国、德国、日本、瑞士和中国。UNCTAD报告显示，2013年美国继续保持全球FDI流入第一位，达1880亿美元；中国第二，FDI流入1240亿美元；俄罗斯第三，FDI流入790亿美元；中国香港第四，FDI流入770亿美元；巴西第五，FDI流入640亿美元；新加坡第六，FDI流入640亿美元；加拿大第七，FDI流入620亿美元；澳大利亚第八，FDI流入500亿美元；西班牙第九，FDI流入390亿美元；墨西哥第十，FDI流入380亿美元。其中，FDI流入增长较快的国家是俄罗斯、加拿大和墨西哥等。全球ODI流出最多的前十个国家依次是：美国3380亿美元，日本1360亿美元，中国1010亿美元，俄罗斯950亿美元，中国香港920亿美元，瑞士600亿美元，德国580亿美元，加拿大430亿美元，荷兰370亿美元，瑞典330亿美元。其中，德国和英国海外投资萎缩较多，中国和俄罗斯保持了较快增长势头。

第四，国有背景下跨国公司增长较快。根据UNCTAD估计，截至2014年初，全球至少有550个国有跨国公司、15000多个海外分公司，海外资产超过2万亿美元。2013年，国有跨国公司ODI流出超过了1600亿美元，占全球ODI流量的11%以上。发展中和转型期经济体的跨国公司海外业务扩张快于发达国家的。发达国家和发展中国家都有国有跨国公司，有的国有跨国公司还在全球名列前茅。一些欧洲国家，如丹麦、法国、德国，以及金砖国家，都有重要影响的国有跨国公司。国有跨国公司通常投资于资本密集型行业，追求行业垄断地位，涉及能源资源、基础设施、公用事业和金融服务等领域。2008 年金融危机之后，国有跨国公司对外投资逐年下降，2013 年开始出现反转，主要归功于中国和俄罗斯等国家加大了国有企业在海外的投资。

第五，主权财富基金（SWFs）继续快速增长，私募股权投资（PE）蓄势待发。截至 2014 年初，全球共有 70 多个国家拥有 SWFs，资金规模高达 6.4 万亿美元。但是，2013 年全球 SWFs 的 FDI 流出量只有 67 亿美元，累计 FDI 存量为 1300 亿美元，大约只有 SWFs 管理总资产规模的 2%，而且绝大多数投资在金融、房地产、建筑、公用事业和基础设施领域。到 2014 年初，全球 SWFs 在房地产领域投资约 1 万亿美元，相当于 2008 年金融危机前的投资水平。从地域分布看，SWFs 将 70% 以上的 FDI 投向了发达经济体。与此同时，2013 年全球 PE 公司资本规模也上升至创纪录水平，达到 1.07 万亿美元；PE 投资占跨境并购总额的 21%，与 2007 年高峰时相比降低 10 个百分点。大多数 PE 收购仍集中在欧洲和美国，但是近年来很多发展中国家 PE 投资发展非常快，它们不仅在本土投资，也积极参与成熟市场的投资。

总体而言，全球 FDI 对可持续发展目标仍然关注不够。联合国可持续发展目标旨在推动全世界采取行动，2015 ~ 2030 年，在减贫、粮食安全、人类健康和教育、缓解气候变化以及经济、社会和环境等方面制订并实现一系列具体目标，需要增加巨大的资本投入。就发展中国家而言，每年投资需求将在 3.3 万亿到 4.5 万亿美元之间。按照现有投资水平，发展中国家面临每年 2.5 万亿美元的资金缺口。公共资金不能满足可持续发展目标的全部需求，必须鼓励私营部门积极参与。目前，全球银行、养老基金、保险公司和跨国公司等私营部门参与可持续发展目标的投资水平较低，在发展中国家特别是最贫穷国家，其参与水平更低。因此，UNCTAD 建议最不发达国家私营投资增长率从每年的 8% 增加到 15%，并采取一整套有针对性的行动，推动私营部门积极参与可持续发展目标的投资。

二　主要国家和地区 FDI 形势分析

（一）美国

2014 年，美国经济恢复强劲增长，美联储 QE 政策逐渐退出对直接投资产生了深刻影响。根据 OECD 统计，2014 年第一季度，美国 ODI 流出规模为 1430 亿美元，比 2013 年下半年的 1570 亿美元稍有下降，但是与 2013 年上半年的 1930 亿美元相比下降较为显著。2014 年第二季度，受英美两大电讯运营商收购事件影响，美国 FDI 流入量为负值，第二季度美国 FDI 流入量恢复到 640 亿美元，而 2013 年第三、第四季度分别为 570 亿美元和 720 亿美元。2013 年，北美自贸协定（NAFTA）三个国家 FDI 流入量达 2880 亿美元，占总流量的 20%，恢复到了 2008 年金融危机之前三年的平均水平。美国 FDI 净流入与投资收益流入情况如图 3 所示。

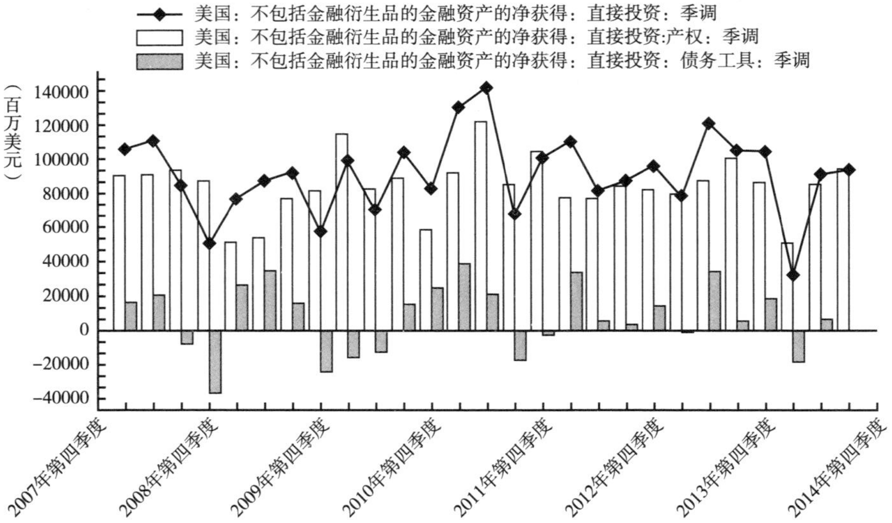

图 3　美国 FDI 净流入与投资收益流入

资料来源：Wind 资讯。

根据 Wind 数据，2014 年前三季度，美国直接投资净流入分别为：315. 64 美元、911. 37 美元、937. 27 美元，累计净流入 2164. 28 亿美元，虽然与 2013 年相比同比下降 28. 79%，但资本回流绝对金额仍然很大。其中，股本资本累计净流入 2287. 24 亿美元，同比下降 14. 02%；债务资本累计净流出 122. 97 亿美元，2013 年同期为净流入 379. 27 亿美元。与此同时，2014 年前三季度在美国直接投资收益净流入量分别为：732. 11 亿美元、731. 80 亿美元和 778. 96 亿美元，累计投资收益净流入 2242. 87 亿美元，同比上升 4. 72%。值得一提的是，美国是全球最大的对外净债务国。截至 2013 年底，美国以市价计算的 FDI 流入存量达 6. 35

万亿美元，以市价计算的 ODI 流出存量为 4.94 万亿美元，表现出 1.41 万亿美元的对外净负债。但是，在 FDI 净流入下降的情况下，从海外回流美国国内投资收益反而增加，表明美国具有强大的海外投资能力（见图 1）。

（二）欧洲

根据 OECD 统计，2014 年上半年欧盟直接投资流入增加，流出减少。2014 年第一、二季度，欧盟 ODI 流出仅有 60 亿美元和 200 亿美元，而 2013 年第三和第四季度欧盟 ODI 为 920 亿美元。与此相反，2014 年上半年欧盟 FDI 流入高达 1520 亿美元，而 2013 年上半年和下半年分别流入 1140 亿美元和 950 亿美元。Wind 数据显示，截至 2014 年 9 月，欧元区 FDI 存量资产为 5.60 万亿欧元，ODI 为 7.64 万亿欧元，即拥有 2.04 万亿欧元的对外投资净债权。2014 年 1～11 月，欧元区 FDI 流入累计 149.92 亿欧元，相比 2013 年前 11 个月 FDI 流入累计 4829.23 亿欧元，表现为明显的萎缩倾向，原因是上半年 FDI 从欧元区撤出 226.64 亿欧元。1～11 月，欧元区 ODI 流出累计 896.94 亿欧元，相比 2013 年 1～11 月 ODI 流出累计 4935.69 亿欧元，规模下降惊人，原因是上半年欧元区 ODI 从海外撤回 25.29 亿欧元，出现明显萎缩。2014 年下半年欧元区直接投资出现反弹，7～11 月，欧元区 ODI 流出高达 922.23 亿欧元，FDI 流入也达到 374.56 亿欧元。

但是，欧元区主要核心国家表现差异较大。2013 年第二季度至 2014 年第一季度，德国 ODI 流出累计 452.21 亿欧元，同期 FDI 流入累计 131.28 亿欧元，直接投资净流出 320.93 亿欧元，表现为很强的对外投资能力，但是资本净流出同比下降了 21.49%。2013 年第二季度至 2014 年第一季度，法国 ODI 流出增加 56 亿欧元，FDI 流入增加 113.94 亿欧元，直接投资净流入 57.94 亿欧元，而 2012 年第二季度至 2013 年第二季度为净流出 160.72 亿欧元。2013 年第二季度至 2014 年第一季度，荷兰 ODI 流出增加 381.09 亿欧元，FDI 流入增加 282.93 亿欧元，直接投资净流出 98.16 亿欧元，投资净流出同比增长 98.18%。2014 年前三季度，英国直接投资净流入累计 710.83 亿英镑，同比上升 35.08%。欧元区 FDI 流入和 ODI 流出情况如图 4 情况。

从 2014 年“欧猪五国”（PIIGS）经济表现来看，欧债危机最困难时刻似乎已经过去，各国经济运行都已逐渐恢复了正常，直接投资活动也恢复正常。2013 年第二季度至 2014 年第一季度，葡萄牙 FDI 流入累计增加 25.95 亿欧元，ODI

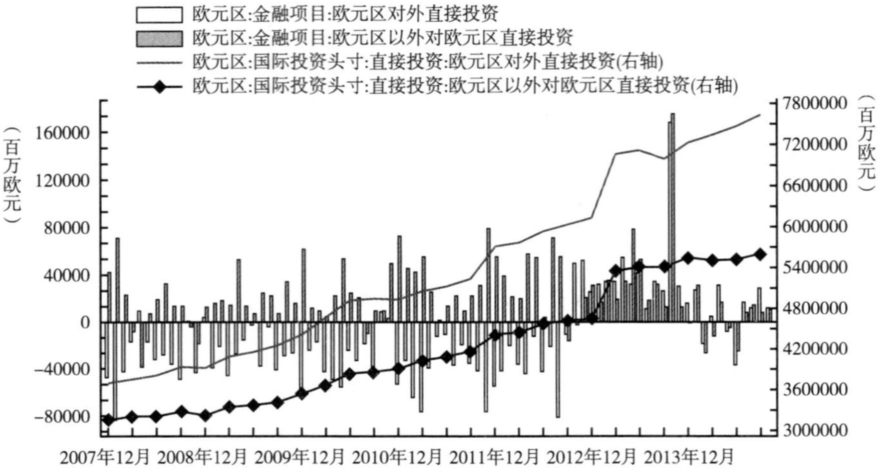

图 4　欧元区 FDI 流入和 ODI 流出

资料来源：Wind 资讯。

流出累计增加 14. 98 亿欧元，表现为直接投资净流入；意大利 FDI 流入累计增加 122. 22 亿欧元，ODI 流出累计增加 216. 15 亿欧元，表现出了较强对外投资能力；爱尔兰 FDI 流入累计增加 1057. 90 亿欧元，ODI 流出累计增加 476. 59 亿欧元，表现出较强的对外国投资吸引力；希腊 FDI 流入累计增加 21. 76 亿欧元，ODI 流出累计减少 3. 52 亿欧元；西班牙 FDI 流入累计增加 231. 30 亿欧元，ODI 流出累计增加 207. 09 亿欧元，表现出了较强的双向投资能力。PIIGS 五国 FDI 净流入情况如图 5 所示。

（三）日本

2014 年，日本经济继续受“安倍经济学”宽松货币政策的刺激，日本对外直接投资能力得到提升。截至 2014 年 9 月，日本 ODI 流出存量高达 129. 40 万亿日元，同比增长 19. 48%；而 FDI 流入规模达 20. 33 万亿日元，同比增长 12. 63%，显示了日本资本流出大于资本流入。从流量上看，2014 年 1～11 月，日本直接投资净流出 10. 59 万亿日元，同比下降 5. 7%；而 2013 年 1～11 月日本直接投资净流出同比增长 31. 96%，这在一定程度上反映了 2014 年安倍经济学的政策效应出现了递减趋势。截至 2014 年 9 月，日本以证券形式对外投资资产规模高达 385. 95 万亿日元，包括银行贷款在内的其他对海外投资也高达 190. 38 万亿日元。相对应的，日本吸收外资证券投资 262. 85 万亿日元和吸收包括银行贷

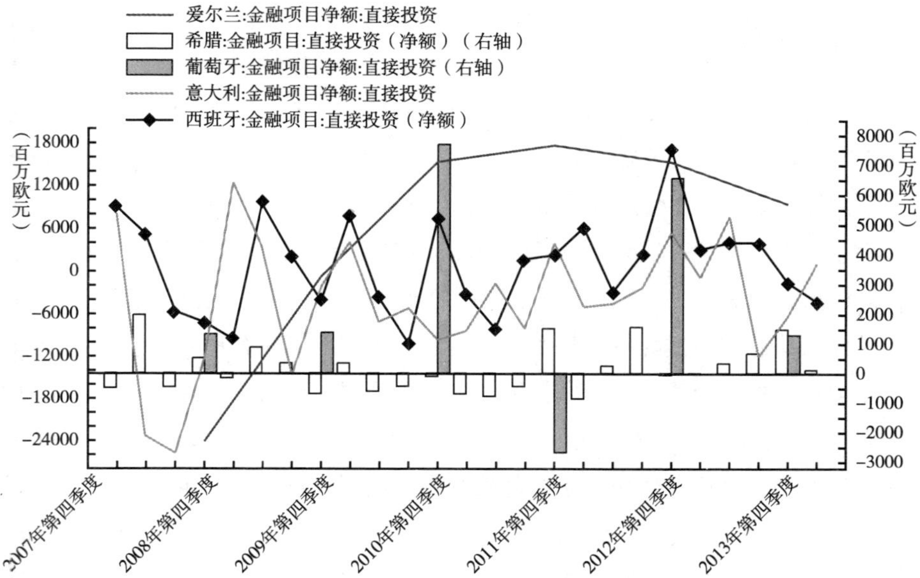

图 5　PIIGS 五国 FDI 净流入

资料来源：Wind 资讯。

款在内的其他海外投资 214.92 万亿日元。考察日本国际收支中的债权和债务，不难发现存在明显的结构不平衡性，日本拥有巨额对外净债权，加上日本官方外汇储备资产 1.2 万亿美元，说明日本是名副其实的对外投资大国。日本 FDI 流入和 ODI 流出情况如图 6 所示。

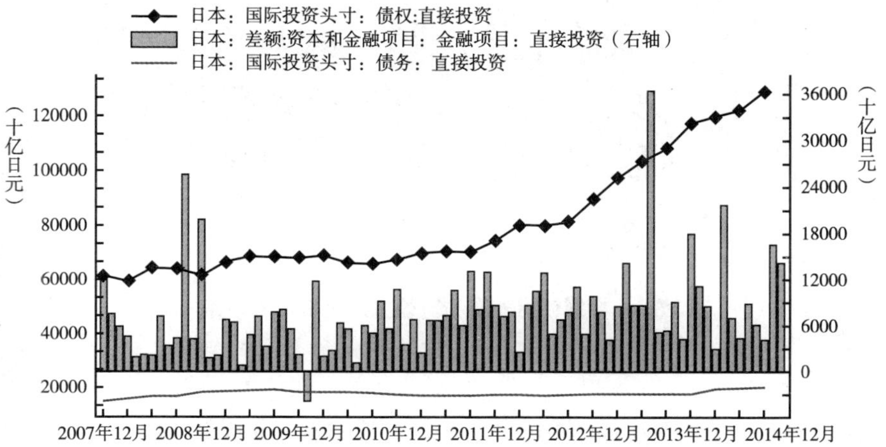

图 6　日本 FDI 流入和 ODI 流出

资料来源：Wind 资讯。

（四）中国

中国商务部数据显示，2014 年全国外商投资新设立企业 23778 家，同比增长 4.4%；实际使用外资金额 1195.6 亿美元，同比增长 1.7%（未含金融领域数据，下同）。12 月，外商投资新设立企业 2482 家，同比增长 6.1%；实际使用外资金额 133.2 亿美元，同比增长 10.3%。服务业实际使用外资金额 662.4 亿美元，同比增长 7.8%，在全国总量中所占的比重为 55.4%。主要国家和地区对华投资总体保持稳定。实际投入外资金额排名前十位的国家和地区，包括：中国香港、新加坡、中国台湾、日本、韩国、美国、德国、英国、法国、荷兰，合计投入 1125.9 亿美元，占全国实际使用外资金额的 94.2%，同比增长 2.7%。中部地区实际使用外资增长较快，东西部地区实际使用外资规模稳定。东部地区实际使用外资金额 979.2 亿美元，同比增长 1.1%；中部地区实际使用外资 108.6 亿美元，同比增长 7.5%；西部地区实际使用外资 107.8 亿美元，同比增长 1.6%。

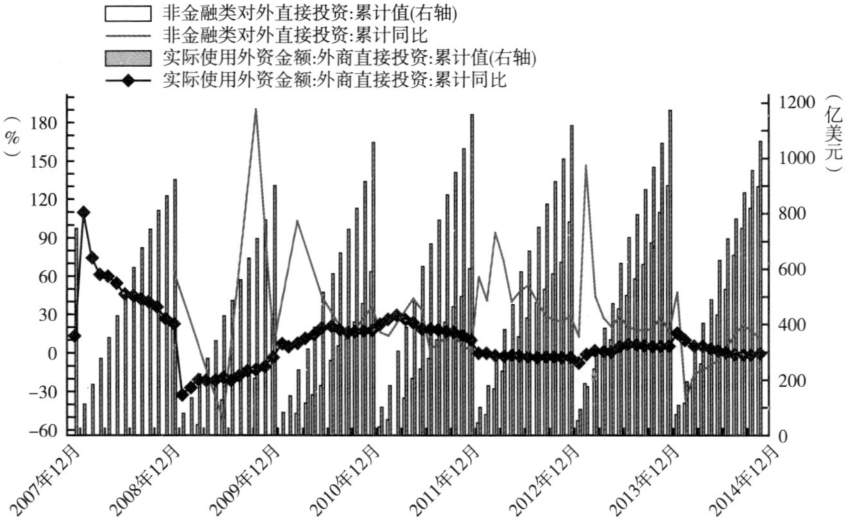

图 7　中国使用外资和对外直接投资及其增速

资料来源：Wind 资讯。

对外直接投资快速增长。2014 年，中国新增对外直接投资 1029 亿美元，同比增长 14.1%，继续保持世界第三位。能矿领域继续成为投资热点，农业领域跨国并购取得突破。1～11 月，中国境内投资者共对全球 153 个国家和地区的 5402 家境外企业进行了直接投资，非金融类对外直接投资累计 6332 亿美元。1～11 月，中国内地对中国香港、东盟、欧盟、澳大利亚、美国、俄罗斯、日本七个主要经济体的投资达 671.6 亿美元，占中国同期对外直接投资总额的 74.8%。其中对中国香港的投资同比增长 13.3%；对欧盟和日本的投资分别增长 195% 和 80%；对美国投资 46.4 亿美元，同比增长 27.1%；对澳大利亚、东盟投资同比分别下降 29.8 和 3.8%。受上年大项目影响，对俄罗斯投资下降 76.7%。

（五）其他新兴经济体

2014 年，主要新兴经济体 FDI 流入表现不一。受国际石油价格下跌冲击，俄罗斯总体是资本外流。2014 年 1～3 季度，俄罗斯 FDI 流入累计 38.90 亿美元，同比下降 45.65%；ODI 流出累计 17.32 亿美元，同比增加 40.81%。截至 2014 年底，俄罗斯外汇储备资产 3393.71 亿美元，同比减少 27.73%。印度经济的基本面表现较好。2014 年 1～3 季度，印度 FDI 流入累计 363.46 亿美元，同比下降 13.00%；ODI 流出累计 317.74 亿美元，同比增加 17.78%，总体保持资本净流入，但对外投资增速高于吸收国外投资的增速。1～11 月，巴西 FDI 流入累计 559.18 亿美元，同比微降 2.85%；ODI 流出累计 13.36 亿美元，同比急剧下降 59.89%，总体表现为资本净流入。2013 年之后，随着美联储 QE 政策退出预期逐渐成为现实，一些新兴经济体先后出现金融动荡，但是 2014 年下半年以来，这些国家经济都已逐渐恢复平稳运行。2014 年 1～3 季度，印度尼西亚直接投资净流入 119.27 亿美元，与 2013 年同期几乎持平；截至 2014 年 9 月，印度尼西亚外汇储备资产为 1111.64 亿美元，同比增长 16.19%。

（六）非洲

2013 年，非洲 FDI 流入量持续增加到 570 亿美元，同比增长 4%。增长较快地区是东南部的非洲，非洲其他地区不增反降。南部非洲 FDI 流入几乎翻了一倍，达到 130 亿美元，主要是南非和莫桑比克创下了新的纪录，两国基础设施投资增长迅速，莫桑比克石油天然气部门扮演了重要角色。在东部非洲，亚洲资本加大对肯尼亚和埃塞俄比亚的石油、天然气、基建和运输系统的投资，流入该地区的 FDI 达到 62 亿美元，同比增长 15%。北非 FDI 流入 150 亿美元，同比下降 7%；中非和西非，由于地缘政治和安全方面问题，该地区 FDI 流入分别下降到 80 亿美元和 140 亿美元。南非、肯尼亚和尼日利亚等国跨国企业对外投资活跃，推动非洲内部的相互投资增长。2009～2013年，非洲内部跨境绿地投资增速从前期的10%以下上升到18%。对那些处在非洲内陆的非石油出口的小国来讲，地区内部跨境投资显得非常重要。东非共同体（EAC）和南非发展共同体（SADC）对促进非洲经济一体化和相互投资发挥了重要作用。

（七）拉美和加勒比海地区

2013年，拉美和加勒比海地区FDI流入量达到2920亿美元。不包括离岸金融中心，该地区FDI流入量为1820亿美元，同比增长5%。然而，南美洲经历了先前连续三年的强劲增长之后，2013年FDI流入量减少到1330亿美元，同比下降6个百分点。在主要资本接受国当中，采矿业不景气导致巴西吸收FDI减少2%；智利和阿根廷吸收FDI分别为200亿美元和90亿美元，分别下降了29%和25%；秘鲁吸收FDI为100亿美元，同比下降17%。相比之下，由于电讯业和银行业发生大规模的跨境并购，哥伦比亚FDI流入上升到170亿美元，同比上升8%。不包括离岸金融中心，流入中美洲和加勒比地区的FDI达490亿美元，同比增长64%。2013年，不包括离岸金融中心，拉美和加勒比地区的ODI流出量为330亿美元，同比下降了31%。展望未来，很多领域对外国投资者都有吸引力，如石油和天然气，包括阿根廷的页岩油气，以及巴西和墨西哥的汽车制造业等。

三 全球FDI政策发展情况

根据UNCTAD报告，2014年3～12月全球33个国家和经济体总共采取了45项新的投资政策措施。其中，促进投资自由化的措施比例占到82%，比近年来的平均数稍高一点。这些政策涉及很多部门和产业，政策目标旨在改善投资条件，但是外国投资者对东道国仍有很多关切。UNCTAD的最近调查显示，越来越多的国家在新出台的投资政策中对可持续发展问题给予了关注，然而这类政策占全部新政策的比重仅为8%左右。2014年3～12月，全球51个国家达成了26个IIA。截至12月底，总共达成27项国际投资协议（IIA），14个双边投资协定（BIT）和12个其他IIA。达成1项地区性协议CETA，6项其他类型的谈判仍在继续。截至2014年底，全球IIA累计数达到3262个。全球IIA新增数量和累计数量如图8所示。

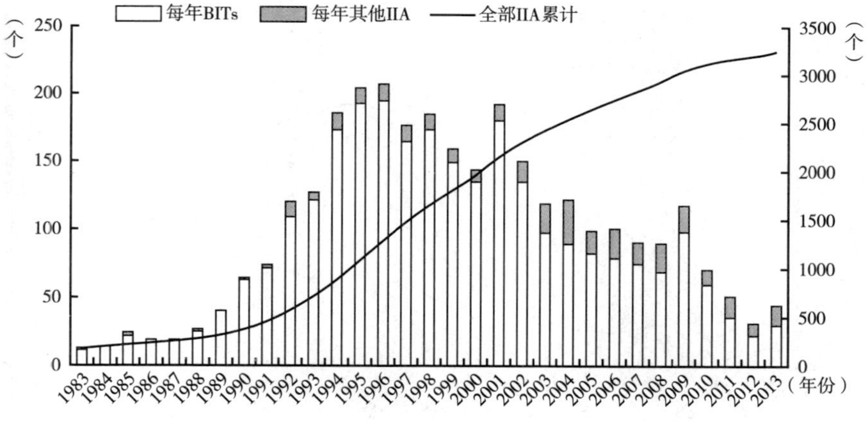

图 8　全球 IIA 新增数量和累计数量

来源：UNCTAD。

（一）国家投资政策

2014 年 3 ~ 12 月，全球范围内出台了大量新的投资政策，旨在创造更加优惠的投资条件，吸引外国投资者。全球 33 个国家和地区总共采取了 45 项促进投资自由化政策措施，涉及航空运输、国防、铁路基础设施、医药、电力和通信等领域，新的投资限制政策主要涉及油品生产、数据通信和媒体公司等。21 个经济体采取新的外国投资者市场准入政策，3 个国家新的政策涉及在东道国投资后的待遇，7 个国家新的政策涉及投资便利化，7 个国家新的政策涉及一般商业环境。这些政策在一定程度上都有利于改善整体投资环境，但是仍有很多地方值得关注，一个典型例子就是关于跨国公司逃税问题的争议，相关方面的利益诉求和认识并不一致。在全球经济表现疲弱的背景下，各国产业政策倾向于加强本国企业竞争力，反垄断行为变得日益政治化，导致跨国并购遭遇很大阻力。还有大型跨国公司对市场控制问题。一些新的担忧涉及社会媒体行业，包括数据隐私、知识产权保护和网络中立等。

1. 市场准入

2014 年 3 ~ 12 月，全球 21 个经济体：阿根廷、澳大利亚、象牙海岸、塞浦路斯、欧盟、斐济、法国、印度、印度尼西亚、伊拉克、意大利、科威特、墨西哥、莫桑比克、缅甸、俄罗斯联邦、卢旺达、塞尔维亚、塞舌尔、美国和津巴布韦，针对外国投资者采取新的市场准入政策，大部分国家都放松了外国投资股权

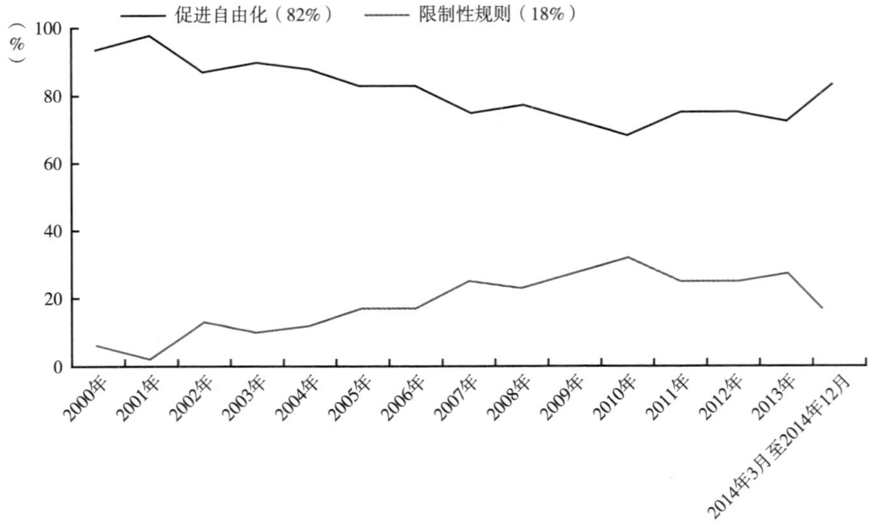

图 9　2000 年以来全球新出台的投资政策

资料来源：UNCTAD。

比例限制，或扩大开放了新的投资领域。其中，澳大利亚放松了外国投资对澳洲航空公司持股的限制，法国和意大利修改现行涉及国家安全法规，印度尼西亚和越南修订对外国投资者的商业活动目录，印度将国防部门的外国投资比例由26%提高到49%，并且向外国投资者开放铁路基础设施投资。墨西哥允许外国投资者在电讯行业的持股比例达到100%，在传播行业达到49%。全球新出台的投资政策如图 7 所示。

2. 投资运营待遇

2014 年 3～12 月，为数不多的几个国家：保加利亚、古巴和越南，出台的新的投资政策，涉及外国投资者待遇。例如：保加利亚对其公司商业银行及其附属机构采取控制措施，古巴出台新的投资法律对外国投资者提供投资担保和激励；越南开放资本账户，方便外国投资者进行货币汇兑。

3. 促进投资便利化

2014 年 3～12 月，玻利维亚、中国、埃塞俄比亚、韩国、莫桑比克、南非和越南 7 个国家采取促进投资便利化的政策措施。例如：中国改革对外投资行政审批制度；莫桑比克和南非建立新的经济特区；韩国放松外国直接投资条件，鼓励中小型外国投资公司发展；越南修改《投资法》和《企业法》，改善外商投资环境。另外，中国、欧盟、墨西哥、沙特阿拉伯、塞拉利昂、乌克兰和乌拉圭采取措施，改善商业环境，内容涉及减轻企业税负和加强劳动者保护。

4. 促进可持续发展

2010～2014年，全球32个国家共采取45项投资政策，鼓励私人部门参与基础设施、健康、教育和环境保护等领域的投资，这方面的政策在全部新政策中所占比例大约在8%，这些国家主要分布在亚洲和拉美地区，内容大多涉及投资便利化。例如，印度允许外国资本参与铁路、健康和医疗服务部门投资，印度尼西亚放松健康服务和电力部门的投资管制。其中，涉及基础设施领域投资的政策占到53%，包括道路、码头、机场、电厂及电力传输、水供应和污水处理等。涉及教育投资的政策占17%。例如，中国允许外资开办独资医院，俄罗斯对涉及教育和健康领域的投资实行免税政策。特别值得一提的是，2014年中国政府出台了一系列有关公私合营（PPP）模式的法规，鼓励社会资本参与基础设施和公共产品领域的投资。

（二）国际投资政策

1. 签署BIT

2014年3～12月，全球共签署14项BIT。其中，7个BIT为发达国家和发展中国家签署，分别是：加拿大和喀麦隆、加拿大和尼日利亚、哥伦比亚和法国、以色列和缅甸、加拿大和塞内加尔、加拿大和马里、加拿大和象牙海岸。3个BIT为发展中国家之间签署，分别是：哥伦比亚和土耳其、布基纳法索和新加坡、象牙海岸和新加坡。2个BIT为发达国家和转轨国家签署，分别是：格鲁吉亚和瑞士、加拿大和塞尔维亚。1个BIT为发展中国家和转轨国家签署，即吉尔吉斯斯坦和卡塔尔。1个BIT由两个转轨国家签署，即阿塞拜疆和俄罗斯。另外，很多FTA中都涉及促进相互投资的内容。

2. IIA生效

2014年3～12月，BIT生效的包括：日本和缅甸、日本和莫桑比克、加拿大和中国、芬兰和中国香港等。FTA生效的包括：智利和中国香港、中国和瑞士、中部美洲和欧洲（EFTA），以及加拿大和洪都拉斯。经济合作协定（EPA）生效的为喀麦隆和欧盟，三边投资协议（TIA）生效的是中、日、韩三国。

3. 签署IIA

2014年3～12月，签署FTA的国家包括：加拿大和布基纳法索签署FTA、厄瓜多尔和欧盟签署FTA、危地马拉加入EFTA，欧盟与新加坡签署FTA、澳大利亚与中国签署FTA、韩国与新西兰签署FTA，以及韩国与越南签署FTA；欧盟与南非共同体达成EPA，欧盟与东非共同体达成EPA；俄罗斯、白俄罗斯、哈萨克斯坦和越南成立欧亚关税同盟；加拿大和欧盟达成CETA。中韩FTA谈判取得实质性进展。

4. 进行中的IIA谈判

最活跃的是加拿大与中国。其他正在进行的IIA谈判包括：欧盟与缅甸、萨尔瓦多与特立尼达和多巴哥、东盟与中国香港、智利与印度尼西亚、智利与日本（深化现有贸易协议）、中日韩FTA、EFTA与印度尼西亚、EFTA与马来西亚、EFTA与越南、欧盟与摩洛哥、欧盟与越南、洪都拉斯与秘鲁（重新恢复谈判）、日本与土耳其、墨西哥与约旦、墨西哥与土耳其、新加坡与土耳其。进行中的EPA谈判包括：哥伦比亚与日本、中非与欧盟。进行中的地区综合性EPA谈判，即以欧盟与太平洋地区（PACER）为代表的谈判。

四　2015年全球FDI前景展望

2015年，世界经济仍处在艰难复苏过程中，但总体形势会稍好于2014年。国际货币基金组织预测，2015年全球经济将增长3.5%，比2014年提高0.2个百分点（见图10）。主要原因是以美国为代表的发达经济体出现了稳步复苏迹象，将拉动全球需求，有利于吸引更多FDI流入。美联储从2014年初开始逐渐退出量化宽松（QE）货币政策，并计划在2015年内逐步上调联邦基金市场利率。因此，全球资本回流发达经济体，美元汇率继续走强。新兴经济体面临一定的国际资本撤出压力，FDI流入中国的可能减少，但不会出现资本外逃。我们预计，2015年中国经济将取得7.1%～7.2%的GDP增长速度，增速虽然有所下降，但是结构优化，效益和质量会提升，而且利率总水平仍高于美国，这些都会对国际资本产生吸引力。

随着全球宏观经济条件改善和投资者重拾信心，跨国公司将会增加投资，特别是增加基础设施领域的投资。UNCTAD预计，2014年全球FDI流入量可能达到1.6万亿美元，2015年将达到1.8万亿美元的水平。然而，这一预测也有很大的不确定性，全球金融体系的结构性缺陷和发达国家政策的不确定性，都可能导致全球FDI流量下降。但是，目前新兴经济体经济金融实力已经今非昔比，在美

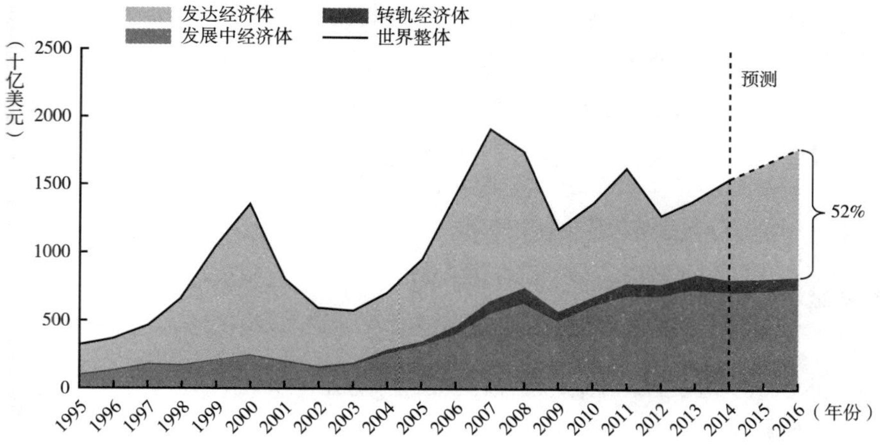

图 10　全球 FDI 流入量及预测值

资料来源：UNCTAD。

联储渐进地实施淡出 QE 政策的背景下，不太可能出现类似 1997 年的亚洲金融危机和 2008 年的全球金融危机，2015 年全球金融稳定和 FDI 流入量保持温和增长将是大概率事件。

随着中国继续实施企业“走出去”战略和加大力度实施“一带一路”战略，2015 年中国将扩大与中亚地区的能源投资合作，亚欧大陆桥经济带的投资合作将增多，中国对欧洲特别是对中欧地区的投资也会增加。随着中国与东盟打造 FTA 升级版的顺利推进，以及“21 世纪海上丝绸之路”和“中缅孟印经济走廊”建设步伐的加快，中国与东南亚地区的投资合作将进一步增长。中国在拉美和非洲地区的投资也将保持良好上升势头。但是，中国企业对外投资不会一帆风顺，除了自身对外投资能力亟待提高之外，竞争对手（如日本）的挤压也不容忽视。

2015 年，中国对美投资将继续增长，因美国市场空间大，劳动者受教育程度高，技术和品牌居于世界领先地位，会对中国境外投资产生吸引力。在中国新一届政府鼓励企业“走出去”，无论是从拓展国际市场看，还是从向外转移过剩产能等因素看，中国企业自身对外投资动力增加，但是，也有负面因素。如，中国国有企业上缴利润增加和利率市场化、旨在打击腐败和逃税设立的个人海外财产申报等。国家安全仍然是美方投资审查重点。这些都会制约中国企业在美国扩大投资。

总体而言，2015年全球FDI流入量可望继续保持温和增长，中国对外直接投资和长期国际资本流入中国的量都会增多。随着中国推进新型城镇化和中国消费市场稳步扩大，将持续吸引国际资本流入。特别是在节能环保领域和基础设施领域的投资，中国与发达经济体有着巨大的合作潜力。

参考文献

1. UNCTAD, *Investment Policy Monitor*, No. 13, January 2015.
2. UNCTAD, *Investment Policy Monitor*, No. 12, March 2014.
3. UNCTAD, *Investment Policy Monitor*, No. 11, November 2013.
4. UNCTAD, *World Investment Report 2014*, Investing in the SDGs: an Action Plan.
5. OECD Data, *Analysis and Forecasts: Foreign Direct Investment (FDI) Statistics*.
6. OECD, *International Investment Continues to Struggle: Figures for the First Half of 2014 Point to Stalled FDI Flows*.
7. 国家外汇管理局国际收支分析小组：《2014年上半年中国国际收支报告》。
8. 徐洪才、綦鲁明：《后危机时代我国面临的短期国际资本流动形势及风险》，《全球化》2013年第8期。

（撰稿人：中国国际经济交流中心信息部部长、研究员徐洪才）

近年全球制造业发展新趋势与我国的应对

制造业是国民经济发展的物质基础和产业主体，在国民经济中占有极为特殊的重要地位，是一国科技创新的基本载体、就业的重要来源和国家安全的重要保障，是国家综合国力和国际竞争力的重要体现。进入 21 世纪以来，新科技革命对人类生产和生活的影响日益深入。特别是国际金融危机以来，美国等发达国家针对实体经济“空心化”的实际，纷纷调整发展战略重点，把重振制造业作为本国尽快走出危机影响，争夺新一轮国际经济竞争力的抓手。发达国家发展战略向制造业的“回归”，强有力推进制造业生产手段、技术和生产方式的变革，也使得以中国为首的后发工业化经济体面临前所未有的挑战。

作为直接体现人类社会物质财富的创造能力和水平的制造业，其变革首先表现为技术创新所带来的生产工具、生产手段和生产方式上。通常来说，制造业技术变革都要经历一个相对较长的时间累积过程，但近年以移动互联网、大数据、云计算为代表的科技成果的应用，使得制造业正在悄然发生革命性变化，全球范围内新的工业革命已经到来。在这一大时代背景下，发达国家纷纷制定出台其制造业发展战略，加快推进从传统制造业向新兴制造业变革的步伐。德国“工业 4.0”计划的提出，从更高层面以更具体的形式将未来制造业技术手段、生产组织方式的革命性变化呈现在全世界面前，这一计划一经提出即引发全球高度关注和热烈讨论，也再次激发了全球各国制造业领域的战略设计、模式变革和制高点之争。

改革开放以来中国制造业快速发展，可以说取得了举世瞩目的伟大成就，从制造业产值占全球比例来看，2010 年中国制造业产值占全球的比例为 19.8%，超过当年美国的 19.4%，成为名副其实的世界制造业大国。目前全世界 22 类

500种主要工业品中，中国有220种工业产品产量居世界第一。中国制造在载人航天、探月工程、新支线飞机、大型船舶、高速轨道交通等领域取得了重大突破。在新工业革命到来、大国竞争加剧，且国内成本发生重大变化的条件下，中国制造到了一个发展的关键节点，要适应全球新产业革命带来的重大技术变革，以创新驱动加快发展，推进中国制造向中高端迈进，实现由制造大国向制造强国转变是一个重大而紧迫的现实问题。

一　近年来全球制造业发展的重大趋势分析

工业文明是现代文明的起点，是人类生产方式的根本性变革。目前全球制造业正处于重大变革前夜，随着产业发展进入新一轮技术经济周期，新工业革命正渐行渐近，全球制造业出现一些具有明显趋势性特征的深刻变化。2011年美国著名学者杰里米·里夫金出版《第三次工业革命》一书，2012年英国《经济学人》杂志发表文章，对“第三次工业革命”的到来和可能影响进行研讨。2013年7月《华尔街日报》发表《制造业的革命》的文章，认为第三次工业革命将有可能打破传统制造模式，颠覆全球贸易格局，重振美国制造业。德国“工业4.0”和美国“工业互联网”的提出，使得新一轮工业革命的主导产业、技术路线和发展路径日渐清晰。

（一）全球制造业生产技术手段正处于重大变革之中

生产工具和生产技术手段的变革从来都是社会变革的前提，正是一次又一次生产工具和生产手段的进步，带动了人类社会产业形态、组织模式、分工方式的变革，进而推进社会发展和进步。生产技术手段的重大进步本质是“人－机”关系的深刻变化。从历史上看，工业化以来人类的制造业经历了大批量生产、精益制造两个阶段，今天制造业已进入智能制造阶段。美国福特的大规模制造是产品短缺工业时代的特征，丰田的精益制造则是过剩经济时代的代表，今天智能制造是互联网经济对制造模式的一种新选择。

进入21世纪以来，互联网、新能源、新材料和生物技术以极快的速度形成一个有巨大的产业能力和无比广阔的市场，它使人类整个工业体系提升到一个新水平。今天制造业发展中，计算机软件更加智能，可实现产品的虚拟设计、测试和制造，大大提高生产速度，降低成本。新技术、新工艺在生产中的大量运用，极大地提高了产品制造能力，提升了制造业本身的质量和效益。目前虽然人们对新一轮技术经济周期率先突破的技术领域看法不尽相同，但对新工业革命趋势已然确立并快速发展达成高度共识。如里夫金认为，“第三次工业革命”主要是基于互联网的通信技术和可再生能源系统融合发展；英国皇家工程院凯特尼院士认为，以系统生物学与合成生物学耦合为核心的生物技术突破，正在酝酿人类的“第三次工业革命”；也有一些人认为，目前通过三维数字模式直接制造零件的增材制造技术（3D 打印），不受构件形状与结构限制，具有柔性、快速、低成本、大幅节省原材料等优点。3D 打印技术、机器人技术和移动互联网将是未来世界经济发展的核心动力，它将推进世界经济加快由能源经济向知识经济转变。作为目前已知的世上最薄、最坚硬、导电性能最好且拥有强大灵活性的纳米材料，石墨烯在触摸屏、传感器、蓄电池等领域蕴含巨大应用潜力。据预测，到 2016 年全球移动设备销量将高达 8470 亿美元，石墨烯开发技术成为未来电子设备市场发展的关键。2015 年，中国实现石墨烯锂电池量产①，有可能使得电动车和手机业再次洗牌。

（二）新科技革命推进下制造业生产方式悄然发生变化

传统生产方式是刚性的，适合大规模生产。早期的电气化解决了驱动问题，后来发展出数控，解决了控制自动化问题，但数控只是一个“傻瓜”的动作，它不会管加工环境和材料属性的变化，只会死板地执行程序。新技术条件下生产系统的复杂化、网络化将促进产业组织形式发生变化，传统的大企业主导型、供应链主导型生产方式，将向产业生态型转变。在产业生态型生产方式下，平台技术和平台型企业在生产组织体系中的作用将日益突出。企业竞争战略的重点不仅是规模和供应链管理，更是要在不断变化的动态环境中获得并保持可持续的发展能力。为适应这种更具个性化和社会化的生产方式，企业的组织结构将进一步向扁平化方向发展，企业的所有权和控制权也将由传统科层结构下的顶层决策系统向更接近市场的知识型员工下沉②。

智能制造将传感器及智能软件和决策软件集成到装备中，由程序控制转为智

---

① 《中国 2015 年量产石墨烯锂电池或颠覆电动车行业》，21 世纪网，http：//business. sohu. com/20150101/n407473359. shtml，2015 - 01 - 01。

② 苏北：《新工业革命全球竞争新战略》，上海信息化，2014。

能控制，能自适应反馈被加工工件在加工过程中的状况。它不仅带来产品生产方式的革命，也带来制造流程设计、工具设计、厂房布局等的全面优化。今天的制造方式更多的是灵活制造、计算机集成制造、精准制造、并行工程、敏捷制造等，数字化制造不仅具有规模化，更能体现个性化。面对单件、小批量产品的客户化定制将成为未来的主要供货方式，成形制造技术将向着无模化、精密化、复合化方向发展。

特别是，社会计算与社会制造[1]将是人类全新的一个生产方式。互联网信息具有高度的社会化、个性化、数据海量性及信息不确定性等多重复杂特征。在新型社交媒体的推动下，虚拟空间大大压缩了真实物理社会中的空间和时间，精确、快速、高效地从海量社会资源中搜索并挖掘动态网民的大规模个性化需求和商业舆情，成为新兴社会制造业的首要任务，搜索的实质内容就是社会计算。在社会计算的支撑下，企业将通过主动感知并响应用户的大规模个性化需求，转化为信息时代的智能企业。社会制造就是以社会计算理论为基础，基于移动互联网技术、社会媒体和3D打印技术，通过“众包”等形式，让社会民众充分参与产品的全生命制造过程，实现创意化、个性化、实时化的制造和消费模式。在社会制造环境下，大量的3D打印机形成大规模的制造阵列，并和互联网、现代物流网络连接，形成复杂的社会制造网络，社会需求真正实现与社会制造能力实时无缝地衔接。正如互联网让社会具有计算能力一样，以3D打印机为主的社会制造能力将赋予社会新的创造能力。

（三）制造高端化、绿色化、服务化成为全球制造业发展的大势日趋巩固

机器人的广泛使用正在引发推进制造业向高端化快速发展[2]。高端技术正在颠覆传统制造业，自动化技术使制造业工具和机器越来越复杂，对工人的技能要求越来越高，一人一机的日子已一去不复返了。现在的高端制造机器可以一次设置能够同时执行多个任务，特别是可以全天候无人监管地工作。软件继续推进制造业创新，一些软件可以对复杂机床编程进行模拟，让编程人员在实际加工之前

---

① 王晓、李双双、赵一飞：《制造业的未来方向》，《高科技与产业化》2013年第4期，第47～49页。

② 黄群慧、黄阳华：《邓洲：“机器人革命”引领全球制造业新发展》，《科技智囊》2014年第9期，第80～85页。

可以在虚拟世界中看到并验证产品设计。高端软件是未来高端制造业的主要支撑，目前越来越多的软件开发出新版本，发达国家的制造业向云端迁移的步伐在加快。云端模式降低了成本，成为对制造商越来越具有吸引力的选择。

进入21世纪以来，新一轮科技革命和产业革命正在孕育兴起，全球科技创新呈现新的发展态势和特征。以制造业数字化、网络化、智能化为核心技术，信息技术、新材料技术、新能源技术和生物技术广泛渗透，带动几乎所有领域发生了以绿色、智能、清洁为特征的群体性革命。绿色制造强调通过资源综合利用和循环使用、短缺资源的代用以及节能降耗等措施，实现资源的可持续利用，同时减少废料和污染物的生成与排放、提高生产与消费过程与环境的相容程度，最终实现经济效益和环境效益的最优化。制造业的绿色化包括产品设计、工艺材料、制造工艺、产品包装、处理回收等环节和方面的绿色化。在新生产模式和条件下，减量化、梯级利用、逆向循环处理等的实施，制造业的绿色化水平将大幅提高。

传统制造业更多的是减材制造，利用模具、车铣等机械加工技术与工具原材料转化为产品，被加工工件的毛坯通过切削去掉不要的部分，实际上仅利用很少一部分材料。当前在全球不断升温的3D打印技术，是把一个被加工的工件分解为切片，然后将切片用层层叠加方式完成整个工件的加工。因为利用逐层增加材料的方式无须模具，所以增材制造也被称为无形制造技术（Freeform Fabrication，FF或FFF），增材制造方式同现在通用的减材制造相比，可以大大节省原材料的消耗。3D打印在自由度、原材料利用率方面具有明显优势，尤其适合小批量、定制化、结构复杂的加工制造。目前增材制造在工业应用和个人消费两个市场均有长足发展，用3D打印技术直接生产最终产品已经成为增材制造市场增长最快的部分，年增长率达到60%。3D打印已可以完成对武器、汽车、飞机零件、服装、鞋子等众多产品的打印生产，可打印的材料包括金属、塑料、陶瓷、树脂、碳纤维等。波音公司已经使用3D打印机为10种不同类型飞机制造了约200种零部件①，通用、现代、宝马等汽车厂商已将3D打印技术应用于新车研发过程中。

目前绿色制造正在成为各国制造业发展战略的重要方向，各国出台政策鼓励企业开展绿色制造，鼓励企业改进生产过程、优化系统管理、提高能源效率、实现节能减排，绿色、精益、环保已成为制造企业的主攻方向。一些国家和企业已

① 本书编委会《复兴制造业（麦肯锡季刊）》，上海交通大学出版社，2014年第4期，第17页。

开发出在产业链中多样化且更广泛地再利用的产品或配件，用这些可循环利用的材料取代其他渠道购入的纯新材料。一些产业通过回收、分拣、再生产和翻修等，培育出成熟的逆向循环处理能力，它可以跟踪定位设备和部件的使用状况，做到对物料单信息的存储和及时处理。未来10年绝大多数产品将可回收、易拆卸，部件或整机可翻新和循环利用，绿色产品将成为世界商品市场的主导。另据麦肯锡咨询公司预测，如全面实施逆向循环处理，在全球范围内一年的材料净节约成本可达1万亿美元。

制造业服务化是制造企业从以生产物品为中心向以提供服务为中心转变的动态过程，近年制造业服务化加快。研发、设计、会计、法律、金融等服务环节在制造业价值链中的作用越来越大，许多传统制造型企业已由原来的卖产品向卖服务转变。目前很多全球性制造型企业由“以生产为中心”向“以服务为中心”转型，不仅关心产品的生产，更关心产品的整个生命周期，制造业与服务业的边界日益模糊。特别是，制造型企业越来越多地开展“生产外包”或“制造剥离”，将原来本企业的生产性活动转由其他企业完成，推动了现代服务业的发展。据国家工信部赛迪研究院报告①，2015年中国制造业面向市场提供专业化服务成为行业发展热点，在线实时监测、远程故障诊断、工控系统安全监控、融资租赁、全生命周期管理等增值服务的大量涌现，正在加快中国制造业的服务化转型。

（四）战略调整、技术创新和成本变化加快全球制造业版图深度重构

2008年国际金融危机爆发后，制造业大量外移带来的产业“空心化”问题，引起了美国政府和社会各界的高度重视。美国布鲁金斯学会在《制造业为什么重要以及哪个制造领域重要》中指出，制造业是美国竞争力的基础，能为美国提供高薪水的就业机会，促进商业创新，减少贸易赤字，并为环境可持续增长做出贡献。奥巴马政府进行制造业战略调整，全力推进“再工业化”，推动美国经济从虚拟经济向实体经济回归，推动美国大型生产企业从离岸制造向本土制造回归，继续强化美国服务业领先优势，力图以“实体经济+服务业”的双轮驱动模式，重塑美国在世界经济中的领导地位。在美国“再工业化”政策的推动下，

① 《赛迪研究院发布2015年两化融合发展十大趋势》，http://www.vsharing.com/k/vertical/2015-1/709661.html，2015-1-20。

很多美国公司加入产业逆向转移的行列。陶氏化学、卡特彼勒、通用和福特等公司已经把一些制造业从中国等地转移回美国。

近年作为世界工厂的中国制造业劳动力成本快速上升。根据美国波士顿咨询公司数据，2000 年中国制造业平均小时工资仅为 52 美分，而美国制造业平均小时工资为 16. 61 美元，相当于中国的 31. 94 倍。2002 ~2010 年，以美元计算的美国制造业单位劳动成本降低了 11%，而这一时期中国劳动力工资年均增长 15%。到 2015 年以美国计算的中美两国工资之比将缩小为 4. 41∶26. 06，未来美国制造将比中国制造更便宜和更有效率①。过去几年，国际运费持续上涨，这也为美国制造业从新兴经济体回迁美国提供了外在动力。近年来美国通过“页岩气革命”逐步降低本国的能源价格，电力和运输成本的降低增加了美国制造业的竞争优势。

过去 30 多年的大多数时间里，一个对世界的粗略划分左右了跨国企业布局制造业的决策，拉美、东欧和亚洲大多数地区被视为低成本区域，美国、西欧和日本的成本较高。近年来，这种情况正发生重大变化，制造业工资、劳动生产率、能源成本以及汇率等因素不断发生变化，正在稳步且显著地重绘全球制造业成本竞争力的版图。未来全球制造业将日益区域化，几乎每个地区都存在制造业成本的低洼地带，未来亚洲、欧洲和美洲国家消费的产品将更多在离市场更近的地方生产。

二　德国“工业 4. 0”的提出把各国争夺制造业制高点推向新阶段

（一）德国“工业 4. 0”的含义及其未来影响

德国历来高度重视制造业，有着悠久制造业传统和独特的制造业文化。长期以来德国注意制造技术的研究、开发和生产，对复杂工业过程实施专业化管理，德国制造在全球长期处于领先地位。德国拥有强大的汽车和机械设备制造业，是世界制造业强国。受国际金融危机影响，2008 年制造业订单量和生产量曾急剧

① Susan Helper, Timothy Kruger, Howard Wial, *Locating American Manufacturing*: *Trends in the Geography of Production*, Metroplitan Policy Program at Brookings, 2012.

下降，但很快在2009年开始回升，德国经济能在深陷债务危机的欧洲经济中一枝独秀，制造业是其经济增长不可或缺的重要支撑因素。

2010年德国公布《高科技战略2020》，提出一系列促进制造业发展的创新政策。2012年德国政府公布“十大未来项目”的跨部门联合行动计划，决定在2012～2015年向十大项目资助84亿欧元。德国“工业4.0”的概念源起于2011年汉诺威工业博览会，其主要手段是通过应用物联网等技术提高德国制造业水平。2013年4月，来自德国产业界、政府和学术界的专家首次发布了《实施工业4.0战略建议书》，该建议书坦言，已经拥有强大机械和装备制造业的德国工业，不仅面临中国等新兴国家的竞争威胁，而且美国也在通过各种计划促进先进制造业的发展，德国制定“工业4.0”的目的就是“确保德国制造的未来”。

德国“工业4.0”战略目标明确、措施务实、发展路径清晰，“工业4.0”战略一经提出，就引起了全世界的高度关注和广泛讨论。与美、英等国流行的第三次工业革命说法不同，德国将制造业领域的渐进性技术进步描述为工业革命的四个阶段。按照德国产业界的划分，“工业1.0”为18世纪60年代至19世纪中期，以水力和蒸汽机为主实现的工厂机械化。“工业1.0”的结果是机械生产代替手工劳动，经济社会从以农业、手工业为基础转向以工业以及机械制造带动经济发展的模式；“工业2.0”是在19世纪后半期至20世纪初期，在劳动分工基础上采用电力驱动的产品大规模生产，这次工业革命实现了零部件生产与产品装配的分离，开创了批量生产的新模式；“工业3.0”则始于20世纪70年代并一直持续到现在，这一阶段电子与信息技术的广泛应用，制造过程不断实现自动化，机器逐步代替人类作业，机器不仅替代相当比例的体力劳动，也替代部分脑力劳动。

德国“工业4.0”战略旨在通过深度应用信息通信技术（ICT）和网络物理信息系统等手段，以智能工厂和智能生产为重点，推进工业技术领域新一代关键技术的研发和创新，使生产成本大幅下降和生产效率大幅提高，促进产品功能多样性、个性化和产品性能大幅提升①。德国“工业4.0”的核心是建设信息物理系统（CPS），目前德国制造业中所有行业都在实施有关项目研究，并计划为此投入2亿欧元。CPS从总体上掌控从消费需求到生产制造的所有过程，可以视为

① 中国社会科学院经济研究所：《德国“工业4.0”及其影响》，《经济走势跟踪》2014年第13期。

继机械化、电气化和信息技术之后工业化的第四阶段，“工业 4.0”连接起虚拟空间和现实物理世界，通过智能物体通信以及相互作用，将形成一个全新的系统功能性网络世界，这给人类与物理现实世界间的作用关系带来根本性的变化。德国学术界和工业界认为，“工业 4.0”基于信息物理系统（CPS）的智能化，将使人类步入以智能制造为主导的第四次工业革命，产品全生命周期和全制造流程的数字化以及基于信息通信技术的模块集成，将形成一个高度灵活、个性化、数字化的产品与服务生产模式。

“工业 4.0”将向实现物体、数据以及服务等的无缝连接和互联网方向发展，生产模式将从“集中型”向“分散型”范式转换。基于此，未来工业生产机械不再只是“加工”产品，取而代之的是，产品通过通信向机械传达如何采取正确操作。CPS 从三个方面提升制造业的竞争力①。一是借助 CPS 技术和产品，生产模式从“集中型”向“分散智能型”转变，生产要素可以实时、高度灵活配置，确保一次性生产且产量很低时的获利能力。二是 CPS 淡化虚拟世界和现实物理世界的界限，使物联网与服务互联网一体化，传统的产业链分工被重组，客户与业务伙伴可以广泛参与业务过程和价值创造过程，由此催生新的应用和服务模式，形成新的价值链。三是实现自组织生产。CPS 能够独立自动交换信息、触发动作和控制，实现“产品驱动机械”的自组织生产，将人从操作性任务中解放出来，促使人在生产过程中的角色发生转变。未来的智能制造中，CPS 将对自动化、生产技术、机械工程、能源、运输以及远程医疗等众多部门和领域，带来非常重大的影响，CPS 将推动现有业务与市场模式带来范式转变，并产生一批新的附加价值链和业务模式，工业生产各部门因为新的价值链而改变。

“工业 4.0”不仅意味着生产技术和生产过程的改变，同时也会带来整个管理和组织结构的调整，对此必须放弃“孤岛”式的想法，为变革做好准备，大数据、云计算和物联网这些技术运用新型工业革命中，将从根本上改变传统制造业的思维方式。目前德国“工业 4.0”战略由政府出资，以德国企业、社团组织为资助对象，特别重视中小企业的参与，使得政府部门、科技界、高校和企业界形成创新战略伙伴关系。

---

① 安琳：《德意志的“两化融合”——借鉴德国“工业 4.0”加快我国制造业转型升级》，《中国装备》2014 年第 9 期。

（二）美国的制造业振兴战略与“工业互联网”计划

近年美国将重振制造业作为优先发展的目标，大力推进制造业创新研究，加大利用高新技术改造传统制造业的力度。2009 年 4 月，奥巴马提出将重振制造业作为美国经济长远发展的战略目标，同年 12 月，美国政府出台《重振美国制造业框架》，成为美国发展制造业的战略指引。2011 年 6 月，美国启动“先进制造伙伴计划”，加快抢占 21 世纪先进制造业制高点；2012 年 2 月，进一步推出“先进制造业国家战略计划”，鼓励制造企业回归美国本土。2012 年 3 月奥巴马提出建设“国家制造业创新网络”，建立最多 45 个研究中心，加强高校与制造企业之间的产学研联合。

2012 年 7 月，美国先进制造伙伴关系指导委员会编写《赢得国内先进制造竞争优势》被总统科技顾问委员会采纳，该报告认为美国制造业领导地位正遭受挑战，先进制造业所遭受的威胁不但将使美国整体经济陷入风险之中，还可能危害创新这一关系美国未来能否繁荣的关键因素。2013 年 1 月，美国总统执行办公室、国家科学技术委员会和高端制造业国家项目办公室联合发布《国家制造业创新网络初步设计》，投资 10 亿美元组建美国制造业创新网络（NNMI），创新网络的研究重点领域包括：开发碳纤维复合材料等轻质材料，提高下一代汽车、飞机、火车和轮船等交通工具的燃料效率、性能以及抗腐蚀性；完善 3D 打印技术相关标准、材料和设备，实现利用数字化设计进行低成本小批量生产；创造智能制造的框架和方法，允许生产运营者实时掌握来自全数字化工厂的“大数据流”，以提高生产效率，优化供应链，提高能源、水和材料的利用效率等。

目前美国的先进制造业发展计划在稳步推进之中。2012 年 8 月，美国政府和私人部门联合出资 8500 万美元，成立了“国家 3D 打印机制造创新研究所”。2013 年 5 月，美国政府宣布提供 2 亿美元联邦资金，成立“轻型和当代金属制造创新研究所”、“数字制造和设计创新研究所”和“下一代电力电子制造研究所”三个制造业创新中心，2014 年 2 月又成立复合材料制造业中心。

据美国智库威尔逊中心发布的《全球先进制造业趋势报告》，目前美国研发投资量居世界首位，其中 3/4 投向制造业，在合成生物、先进材料和快速成型制造等先进制造业领域具有明显优势。在政府和私人部门的大力推动下，美国很可能出现以无线网络技术全覆盖、云计算大量运用和智能制造大规模发展为标志的新一轮创新浪潮。

“工业互联网”是美国版的“工业4.0”。同德国“工业4.0”类似，美国的工业互联网就是将虚拟网络与实体连接，形成更有效率的生产系统。与德国“工业4.0”强调“硬”的制造不同，美国的制造业战略重点放在借助其发达的软件和互联网来提升整个工业的价值创造能力。美国的“工业互联网”概念最早由通用电气于2012年提出，工业互联网将智能设备、人和数据连接起来，并以智能的方式利用这些交换数据。在通用电气的倡导下，IBM、思科、英特尔、AT&T等五家美国行业龙头企业在波士顿联手组建工业互联网联盟（IIC）。工业互联网联盟采取开放成员制，致力于打造一个“通用蓝图”，打破技术壁垒，利用互联网激活传统工业过程，使各个工厂之间设备可以实现数据共享，更好地促进物理世界和数字世界的融合。一旦这些标准建立起来，将形成硬件和软件开发商创建与物联网完全兼容的产品，最终实现传感器、网络、计算机、云计算系统、大型企业、车辆以及其他类型实体的全面整合，推进工业产业链的效率全面提升。根据通用电气的预测，美国工业互联网能够使生产率每年提高1%～1.5%，未来20年将使美国人的平均收入提高25%～40%，工业互联网将为全球GDP增加10万亿～15万亿美元，相当于再造一个美国①。2014年谷歌以32亿美元收购智能室温调节器制造商Nest Labs，这笔交易使物联网正式进入主流视野；美国黑莓手机2015年也打算展示自己的物联网计划，在传统的黑莓产品外开拓展领域。②

（三）日本的制造业发展战略

日本为汽车、电子领域的全球制造大国，为应对全球正在兴起的新一轮科技和产业革命，日本政府加大了对3D打印等尖端技术的投入，2014年日本经济产业省继续把3D打印列为政府优先扶持的对象，实施“以3D造型技术为核心的产品制造革命”的大型研究开发项目，计划当年投资45亿日元，开发世界最高水平的金属粉末造型用3D打印机。同时，日本加快进行制造技术更新，一是采用“小生产线”策略。本田公司通过采取新技术减少喷漆次数、减少热处理工序等措施，使生产线缩短了40%，并通过改变车身结构设计，把焊接生产线由

---

① 《通用电气——美国工业4.0的实践者》，《中国证券报》2014年12月20日第8版。

② 《聚焦2015年中国经济领域十大创新科技》，http://www.yykj.org/chanyexinxi/8076.jhtml，2015-01-21。

原来的18道工序减少为9道，建成世界上最短的高端车型生产线。二是采用小型设备，日本电装公司对铝压铸件的生产设备、工艺进行改革，使得铸造线生产成本降低了30%，能源消费量降低50%。三是大量使用机器人、无人搬运机、无人工厂、“细胞生产方式”等突破成本瓶颈。佳能公司已建成世界首个数码相机无人工厂，大幅降低成本，提高了产品的竞争力。

三　全球制造业变革对中国制造业的挑战与应对

（一）全球制造业变革给中国制造业发展带来巨大的挑战

正在兴起的全球制造业变革，给后发国家产业发展带来了严峻挑战。新科技革命和产业革命，一方面，加快发展中国家已有成本竞争优势的流失，加大了发展中国家技术追赶的难度；另一方面，发达国家通过率先推进现代产业变革，进一步增强了对已有产业制高点的控制力，强化了其在高端制造领域的领先优势。如果后发国家不能抓住本轮制造技术和生产方式变革的战略机遇，新的工业革命很有可能改变目前已出现的与发达国家产业发展差距缩小的势头。特别是，为寻找更低成本要素，前一时期从发达国家转移出来的生产活动再向发达国家持续回流，将导致全球制造业重心再次向发达国家偏移，发展中国家与发达国家间的产业发展差距可能将再次拉大。

经过30多年的经济高速增长，中国经济进入中高速增长的“新常态”。“新常态”条件下，中国将加快经济结构调整，推进产业结构由中低端向中高端迈进。新一轮科技和产业革命，对中国是极大的挑战，也是极大的机遇。作为世界上最大的发展中国家，中国的自主创新能力总体还不强，核心技术对外依存度较高，产业发展所需要的高端装备、关键零部件和元器件、关键材料大多依赖进口。中国产业在国际分工中还处于“制造－加工－组装”环节，在附加值较高的研发、设计、工程承包、营销、售后服务等环节缺乏竞争力。比如，在机器人领域，机器人顶层架构设计和基础技术被发达国家控制，机器人成本结构中占比较大的有减速器、伺服电机、控制器、数控系统，中国的这些都严重依赖进口，国产机器人不具备显著的成本优势。机器人研发、制造与应用都缺乏有效衔接，相关技术研发领先的高校和科研院所不具有市场开拓能力，而目前企业在机器人研发领域的投入还很低，研发和制造环节脱节明显。

中国同西方发达国家走过的路不同，西方国家发展走过的是“历时态”顺序化的发展道路，德国“工业4.0”是在已经实现了工业“1.0”、“2.0”、“3.0”的基础上自然向前发展的进程。作为赶超型经济体，中国的发展则是呈现出明显的“共时态”特征，必然是工业“2.0”、“3.0”、“4.0”同步发展、同步推进，不可能更没有必要等到工业“2.0”或“3.0”发展成熟了再去发展“工业4.0”。中国要实现后来居上跨越式发展，必须工业化、信息化、城镇化、农业现代化同步发展，也就是工业“2.0”、“3.0”、“4.0”同步发展①，在这个意义上来说，中国和发达国家掌握新一轮产业革命面临的核心技术机会是均等的。

近期，中国工程院开展“制造强国战略研究”重大咨询项目，明确了我国到2025年成为制造业强国的阶段性目标和各项指标，初步提出到2025年中国进入制造业强国行列的指导方针和战略对策。报告中认为制造强国应具备4个主要特征，雄厚的产业规模、优化的产业结构、良好的质量效益和持续发展的潜力。在4个一级指标的基础上，报告提出了由18项二级指标构成的制造业评价体系，以美、德、日、英、法、韩为主要工业化国家为参考，计算出我国制造业综合指数。报告预测，中国2025年可进入世界第二方阵，迈入制造强国行列，2045年有望进入有美、德、日组成的第一方阵，成为具有全球引领影响力的制造强国。中国制造2025年的发展体现为四大转变和一条主线，四大转变就是由要素驱动向创新驱动转变，由低成本竞争优势向质量效益竞争优势转变，由资源消耗大、污染物排放多的粗放制造向绿色制造转变，由生产型制造向服务型制造转变，主线是体现信息技术和制造技术的深度融合，打造中国制造升级版，进入制造业强国行列。近年我国制造业转型升级步伐不断加快，有些战略性新兴产业处在同发达国家相近的起跑线上，有的方面处于国际领先地位。我国已把智能制造作为当前和今后一个时期推进信息化和工业化深度融合的核心目标，2015年我国将通过推进智能制造生产模式、大力发展工业互联网、加快培育发展新业态和新模式等措施，全面布局中国的智能制造②。

（二）中国应对全球制造业变革的政策与策略

一是加快重大制造技术领域的攻关和突破。推进科技与经济更紧密结合，坚

① 周济：《德国工业4.0将推动中国制造业升级》，《中国工业报》2014年12月1日第B02版。

② 《2015年中国五大措施布局“智能制造”》，中国自动化网，http：//field.10jqka.com.cn/20150123/c570117359.shtml，2015-01-23。

持围绕产业链配置创新链，围绕创新链完善资金链，破除一切阻碍科技创新成果产业化的体制机制障碍。要充分调动科研机构和企业的积极性，特别是要重视高技术人才创业，改变目前产业政策“重研发、轻工艺”、“重实验室、轻车间”的做法，着手遴选一批设备先进、管理工作扎实的工厂进行重点建设和投资，将这些“现代工厂”建设成先进制造技术突破、应用和示范的基地，先进制造技术和先进管理方式持续改善的“现场实验室”，以点带面实现中国制造水平的整体提升。

要强化制造业基础，高度重视并下决心解决好关系到制造业根本的基础材料、基础零部件、基础制造工艺和基础技术。在2020年前选择与国际先进水平较为接近的航天装备、通信装备、发电与输变电装备、工程机械、轨道交通、钢铁、石油炼制、家用电器等方面，进行重点突破。

二是超前部署建设国家信息物理系统网络平台。信息物理系统将改变人与物理世界的交互方式，真正实现材料、信息和能源三种资源的高度融合，美、德等制造业强国无不把制造业发展的重点放在信息物理空间的构建之上。以CPS为基础的智能数字化生产，可大幅降低综合成本，缩短产品从设计到上市的时间周期，提高对市场变化的快速响应能力。

中国必须在构建国家信息物理系统网络平台上先行一步，利用CPS加快我国制造业升级，以CPS为导向大力开展技术创新，利用智能制造可以快速提高我国制造业的竞争力。要在国家信息化发展战略中强化对信息物理系统的布局，抓紧确定我国CPS建设的战略目标、重点任务、发展路径和政策举措。借鉴美、德等国的做法，抓紧组建一批国家信息物理系统网络平台，组织专门力量研发突破CPS软件、传感器、移动终端设备等工具和装备技术，推动重点行业企业的开发应用。要加快我国生产性服务业的发展，按CPS要求加快重组产业链，推进我国部分上下游企业向制造服务业转型升级，加快我国信息产业、工业设计等生产性服务业增长速度，并由此带动利用3D打印、工业机器人等新兴制造技术的一批战略性新兴产业发展。

三是尽快启动国家智能制造重大专项工程。重点开展智能机器人及智能装备系统集成、设计、制造、试验测验等核心技术的研究，争取在关键零部件上尽快取得突破。开展数字工厂应用示范，分行业、分区域选取试点示范企业给予扶持，加快形成一批数字制造示范工厂，发挥其技术扩散、引领和带动作用。加大力度推进制造业大数据的应用，以行业龙头企业为先导，鼓励应用大数据技术提升生产制造、供应链管理、产品营销及服务等环节的智能决策水平和经营效率。

要大力推进数字化智能制造。当前要推行好“数控一代工程”，在面上广泛推行制造业数字化，在重点行业开展重点企业的制造业智能化应用示范。在此基础上，通过数字化设计、集成新材料、软件开发、机器人、智能控制等元素的高端制造，建立数字化智能制造车间、智能制造工厂。

四是加快制造业人才培养、行业标准和创新设计能力建设。未来制造业发展和国际竞争力的提升人才是关键。我国需要大批掌握科技、设计、服务、市场模式创新知识、方法和工具的应用型人才。从我国装备制造业技术人才现状来看，我国装备制造业的初级技工人数多、高级技工人数少，传统型技工人数多、现代型技工人数少，单一型技术工数多、复合型技工人数少，短期速成的人数多、系统培养的人数少。据有关方面统计，中国制造行业目前数字化 3D 设计技术应用人才缺口约为 800 万人，未来的需求还在不断攀升①。目前我国创新应用型人才培养思路和政策都应进行调整，适应国际制造业发展新趋势，加快我国人才培养模式改革。

标准是引领信息网络技术与工业深度融合的先导，要尽快制定出台“两化深度融合”的标准化路线图，引导企业推进信息化建设，着力推进标准的国际化，使中国制造的标准更多地为国际所采用，以此获得国际产业竞争的制高点和话语权。要提高创新设计能力，开展高水平设计理论与共性技术研究，开发设计工具软件，大力推广先进应用设计技术，加强创新设计平台和组织体系建设，加强创新设计领域的知识产权保护。

五是加强与德国等发达国家制造业领域合作。近年中德两国贸易和投资领域合作不断加深，中德在光伏、新能源、新能源汽车和合作医疗领域都有很好的合作。2014 年 10 月第三次中德政府磋商会，中德两国联合发表《中德合作行动纲领》在“互利共赢：可持续的经济发展和金融领域合作”篇章中，重点突出了中德双方在制造业领域中就“工业 4.0 计划”的合作。“工业 4.0”将由双方政府提供政策支持和框架条件，由企业自行推进，“工业 4.0”将纳入中德标准化合作委员会的工作议题，我国工信部、科技部与德国联邦经济和能源部、联邦教

① 李国敏：《中国制造业如何应对全球工业发展模式变革》，《科技日报》2014 年 2 月 26 日第 11 版。

研部将创建“工业 4.0”对话。

中、德两国处于制造业发展的不同阶段，中国是技术需求大国，拥有潜力巨大的市场。应特别关注和重视德国的“工业 4.0”战略，加强创新合作机制建设，着力推动构建中德产业联盟，推进德国企业及其研发在中国的本土化，学习和借鉴德国加速科研成果转化、激发中小企业创新活力以及发展“双元制”职业人才培养的成功做法，夯实我国制造业发展的制度和人才基础。

（撰稿人：中国国际经济交流中心副部长、研究员徐占忱）

2014 年全球服务业变革与创新

互联网信息技术的广泛应用及大数据、物联网、云计算、移动互联网等新一代信息技术的产生与发展，不仅缩短了人类之间的距离，极大地促进了生产力水平提高，而且引发了全球服务业态的重大变革与创新，产生了服务外包、电子商务、互联网金融、网络物流、网络零售、网络游戏及众包、众筹等许多新型服务业态和商业模式。这些新型服务业态的重要特征是：以互联网信息技术为支撑，跨越空间距离和时间边界，超越传统的组织模式、经营模式和运作模式，形成了全球化、信息化、网络化、智能化、一体化、融合化的商业模式，并且已经形成了稳定的形态和一定的经济规模。新型服务业态将呈现爆发式增长，并推动金融、商贸、物流、旅游、文化创意、教育、研发、设计等服务业的转型升级，成为拉动全球服务业增长的新引擎和推动产业升级的新动力。

一　新技术革命与新产业革命正在引发全球服务业态变革与创新

（一）新一代信息技术广泛应用对全球服务业态变革与创新将产生重要影响

大数据、云计算、移动互联网、物联网等新一代信息技术的产生和应用，将使新型服务业态在全球范围内迅速成长，传统服务业态与信息技术的融合得到提升和改造，创新能力不断增强，劳动生产率极大提高。

一是新型服务业态呈现全球化发展态势。信息技术的广泛应用加速了商品流、资金流、技术流、知识流、信息流的跨国界流动，为银行、保险、零售、现代物流、研发设计等跨国企业，在全球范围内产业布局、开展业务、重构产业链、创新商业模式、进行规模扩张提供了技术条件，在短时期内将涌现越来越多的新兴服务业跨国企业。

二是新型服务业态成为行业新的利润增长源泉。在传统业态面临挑战的形势下，新型业态已经成为拉动增长的新引擎。零售业过去主要依靠传统的百货店、便利店、专业店、折扣店、租赁店、购物中心等实体店模式，进入互联网时代后，网络零售业态开始在全球迅速发展。例如，美国的亚马逊（Amazon），中国的淘宝、京东商城、凡客、苏宁易购等。金融危机后全球广告业新媒体增长态势强劲。2012 年全球移动广告市场规模达到 64.3 亿美元；日本移动广告市场达到 17.4 亿美元，增长 27.2%；美国移动互联网广告市场达到 22.9 亿美元，增长 96.6%，成为世界最大的市场；中日韩是亚洲移动广告的主要市场。

三是新型服务业态成为创新的主要动力。互联网金融改变了传统的金融生态。在计算机终端和网络平台下，银行和投融资公司的各种金融理财产品层出不穷，使得社会、企业、个人的投融资渠道增多。例如，余额宝理财产品，支付宝、财付通等第三方支付平台模式以及 P2P 小额信贷等模式，使传统金融模式逐渐向互联网金融模式转变。

（二）以美国第三次工业革命、德国“工业 4.0”为代表的新产业革命对服务业态变革与创新将产生重要影响

随着以微电子、新材料、新能源、生物工程、航天技术、海洋技术为代表的第三次工业革命在美国爆发并迅速扩展到全世界，在推动各国工业结构升级的同时，也促进了服务经济迅速发展和业态变革。德国“工业 4.0”的提出，标志着以物联网、智能化制造为特征的制造服务化时代的到来，并对服务业态变革与创新产生深刻影响。

一是制造企业生产链和价值链延伸，促进研发、设计、咨询、管理等新兴服务业扩张。制造企业的产品价值链由传统的“研发设计－生产制造－产品售出”逐渐演变成“研发设计－制造与管理－产品营销－产品售出－售后服务－信息反馈”等；服务型制造企业通过外包生产加工、制造与服务捆绑等模式，将主业集中在研发、设计、营销、售后服务等附加值高的环节，并加大服务的投入，

使专业服务机构嵌入制造企业产业链。例如，制造企业在研发、设计、管理、制定营销战略过程中，经常会与上述专业服务机构寻求合作，由此推动了这些新兴服务业的发展。

二是制造企业产品销售与互联网密切结合，促进了网络零售、网络物流、互联网金融的发展。网络销售已经成为一种主要的销售方式。例如，一些服装、鞋帽厂商，一方面在各地建立分销中心，在商场、专卖店等销售产品；另一方面在互联网上开设自己的旗舰店销售产品，或者同网络零售电商建立合约代销产品。同时，制造企业利用电子商务平台将商品虚拟化，促使物流企业将各地的仓库通过互联网相连接，形成网络物流体系，在减少中间环节、节约成本、提高效率的同时，推动了网络物流业发展。

三是基于大数据、云计算、物联网产生的智能化制造，促进了信息服务、创新设计的发展。智能化制造过程中的重要特点是产品趋向于“个性”化、“软性”化，企业根据消费者需求、按照客户意见进行创新设计，并且在产品售出后通过客户信息反馈改进产品设计。在这些环节中，都存在对信息数据的搜集、整理、分析工作，企业在获取、统计和分析这些信息数据时，大数据、云计算等信息服务将得到广泛应用，传统工业设计将向创新设计转型升级。

（三）全球产业结构调整和价值链重构对服务业态变革与创新将产生重要影响

一是制造服务化趋势带动了服务业态创新。随着制造企业为了追求价值增值，寻求从微笑曲线最底部的生产加工迈向两端的咨询服务、市场研究、研发设计、供应链管理、物流等高附加值服务，促进了全球产业结构的深度调整和价值链在全球范围内的重构。企业通过重构价值链、变革产业组织方式，形成上下游全产业链发展的格局，制造服务一体化、捆绑化、外包化等商业模式，促进了服务业态创新。例如，IBM 公司起初生产硬件产品，现在已经成功地由制造业转型为信息技术和 IT 服务咨询提供商，其经营范围不仅包括传统的制造电器、工业设备，而且包括为消费者提供一揽子服务，例如，消费者金融、医疗、商务融资、交通运输、保险等，并且一半以上的经营收入均来自于服务业。

二是全球产业链和价值链重构促进了服务外包产业发展。在全球产业结构调整和价值链重构中，全球产业链、价值链将加速分解，从而大量释放外包业务。随着“全球化 3.0 时代”的到来，出现了以个体为单位参与全球合作与竞争的

“众包”模式。众包的兴起改变了传统的B2B模式。如，宝洁企业不仅利用内部的研发人员，而且还利用全球数以万计的工程师和科学家为其研发产品，源源不断地提供新技术服务；苹果的软件数量有90多万个，其中70多万是众包，内部仅开发20多万个。

二　全球主要新型服务业态的发展现状、主要特点及趋势分析

（一）互联网金融

互联网金融①成为顺应大众金融消费趋势、改变传统金融业态、适应金融变革要求的新型业态。它不是互联网与金融业的简单结合，而是在实现安全、移动等网络技术水平上，以客户需求为导向，设计和提供更多更好金融服务产品的一种新业态。现阶段主要包括第三方支付（以支付宝、PayPal为主）、财富管理（以余额宝为主）、网络融资（以P2P网络贷款、众筹为主）和其他业务。

1. 互联网金融的发展现状

第一，第三方支付成为最主要的模式。目前，互联网金融的各种模式已在金融领域全面布局。全球应用最为广泛的是第三方支付，它已经成为消费者越来越普遍运用的支付方式，在全球互联网金融细分占比中达到了76%；网络融资占比21%，其中P2P网络贷款占比11.2%，众筹融资占比9.8%；新型电子货币占1%；其他互联网金融服务仅占2%（见图1）。

第二，互联网金融企业发展迅速。全球知名的eBay、阿里巴巴等互联网企业目前都已参与互联网金融业务。如，支付宝、PayPal、阿里小贷、在线保险营销等已经取得了令人瞩目的业绩。中国最大的自营式电子商务企业京东商城以互联网为平台拓展业务，现已覆盖互联网金融、C2B等领域。传统商业银行开始利用互联网推广电子银行、网上银行、手机银行等业务。这些早期成立的互联网金融公司大获成功之后，互联网金融领域的创业公司更是如雨后春笋般涌现出来，尤其以P2P网络贷款公司和众筹融资平台居多。如，在P2P网络贷款领域，截

① 互联网金融是指，依托支付、云计算、社交网络以及搜索引擎等互联网工具，实现资金融通、支付和信息中介等业务的一种新兴金融。

至 2013 年中国 P2P 网络贷款平台已超过 350 家，累计交易额超过 600 亿元；在非 P2P 网络贷款的网络小额贷款方面，阿里金融旗下三家小额贷款公司累计发放贷款已达 1500 亿元，累计客户数超过 65 万家，贷款余额超过 125 亿元。①

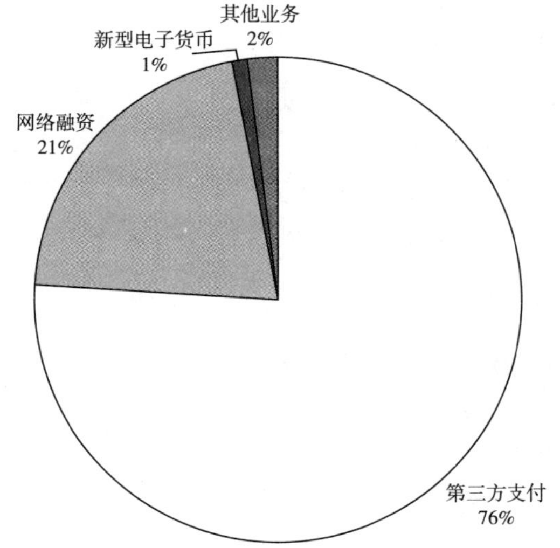

图 1　全球互联网金融细分占比

资料来源：参见张辉《81.5% 网民有意向购买互联网金融产品》，速途研究院，2013 年 9 月，http：//www.sootoo.com/content/451400.shtml。

第三，互联网金融在发达国家增长势头强劲。英国的 Zopa 作为全球第一家知名 P2P 网络贷款平台，到 2013 年已经促成了约 2.9 亿英镑的贷款。英国众筹融资规模从 2012 年的不到 400 万英镑扩张至 2013 年的 2800 万英镑，2014 年达到 10 亿英镑，超越纽约和旧金山，成为全球众筹之都。② 美国 Prosper 和 Lending Club 共发放 1430 亿美元的贷款，与美国信用卡市场的规模相比，P2P 网络贷款总量占到 21%③，其中 Lending Club P2P 网络贷款年增长率在 252% 至 314% 之间。

第四，发展中国家互联网金融的市场潜力巨大。截至 2013 年中国 P2P 网络贷款平台累计交易额超过 1058 亿元；中国 P2P 网络贷款规模从 2009 年的 1.5 亿

① 《2013 年中国人民银行年报》，中国人民银行，2014 年 6 月 11 日。

② Jason Hesse：*London Is Now The World's Crowdfunding Capital*，*Forbes 2014. 8. 15.*

③ 《2014 年 P2P 小额信贷典型模式案例研究报告》，艾瑞（iResearch）咨询报告，2014 年 1 月 8 日。

元增长到2014年的1420亿元，增长了近1000倍（见图2），据iResearch估计，2016年将增至3482.7亿元，平均增速高达317.3%；其模式也从以互联网为中介的传统P2P网络贷款衍生出担保式P2P网络贷款、平台式P2P网络贷款等新型业态。2014年非洲互联网控股公司推出Lendico、RainFin等P2P网络贷款平台，肯尼亚的M-Pesa手机支付系统、埃及的Fawry移动缴费服务等，使得汇款与账单支付更为快捷，而且在肯尼亚约有1400万人使用M-Pesa，占全国人口的六成。① 在财富管理方面，中国"BAT三大巨头"② 之一的阿里巴巴与天弘基金合作创立余额宝，2014前三季度规模达到5349亿元，一个季度为用户创造收益57亿元，累计创造收益超200亿元；使用余额宝消费达到4.28亿笔，金额达2068亿元，环比增加53.16%。③

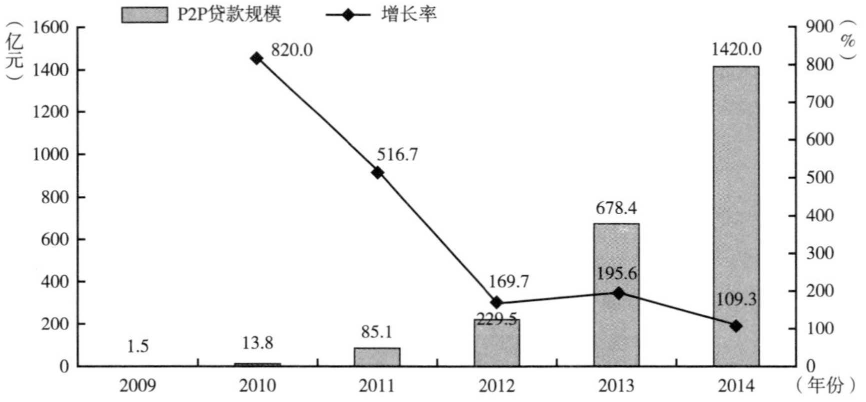

图2　2009～2014年中国P2P网络贷款交易规模

资料来源：参见冀静《2013互联网金融年终报告之P2P贷款》，速途研究院，2013年12月31日，http：//www.sootoo.com/content/472272.shtml。

2. 互联网金融的发展趋势

第一，移动终端支付替代桌面终端支付成为主流第三方支付方式。由于移动终端的便携性、日益强大且齐全的功能，以及移动终端通讯设备（如手机、平板电脑）的渗透率和使用率远大于桌面终端的使用频率等，使得移动通信、互联网和第三方支付结合，使移动终端支付将替代桌面终端支付、传统支付成为第

① *World Payments Report 2013*, Capgemini and The Royal Bank, 2013.1.

② 指百度、阿里巴巴、腾讯。

③ 天弘基金：《余额宝三季度报告2014》2014年10月24日。

三方支付的主流方式。预计2016年全球移动支付交易总金额将达到6169亿美元。①

第二，新型理财产品替代传统理财与储蓄成为新兴财富管理方式。支付宝、财付通、Mint以及SigFig等国内外知名理财产品均以其高收益、便利性及个体准入低标准，吸引更多的个人和机构放弃银行储蓄和传统理财产品而趋向于新型理财产品。2014年第34次《中国互联网络发展状况统计报告》显示，仅一年的时间，中国互联网理财产品用户规模已达到6383万，使用率达10.1%。②

第三，P2P网贷、众筹替代传统存贷款业务成为重要筹融资方式。信息技术发展大幅降低了企业因信息不对称产生的交易成本，尤其是P2P网络贷款的发展成为解决中小企业融资难问题的重要手段。P2P网络贷款无论从成交额、待收金额、投资人规模、平台数量等方面都将跨上新台阶。众筹应用领域和规模更加广泛，除了批发零售业、金融业之外，还将会在科学研究、文化娱乐、教育领域广泛应用。世界银行预测，到2025年全球众筹规模将达3000亿美元，其中中国市场为500亿美元；发展中国家有3.44亿个家庭可以对社区商务进行小规模的众筹投资，到2025年有能力构建每年960亿美元的众筹投资规模。③

3. 互联网金融的主要特点

第一，网络覆盖广泛。随着互联网、移动互联网的广泛运用，消费者可以随时随地享受互联网金融服务，即使在落后国家和农村同样大有作为。如，非洲肯尼亚的手机支付占比早在2011年就达到了80%；截至2014年6月，中国网民中农村网民占比28.2%，农村网民规模达1.78亿，较2013年底增加169万人。④

第二，信息即时透明。互联网金融使信息更加透明公开，不论是第三方支付、金融理财还是众筹融资，客户都可以直接查询与交流。此外，金融信息的透明化，增强了人与人之间的信任，许多小企业以及个人在无抵押、无担保的情况下从陌生人手中成功筹集到资金。

第三，低成本与高效率。互联网金融相比传统金融有着不可比拟的低成本优势，它降低了理财产品管理及运营成本，并有效集聚个人用户的零散资金，既保证了个人零散资金获得更高效率的收益回报，又极大地提高了办公效率。

---

① 杨春雨：《浅谈互联网金融的发展现状与前景》，中国电子银行网，2013年6月9日。

② 《中国互联网络发展状况统计报告》，中国互联网络信息中心（CNNIC），2014年7月21日。

③ *The World Bank Report On Crowdfunding*, by Charles Luzar, 2013.10.24.

④ 中国互联网络信息中心CNNIC：《第34次中国互联网络发展状况统计报告》，2014年7月。

第四，法律保障不健全。互联网金融作为新型业态，相关政策法律还不完善，缺乏行业准入与规范，从而造成相关部门难以监管，众筹发展无完善规则可依，容易引发非法集资等一系列问题；再加上全球信用体系建设的区域不平衡，引致某些地区金融违约成本低，金融犯罪率高等风险，都会影响互联网金融的发展。

（二）跨境电子商务

电子商务作为互联网的主流盈利领域，应用广、渗透力强。跨境电子商务是指分属不同关境的交易主体，通过电子商务平台达成交易、进行支付结算，并通过跨境物流送达商品、完成交易的一种国际商业活动，主要包括商对商（B2B）、商对客（B2C）、客对客（C2C）三种模式。如，美国 eBay、亚马逊是典型的 B2C 模式，中国的淘宝则是 C2C 模式。跨境电子商务现阶段主要应用在服装、化妆品、奢侈品、母婴类以及保健品领域的网上交易。

1. 跨境电子商务的发展现状及趋势

第一，全球规模快速增长。2014 年 7 月 24 日在线支付平台 PayPal 首次发布的全球跨境电子商务报告显示，从估算的 2013 年跨境网购消费总额来看，美国（406 亿美元）、英国（127 亿美元）、德国（97 亿美元）分列前三。据中国电子商务研究中心监测数据显示，2013 年中国电子商务市场交易规模达到 10.2 万亿元，同比增长 29.9%，继续保持高位增长。[①] 2014 年上半年中国跨境电子商务交易总额为 3 万亿元左右，其中跨境零售约 3000 亿元。中国跨境电子商务的平台已经超过 5000 家，企业超过 20 万家。

第二，发展中国家成为跨境电子商务的主要市场。PayPal 2014 年全球跨境电子商务报告显示，从未来 5 年跨境网购消费总额增速来看，巴西将以平均每年增长 45% 的速度独占鳌头，澳大利亚（21%）及英国（16%）紧随其后。中国将成为跨境电子商务大国。2014 年中国跨境电商进口零售额达 600 亿元，2015～2016 年可翻 2～3 番，预估达到 1500 亿～3300 亿元；2018 年中国的海淘人数将达到 3500 万，海淘规模达到 1 万亿元，且中国电商在跨境电商领域交易额将达到全球的 50%[②]；2014 年中国淘宝“双 11”当天共有多达 217 个国家和

① 中国电子商务研究中心：《2013 年度中国电子商务市场数据监测报告》，2014 年 4 月。

② 《2014 跨境电商调查分析报告》，中国电子商务研究中心，2014 年 12 月，http://b2b.toocle.com/detail--6209733.html。

地区在这个平台上实现了商品交易；中国共有 13 个亚马逊运营中心，可以快速地将商品递送到中国近 3000 个城市区县。①

第三，跨境电子商务与跨境物流协同发展。随着跨国交通基础设施的不断建设与完善，国际航空、航海及路网的规模将不断扩大，跨国物流运力将持续增长。此外，跨境电子商务与跨境物流平台的结合，将更有效地解决商务过程中物流时间长、购物体验差等问题。如，亚马逊海外建仓、eBay 设立俄罗斯专线、敦煌网设立国际易邮宝等。

第四，移动支付方式成为跨境电子商务主流。PayPal 2014 年全球跨境电子商务报告显示，全球五大市场②中，76% 消费者表示，愿意更多运用移动终端设备完成跨境网上交易。随着智能手机和平板电脑的普及，这种趋势更加明显。到 2018 年，美国整体跨境电子商务的复合年均增长率预计将达 15%，而移动跨境电子商务的增速达到 22%，2018 年仅美国市场的移动跨境网购消费人数将超过 2500 万。③

2. 跨境电子商务的主要特点

一是全球性，消费者无须走出国门便可购买到国外商品；二是即时性，跨境电子商务交易的信息交流、订单完成与付款等，都能够克服地理距离的限制随时随地发生，大大提高了交易的效率；三是支付方式多样化，从目前支付业务发展看，跨境电子商务支付结算的方式不仅包括传统的跨境支付购汇方式、跨境收入结汇方式，还包括新型支付手段，如利用支付宝、PayPal 等全球知名第三方支付完成结算；四是难监管，如远程交易的匿名性、无形性以及产品的数字化（如音频、视频等）给税收和监管等带来难题。

（三）网络物流

网络物流又称网上物流，即基于互联网技术对传统物流方式进行变革，推动物流业发展的新商业模式。随着自动化与信息技术在产业中的不断运用，物流业态变革重点是将包装、运输、存储、装卸、配送、信息处理等基本功能与互联网

---

① 亚马逊中国总裁葛道远，亚马逊中国“黑色星期五”新闻发布会，2014 年 11 月 25 日，http：//finance. sina. com. cn/stock/usstock/c/20141129/183420956414. shtml。

② 美国、英国、德国、澳大利亚和巴西。

③ 《PayPal2014 年全球跨境电子商务报告》，http：//coi. mofcom. gov. cn/article/y/gjdt/201307/20130700216422. shtml。

技术有机结合起来，网络物流可以帮助数以百万、千万计需要物流和提供物流的企业及个人创造出更大的财富。随着全球基础设施互联互通，交通网络日趋密集，跨境电子商务的快速发展，促进物流配送变革加快，网络物流将成为快速实现全球资源共享、商品国际流动，使各国真正融入全球产业链的主要业态。

1. 网络物流的发展现状及趋势

第一，网络物流正成为物流业新的增长点。网络物流的覆盖范围日益广泛，尤其是汽车、消费品与工业品领域发展迅速。随着发达国家的网络物流进入较为成熟阶段，发展中国家和新兴经济体的网络物流也步入了快速增长阶段。2011年全球物流收入达9810亿欧元，到2020年物流业将全面网络化，预计全球物流服务市场有望以每年3%的速度持续增长。① 中国包括网络物流在内的社会物流总额从2004年的38.4万亿元增长到2012年的177.3万亿元，年复合增长率达到21.07%。② 全国重点企业物流统计调查报告显示，与一体化物流③业务2013年收入同比增加31%相比，网络物流服务收入保持高速增长，比2012提高了94.0%④（见图3）。中国的阿里巴巴集团联合银泰、复星、富春、顺丰、三通一达共同组建菜鸟网络，通过5 ~8年的努力，打造遍布全国的开放式社会化物流仓储设施，建立一张能支撑年度10万亿元网络零售额的智能物流骨干网络；苏宁"物流云"的全国物流建设项目，到2015年将实现60个物流基地，12个自动化仓库的全国布局。⑤

第二，全球网络物流仍由发达国家主导。全球网络物流发展较为成熟的企业主要集中在美国、日本和欧洲等发达国家和地区，全球排名前12的均被发达国家占据，第13名是中国远洋运输集团。⑥ 2012年世界银行发布的全球物流业竞争力排行榜显示，新加坡高居榜首，中国香港、芬兰分别位居第二、第三，中国排第26位。⑦

---

① 《全球物流市场发展趋势分析（*Global Logistics Markets Trend Analysis*）》，罗兰贝格管理咨询公司，2014年8月。

② 《我国现代物流业发展现状分析》，中国报告网，2014年4月24日。

③ 一体化物流，是运用综合、系统的观点，将从原材料供应到产成品分发的整个供应链作为统一的流程，对物流的所有功能进行统一管理，形成为客户提供多个物流服务的最终解决方案，现代物流企业以一体化物流服务作为发展方向。

④ 《全国重点企业物流统计调查报告》，科技信息部，2014年12月。

⑤ 徐匡迪：《经济转型与科技创新驱动》，《全球化》2014年第11期。

⑥ 资料来源：各大公司年报，工业和信息化部电子科学技术情报研究所资料搜集整理。

⑦ *Connecting to Compete*：*Trade Logistics in the Global Economy*，World Bank。

第三，物流智能化成为主要趋势。未来智能物流将应用物联网、云计算等先进智能技术，提升物流业的标准化、信息化、智能化水平。① 网络物流将形成无人化的流水线，对包裹的智能投递、快速分拣系统以及自动导向及定位系统将广泛得到应用，采用最新的红外探测技术、激光技术、无线通信技术、编码认址技术等，将提高物流效率并降低作业差错。今后对物流技术与装备的需求将更倾向于先进物流装备和物流技术集成化的物流系统，并以建立专业的网络物流园区为主要载体。2014 年 12 月 26 日中国首个云服务智能物流园正式落户长沙。

2. 网络物流的主要特点

一是数字化，人们可以做到对物流商品运送状态、送达地点等信息的实时跟踪与查询；二是网络化，随着运输线路与中转站的不断建设，物流业逐渐网络化，第三方物流、第四方物流、绿色物流、精益物流、逆向物流不断显现出强大的生命力，商务的网络化及商品的虚拟化使物流企业将各地仓库通过互联网相连接，全球网络物流体系正在形成；三是标准化，物流设施与设备以及商品的包装、信息传输等一系列工序将趋于全球标准化，只有各环节做到统一化、标准化，才能实现网络物流的智能化，形成高效的全球网络物流运作体系；四是高效化，网络物流实现全球物流的节约成本、经营效率提高。在运送货物方面，若使用专线物流到俄罗斯和巴西等地需要 16～35 天，通过国际 e 邮宝仅需要 7～12 天送达。

（四）众包

众包（Outsourcing）是企业把传统上由内部员工承担的工作或业务流程，通过互联网将外包信息传播出去，由企业外部相关领域的专业组织或个人承接并得到收益。“众包”作为服务外包的一种新型业态，由《连线》（Wired）杂志编辑 Jeff Howe 首次提出，并在 2013 年作为热门词汇被《牛津英语词典》收录。现阶段众包不仅应用于传统制造业与服务业中，而且有众多企业响应众包业态革命，通过众包模式实现自身发展。

1. 众包的发展现状及趋势

第一，全球应用领域广泛。目前，亚马逊、OhMyNews、标致汽车、宝马汽车、乐高、宜家和阿迪达斯等跨国公司都应用了众包模式。不仅如此，众包在新兴行业也有着广泛的空间。2014 年 3 月 11 日美国 Digital Globe 卫星技术公司向

① 《国内首个云服务智能物流园落户长沙》，湖南省人民政府门户网站，2014 年 12 月 27 日。

全球开放该公司的众包搜寻平台 Tomnod，力图借助广大网民的力量提高搜寻失联航班 MH370 的效率，[①] 该项目吸引了全球 300 多万名志愿者，完成了对约 24000 平方公里海域的排查工作。众包的服务领域将不断扩大，科学研究、文化娱乐以及教育等领域也将成为其主要服务对象。

第二，全球规模快速增长。目前，众包的发出与接收主要发生在美国、非洲地区和亚太地区，其中亚太地区众包业务发展最为迅猛，中国、印度、澳大利亚的众包业务规模经历了近乎爆炸式的增长。2012 年中国众包服务平台"猪八戒网"交易额达 10 亿元，2013 年已突破 25 亿元，用户超过 900 万，远超澳大利亚众包网站 Freelancer. com 的 650 万。[②] 中国也出现了新型的快递众包模式，通过手机下载"人人快递"应用软件，注册之后便可以充当临时快递员。Gartner2012 年对众包的成熟度、接受度及未来趋势的评估[③]结果显示，众包在未来 5～10 年里将处于膨胀期。

第三，市场细分和业务细分加快。面对不同企业、出于不同目的，通过互联网发出的纷繁复杂的众包请求，将形成更加专业、更加细分的接包方；服务提供商将提供更加多样的市场解决方案，如系统集成、业务转型、项目服务及自动化等；众包与互联网技术将形成更加紧密的结合，并将形成众包移动客户端，更加方便快捷高效的开展众包业务。

2. 众包的主要特点

一是众包因借助互联网平台，可以将巨额外包合同拆分为更加细化、专业的众包合同，并缩短了合同履行期限，成为服务外包新项目的主力军；二是可以帮助企业或政府获得大量的用户生成内容（UGC）[④]，从而更加了解消费者和大众的消费需求与意愿；三是企业通过将非核心业务以众包的形式外包，可以聚焦核心技术，降低运营成本，提高企业竞争力；四是众包能够以完成特定外包任务为目的，借助互联网雇佣大量专业技术人员，节省长期雇用成本，并提高人力资本利用率。

---

① http：//www. tomnod. com/.

② Alec Lynch：*Crowdsourcing Is Booming In Asia*, TechCrunch, 2012. 12. 8.

③ *Gartner's 2012 Hype Cycle for Emerging Technologies Identifies "Tipping Point" Technologies That Will Unlock Long-Awaited Technology Scenarios*, Reuters, 2012. 8. 16.

④ UGC：User Generated Content 用户生成内容，即将自己原创的内容通过互联网平台进行展示或提供给其他用户。

三　全球服务外包的发展现状、主要特点及趋势分析

自 20 世纪 90 年代以来，服务外包作为新一轮国际服务业转移的主要方式获得快速发展，带动了全球服务贸易发展和外贸增长方式转变。目前，全球服务外包产业正在经历从 1.0 时代到 2.0 时代的变革，外包业务从基础业务逐步延伸到核心业务，外包范围从软件开发、IT 基础设施建设等 ITO 业务，逐渐延伸到金融、财务、人力资源、呼叫中心等 BPO 业务及医药研发、工业设计、咨询服务、教育培训等 KPO 业务。世界各承接国的比较优势逐渐形成，离岸服务外包市场已经进入专业化分工和协作阶段。随着云计算、大数据、物联网、社交网络、移动互联网等新一代信息技术发展，以及企业组织模式、商业模式、产业链重构都将推动服务外包产业规模扩大、交付模式变化和业态创新。

（一）全球服务外包的发展现状

1. 服务外包增速平缓，呈现蓬勃发展态势

伴随全球经济增速放缓，发达国家陷入结构性经济衰退周期，全球服务外包市场增速总体趋缓，但企业普遍面临削减成本的压力，离岸外包作为降低成本、优化结构、推动转型升级的有效手段，仍有巨大的市场空间。2013 年全球 IT 服务（ITO）、业务流程外包（BPO）、研发设计（R&D）三大项服务支出合计约 11993 亿美元，较 2012 年增长 4%。其中 ITO、BPO、R&D 服务支出分别为 6559 亿美元、3252.2 亿美元、2181.9 亿美元，较 2012 年分别增长 3.2%、4.5%、6%，占全球总量比重分别为 54.7%、27.1%、18.2%。2013 年全球离岸服务外包总支出为 1684.9 亿美元，较 2012 年增长 17.9%，到 2016 年将达到 2687.7 亿美元（见表 1、表 2）。

表 1　全球服务外包市场规模及预测

单位：亿美元，%

类别 \ 年份	2012	2013	2014	2015	2016	2017	2018	复合年均增长率（2013～2018 年）
ITO	6358.4	6559.0	7930.1	7679.8	7995.5	8297.2	8618.9	3.9
BPO	3113.1	3252.2	3742.9	3980.2	4217.5	4444.8	4672.8	5.8
R&D	2057.7	2181.9	2532.5	2719.7	2911.9	3108.1	3296.3	6.9
总计	11529.2	11993.0	13665.5	14379.7	15124.9	15850.1	16587.3	5

资料来源：《全球服务外包发展现状及趋势》，IDC，2014 年 2 月 3 日。

表 2　全球离岸服务外包市场规模及预测

单位：亿美元，%

类别＼年份	2014	2015	2016	2017	2018	复合年均增长率（2013～2018 年）
ITO	980. 0	1120. 0	1280. 0	1450. 0	1630. 0	13. 8
BPO	450. 0	532. 0	624. 0	730. 0	850. 0	17. 5
R&D	548. 2	658. 3	783. 7	925. 1	1062. 5	18. 8
总计	1978. 2	2310. 3	2687. 7	3105. 1	3542. 5	16. 0

资料来源：IDC，2013。

2. 离岸服务外包市场格局稳定，产业集中度提高

第一，全球服务外包发包方仍以发达国家为主。美国、西欧、日本是主要发包国家和地区。2013 年美国离岸发包额居全球首位占全球总额的 60%，西欧占 18%，日本占 10%。金融危机后，发达国家贸易保护主义、就业回流的趋势都影响了发包规模增长。

第二，承接国发展中国家数量迅速增加。印度、中国为主要接包国。2013 年，印度和中国承接离岸服务外包总额分别为 840 亿美元和 242 亿美元，分别占全球总额的 49. 9% 和 14. 4%。凭借着人力成本优势和地缘优势，马来西亚、墨西哥、越南、菲律宾、俄罗斯等国都有很好的表现，已经对印度、中国带来挑战。

第三，各接包国存在差异化竞争优势。多数承接国根据自身产业成熟度、语言优势和国际品牌进行清晰定位，展现出差异化的国际竞争优势。印度在“英语语系的适应力、人才库、国际标准的达成度”等方面优势明显，在“成本、全球性与法律成熟度”等方面优势并不突出；中国在“人才、日语语系的对应力、政府部门的支持及政治经济环境”等多项指标优势明显，但在“全球性与法律成熟度、数据和信息安全与知识产权保护”等方面尚需提高。

第四，全球服务外包市场集聚度较高。日本排名前 5 的 IT 服务企业占其 IT 服务市场总额的 50%；印度前 10 家服务外包提供商的收入占其 IT-BPO 市场总额的 50%（Nasscom 数据）；德国前 5 家服务外包提供商占其离岸市场总额的 45%。

3. 节约成本、整合资源、提高创新能力是发包国的主要动因

日本企业释放离岸服务外包需求的主要动因是“降低成本和增补人才”，

83% 的日本企业认为因为“削减成本”而采用离岸服务外包，70% 的日本企业则认为是为了整合外部人才资源“弥补日本人才的不足”。西欧国家企业决策者选择服务外包基于同样的考虑：一是减少运营成本；二是补充 IT 业人才和资源。美国企业将非核心业务转移至劳动力价格低的国家和地区能节约企业运营成本，美国企业正努力开拓中国等发展国家市场，开发适应本地的产品，支持创新也成为离岸外包的重要因素。

4. 服务外包产业链向多元化、高端化发展

总体来看，全球服务外包产业仍以 ITO 为主，但已从单纯的 IT 软件外包逐渐过渡到 BPO 和 KPO，而且对服务提供商的专业综合能力要求越来越高。金融危机以来，服务外包向多元化、高端化方向战略转型取得重大进展。服务外包的重点行业已经逐步扩展到医疗、金融保险、法律、知识产权、人力资源、研发设计、教育培训、动漫网游、电子商务、媒体、电信、生物医药等领域。2010 年全球 KPO 达 170 亿美元，比 2003 年增长 13 倍，是近年来增长最快的领域。KPO 是服务外包中的知识密集型产业，涉及领域大多为企业核心技术，人才素质要求高、科技含量高、创新性强，将有利于摆脱产业低端化、科技含量低的困境，实现向中高端价值链的跃升，同时也促进服务外包产业链和价值链向科技密集型、高附加值、高端化攀升。如，麦肯锡、高盛、AC 尼尔森等已在印度建立高增值服务供应及外包平台从事 KPO 外包业务。

（二）主要国家和地区服务外包发展的特点

1. 美国

美国一直是全球最大的发包国。美国信息化发展已进入成熟阶段，产生大量 IT 服务需求。金融危机后，美国企业受到降低成本的压力，进一步推动了离岸服务外包的需求。2013 年美国离岸服务外包市场规模达到 1010 亿美元，同比增长 18%，其中 ITO 占 55%、BPO 占 22%、KPO 占 23%。

美国服务外包市场有如下特点。一是成熟的企业群体。美国大型企业具有很强的全球化能力，这些企业在全球范围内优化配置资源，完全融入当地市场，充分享受当地的资源，特别是人力资源的优势。二是成熟的管理体系。美国买家拥有成熟的供应商选择标准、成熟的服务外包流程管理机制、软件外包成熟性模型等管理体系，帮助服务提供商完成从系统设计、详细设计、模块分解、模块实现、需求修订、实施、测试、系统集成、现场安装、运行维护、升级更新等全生命周期的服务。三是成熟的服务模式。美国的众多咨询机构每年出版有关全球服务外包领域的咨询研究报告，对产业进行持续跟踪研究与趋势判断。

2. 日本

2013 年日本离岸服务外包市场规模为 145.5 亿美元，同比增长 16.2%，其中 ITO 占 31.1%、BPO 占 32.8%、KPO 占 36.1%。日本企业的发包经验丰富，有 36% 的日本 IT 企业拥有直接或间接发包的经验。日本发包企业重视在国外设置研发机构。根据 IPA 的数据，有 43.2% 的日本 IT 企业在国外设置研发机构，其中有 85.4% 的企业选择在中国设置研发中心。日本主要采用金字塔形服务外包模式。日本作为总接包商的企业控制着系统设计等高端业务，将技术含量较低的业务外包给中国等邻近国家。

3. 欧洲

2013 年欧洲离岸服务外包市场规模为 287.4 亿美元，同比增长 17.1%，其中 ITO 占 52.1%、BPO 占 21.8%、KPO 占 26.1%。欧洲服务外包以"近岸转移"交易模式为主。根据 EUROSTAT 数据，2010 年欧盟计算机与信息服务出口达到 411 亿欧元，其中欧盟内部的近岸转移规模为 270 亿欧元，占总额的 65.7%。近岸服务转移在欧洲占主导地位的主要原因是地理上相近国家间在教育、经济和文化上具有趋同性，近岸地区间的旅行、通信可以有效降低服务外包双方的沟通和运输等成本。欧盟主要发包国家集中在西欧和北欧，包括英国、德国、荷兰、芬兰、丹麦等国家。

4. 印度

印度是全球最大的离岸目的地。2012 年占全球 ITO 市场 61%、BPO 和 KPO 市场 35% 的份额。印度服务外包产业呈现持续增长态势，其主要原因：一是具有较高素质、低成本的人力资源，较发达的高等教育、技术教育体系；二是保护知识产权的法律体系比较健全，政府根据形势发展对相关法律及时进行调整和修订，印度版权法被认为是世界上最严格、最接近国际惯例的版权法之一；三是加快软件园区、出口加工区、经济特区等园区建设，注重发挥行业协会作用。此外，印度所处的时区优势［印度处于东四区（GMT +4.5），这使它能够正好和美国互补，形成一个完整的 24 * 7 的服务］，这是美国很多公司选择在印度设立呼叫中心的一个重要原因。金融危机以来，印度服务外包产业凸显了脆弱性。一是服务外包市场过于狭窄，美国、英国占印度外包出口市场的 80% 左右；二是劳动力成本上升；三是来自其他国家的竞争增强。为此，印度外包企业正在不断探索开辟新型商业模式，并把业务转向国内二、三线城市，继续保持全球服务外包首选地的地位。

5. 俄罗斯

俄罗斯是具有较大潜力的承接国。据IDC数据，2013年俄罗斯IT市场规模达到348亿美元，比2012年增长7%。在俄提供IT软件相关服务的公司主要分为三大类：第一类是系统集成商；第二类企业主要为客户提供软件开发服务；第三类是跨国公司研发中心和科学研究机构，约占软件出口总量的15%。俄罗斯服务外包产业发展具有近岸外包、人力资本、高级别业务模式、持续改善的营商环境等方面的优势。在知识产权保护方面，俄罗斯的版权法为软件、影像、音乐和视频等提供保护，并扩展到任何版权法的保护对象。从前景来看，俄罗斯服务外包产业处于不断上升过程中。一方面俄罗斯服务外包产业的重点在一些高端领域，这使它能够避免与印度、东南亚等发展中国家之间开展直接竞争，打造自身的特色优势；另一方面是靠近欧洲目标市场，有利于欧洲客户开展对俄外包业务。

（三）全球服务外包发展的主要趋势

1. 新一代信息技术推动服务外包规模增长

一是以云计算、大数据、移动、社交商务为基础的ICT第三平台技术正在强势引领服务外包。IDC预计，到2020年全球ICT市场中的40%份额将是第三平台带来的，而2012年这一数字只有20%，这就意味着第三平台相关的市场增长率达年均15%，而传统ICT市场中只有0.7%。二是云端交付模式广泛应用。云计算在服务外包中的地位越来越重要，传统服务外包会大量采用云端交付模式，云计算对服务提供商的能力提出新的技术要求。IDC预计，到2019年全球近50%的公司会把100%的内部应用和基础设施转移到云计算环境中。三是物联网所涉及的传感器制造将会把嵌入式软件的开发进行大量外包。

2. 知识密集型服务外包增长加速

新一代信息技术将推动服务外包高端化。新技术体系涉及行业应用软件开发、系统集成、数据处理和数据挖掘、信息服务等知识密集型外包业务，由此将衍生出大量的信息化服务需求，涉及金融、保险、文化、教育、研发、设计、娱乐、医疗等高端服务领域。① 游戏外包服务将从单一业务外包向整个产业链上游诸如手游设计、动作特效、程序开发管理外包等高端业态进行延伸。到2015年

① 苏淑红：《在“大物移云”新技术推动下，探寻中国服务外包教育培训产业发展新路径》，中国外包网，2013年12月10日。

中国金融外包市场将超过60亿元。HFS研究中心预计，到2018年欧洲、中东和非洲BPO复合年增长率为6.1%，ITO复合增长率为3.5%（见图3）。随着科技革命的新突破，KPO将在金融、医药研发等领域加快发展。

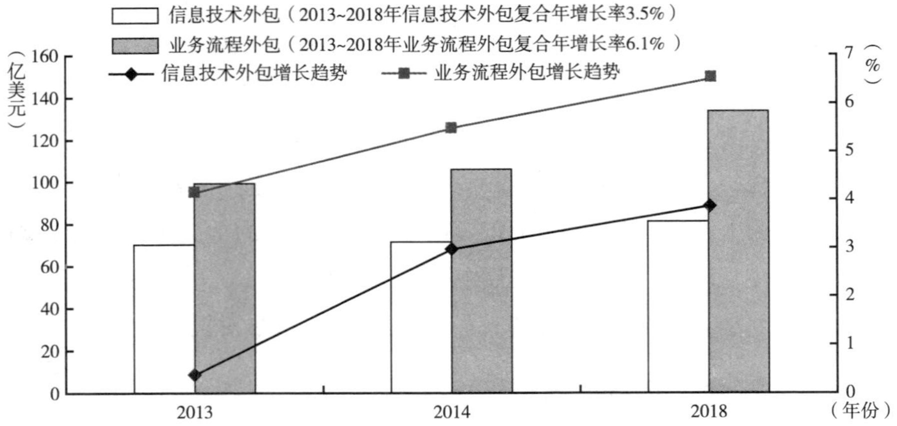

图3　2013~2018年欧洲、中东和非洲外包市场

资料来源：*HfS Blueprint Report*：*Shared Services & Outsourcing*（*SSO*）*Governance Solutions*，HfS，2014.8。

3. 服务外包企业将加快组织模式、交付模式创新

一是众包模式将广泛应用。由于全球服务外包市场的发展开始进入调整期，一些大规模、长期的服务外包项目有所减少，将影响较大的服务外包公司，如IBM、HP-EDS、TCS等。与此同时，众包模式逐渐增多，把一个项目拆成几个包，分派给相应行业内更有优势的外包商，这种模式对于中国等新兴国家是利好的。二是并购整合成为驱动全球交付能力的手段。近年来，跨国公司的全球化布局向纵深发展，对服务商全球交付能力的要求越来越高，全球交付能力是未来每个大型服务提供商都必须要解决的问题。IDC统计，2012年全球ICT领域并购案达到3815个，总金额约2110亿美元，其中涉及企业应用、IT服务、互联网领域的并购数量已超过了800个。三是服务外包与产业更紧密融合。当前全球行业用户IT支出中，与业务部门相关的占65%，2012年直接由业务部门决策的新IT项目已经达到25%，IDC预计2017年这一比例将上升到40%。这就意味着服务外包业务只有嵌入到特定行业企业的业务流程中去，给企业带来更大的价值，逐渐升级为高利润业务，才会有更大的发展空间。

4. 企业创新驱动战略将带动服务外包持续增长

企业在创新驱动战略下，迫切需要服务提供商支持包括产品、品牌、渠道、价格、促销、服务、商业模式等方面的创新与差异化战略，由此释放出大量外包业务。例如，沃尔玛利用大数据实现美国东中西部的货品价格与布局优化，可口可乐利用大数据和云计算开发新产品，咕咚网利用移动和大数据实现消费者的健康管理，招商银行利用社交和移动为用户提供24小时个性化服务等。

四　未来全球服务业态变革与创新的主要趋势

（一）全球化趋势：各种新型业态将在全球范围快速扩张

随着互联网信息技术在全球普及以及大数据、物联网、云计算、移动互联网等新一代信息技术的广泛应用，导致越来越多的服务产品具有国际流动性、可贸易性，使得新型服务业态呈现出全球化发展的趋势。一方面，餐饮、酒店、零售、旅游、金融、娱乐等传统服务业态将通过信息化改造提升加快全球化进程。如，跨境电子商务使零售业网络触角超越国界伸向世界任何角落；旅游电子商务平台不断涌现，缩短了游客的时间成本；互联网金融将成为未来全球中小企业融资的主要选择，中国有82%的网民有意向购买互联网金融产品。[①] 跨境网络物流将是未来网络物流的主要增长点，并形成了全球资源共享态势，如申通快递与荷兰、俄罗斯邮政借助彼此在本土快件运输和运输网络资源的优势，携手开拓欧洲市场；顺丰速运针对境外电商类客户推出“全球顺”服务；亚马逊签约上海自贸试验区，开展跨境电子商务合作。[②] 另一方面，随着互联网技术、企业管理模式、社会管理模式等不断创新，新型服务业态将更加多样化。例如，城市综合体、家庭服务业、企业“一站式”后勤管家等；文化创意、智慧城市成为热点的新兴业态，艺术家、科学家也通过众筹众包等方式实现梦想。

（二）融合化趋势：产业融合、业态融合、商业模式融合共同发展

在信息技术推动下，制造业与服务业、服务业与服务业将加速融合，传统业

① 张辉：《速途研究院：81.5%网民有意向购买互联网金融产品》，速途网，2013年9月23日。

② 汪名立：《跨境电商火爆倒逼物流变革》，《国际商报》2014年8月21日。

态与新型业态将加速融合，传统商业模式与新兴商业模式将加速融合，共同推动全球产业结构的现代化。

一方面，制造业与服务业加速融合，形成制造服务化、服务型制造等新模式，产生智能化制造、互联网制造、云制造等新型业态。① 服务型制造企业将大幅增长，AndyNeely 对全球 13000 家制造业上市公司的研究表明，美国制造与服务融合型的企业占制造企业总数的 58%，芬兰、马来西亚、荷兰、比利时分别是 51%、45%、40%、37%，并有增长趋势。② 美国政府把制造业创新重点转向技术密集型的服务化制造，更加关注产品的功能与性能创新、注重服务与体验结合，其中 3D 打印是第一个得到政府扶持的产业，主要用于汽车、航空航天、医疗保健等领域。

另一方面，服务业内部各种业态加速融合。如，旅游集餐饮、体验、培训、娱乐等服务于一体；教育培训服务采用线上与线下相结合、远程教育与面授相结合；医疗服务采用医院诊断、远程诊断、电子病历相结合；零售业采用实体店与网上店相结合；美国的 LinkedIn、Yamma，中国的 Belink、美丽说等网站成功将电子商务与社交网络相结合；网络物流从单一的邮政包裹演变为“邮政包裹为主，其他模式并存”等模式。

此外，并购成为融合的重要手段。制造企业将通过并购品牌、融资、研发、设计、物流、营销等服务的上下游企业来增强竞争力，促使制造与服务业态结合更加紧密。2013 年，全球并购企业主要集中在健康/医疗、软件服务、电子商务、（新）能源、网络/通信、金融服务、外包服务等行业。

（三）外包化趋势：服务外包规模持续增长

一方面，金融危机后企业为降低成本、降低风险、重塑竞争力实施服务外包策略；另一方面，政府部门在电子政务、信息化建设、人力资源管理、呼叫中心等方面也释放大量外包业务，进一步推动服务外包化、专业化、规模化的趋势。2012 年初在全球 500 强企业中，仅 1/3 选择服务外包；2013 年则有九成企业选择外包。③ 国际劳工组织（ILO）数据库的 116 个国家中，有 90 个国家在积极承接服务外包活动④；据

---

① 王德禄、邵翔：《业态创新是产业变革的新动力》，《科苑杂谈》2014 年第 3 期。

② 安筱鹏：《服务型制造：企业崛起的必由之路》，《中国电子报》2009 年 8 月 4 日。

③ 洪娟、喻文丹：《全球服务外包发展新趋势与中国应对之策》，《对外经贸实务》2011 年第 11 期。

④ 姜荣春：《全球服务外包产业发展演进：主要轨迹、典型事实及政策建议》，《国际贸易》2014 年第 5 期。

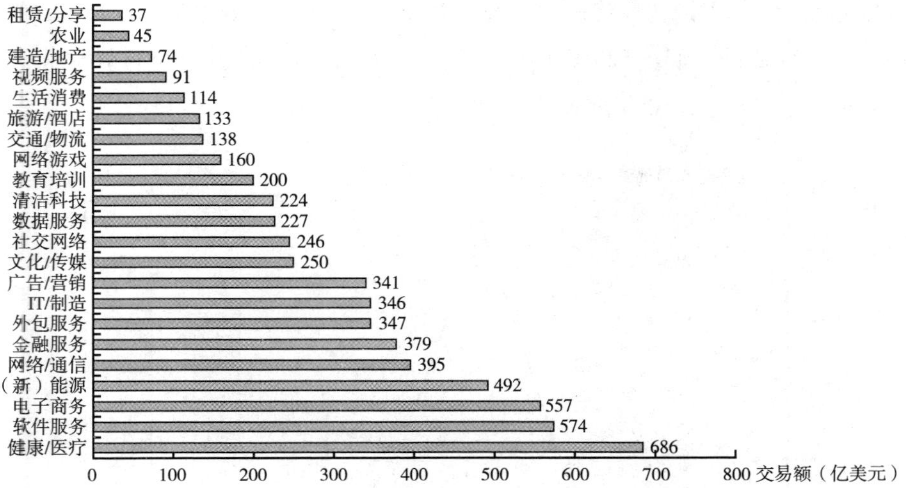

图 4　2013 年全球各行业投资并购交易数量

资料来源：http：//www. iduomi. cn/guandian/column/20140302/71894. shtml。

NASSCOM（2012）估算，未来全球服务外包产业将保持 30% ~40% 的增长率，到 2020 年仅 IT 外包就将达到 1. 5 万亿 ~1. 6 万亿美元。麦肯锡认为，到 2020 年离岸市场将超过 5000 亿美元，2011 ~2020 年美国离岸市场复合年均增长率为 17%，西欧为 16. 5%，日韩为 14. 4%。不仅如此，发展中国家、新兴市场的离岸服务外包市场也将达到 4500 亿 ~5000 亿美元的规模。发达国家具有市场规模、创新能力等优势，跨国公司在全球服务外包中仍具控制地位；随着中国、印度等新兴经济体快速崛起，内部需求不断扩大，未来可能打破发达国家的主导格局。

（四）网络信息化趋势：新型服务业态均依托网络信息技术而发展

无论是新生服务业态，还是传统服务业转型后的新型升级业态，都将更加依托网络信息服务发展。目前，大数据已广泛应用于金融、保险、商贸等各个领域，美国预测与大数据分析相关的市场需求量将从 2010 年的 5. 7 亿到 2020 年超千亿美元。

新生服务业态对网络信息服务的依赖程度高，完全依靠网络而运作，主要包括各类社交网站服务、网络零售业态、信息咨询服务等。如，阿里巴巴旗下淘宝天猫成为中国最大的网络零售平台，交易额从 2003 年 227. 1 亿元上升至 2013 年

15420亿美元。① 以网购为代表的新型消费模式正成为民众生活中不可或缺的组成部分。IResearch预计，2017年中国第三方移动支付市场的交易规模将达到119439.2亿元，比2010年增长超过200倍（见图5）。

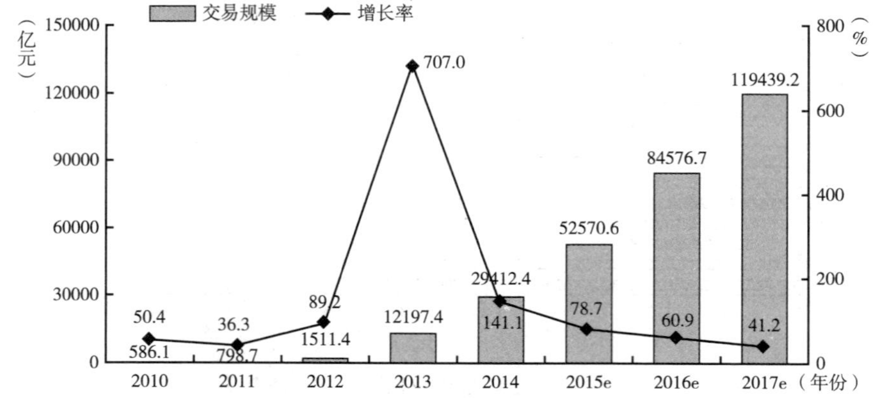

图5　2010～2017年中国第三方移动支付市场交易规模

注：移动支付是指，以无线通信技术为平台，通过移动终端实现的飞语音方式货币资金的转移及支付行为；其交易规模统计包括个人用户P2P资金转移业务、对第三方平台提供的产品和服务进行的支付；统计企业类型不包含银行、银联，仅指规模以上非金融机构支付企业。

资料来源：参见王维东《2013年中国第三方移动支付市场交易规模破万亿》，艾瑞咨询，2014年1月22日。

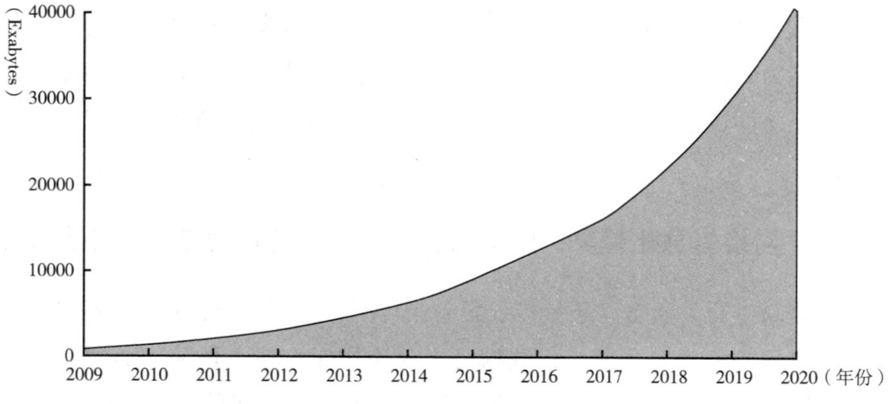

图6　未来全球数据总量的预测

资料来源：IDC's Digital Universe Study. sponsored by EMC，December 2012。

---

① 资料来源：http：//bbs. tianya. cn/post－333－578453－1. shtml。

与此同时，传统服务业利用网络扩大销售规模。如，餐饮、娱乐业依托互联网的“团购”模式促进销售。国外著名的团购网站有 Group On、Living Social、Retail Me Not、Coupons、Slick Deals 等，中国的聚划算、当当团购、美团、糯米网、大众点评网、拉手网等发展迅速。中国团购模式近三年增速很快（见表 3），且这种态势将持续下去。

表 3　2011～2013 年中国各团购品类数据对比

品　类	年份	在售团单(万期)	参团人数(亿人次)	成交额(亿元)	客单价(元)
餐饮美食	2011	19.8	0.81	40.9	49.0
	2012	107.6	1.52	95.7	63.1
	2013	296.1	2.72	187.8	69.0
休闲娱乐	2011	10.0	0.61	20.6	32.9
	2012	48.2	1.37	48.4	35.3
	2013	88.4	0.28	35.9	128.2
酒店旅游	2011	3.4	0.04	4.6	124.8
	2012	30.0	0.14	18.4	127.7
	2013	88.4	0.28	35.9	128.2
生活服务	2011	10.0	0.16	14.9	87.7
	2012	39.9	0.24	25.9	109.5
	2013	65.5	0.19	32.1	168.9
商品及其他	2011	10.2	1.52	29.0	18.5
	2012	19.7	1.21	21.6	17.9
	2013	22.2	0.73	16.6	22.7

资料来源：Tuan800. com。

（五）平台化趋势：ICT 第三平台技术等将逐步形成平台经济

随着云计算、大数据、社交商务的产生与发展，国际市场逐渐从 ICT 第二平台演进到第三平台，且第三平台技术将成为驱动未来 20 到 25 年 ITC 增长的主要动力。在 ICT 技术平台上，全球服务业态的变革与创新将表现得更为强烈，不仅加快传统服务业态改造升级，而且还不断催生前所未有的新型业态，形成力量强大的平台经济。银行、电信、保险、政府等部门开发 ICT 技术应用带来了 ICT 技术的快速发展。趋势之一是从单一的业务形态或产品形态发展为产业链的整合形态，硬件、软件、数据和服务趋于整合；趋势之二是跨界融合与业务模式创新。

云计算推动制造业模式变革，包括可穿戴设备和互联网汽车，大数据的发展支持公共服务、医疗服务等领域业态创新。IDC 预计，到 2019 年全球近 50% 的公司会把 100% 的内部应用和基础设施转移到云计算环境中。预计到 2025 年，ICT 技术将应用于全球近一半的经济产出中（约 82 万亿美元）。以 ICT 技术为平台工业制造的年生产率将提高 1 个至 1.5 个百分点，未来 20 年美国的平均收益将比现在提高 25% ～40% 。① 越来越多的服务企业以 ICT 技术为依托实现业务模式转型。如，中国电信以 ICT 为平台实现了对客户提供一站式整体服务，包含集成服务、外包服务、专业服务、知识服务以及软件开发服务等。

ICT 技术平台对促进消费作用突出。如，社交网络将以 ICT 技术为平台进行社交化生产，拥有真实且庞大的黏性用户群体，将为客户提供更加个性化的服务。以 ICT 技术为平台，世界各地人们不仅限于聊天和玩游戏，还可以完成订单、付账或转账，享受最先进的远程在线教育，并对远程监控和开关灌溉泵等。②

（六）消费便利化趋势：通过网络购买全球产品

新型服务业态在满足消费者需求方面更趋于便利化。尤其是网络零售业态的产生和发展，突破了地域的界限，极大地便利了人类的生活。电子商务 B2C 模式的应用缩短了消费者与商家之间的距离，为商品售前、售中、售后服务都提供了极大的便利，使消费者由传统的进商店、逛购物中心等“出门模式”转变为打开网站的“闭门模式”。在购物前，为消费者提供浏览筛选店铺、商品信息，节约了时间成本、搜寻成本；在购物过程中，消费者与商家利用网络社交平台直接对话沟通，减少了购物产生的交通能源消耗；在交易中，支付宝、PayPal 等第三方支付平台以及移动互联网终端的应用使得支付交易简易化；在购物后，产生送货上门、安装、售后等服务，通过售后评价体系为消费者提供意见平台，规范了网络购物的秩序，同时使商家了解市场需求。随着跨境电子商务、网络物流的推广应用，全球的产品皆可通过网络来销售。根据麦肯锡对 2003～2012 年全球网络零售市场的增长情况分析，中国网络零售市场的增长态势最为明显（见图 7）。

① 徐匡迪：《经济转型与科技创新驱动》，《全球化》2014 年第 11 期。

② *ICT Strategy 2012－2015*, World Bank.

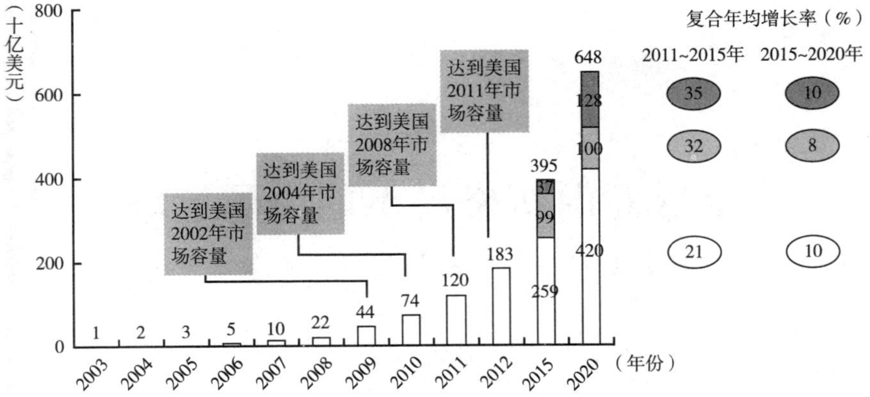

图 7　2003～2020 年中国网上零售市场增长情况

注：基于 2011 美元不定价计算：2015 年和 2020 年人口数量预测为 13.68 亿和 13.87 亿。

资料来源：iResearch；麦肯锡解读中国数据库；麦肯锡全球研究院（MGI）分析。

（撰稿人：中国国际经济交流中心《全球化》副总编、教授王晓红；兰州商学院教授于倩；中国国际经济交流中心《全球化》编辑李蕊）

全球能源新格局下的中国策略

——以“一带一路”能源战略选择为例

一　2014 年全球能源格局新变化

正当许多国际能源专家还在津津乐道于美国“页岩气革命”对全球能源市场的“蝴蝶效应”的时候，一场不期而至的国际油价大崩盘，让大家跌破眼镜。

2014 年以来，国际油价呈现出先涨后跌的走势，运行区间持续下行。上半年国际油价稳步上扬，进入 7 月之后则出现持续大幅下跌态势。国际油价在 10 月跌破每桶 90 美元关口，11 月跌破 80 美元关口，12 月连破 70 美元、60 美元大关，创 2009 年 5 月以来的新低，一再超出人们的预期。

至 2015 年 1 月 5 日，国际油价更是大幅下跌，纽约原油期货价格盘中短暂跌破每桶 50 美元，为 2009 年 4 月以来首次跌破该水平。截至当天收盘，纽约原油期货价格下跌 5.03%，收于每桶 50.04 美元。伦敦布伦特原油期货价格下跌 5.87%，收于每桶 53.11 美元。外媒普遍认为，油价暴跌虽然令一些亚洲经济体受益，但却让全球经济变得更加扑朔迷离。原油市场严重供大于求，油价还将进一步下跌，全球能源格局或将受到深远影响。

另外，2015 年 1 月 15 日彭博财经发布“2014 全球清洁能源投资额”分析报告称，中国在开发绿色能源方面的投资增长 32%，不仅位居全球第一，而且远远超过位居第二的美国，达到 895 亿美元。

二　国际能源新格局的形成原因及影响分析

2014 年下半年以来的国际油价持续下跌，以美沙联手打压俄罗斯为题材的

“阴谋论”再次成为人们热议的话题。毫无疑问，地缘政治风险对国际油价走势有着巨大的影响力，但是，地缘政治因素影响油价的机理是通过限产甚至石油禁运、投放战略石油储备以及战争、恐怖袭击等事件扰动石油供求来引起油价的波动，而不是有了遏制战略对手的“意愿”凭空就可以左右油价走势。而原油期货市场投机操作不会改变油价涨跌的方向，只会加剧市场波动程度（见图1）。

图1　2013年以来WTI与Brent原油期价

资料来源：Wind资讯，国家信息中心。

（一）本轮国际原油价格大幅下跌的主要原因

一是全球经济下行使石油需求增速放缓。近年来全球经济下行趋势明显，美国经济复苏尚不稳固，欧洲、日本仍然疲弱，以中国为代表的新兴经济体增速集体放缓。经济增长的乏力使各国对石油的需求明显减少。2014年全球石油需求较2013年仅增长了0.7%，较2013年1.2%的需求增长率下降了近一半，为2009年以来的最低水平。

二是能源产业持续投资和页岩油气发展使得石油供给大幅增长。原油的高价位促使各国开发投资增加，提升了石油总体供给能力。据估算目前石油输出国组织（OPEC）国家存在近10%的剩余产能，约为360万桶/天，约为全球消费量的4%。北美页岩气和页岩油的开发，对石油供应做出显著贡献。2014年美国原油产量创30年新高，前9个月产量达到4.2亿吨，全年约达5.5亿吨，同比增长 14.5%，逼近沙特成为全球第二产油国。美国原油进口依存度已从 60% 降低至 30%。

三是美国退出量化宽松带动美元走强。事实上，石油是最后一个价格“失守”的大宗商品。近年来，国际煤炭、黄金、铜、铁矿石等价格下挫达 30%～50%。美联储退出量化宽松收紧货币政策，美元走强既使以美元计价的国际原油价格下跌，也驱动全球资本撤离大宗商品市场，转而流向美元资产。预计这一影响将随着 2015 年美国实施加息政策而变得显著。

四是美国、沙特等影响力大的国家坐视油价下跌。长期以来，美国和以沙特为首的 OPEC 国家在战略层面达成默契，通过控制石油产量和开发量抬高油价，制约发展中国家；俄罗斯 21 世纪以来也获益很大。然而，沙特对美国页岩油气产量快速增加的忧虑（2009 年以来，美国页岩油是其石油增产的主要因素，2014 年约生产 1.8 亿吨）、美俄关系紧张、OPEC 国家利益分化等因素，使多方博弈加剧。特别是沙特在几个关键时点明确表态不会减产，加快了油价下行速度。

（二）影响未来油价走势的主要因素

一是石油需求有望温和回升。在美国经济复苏等因素带动下，联合国预计 2015 年全球经济增长 3.1%，较 2014 年的 2.6% 有所提高。全球石油需求增幅可能达到 1% 以上，高于 2014 年 0.7% 的水平。二是原油增产情况将有所抑制。在目前油价水平上，美国页岩油企业已经有 80% 处于亏损状态，未来产量将受较大影响，而且新的开发投资将十分谨慎。而沙特也将面临 OPEC 内部较大压力，限产共识有可能达成。三是美国货币政策仍存在一定不确定性。鉴于油价下跌已经对美国石油资本产生打击，且影响了其股票市场，美联储有可能深入评估其下一步可能采取的货币政策。四是从地缘政治角度看，过低油价不符合多方利益。据国际货币基金组织研究，俄罗斯需要油价维持在 100 美元/桶才能实现预算平衡，其他如伊朗、委内瑞拉等国均高于 100 美元/桶，科威特为 80 美元/桶，沙特为 60 美元/桶。五是美欧出台一系列加强国际石油市场监管的措施，对打击和防范国际石油投机行为开始发挥积极作用。初步分析发现，短期内影响国际油价的最关键因素是美国与沙特的博弈，或者说是中东传统石油与北美页岩油气的份额之争何时实现限产妥协。在限产妥协达成之前，在美元加息预期和季节性因素综合影响下，预计 2015 年早期国际油价仍存在下跌空间，将出现探底过程。但对比 2009 年出现的 37 美元/桶的阶段性历史低点，未来国际油价将在 40 ~ 50 美元/桶处存在显著支撑。此后美国和 OPEC 达成限产的可能性较大。预计 2015 年国际油价将呈触底反弹、前低后高的走势，并可能回归至 70 ~ 90 美元/桶的区间。如果不出现大的军事冲突和政治事件，油价超过 100 美元/桶的可能性较小。全球石油需求预测如表 1 所示。

表 1　全球石油需求预测

单位：百万桶/天

年份	2012	2013	2014	2015
OECD	45.9	46.07	45.83	45.8
美国	18.49	18.96	18.96	19.1
加拿大	2.35	2.42	2.38	2.34
欧洲	13.77	13.62	13.5	13.36
日本	4.69	4.53	4.37	4.24
其他 OECD	6.28	6.21	6.28	6.39
非 OECD	43.24	44.41	45.6	46.52
欧亚大陆	4.5	4.64	4.68	4.56
欧洲	0.69	0.71	0.72	0.73
中国	10.28	10.61	10.98	11.34
其他亚洲	10.98	11.17	11.42	11.66
其他非 OECD	16.79	17.29	17.8	18.23
世界总消费	89.14	90.48	91.44	92.32

资料来源：美国能源情报署，2014 年 12 月。

（三）国际油价下跌对世界政治格局的影响

一方面，油价下跌或暂时解压国际地缘政治紧张。此轮油价下跌中大国战略博弈意味浓厚。俄罗斯、沙特、伊朗、委内瑞拉等地缘焦点国家损失较大，面临更大的财政、经济和民生压力。考虑到内部财政经济状况急剧恶化，俄在乌克兰问题上对西方长期示强将力不从心。沙特等海湾国家财力受损，对中东部分国家逊尼派反对派的支持或将减弱。“伊斯兰国”组织可能因石油收入骤减，减缓扩张。伊朗在核问题上与西方国家有所妥协，减轻外部制裁压力的工作仍在推进。委内瑞拉难再以雄厚资金引领拉美左翼运动。这些国际政治形势新变化将为我国赢得较为有利的环境和更大的主动权。

另一方面，石油生产国利益的分化可能引发全球能源治理格局新调整。始建于40多年前的全球能源治理架构缺陷凸显，与全球现实日趋脱节。产油国与消费国间实质性协调合作缺失，新兴经济体与发展中国家代表性不足，构筑关涉各方利益的全球能源体系的共识和努力在增加。此次油价波动中，OPEC与美国围绕定价权的争夺激烈。预计2017年OPEC石油产量占全球石油市场的份额将缩水至37%，其对油价决定权将有所下降。在此过程中，中国等石油进口大国话语权有望增加。

（四）国际油价下跌对世界经济及主要经济体的影响

从世界经济整体看，油价下跌是“双刃剑”。一方面，作为关键能源资源与工业原料，石油价格下行将削减全球制造业、物流等行业的成本，提升实际购买力水平，推升企业生产和居民消费，石油进口大国是主要受益方，有利于全球经济增长。据国际货币基金组织（IMF）估计，油价每下降20美元，净效益将令全球GDP扩大0.5%；如果信心因此改善，这一数字可能会升至1.2%左右。另一方面，低油价将拉低全球物价水平，“石油美元”过度收缩回流，将与美终结量化宽松、上调利率一道，加剧全球流动性趋紧，放大日本与欧元区通缩风险，抑制世界经济复苏。分区域看，对主要国家影响冷暖不一。北美地区，美国油价已降至2010年以来的最低水平，能源价格走低已吸引大量外企增加对美投资，有利于其制造业回流和结构调整，美经济总体受益。但美国页岩油、加拿大油砂开采成本较高，一些油气公司利益受损。随着油价跌破60美元/桶，美国股市曾大幅下挫，道指下跌超过315点，标普500指数遭遇2012年5月以来的最大周跌幅，美国市场整体情绪开始恐慌。

从欧洲看，许多国家是石油净进口国，油价下跌、减少生产成本，节约消费者开支；但会间接导致低通货膨胀率，使得希腊等重债国难以减少债务。英国、挪威等少数欧洲石油生产国收入下跌，拖累欧洲经济。

对日本而言，油价下跌将加剧国内的通缩状况，为刺激物价上涨和经济增长，日本会加码财政和货币政策，但其效果未必乐观。而原油价格下跌，有利于增加能源进口，减缓福岛核事件之后的能源短缺问题，并降低生产成本和减轻消费者负担。

对俄罗斯而言，在油价下跌和西方国家的制裁下，经济运行风险增加。俄政府2014年11月估算，因油价“跳水”将每年损失约1000亿美元。油价持续下跌导致俄财政收入锐减，引发股票市场混乱，资本外逃，卢布大幅贬值；国内通胀率上升，居民消费需求受到遏制。多家机构预测，2015年俄经济处于衰退边缘。

从OPEC内部看，12个成员国中除科威特和卡塔尔外，其余成员国以目前的油价难以实现财政收支平衡。近年来，委内瑞拉石油产量处于相对较低水平（年平均1.3亿吨，比高峰期低4000万吨），油价大跌使政府财政艰难、物价高企，并对生产造成诸多不利影响。

对新兴经济体而言，油价下跌降低成本，为实体经济增长、经济转型等创造良好环境，但需防范资本大规模流出风险，避免重蹈20世纪90年代后期美元走强、美股上涨引发墨西哥等新兴国家债务危机覆辙。此外，部分新兴市场产油国，如巴西，石油收入锐减将恶化其经济基本面，向更多新兴市场传导风险。

（五）国际油价下跌对我国经济的影响

油价下跌对我国经济有利有弊，总体有利，增加了我国作为全球原油最大进口国在国际能源市场上的运作空间。具体影响从七个方面加以分析。

对增长的影响：为实现经济增长和结构调整增大了空间。2014年我国原油进口将首次超过3亿吨，比上年增长6%以上，平均价格近100美元/桶，比2013年进口原油均价的108美元/桶减少支出约200亿美元。如2015年进口油价平均水平为80美元/桶、进口原油增长5%，则将再减少支出约450亿美元。成本的下降，使不少工业项目受益，有利于增加投资。低油价使得出行和物流成本降低，也将带动旅游、交通运输、汽车销售，有利于增加居民消费支出。对支撑国内经济健康发展、为产业转型升级创造条件，同时减少“去产能化”过程中的痛苦。

对改革的影响：改革难点是利益的分配，而能源成本下降让出了一定的利益空间，为政府、多数企业、民众三者都形成有利环境，为推进改革攻坚，特别是为实施能源资源价格改革和税制改革带来良好机遇。有利于更好地实施反映资源稀缺程度和环境成本的全要素价格改革及征收矿产资源税，使“加税不加价”条件更好。既推进长期结构调整，又不会在短期给国内经济增加负担，也有利于环境生态改善和发展方式转变。

对价格的影响：能源价格下降会进一步拉低居民消费价格指数（CPI）、工业生产者出厂价格指数（PPI），有可能加大输入型通缩的风险，不利于未来预期。11 月 CPI 同比上涨 1.4%、创 5 年来的新低；PPI 同比下降 2.7%，降幅有所扩大，连续 33 个月负增长。但对工交企业和居民消费有积极作用。据测算，油价每下降 10 美元，企业和居民将节省开支 1070 亿元，相当于 2013 年 GDP 的 0.2%。

对主要产业的影响：总体上看，对石化产业链上游不利、对下游有利。上游开采企业收入将大幅减少，三大油，尤其是中石油、中海油收益将大幅下滑。也不利于国内石油开采的长远发展，降低勘探与开发投资积极性，要特别关注油价下跌对新疆等油气主产区经济社会稳定的影响。中游石化产业也难以从中获利，尤其是先前的高价库存减值负面影响较大，国际化学品价格也下行，产业利弊还需进一步分析。下游油品消费企业，如航空、航运、公路运输等相关行业直接受益。例如，燃油成本占航空公司总成本的 40% 左右，油价下降 5%，航空公司节约燃油成本上百亿元。对化肥、化纤、塑料等企业来说，将直接降低原材料成本。

对非化石能源发展不利。将使风能、太阳能等新能源行业发展受到一定抑制，形成“挤出效应”，进而影响节能减排计划和能源结构调整。

对进出口的影响：油价下跌，将使我国原油进口呈现规模上升、支出总额下降的状况。对增加原油进口、争取更多原油进口价格优惠、巩固我国能源安全有利。同时，有利于降低我国能源消耗性产品成本，增加能源依赖型产品的出口。但将对我国外贸形成顺差上升压力。

对国际收支的影响：全球流动性将由宽松转向紧缩，油价下跌将为我国节省外汇支出。但同时应警惕大量“石油美元”背景下游资外逃、我国大量海外石油投资收益下降，以及相关的信贷合作风险，短期内能源资源类海外投资步伐可能放缓。

对汇率的影响：外贸顺差上升的预期增大了人民币升值压力，而资本项下是净流出还是净流入，以及油价下跌对人民币汇率的影响需要进一步分析。油价动摇“石油美元体系”，使美国和美元在能源领域的影响力有所下降，这为在国际原油交易中扩大使用本币结算提供了机遇。因此，这将有利于我国顺势推进人民币国际化。

三 我国“一带一路”能源战略选择

（一）“丝绸之路经济带”能源资源布局

从现实来看，中亚地区各国能源资源丰富，被称为世界“21 世纪的能源基地”。我国为解决能源资源瓶颈约束，长期探索在中亚地区的能源资源战略、合作机制、合作方式等内容，已取得一定进展，但仍需深化和拓展。

1. 油气丝绸之路

油气仍将是能源丝绸之路的主要内容。中亚地区油气资源丰富，石油、天然气资源量分别占世界的 8% 和 5%，其中 98% 的油气资源集中在土库曼斯坦、哈萨克斯坦和乌兹别克斯坦。中亚国家出于自身利益考虑，积极推行能源资源出口多元化战略。建设中亚天然气管道输送天然气，可以降低政治和商业风险，进一步提高能源资源出口的经济效益。油气丝绸之路合作，符合中国和中亚各国的共同利益。下一阶段油气丝绸之路的战略重点是：充分利用中亚地区丰富的油气资源，大力开展油气勘探及炼化产业，拓展天然气管理工程建设及贸易，积极进行投融资领域合作，同时探索工程技术服务合作。具体而言，中土主要是稳定天然气管理 AB 线，启动 D 线；中俄重点做好东线天然气用气管理，建议抓紧促成西线天然气谈判；中哈则主要做好原油管理扩建和投运；中乌则要努力保障天然气管道长期安全稳定运营，加强石油、天然气和天然铀联合勘探和开发合作；中吉则要做好管道建设和运营工作。

2. 电力丝绸之路

电力丝绸之路的战略重点包括两个方面，一是中国与中亚几国的电力合作，开展双边电网和超级电网建设合作，加强电力投融资合作，大力推进电力技术合作。如中吉双方共同在该领域吸引直接投资，在吉尔吉斯斯坦南部电网改造项目和达特卡变电站建设项目的成功经验基础之上，推动达特卡－克明输变电线建设和比什凯克热电厂改造项目的顺利实施。可采取合资、独资、BOT、TOT 等方式，参与电厂、输电线路等项目的建设与运营，缓解中亚各国的资金压力。二是中国境内的“疆电外送”，新疆的煤炭、石油、天然气等资源丰富，将这些宝贵资源进行合理转化利用，就要通过建设特高压电网实现“疆电外送”，让“能源空中走，电送全中国”。一个输送能力更强、输送距离更远、更加安全可靠的坚强特高压电网，将把新疆的风电、光伏发电、火电基地连接起来，将新疆的能源资源输送到更多有需要的地区，也应是丝绸之路经济带建设中的重要内容。

3. 绿色能源丝绸之路

保护环境、应对气候变化，应该成为丝绸之路经济带建设的重要考量，中亚国家、特别是塔吉克斯坦，拥有丰富的水能资源，居独联体水能资源的第三位。但目前中国与中亚诸国的能源合作主要是化石能源的合作，因此，在能源输送中尽可能增加清洁能源比重，发展水电、风电、太阳能等可再生能源，是今后能源丝绸之路建设的重要方向。要发挥我国在水电等绿色能源建设，以及电力传输、电网建设、系统运行、电力减排等方面的比较优势，与中亚各国实现优势互补及绿色能源技术共同创新。中乌要落实两国政府的《联合宣言》，拓展在太阳能、风能等再生能源领域的合作潜力；中塔水力资源开发合作，将使塔吉克斯坦年电力出口达到300亿千瓦时。

4. 核能丝绸之路

核能作为清洁能源，应在确定安全的前提下稳步发展。中国和中亚各国在这方面的合作战略有三个方向：一是铀资源的勘探合作，二是核电乏燃料的处理合作，三是核电站的建设与运营合作。

（二）“海上丝绸之路”能源资源布局

从全球能源资源生产与消费格局来看，“西斜东倾”特征越发明显，全球能源资源消费的重心正向以中国为代表的新兴国家转移。我国作为全球最大的能源消费国，是全球能源资源格局中的最大利益相关方之一。因此，构建我国能源资源安全新版图，积极开展国际能源资源合作，是构建“海上丝绸之路”必须思考的重大战略。

1. 实施以中东为重点的多元化能源资源进口战略

国际能源资源合作依靠地缘政治优势和较为接近的经济利益更容易达成，更能引导能源资源的合理配置，保证能源资源市场的平衡。

石油方面，中东仍然是我国石油进口首选之地。一是储量庞大，沙特拥有大量尚未开采的已探明储量的巨大油田，伊朗储采比接近100年，伊拉克超过100年。二是政治上较为友好，与我国无明显冲突。三是在美国进口能源大幅下降的情况下，中东石油出口需要寻找新的稳定大买家。在稳定中东石油来源的前提下，对石油进口采取分散化方式，形成多元的石油供应市场，确保我国能源资源安全。

从天然气资源量及可获得的便利性而言，除重点加强与中亚、俄罗斯等周边国家或地区的合作外，要同时扩大液化天然气（LNG）进口。卡塔尔、澳大利亚等主要LNG出口国在亚洲积极寻求十年以上的长期供应合同，美国、加拿大等正在开辟LNG出口市场的国家也把目标客户群定在了亚洲。我国宜积极开展工作，在与日本、韩国的竞争中不断扩大LNG进口。

拓展煤炭海外进口渠道是我国未来国际能源资源合作的重要途径之一。澳大利亚煤炭资源丰富，应是我国首选投资目标国，未来应重点组织国内大型煤炭企业和铁路投资公司联合进行当地煤田勘探和开发。印度尼西亚是世界最大的煤炭出口国，与我国距离相对较近，是我国煤炭进口的重要来源，未来我国可扩大与印度尼西亚合作勘探开发、联合投资煤炭资源。

2. 探索周边海上能源资源合作的新方式

海上油气开发潜力巨大，前景看好，是各国未来开发的重点方向。我国应探索海上能源资源合作开发新思路，减轻南海、东海问题的冲突压力，力争周边海域能源资源合作取得突破进展。

在南海，大力提升深海油井开采技术，加强勘探基础工作。积极探讨两岸南海合作开发的可能性，共同开拓南海油气开发新渠道。改善南海周边政治关系，降低军事紧张气氛，提倡南海新秩序，探索采取股份并购、承包、联合开发等模式（如“中+美+菲”等“1+1+X”模式），开展海上油气合作。利用经济、外交、贸易等手段，增强对马六甲海峡周边新加坡、马来西亚和印度尼西亚的影响力。

在东海，中、日东海争端与能源资源问题密不可分，能源资源合作是缓解冲突的重要突破口。我国应积极构建东北亚多边能源资源合作机制，将多边合作作为参与全球和区域事务新的突破口，采取多边与双边相结合的方式，在开展中日双边实质性项目合作的同时，重视多边合作政策、技术和经验的交流与分享。

五　“一带一路”能源合作的制约因素

“能源丝绸之路”使中亚正成为欧盟与中国这两个世界巨型经济体的重要能源供应基地，我国实施“一带一路”能源合作战略，具备历史传统文化悠久、合作经验丰富、天然的地缘优势、充分的经济贸易互补和长期稳定的政治互信等有利条件，但其健康发展仍面临着三大战略性制约因素。

（一）美、俄等大国能源扩张战略的影响

中亚及里海地区丰富的油气资源，随着苏联的解体而引起大国间的博弈。在巴库和土耳其港口杰伊汉之间修输油管道，为美国直接获取里海地区的石油奠定了基础，减少对莫斯科的依赖。俄罗斯视中亚为“后院”，希望长期主导中亚丰富而廉价的油气资源出口，与欧美在中亚油气外输管道建设上长期纠葛。相对于美俄，中国在中亚能源战略上的利益更为重要。美军驻扎阿富汗之后，基本扼住了中国依赖的主要能源进口源，并在中国、俄罗斯、伊朗三国间插入阻止可能出现的“泛亚全球能源桥梁”的战略楔子。日本为了争得一席之地提出的“丝绸之路能源计划”，强化了在该地区的存在，并配合美国牵制俄罗斯和中国在这一地区的影响力。可见，大国地缘政治压力是中国与中亚地区国家能源合作的重要挑战。

（二）中亚自身能源地位影响因素复杂

中亚各国多地处内陆且为小国，对自身能源地位长期也没有掌握主动权。中亚油气输出需要依靠管道，但是前苏联的油气管道目前多为俄罗斯掌控，更兼其精英在莫斯科受教育，因此俄罗斯对中亚拥有相当的控制和影响力。哈萨克斯坦是俄罗斯边境线上最长的、中亚面积最大的国家，土库曼斯坦拥有中亚最大的天然气储量。中亚与俄罗斯将会坚持搞好关系，同时也争取能源出口多元化。但俄罗斯推出的以黑海海底到保加利亚的“南溪”管道项目稳定了自己的主导权，进一步破坏了中亚能源地位的稳定性。

（三）绿色能源产业能否突破是关键

从目前世界各国既定能源战略来看，大规模地开发利用可再生能源，正成为各国能源战略的重要组成部分。中亚绿色能源合作需要进行积极主动的研发、技术投资和技术转让，以及加大能源基础设施的投资，改善法律制度及行政管理体系。从一定意义上讲，中亚地区拥有绿色能源越多，“能源丝绸之路”才越长久。

六　促进“一带一路”能源合作的长效机制

（一）坚持政府主导推进能源合作

能源领域关乎国家安全和经济利益，需要更深入扎实稳固的伙伴关系，这既是经济的长期合作，又是政治的长期合作，政府的主导、政府的推动仍然是主要力量，从其他地区经济合作经验上看也是如此。上海合作组织是具有能力保护成员国能源体系和能源安全的有效机制，需要在这一框架下，建立常设性能源合作协调机构和制度化的能源合作论坛。可在上海合作组织内部形成一定意向的基础之上，发表非约束性的意向宣言，积极朝下一个阶段目标努力，推进能源合作效益最大化。

（二）多手段稳固贸易伙伴关系

在丝绸之路经济带建设过程中加强与中亚国家的外贸联系度，形成彼此需求、市场共享的全方位合作机制，以其他市场建设推进能源合作，诸如人才市场、消费品市场建设在中亚国家逐渐取得影响力，只有互利共赢的合作原则才能使各方长久的联系在一起。

（三）贯彻“公司公民”责任扫平民间障碍

我国在非洲、中东地区都有能源和经贸领域的合作项目，其中基础设施建设受到这些地区的欢迎，医疗援助和教育援助有助于进一步提升我国的形象，民间机构参与当地的经济社会生活就较容易。针对中亚国家能源合作，我国参与单位要在项目建设和运营阶段，以实际行动贯彻“公司公民”责任，多提供有效的帮助和民生项目，为今后开辟中亚市场扫平民间障碍。

（四）发挥西部省区的合作支点作用

大力发挥这些地区中转站、桥头堡功能可以带动其本土区域经济的发展，提升其国际国内地位，在能源管线建设、能源产品加工等方面适当培育西部省区的参与度，也是区域分工和产业转移的需要。

（五）建立全方位的预警机制

能源合作还会受到政治环境和国际经济形势变化的影响，要考虑经济环境的作用、中亚地区仍然存在的“三股势力”威胁、自然灾难的挑战，在任何时候都要有能源储备、能源价格调整机制和能源危险控制机制的设计。

（撰稿人：中国国际经济交流中心副研究员曾少军）

下篇
国际经济热点问题研究

“一带一路”：全球共同的需要
人类共同的梦想

导语：“一带一路”是互尊互信、合作共赢、文明互鉴之路

“丝绸之路经济带”和“21 世纪海上丝绸之路”（以下简称“一带一路”）是中国顺应当今世界和平、发展、合作的时代潮流而提出的重大倡议，它着力构建中国与东南亚、东北亚、中亚、南亚、西亚、欧洲、非洲等区域的合作大通道，致力于实现政策沟通、设施联通、贸易畅通、资金融通、民心相通，推动相关各方在经济、政治、文化等各领域开展广泛、深入、持久的交流与合作，构建更强劲、更有效、更具亲和力的区域一体化合作大格局，旨在推动更多国家和地区共同应对全球发展面临的重大挑战，开展全方位合作，建设利益共享的全球价值链，实现人类和平发展和共同繁荣。

“一带一路”是互尊互信之路，是合作共赢之路，是文明互鉴之路，也是一条和平之路、友谊之路、共同发展之路。2100 多年前的丝绸之路推动了东西方平等开展文明交流，留下了互利合作的足迹，沿路各国人民受益匪浅。600 多年前，中国的郑和船队 7 次远航太平洋和西印度洋，到访了 30 多个国家和地区，播撒了和平友谊的种子。历经千百年风雨，古丝绸之路传播文明、交流合作的历史光辉至今依然瑰丽夺目。当前，众多相关国家共同建设“一带一路”，正是追寻历史脉络和文化基因，弘扬和平发展、合作共赢的新时代主题，积极主动发展与沿线国家合作伙伴关系的新努力；是共同打造政治互信、经济融合、文化包容的利益共同体的新选择；是促进南南合作、缩小南北差距的新途径。

“一带一路”是开放的、包容的、和平的、平等的。倡导“共商共建、共创共享”，不搞封闭机制，有意愿的国家和经济体都可参与，成为“一带一路”的

支持者、建设者和受益者。“一带一路”的长远目标是发展成为同时连接亚太经济圈、欧洲经济圈和非洲经济圈的世界上最大、最具发展潜力的经济区域，致力于形成利益、责任、情感“三个共同体”，构建各方融合发展的大格局，共同担当起维护世界和平与发展的重任，共同建造和平、增长、改革、文明“四座桥梁”，为各方带来更大发展机遇，促进人类各种文明之花竞相绽放。

“一带一路”倡导合作共赢的理念。强调世界之大容得下大家共同发展，呼吁各方积极践行合作共赢的理念，摒弃你输我赢、赢者通吃的旧思维，致力于“以和为贵，和而不同，以达天下大同”。“一带一路”体现中国一贯遵循的“与邻为善、以邻为伴”原则、“睦邻、安邦、富邻”方针，体现亲、诚、惠、容理念，在增信释疑基础上，推进沿线国家形成宽领域、深层次、高水平、全方位的合作格局，使各经济体在合作中实现共赢，使广大民众获得实实在在的好处，有力改善欠发达国家民众的生活水准，实现联合国千年发展目标。“一带一路”旨在给沿线国家带来巨大的共同发展机遇和福祉，形成更具亲和力、感召力的互利共赢区域及全球经济新布局。

一　“一带一路”是全球共同的需要和梦想

2008 年爆发的空前严重的国际金融危机影响深远，世界经济复苏乏力、发展不平衡等问题使各国都在深入探索培育新的增长动力、实现可持续发展的有效途径。特别是联合国千年发展目标难以如期实现，沿线国家大量民众仍生活在贫困之下，急需摆脱贫困，渴望实现不同民族种族、不同宗教信仰、不同文化历史之间交流、和谐共处。恐怖主义等非传统安全因素严重影响国际社会享受安全和谐生活的美好愿望，引发各国人民的深度关切。应对气候变化、疾病传播、保障粮食安全、能源安全的挑战紧迫而严峻，需要“地球村”全体居民的共同努力。在这样的大环境下，“一带一路”以全新的理念、思维和形式，致力于实现和平稳定和携手有效应对全球性重大挑战，从而充分体现沿线各国的共同利益，超越了双边和多边范畴。

（一）“一带一路”有利于推动更多国家和地区融入世界经济发展快车道

“一带一路”沿线国家渴望共同发展。“一带一路”涉及 60 多个国家、44 亿人口，国情相似、发展阶段相近。历史上，依托陆海丝绸之路，这些国家之间经济联系密切，人员往来频繁。近现代以来，受资源禀赋、产业分工、地缘政治等因素制约，许多沿线国家在现代化进程中明显落伍。据世界银行统计，2012 年，沿线国家人均国民总收入尚不到世界平均水平的一半，多数属于低收入国家，还有 9 个最不发达国家。这些国家基础设施落后、产业和社会事业发展水平低、对外开放程度不高。据亚洲开发银行和有关专家预测，亚洲地区除中、日、韩三个国家外，未来十年基础设施每年投资需求 8200 亿美元，但相关国家自身仅能提供约 4000 亿美元，资金缺口巨大。加快经济社会发展、实现国家现代化的愿望十分迫切。无论是从发展经济、改善民生，还是从加快转型升级的角度看，沿线各国的前途命运，从未像今天这样紧密相连、休戚与共，渴望共同发展。

"一带一路"将为各国提供新的广阔发展空间。当今世界经济由两条南北向直线主导，大西洋南北线连接东西两岸欧洲和美国，西太平洋南北连通中、日、韩和东盟，这两条线的经济体占世界经济总量的 75% 以上。从全球经济发展大格局来看，"一带一路"东牵发展势头强劲的亚太经济圈，西系发达的欧洲经济圈并连带北美经济圈，在两条南北主干线之间架起一条纵贯东西的超大经济带，打造出"H"形的世界经济新格局。"一带一路"构想的实现，将建起世界跨度最长、发展潜力最大的经济走廊，成为世界经济最具活力、最具发展前景的地区。

"一带一路"有利于解决当前全球经济面临的共同问题和挑战。当前，全球经济仍处在国际金融危机后的深度调整期，总体复苏疲弱态势难有明显改观，国际金融市场波动，贸易保护主义加剧，大宗商品价格波动，国际经济、金融治理改革步履艰难，各国都面临转变结构、深化改革的艰难选择。基础设施薄弱、联通不畅成为制约经济发展的瓶颈，气候变化、环境、资源的制约和粮食安全等重大挑战日益突出，收入差距大和贫困仍是多国面临的严峻问题。"一带一路"深度挖掘沿线国家和地区可持续健康发展的合作潜力，推动更广泛、更深层、更多样的区域合作，通过建设性的对话和协商努力解决各方发展过程中出现的共同矛盾和问题，实现沿线国家的互联互通，共同应对全球性增长和治理难题，为世界经济注入新动力。

（二）"一带一路"有利于促进人类多种文明之花竞相绽放

"一带一路"传承了古丝绸之路促进不同文明交流的精髓。古丝绸之路是商贸之路，更是东西方不同文明之间交流之路。在古丝绸之路上，不同宗教、不同文明秉持开放、包容心态，对话沟通，彼此接纳，共同发展，形成了文化交流、文明互鉴的壮丽景观。中华文明、印度文明、阿拉伯文明和欧洲文明形成了丝绸之路的四个极点。古丝绸之路为世界物质文明和精神文明做出了巨大贡献，成为“世界文化的大运河”。在全球化深入发展的今天，古丝绸之路作为“文明和谐相处”的生动体现和有说服力的历史事实，昭告世人“文明冲突”并非必然。古丝绸之路所创造的和平友好的交往秩序和互鉴共荣的交往智慧，是不同文明交流、共存、取长补短的珍贵价值，其所体现的和平性、包容性、开放性、互补性、互利性，对于今天不同文化、不同社会制度和不同意识形态之间交往，具有重大现实意义和推动作用。

“一带一路”能为人类不同文明之间交流、共存与共同发展提供新平台。在分裂主义、种族主义、原教旨主义、霸权主义、单边主义等阴云笼罩的当今世界，“一带一路”的重大倡议不仅强调经济交流、安全促进、制度建设，更突出文化多元，促进民心相通，为“一带一路”建设奠定坚实的民意基础、社会基础和文化基础，实现更有效率、更具包容性的增长。

（三）“一带一路”有利于推动世界实现持久和平

创造持久和平的发展大环境是各国的共同愿望。当今世界正在发生深刻复杂的变化，和平、发展、合作、共赢的时代潮流更加强劲，国际社会日益成为你中有我、我中有你的利益共同体。但是，国际关系中的不公正不平等现象仍很突出，地区冲突和局部战争此起彼伏，不少国家的民众特别是妇女儿童依然生活在战火硝烟之中，不少发展中国家人民依然承受着饥寒的煎熬。维护世界和平依然任重道远。“一带一路”沿线地区处于世界地缘政治格局轴心地位，各国间利益关系错综复杂，传统安全和非传统安全形势严峻，是全球安全形势最为复杂的区域。特别是一些地区多年动荡不止，民生困苦，求和平、求稳定、求发展心情迫切，创造和平、合作、和睦的发展大环境是大家的共同愿望。

“一带一路”将为区域及全球实现持久和平提供新路径。着力促进沿线国家经济持续健康共同发展，实现不同文明的包容共存与交流互鉴，必将为和平发展奠定坚实的基础。与此同时，在坚持和平共处五项原则的前提下，致力于践行共同、综合、合作、可持续的安全观，形成“三足鼎立、标本兼治”的坚实有效架构，将有力推动构建人类和平发展新格局。

（四）“一带一路”有利于促进人类实现共同繁荣

人类生活在同一个“地球村”里，生活在历史和现实交会的同一个时代中，实现共同繁荣是人类的共同愿景。但是在通往共同繁荣的道路上，发展不平衡、贫困问题等依然是发展进程的巨大障碍。全世界仍约有 12 亿绝对贫困人口，主要分布在非洲、亚洲和拉丁美洲等地区。现在，距实现联合国制定的千年发展目标不到 1 年，虽然一些关键目标已达成或基本达成，但消灭极端贫穷和饥饿、普及小学教育、确保环境的可持续能力等目标可能无法如期实现。同时，全球气候变化给人类带来了重大损失，疾病传播全球化给人类带来了巨大灾难；军备竞赛、恐怖主义、网络安全等传统安全威胁和非传统安全威胁相互交织；一些民族宗教问题引发的矛盾错综复杂，一些历史遗留问题和领土、领海之争激烈。为此，国际社会需要筹划一个更强劲的后续框架，来处理未完成的任务以及覆盖千年发展目标未涉及的领域。

今天的人类比以往任何时候都更迫切，也更有条件朝共同繁荣的目标迈进，而“一带一路”正是实现这一目标的现实途径。共同建设“一带一路”有利于有效解决全球共同面临的上述问题，为人类福祉做出更大贡献，让各国人民过上更加安宁、富足的生活。共同建设“一带一路”有利于增进彼此了解，以经验交流分享最佳实践，以沟通协调促进集体行动，以互帮互助促进人类共同繁荣。

二　“一带一路”是创新开拓合作发展的有效途径

“一带一路”战略合作倡议体现了沿线国家及世界各国发展的共同愿景，旨在通过全面推进“五通”、构建安全“新四项原则”、熔铸各国文化交流和文明互鉴的新模式，打造利益、责任共同体等合作发展的有效途径，促进人类共同编织和平、富强、进步的世界梦，创造更加和谐安宁的新生活。

（一）推进宽领域、深层次、高水平、全方位合作，形成全球合作共赢新格局

“一带一路”以经济发展为第一要义，构建起沿线国家及世界各国在新世纪经贸文化开放交流与深度合作的新认同。推进“一带一路”，首先在于“五通”，即政策沟通、设施联通、贸易畅通、资金融通、民心相通。目前，亚洲各

区域交通基础设施或者不连不通，或者连而不通，或者通而不畅，已成为亚洲乃至全球深化区域合作的重要障碍，设施联通任务紧迫而艰巨。当务之急是通过“五通”，同时打造基础设施互联互通和深化各方贸易与投资合作的制度性安排两个支柱；在推进基础设施互联互通的同时与“一带一路”沿线国家和地区商建自由贸易区，使沿线国家合作更加紧密、往来更加便利、利益更加融合，促进各方建设利益共享的全球价值链，进一步促进各国共同打造政治互信、经济融合、文化包容的共同体。同时，在和平发展、合作共赢的主题下，凝聚共识、共商共建、共创共享、共襄盛举，在地域广阔、人口密集、经济发展潜力巨大的地区建立更加紧密的经济合作关系，使各国在更高层面和更广阔领域，推进市场、资源、技术和劳动力等各种要素互通、整合、产业互补与扩大开放，使更多的国家参与、融入，进而推动形成覆盖多国、水平更高的经济网络。这必将改变长期以来产业布局限于国内现有区域和资源条件的状况，打破长期以来区域、产业和发展领域思维、视野和边界的局限性，实现以外带内、以内促外、内外联动、合作发展，提升彼此联系的质量，推进沿线国家形成宽领域、深层次、高水平的立体化、网络状大联通，形成生机勃勃、群策群力的开放型合作系统，全面提升沿线国家及世界各国的经济社会发展水平，使相关各方在合作中获得实实在在的好处。

（二）熔铸文化交流新模式，形成各国多元化发展新格局

文化交流是“一带一路”的灵魂。它不仅是一条经济带，更是一条众多民族相处、多种宗教交织、不同文明交融的文化带。古丝绸之路鲜明体现出的“和睦、和谐、和平、多元、共荣”的文化交流特征，将通过“一带一路”发扬光大。“一带一路”把“中国梦”同各国人民过上美好生活的共同愿景对接起来，共同追求中国人民和各国人民的福祉。

“一带一路”倡导各国通过文化交流、文明互鉴，实现和睦、和谐、和平的多元化发展。“一带一路”沿用古丝绸之路的历史符号，立足于相关国家多元文明的群体性复兴，通过提升文化的相互开放水平，推动不同文明交流、形成更具宽容精神的取向，汇聚和释放文化促进发展的强大正能量，进而形成推动人类进步的和平观、义利观、历史观、发展观。

（三）增进互信与安全合作，构建地区安全新环境

加强地区安全合作，构建可持续的区域安全机制，是“一带一路”沿线地

区及相关各方的现实需要和长远要求。"一带一路"倡议提出的新安全观，突出强调共同安全、合作安全、综合安全和可持续安全"新四项原则"，着眼于区域综合安全，既包括传统军事安全，也包括非传统安全，涵盖经济安全、信息安全、粮食安全、环境安全等。通过相关国家的全面安全合作实现区域安全利益的最大化，避免零和博弈，实现各方共赢。"一带一路"的安全架构，包容区域内所有国家及全球相关各方，尊重和保障各国安全，通过平等协商与合作，共同创造共享的安全环境。通过经济发展和安全并重，实现持久和平安全，构建人类共同发展的战略新平衡，这将大大抵消国际战争风险、经济风险和政治风险。

（四）着眼人类共同发展进步，形成众多国家利益、责任共同体

"一带一路"是沿线国家及世界各国共同打造利益、责任共同体的有效途径。习近平主席强调共同体理念，先后提出与东盟等周边国家、非洲、拉美、阿拉伯国家打造命运共同体，与法国、德国、欧盟等打造利益共同体等，要让共同体意识落地生根。"一带一路"沿线国家利益交集点多面广，坚持开放的区域主义，不搞封闭性集团，不针对第三方，旨在通过多领域的务实合作，鼓励沿线国家各尽所能，优势互补，在实现各自发展利益的同时，寻求最大的利益契合点，努力推动沿线各国不断提高发展能力、促进经济社会全面发展，携手完成现代化的历史伟业。

"一带一路"在强调利益共享的同时，还强调权责对等，在实现利益的同时承担相应的责任。各方共同着力推进基础设施互联互通，着力提升工业化、现代化发展能力，着力深化人文交流、实现民心相通，着力构建生态环保协作机制，共同保护人类美好家园。

总之，"一带一路"虽立足沿线国家，但对全球呈充分开放之势。不限国别范畴，不搞封闭机制，坚持"与邻为善、以邻为伴"原则，睦邻、安邻、富邻方针，亲、诚、惠、容理念，全面促进各国交流沟通，增进理解互信，拉紧友谊纽带，为各国各方携手应对各种传统和非传统安全威胁创造有利条件，使沿线国家及世界各国共同创造巨大的发展机遇和福祉，形成互利共赢区域和全球经济新布局。

三 "一带一路"需要共同行动

建设好"一带一路"，为亚洲、亚欧、非洲乃至世界其他地区的经济可持续

增长提供新动力，为相关各方共同推动世界和平与发展提供新的模式，为各国人民思想交流、文明互鉴提供新的空间。因此，“一带一路”得到大多数沿线国家的积极响应，以不同方式开始了相关行动。

（一）中国在积极行动。中国是“一带一路”的倡导者，正以实际行动积极推动

1. 中国领导人立足世界发展大势倡议“一带一路”的理念，并体现了推动的决心和诚心

——2013 年 9 月 7 日，习近平主席访问哈萨克斯坦，首次提出共建“丝绸之路经济带”的战略构想。习主席在哈萨克斯坦纳扎尔巴耶夫大学发表题为《弘扬人民友谊　共创美好未来》的重要演讲，首次发出加强政策沟通、道路联通、贸易畅通、货币流通、民心相通，共同建设“丝绸之路经济带”的战略倡议。

——2013 年 10 月 3 日，习主席在印度尼西亚国会发表题为《携手建设中国—东盟命运共同体》的重要演讲，首次提出加强同东盟国家互联互通建设，发展好海洋合作伙伴关系，共同建设“21 世纪海上丝绸之路”的战略构想。10 月 7 日，在出席 APEC 领导人非正式会议期间，习主席再次强调了中国愿同东盟国家加强海上合作，共同建设“21 世纪海上丝绸之路”的倡议。2014 年 11 月份 APEC 会议期间，在“加强互联互通伙伴关系对话会”上，习主席强调“我们要建设的互联互通是政策沟通、设施联通、贸易畅通、资金融通、民心相通五大领域齐头并进；是全方位、立体化、网络状的大联通，是生机勃勃、群策群力的开放系统”。至此，顺应世界经济发展大趋势，承载“和平合作、开放包容、互学互鉴、互利共赢”丝路精神的“一带一路”战略基本成型。

——2014 年 8 月，习主席出访蒙古国时表示，“欢迎大家搭乘中国发展的列车，搭快车也好，搭便车也好，我们都欢迎，正所谓‘独行快，众行远’”。这表明了中国领导人推动“一带一路”合作，促进互利双赢的决心和信心。

——以高层互访为重要契机，建构“一带一路”跨境合作新机制。2013 年 9 月，习主席出访土库曼斯坦、哈萨克斯坦、乌兹别克斯坦和吉尔吉斯斯坦等中亚四国，签署了能源、交通、通讯、投资、人文等多领域的重大合作文件。2013 年 10 月，习主席访问印度尼西亚、马来西亚，在政治、经济等领域达成多项合作协议，仅中印两国企业家签署投资合作的协议额就逾 200 亿美元。2014 年 3

月，习主席访问荷兰等欧洲四国，与四国签署120多项合作协议，价值700多亿美元。2014年7月，习主席访问韩国期间，两国签署了包括设立韩元和人民币直接交易市场等内容的10余份合作文件。2014年8月，习主席访问蒙古期间，两国签署了经贸合作中期发展纲要等协议，内容涵盖货币互换、过境运输等领域。2014年9月，习主席访问了塔吉克斯坦、巴基斯坦、马尔代夫、斯里兰卡和印度，启动了多个能源、交通等合作建设项目。2014年11月，李克强总理访问德国、俄罗斯和意大利三国，签署了包括《中德合作行动纲要》、本币互换协议等在内40多项合作协议。2014年12月，李克强总理访问哈萨克斯坦以及塞尔维亚，并出席中哈总理第二次定期会晤、上海合作组织成员国政府首脑理事会第十三次会议、第三次中国—中东欧国家领导人会晤、大湄公河次区域经济合作第五次领导人会议。仅与哈萨克斯坦就签署了约30项价值总额超过100亿美元的合作协议。此次访问过程中，李克强总理还与中东欧国家就以启动匈塞铁路合作项目为契机，促进中东欧国家互联互通，开辟中国和欧洲之间海陆联动的运输新通道达成共识；出席了中泰两国铁路及农产品合作谅解备忘录的签字仪式。其间，中俄领导人见面的次数更是创下历史之最。中国领导人的出访和其他多种方式的多双边高层会谈，深入交流、融通人心、凝聚共识，着力营造了加强合作、互利共赢的良好氛围。

2. 以“一带一路”为载体，积极推动沿线国家经济、社会、技术、人文交流、发展援助和安全合作等多方面的务实合作

——以推动区域经济一体化为重点，夯实“一带一路”经济基础。在探索共赢、走出国际金融危机道路的过程中，中国先后提出了共同建设“孟中印缅经济走廊”、“中巴经济走廊”；积极推进中韩自由贸易区、中澳自由贸易区达成协议，积极推进中国—东盟自由贸易区“升级版”、中国与阿拉伯经济体的合作；积极推进与产油国的合作，在维护本身能源安全的同时，推进产油国的发展。通过这些努力，夯实中国与“一带一路”沿线及相关经济体合作的经济基础，做大蛋糕，实现共赢。

——以设立亚洲基础设施投资银行与丝路基金等为切入点，破解“一带一路”投融资瓶颈。2013年10月，习主席倡议筹建亚洲基础设施投资银行，向包括东盟国家在内的本地区发展中国家基础设施建设提供资金支持。2014年10月24日，包括中国、印度、新加坡等在内的21个首批意向创始成员国，在北京签约成立亚洲基础设施投资银行。2014年11月，习主席在APEC工商领导人峰会上宣布，中国将出资400亿美元成立开放性丝路基金，为“一带一路”沿线经济体基础设施建设、资源开发、产业合作等有关项目提供投融资支持，并欢迎亚洲域内外投资者积极参与。这些银行和基金的设立，可以与亚洲开发银行、世界银行等国际金融机构优势互补、开展合作，共同为破解“一带一路”建设的资金瓶颈制约提供有力支持。

——以负责任大国的姿态，推进“一带一路”沿线乃至全球社会和谐。中国在力所能及范围内，积极承担与自身发展中大国地位相适应的国际义务。在南南合作框架下向其他发展中国家提供力所能及的援助，支持和帮助发展中国家，特别是最不发达国家减少贫困、改善民生。近几年来，中国通过援建成套项目、提供一般物资、开展技术合作和人力资源开发合作、派遣援外医疗队和志愿者、提供紧急人道主义援助、帮助非洲国家应对粮食危机，以减免受援国债务等多种方式进行的对外援助规模持续增长。比如，为缅甸地震缺粮缺水提供援助；通过各种途径向马尔代夫运送大量淡水，帮助马累居民渡过缺水难关；积极参与“马航事件”国家大搜寻等国际重大应急救援活动；为促进实现联合国千年发展目标，向低收入发展中国家投入大量对外援助资金；积极与相关国家沟通协调，推动联合国安全理事会对南北苏丹问题的和平斡旋与政治解决等。在共同应对全球重大疫病蔓延方面，特别是2014年3月非洲埃博拉疫情爆发以来，中国及时向几内亚、塞拉利昂、利比亚等10余个国家提供全面医疗援助，并向西非疫区组派移动实验室和设立留观中心，大量培训当地医护人员。目前，中国先后向西非疫区派出超过1000名医护人员和公共卫生专家，与当地医生共同战斗在抗击埃博拉疫情的最前线，为控制疫情发挥了关键作用。中国将积极促进沿线社会和谐，通过“一带一路”建设，与其他国家共同努力，为促进南北合作、加强南南合作，推动经济发展与社会和谐一同做出更大的贡献。

——以开展“一带一路”跨境安全合作为依托，维护地区和平与安宁。中国以上海合作组织为重点，并通过建立完善其他相关机制，致力于与“一带一路”沿线国家合作反对一切形式的恐怖主义，开展跨境安全合作，维护地区和平与安宁。2014年5月，在上海举行的亚洲相互协作与信任措施会议第四次峰会上，习主席强调，中国将同各方一道，积极倡导共同、综合、合作、可持续的亚洲安全观，搭建地区安全和合作新架构，努力走出一条共建、共享、共赢的亚洲安全之路。巴基斯坦恐怖袭击案发生后，中国外交部及时表达明确态度，愿继续为巴政府和人民打击恐怖主义、维护国家安全提供力所能及的帮助。为维护公海交通安全，中国已经向亚丁湾派出19批海军护航编队。这一切表明了中国与各国共同反对恐怖主义、维护世界和平和安宁的坚定立场。

（二）各方在行动

1. 东盟表示了对"一带一路"战略的强烈支持和盼望之情

泰国总理巴育表示，泰国希望同中方交流互鉴，深化合作，特别是借助丝绸之路经济带和21世纪海上丝绸之路建设，推进农业、铁路合作，促进地区互联互通，扩大泰国农产品对华出口，促进民间交往，加强人才培训；积极参与亚洲基础设施投资银行，赞赏中方成立丝路基金。老挝国家主席朱马里表示，老挝愿同中国加强各领域、各层次合作和交流互鉴。柬埔寨首相洪森表示，希望借助"一带一路"建设，拉动本国基础设施建设和经济发展，参与区域一体化进程，促进地区和平稳定。新加坡总理李显龙表示，新加坡以更加积极、长远眼光发展新中合作，契合"一带一路"建设，不断创新合作理念，丰富合作内涵；亚洲基础设施投资银行是现有多边开发机构的有益补充，新方大力支持。缅甸总统吴登盛表示，缅方愿同中方扩大互利合作，共同推进"一带一路"建设。马来西亚总理纳吉布表示，欢迎习主席倡导本地区各国携手实现亚太美好梦想；马方期待着亚洲基础设施投资银行早日启动，希望成为中国在本地区真诚可靠的合作伙伴。印度尼西亚总统佐科表示，印度尼西亚新政府致力于提高两国友好互信互利互惠关系水平，愿同中方加强沟通，扩大合作，欢迎中国企业积极参与印度尼西亚基础设施、产业园区建设，促进共同发展。

2. 南亚中亚西亚各国也对"一带一路"表示了积极支持

印度总理莫迪指出，印方将研究参与中方关于建设孟中印缅经济走廊的倡议。印度学者认为，印度应当采取经济、外交和生态等举措，积极参与"一带一路"战略规划。巴基斯坦总理谢里夫表示，巴方希望积极参与"一带一路"建设，加强两国电力、公路、港口等基础设施建设领域合作，继续坚决打击恐怖主义，积极参与上海合作组织活动，共同维护地区和平稳定。孟加拉国总统哈米德表示，孟加拉国希望中国扩大对孟投资，帮助孟加拉国建设基础设施，深化人文交流。2012年，哈萨克斯坦总统纳扎尔巴耶夫就提出建设"哈萨克斯坦—新丝绸之路"项目。哈萨克斯坦的倡议与中国"一带一路"建设的周边战略不谋而合。纳扎尔巴耶夫总统表示，支持"一带一路"建设，哈萨克斯坦希望能发挥自身地理优势，力争成为"丝绸之路经济带"重要过境中心，促进哈萨克斯坦对外贸易、现代运输与物流业的发展。阿联酋迪拜经济委员会秘书长哈尼·拉希德认为，“一带一路”是伟大的创新，与阿联酋创造更多就业机会的想法不谋而合，阿联酋希望积极参与“一带一路”建设。

3. 欧洲多国愿意积极参与“一带一路”的实施

俄罗斯总统普京与习近平主席会晤时表示，俄罗斯支持中国“一带一路”构想，两国可在基础设施、能源、经贸、人文交流等方面加强合作，促进区域经济合作。俄罗斯远东发展部部长加卢什卡在论坛现场也表示，“俄罗斯对丝绸之路项目具有与生俱来的亲近感”。匈牙利总理欧尔班·维克托表示，借“一带一路”建设之机，中东欧国家盼望中国投资该区域的基础设施，促进区域经济联通。2014 年 6 月，中东欧 16 国经贸部长在宁波与中国商务部召开中国—中东欧国家经贸促进部长级会议。在会后发表的《中国—中东欧国家经贸促进部长级会议共同文件》中，各方同意加强在铁路、电力、港口、公路等基础设施建设领域的交流与合作，实现互联互通。德国作为渝新欧铁路在欧洲的终点，对“一带一路”表示支持。英国政府已表示，愿参与亚洲基础设施投资银行的设立。希腊驻华大使瓦西里奥斯·科斯蒂斯表示，希腊正从严重的经济危机中挣脱出来，参与“一带一路”建设对加快希腊经济恢复与发展是一个机会，希望在交通和基础设施等领域与中国开展紧密合作。欧盟对外关系委员会专家苏西·丹尼森表示，“一带一路”构想极富想象力与创新性，将更紧密地联结欧亚大陆，是中国全球发展战略的创新。世界银行行长金墉表示，亚洲基础设施投资银行的设立将对区域基础设施加快发展发挥重要作用，世界银行愿与亚洲基础设施投资银行等共同在区域发展进程中做出新的努力。

（三）加快基础设施互联互通是共同行动当务之急

为了尽快分享“一带一路”战略的红利，各相关经济体加快了基础设施互联互通建设步伐。2014 年 12 月 27 日，“中巴经济走廊”项目正式启动公路建设招标。“中巴经济走廊”南起瓜达尔港，北至中国新疆喀什，是一条包括公路、铁路、油气管道、通信光缆等在内的贸易走廊。中国和巴基斯坦两国将在沿线建设交通运输和电力基础设施，预计总工程费用将达到 450 亿美元。2014 年 9 月 16 日，中国招商国际与斯里兰卡签署斯里兰卡汉班托塔港二期集装箱码头 SOT 项目（简称：汉港二期项目）关键条款协议，签署开发斯里兰卡国际航运中心的框架协议，加快推进“21 世纪海上丝绸之路”基础设施互联互通。2014 年 4

月 21 日，纳扎尔巴耶夫总统签署《关于哈萨克斯坦与中国合作建设霍尔果斯河多斯托克公用水网工程建设及促进友谊法案》，进一步加强两国基础设施建设合作。2014 年 11 月 8 日，俄罗斯经济发展部长阿列克谢·乌柳卡耶夫指出，中俄之间的互联互通很重要，愿意让中国伙伴以任何形式参与俄重要铁路发展项目，包括在融资、设计、制造和服务等方面进行合作。"一带一路"基础设施互联互通的工作已扎实高效地开展起来，这必将为沿线制度机制相通、人心相通，奠定更加坚实的基础。

目前，"一带一路"途经的 60 多个国家中，已有 50 多个国家对参加合作予以正面响应。作为区域和全球问题重大有效的解决方案，得到了相关国家的积极反应，其重要原因是倡导了沿线各国共同繁荣发展的理念，秉持了共商、共建和共享的发展目标。可以预见，"一带一路"战略会受到越来越多国家的支持，共同积极行动、共同开拓创新。"一带一路"的建设需要相关国家政府的共同努力，也需要发挥各国企业界、金融界的积极作用，需要沿线各国人民的充分参与，从而实现共同愿景。

（撰稿人：中国国际经济交流中心"一带一路"课题组）

推进中美 BITT 谈判迈向更深层次的中美经贸合作

中美 BIT 谈判已进入快车道，上海自由贸易实验区提供了经验和借鉴，中美两国都在寻求经济再平衡，两国经济长期存在互补性，中国与欧盟也启动了 BIT 谈判。这些都为中美双边投资和贸易协定（BITT，Bilateral Investment and Trade Treaty）谈判提供了基础。在已经谈判的中美 BIT 基础上，除了投资以外，增加一个贸易的协定，推进中美 BITT 谈判，时机成熟，意义重大。通过推进中美 BITT 谈判，建立制度化的经贸关系，有利于发挥中美两个大国的引领作用，深化两国互信，成为亚太区域一体化的桥梁，进而推动世界贸易和投资自由化，为全球经济繁荣稳定提供强大动力。

一　中美启动 BITT 谈判建议的提出

BITT 正式提出是在第六轮中美工商领袖和前高官对话上，其思想是历届“中美工商领袖和前高官对话”中美与会代表思想碰撞的结晶。

（一）第六轮“二轨”对话正式提出中美 BITT

2014 年 7 月 22 ~ 23 日，由中国国际经济交流中心和美国全国商会共同举办的第六轮中美工商领袖和前高官对话在北京举行。中国国际经济交流中心理事长曾培炎提出发展中美经贸关系的 BITT 倡议，认为如果按现在 TPP 情况，将来亚太地区贸易一体化将走向碎片化，不利于整个亚太地区的经济贸易发展和投资的协调。中美正在推进 BIT 谈判，逐步取得成果之后，可在已经谈判的中美 BIT 基础上，除了投资以外，增加一个贸易的协定，也就是在 BIT 后面再加一个 T，即 BITT。BITT 相比 FTA 涉及的范围会小一点。如果中美两国之间三年之内开展这项谈判，可为中美两国企业家建立一个对未来的稳定预期。中美之间形成 BITT 的构架，将为亚太地区的经济一体化打下好的基础，将会进一步推动亚太地区经贸发展，无论对美国还是中国，都是一件好事。把 BITT 中美贸易投资协定作为下一步中美的 FTA 和下一步亚太自由贸易区的一个重要的桥梁，是在最大的发达国家和发展中国家建立健康经贸关系的一个良好方案。最终目标是通过五年到十年时间在亚太地区形成一个更加广泛的，或者叫超 WTO 的安排，为世界贸易和投资自由化打下良好的基础。中方提出的新倡议，被认为是促进未来中美经贸关系和全球经贸关系健康发展的重要途径。双方一致认为，要尽快达成 BIT 以加快向 FTA 推进。

（二）中美智库关于中美 BITT 的交流

2013 年 10 月份，中国国际经济交流中心理事长曾培炎带队到彼得森研究所就中美 FTA 问题交换看法。曾培炎理事长认为，如果目前不适宜进行中美 FTA 谈判，可以考虑在中美 BIT 谈判的基础上，再增加一个 T（贸易），先推动中美 BITT，最后在条件成熟时建立中美 FTA。在当年 4 月份，中国国际经济交流中心王春正执行副理事长带队到彼得森研究所就中美 FTA 课题研究情况做交流，陈文玲总经济师向美方介绍了课题研究进展和成果，彼得森研究所名誉所长伯格斯滕也就相关问题交流了看法。通过交流，中美两个智库达成了共识。

（三）围绕中美经贸关系进行的相关研究工作

为了把中美 BITT 的研究引向深入，中国国际经济交流中心在前期做了大量研究工作。近三年来，做了“未来十年中美经贸关系”、“中美基础设施双边投资”、“中美 FTA 研究”等。这些都是中国国际经济交流中心研究中美 BITT 的基础。同时，中国国际经济交流中心还积极就中美 BITT 同美方各界进行交流，特别是在第六轮“二轨对话”中围绕联合声明进行沟通，反复磋商，甚至有些是不同观点的碰撞，在中美双方智库达成共识方面起到了比较重要的作用。2014 年 10 月 16 日，彼得森研究所前所长伯格斯腾研究团队撰写的《建设太平洋之桥：通向中美自由贸易和投资》在美国发布，明确提出美中签署“投资和贸易协定”（CHUSTIA，China-US Trade and Investment Agreement），这说明已得到美方智库的积极响应。

二　推进中美 BITT 谈判的基础

从中美经贸合作程度、两国发展需求以及从全球区域经济一体化发展趋势来看，双方推进 BITT 谈判的时机已经成熟。中美双方是世界上最大的两个经济体，双方无论是经济、科技还是社会管理，差距都很大。从客观规律看，差距是双方互补、合作和双赢的基础。中国当年加入 WTO 也有不小的差距，但加入 WTO 实现了中国和世界共同受益。

（一）中美 BIT 驶入快车道

中美两国在 BIT 规则制定方面均积累了实践经验。中国自 1982 年签订第一个 BIT 开始，至 2013 年 6 月，已经签订了 128 个 BIT。在与发达国家签订的协定中，中国逐渐接受高标准的国际投资保护措施。同期，美国已经签订了 46 个 BIT。中美 BIT 谈判目前共进行了 14 轮。2013 年汪洋副总理在参加中美战略和经济对话时明确表示，中国政府原则同意，以准入前国民待遇和负面清单为基础，推动中美 BIT 进入实质性谈判，这是一个重大的进展。从 2014 年年初第 11 轮开始，已经进入文本谈判阶段。中美双方就双边投资协定（BIT）谈判达成了具体“时间表”，同意争取 2014 年就 BIT 文本的核心问题和主要条款达成一致，并承诺 2015 年早期启动负面清单谈判，意义重大。近年来，中国从吸引外资的大国转变为对外投资的大国，对美国的直接投资也逐渐超越美国对中国的直接投资，显示出中国资本“走出去”的态势在不断加强。从 2014 年 1～9 月看，中国企业的非金融类对外直接投资达到 750 亿美元，同比增长了 21.6%。随着中美双边投资协定谈判进程的逐步推进，一些核心敏感问题也会逐步浮出水面，涉及知识产权保护、劳工条款、环保要求等，需要双方妥善处理。之所以出现这些问题，是因为双方对谈判的基本诉求有着较大的差异。美方设立了门槛很高的投资标准，比如劳工权益、环境、透明度、国家安全等。要解决这些分歧，需要中美双方承认差距，多求同、少存异，甚至做出必要的妥协，不断寻求新的利益汇合点。中美双方如果能达成一项高标准的双向投资协定（BIT），其重要性不仅体现在双边层面，也具有区域和全球性意义。一个平衡、共赢、高水平的中美 BIT 将为下一步 BITT 谈判打下坚实的基础。

（二）上海自由贸易试验区提供了经验和借鉴

2013 年 9 月 29 日，中国（上海）自由贸易试验区（以下简称自贸试验区）正式挂牌成立。自贸试验区为中国参与高标准宽领域的新国际投资贸易规则提供了试验平台。成立一年以来，自贸试验区的制度创新效果明显，一系列改革成果出炉，一批可供上海市乃至全国借鉴、复制的经验已经取得阶段性的成功。自贸试验区借鉴国际经验，在投资贸易自由化和便利化方面不断推陈出新，深入探索负面清单管理模式，形成更加开放透明的投资管理制度，大胆进行金融创新，探索资本项下可兑换，不断推出新的金融产品和服务模式，形成了事中事后监管的制度和体系，监管重心从原本的资质审批转移到了日常的监管。一年来，自贸试验区所进行的这一系列创新，从体制机制和管理制度上切实为企业创造了非常好的市场环境，提高了政府的效率、激发了市场活力、降低了企业运营成本，保证了内资外资、国企民企的同等、公平待遇。随着上海自由贸易试验区的进一步发展以及将来在全国的推广，中国企业适应更开放条件的竞争环境的能力将大幅提高，这也为中美 BITT 的实施做了很好的铺垫。

（三）中美都在寻求经济转型

美国是最大的发达国家，中国是最大的发展中国家。在某些方面，两者也有很大差异。美国经济的特点是国内消费拉动增长型，低储蓄，过度信用消费，高贸易赤字。中国经济的特点是家庭消费低，高储蓄与投资，贸易顺差。金融危机后，美国实施出口倍增计划，积极发展高端制造业。中国正在加快经济发展方式转变、产业结构优化升级，城镇化也进入新阶段，中等收入群体规模正在迅速扩大，在不长时间内将成为全球第一大消费市场。而现有的一些制度却阻碍了中美两国贸易市场的扩大。例如，由于技术出口管制，美国对华技术出口的规模远低于欧洲、日本，束缚了美国公司。美国投资市场的资质技术审查标准不合理，也限制了中国企业进入。美国在对外国直接投资审批中，不透明、不可预见和不确定性很大，对一些投资项目的要求和潜在审批要求给投资者在投资项目选择、投资决策、交易结构设计上带来很多困扰。当然中国也有需要改革的地方，比如多年实行的对外商投资企业的合同章程，由政府部门进行审核批准，现在看也不适应当前的发展形势。以外商投资指导目录的形式来指导外商投资的方式，今后要和“准入前国民待遇 + 负面清单”这种模式的基本要求相符合。总之，通过贸易和投资制度化来促进生产要素和资源在中美市场之间的自由流动，是促进中美经贸平衡的根本途径。

（四）中美两国长期存在互补性

中美两国在经济发展阶段、资源禀赋、产业结构等方面具有很强的互补性。从 GDP 和对外贸易总量看，中美两国均为全球前两大经济体，但美国是全球在技术方面最发达国家，人均 GDP 为中国 7 倍，两国经济存在巨大差异。中国国际经济交流中心“中国与世界经济关系及其相互影响”课题组预测，到 2022 年左右，中国的 GDP 总量和美国相当或者是稍超过一点。但即使到那时候，中国的人均 GDP 也仅仅是美国的 1/4。从基本生产要素——有形（实物）资本、劳动力和土地情况看，两国生产要素丰裕度和发展水平有巨大差异，使两国经济各自比较优势明显。美国有形资本（建筑物和设备）折合成劳动力人均值后，是中国 6.2 倍。中国拥有丰裕劳动力，其工龄人口几乎是美国 5 倍。美国拥有 1.63 亿公顷可耕种土地，而中国只有 1.22 亿公顷，美国人均可耕种土地面积是中国的 6 倍。2012 年美国高等教育总入学率为 95%，而中国只有 27%。从以上美国与中国生产要素情况比较可以清楚看出，美国在人均有形资本、人均耕地等方面一直且将继续领先于中国，意味着美国在资本密集型产业、土地密集型产业（如农业）、高端人力和研发资本密集型产业（如高科技产业）领域具有很大比较优势，而中国则在劳动密集型产业上具有比较优势。另外，中美经济互补性体现在两国储蓄率的巨大差异。美国总储蓄率大约为 12%，而中国储蓄率则接近 50%。作为世界上最大两个经济体，两国储蓄和投资情况对对方都将产生深远影响，两国加强合作，从而促进储蓄和投资更有效配置的空间依然很大。

（五）中欧 BIT 谈判进展迅速

从 2013 年 11 月第 16 次中欧领导人会晤，启动首轮中欧 BIT 谈判起，在不到一年的时间里，已经完成 3 轮谈判。中欧 BIT 谈判也是高标准的投资协定谈判。以高水平的经贸协定来加强与世界各国的合作，将成为中国面向世界、对接国际经贸规则的重要方式。中欧 BIT 谈判涉及准入前国民待遇和负面清单原则，涉及金融服务、法律服务、专业服务等领域的投资。这些谈判将为中美 BITT 谈判提供借鉴和基础。

三　中美 BITT 的重大意义

过去几十年，中美经贸关系迅速发展，为两国人民带来了实实在在的利益，成为两国关系的“压舱石”和“稳定器”。以启动中美 BITT 谈判为战略突破口，继续推动中美经济持续健康稳定发展，既是两国的共同利益，也是构建中美新型大国关系的需要，有利于推动亚太区域经济一体化和促进世界贸易和投资自由化便利化。

（一）发挥中美两个大国的引领作用

美国是中国第二大贸易伙伴、第一大出口市场和第五大进口来源地。中国是美国第二大贸易伙伴、第三大出口市场和第一大进口来源地。如果不把欧盟作为一个总体计算，中美的双边贸易实际多年来已经是中国对外贸易的最大国别（欧盟作为一个整体是超过美国的）。2012 年，中美的双边货物贸易额达到了 4897 亿美元，比上年增长了 8.5%。2013 年，中美货物贸易达到 5210 亿美元，比上年增长了 7.5%。其中，中国从美国的进口达到 1526 亿美元，增长了 14.8%。2014 年，中国总体外贸增速不高，只增长了 2.3%，但中美货物贸易增长 5.4%，达到 5500 亿美元。中美两国在国际关系和全球事务中发挥着重大作用，中美关系是世界上最为重要的双边关系并具有重要的国际影响。BITT 将使中美两国企业和民众受益，BITT 可以使两国通过稳定的经贸关系和共同遵守的贸易规则，获得更多的现实利益和潜在利益。通过深化合作，建立中美 BITT，形成深度融合的制度化经贸关系，进而在 BITT 基础上，形成中美 FTA，有利于在全世界提供正向示范和引导。

（二）深化中美两国互信

发展中美关系，必须有大局观和战略的眼光。强大的经贸关系能够帮助双方化解其他分歧。中国、美国面临着前所未有的共同挑战，例如，反恐、应对气候变化、保障资源和粮食安全等等。但是也有一些分歧，这是客观的，需要双方共同努力来既使自身的重大关切得到保障，又使得一些差异之处、矛盾之处得到妥善解决，这就需要通过健康发展的经贸关系，使两国企业和民众受益，从而能够帮助双方化解一些矛盾。开展 BITT 谈判的过程同时也是两国在经济、社会、环境保护等多方面，彼此交流和加深认识的过程。这样不仅仅使得经贸合作的制度性、可预期性和透明性增强，把双方对于构建新型大国关系的共同愿景变成一种可以实施的方案，而且有利于建立两国深度交往的共同规则，表达利益诉求的共同平台，从而形成发展新型大国关系的共同纽带。因此，BITT 的达成对于促进各界交流，特别是人文交流、深化共识，也有独到的作用。

（三）奠定亚太经贸一体化基础

亚太区域是当今世界发展最具活力的区域，这个区域的合作进程对经济全球化事关重大。实现“亚太地区自由开放的贸易和投资”，是亚太各经济体共同的目标。在目前全球区域一体化中，存在着两条正在演进中的一体化发展路径：一条是美国主导“跨太平洋伙伴关系协议”（TPP）代表的“美国路线图”；另一条是东盟主导“区域全面经济伙伴关系协定”（RCEP）代表的“亚洲路线图”。这两条亚太区域一体化发展路径呈现竞争态势。如果把握不当，亚太区域经济一体化将走向碎片化，不利于发展。中美 BITT 谈判，有利于两国企业家形成稳定预期。中美之间形成 BITT 的构架，必将加强“美国路线图”和“亚洲路线图”的战略互动，成为推动亚太区域一体化两条路径（TPP 和 RCEP）融合为一的桥梁，将为亚太地区的贸易一体化打下一个很好的基础，进一步推动亚太地区经贸发展。

（四）推动世界投资和贸易自由化便利化

中美经贸关系是全球基础性战略关系。2013 年中美在全球 GDP 的总量已经占到 1/3。21 世纪的世界正在发生深刻变革，以互联网、智能制造、生命科学、新能源、新材料为代表的新一轮产业革命正在酝酿，新产业、新技术、新业态、新模式正在形成，传统的贸易和投资规则已经不能完全适应当前形势，面向 21 世纪的新的贸易投资规则正在形成。例如，近年来中国跨境电子商务快速发展，对消费、物流业乃至于金融业、居民生活等多方面都有重要影响，传统的贸易规则已经无法适应对跨境电子商务的管理。当前的高标准协定如中韩 FTA，正在谈判的 TPP、TTIP 和 TiSA 等都是由美国主导的，主要是以发达国家为主体的模式。新的国际贸易和投资规则必须兼顾发展中国家利益，应充分考虑科技发展、创新等因素。反思 2008 年国际金融危机，表面是金融泡沫的破裂，但是最深层次的问题是南北差距的加大。因此，如果有一个高水准的中美 BITT，使最大的发达国家和最大的发展中国家能够建立一个可持续的、健康的经贸关系，再通过 5～10 年的时间在亚太区域形成更广泛的超 WTO 的安排，必将为全球可持续性和包容性增长奠定好的基础。

（五）为全球经济繁荣稳定提供强大动力

从 2008 年国际金融危机以来，全球复苏步履艰难，面临着经济增长和治理、开放、金融稳定和监管、能源安全、气候变化等多项挑战，如果中美两国不能够有效合作，全球很难成功实现再平衡和可持续发展。根据彼得森研究所计算，中美 BITT 的达成将使美国年均出口和国民收入分别增加 4000 亿美元和 1000 亿美元，是 TPP 及其他潜在协定的两倍。此外，美国生产率将大幅上升，贸易赤字也将收窄。同时，也将大大提高中国的生产率，并将年均国民收入提高 3000 亿美元。BITT 将使得世界两个最大的发达国家动力核和发展中国家动力核产生共振效应，产生 1+1 大于 2 的效果，将对维护全球经济发展特别是全球贸易健康发展，建立更开放的全球贸易体系、抵制保护主义、减少贸易壁垒，发挥不可或缺的示范和引领作用。

四　中美 BITT 主要内容

从涵盖范围看，BITT 涉及的范围比 FTA 要小，但是将涵盖中美经贸中的主要关键领域。从规则来看，BITT 应是一个基于中美发展实际、面向未来的高水平协定。

（一）主要领域

1. 关税

重点是货物贸易减免关税和减少非关税措施。2013 年中国关税总水平仍维持 9.8%，美国平均关税水平为 4%。在 BITT 下，中美双方关税总水平近期可以各自降低到原来的二分之一，中期可以降低到原来的四分之一，长期向零关税迈进。美国方面要解除对中国高技术产品的出口限制，减少针对中国的“双反调查”等贸易保护主义措施。

2. 投资

中美 BIT 谈判已经具备较好的基础，进一步促进双方市场开放具有非常重要的现实意义。中方应研究制定体现高开放水平的负面清单。国家安全审查不应作为隐性限制或阻碍合法投资。同时，建立畅通的双方投资沟通渠道和会商机制。中美基础设施双向投资、清洁能源和生态环境领域的投资合作可以作为重要切入点。

3. 农业贸易

重点是补贴、关税减让和转基因食品安全问题。需要将美国农业补贴政策和农产品关税问题相结合，统筹考虑双方农业准入标准和关税水平。双方应就转基因食品安全方面开展合作，建立共同规范。双方可成立一个委员会，确保中美农业合作的长期供需关系。买卖双方预先确定交易价格（例如在成本加利润的基础上），采用长期（例如20年）商品供应合同。

4. 服务贸易

中美服务贸易合作有巨大潜力。随着中国制造业生产率提高、民众消费水平上升以及养老等民生服务需求增加，中国服务业将快速发展，创造更多就业机会。美国服务业发达，在知识密集型服务业方面世界领先。扩大服务贸易是深化中美经济关系的重要领域，对于两国都有益。中国在新的发展和结构调整的背景下寻求提高服务业在经济中的作用，而美国寻求机会扩大参与中国广泛的服务业发展。双方应大幅削减服务贸易壁垒。

5. 政府采购

政府采购占了近15%世界经济的总额（约10万亿美元），中美两国的政府采购各将超过1万亿美元。随着两国相互寻求更多的参与对方的大型基础设施项目建设，包括在美国的州及中国的省级层面，政府采购是存在潜在共同利益的一个重要领域。中美政府采购合作将以世界贸易组织多边政府采购协定（GPA）为标杆，同时考虑中美两国经济和政府体制差异。要明确双方政府采购参与实体。可以考虑“负面清单”方式，规定所有政府实体将被覆盖，除非他们被明确排除在外。

6. 知识产权

推进两国在专利领域的对接，实现双方专利信息互通、互认和共享，建立中美技术交易市场。避免滥用知识产权保护制度垄断价格。应简化知识产权行政管理程序，完善知识保护申请、注册和司法程序，以及提高执行等方面透明度和信息可获性。针对知识产权保护、执行和发展，在相关政府机构、教育组织和其他组织间加强合作安排，加强信息交流和人员往来，加深对彼此知识产权执行和行政管理体制的相互了解。加强知识产权边境保护，提高公众对知识产权保护重要性的认识。

7. 重点合作领域

在技术创新、网络安全、基础设施、清洁能源和生态环境领域等方面重点开展合作。建设网络空间秩序，解决网络安全问题。促进科技人员交流的便利化，加强基础科学合作，共建高水平实验室、研究平台和创新基地。推进双方在核能、清洁煤、页岩气、太阳能等清洁能源，及节能、环境污染治理等领域的合作。例如，在基础设施领域，中美双方合作空间巨大。美国桥梁、水道、铁路、公路、航空和电力等基础设施都需要更新、扩容和改造，2020 年前需 3.6 万亿美元投资。中国在此方面也有巨大的投资需求，并在高铁、桥梁、机场、电力等方面有世界一流的技术与设备、建设能力和价格竞争力，双方有条件进行深度合作。

8. 竞争环境

双方都要有公平的竞争环境，考虑采用“竞争中立”框架，政府商业活动不得因其公共部门所有权地位而享受私营部门竞争者所不能享有的竞争优势。国有企业和私有企业间有平等市场竞争地位，应给予公营和私营企业以相同的商业环境。无论是国有企业还是私营企业，国内企业还是国外企业，在投资管理上都要一视同仁，同等对待，确保双方企业能够很好地进入对方市场。美国需要承认中国完全市场经济地位。

（二）路径

1. 分三步走建立中美 FTA

第一步，中美双方尽快完成 BIT 谈判；第二步，在 BIT 的基础上，加入 T 的谈判，争取尽快启动 BITT 谈判；第三步，在 BITT 的基础上，启动中美 FTA 谈判。最终推动在亚太实现区域经济一体化，建立 FTAAP。这是一条切合实际的路线。以 BIT 为切入点，将贸易包含进来，采取循序渐进方式，将服务贸易、政府采购、农业贸易等关键领域专门纳入，具有可操作性，同时也能起到立竿见影的效果。最终双方达成中美 FTA，将极大促进两国经济繁荣。根据彼得森研究所计算，如果美国和中国能够在 2025 年达成 FTA，中国对全球出口会增加 10%，美国对全球出口会提高 3%，双边贸易增加 14% 左右。中国经济总量产出提高 2%，美国提高 1%。

2. 中美双方互相推动加入 RCEP 和 TPP

当前亚太最重要的两个正在谈判的区域一体化协定是 RCEP 和 TPP。在中美推进 BITT 的同时，中美双方应探讨中国加入 TPP、美国加入 RCEP 的路径，避免对双边关系的侵蚀，如果美国引领 TPP，中国又引领了另外一个地区的协定，对于双方的投资与贸易肯定不能带来最佳的效果。

中国加入了 TPP，美国加入了 RCEP，中美 BITT 和随后的中美 FTA 就成为沟通 TPP 和 RCEP 的桥梁，实质上 TPP 和 RCEP 就融为一体，为最终形成 FTAAP 奠定基础。

五　启动中美 BITT 谈判的若干建议

启动中美 BITT 谈判，不仅对两国经济发展有益，增加政治互信，也能够向世界传递积极信号，推动世界经济繁荣稳定，促进更加符合实际的 21 世纪新国际经济规则的产生。尽管中美 BITT 谈判可能是一个较长期过程，但启动谈判本身就会产生巨大影响。两国应采取努力，在 BIT 积极推进的同时，采取适当的方式、在适当的时机、以适当的路径推动开启中美 BITT 谈判。

（一）把开启中美 BITT 谈判纳入中美战略与经济对话议题

建议两国在此前几轮中美战略与经济对话的基础上，将中美 BITT 作为新的议题纳入，在官方层面进行相关探讨。

（二）两国政府应设立专门部门负责此项工作

中美两国应共同努力建设高水平的 BITT，在贸易、投资、服务贸易、知识产权等方面创新合作思路和方案，对合作领域进行量化分析研究和可行性研究，实现互利共赢，提升 BITT 质量。

（三）中美两国智库合作开展中美 BITT 方案研究

目前彼得森研究所和中国国际经济交流中心已经分别开展了前期研究，也做过一定的交流，有了一定的基础。在官方层面达成意向后，可上升到国家战略，由政府委托中美两国智库联合进行专项研究，进行前期准备，设计切实可行的方案。对中美 BITT 的成本收益进行评估，包括对中美双方影响的评估，对周边国家和地区影响的评估等等。

（四）可考虑由智库发起中美 BITT 的倡议

鉴于中国国际交流中心与美国全国商会已经进行了六轮“二轨”对话，已经对中美 BITT 进行了深入交流和研究，建议双方政府支持其继续进行研究，并由“二轨”对话联合发起公开倡议。2015 年，中国国际经济交流中心将召开第 4 届全球智库峰会，可在该峰会发布，并组织专门论坛讨论。

（五）通过 APEC 寻求共识，推动 TPP 和 RCEP 融合或者链接

两国政府在寻求新的地区贸易协定，尤其是 TPP 和 RCEP 的过程中，应避免出现竞争性或排他性区域贸易集团，同时反对贸易和投资的保护主义。中美双方都需要正视 TPP 与 RCEP 的竞合关系，积极构建桥梁和纽带，推动二者融合或链接。两国应继续通过能力建设和相关活动，强化 APEC 角色，促进未来几年 APEC 各经济体之间的融合。中美应在加强双边经济技术合作、促进外交关系稳定健康发展等方面做出努力，并就中国加入 TPP 及美国加入 RCEP 展开深入讨论。

（本课题课题指导：曾培炎、张晓强；课题组长：陈文玲；课题副组长：张永军；课题组成员：张焕波、李罗莎、徐长春、黄志龙等；本稿执笔人：陈文玲、张焕波）

2014 年全球自由贸易区进展与展望

一　全球自由贸易区发展现状

自由贸易区（FTA），是指两个或两个以上的国家或地区或单独关税区通过签订自由贸易协定，取消关税和非关税限制，对外实行保护贸易的特殊经济区域或经济集团。FTA 是当今世界贸易自由化安排的重要形式之一，与其相对应的另外一种贸易自由化形式是多边贸易体制，即由世界贸易组织（WTO）主导的多边贸易自由化安排。两种贸易自由化形式构成当前国际经济关系的重要特征。

（一）FTA 与 WTO 的异同

FTA 与 WTO 都属于贸易自由化机制，具有一些共同特点，主要体现在：一是自由贸易区和多边贸易体制的目标都是要推动贸易自由化，包括降低和取消关税、非关税壁垒，都是为了促进一国/地区的对外贸易和经济发展。二是谈判的领域都包括货物贸易、服务贸易、原产地规则、技术贸易壁垒、检疫检验、贸易救济、争端解决、知识产权等方面。

FTA 和 WTO 也有所不同：一是参与方数量不同。WTO 谈判涉及 150 多个成员；FTA 谈判涉及的国家和地区数量较少，多则几十个，少则两个或几个，且谈判对象可自主选择。二是贸易自由化程度不同。FTA 成员方要在 WTO 多边承诺的基础上，再进一步开放市场，其自由化程度一般高于 WTO。同时，FTA 谈判通常还涉及 WTO 谈判所未涉及的领域，如投资保护、竞争中立、环境保护、劳工标准等。三是谈判时间长短和复杂程度不同。FTA 谈判时间通常比较短，谈判形式也比较灵活，因此，达成协议的时间相对较短；而 WTO 由于谈判对象多，诉求广泛，利益协调难度大，进展往往缓慢。

（二）上世纪末以来 FTA 迅猛发展

20 世纪 90 年代以来，虽然经济全球化深入发展的总趋势没有改变，但受种种因素影响，WTO 多哈回合贸易谈判却陷入僵局，贸易投资保护主义升温，经贸摩擦政治化倾向抬头。特别是自 2008 年国际金融危机以来，全球资金流动和货物流动因贸易保护主义受到严重阻碍，各国为了不影响危机过后自由贸易的开展，避免贸易与投资大幅缩水，纷纷将贸易政策的重心从多边贸易框架转为推动洽签双边或多边 FTA，以寻求新的贸易发展路径，使区域经济合作蓬勃发展，各类自由贸易协定大量涌现，并成为经济全球化的重要动力。

由于 FTA 方式灵活、简便易行，比 WTO 更具优惠的贸易和投资条件，因此，发展迅猛异常。具体原因在于：一是 FTA 谈判比 WTO 框架内进行的多边谈判更容易达成协议，特别是对于发展中经济体而言，与发达市场 FTA 双边协定的签署能更容易进入发达经济体市场，进而从双边贸易中获利；二是 FTA 更加突出协议双方经济结构的互补性；三是 FTA 所涉及的范围比 WTO 更加广泛，不仅可以涵盖 WTO 谈判的全部内容，还囊括了 WTO 谈判所未涉及的投资、旅游、科技研发、竞争、服务、劳动、环境、经济合作等诸多领域，这是发达经济体期望的谈判。因此，各国纷纷将对外市场拓展的重点从 WTO 谈判转向了加快 FTA 的谈判步伐。目前，全球自贸区发展如火如荼，几乎所有的 WTO 成员方都加入了一个或几个自由贸易区，竞争也日趋白热化。对此趋势，国际社会也给予认可，2013 年 6 月召开的八国集团（G8）首脑峰会认为，在多哈回合贸易谈判达成妥协之前，应推动大型的 FTA 发展。

（三）2014 年全球 FTA 发展状况

据 WTO 统计，截至 2014 年 1 月 31 日，全球范围内向 WTO 通报的各类区域贸易协定共 583 个，其中 277 个正在实施。亚太地区是当今世界经济最具活力的地区，2013 年 GDP 总量合计 42.5 万亿美元，占全球 GDP 的 56.8%，贸易总量约占世界贸易总量的 46%，区内贸易比重高达 67%。这一地区也是全球洽签经济合作协议最多的区域之一。据亚洲开发银行统计，亚洲地区已经建立和正在谈判之中的 FTA 总数达到 250 多个，远远超过世界其他地区 FTA 发展势头，占到整个区域贸易的70%以上。这反映了亚太地区经贸活动的日益活跃及其在世界经济贸易格局中地位的提升势头。

2014年，美国、中国、欧盟、日本、韩国等全球重要的经济贸易大国和经济体都在积极推进FTA谈判。美国已经与20个国家签订了14个自由贸易协定，欧盟与秘鲁、韩国、墨西哥、南非和智利以及已加入欧盟关税同盟、与欧盟签有“联系国协定”的国家或地区签署并已生效了28个自由贸易协定。从全球范围看，已经开展或者刚刚启动的FTA谈判主要有：区域全面经济伙伴关系（RCEP）、跨太平洋战略经济伙伴关系协定（TPP）、跨大西洋贸易与投资伙伴协定（TTIP）、亚太自由贸易区（FTAAP）等。上述四个FTA谈判影响大，波及国家和地区广泛，随后将做专题介绍；同时，中日韩三国自贸区谈判也在推进中，欧盟与日本的欧日自贸区谈判也已启动，如双方达成自贸区协议，将涵盖全球30%的经济总产量和40%的贸易额。

在全球自贸区建设中，中国也发挥了积极的推动作用。2014年中国自贸区建设成果颇丰，年底达成了两项重要的自贸协定：一是2014年11月10日中国和韩国签署的自由贸易协定。中韩自贸区谈判于2012年5月启动，经过30个月、14轮谈判达成了迄今为止对外商谈覆盖领域最广、涉及国别贸易额最大的自贸区。根据协定，两国在服务、投资、金融、通信等领域达成了协议。在货物贸易方面，两国将在20年内对双方以产品品目为准90%以上的商品、85%的贸易额撤销关税。二是2014年11月17日中国和澳大利亚签署的自由贸易协定意向书。根据双方协议，中国将在九年内取消所有对澳大利亚牛肉的进口关税，将在四年内取消澳大利亚奶制品行业关税，并最终将澳大利亚95%的出口中国的产品给予免税。此外，澳大利亚对华出口的包括铝土矿、炼焦煤、动力煤等能源和资源产品将在两年内免除关税。中国将本国企业赴澳大利亚投资的审查门槛金额从2.48亿澳元提升至10.8亿澳元，并将在悉尼建立人民币清算银行。

现在中国在建的自贸区涉及超过30个国家和地区，已经签署的自贸协定涉及20多个国家和地区，除了2014年11月签署的中韩自贸协定、中澳自贸协定外，还有与东盟、新加坡、巴基斯坦、新西兰、智利、秘鲁、哥斯达黎加、冰岛和瑞士的自贸协定，占对外贸易额的1/4，如果扣除CEPA和ECFA，则占对外贸易总额的12%。其中，中国—东盟自由贸易区与欧盟、北美自由贸易区是世界上三大区域经济合作区。而中国—东盟自由贸易区是世界上人口最多的自由贸易区、由发展中国家组成的最大自由贸易区，涵盖11个国家、19亿人口，一个环绕亚太的中国 FTA 圈正在形成，中国的自由贸易谈判进入收获期。当前，中国在谈的自贸协定涉及超过 20 个国家，包括斯里兰卡、挪威等自贸协定，以及中日韩自贸协定、RCEP 和中国—东盟自贸协定（“10 + 1”）升级版。

（四）全球重点 FTA 谈判及其进展

1. RCEP

2010 年以后，东盟相继与中、日、韩、澳、新、印建立了自贸区。2012 年，东盟正式启动组建 RCEP 的“10 + 6”模式，即东盟 10 国，加上中国、日本、韩国、澳大利亚、新西兰、印度等 6 国。RCEP 第一轮正式谈判于 2013 年开始，并计划于 2015 年年底达成一致。目前，RCEP 16 国商品贸易总值占全球比重的 28%，RCEP 自贸区建成后，将覆盖大约 30 亿人口，区内经济总量接近 20 万亿美元。根据 IMF 的预测，到 2015 年 RCEP 生产总值占全球 GDP 的比重超过 3 成。

RCEP 谈判的特点。一是加入标准具有弹性化。RCEP 强调根据参与国的不同发展水平，给予其适当的开放与调适弹性，容许发展程度较落后的成员国设置关税例外措施，以及较长的过渡期。另外，RCEP 还同意通过技术协助与能力构建条款，帮助 RCEP 中的发展中国家完全参与谈判、履行 RCEP 下的义务，并得以享有 RCEP 的具体利益。二是谈判议题较为传统。谈判议题主要包含货品贸易、服务贸易、投资、经济与技术合作（含电子商务、知识产权、竞争、争端解决等）。三是尚未制定出详细的谈判时间表。RCEP 仅仅提出在 2015 年东盟经济共同体成立之前达成谈判的目标。

近年来，RCEP 的谈判进度不断加快，仅 2014 年就进行了四轮谈判。2014 年 12 月上旬在印度召开的 RCEP 谈判会议上，东盟提出在 10 年内撤销 80% 贸易品种关税的方案，日本也准备响应。但印度和中国坚持 40% 的目标不变，韩国也予以支持，主要成员国之间看不到意见统一的迹象。

2. TPP

TPP 的由来与谈判进程。TPP 于 2005 年由新加坡、文莱、智利和新西兰 4 国（P4）提出，2008 年 2 月美国宣布加入 P4，2009 年 11 月奥巴马政府将 P4 更名为“跨太平洋伙伴关系协议”（TPP）。2010 年，智利、新加坡、新西兰、文莱、美国、秘鲁、马来西亚、越南和澳大利亚 9 国成为第一批 TPP 谈判“创始成员集团”，即 TPP（P9）。2012 年、2013 年加拿大和墨西哥、日本分别加入 TPP

谈判。由于日本的加入，TPP 谈判国的 GDP 占到全球的近 40%，占世界贸易总额的约 1/3。至此，TPP 谈判成员扩大到 12 个国家（P12）。韩国政府 2013 年 11 月确定了加入 TPP 的方针，中国台湾 2013 年 7 月宣布将在八年内加入 TPP。印度尼西亚、泰国和菲律宾正密切关注 TPP 谈判，有可能成为潜在的 TPP 成员。

TPP 谈判“纲要”。2011 年 11 月，P9 达成 TPP 谈判“纲要”：一是全面市场准入。商品贸易全面免关税；开放服务贸易、投资和政府采购市场准入。二是构建单一关税税率、共同简单可强制执行的原产地规则。三是监管其他非关税壁垒、竞争力和商务便利化等交叉贸易问题。四是信息技术、数字经济、绿色增长和提高共同利益等新贸易问题。五是开放的协议，吸纳愿意采用 TPP 高标准的新成员。

TPP 谈判方式特点：一是采取所有参与方“一刀切”接受高标准的原则，概不考虑参与谈判国家的发展状况。二是通过缩小谈判范围以降低谈判难度。先达成小范围协议，然后逐步推广到整个 APEC 21 个成员体，最终实现亚太 FTA。

TPP 谈判的最新进展与趋势。2013 年底前结束 TPP 谈判，是 TPP 领导人早就达成一致的目标。然而，在谈判最有挑战性的领域，如知识产权、国有企业、政府采购、劳工和环境标准，尤其是在知识产权保护和基础产业对外开放方面，越南、马来西亚等发展中国家都与美国存在严重分歧。而日本加入谈判后，又提出农产品例外和敏感产品清单。这些都致使 TPP 谈判多次陷入僵局，全面结束时间一再推迟。目前，TPP 参加国力争于 2015 年春季达成共识，在 2015 年 1 月下旬之前举行 12 国的首席谈判官会议，以加快谈判进程。在此之前，日美两国计划重启事务级磋商。美国总统奥巴马曾在白宫召开的出口相关会议上表示：“我比去年乐观看待 TPP 协议，达成重量级协议的可能性较高。”但是，在日本农产品的市场开放以及发展中国家国有企业改革和知识产权保护等领域，谈判各方的分歧仍然巨大。

3. TTIP

TTIP 的源起。TTIP 即跨大西洋贸易与投资伙伴协定，是指美国和欧盟双方通过削减关税、消除双方贸易壁垒等来促进经济发展、应对金融危机的贸易协定。2013 年 6 月 G8 领导人峰会期间，欧美领导人共同宣布，将开启 TTIP 首轮谈判。美国与欧盟经济总量占全球的 45%，贸易额占全球的 40%。若美欧达成 TTIP 协议，将诞生世界上最大的自贸区。据英国经济政策研究中心估算，该协定预计每年可使欧盟经济产出增加 1590 亿美元，令美国经济产出增加 1269 亿美元。

TTIP 谈判的内容。TTIP 谈判主要集中在三个方面：一是市场开放，包括更低的关税、更开放的服务业市场及更大规模的政府采购准入；二是公司与行业间监管的协调，旨在减少交易成本；三是未来国际贸易与投资规则，包括能源与原材料规则、投资保护规则、可持续发展规则等。

迄今为止，TTIP 谈判一波三折，欧美双方在能源出口许可机制、争端解决机制、农产品安全和补贴等问题上的尖锐矛盾已经暴露无遗，各自内部反对声音加强。欧洲反对者担心 TTIP 谈判目标无关自由贸易，而是更多关注企业利益，从而削弱欧盟在食品、化工、农业和能源等特定领域的安全标准。欧洲长期以来一直奉行预防原则，阻止可能危害人类健康的产品进入欧盟市场，对转基因产品进行有罪推定。美国则一直试图打开欧洲市场，并多次因农产品争端向世贸组织提起诉讼。欧洲反对者还认为，全球化造成国家和地区身份缺失，美国企业会冲破欧洲防线，利用投资者争端条款挑战欧盟国家政策。目前看来，美欧 TTIP 谈判道路并不平坦，双方都还将为此继续博弈。

4. FTAAP

FTAAP 于 2006 年第 14 届 APEC 领导人会议上被正式提出，美国曾高调支持，但因很多国家抱有怀疑态度，当时并没有形成共识。在 2014 年 11 月 APEC 北京会议闭幕式上，中国国家主席习近平宣布，决定启动和推进 FTAAP 进程，使 FTAAP 第一次有了实质性的进展。在当前亚太地区经贸合作机制多样化，自贸区重叠化、碎片化的背景下，构建统一、包容、开放、互利的亚太自贸区将在更大程度上惠及各成员经济体。因此，启动 FTAAP 谈判意义重大，标志着一个跨越太平洋，涵盖世界前三大经济体，占全球 GDP 57%、贸易额 46%、人口 40% 的自由贸易区的建设有望从愿景变为现实。随着亚太自贸区逐渐浮出水面，亚太区域合作“碎片化”带来的贸易之乱，终于迎来了解决的曙光。

APEC 北京会议的主要成果主要体现在，通过了《北京纲领：构建融合、创新、互联的亚太——亚太经合组织领导人宣言》和《共建面向未来的亚太伙伴关系——亚太经合组织成立 25 周年声明》（亚太自贸区路线图），从而明确了亚太地区经济合作的发展方向、目标、举措，并在以下一些方面达成共识：加强亚太伙伴关系；推进区域经济一体化，启动亚太自由贸易区进程；提出全球价值链、供应链、能力建设等领域重要合作倡议；支持多边贸易体制，推动多哈回合谈判早日结束；加快创新和改革步伐，为亚太经济发展挖掘新的驱动力和竞争力；共同探索适合自身实际的发展道路和发展模式，加强交流互鉴，丰富亚太发展新理念、新思路；加强全方位基础设施和互联互通建设，有助于开拓亚太经济增长新源泉、提升竞争力，标志着亚太自贸区进程的正式启动。未来建成的亚太自由贸易区，将在制度安排上强调约束性和互惠性原则，以区别于非强制性的APEC；在内容上，强调超WTO规则，追求高质量的FTA；在规模上，将覆盖亚太整个区域，以整合现有的双边和次区域FTA。作为共识，在现实意义上，FTAAP被认为是服务于“茂物目标”、有助于亚太地区实现一体化最终目标的一个重要工具。

二 FTA发展的特点

从世界上第一个自由贸易区——欧洲共同市场成立至今，FTA已有50多年的历史。目前的自贸区与传统自贸区相比，呈现出一些新的特点，对全球贸易规则和标准乃至战略格局将产生重大影响。

（一）FTA谈判涉及的地域范围日益广泛

从近年FTA谈判的地域范围看，跨区域的FTA不断增加。21世纪以前签署的FTA协定，以相邻国家的经济整合为主，北美自由贸易协定（NAFTA）、欧洲联盟（EU）以及东南亚国家联盟（ASEAN）等都是如此。进入21世纪之后，跨区域FTA谈判不断增加，美国、欧盟、日本以及中国等贸易大国（地区），纷纷将与主要贸易对象国签署FTA作为优先发展战略，结果即将形成跨区域的TPP、RCEP、日欧EPA、TTIP等4个大型FTA。尤其是作为特大型FTA的FTAAP，将整合现有的双边和次区域FTA，在规模上将覆盖整个亚太区域，有助于亚太地区实现经济一体化的最终目标。

（二）一国/地区同时发起/参与多项FTA谈判

从近期FTA的发起谈判国家看，几乎都是一个国家（地区）在同时推动多项FTA谈判。其中，欧盟同时推动包括TTIP、日欧EPA、欧盟—印度自由贸易协定等在内的10多项FTA谈判；美国正在推动的FTA谈判尽管仅有2项（TPP和TTIP），但所涉及的地区之广以及贸易总额之高则令世人瞩目；加拿大同时推动包括日本—加拿大经济伙伴关系协定、TPP以及欧盟—加拿大经济全面贸易协定（CETA）等在内的10多项FTA谈判；韩国和日本正在推动的FTA谈判均有

10 项之多，其中日本同时推进 TPP 以及日欧盟 EPA 两项大型 FTA 谈判；中国正在推动包括中日韩 FTA、RCEP、亚太自贸区等多项 FTA 谈判。

（三）新型 FTA 规则标准日益提高

以 TPP 和 TTIP 为代表的新型国际区域经济一体化组织，致力于制定高于 WTO 标准、“面向 21 世纪的规则”，成为推行高标准贸易和投资规则的平台，自贸区的发展使国家（地区）之间的经济竞争演变为对世界贸易和投资规则制高点的竞争。

FTA 谈判规则不断提高的表现：一是开始关注贸易品制造所有环节，与新一轮全球价值链分工体系相吻合，每个环节都成为未来贸易协定所涵盖内容。新国际贸易规则出现的国际背景是全球商品生产制造价值链的发展。一件商品需要在不同国家经过诸多环节生产制造才能最终完成，涉及在多个国家间贸易和投资，客观上要求国家间贸易和投资规则协调同步发展，才能做到商品生产制造价值链所有环节成本最低。因此，新国际贸易规则产生是全球价值链形成和快速发展的客观要求。

二是谈判议题从边境措施延伸到边境后措施。二战后的贸易自由化主要集中在降低关税领域，目前欧美间平均关税已不到 3%，因此发达国家 FTA 谈判的焦点已经转到非关税贸易壁垒，不仅包括货物贸易完全取消关税，还就安全标准、技术性贸易壁垒、动植物卫生检疫、竞争政策、知识产权、政府采购、争端解决，以及有关劳工和环境保护、国营贸易、监管一致性等非传统贸易议题展开谈判，标准之高和覆盖领域之广远超一般的 FTA。新贸易规则不仅关注贸易规则，而且关注“贸易—投资—服务”三位一体规则的融合。以 TTIP 谈判为例，欧盟谈判者希望将竞争政策纳入未来（尤其是与中国的）贸易协定当中，将有关国有企业、补贴、反垄断和并购条款的问题带回全球贸易舞台，为国有企业补贴的透明度、非平等待遇以及规则设定全球标准，阻止扭曲性国家补贴，保证国有企业按照市场规则运行。

伴随着各国对推行高标准新贸易规则阻力下降，产生新国际高标准贸易规则时机开始成熟，新国际贸易规则制定成为各国角力焦点。

（四）FTA 具有一定区域保护主义排他色彩

与多边贸易体系的开放一样，FTA 倡导消除关税与非关税壁垒，促进贸易、投资自由化；而且，FTA具有对象可选、进程可控的特点，可以起到促进区域经济发展、以局部带动整体的开放效果，在全球经济中发挥着举足轻重的作用。比如，据欧盟测算，TTIP协定可使欧盟经济多增长0.5%~1%；美国表示，TTIP协定也会给美国带来数以百万计的优质工作岗位。而美欧经济好转对世界经济的拉动作用将是显著的。此外，国际新规则也有助于促进新兴市场和发展中国家加强自身改革，转变贸易增长方式，从根本上反思和重构自身的贸易竞争力。

但是，FTA又具有一定的区域保护主义排他色彩。欧美自贸区协定的标准一般高于WTO，这种发展趋势对WTO倡导的最惠国待遇原则形成冲击，特别是在各国经济发展不平衡的条件下，高标准自贸区协定将会对发展中国家产生负面影响，在一定意义上不利于多边贸易体系的建设与发展。

FTA的区域保护主义主要表现在：一是将会使部分发展中国家，特别是欠发达国家被边缘化。自贸区协定的非贸易条款会使贸易条件相对较差的国家处于更脆弱地位，贸易转移效应将使发展中国家的经济面临新的困境。这些国家在经济制度、贸易体系和商业规则等方面与发达国家有很大差距，市场深度开放承受力较弱，导致其在区域经济合作中面临外部冲击，失去自身发展的动力。二是区域自由贸易协定只对成员方开放，而这些成员方并不一定是某些商品和服务最有效和最有竞争力的供应者。这一方面保护了低效率的成员国，另一方面也对非成员国形成歧视，使全球资源不能得到有效配置。比如，TTP谈判机制规定，新加入成员不能享受第一批“创始成员集团”（P9）同等权利，新成员须接受P9已达成条款；未来谈判中，只要P9达成一致就可结束谈判，而无须新成员同意；新申请加入成员须先与现有TPP成员逐一开展磋商，并获所有成员一致同意；作为谈判纪律，TPP谈判人员不能直接与中国接触，直到完成谈判；现有成员中推荐中国加入TPP谈判的，要承担相应责任。三是不同自贸区协定的规则差异，使同时加入不同自贸区的国家增大国际贸易成本，这在原产地规则领域表现尤为明显；同时，会导致不同自贸区之间产生新贸易摩擦，使国际贸易运行环境变得更加复杂，争端解决机制难以在统一标准下实施。

（五）自贸区谈判成为国际政治、外交战略竞争的新舞台

自由贸易区的经济结盟背后出现政治结盟的苗头，体现主导国的政治和外交战略意图，使一些自贸区成为政治、外交和战略共同体。自贸区协定除了能够加强和促进参与国间的经贸关系之外，背后往往还隐藏着各种政治、外交和战略利

益的驱动。诸如美国主导 TPP 谈判就与其“重返亚洲”战略有密切关联；日本加入 TPP 谈判，意在牵制中韩；而美国和欧盟的 TTIP 谈判，目标之一也是针对中国。美欧试图通过 TTIP 促中国经济转型，将环境、社会成本纳入，抵消中国的国际竞争优势，促使中国出口导向型经济发展模式转型。一旦美欧在贸易投资规则上达成一致，将对全球产生重要影响，成为新的国际标准，提升中国进入欧美市场的技术壁垒。相比在理论上无法排斥中国的 TPP，TTIP 则完全排斥中国，甚至有欧洲学者曾公开宣称，TPP + TTIP = EBC（即 everyone but China，唯独不包括中国）。总之，自由贸易与投资协定谈判，从来不是由单纯的公司行为和经济利益驱动，其战略意义与地缘政治影响正日益显现。

三　FTA 发展的趋势

展望 2015 及未来的 FTA 谈判进程，预计将呈现以下发展趋势，即贸易大国依然是 FTA 谈判的主要推动力量、FTA 谈判将继续向深度一体化发展、亚太地区 FTA 将呈现融合趋势、重要谈判 2015 年结束面临重重困难。

1. 贸易大国依然是 FTA 谈判的主要推动力量

在当前及未来的全球 FTA 谈判进程中，TPP、TTIP、RCEP 以及中日韩自贸区等重要的 FTA 都集聚了全球最主要的经济体，发达国家依然占据主体地位，美国将继续在 TPP、TTIP 等谈判中发挥主导作用，欧盟发挥积极作用，日本也是其中的重要力量。总体上，发达国家的力量将在新一轮自由贸易区协定发展中继续处于优势地位，主导自贸区发展的方向。发达经济体主导新一轮区域自由贸易协定的发展，按照他们的经济发展水平和要求制定议题和规则，并为发达国家带来发展的机遇；在当前发达国家主导的区域自由贸易协定内，主要发展中大国基本没有参与其中，而其他发展中小国仍将处于被动接受地位，由此建立起来的区域自由贸易协定对发展中国家的影响将主要是冲击和挑战。

值得一提的是，中国等新兴经济体持续快速发展，在区域性 FTA 谈判中的声音逐步加强。近期，中国政府提出了要立足周边发展自贸区的战略。可以预见，中国将逐渐成为东亚区域、进而亚洲地区乃至整个亚太地区 FTA 谈判的主导力量。2015 年，中国将继续推进中日韩自贸区谈判；完成东盟“10 + 6”，即 RCEP 的谈判；内地和香港、澳门之间的自贸区将进一步升级，进一步提升内地与港澳之间服务业开放的水平；配合“一带一路”战略，重点推进 65 个“一带一路”沿线国家的自贸区战略布局，特别是尽快启动中国与海合会的自贸区谈判；尽快启动中国和以色列的自贸区谈判，最后形成面向全球的自贸区网络。

2. FTA 谈判将继续向深度一体化发展

深度一体化也是当前区域自由贸易协定发展的一个重要趋势，即成员国间的合作从浅度的贸易自由化向涵盖投资、服务、劳工、环境等条款的深度一体化扩展。美国和欧盟借助 TPP、TTIP，推行涉及投资、政府采购、非关税贸易壁垒、知识产权、环境与就业、竞争性政策、国有企业的发展等方面更严格的贸易投资规则；发展中国家自由贸易协定的合作程度也在逐渐加深，如 RCEP 强调渐进性和开放性，协定不仅包括消除内部贸易壁垒、创造和完善自由投资环境、扩大服务贸易，还将涉及知识产权保护、竞争政策等多个领域；在谈判议题上，FTA 向国际贸易规则和制度等深层合作发展。TPP 和 TTIP 都致力于构建国际贸易的新规则和新制度，议题涉及知识产权、劳工条款等非关税领域，谈判的内容明显向纵深方向发展。自贸协定议题将在未来国际贸易规则和体系重建中发挥重要的作用。

3. 亚太地区 FTA 将呈现融合趋势

目前，亚太地区有很多双边和多边贸易协定，其中，两个还在谈判的重要的自贸协议，一是 TPP，二是 RCEP。目前，关于两大自贸区之间的关系有两种观点，一种观点认为亚太自贸区会阻碍正在推进中的 TPP 和 RCEP；另一种观点认为两个自贸区谈判并不冲突，主张有机会谈成的先做起来，以后再融合，建议以 TPP 和 RCEP 作为亚太自贸区的垫脚石。美国拉拢部分亚太国家成立 TPP，而作为亚洲地区最大的经济体，中国则被排除在 TPP 之外，这种基于地缘政治竞争所组建的地区经济合作组织事实上并不能发挥区域经济合作的最大成效，相反削弱了亚太地区经济整合的努力。中国已成为全球第一大货物贸易大国，排斥中国的贸易小圈子，损人又不利己。TPP 少了中国有缺陷，同样，FTAAP 没有美国首肯，谈判也难以启动。而最好的解决方案也许就是在 APEC 的大框架下，求同存异，不同合作模式相互补充而不是相互对立，在互利共赢基础上推动 FTAAP 发展。

亚太自贸区与 TTP、RCEP 都不冲突，三者目标都是自由贸易、支持亚太经济一体化。亚太自贸区和 TTP 可以互相促进，亚太自贸区并不会取代 APEC 和 TTP，正如自贸协定与 WTO 并行一样，甚至亚太自贸区的成员也不一定要限制在 APEC 21 个经济体里，要有立足 APEC 但超越 APEC 的眼光。亚太自贸区谈判可以借鉴

TTP 和 RCEP 的经验，尤其是 TPP 具有很高的谈判标准，日后亚太自贸区谈判中可以采纳其一些较高的标准。目前，TPP 和 RCEP 谈判都进入尾声，TPP 模式标准太高，如果借鉴中韩自贸区谈判，建立比较高级的、面向 21 世纪议程的全方位谈判模式，同时不再区分发达经济体与发展中经济体，采取分队入伍、分批加入的方式，使发达成员和发展中成员的利益得到兼顾，TPP 和 RCEP 成员逐步融合到 FTAFP 中去，亚太地区 FTA 将逐渐融合为一个巨型的、统一的自由贸易区。

4. 重要谈判 2015 年结束面临重重困难

RECP 谈判面临巨大挑战。因历史等问题中韩与日本关系龃龉也是谈判裹足不前的原因之一；以中日韩为中心东亚各国旨在达成 RCEP，并力争在 2015 年年内达成共识，而作为其基础的中日韩 FTA 谈判被推迟可能对今后 RCEP 的谈判构成影响。因此，RECP 要实现在 2015 年底前达成妥协的目标，形势仍十分严峻。

TTIP 谈判困难重重。欧美之间的 TTIP 谈判自 2013 年启动，已经进行七轮谈判，但谈判取得的成果甚微。目前，因受美国中期选举、欧洲领导层换届以及相关规则等影响而暂停，下一轮谈判计划 2015 年 2 月在布鲁塞尔举行。尽管欧美高官表示将于 2016 年美国总统大选前缔结协定，但由于面临诸多制约因素，要实现这一目标不容乐观。从机制层面看，尽管欧洲委员会大力推动 TTIP 谈判，但法国、德国、英国在谈判中拥有否决权，欧委会不可能签署它们不喜欢的协议。欧洲担心美国的竞争，特别是金融服务业、IT 等创新产业的竞争，达成的协议也有待欧洲议会批准。美国担心欧洲的竞争，尤其是汽车、轻工业、重工业、奢侈品等领域的竞争。由于美国国会尚未授权总统快速贸易通道特权（TPA），其最终批准协议存在变数。从政治层面看，欧美双方内部都存在强大的保护主义利益集团，难以在核心利益上相互让步，使得 TTIP 深入谈判愈发艰难。

实现 FTAAP 目标任重道远。北京会议只是确定启动 FTAAP 进程并制定路线图，真正建设 FTAAP 将有赖于成员经济体的共同努力和合作。建设 FTAAP 需具备一些要素：首先，要提出 FTAAP 实现的目标，包括贸易自由化程度、进一步削减关税和其他壁垒的内容；投资准则，包括国民待遇、负面清单、分歧解决的原则等。第二，实现时间表，包括谈判的启动和协议达成的时间节点、发达国家和发展中国家推进的阶段性要求、最终建成时间等。第三，次区域和双边 FTA 逐步过渡以及与 FTAAP 衔接的问题。第四，谈判方式和重点谈判领域，不同成员现有利益的保护和平衡，对欠发达成员提供贸易能力帮助等。总之，FTAAP

正式启动意义重大，但是实现FTAAP仍然任重道远。

中日韩自由贸易协定进展仍将一波三折。三国谈判首席代表2015年1月16～17日在日本东京举行新一轮谈判，但未能就贸易自由化水平目标的设定达成共识，也未能互换消除关税的项目清单。贸易自由化水平的目标设定是进行关税谈判的基础，被视为FTA谈判的重要节点。由于此次未能就此达成共识，中日韩FTA在2015年年内达成大体共识的目标被笼罩上了一层阴云。中日韩在2014年12月举行了事务级别的谈判，当时的考量是在2015年1月的首席代表谈判上设定自由化水平的目标。但在本轮首席代表会谈中，中国和韩国提出的贸易自由化的目标值较低，日本方面没有做回应。日韩在工业制品领域竞争力强，具有经济优势，中国是发展中国家，希望获得照顾。农产品和水产品的出口是谈判的主要关注点，而日本对这些市场的开放持消极态度。

TPP谈判年内达成协议仍面临挑战。日美两国政府2015年1月中旬结束了旨在实现贸易和投资自由化的TPP相关事务级磋商，关于作为谈判焦点的美国产牛肉及猪肉等对日本进口时的条件，在磋商中取得了一定进展。日美两国政府正摸索在2015年春季完成谈判。之所以急于完成谈判是因为2016年美国将迎来总统选举，而日本要进行参议院选举。参加TPP谈判的12国力争于2015年2～3月的部长会议上最终达成全体共识。而经济规模占12国总量80%的日美两国间的谈判进展将成为是否能按计划达成全体共识的前提。美国坚持日本应降低对农产品进口的壁垒，但日本希望保护本国猪肉、牛肉、乳品和糖生产商的利益，避免这些产品受到外国产品的冲击。

四　FTA的影响与中国的战略选择

（一）FTA对中国经济的影响

尽管中国也与几十个国家和地区建立了FTA，但这些FTA与发达国家相比，总体水平不高。除了与冰岛和瑞士的自贸协定涉及知识产权、竞争政策等部分非传统议题外，其余协定均以关税减让为主。这与当前世界上高水平的自贸协定有很大差距。同时，美国主导的TPP和TTIP试图“倒逼”多边经贸体制，形成以美国为主导的新的全球经济治理框架，中国自贸区建设将面临更为激烈的大国博弈和利益空间的挤压。

1. “内部市场”与“去中国化”的影响

美国主导的 TPP 谈判呈现奥巴马政府的“去中国化”战略，可称为“ABC”——除中国以外任何国家（Anyone But China）。首先，美国通过 TPP 现有成员创建一个“内部市场”和供应链，使 TPP 内部市场和供应链规模达到 27 万亿美元，约占全球经济总量近四成，占世界贸易总量近三分之一。然后，美国通过 TPP“内部市场”和供应链，实施“去中国化”战略。“去中国化”对中国战略利益的主要影响，一是可以使中国过剩产能转移不出去，加剧中国经济“孤立”风险；二是中国将遭受贸易替代和转移效应的压力。TPP 不仅影响最终产品，还会影响全产业链的中间产品和原材料的贸易替代和转移效果。根据美国彼得森国际经济研究所高级研究员杰弗里·斯科特（Jeffrey J. Schott）的分析，中国加入 TPP，可以影响中国经济实际 GDP 增长 2.0%，实际出口增长 2.3%；中国如果不加入 TPP，意味着“贸易转移效应”影响中国经济增长放缓 0.2%，出口下降 0.5%。

同样，TTIP 既是美欧经济关系发展的时代要求、金融与债务危机后抱团取暖的经济选择，也是应对中国等新兴国家崛起、延缓西方主导权下降的战略选择，经济与战略考量并重。美欧高调推进 TTIP，意在形成新一轮没有中国等新兴市场国家参加的谈判，打造“经济版北约”，重塑全球经济贸易新规则，重新掌握国际贸易领导权，从而抑制中国等发展中国家经济增长及国际影响力日益上升的发展势头。

2. 对中国经济体制影响

欧美国家主导的 FTA 对中国经济体制的影响体现在：一是对市场准入提出要求，要求全面开放货物贸易、绝大部分服务、投资市场，在中国经济结构调整和相关改革未完全到位情况下，全面开放和高度自由化会使中国部分产业面临一定冲击。二是经济体制改革要求，即对国有企业、知识产权、政府采购、监管一致性、投资审批、环境保护等提出要求，这些要求往往与中国现行法律和管理体制存在较大差异。三是政治安全要求，要求结社自由、保障互联网自由，这些均与中国政治制度和现行司法实践有较大冲突。但从发展角度看，TPP 关于消除国有企业垄断、加强知识产权保护、开放政府采购市场、提高规则透明度、改革外资管理体制、提高环境标准等内容，均体现 21 世纪全球贸易规则发展趋势和社会进步方向，与中国全面深化改革开放的要求方向并不矛盾。

（二）中国的战略选择

2001 年，中国成功加入世界贸易组织，主动削减国内商品贸易关税壁垒和非关税壁垒，逐步对外开放商品和服务市场，取得了丰厚的“开放红利”，10年间外贸拉动中国经济突飞猛进，使中国一跃成为世界第二大经济体、第一贸易大国。当前，中国进入全面深化改革关键时期，应该坚持以开放促改革，顺应国际潮流，深化对外开放，与国际社会互利共赢，为中国发展再赢得未来5～10年的重要战略机遇期。

为顺应全球化的新趋势和应对美欧日的全球经济战略布局，我们一方面要继续维护多边贸易体制在全球贸易发展中的主导地位，另一方面要坚持双边、多边、区域次区域开放合作，扩大同各国、各地区的利益汇合点，以周边为基础加快实施自由贸易区建设，形成以周边为基础、面向全球的高标准自由贸易区网络，拓展改革开放和国民经济发展空间。

1. 推动国内经济体制机制与国际接轨

以开放促改革是中国30多年经济社会发展积累的宝贵经验。目前，中国已经步入对外开放新时代，也进入了深化改革深水区，经济自由化政策遇到国内既得利益团体的阻碍，参与国际区域整合、与国外签署FTA是化解国内阻力的有效方式，也是中国经济全球布局的关键一环。同时，具有国际竞争力的新兴产业与企业的培育，也需要对国内产业进行全球布局、升级，需要打破国内竞争领域的行业垄断，应进一步检视、完善国内相关法律法规，尤其是要不断完善劳工、知识产权、国企、环境保护等方面的法律法规，逐步与国际惯例接轨。

可以将国内自由贸易试验区作为接受、引进和借鉴国际规则标准的“试点”政策工具。一是一些国际经济规则可在国内自由贸易试验区先行先试。首先，在国内自由贸易试验区总体方案顶层设计中，将试验区重要领域改革试验成果与FTA规则对接。其次，在风险可控前提下，在国内自由贸易试验区突破FTA规则，并以此带动对外开放不断走向深入，推进开放型经济体系建设。比如，先行先试人民币资本项目可兑换、人民币跨境使用便利化、利率市场化等跨境融资自由化；先行先试金融服务业对符合条件民营资本和外资金融机构全面开放，进行设立外资银行和中外合资银行等一系列金融改革。二是服务业对外开放先行先试。可选择若干国内自由贸易试验区，以服务业开放为重点，先行先试服务贸易自由化规则，并研究相关产业应对措施。三是投资“负面清单”管理先行先试。可在国内自由贸易试验区内，根据行业特征制定符合国情的负面清单和市场准入，并开展先行先试。此外，TPP（TTIP）规则中涉及的国有企业改革、知识产权保护、政府采购、劳工和环境保护等内容，不少与中国全面深化改革取向一致，可分别在国内部分自由贸易试验区内先行先试，在机制体制和管理模式上予以突破，取得经验后再加以推广，以期实现国内外经济管理体制机制的逐步相容与接轨。

2. 高标准加快推进中国自贸区建设

中国应加快制定、完善并实施自贸区战略，顺应新的高标准国际贸易规则，深化改革市场准入、海关监管、检验检疫等管理体制，加快投资保护、环境保护、政府采购、电子商务等新议题的谈判，形成面向全球的高标准双边、多边、区域次区域自贸区网络。一是促成中日韩自贸区，争取在 2015 年前达成协议。二是积极推动 RCEP 谈判，力争于 2015 年取得实质性成果。RCEP 是在中国—东盟自贸区多年发展基础上的进一步拓展，也是中国参与的自贸区中经济规模最大、涉及国别最多的区域贸易自由化协定。推动 RCEP 是中国应对全球自贸区建设热潮的基石，将有效抵消 TPP 在政治和经济上可能给中国造成的负面影响。因此，要积极打造中国—东盟自由贸易区升级版，进一步提升区内贸易投资自由化、便利化水平。三是尽快结束与海合会 FTA 谈判；探讨启动与加拿大建立 FTA 的可行性研究。四是加快推动商谈并签订中美双边自由贸易协议，为中美两国经济发展奠定长期合作的制度性框架，真正将两国打造成国家利益的"命运共同体"，以利于发展不冲突、不对抗、相互尊重、合作共赢的新型大国关系。中美双边自由贸易协议的签署不仅可以成为两国新型大国关系的"压舱石"，还可以为中国适时主动加入 TPP 以及共同建设亚太自贸区打下良好基础。五是适时启动与其他重要经贸伙伴、周边国家等的自由贸易协定谈判，稳步推进自贸协定关系范围，逐步形成全球自贸区伙伴关系格局。六是中美合作共同推动 FTAAP 谈判进程。中美两国贸易总额占全球近四分之一，结构转型和经济再平衡都已成为两国的优先选择，如能加强共同合作，将有助于推进亚太地区经济一体化的发展，并将有助于在全球范围内促进货物、服务贸易自由化，以及双边投资大幅增长。

在进一步开放中合理保护国内产业。针对 FTA 可能对国内产业造成的冲击，政府应先行评估，并根据评估结果进行产业级别分类，按照"超敏感"、"敏感"与"一般"三个级别逐项确定市场开放程度。"超敏感"产业要重点保护，"敏感"产业可适度保护，"一般"产业应提高开放度。对于"超敏感"与"敏感"产业，可建立风险防范机制，争取较长的过渡期安排，利用过渡期加强对自身产业、贸易与金融结构的监控、调整与优化，提高抗外部冲击能力；同时，可先行拟定弱势产业的补贴及救济政策，例如设置产业转型基金与提供贸易受害补助方式，从而降低弱势产业因参与 FTA 可能产生的负面冲击。

3. 形成全方位开放新格局

加快“一带一路”——“丝绸之路经济带”和“海上丝绸之路”规划建设。“一带一路”是中国向西向南开放的重要通道。“丝绸之路经济带”东起亚太经济圈，西至欧洲经济圈，横贯亚欧大陆，涵盖中国、俄罗斯、中亚 5 国、南亚 7 国、西亚 16 国，共 30 个国家，沿线各国总人口近 30 亿，经济总量达 16 万亿美元，分别占全球的 43% 和 22%，目前是中国原油进口的重要来源地和输油通道，在中国全球最大的 10 个原油进口国中，有 8 个位于经济带上。“丝绸之路经济带”建设涉及上海合作组织、欧亚经济联盟、中国—东盟（10＋1）等既有合作机制。“一带一路”经济带建设是新时期中国对外开放的重要战略，可将与该经济带上的国家/地区建立 FTA 关系作为实施这一战略的方式和手段，逐步推进与中亚、南亚、俄罗斯、中东、欧洲等国家/地区的 FTA 谈判，降低乃至逐步取消与协议国家的关税与非关税壁垒，推进中外陆路、海上互联互通、港口城市合作以及海洋经济合作，拓展中国经济发展的战略空间，为中国经济成功转型和持续稳定发展提供战略支撑。

同时，中国应把不断扩大沿边开放融入国家对外经贸发展战略，与大湄公河流域、泛北部湾地区、大图们江地区等次区域国家和地区深化或新建 FTA 关系，构建环中国自由贸易区经济圈，形成对中国有利的地缘经济和政治新格局。

4. 在国际事务中履行大国责任

在 2014 年召开的北京 APEC 会议上，中国提议启动亚太自贸区进程，为推动亚太区域经济合作发挥了积极作用。作为世界级大国，今后中国还应充分利用二十国集团（G20）、APEC 等重要国际机制和平台，在全球性事务中主动提出新主张、新倡议和新行动方案，增强大国责任意识，提高为全球提供公共产品、履行大国责任的能力，为国际经济新秩序的建立做出应用的贡献。

参考文献

1. 李罗莎：《关于 TPP 问题研究》，《全球化》2014 年 1 月。

2. 汤婧：《TPP 与 RCEP：中国在亚太区域经济整合新秩序下的挑战与策略》，《全球化》2013 年 6 月。
3. 徐明棋：《FTAAP 上路，APEC 获新动力》，《解放日报》2014 年 11 月 12 日。
4. 江洋、王义桅：《TTIP 的经济与战略效应》，《国际问题研究》2014 年第 6 期。
5. 《全球自贸区：大分化与大融合》，人民网·时事报告，2014 年 6 月 13 日。
6. 《APEC 通过亚太自贸区路线图》，《大河报》2014 年 11 月 12 日。
7. 《FTAAP 与 TTP 未来走向何方》，《钱江晚报》2014 年 11 月 13 日。
8. 中国贸易救济网，http：//www. cacs. gov. cn/cacs/newcommon/details. aspx？ navid = C04&articleid = 127424。

（撰稿人：中国国际经济交流中心《全球化》编辑部刘英奎）

2014年全球石油市场变动态势与前景

2014年下半年以来，国际原油价格出现了大幅下跌。半年时间里，纽约油价（WTI）和布伦特（Brent）油价都跌去了一半之多。全球经济并没有重新陷入大萧条，而油价却出现了断崖式下跌。即便是地缘政治冲突也未能遏制这轮油价暴跌的势头。油价急跌是否就意味着石油经济已发生根本性改变呢？从行业对经济的影响看，近两个世纪多次发生的石油危机和金融危机有力证明，唯有石油和金融两个行业才会让世界经济陷入衰退。而这一次油价进入持续低迷时期，是否意味着将利好全球经济复苏，是否会对石油输出国组织（欧佩克）带来严重冲击？我们是否会迎来一个“超越石油”的时代？基于此，本文将从近期石油市场供需变化来看未来石油经济变迁趋势。

一　2014年全球石油市场波动特点

（一）国际原油价格呈现连续暴跌的非常规走势

2014年7月以来，国际油价已经较年度内高点跌去二分之一以上，目前尚未看到止跌回升的迹象。其中，纽约油价（WTI）、布伦特（Brent）油价和迪拜（Dubai）油价分别从6月中旬的每桶107.53美元、115.30美元和111.16美元的高点下跌至2015年1月12～14日间每桶46.01美元、45.22美元和42.05美元的低点（见图1），三者较2014年以来的高点分别下跌了57.21%、60.78%和62.17%。其中近期Dubai环太平洋现货下跌较快，仅2015年初的一周里跌幅高达13.2%，这将对备受油气溢价影响的亚洲消费者形成较大利好。与Brent石油现价变动趋势比较一致，被俄罗斯政府作为经济预测基准的“乌拉尔”石油价格也早已跌破每桶 80 美元的参照价格，而这被认为是俄罗斯经济陷入衰退的分界点。2014 年原油价格暴跌似乎与先前几轮油价崩盘的经历类似，尤其与 1986 年油价急剧下跌相似，驱动当时油价下跌的因素在于欧佩克石油配额制被沙特打破，原油供应因此大幅度增加。但这次很不同于 2008 年国际金融危机引发的全球油价崩跌（见图 2）。2014 年的油价下跌首先还是归结于过去几年油价处在一个很高的水平，影响了石油供给与需求预期，而超预期的供给和低预期的需求形成叠加后，就会引导油价出现持续下跌，而油价暴跌又会形成新的供给和需求预期，新预期的强化促使油价进一步下跌。

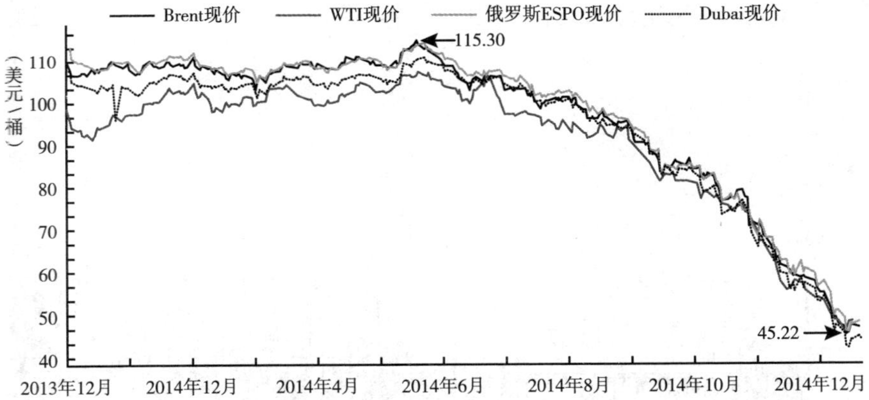

图 1　2014 年以来 Brent、WTI、俄罗斯、迪拜原油现价走势

资料来源：Wind 资讯。

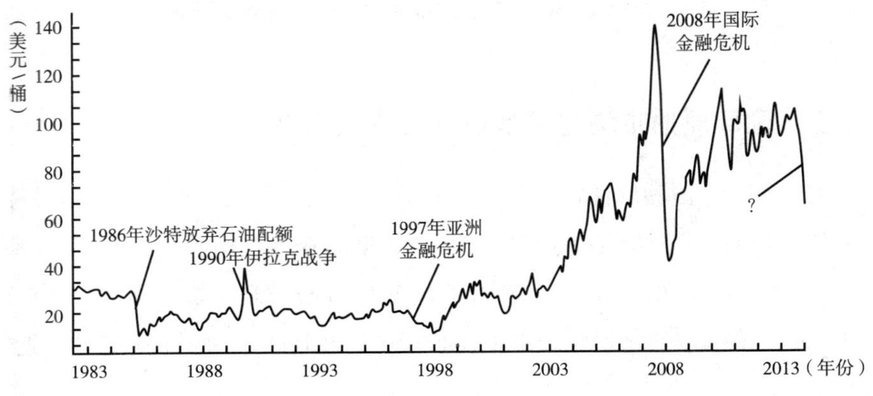

图 2　1983 ~ 2014 年美国 WTI 原油期价走势

资料来源：Wind 资讯。

（二）国际原油价格波动幅度呈现加剧震荡状态

受各种场外因素影响，2014 年国际原油价格震荡幅度呈现加剧态势。国际原油期价表现更为剧烈，以 2014 年下半年为甚。以 Brent 期价为例，2014 年上半年油价波动幅度要小于 2014 年下半年的波动幅度（见图 3）。其中，2014 年上半年油价日间差的平均值约为每桶 0.67 美元，而 2014 年下半年油价日间差的平均值约为每桶 1.00 美元，后者比前者高出约 50%。两时段日间差的方差也反映了这一情况，2014 年上半年油价日间差的方差为 0.35，而 2014 年下半年油价日间差的方差则为 0.68，后者也几乎是前者的一倍。由此可见，2014 年下半年国际油价呈现宽幅震荡走势，且震荡幅度有加大趋势，尽管水平上进入下行通道。

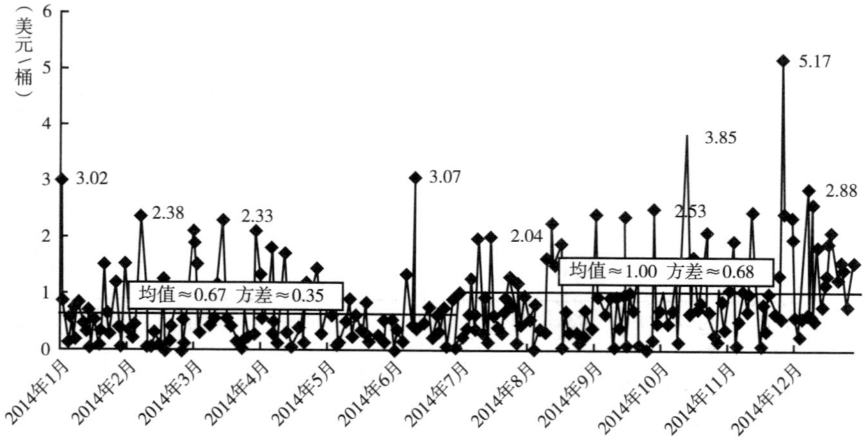

图 3　2014 年 Brent 原油期价日间波动（日差绝对值）

（三）国际原油市场需求呈现增长疲软态势

从需求侧看，国际原油需求的增长进入相对疲软阶段。2014 年全球经济增长整体低于预期，全球经济增速仅为 3.3%，低于众多机构年初的预期。国际货币基金组织（IMF）2015 年 1 月 20 日下调 2015 年全球经济增长预期 0.3 个百分点至 3.5%，2016 年经济增长预期由 4% 下调至 3.7%①。种种迹象表明，近年来

① IMF, World Economic Outlook Update, Global Growth Revised Down, Despite Cheaper Oil, *Faster U. S. Growth*, January 20, 2015. www. ifm. org.

国际原油需求呈现放缓趋势。图 4 给出了全球液体燃料需求变化趋势以及中美两国石油及其他液体燃料需求变化情况。从图中看出，全球液体燃料需求尽管仍呈现上升势头，但年均需求增量在减少。尤其是 2014 年以来，国际原油需求也并没有表现出年初预计得那么乐观。国际能源署（IEA）曾在 2014 年中预测，全球原油需求增长将呈加速态势，2014 年和 2015 年全球原油日均需求分别达到 9276 万桶和 9418 万桶[①]。到 2014 年 12 月 12 日时，国际能源署（IEA）则下调 2014 年全球原油日均需求量为 9240 万桶，需求增速由 2013 年的 1.4% 下降至 0.7%，2015 年全球原油日需求仅增加 90 万桶至 9330 万桶，增幅略微上调至 1% 左右[②]（见图 5）。2015 年 1 月 13 日，美国能源信息署（EIA）发布报告同样下调了全球石油需求预期，将 2014 年全球石油及其他液体燃料日均需求预期调整为 9140 万桶，其中仅经合组织（OECD）国家石油及其他液体燃料日均消费量就减少 30 万桶，同时预计 2015 年和 2016 年全球石油及其他液体燃料日均需求预期均较上年增加 100 万桶。欧佩克（OPEC）下调 2015 年全球石油日均需求预期到 9226 万桶，至 12 年以来的最低水平，其中 2015 年对 OPEC 原油日均需求只有 2892 万桶，较前期预测值下调了 30 万桶[③]。

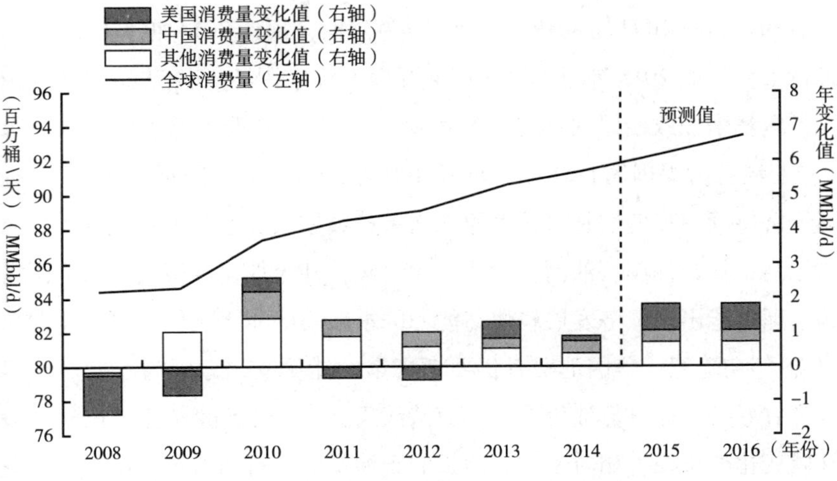

图 4　2008～2016 年全球液体燃料需求走势

资料来源：U. S. Energy Information Administration, Short-Term Energy Outlook, January 2015。

① IEA, Medium-Term Oil Market Report, June 18, 2014. www. iea. org.

② IEA, Oil Market Report Latest Update, December 12, 2014. www. iea. org.

③ OPEC, Monthly Oil Market Report, December 2014. www. peco. org.

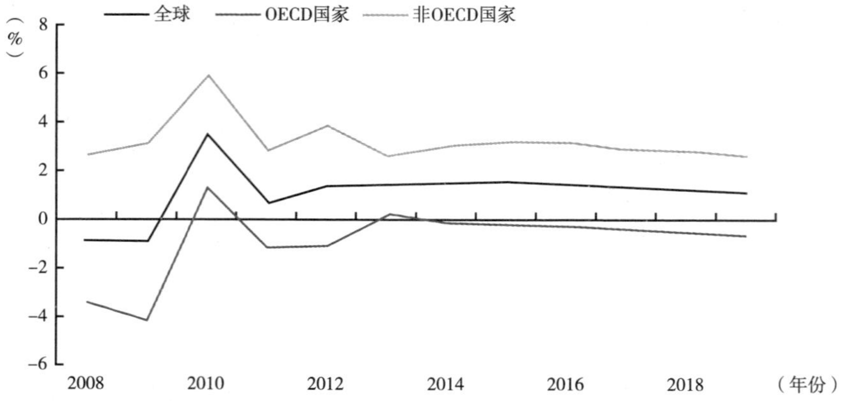

图5　IEA 对全球石油需求增长的预测

资料来源：IEA，Medium-Term Oil Market Report，June 18，2014. www. iea. org。

尽管2014年全球石油需求仍维持在小幅增长，但值得注意的是全球原油需求增长可能并没有预想得那么快。美国经济好转可能会提高原油消费，但欧洲和日本可能会削减石油消费。据美国能源信息署（EIA）月度报告（2014年12月）称，2013年美国日均消费量增加了47万桶，预计2014年美国的日均消费量将维持平稳，而2015年还将增加14万桶，日本因2015年核电站重启和煤、天然气发电量增加致使原油日均需求减少12万桶，欧洲国家原油日均需求减少7万桶；非经合组织国家日均需求增长100万桶，其中中国贡献了36万桶。尽管中国经济持续中高速增长将拉动原油需求持续增长，但全世界范围内能源使用效率的提高，将会抑制石油消费量的快速增长，甚至促使经济增长与能源需求增长脱钩，即可能出现经济发展较快与能源需求减弱的非正比例现象。美国总统奥巴马2015年初建议，美国消费者仍要考虑节约能源支出，因为节能对环境和家庭收入都有好处，而且低油价不会一直持续下去①。出于世界各国长期对节能环保和气候变化的重视，相对于加速增长的石油供给，石油需求今后仍然会呈现增长乏力的局面，这就意味着世界石油市场的供需矛盾仍然会延续下去。

（四）国际原油供给进入多元化充裕时代

随着全球石油需求放缓，石油供给却进入多元化的充裕时代。本轮油价下

① 王维丹：《奥巴马：低油价不会一直持续》，2015年1月8日，华尔街见闻，www. wallstreetcn. com。

跌，供给大幅增多是个重要的因素。近年来，全球石油产量稳步上升，2014 ~ 2015 年产量也会维持上升势头（见表 1）。据 BP 数据计算①，2003 ~ 2013 年平均增长约 0.35%，而 2013 年较 2012 年增长约有 0.6%；其中非欧佩克国家原油产量明显上升，2013 年较 2012 年增长约 2.7%，而欧佩克国家 2013 年产量较 2012 年下降了 1.8%。原油供给增多的一个例证是 2014 年 9 月利比亚石油产量复苏步伐快于预期，而伊拉克石油生产并未受战乱影响，新增产量使得 2014 年供给超过需求日均约 52 万桶，而且还弥补了 2013 年已消耗的 33 万桶库存（见表 1）。

表 1　国际石油及其他液体燃料生产、消费和库存情况

	2013 年	2014 年	2015 年
供给（百万桶/日）			
经合组织国家（OECD）	23.70	25.49	26.33
美国	12.34	13.90	14.89
加拿大	4.10	4.36	4.47
墨西哥	2.90	2.87	2.82
北海（欧洲西海岸）	2.83	2.80	2.60
非经合组织国家（Non-OECD）	66.46	66.47	66.42
欧佩克	36.03	35.96	35.92
中国	4.46	4.46	4.50
全球	90.16	91.96	92.75
需求（百万桶/日）			
经合组织国家	46.07	45.83	45.80
美国	18.96	18.96	19.10
加拿大	2.42	2.38	2.34
欧洲	13.62	13.50	13.36
日本	4.53	4.37	4.24
非经合组织国家	44.41	45.60	46.52
欧亚（Eurasia）	4.64	4.68	4.56
欧洲	0.71	0.72	0.73
中国	10.61	10.98	11.34
全球	90.48	91.44	92.32
库存			
全球库存变动（百万桶/日）	-0.33	0.52	0.43
经合组织国家期末库存（百万桶）	2551	2642	2705

资料来源：U. S. Energy Information Administration, Short-Term Energy Outlook, December 2014。

① http：//www. bp. com/statisticalreview.

首先，石油供应增加得益于非常规油气资源的开发。自2010年以来，原油价格上涨鼓励了页岩油气的大量勘探开发，尤其是美国页岩油产量持续上升，截至2014年底日均产量达到450万桶，使美国原油日均总产量超过1000万桶。自2014年6月以来，非欧佩克国家石油产量增长较快，仅美国原油产量就日均增加约30万桶，2015年预计还会增加100万桶左右（见表1）。据摩根士丹利发布研究报告称，美国页岩油气繁荣成功阻止了国际油价因近期伊拉克动荡而飙涨，自2013年至2018年期间，美国原油预期产量预计将占全球原油新增供应总量的41%（见图6）。英国石油公司（BP）发布的《2014世界能源统计年鉴》指出，美国石油产量以13.5%的创纪录速度递增，日均产出增量达110万桶①。另据IEA数据分析，美国石油及相关液态油气（如乙烷和丙烷）日产量在2014年中旬（6～8月）已与沙特阿拉伯不相上下，约为每天1150万桶②。

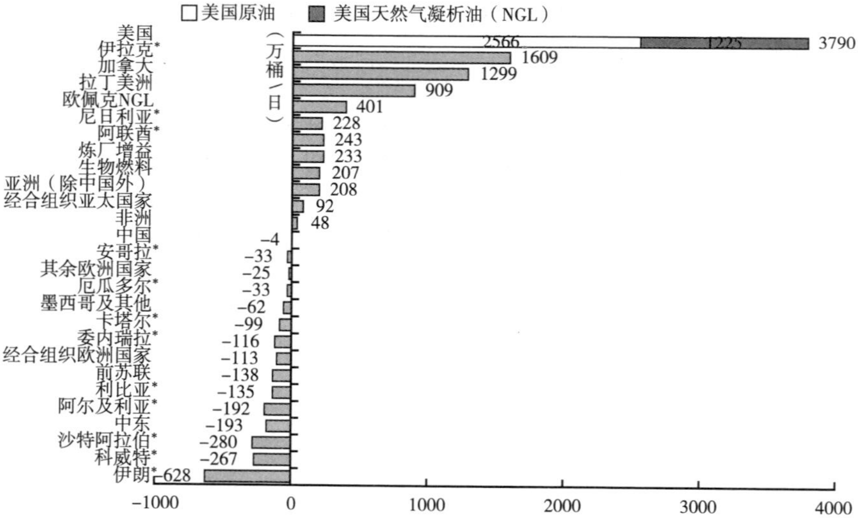

图6　2013～2018年主要原油供应国供应量变化

注明：标注星号的国家是石油输出国组织OPEC成员国。

资料来源：摩根士丹利：《关于全球石油市场你必须了解的现状》，2014年5月12日，华尔街见闻。www. wallstreetcn. com。

① BP，BP Statistical Review of World Energy，June 2014. www. bp. com/statisticalreview.

② 艾德·克鲁克斯、安吉利·拉瓦尔：《美国液态石油产量赶超沙特》，《金融时报》2014年9月30日。www. ftchinese. com.

其次，欧佩克组织 2014 年 11 月底坚称保持石油日产 3000 万桶不变。20 世纪 80 年代，沙特曾大幅减少原油产量来保持油价，以应对北海油田产量的增加；但面对北美页岩油的竞争，沙特这次并没有采取限产保价的策略，反而是放任油价下跌。这实际上是形势发生改变，当时石油总产量和可替代能源品种均不可与今天同日而语。沙特石油部长 Alial-Naimi 表示，即便油价跌到 20 美元，沙特也不会减产，因为这不符合欧佩克组织的整体利益①。结果显而易见，欧佩克组织内部产量也在增加。2014 年以来，随着战乱后局势趋于稳定，利比亚原油恢复生产，加上北美石油产量大幅增长，致使全球原油库存稳步上升。据美国能源信息署（EIA）报告称，利比亚产量恢复日均约 60 万桶，而伊拉克产量日均增加 30 万桶，全球原油市场供应过剩日均 120 万～150 万桶。欧佩克成员国不减产保价，进一步加剧了供应充裕的局面，而且伊朗、叙利亚等受到经济制裁，部分石油产能尚未完全释放，这些因素对油价持续下跌形成了重要支撑。

最后，全球石油供应中有部分是满足补库存的需要。特别是新兴市场国家开始新建石油储备，然而这种囤积库存的需求不会无限发展下去，当库存达到一定水平后，补库存的需求就会锐减，对应的石油供应就会相对过剩了。美国能源信息署（EIA）将 2015 年全球原油日供应量预期上调至 9297 万桶。由于欧佩克（OPEC）坚持不减产，预计 2015 年欧佩克原油日均产量减少不足 20 万桶，而非欧佩克国家 2015 年的日均原油产量增加达到 90 万桶左右。

二　国际油价暴跌的成因分析

本轮国际油价下跌是由供需失衡等多重因素所决定的，包括全球需求疲软、石油供大于求、美元坚挺、节油技术普及和石油替代加速，北极、巴西近海的大型油田将进入开发等诸多原因。从供求关系看，国际油价下跌是中长期市场供需变化的结果。全球经济增长放缓预期加大，美俄等非欧佩克国家产量增加、欧佩克国家产量止跌回升导致全球供给增加，造成了供过于求的市场状况，在基本面上对油价下跌形成支撑。值得注意的是，短时期内原油市场的需求还是相对平稳的，不太可能是造成国际油价暴跌的直接导火索。换句话说，目前国际油价的暴跌可能存在过度迹象。这次油价趋势性下跌尽管主要由供需方面因素起作用，但

① 《沙特放狠话：油价就算跌到 20 美元也不会减产》，中国经济新闻网，2014 年 12 月 23 日。

波动如此剧烈，其中必定还有其他因素，既包括地缘政治因素，也包括金融炒作因素，还有各国政策调整的影响。

（一）关于国际油价暴跌原因盛行“阴谋论”观点

从国际政治因素角度看，油价暴跌不能单纯归因于市场因素。当前，国际社会盛行着至少两种“阴谋论”的观点。

一种是美欧对俄实施“釜底抽薪”的制裁策略。即美欧联合中东盟友压低油价，旨在削弱俄罗斯财政来源，使其遭遇严重的财政危机，进而拖垮俄罗斯经济。从油价走势看，俄罗斯确实难承油价下跌之痛，但同时美欧及其盟友也要遭受石油行业投资萎缩的威胁，要从油价走势看出这种阴谋是否存在，还有待观察油价是否会在较短时期内反弹至每桶 70 美元以上，至少美国页岩油开采成本多数在每桶 70 美元的关口，油价长期低于每桶 70 美元，显然不利于美国已兴起的页岩油繁荣。

另一种是沙特主动放弃生产调节者的角色，对外实施的“一箭双雕”竞争策略。作为欧佩克组织的主要成员国，沙特不仅面临着俄罗斯这个非欧佩克国家的竞争，还面临着北美地区页岩油快速增长的威胁。为保持住自己在世界原油市场的份额，沙特希望通过暂时增产压价来打击竞争对手，倘若暂时将油价压低至每桶 60 美元之下，将会同时将美俄高成本原油挤出国际石油市场。因为俄罗斯财政更多依赖石油出口，要平衡财政收支，油价至少要维持在每桶 80 美元左右，而北美页岩油成本主要集中在每桶 60～70 美元，低于这个价格区间很多油田将不具备开采价值。相比之下，沙特石油开采成本仅为每桶 40 美元甚至以下。图 7 给出了按开采类型列出的世界石油开采边际成本曲线（即增加生产一桶石油的成本）。从图中看出，中东地区陆上开采成本最低，每桶只有 29 美元，而海上、深水、页岩油开采成本每桶却在 43～74 美元之间。正如美国能源信息署（EIA）预计，油价下跌将使 2015 年美国原油产量增速降低。

实际上，通过低价将竞争对手挤出市场是商业世界里的惯常竞争策略。1985 年，沙特为维持其市场份额，自愿放弃生产调节者的角色，将日均原油出口量从 200 万桶增加至 1000 万桶，导致原油价格从每桶 27 美元下跌至每桶 14 美元，直到 2000 年才得以恢复，但沙特自己损失惨重。这种为争夺市场份额采取的价格战是否奏效，还要看欧佩克成员国之间达成协议的能力如何，否则它们形成的卡特尔联盟就不会有效。目前的低油价已使得部分欧佩克国家扛不住了。由于沙特

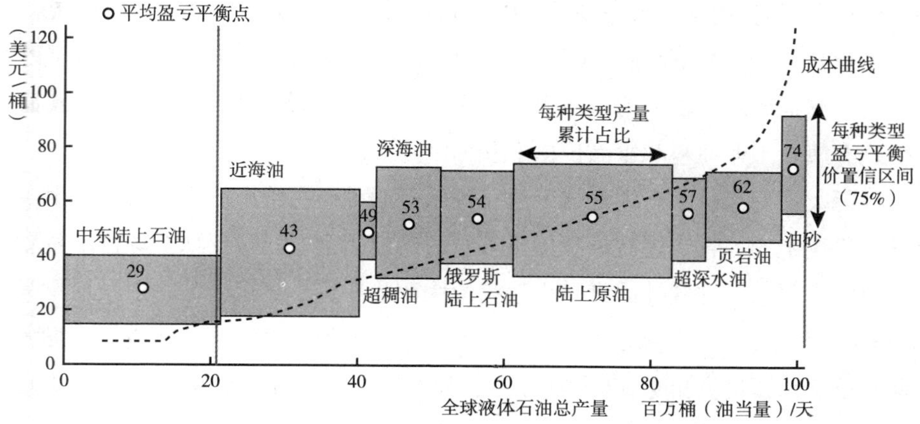

图 7　全球石油开采成本曲线变化

资料来源：Rabah Arezki 和 Olivier Blanchard，关于近期石油价格暴跌的七个问题，2014 年 12 月 22 日，http：//blog - imfdirect. imf. org. 转引自 Rystad Energy 公司的研究和分析。

主要生产高硫原油，即便随后沙特限产保价，但凭其自身很难改变轻质原油过剩问题。

（二）国际能源价格早已进入周期性下跌通道之中

国际大宗商品在 2011 年中期开始由高点回落后进入周期性下跌通道中，有色金属等工业原料下跌幅度较大，而国际原油暂时探底到每桶 77 美元左右，随后又反弹至每桶 90 美元以上，而铁矿石、煤炭、基本金属等仍维持在较低价位波动。虽然国际油价波动与其他大宗商品价格波动具有一致性，但多数时候国际油价下跌时间滞后于其他工业原料价格下跌的时间，这不是说国际油价不具有周期性特点，而是讲随着大宗商品价格持续低迷，国际油价通常不会独善其身，终将会进入周期性下跌通道。

相对其他工业原料价格，这次国际油价持续下跌既是对以往抗跌时期的一次补跌，也是符合国际大宗商品价格集体下跌的周期性规律。除了镍、锌和铝等有色金属价格维持增长外，能源、粮食、工业金属和贵金属等均呈现下跌趋势。2014 年，标准普尔—高盛商品价格指数（GSCI）下跌了 43%，而贵金属、工业金属和粮食分别下跌了 6%、8% 和 8%[①]。包括食品、能源、金属等 19 种大宗商

① EIA，Energy Had Larger Price Declines Than Most Nonenergy Commodities in 2014，January 5，2015. www. eia. org.

品在内的汤森路透/核心大宗商品 CRB 指数从 2014 年 6 月底至今跌幅明显，与国际油价几乎是同步下跌的，但国际油价下跌幅度更大，似乎是国际油价下跌直接带动了其他商品价格的普遍下跌。从图 8 给出的价格走势关系看，Brent 原油现价比金属、工业原料和食品价格下跌幅度更大。

国际大宗商品价格出现集体下滑，预示着某种商品价格下跌不是单纯由市场供求关系决定的，肯定还有导致价格下跌的其他因素，既包括如全球需求疲软和美元持续走强这样的共性因素，也包括地缘政治冲突、直接干预、金融炒作等个体因素，否则若只有需求方面的共性因素，国际油价的下降幅度不应比国际大宗商品价格下跌幅度高出近 30 个百分点。我们认为，全球原油市场供给变化及其背后的地缘政治影响也是这次油价暴跌的重要原因。

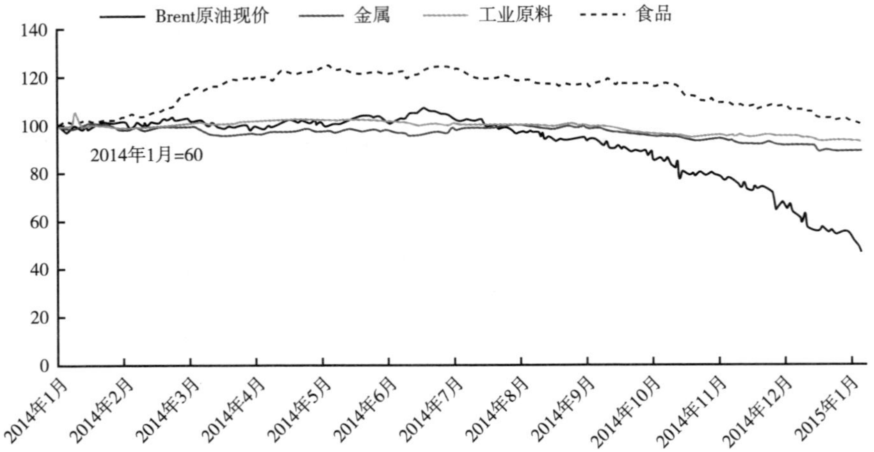

图 8 国际商品价格指数走势关系

（三）美国加息预期带动美元走强抑制国际油价上涨

2014 年美国经济复苏稳健，就业市场强劲复苏，私人消费支出呈温和增长，这些有利因素有助于美联储考虑开启货币政策正常化。2014 年 12 月 18 日，美联储公布了美国未来的加息路径，预计 2015 年年中首次加息的概率较大。倘若美国加息预期升温，将还会带动美元持续走强。全球资金将回流至美国，美元将在加息的预期下上涨，而美元走强的另一原因在于欧元、日元等主要货币的走弱，因为欧洲、日本等地区经济重新陷入低迷，仍需要依赖宽松货币刺激经济复苏。2014 年以来，美元指数持续走强，现已突破 90 点关口（见图 9），预计 2015 年能突破 100 点关口。历史经验表明，美元指数走势与国际油价走势呈现一定的负相关，图 9 给出的两者走势曲线可以很好地表明这一点。2014 年上半年，美元指数和 Brent 原油价格相关系数只有 -0.76，属中等负相关；而到了 2014 年下半年，美元指数与原油的相关系数则高达 -0.94，属于强负相关。尽管我们还不能认为国际石油价格与美元走强存在着因果负相关，但是美元走强仍将对国际大宗商品形成压制，至少会加剧国际油价下跌态势。

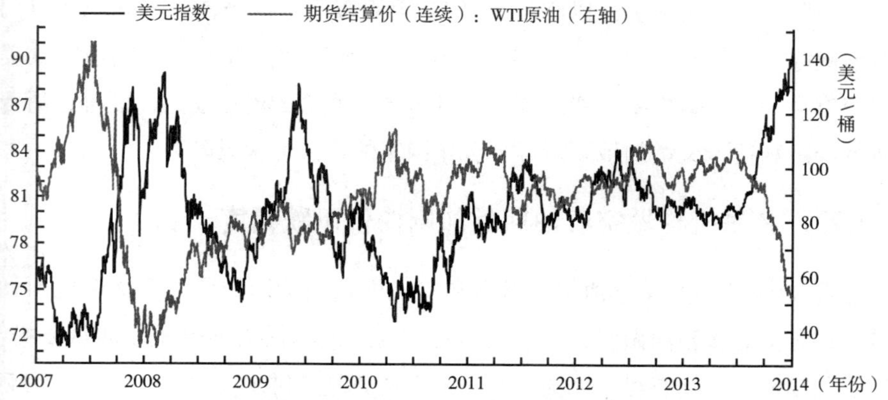

图 9　2008～2015 美元指数与 WTI 原油期价走势关系

资料来源：Wind 资讯。

（四）地缘政治是导致国际油价暴跌不可忽视的力量

无论是“阴谋论”还是“阳谋论”，短短半年之内油价暴跌 50%，只有金融危机、地缘时局和自然灾害等重大事件才能推动，并非基本供求关系变化单一因素的作用。国际油价历来是供需、投机并存的复杂领域，此轮油价的非正常下跌，除去正常的市场因素外，地缘政治因素始终是导致国际油价短期大幅波动的重要因素。2014 年 7 月以来，国际油价出现暴跌背后隐藏着国际政治因素。近期，俄罗斯、乌克兰、伊拉克和大叙利亚伊斯兰国（ISIS 组织）、北美和尼日利亚等地缘政治风险频发，而国际油价却在持续下跌，这是不同寻常的。

由于在克里米亚问题上美欧与俄罗斯关系紧张，美欧国家试图以惯用的经济制裁方式向俄罗斯施压，以期在乌克兰危机中掌握主动。以往美欧国家针对伊朗等国家的制裁往往会引发油价飙升，而今对俄罗斯实施经济制裁却诱发了油价下跌，这种顺势压低油价做法，旨在拖垮俄罗斯脆弱的财政基础。根据俄罗斯联邦储蓄银行的计算，当国际油价在 104 美元时，俄罗斯才能维持收支平衡；如果油价维持在每桶 90 美元附近，2014 年底前俄罗斯经济可能开始萎缩，2015 年俄罗斯财政收入将因此减少 1.2%；如果油价跌破 80 美元，俄罗斯可能将不得不削减开支①。

美欧国家及其同盟利用掌控的石油资源，不断增加市场原油的供应，同时利用地缘政治因素实施制裁，而不是鼓励欧佩克采取减产保价措施，从而使地缘政治关系成为推动国际油价持续走低的重要原因。例如，沙特表示愿意接受更低的油价和不限产，甚至油价可以跌至每桶 80 美元以下，以当前每桶 60 美元计算，沙特财政收入每年减少约 1200 亿美元左右。尽管我们尚找不到证据说明欧美西方国家有意为之，但主要消费国都具有打压国际油价的内在动力，既符合消费国自身的经济利益，又增加俄罗斯等不合作国家的经济运行风险。

（五）金融机构做空石油期货加剧油价下跌幅度

随着 2014 年下半年原油供应增多和美元走强预期影响，许多金融机构如投资基金纷纷由看多转向做空，金融市场看空情绪高涨成为油价急跌的重要推手，加剧了国际油价暴跌态势。原油作为一种实物商品其供求变化是缓慢的，因而供求决定的均衡价格也不会发生太离谱的变化，但石油作为一种金融化和期货化的大宗商品，国际油价的定价机理及价格运作方式已经不再完全由实物商品的供求关系决定了，而主要是受市场预期的引导。原油市场供过于求的局面短期难以改观，而市场对石油价格战的猜测仍旧不减，这就可能造成市场预期反转，形成强烈的油价下跌预期，从而导致大量资金流出石油市场，引发油价泡沫破灭。在市场看空预期不扭转的情况下，这意味着短期内很多做空资金转向做多的可能性不大。

还应指出的是，石油的金融化和投机行为对石油价格的变动影响相对有限。一方面是并没有足够的证据佐证，因为反映投资者炒作石油期货的商业库存变化波动不大，倘若抛售石油期货形成油价下跌预期，应该表现为商业库存下降迅速，但实际情况并非如此，经合组织国家（OECD）商业原油库存并未出现剧烈波动，预计 2015 年有所下降但也相对有限（见图 10）。另一方面是国际金融监管在加强，从而给投机者在商品市场上预留的套利空间相当狭窄。国际金融危机以来，全球范围内加强了金融衍生品监管范围，以沃尔克法则禁止投行自营交易

① 陈效卫、吴成良、吴志华：《油价下跌扯动产油国神经》，《人民日报》2014 年 10 月 23 日。

为代表的监管政策调整，使得石油的金融属性也正在弱化，石油期货市场的投资者也不可能操纵价格，因而仅仅凭借对冲基金的力量扭转市场预期是比较困难的事情。

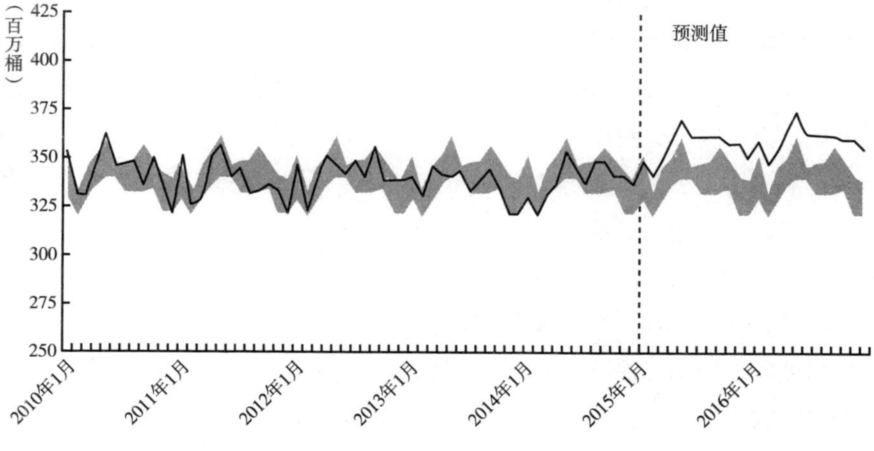

图 10　OECD 国家商业原油库存变化

注：阴影部分表示日均原油库存的最大值与最小值区间。

资料来源：U. S. Energy Information Administration, Short-Term Energy Outlook, January 2015。

三　全球油价下跌的经济影响

虽然现在国际油价对全球经济的重要性已经比不上 20 世纪 70 ~ 80 年代，但国际油价波动对世界各地经济的不同程度影响确实存在。总体上看，油价下跌对全球经济属于利好，但会在石油进口国和出口国之间出现明显的财富分配效应。正常情况下，国际油价下跌将促进全球经济增长。据估算，每桶 10 美元跌幅将导致全球 GDP 中的 0.5% 从石油出口国转移到进口国，进而促进石油进口国消费和全球产出。短期看，对石油输出国来说，油价下跌并不是什么好事；对石油消费国来说，油价下跌则能够降低大多数行业能源成本以及刺激私人消费开支；而对能实现能源自我供给的国家来说，油价涨跌可能影响就不那么显著。长远来看，油价下跌对全球经济发展也有不利影响，因为这有可能导致石油相关领域投资放缓，改变投资者对行业发展的预期，进而对风能、太阳能等可再生能源的发展也带来负面影响。

（一）国际油价下跌将给产油国经济带来较大冲击

2014年6月以来，国际油价持续走软。Brent原油价格接近了每桶50美元关口，可能触及部分产油国经济运行风险底线，不仅伴随石油实际收入下降，石油生产的利润减少，而且会因其对石油出口的依赖而导致财政赤字扩大，进而对其经济增长构成威胁。如前所述，俄罗斯、伊朗、委内瑞拉、挪威等石油出口国要承受较大压力，因为这些国家石油出口占其出口和财政收入比重较高，其中在中东地区，油气出口占海合会国家出口的63.6%，占GDP的22.5%，在非洲地区，石油出口占加蓬、安哥拉和刚果共和国GDP的40%～50%，占赤道几内亚GDP的80%，在拉丁美洲，厄瓜多尔和委内瑞拉石油出口占其总出口的55%和94%，占其公共部门收入的30%和46.6%。

再以俄罗斯为例，油气出口占俄罗斯出口总额的70%左右，而油气收入占其政府财政收入的50%左右。据俄罗斯政府在其2015～2017年预算草案中预计，油价每桶为100美元，年均GDP增速为2.6%，倘若油价从每桶100美元下跌至80美元，将使得GDP减少约2%。此外，油价持续下跌还可能使俄罗斯面临外汇储备锐减和卢布大幅贬值的风险。目前，俄罗斯央行承诺实施浮动汇率，倘若油价下跌导致卢布贬值，将有助于俄罗斯经济和政府预算免受冲击。现在看来，在遭受油价暴跌、卢布贬值以及国际制裁之后，俄罗斯的经济已经陷入了衰退的风险中。据俄罗斯经济部表示，他们已将2014年的国内生产总值（GDP）增长预期由1.2%下调至0.5%，其中2014年11月下降了0.5%，是2009年9月以来首次下降，而2014年12月俄罗斯制造业也出现6个月内的首次萎缩。俄罗斯政府预测，如果国际油价处于每桶60美元的低位，2015年俄罗斯GDP将会下降4%左右，预算赤字约相当于3%以上的GDP。据美国能源信息署（EIA）预计，若国际油价未来12个月持续在约每桶60美元，俄罗斯仅出口原油收入的损失就约有800亿美元。

倘若国际油价持续低迷，很多石油出口国财政可能难以为继。比较而言，油价下跌对石油出口国负面影响的程度是不同的，这取决于其对石油出口的依赖程度及石油出口收入上缴国库的比例。衡量产油国对油价波动的脆弱性的方法是计算财政盈亏平衡价或者国家预算石油价格。俄罗斯经济增长可能受到威胁。图11显示了部分产油国要达到财政收支平衡所需的石油售价水平，图12给出了部分产油国制定预算时假定的石油价格水平。从图中可以看出，中东和

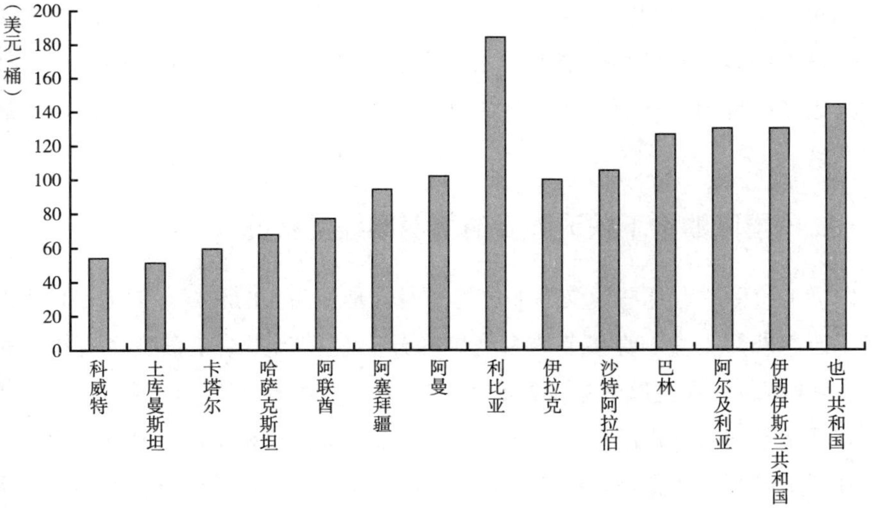

图 11　2015 年主要产油国财政盈亏平衡油价

资料来源：Rabah Arezki 和 Olivier Blanchard，《关于近期石油价格暴跌的七个问题》，2014 年 12 月 22 日，http：//blog – imfdirect. imf. org。

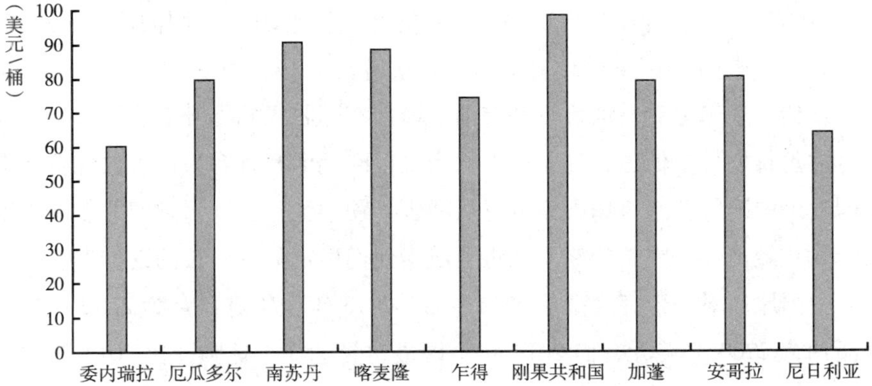

图 12　2015 年拉丁美洲、撒哈拉以南非洲地区产油国预算油价

资料来源：Rabah Arezki 和 Olivier Blanchard，关于近期石油价格暴跌的七个问题，2014 年 12 月 22 日，http：//blog – imfdirect. imf. org。

中亚的传统产油国中，财政盈亏平衡价从科威特的每桶 54 美元到利比亚的每桶 184 美元不等，而非洲、拉丁美洲的产油国也下调了 2015 年的预算石油价格，但所有国家的预算石油价格都在每桶 60 美元以上水平。如果国际原油市场持续低迷，除俄罗斯外，其他部分产油国也同样会遭受较大困境，比如尼日利亚、委内瑞拉、伊拉克、利比亚等国家面临融资压力和债务违约风险。即便是美国也可能被迫削减用于扩大产能的资本开支，甚至有些开采成本高的企业可能面临关停破产的境地，从而影响其页岩气、页岩油开发的进程，甚至致使页岩油气泡沫破灭。

（二）国际油价下跌改善石油消费国经济状况

国际油价下跌对那些承受高油价的消费国是相当大的利好。因为油价下跌不仅可以改善外部头寸、直接节约家庭燃料开支（相当于给予消费者直接补贴而增加实际收入）；还可以削减以石油为燃料原料的最终商品生产成本，进而提升企业利润水平和投资积极性，此外还会带动其他商品价格下跌，从而对全球通胀水平和货币政策产生影响。整体上看，油价下跌将会有助于全球尤其是石油进口国经济增长。一般认为，国际油价下跌对全球经济增长有利。据国际货币基金组织（IMF）估算，国际油价波动10%，就会带来全球GDP约0.2%的浮动。另据Arezki和Blanchard（2014）模拟分析的结果（见图13），在未来石油供应下降和供应不变两种情景下，油价处于低位都将使石油进口国GDP增长高出预期从0.1%到0.7%不等，即便是出现供应下降情况，预计2015年因油价下跌欧元区、美国、日本和中国等GDP将比基准情形大致增长0.2%、0.3%、0.35%和0.4%左右。从传导逻辑上看，油价下跌有助于增加实际收入并提升消费能力。

若油价长期处于低位，受益最大的当属以欧元区和日韩为代表的纯石油消费国。印度、中国等新兴市场国家也将从油价下跌中受益，因为它们的能源强度依然高于发达经济体，能源价格下跌将会成为他们稳定消费增长的助推器。以中国为例，中国原油对外依存度高达60%左右，2013年全年进口量为2.82亿吨，进口金额约为2200亿美元，而2014年中国进口量达3.1亿吨，比2013年增长了9.5%，进口金额约为2300亿美元，仅增加了约4.7%。倘若按照当前每桶60美元平均进价计算，2015年中国石油进口将会节省约860亿美元。即便美国页岩油气繁荣发展，但美国仍然是石油净进口国，油价下跌至每桶80美元，相当于给美国每个家庭分发近600美元红利。对70%由私人消费贡献的美国经济来说，国际油价持续下跌将会利好美国消费者，帮助其节约车用燃料支出，从而将节省的开支转向其他消费，而对其他经济体的消费者也是如此。

对中国大多数企业及消费者而言，因油价持续下跌总是受益的，有利于降低企业生产成本，带来出行和物流成本降低，从而带动旅游、交通运输、汽车消

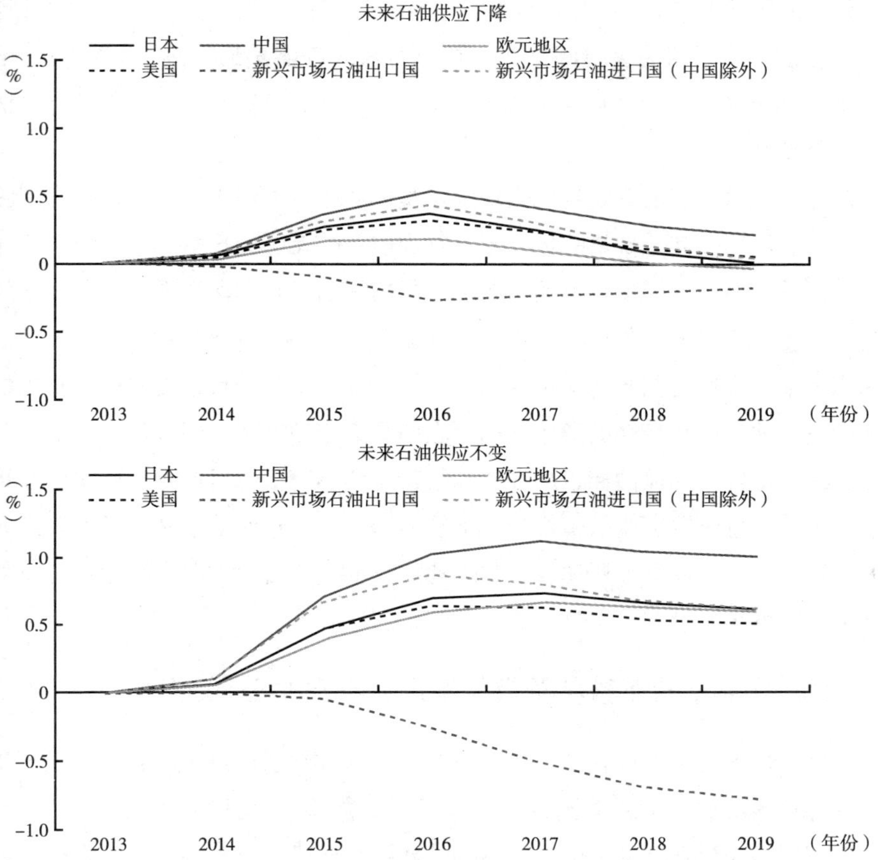

图 13　假定油价跌幅中供给变化占 60%对全球 GDP 的影响情况

资料来源：Rabah Arezki 和 Olivier Blanchard，关于近期石油价格暴跌的七个问题，2014 年 12 月 22 日，http：//blog - imfdirect. imf. org。

费，但会对主要石油公司及部分相关企业带来困难。此外，国际油价大幅波动将不利于中国在油气领域的国际合作，尤其是通过贷款换石油、贷款支持项目及参股控股的高成本、高风险海外油田可能会受到严重冲击。

（三）国际油价下跌可能加重欧元区和日本通缩风险

尽管油价下跌带来增长利好，但并不是所有经济指标都处于合理区间。油价下跌不仅会影响金融市场的投资反应，而且会通过诱发汇率调整产生间接影响。油价下跌往往会引发石油进口国货币升值，尤其是美元；同时也会诱发石油出口国的货币贬值，特别是卢布，其中俄罗斯的情况比较复杂，除油价下跌影响外，经济之外的政治因素也对该国金融部门起到很大作用。倘若没有稳定好预期，使货币贬值失去控制，那么紧随而来的可能是通胀高企。价格和汇率的大幅波动可能会导致避险需求攀升，进而影响到全球范围的风险资产重估和资本流动变化。

油价下跌对通胀的影响，既表现为对整体通胀产生的直接影响，也表现为油价向工资、汇率及其他价格的传导影响。当前，欧元区和日本等发达经济体通胀率普遍偏低，而且受到零利率的限制，如果国际油价长期保持低位，那么很可能给这些经济体带来通缩预期，进而引发连锁反应。预计欧元区和日本会长期维持零利率下限，今后这些经济体不仅面临主权债务风险，而且也无法改变常规的货币政策应对油价下跌带来的通胀下降。在国际大宗商品中，国际油价和铜价的走势往往是全球经济的风向标，如油价和铜价持续震荡下行可能意味着实体经济面临下滑风险，意味着工业品价格处于下跌通道之中，这对欧元区、日本等尚未走出通缩风险的经济体则如履薄冰，如今通缩预期已导致欧美股市延续调整，部分经济指标将继续走低。

（四）国际油价下跌将给新能源产业带来冲击

当前，世界各国大都在依靠财政补贴支持页岩气开发和新能源汽车产业推广，近几年确实加速了新能源技术进步，使新能源利用成本大为降低。尽管如此，倘若国际油价长期处于低位，将会给新能源造成一定影响，至少当前页岩气和新能源开发成本尚不足与低廉的原油开采成本相竞争。油价持续下跌将会威胁美国页岩油的开采，也会拖累其液化天然气（LNG）出口，至少还会降低风险投资和私募股权投资基金对页岩油气领域的资本投入，甚至可能导致非常规油气开采陷入停顿。美国能源信息署预计，2015 年钻探活动将出现局部下降，因为低油价导致页岩油公司将会暂停在新兴市场和成熟石油生产地区某些成本较高的页岩油开采。

四　2015 年国际油价走势判断

当前，国际油价仍在惯性下跌之中，尚未出现止跌反弹的明显信号。短时间看，国际油价反弹到每桶 80 美元的可能性不大，预计未来数年可能都会在每桶 50～70 美元上下宽幅震荡。

（一）2015 年国际油价目标均价大致在每桶 60 美元左右

受原油库存充裕和美元走强影响，很多机构预测 2015 年国际油价很难反弹至 2014 年年初每桶 100 美元的水平。目前，市场机构纷纷对 2015 年国际油价走势做出了预测。例如，摩根士丹利下调了 2015 年 Brent 原油价格预期，认为其会在 2015 年第二季度探底至每桶 43 美元，但 2015 年上半年下跌速度会慢于 2014 年下半年，即国际油价将经历一个先跌后涨的过程，预计 2015 年 Brent 油价的目标均价为每桶 70 美元。法国巴黎银行预计，全球性供应平衡问题直到 2015 年下半年才有望得到改善。瑞银集团认为，2015 年 3 月或 4 月欧佩克组织或将不得不通过减产保价来干预原油市场，而非欧佩克产油国还可能加大原油供应，整体的供需水平仍很难预判。

当前，很多能源专家乐观估计，当前国际油价下跌只是暂时的或阶段性的，未来随着新兴经济体消费需求增长及美国适当控制页岩油气的产量规模，国际油价还会反弹至 80 ~ 100 美元区间。多数机构则认为 2015 年国际油价大致维持在每桶 60 ~ 80 美元。美国能源信息署（EIA）预计，2015 年全球液体燃料的供应量将继续超过需求量，这将导致全球日均库存增加 40 万桶，其中库存的累积将集中在 2015 年上半年，日均增加近 70 万桶；这促使其下调了 2015 年 Brent 原油均价至每桶 57. 6 美元，WTI 原油均价至每桶 54. 6 美元，WTI 相对于 Brent 原油的平均贴水幅度将在现有的水平之上小幅缩至每桶 3 美元。EIA 认为，2015 年上半年油价有继续下探的可能，2015 年 3 ~ 5 月 Brent 原油月度均价可能跌至每桶 63 美元，随后油价会有所回升，到四季度可能达到每桶 73 美元。从供求变化看，高成本油价限产供应，就会推动库存消耗，供需关系的自我调节变化将会促使国际油价回归正常水平。据高盛预计，2016 年以及之后长时间内 WTI 原油价格将处于每桶 80 美元，Brent 油价则是每桶 90 美元。

这种观点稍显乐观。我们认为，油价低迷至少要维持较长一段时间，原油供应过剩的局面将会持续于 2015 年全年。油价是否会反弹受多种因素制约，其中欧佩克和美国谁率先减产将成为市场关注的焦点。我们预计，由于供过于求持续存在，2015 年 Brent、迪拜和 WTI 原油价格均值大约在每桶 65 美元、60 美元和 55 美元左右。从趋势上看，2015 年国际油价可能经历先抑后扬的态势，尤其是 2015 年下半年非欧佩克石油输出国可能因高开采成本而实施限产保价，这时 Brent 原油价格将可能到 2015 年末回归到每桶 70 美元左右。实际上，单论国际油价处于什么水平并不具有意义，油价下跌的风险主要在于国际油价在几个月内快速下跌的风险，因此预测石油价格水平固然重要，但是还要进一步判断油价波动的幅度，暴涨暴跌对世界经济都不会形成利好。从油价波动幅度上看，我们预计 2015 年国际油价的波动幅度将会小于 2014 年，即 2015 年国际油价虽仍可能出现宽幅震荡（如在 50～70 美元/桶运行区间内），但在价格水平不会出现大幅度的暴涨暴跌，因为其时油价下跌预期尚在发挥重要影响，而短期内重大供应短缺也不会出现，因而国际油价不会很快扭转到每桶 80 美元以上。

（二）供应充裕和美元走强将抑制本轮油价快速反弹

这次油价下跌究竟能持续多久，首先取决于供应变化及其引导的预期变化，此外还有受制于世界货币政策的调整，因为油价不仅涉及投资、生产，还涉及计价汇率等变化。概括讲，影响油价未来走势的因素主要有如下三个方面。

一是主要产油国是否会做出减产保价行动？无论中东地区主要产油国开采成本如何之低，只要油价长期处于低位，它们试图削减利润的可能都会伤及自身。如果石油出口收入萎缩使产油国不能承受，那么开采成本较高的产油国首先可能坐不住，依次也会轮到开采成本较低的产油国，最终主要产油国可能会同意在未来更广泛地分担减产任务，以促使油价回归到它们的财政盈亏平衡水平。从美国能源信息署给出的预测看，全球原油供应将会在 2015 年下半年逐步趋紧（见图 14），减产致使去库存速度加快，但会导致欧佩克 2015 年的剩余产能有所增加，即超过 2003～2013 年日均 220 万桶的平均水平，而供需新变化将引导价格回归到新的均衡水平（见图 15）。若欧佩克实现减产，可会面临其占全球市场份额缩水的风险，这可能动摇现有的原油定价体系，从而回归由供需决定的市场定价。

二是长期低油价会抑制石油领域投资。油价下跌已经影响到很多石油公司的赢利水平，当油价持续处于低位，石油公司将会着手缩减石油生产方面的资本支出，从而引导市场自发削减石油产量，同时油价则会进一步对产量减少做出回应。据 Rystad Energy 公司表示，主要石油公司 2014 年第三季度的总体资本支出比 2013 年低 7%，今后石油公司资本支出还会明显下降，2015 年石油产量会小幅下降 4% 以内，而资本回报率的显著下降可能使一些未对冲油价下跌风险的高杠杆公司面临金融压力，这有可能使现有页岩油投资放缓，使新的投资变得谨慎。

三是美元持续走强会压制油价反弹。美元走强是大宗商品，特别是国际原油

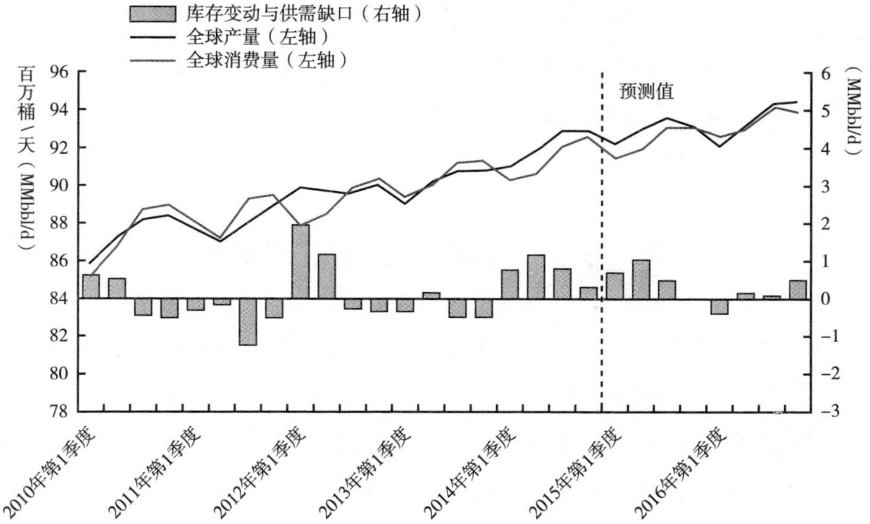

图 14　2010～2016 年全球原油供需平衡走势

资料来源：U. S. Energy Information Administration，Short-Term Energy Outlook，January 2015。

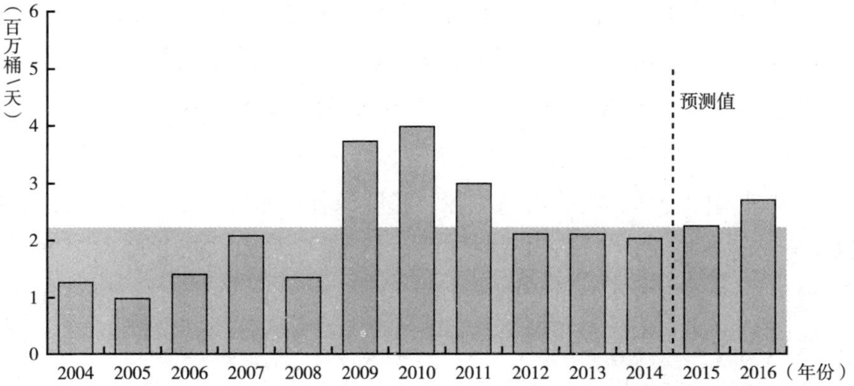

图 15　OPEC 原油生产剩余产能情况

注：阴影部分代表 2004～2014 年平均值（每天 220 万桶）。

资料来源：U. S. Energy Information Administration，Short-Term Energy Outlook，January 2015。

以及贵金属黄金/白银价格趋势走弱的影响因素之一。因为它降低了以美元计价的石油的投资吸引力，也拖累国际油价走低。实证经验表明，美元持续走强意味着国际油价反弹面临压力。由于美国经济一枝独秀维持强势复苏，尽管短期美国国债收益率近期有回升势头，但是美国总体融资环境仍然宽松，有利于美元指数此后继续走强，市场普遍预测美联储于2015年6月可能会开启加息步伐，这令美元指数继续看涨，在2014年累计涨幅达12%的基础上，预计2015年还会有5%～10%的涨幅。美元指数的持续上涨显然对以美元计价的原油市场形成压制。

五　油价下跌时我国的应对策略

国际油价处于低位，对我国经济利大于弊。随着石油进口依赖度接近60%，以较低价格获取石油能节省更多开支，同时也提供改革能源补贴、市场准入、税费延缓体制机制的机会。尽管说，2015年国际油价仍有一个探底的过程，未来油价可能长期处于较低位运行，但是中国应抓住有利时机，在国际石油市场上有所作为，同时积极深化国内市场体制和成品油价格、补贴、税费改革，顺势提升在国际消费市场上的议价能力，否则油价反弹后会压缩调整的余地。

（一）抓住时机在国际油气市场积极作为

一是适当逢低买入，做足石油储备。在油价处于低位时，应鼓励原油进口商不断逢低买入优质原油，抓紧建设原油和成品油战略储备库，完善战略原油储备体系，尽早实现90天储备目标，或以优惠价格做好掉期交易，保证低廉油气的稳定可靠供应。

二是推进国际合作，收购清洁能源、新能源领域先进技术。当国际油价跌破每桶60美元时，美欧日等国页岩油气技术、太阳能技术、新能源汽车等领域可能遭遇发展困境，我国企业可利用购买廉价原油节省的资金，适时逢低兼并收购掌握这些技术的企业或者参股开展国际技术合作，以推进在页岩油气勘探开采、太阳能开发利用和新能源汽车研发领域掌握技术制高点；尽快摆脱对外国技术和工业产品的依赖，尤其是在石油勘探和开采设备制造等领域，应发展新技术，生产有竞争力的产品。

三是健全上海国际原油期货市场，使其更具有价格引领作用。在油价下跌时，中国原油进口将会大幅增加。为此按照“国际平台、净价交易、保税交割”的总体思路，加快健全上海期货交易所（上海国际能源交易中心）开展国际原油期货交易，强化价格发现机制，丰富套期保值服务功能，鼓励国内外大部分石油石化企业在该平台参与国际原油期货套期保值和对冲避险，提高交易活跃度，形成反映中国石油市场供求关系的基准价格体系，同时增强上海原油期货交易市场的影响力。

（二）按照总体部署深化国内油气领域体制机制改革

一是深化油气体制改革，构建多元化供应渠道。抓住油价处于低位的有利时机，尽快放开油气进口、管输、储备、配送等流通环节，鼓励更多民营企业进口国外油气资源，加大油气资源商业储备力度；同时放开国内油气资源市场准入，通过招标等市场化手段，鼓励民企、外企等参与油气矿业权出让转让，构建国际国内相互融通的多元化油气供应渠道。

二是适时调整煤化工项目，转向清洁高效利用技术。当油价处于低位时，国内一些煤制油、煤制气等煤化工项目将可能面临不具备经济性的尴尬，在此基础上适时调整煤化工项目，使其转向更注重清洁高效利用技术研发，尤其是把我国丰富的煤炭资源进行直接清洁利用，尽可能减少中间转化环节的资源消耗和二次污染。

三是加快成品油税费调整，建立透明灵活的调价机制。当油价处于低位时，我国应加快推进油气价格改革，建立全产业链市场化的调价和顺价机制，使其真实反映国内成品油的供需变化，尽可能将成品油消费税调整一步到位，尽快使汽柴油流转税率与发达国家标准接轨，同时强化新增税费收入预算支出管理，使其主要用于治理雾霾和控制污染。

（撰稿人：中国国际经济交流中心副研究员刘向东）

2014年国际军品贸易现状与展望

近年来，随着全球形势的复杂多变，国际军品交易持续升温，2013 年全球军品交易额又创下冷战以来的最高峰，2014 年的交易额有望增长更多。美国以其庞大的军事工业做后盾，以称霸全球的战略目标为指引，继续大力推进军品出口，影响和左右全球与地区格局。俄罗斯不甘示弱，把军品出口作为维持大国地位的重要手段，积极开拓国际军品市场。美俄两国继续维持长期以来的世界军品市场的霸主地位。亚太地区随着战略形势的不断紧张，军品采购大幅增长。特别是印度的军品进口急剧增长，高居世界首位；日本不断打破武器出口禁区，积极进军国际军品市场。全球军品贸易的无序发展与霸权国家的推波助澜，亟须国际社会的有效管制。

一　国际军品贸易再创新高，跨国公司主导全球市场

全球金融危机后，世界经济特别是新兴经济体进入新一轮恢复和增长期，各国对外采购武器装备的能力持续好转，特别是发展中国家纷纷加大武器装备国际采购，国际军品贸易市场整体呈现复苏态势，市场竞争日趋激烈。除美国、俄罗斯等军工大国依然在国际军品贸易市场占有主导地位之外，一些新兴工业化国家如巴西、以色列、韩国等也开始在国际军品贸易市场上崭露头角，乌克兰、哈萨克斯坦等国凭借前苏联时期留下的良好国防工业基础，在国际军品贸易市场上也展示出一定的实力。日本通过松绑武器出口、解禁集体自卫权，在国际军品贸易市场展现出巨大潜力。

从军品贸易主要市场分布看，美国的传统军贸市场在北约需求旺盛；俄罗斯方面则依然保持着独联体国家的传统市场，在印度等市场也有所拓展。从武器装备出口形式看，“美国卖装备、俄罗斯卖技术”的特点依然延续。如俄罗斯和印度联合生产苏-35战机、为印度改装航母等军品贸易中附带技术转让；美国武器装备出口以整机、整舰等成品为主，即使像F-22这样号称多国联合研制的战机，也是盟国共同出钱、美国自主研发，几乎没有技术转让或新技术出口的情况出现。

亚太地区近年来的国际战略地位急剧上升，地区热点问题层出不穷，导致军事对抗风险上升，武器装备采购剧增。中东地区持续动荡，伊拉克局势、叙利亚局势、巴以冲突等问题相互交织，导致武器装备需求旺盛，市场竞争激烈。非洲国家之间的领土争端、资源之争，国内不同武装派别的斗争，使得该地区对武器装备的需求不断上升。拉美地区近年来民族主义和左派政府抬头，武器装备和军用物资采购额也在逐年上升。经济方面，拉美成为世界上仅次于亚洲的经济增速最快的地区，各国军队对装备现代化的要求更为迫切。其中，除巴西、阿根廷、智利等国的国防工业具备一定的市场竞争能力外，拉美其他国家的国防工业都很薄弱，武器装备几乎都从国外进口。

俄罗斯世界武器贸易分析中心的数据显示，2013年，全球武器交易额达到冷战结束以来的最高水平，接近660亿美元。其中美国、俄罗斯、法国居首。2013年美国军品出口总额达235.6亿美元，占全球军品出口的35.70%；俄罗斯常规武器出口总额达134亿美元，位居世界第二，占全球武器出口的20.29%，为2005年以来最高；法国以69.2亿美元和10.49%的出口份额位居世界第三。该中心预测，以现有订单和直接供应意向为基础，2013~2016年美国武器和军备出口总额预计将达1415亿美元，俄罗斯和法国的武器出口额将分别达到470.7亿美元和250.5亿美元。2013~2016年俄罗斯将与排名其后的国家继续保持现有差距，维持第二大常规武器出口国地位。

据斯德哥尔摩国际和平研究所（SIPRI）公布的世界军火贸易最新报告，2009~2013年世界武器出口大国依次为美国、俄罗斯、英国、法国和德国，这五国销售额总计高达2230亿美元，占全球总额的91%。其他军品出口大国还有荷兰、西班牙、意大利、以色列等，它们在一些地区（南美）和细分（轻武器、坦克装甲车辆）武器市场上也起着显著作用。据该所统计，2009~2013年五年的世界武器交易量比2004~2008年五年增长了14%，2009~2013年，全球最大的军火供应国依次为美国、俄罗斯、德国、中国和法国，其占全球的份额分别是：美国29%、俄罗斯27%、德国7%、中国6%和法国5%。上述五国在全球军火出口中的份额总计达74%，其中仅美国和俄罗斯就占到56%。排在这五个国家之后的是英国、西班牙、乌克兰、意大利和以色列。

美国军火工业以每年超过6000多亿美元的庞大产出控制着全球将近1/3的武器市场，武器出口涉及90多个国家。俄罗斯军工领域的投入虽仅为美国的1/4，但出口额仍居世界第二。2009～2013年，俄罗斯的武器出口到52个国家，其中最大的一项交易是2013年向印度交付的军用飞机。SIPRI报告称，俄罗斯是报告期内印度主要的军火供应国，其份额达到出口总量的75%。中国的军工投入虽然超过了俄罗斯，武器出口销售却相比很少。从趋势看，中国的军品出口则非常旺盛。中国军品出口2009～2013年五年比2004～2008年五年增长了212%。SIPRI报告称，全球武器贸易增长最快的国家是中国，其武器输出五年中增加了两倍，已经超过法国并有望超过德国。中国向35个国家出售武器，它们大多是中低收入国家，但中国也是一个进口大国（其2/3的武器进口来自俄罗斯）。中国武器的主要用户则在非洲和中东地区。

2009～2013年，全球最大的武器进口国是印度、中国、巴基斯坦、阿拉伯联合酋长国和沙特阿拉伯。其中，印度占全球份额的14%，中国占5%。印度作为全球最大的武器进口国，在过去五年，其武器采购量增加了两倍。印度在2009～2013年进口的军火数额比之前五年增长111%，其近五年军火进口量从占世界总量的7%上升到14%。2010年，印度取代中国，成为世界最大军火购买国。SIPRI报告称，印度在制造高科技武器方面面对许多挑战，为抗衡装备更好的中国军力，以及应付周边地区的军事不稳定局面，国防开支不断攀升。2009～2013年，俄罗斯是印度最大的军火供应商，但印度最近开始尝试寻求更多的供应来源，特别是购买美国的军事设备。据简氏军事信息网站发布的数据，印度2013年已成为美国军火的最大买家，购买额达到19亿美元，包括波音C－17A运输机和P－8I海上巡航机。但据SIPRI报告，2009～2013年，在印度进口的军备中，美国产品只占7%。在同一时期，印度的长期对手巴基斯坦也在大力增添军火，开支增幅达119%，国际份额也由2%增加到5%。

2009～2013年，从区域来看，亚洲与大洋洲军品进口占全球的47%（2004～2008年为40%）。SIPRI报告指出，这主要是由于印巴对立和朝鲜半岛局势紧张。从增长速度看，这期间军火进口增长最快的是非洲，增长了53%，其中最大的三个进口国是阿尔及利亚、摩洛哥和苏丹。其次是亚太地区，增长了

34%。海湾国家的军火采购量从 2008 年至 2013 年增加了 23%。在此期间，沙特阿拉伯在世界主要军火进口国榜单上从第 18 名跃居第 5 名。美国则占对海湾国家军火供应总量的 45%。同一时期，欧洲武器进口则下降了 25%。

简氏集团（IHS）发布的《贸易平衡》研究报告显示，2013 年，全球防务武器贸易额增长 3%，至 676 亿美元。美国、俄罗斯、法国、英国位列 2013 年最大武器出口国前四名。2013 年世界主要武器进出口国家之间的军贸格局发生了一些根本性的变化，最引人注目的是印度、印度尼西亚、埃及和中国台湾等国家和地区的武器进口增幅显著。印度 2013 年武器进口高达 59 亿美元，是中国的两倍还多，在 2015 年还将达到 81.6 亿美元。近年来，印度从美国进口的武器急剧增加：2009 年，印度从美国进口了 2.37 亿美元的武器装备，2013 年这一数据飙升到 18.9 亿美元；而到 2015 年，这一数据还会增加到 34 亿美元。2013 年印度已经成为美国武器装备最大的出口市场。这些增长是印度军品进口大幅扩张的缩影，印度将会进一步巩固其世界最大的武器进口国地位。IHS 报告还显示，中东国家武器进口额约占世界的 1/3；在东亚和东南亚，与防务相关的进口额 2013 年达 122 亿美元，同比增长 24.5%。韩国的防务装备进口额 2013 年增长了 91.6%，至 6.13 亿美元，韩国已进入世界前十大武器进口国，在东亚仅次于中国，预计将于 2015 年超过中国。另外，委内瑞拉成为拉美地区最大的武器进口国，俄罗斯是向该地区出口武器最多的国家。IHS 报告还称，2013 年中国进口价值 23 亿美元的武器，同比增长 52.6%。2012 年为 15 亿美元。中国 2013 年武器进口列全球第 10 位，出口列第 8 位。该报告预计，2014 年中国武器进口将达 26 亿美元，2013 年中国武器出口为 19 亿美元，同比增加 4.4%。

蒂尔（Teal）集团的报告称，未来世界导弹市场前景繁荣。在 2006 ~ 2015 年这 10 年中，全世界各种型号的导弹交易量将达到 60 万枚，总价值将达到 1037 亿美元。蒂尔集团首席分析家斯蒂文 · 萨罗加称，“在那些财政预算紧张的时期，最有利于赢利的做法是将一种新型的可用于多种作战模式的导弹安装在老式的战斗机上，这样比直接购买新型的战斗机要省钱得多。同样道理，对于战舰和其他一些武器载体，更新导弹都可以提高它们的作战能力，而不用去更新这些作战单元。这是我们看好导弹市场的最主要的原因”。蒂尔集团预测，在未来几年里，防空导弹依然会是导弹市场中的主要交易产品，其次是空地导弹、智能炸弹等。

作为世界上多年排名仅次于美俄的军品出口大国，法国 2014 年军品出口激增至67亿欧元，其中出口中东占到40%。据美国《防务新闻网》报道，在全球订单反弹后，法国2014年军品出口合同额与2013年相比大幅攀升42%。2013年，法国军品出口合同额占全球军品贸易额的7.2%，仅次于美国的52%、英国13.4%、俄罗斯的8.4%，是世界第四大军品出口国。另外，土耳其也在大幅扩大武器出口。土耳其国防与航空工业出口商协会主席拉蒂夫·阿拉尔·阿利斯曾表示，土耳其的军工工业总产值已经超过47亿美元，2013年出口额在15亿美元左右，是2008年的两倍多。预计到2023年出口额将达到250亿美元。阿利斯称，目前全世界有5大武器出口国，分别是俄罗斯、美国、中国、法国和英国，土耳其希望在未来10年内成为第6大出口国，并跻身世界10大武器制造国之列。目前，土耳其武器的最大买家是北约盟友美国，土耳其37%的武器出口目的地是美国，其次是意大利、西班牙、马来西亚和乌克兰，所占比例在4%～5%之间。此外，阿联酋、巴林、德国、英国和土库曼斯坦也是土耳其军工企业的老客户。与此同时，土耳其在积极开发新市场，特别是在南美和非洲地区。土耳其国防部长伊斯梅特·耶尔马兹2014年8月宣布，将在这两个大陆开设专门负责武器贸易的外交机构。土耳其已经在美国、布鲁塞尔、沙特阿拉伯和哈萨克斯坦设立了这样的机构。阿利斯称，土耳其国防工业的主要产品有装甲车、无人机、火炮、教练机和导弹等，也有通信系统和敌我识别系统。土耳其政府正全力推动本土军工技术发展，以降低军队对进口武器的依赖。目前土耳其的军工企业已经有能力满足军队54%的需求。根据官方数据，目前土耳其的国防工业在研发方面的投入达到9.27亿美元，几乎是2003年的20倍。土耳其掌握尽可能多的军事技术以降低对其他国家依赖性的做法已经引起土耳其与北约盟友之间的摩擦。2013年，土耳其决定采购中国精密机械进出口总公司的“红旗－9”防空导弹系统，美国的雷神公司以及意大利和法国合资的欧洲防空导弹公司没有中标，这不仅仅是价格问题，还因为与中国签署的协议中附带技术转让。但中国与土耳其的协议尚未最后敲定，已有迹象表明，只要对方接受一定程度的技术转让或联合生产，土耳其政府最终会倾向于一家属于北约成员国的企业。

国际军品市场不断扩大，但仍被跨国公司牢牢掌控。2014年8月3日，美国防务新闻网站发布了新版全球军工百强企业名单，其中位列前十的企业为美国洛克希德－马丁公司、美国波音公司、英国BAE系统公司、美国雷声公司、美国诺斯罗普－格鲁曼公司、美国通用动力公司、欧洲空中客车集团、美国联合技术公司、法国泰勒斯公司、意大利芬梅卡尼卡公司。洛克希德－马丁公司仍排名全球第一，其业务继续多样化，正在进入如空中交通管理、飞行训练与模拟、能源和先进制造等民用领域。2013 年军品收入比 2012 年减少了 43 亿美元，但公司总收入仅减少 18 亿美元。美国国防部前工业政策主席史蒂文 - 古朗曼称，总体来说，参与民品市场、拥有民用技术的业务结构比仅含军品的业务结构更有助于支持军品业务的发展，纯军工企业未来没有多大发展空间，应积极寻求多样化发展。排名全球第二的波音公司主要业务仍是民品，公司 2013 年总收入增加近 50 亿美元，但军品业务的比例从 38.4% 减少到 36.9%。此外，包括赛博在内的许多领域的民品企业正进行大量投资以进入防务市场。全球武器进出口排名见表 1，2009 ~2013 年全球武器进出口总额见表 2。

表 1　全球武器进出口排名

排名	2013 年武器出口商	2013 年进口国	2012 年进口国/地区	2013 年出口国	2012 年出口国
1	波音	印度	印度	美国	美国
2	雷神	沙特阿拉伯	沙特阿拉伯	俄罗斯	俄罗斯
3	洛克希德·马丁	土耳其	阿联酋	法国	法国
4	空中客车	阿联酋	中国	德国	英国
5	BAE 系统公司	韩国	埃及	英国	德国
6	泰勒斯	澳大利亚	台湾	意大利	以色列
7	联合航天(UAC)	美国	印度尼西亚	以色列	中国
8	联合技术集团	阿尔及利亚	韩国	中国	西班牙
9	俄罗斯直升机	伊拉克	英国	加拿大	意大利
10	通用动力	中国	澳大利亚	瑞典	瑞典

表 2　全球武器进出口总额

单位：亿美元

年份	2009	2010	2011	2012	2013
总额	559.96	563.91	625.72	656.49	675.93

二　美国军品出口独占鳌头，借助军贸左右全球形势

以军贸养军工，利用国际市场调节国内需求不足，已成为各国国防工业发展的重要考量。美国政府一直认为，加强国际军品交易可以有力支持本国以较低的成本拥有强大的、可持续发展的国防工业基础，这是保证美国国家安全的关键。

近年来美国垄断了全球1/3甚至一半的武器贸易，不但赚得了可观的经济利润，而且进一步保持了军事优势，加强了地区控制。在全球军事工业中，美国的规模最大，军工企业多达上万家之众，军事工业直接从业人员超过百万人，军事工业产值高达几千亿美元，占美国GDP的2%以上，而且美国外售的武器装备都是成熟产品，研发成本早已收回，利润率非常之高。在美国《防务新闻》等智库和媒体每年对世界100强军工企业的排名中，美国一直占绝大多数。尽管该排名的主要依据是全球各主要军工企业在防务领域的年收入额，没有综合考虑企业产品结构、武器性能、技术突破等因素，但仍能反映出世界大国拥有军工企业的规模以及各自的军备水平。在2014年美国防务新闻网站发布的全球军工百强企业名单中，位列前十的企业中有六家是美国企业，即洛克希德－马丁公司、美国波音公司、美国雷声公司、美国诺斯罗普－格鲁曼公司、美国通用动力公司、美国联合技术公司。而在100家企业中有近一半来自美国，美国的军工企业依然处于“领头羊”的位置，欧洲国家、俄罗斯的军工企业虽然在国际军火贸易中也比较活跃，但整体实力与美国企业相比仍有较大差距。

美国的军工企业可以分为主承包商、分系统承包商、零部件原材料供应商。主承包商基本为大型军工集团，主要承担产品的研发和全系统的集成；分系统承包商为主承包商制造专用的部件和子系统；第三层次主要是众多为主承包商和分系统承包商提供零件、组件和材料的供应商。美国现有的军工生产能力大大超出了美国军方的采购需求，虽然经过数次重组、收缩，但在固定翼飞机、大中型运载火箭、潜射战略导弹和舰船的生产上，产能动用仍不到一半。在军方需求基本饱和的情况下，美国军工企业只能以相当大的规模出口产品，争取国际军贸市场份额。在国际军火市场上，美国的主要竞争对手来自俄罗斯。借助前苏联军工体系的知名度和价格上的实惠，俄罗斯的苏式武器在发展中国家仍受不少青睐，出口量也在不断增多。但受美式武器在近几场局部战争的广告效应和美军在全球推行“反恐战争”的影响，以及“一分价钱一分货”的买家心理和“花钱买安全”的附庸心理的影响，美国在世界军售市场的争夺中对俄罗斯形成了先天优势。受此影响，在国际军火市场中被排挤的并非只有俄罗斯，其北约和地区盟国有时也不能幸免。美国时常利用联盟老大身份，在武器配备上搞统一标准，对武器出口实施捆绑销售，排挤打压其盟国在国际军火市场的份额。

为了确保军事优势，美国是执行军事技术和武器装备出口管制最严格的国家，专门制定有《出口管理法案》、《出口管理条例》、《武器出口控制法》、《原子能法案》、《对敌贸易法》、《国际紧急状态经济权力法》等多项管制法案。在出口管制的监控过程中，美国政府各部门、海外代表处甚至中央情报局、联邦调查局等国内情报部门，形成了一个以商务部为主导的严密网络，联手执行美国的出口管制政策，防止自身的先进武器装备和军用技术被对手国家利用或研究超越。美国国务院曾指控波音公司未经美国政府许可向海外出口了 94 架装有“QRS－11”回转仪芯片的民用飞机，因为这种芯片可用于导弹及卫星的导航系统。为此，波音公司除了支付 1500 万美元的罚金外，还被指派 1 名独立的外部官员，负责在两年之内监督该公司的飞机出口业务。这是迄今为止美国公司因违反《武器出口控制法》而被处罚最为严厉的案例。

美国的军火生意做得很大，但一般都能不赔“优势”，对盟友也不轻易开“绿灯”。被视为美国在亚洲地区最亲密盟友的日本，从 2006 年初就设法购买最先进的 F－22A 战斗机，但美国参议院最终还是否决了 F－22A 战斗机的对日出口。对其北约盟国，近年来虽然美国大量增补了获允出口武器装备和相关技术的清单，但这些武器多是低于美军现役型号的出口版本。供其出口的战术型“战斧”巡航导弹射程比美军自用型号缩水 50% 以上。F－35 战斗机本来是包括美国在内的 9 国联合研制项目，美国却拒绝向英国、澳大利亚等高级合作伙伴公开飞机设计软件原代码。

美国的武器卖到哪里，其势力范围就延伸到哪里。对于“表现好”的“合作”国家，美国经常会抛出“军售礼包”作为奖励。对那些“不听话”的国家，美国对其实行武器禁运和制裁。对于委内瑞拉空军的 F－16 战机，美国政府甚至以公开宣称停止供应战机配件要挟委内瑞拉改变其反美立场。“一切为维护军事利益和国家战略服务”，一直是美国军火贸易在大赚其钱的同时必须坚持的宗旨。“让每一个潜在的挑战国都生活在邻国的制衡中”，对美国而言，也是投入最少、获利最多的战略手段。美国曾同时向中东的以色列和沙特阿拉伯出口 F－15战斗轰炸机，提供给以色列空军的 F－15I 战机保留了与美军现役 F－15E 战机相同的设备，价格也比照国内采购价，而出口到沙特阿拉伯的 F－15S 却是 F－15E 简化型，性能和 F－15I 根本不能相提并论，以此确保以色列对所有阿拉伯国家的绝对军事优势。埃及开罗大学政治学系主任哈桑纳法耶曾说道：美国对埃及提供的军售，更多的是服务于美国的目标和美国的目的，而不是服务于埃及的目标和埃及的目的。无论是军事援助还是军售，都将使埃及更加依赖美国。再有美国对台军售问题，一直是美中关系中最敏感的部分。美国的对台军售，实际已成为美国遏制中国发展、阻碍中国和平统一的重要手段。在对台军售中，美国捞足了战略资本和军火利润。

长期以来，美国的军火企业—政府—国会好比“铁三角”一样紧密联系在一起，形成了左右美国政治和经济的巨大的“军火利益集团”。军火企业通常在总统大选和议员选举时，一掷千金，花巨资全力资助其看中的候选人。由此可见，美国军火利益集团在美国内政与外交中扮演着十分重要的角色，尤其对美国的军事与安全政策具有重要影响。美国的政治一定程度上变成了“军火政治”，一切政策不得不服从和服务于军火利益。对于美国的军火利益者而言，什么样的政策有利于美国军火业的发展，他们就表示支持；谁能让美国的军火业振兴，使他们从军火买卖中赚得的钱多，他们就拥护谁。

美国的出口管制体系建于冷战时期，对军品管制清单上的商品出口管制相当严格，这在一定程度上也影响了军工企业的发展和竞争力的提升。在国内军火制造商的推动下，从2010年开始，美国开始全面改革出口管制体制，近年来，美国商务部产业安全局和国务院国防贸易管制局各自发布了修改《出口管制条例》和《武器国际贸易条例》的最终规定，将部分军品清单上的物项转入商业控制清单，涉及的产品包括原来属于军品清单的部分航空器、蒸汽涡轮发动机、水面舰艇、潜水艇。这意味着美国对部分军事物品出口的管制开始放松，而不是像过去那样，把所有可能与国防有关的商品统统限制在国门以内。最近的修改在商业控制清单中新增一个“600系列”分类，将军品清单中部分“较不敏感”的物项移至商业控制清单中的这一新分类。同时，美国商务部产业安全局也将对现行商业控制清单中的军品重新定义，并将它们移入“600系列”分类。增加新的分类以后，这些物品出口到国外通常只需要获得美国商务部产业安全局的许可，不再像过去那样，由美国国务院国防贸易局监管。而纳入美国商务部的商品管制范畴后，一些并不具备威胁的产品，比如螺栓在被认定为基础零部件的条件下即可出口，这将为美国企业提供更多发展海外业务的机会。尤其值得注意的是，针对中国军需品出口的最终用户制度，也适用于列入“600分类”的产品。

除了武器领域，美国也放松了对卫星及相关产品的出口管制。由美国参众两院表决通过的《2013财年国防授权法》已正式生效。根据该法，废止了过去所有商业控制清单中的卫星及相关物品转移至军品清单的规定，改由美国总统决定在符合美国国家安全利益的前提下，可以将上述卫星及相关产品从军品清单转移至商业控制清单。但是，这些被转移到商业控制清单的卫星及产品，仍然不能被出口、再出口到中国、朝鲜等国家或在这些国家发射，除非总统决定这符合美国国家利益。

三　俄罗斯军品出口持续增长，极力维持大国影响力

据俄新社 2014 年 10 月 28 日报道，俄罗斯联邦军事技术合作局（FSMTC）副局长 Anatoly Punchuk 在 2014 年欧洲国际海军装备展上表示，自 2014 年初以来，俄罗斯武器出口额已达到 98 亿美元。俄联邦军事技术合作局预测，2014 年的俄武器出口额仍将保持 2013 年 157 亿美元的水平。据世界武器贸易分析中心（TSAMTO）提供的数据，自 2006 年以来俄罗斯国防相关出口额保持稳步增长。2006 年俄罗斯出口了价值 65 亿美元的武器，在随后几年，数量已经分别增加到 75 亿美元、83.5 亿美元、85 亿美元、105 亿美元、132 亿美元、151.6 亿美元和 157 亿美元。近来，俄罗斯负责军事技术合作的官员强调，西方制裁未影响俄罗斯武器出口，更不会拖垮国家的国防工业。俄罗斯已禁止俄罗斯国防工业公司、联合飞机公司和乌拉尔机车车辆厂等国防企业从欧洲金融市场融资。

为促进俄罗斯军品出口，普京总统亲自出马进行推销。2014 年 11 月 5 日，普京在俄军事技术合作会上称，2014 年以来俄罗斯已敲定 77 亿美元武器对外销售合同，照此趋势，国外订单总量将达约 500 亿美元。7 月时，普京就曾透露俄 2014 年上半年武器出口额已达 56 亿美元。据俄罗斯总统网站 2014 年 12 月 9 日报道，普京在访问印度前夕接受印度报业托拉斯采访时说，印度是俄罗斯在军事技术领域“经历了时间考验的可靠伙伴”，俄印军事技术合作已经持续数十年，俄方高度重视深化双方在这一领域的合作。访印期间，普京与印方领导人深入讨论了如何落实双方军事技术合作重大项目。普京提出，俄印军事技术合作应实现从传统的军火贸易向共同研发和生产现代化武器过渡。

俄罗斯武器市场主要是中国、印度、马来西亚、越南、叙利亚、阿尔及利亚等国。两年前，阿尔及利亚通过 75 亿美元的航空装备合同，一度成为俄武器第一进口大国。越南通过前所未有的巨额合同，出资 40 亿美元采购 6 艘潜艇，从零开始为其驻泊建设沿海基础设施，打破了俄武器出口结构，使其重点开始向海军装备倾斜。此前在俄武器出口结构中，“领头羊”一直都是航空装备（占 60%），之后是陆军武器（占 20%）、海军武器（8% ~10%）和防空系统（6% ~8%）。在南美地区，只有委内瑞拉大量购买俄飞机、直升机、坦克和轻小武器。其他国

家，如巴西、墨西哥、哥伦比亚，虽然也对苏霍伊和米格飞机感兴趣，却还没有任何一个国家购买。

据斯德哥尔摩国际和平研究所的数据，1950 年以来，前苏联及俄罗斯一直是印度最大的武器供应国，占印度军火进口总量的 70% 左右。相比之下，这段时期内，巴基斯坦的武器只有 2% 来自俄罗斯及前苏联，而大部分是由美国和中国提供。近年来，在中国减少购买俄罗斯武器之后，印度成为俄武器第一进口大国，占俄武器出口总额的 25%。虽然印度也曾试图效仿中国，走仿制生产的道路，但在仿制俄武器方面并不成功。和中国不同，印度在国防工业新领域建设方面有许多困难，基本上是从零开始。然而，虽然印度仍在继续落实相当庞大的俄印武器合作项目，总共从俄采购（许可生产）230 架苏－30MKI 歼击机、1000 辆 T－90 坦克、80 架米－17V－5 军用运输直升机、“维克拉玛蒂亚”号航母，并且联合研制“布拉莫斯”超音速导弹，但是印度似乎已经准备减少采购俄武器。主要原因首先是来自美国的竞争。到 2013 年，美国已经超越俄罗斯成为印度的头号军备供应国。实际上，从美国到以色列在内的武器生产大国目前都在争夺印度市场。俄印一些武器项目已经承受不住如此激烈竞争的冲击。比如，印度已和美国签订一批 C－130J 军用运输机供应合同，2014～2016 年交货，从而使俄印 MTA 运输机联合研制项目蒙上阴影。美国已经开始量产的第五代轻型歼击机 F－35 同样也有出口版，这意味着俄印联合研制 FGFA 第五代歼击机的项目也有可能停止。有专家指出，俄已经提供不出印军需要的武器，俄方推荐的产品仍旧源自前苏联。因此对于波音公司 2013 年赢得印度反潜巡逻机供应合同，夺得 20 亿美元的巨额订单，已经没人感到惊讶。由于不满印度买美国武器，俄罗斯开始转向巴基斯坦提供武器，甚至调整南亚战略，从而改变俄罗斯自冷战以来对待印巴这两个核武国家的一贯态度。2014 年，苏联解体以来首位访问巴基斯坦的俄罗斯国防部长谢尔盖·绍伊古，与巴方签署了一项“里程碑”式的军事合作协议，开始了与巴基斯坦的全面军事合作。

四　亚太地区军购大幅增长，日本军品出口不断越限

随着亚太地区在全球战略格局中地位的急剧攀升和地区热点问题的不断爆发，该地区正在推动全球军火贸易爆炸性的增长。据简氏信息集团（IHS Jane’s）的研究报告显示，亚洲到 2021 年将超越美国成为最大的国防支出地区，且正推

动全球军火贸易“爆炸”增长。报告称，尽管经济放缓，在亚洲部分国家军火出口激增、印度等国家的需求带动下，2008～2012 年全球军火贸易额增长 30%，达到 735 亿美元，这一数额到 2020 年还有望翻倍。简氏集团的分析家伯顿（Paul Burton）说道，“预算正在向东转移，全球军火贸易正加剧竞争。这是迄今所见最大的贸易爆炸”。报告指出，过去 10 年，美国在全球国防支出中占主要份额，但该国的预算随着从阿富汗等国家撤军而削减，意味着到 2021 年其国防支出将占全球国防支出的 30%，低于亚洲所占的 31%。报告称，接下来的 8 年，亚太地区的军费支出将增长 35%，达到 5010 亿美元；同期美国的军费支出将下降 28%，至 4720 亿美元。报告还称，到 2021 年印度和印度尼西亚的国防预算预计会分别增长 54% 和 113%。

在中东地区，美国《防务新闻》2014 年 7 月 14 日指出，卡塔尔已同美国达成巨额军品交易，首次以 110 亿美元的合同购买“爱国者”导弹。该合同包括：10 套“爱国者”系统用于拦截来袭导弹；24 架“阿帕奇”（Apache）直升机；500 枚“标枪”反坦克导弹。鉴于伊朗已经建立导弹工厂，为应对海湾地区来自伊朗的威胁，卡塔尔一直致力于引进导弹防御系统。该军品订单是美国 2014 年最大的一笔，是通过在卡塔尔发布了战斗机建议书后，美国波音公司同英国 BAE 系统公司和法国达索航空公司竞标获得。卡塔尔国防部长 Hamad bin Ali al-Attiyah 表示，虽然卡塔尔系首次订购“爱国者”导弹，但在过去，其他像科威特、沙特以及阿联酋等海湾国家均已购买了“爱国者”导弹。

美国官方和军方就建立一个联合导弹防御网络以抵御伊朗问题对海湾国家进行了长时间的游说，但合作进展缓慢。美国官员表示，尽管双方在叙利亚问题上存在分歧，但该武器系统贸易将会提升美国的安全及同卡塔尔的关系。美国官方表示，军品贸易为加强同卡塔尔的关系提供了途径，并有望通过对美式飞机和武器的训练来培养同各国军方的关系。同时，军品贸易也将助力美国经济发展。据美国官员估计，同卡塔尔的军品贸易将创造 5.4 万个工作岗位。美国防务巨头“雷声”（Raytheon）和洛克希德·马丁公司将生产“爱国者”导弹的硬件和“标枪”反坦克导弹，波音公司生产 AH-64 阿帕奇直升机。“爱国者”导弹的交易包括 247 枚 PAC-3 导弹和 117 枚 GEM-T 导弹，价格逾 70 亿美元。“阿帕奇”直升机及相关装置价格逾 30 亿美元，“标枪”反坦克导弹价格逾 1 亿美元。

随着地区影响力的增加，卡塔尔加大了武器购买的力度。卡塔尔计划购买一个编队的新型现代化战斗机。BAE 公司推出了“台风”战斗机，达索航空公司则希望卡塔尔购买“阵风”（Rafale）战斗机，波音公司推出了 F－18 超级大黄蜂战斗机和 F－15 战斗机。卡塔尔现拥有一个由 12 架老化的达索公司生产的“幻影”（Mirage）战斗机构成的编队。有分析人士预测，卡特尔或进行合同分解，并同时选择美国和欧洲的战斗机。

近年来日本的军品出口引人注目。目前日本仅登记从事武器装备及其他军需生产的企业就有 1377 家以上，从业人员约有 15 万人，几乎能研制生产自卫队所有的武器装备。日本国内有关人士估计，日本在放宽武器出口限制后，整个军工经济体系将因此获得迅速成长，有利于提振低迷的国内经济。据日本《读卖新闻》报道，日本和澳大利亚已经就联合研制潜艇达成协议。相关人士称，美国也参与了该计划。澳大利亚希望日本建造潜艇的艇体，由美国提供潜艇的内部系统和武器装备。此次潜艇合作源于澳大利亚的常规潜艇更新计划。澳大利亚计划自 2015 年起开始建造新型常规动力潜艇，以更换目前装备的 6 艘“柯林斯”级常规动力潜艇。潜艇是技术高度复杂的海军装备，目前世界上仅有少数国家掌握全套的核心制造技术。澳大利亚曾经自行建造过“柯林斯”级常规潜艇，但属于引进技术，自身还不具备完整的常规潜艇设计和建造技术。澳大利亚选择与日本进行技术合作研发潜艇，看重的就是日本在常规潜艇技术建造上的优势。澳大利亚计划引进技术的日本苍龙级常规潜艇，排水量近 4000 吨，静音效果好，并加装了不依赖空气推进系统，部分实力逼近小型核潜艇。以输出军事技术的方式参与澳大利亚潜艇更新计划，可以提高日本军工技术在世界的影响力，帮助日本逐步突破法律限制，为下一步完全取消限制军备出口创造条件，所以日本政府对此非常积极。

在这项合作中，澳大利亚极力将美国拉入，主要有三个方面原因。一是联美可以降低澳日军事合作的外部压力。澳日联合研发潜艇在技术层面上没有太大的问题，但在日本右翼势力发展迅猛的今天，两国军事合作势必会引起周边国家对日本的进一步担忧。而美国是亚太地区最强大的力量，把美国拉入潜艇研发计划，可以分散外界压力，使计划迅速推进。二是美澳军事技术合作良好。澳大利亚装备了大批美制武器装备，并且潜艇技术合作早有先例。2004 年，澳大利亚将美国的 AN/BYG－1 作战控制系统装在了本国的“柯林斯”级常规动力潜艇上，同时还使用美国制造的鱼雷。在新的潜艇上继续采用美国的潜艇技术，对新老装备的接替、人员的培训以及未来的联合作战会带来很大便利。三是可以进一步提升美澳同盟关系。澳大利亚此次更新潜艇预计耗资 300 多亿美元，数额巨大。如果只和日本进行技术合作，势必引起美国军工集团的强烈不满。而通过采用价格不菲的潜艇内部系统，可以为美国军工集团提供合作机会，带来巨大利润，这将为提升两国军事合作关系发挥积极作用。在国际社会中，军品贸易和军事技术合作非常敏感，澳大利亚选择与日本和美国联合研制潜艇，不仅有技术层面的考量，更有提升三国军事合作关系，强化对亚太地区影响力的长远考虑。特别是在美国提出亚太再平衡战略的今天，推动美国盟友之间的军事合作，进一步稳固同盟关系也是美国乐见其成的事情。

据日本《朝日新闻》2014 年 11 月 9 日报道，日美澳三国部队正在宫城县举行联合军事训练。这是日本首次在国内举行三国联合军事训练。在安倍政权将日澳两国定位为“准同盟”背景下，防卫省正考虑派自卫队参加美澳两国每两年在澳举行一次的大规模军事训练，不仅在日美两国之间实现“一体化”，而且在日澳两国之间也推进“一体化”。日澳两国加强合作不仅限于部队的训练，出口海上自卫队最新型潜艇就是其中之一。

在推进日澳“一体化”背后也有美国的意图。美国一方面推行“再平衡”这一重视亚洲的战略，另一方面为了削减军费开支而要求有关国家承担部分负担。日美两国政府在修改“日美防卫合作指针”的中期报告中就强调，与地区其他伙伴开展合作对维护整个亚太地区的稳定不可缺少，其中也是考虑到了澳大利亚。如果日美澳三个太平洋国家联合开发潜艇，将意味着此前止于共同训练阶段的三国军事合作关系进入新阶段。对于奥巴马政府重视亚太地区的“再平衡政策”而言，这也将成为其强化与相关国家军事联合、提高遏制力的象征性事件。

不过，澳大利亚在野党以保护国内军工产业为由反对联合开发潜艇，澳政府似乎还在研究将新型潜艇的维护维修作业留在国内实施，以寻求国内的理解。同时，瑞典也在与日本争夺澳潜艇订单。据路透社 2014 年 11 月 13 日发表题为《瑞典媒体称，该国萨博公司投标澳大利亚潜艇舰队升级项目》报道，瑞典防务公司萨博已投标为澳大利亚国防部建造新潜艇。萨博公司提出，既可出口成品潜艇，亦可以合作方式在澳大利亚建造潜艇。萨博公司安全与防务业务部经理古妮拉·弗兰松对瑞典《今日工业报》记者说：“我们以书面形式报了实盘，投标他们的潜艇项目。澳大利亚客户的报价是 200 亿澳元，我们表示没问题。”而日本如果中标，将获得总价值达 400 亿澳元（约合 343 亿美元）的澳大利亚潜艇建造项目的大部分。这也将标志着日本重新进入全球武器市场。

2014年4月1日，日本内阁决议通过“防卫装备转移三原则”（即新“武器出口三原则”），允许日本在相当宽泛的条件下出口武器装备和技术，这实际上是取消了武器出口禁令。日本经济产业省与防卫省随即就号召国内各大军工企业积极参加各类国际军备展会。实际上安倍内阁修改“武器出口三原则”，很大程度可以看做是“修宪”的配套措施。安倍晋三上台伊始，就明确表示‘修宪’是自己的“历史使命”，力图“摆脱战后体制”的意愿十分明确。随着新“三原则”的出台，身负“历史重担”的安倍在成为“军事大国”的道路上又迈出实质性的一步，未来对于“修改宪法”、摆脱“专守防卫”、行使“集体自卫权”等都将起到带动作用。如果说在旧三原则的“限制”下，日本出口武器不得不“偷偷摸摸”，那么在新三原则颁布之后，日本军工企业走出国门，进军世界军火市场，在法理上已经“顺理成章”。这也就难怪自新“三原则”出台后，日本军工企业纷纷组团试水各类国际军事装备展会。6月，两年一度的欧洲国际防务展在巴黎开幕，这其中就有三菱重工、富士通、川崎重工、日立、东芝等13家日本军工企业，这也是日本军工企业首次参加欧洲国际防务展。三菱重工展示了新型装甲车模型，其他日本公司展示了地雷探测器、训练用枪、无线器材、气象观测雷达、夜视镜、救生器材等。法国媒体以“日本成为新的武器出口国”为题，评论称“日本静悄悄地进入武器市场”。展览开幕当天，日本防卫副大臣武田良太亲临现场，足见安倍政府的重视程度。在全球最大的航空展“范堡罗国际航展”上，日本川崎重工等企业亦首次参展，带去了日本国产P－1巡逻机模型。作为日本国产最新式巡逻机，P－1甫一亮相就引起了客户的兴趣。

一旦日本军工企业在国际军火市场上占据一席之地，首先会促进日本军工产业的规模化，进而降低成本、推动技术革新，最终带动日本自卫队实力提升。因此，在鼓励军工企业积极投身各大武器展的同时，日本政府早已经在紧锣密鼓地推动国际军工合作和对外武器出口。在旧“三原则”被修改之前，日本就多次踩着红线“买卖”军火。2013年6月，日本同意与法国在核技术领域加强合作，并讨论联合研制军事装备；同月，三菱重工和美国洛克希德·马丁公司签署合同，启动F－35在日本的总装线和交付车间的建设工作；2014年3月，日美两国政府决定将共同研发可以搭载武装直升机的日本版濒海战斗舰；等等。在新“三原则”出台之后，已有多国向日本军工企业抛出橄榄枝。6月，日本和印度政府首脑在东京举行会谈，磋商了关于向印度出口US－2水陆两用救援水上飞机事宜。日本媒体认为，如果磋商达成共识，将成为日本将防卫装备转为民用产品后进行出口的第一单生意。US－2 不但能执行搜救任务，还能执行海上巡逻和反潜等各种作战任务。几乎同时，日澳两国在东京召开外长和防长磋商会议，双方就缔结共同研发“防卫装备”协议问题达成一致。根据协议意向，澳大利亚海军预计向日本购买 12 艘苍龙级常规动力潜艇，相关技术协议规模将达到数百亿美元。如果这项协议最终得以确定，将是日本武器出口解禁以后的第一笔武器装备出口大单。

日本多年来实际上已经形成“寓军于民”的军工生产体系，积累了大量军事技术和生产设备。一旦有需要，日本武器装备生产能力能够以几倍甚至十几倍的速度增长。有研究机构预测，开放武器出口后，日本将能控制世界舰艇市场的 60%、军用电子市场的 40% 和航天市场的 25%～30%。“防卫装备转移三原则”出台后，首先受益的自然是日本军工企业。日本媒体报道称，全球国防产业的市场规模在 40 万亿日元以上，其中进出口交易额在 7.4 万亿日元左右。但过去由于受旧“三原则”限制，日本军工企业只能满足自卫队订单，市场非常狭隘。新“三原则”出台后，日本军工企业将会一步从 1.6 万亿日元的国内市场走向“前景广阔”的世界市场。

由于长期的军火出口限制，“日本造”要想真正走向海外并不容易，其头上仍套有多道“紧箍咒”。其一，日本武器装备成本一向很高，带来的另一个问题是采购价格居高不下。日本产的武器装备和欧美主要武器出口国出口装备相比性价比并不高。例如，日本 90 式坦克的采购价格约为 850 万美元，相当于美国同等水平坦克的 2～3 倍，F－2 战斗机的采购价格也是 F－16 战斗机价格的 2 倍以上。因此，有专家表示，日本军工企业抢占国际军贸市场时暂时不会以战机、坦克、大型驱护舰等完整武器系统为主导，而是发挥其在子系统或零部件供应方面的优势，出口高端组件、电子产品等。其二，如何应对国内外舆论的指责是日本政府必须正视的另一大问题。日本通过“防卫装备转移三原则”后，中国外交部发言人即表示，中方对此高度关注，希望日方多做有利于地区和平稳定的事。韩国外交部发言人也称，韩国政府希望日本基于原有的“武器出口三原则”，秉持和平国家的基本理念，朝着推动国际社会的和平与安定方向慎重执行。此外，日本国内舆论对于解禁武器出口也多有反对。日本媒体的民调结果显示，66.8% 的日本民众反对放宽“武器出口三原则”，远远超过 25.7% 的支持率。日本在野党也纷纷抨击安倍解禁武器出口，将引发中国、韩国、朝鲜等邻国的反弹。在国内外舆论的双重压力下，日本大多数军工企业在武器出口上仍持观望态度。纵观日本2014年参加的三次国际大型防务展，参展企业带去的大多是模型、电子、轻型装备等，并没有带去坦克、战机等主战装备。其三，美国对于日本新“三原则”的态度暧昧。美国对于日本参与武器研制态度一直非常积极，这主要是看中了日本有钱、有技术。但对于日本放松武器出口，美国就表现得不太乐意。因为作为国际军火市场出口大户，美国自然希望分蛋糕的越少越好。而且从二战结束至今，美国虽然一次次给日本“松绑”，但骨子里无论在经济、军事上还是在政治上，都一直在提防日本。日本完全放开军工出口，并不完全符合美国对日政策。在日本武器出口问题上，美国早就握有底牌。日本现有很多军事装备都是在美国军事技术援助之下建立起来的，并没有完全实现国产化。如航空自卫队的主力战机F－2，就是三菱重工和美国洛克希德·马丁公司合作研发的产物。海上自卫队的最新型爱宕级驱逐舰，也是移植了美国宙斯盾系统的相关技术。对于这些“日美混血”装备，日本人要想出口还得美国点头同意。2014年原计划参加中国珠海航展的韩国“黑鹰”飞行表演队，就因为美国担忧其T－50超音速教练机技术泄密而未能成行，而这款飞机就是在美国的技术援助下研制成功的。因此一旦美国以本国军事安全为由，不允许日本出口涉及美国技术的武器，日本基本上可能会无所作为。因为翻遍日本军火库里的主力装备，拥有完全自主知识产权的“日本造”并不多见。

五　中国军贸恪守“三项原则”，负责任地维护世界和平

2014年，中国国防费预算8082.3亿元，比上年增长12.2%。这是中国国防费连续第4年保持两位数增长，也是国防费用总额首次突破8000亿元。在国产武器装备满足国内需要的同时，中国武器装备的出口也在稳步增长。目前，中国国产武器正在改变过去以低档廉价为主的外销方式，在国际军贸市场上逐渐走向中端和高端领域并树立起良好口碑，显现出较强的竞争优势。斯德哥尔摩国际和平研究所的报告称，2009～2013年，中国向35个国家供应武器装备，其中，巴基斯坦、孟加拉国和缅甸位居前三，占总额的七成以上。与2004～2008年武器装备出口额相比增长了212%，中国占全球武器出口比重也从2%提升到6%，并于2012年首次升至全球第五位，也是进入前五位的的首个亚洲国家。2013年，中国军品出口则进一步跃居全球第四位，紧随美国、俄罗斯和德国。

尽管进口中国武器的大都是中低收入国家，但中国军工企业已能对外提供

“拳头产品”。SIPRI 报告还盘点了中国在国际市场上广泛赢得关注的拳头产品，除了“枭龙”战机和“哈立德”主战坦克，2012～2015 年中国将向巴基斯坦出口 6 艘 F－22P 型隐形护卫舰，总金额为 9.709 亿美元。2010 年 8 月，摩洛哥通过中国北方工业公司购买 150 辆 VT1A 主战坦克，它被视为摩陆军未来 20 年内的骨干战力。印度尼西亚和泰国也从中国进口尖端的导弹武器。2009 年起，印度尼西亚加大采购中国 C－802 系列反舰导弹。这种导弹全长 6.8 米，配备 165 公斤破甲弹头，射程超过 120 公里，被视为法国“飞鱼”导弹的“东方劲敌”。加拿大《汉和防务评论》刊登题为“从国际装备展览看中国崛起”的文章指出，中国来的展品不仅年年更新，且技术水平大幅提升，特别是远程火箭炮、制导火箭炮、制导炸弹、近程弹道导弹等装备，逐渐形成了自己的风格。技术水平更是跻身世界前列，有些甚至处于显著领先地位。

中国的对外军售以其优良的性能、合理的价格、自由的交易环境以及快速的供货等特点在国际军品市场一枝独秀，特别体现在以下几个方面。一是“物美”。中国对外军售的产品，无论是作战性能还是安全性，都得到了国际市场的普遍认可，许多武器装备的技术水平已经达到国际先进水平。中国推向国际市场的 FC－1“枭龙”战斗机、K－8 教练机等飞机，都被认为不逊于西方国家同类产品。中国外售的武器装备简单易用，质量可靠，特别适合军事专业人员缺乏、士兵教育程度普遍不高的发展中国家。此外，中国外售的武器装备改进潜力大，通用性好，维修方便。很多武器装备都沿袭了苏式装备的套路，不少零配件可互换使用。这对于使用前苏联（俄罗斯）武器装备的国家而言，用户在购买中国武器装备后不仅很快能投入使用，后期的维修保养也比较方便。同时，这些武器装备还能够兼容西方的装备，使购买西方武器装备的国家能迅速形成作战能力。二是“价廉”。中国外贸武器装备价格合理、性价比高。如歼－10 的外贸价格不超过 4000 万美元，而美国同性能的 F－16 则为 6500 万美元，苏－27 也需要近 5000 万美元。中国向巴基斯坦交付和授权生产的“枭龙”战斗机，足以同中档的第三代战机一决雌雄，价格只有 2500 万美元左右。L－15 现代高级教练机无论是航程还是武器载重量都不亚于专用的战术攻击机，但价钱却只有第三代战斗机的一半左右。中国的 053 级护卫舰单价仅在 5000 万美元左右，泰国方面评价认为，该舰只是同级德国护卫舰价格的 1/4，战斗性能却能达到其九成。此外，中国在武器装备的售后服务以及技术支持、人员培训等方面同样十分廉价。相比之下，美国等西方大国的服务价格往往令不少发展中国家望而却步。三是“量身定做”。中国武器装备已经形成了比较完整的生产线，可根据用户不同特点和特殊需求专门定制相应的武器装备，为不同客户提供各种价格和技术水平的产品。目前，许多国产武器装备已经改变了过去以低档廉价为主的外销方式，开始走向中端和高端产品，生产了大量中端用户的“性价比第一”型、高端用户“不计成本，只求性能”型的武器装备。四是“交易灵活”。世界上许多国家都将武器出口作为国家战略工具的重要筹码，设有很高的武器出口政治门槛，使许多购买国难以忍受。西方国家的武器装备交易通常都要求现金支付，这大大削弱了经济困难的发展中国家的购买能力。在这方面，中国不仅没有任何附加的政治条件，交易方式也十分灵活，可以采取多种付款和技术转让方式，还可用各种原材料、能源，甚至农业渔业资源等来交换中国的外售武器装备。五是坚持“三项原则”。在武器装备出口问题上，中国历来采取慎重、负责的态度，不仅严格遵守联合国有关决议，遵循军事装备出口原则，而且以世界和地区安全与稳定大局为重，奉行“以戈止武”的理念，并严格遵循三项原则：一是有助于接收国的正当防卫能力；二是不损害有关地区和世界的和平、安全与稳定；三是不干涉接受国的内政。为此，中国建立了一套完备的军品出口管制法规体系，以及出口经营登记管理制度、许可证管理制度、清单控制方法等国际通行的出口管制措施。中国法律对军火贸易的管制异常严厉。企业出口军品要获得军品出口主管部门的审批，并经过“三报三批”（立项报批、项目报批、合同报批）的复杂手续。另外，中国只向主权国家出口武器装备，不向非国家实体和个人出售，不向联合国安理会武器禁运的国家和地区出口任何军品，充分展示了中国负责任的大国形象。

六　国际军贸发展影响剧增，亟须国际社会有效管制

与民用部门特别是贸易、油气开采、银行和保险业、汽车制造、通信和信息技术等行业相比，军品贸易似乎微不足道。如全球最大的零售业巨头沃尔玛（世界最大公司）一年的周转额即与全球军品交易额基本相当。世界上最大的军事承包商洛克希德－马丁公司以450亿美元的规模（其中军品420亿美元）在全球公司排名中仅排第159名，与百事可乐、雷诺公司、UBS银行、德国铁路公司和中国东风公司处于同一水平。世界前50家公司中没有一家是防务公司。虽然军品在销售领域与民品对比数额显然并不大，但其因重要的政治、外交、安全影

响力而与民品贸易迥然不同，被称为“金字塔尖的贸易”。另外，尽管各发达国家对军火出口广泛重视，但全球跨国军品（包括服务和二手装备）供应总额仅为 600 多亿美元，即不超过世界军工企业销售额的 15%。也就是说，全球军工生产仍以内销为主，军火出口则是次要。

由于军火的特殊属性，其销售不仅可以带来经济利益，更是一种重要的战略工具。首先，由于军火销售的买卖双方往往以数量有限的国家为主体，军火公司能够凭借与国家的特殊关系获得不同于一般民品销售利润的特殊垄断利润。军火贸易不仅可以给生产国带来大笔硬通货，而且也可以通过大规模批量生产来降低本国装备这些武器的成本，进而保障本国军事工业的稳定发展。如，美国的 JSF 项目就是通过对盟国的批量销售，降低单架战斗机的研发和生产成本。其次，军火贸易可以作为一种国际间重要的间接军事斗争手段，来调整多边关系、改善战略态势、平衡战略力量，具有外交、政治、军事等多方面重要意义。因而，军火贸易往往是外交态度和战略意图体系的重要构成部分。

冷战期间，美苏两国对峙，双方将武器出口视为军事斗争的延续，军火贸易或置于国家的直接管理下（苏联），或受到高度管制（美国）。双方对军火贸易的对象、贸易时间、规格、数量、价格、支付方式和期限、附加条件等都随着国际形势和本国战略方针的变化而变化，完全以国家的政治和军事利益为根本目标。冷战之后，随着意识形态对立的减弱，人们对安全威胁的预期减小，军队规模被压缩，全球军火贸易总额逐渐下降，但交易主体逐渐从国家扩展到团体（特别是内乱国家的反政府力量和国际恐怖主义集团）。交易主体的多元化使得全球军火贸易变得越来越竞争激烈。为了在竞争日趋激烈的军火贸易市场上推销更多产品，获取更大的经济效益，不少国家采取了更加灵活和弹性的军火出口政策。德国甚至修改了过去“不得向局势紧张地区输出军火”的规定，而法国甚至通过各种渠道向交战双方输出武器。

随着各国监管的放松，越来越多的私人军火贩子也活跃在全球军火市场之中，造成的后果也越来越血腥。俄罗斯前格鲁乌少校、绰号“死亡商人”的维克托·安纳托利耶维奇·布特从 1995 年开始长期活跃在国际军火市场，他通过伪造或购买终端用户证书（EUC，保证此武器将不会为任何其他目的或其他终端用户所用），用自己的私人航空货运公司向塔利班和基地组织提供武器，并向非洲的多起内战军队输送大量军火。在全球武器泛滥的现实下，这种恶果不仅伤害到那些战乱国家，此前对这一局面无动于衷的其他国家也尝到了恶果。在 20 世纪的多数时期，国际社会主要关注以核武器为代表的大规模杀伤性武器的流通，较少关注常规武器，特别是枪支等小微武器。今天国际社会的关注越来越多地投向如何更好地控制常规武器流入战乱国家。在世界范围内，现在每隔60秒就有一个人死于武装冲突，而武器数量的增加、无序的交易伴随着各种各样的社会问题导致了武装冲突和杀戮的不断出现。如果以17世纪初叶现代意义国家的出现为起点，至今全球贸易已经发展了400年之久。各国围绕着从水果到恐龙化石的各种商品贸易，在全球和区域范围内制定了各种各样的协议，以规范市场秩序。但军火贸易却始终是“自由放任”的盲区，不仅不存在任何限制性国际公约（除了核武器和其他大规模杀伤性武器外），而且在全球193个联合国成员中，大约2/3的国家没有武器出口的审查和控制的国内程序。

早在第一次世界大战后，为了维护世界和平而建立的国际联盟（League of Nations）就起草了国际公约以限制军火生意，但从来没有实现过。二战之后又重提该方案，1982年联合国还设立了专门机构，对影响世界和平的地区，联合国通过决议禁运军火给这些国家。但因为冷战原因，这样的措施收效不大，迄今仅仅实现过对非洲的罗德西亚和南非禁止军火进口两例。东欧剧变后，冷战气氛消退，限制军火生意才又提到联合国议事日程。1990年，多位诺贝尔和平奖得主联合呼吁，联合国要建立武器贸易准则，以保障和平、安全与人权。该呼吁获得世界上许多非官方团体的响应。在他们的推动下，20世纪90年代，联合国首先呼吁各国对进出口大型武器分七大类型进行登记；2003年，联合国再要求各国对小型武器贸易也要登记。登记的目的是增加军火生意的透明度，从政治上而不是从法律上限制武器扩散。欧盟1998年率先建立了欧盟国家军火出口必需遵守的八项准则，包括尊重人权，地区和平、安全与稳定，保障欧盟国家安全，武器进口与该国的经济状况相符合等。欧盟各国必须每年公布其武器出口情况，即实际出口额与被禁止出口的情况。2008年，欧盟将这一武器出口准则作为法律通过，违背该准则或偷偷出口武器的国家将受到法律制裁和巨额罚款。

2006年，联合国大会委托专家小组探讨建立“国际武器贸易准则”的可行性，探讨公约的目的、适用范围、准则与施行。经过三年运作，阻力很大，最大的武器出口国美国与俄国及最大的武器进口国印度，都反对如此严格的准则。直到2009年奥巴马就任美国总统，认为美国应当为世界和平牺牲一点自己的利益，才使这一项目峰回路转。当年年底联合国全体大会就通过决议，2012年将就此议题举行大型的联合国会议。2012年7月，各国代表在纽约举行了长达四周的谈判讨论会，意欲投票通过“国际武器贸易准则”（Arms Trade Treaty，ATT）。该公约的最重要点是第 6 条（禁运）：不能将武器出售给被联合国大会决议武器禁运或违背国际法而侵略它国的国家，以及禁运给那些民族屠杀、反人类罪、违背 1949 年日内瓦公约、屠杀平民、战争罪犯的国家。第 7 条（限制）：如果武器贸易会影响那里的和平与安全，有明显违背国际法定义的人道与人权的风险，有恐怖活动风险等，也要禁运。而且，各国必须于每年 5 月 31 日前，向联合国递交该国上年度武器贸易的情况。

尽管欧洲、非洲、拉丁美洲的绝大多数国家都支持将该公约制定得严厉些，但也存在不同意见，如美国反对将子弹贸易也纳入武器贸易，俄罗斯、巴基斯坦、阿尔及利亚等国反对将武器进口国的人权状况作为审核是否限制武器贸易的准则之一。2012 年秋天联合国又举行了一次各国谈判会，互相磋商，各有让步，以促成公约的成行。2013 年 3 月 18～28 日，各国代表第三次在纽约举行大会。经过反复磋商，最后只剩下伊朗、叙利亚与朝鲜三个国家反对，为此可以付诸表决，因为前两轮表决要求全票通过，而第三轮表决只要求 2/3 多数通过。2013 年 4 月 2 日，联合国全体大会对《国际武器贸易公约》进行正式投票表决：154 票赞同，3 票反对，23 票弃权——该法律正式通过。截至 2014 年底，已有 121 个国家签署，53 个国家已经将本国议会确认的正式文本递交给联合国，实际上只要有 50 个国家递交，该国际法就正式生效。这次美国投了赞同票，本来人们担心奥巴马下任后美国或许会撤回该签署。但这次美国在众参两院超出 2/3 的赞同票通过，表示这一法律获得了美国超党派的支持，以后也就不可能再有反复。尽管这份只有 15 页内容的条约的实际约束力有多大也是可疑的，但毕竟是世界上第一份限制武器贸易的国际法。至少在政治上、道义上是对世界各国军火生意的一个约束。

参考文献

1. Stockholm International Peace Research Institute, *The SIPRI Yearbook 2013*, *The SIPRI Yearbook 2014*.
2. U. S. Arms control and Disarmament Agency, *World Military Expenditures and ArmsTransfers: 2013 - 2014*.
3. CRS Report for Congress, *Conventional Arms Transfers to Developing Nations*: *2013 - 2014*.

4. 俄罗斯军工综合体网。
5. 美国《防务新闻》网。
6. IHS 简氏防务网。
7. 钱跃君:《军火贸易给国际社会带来什么》，2014 年 9 月 29 日，共识网。
8. 普京:《俄印应从军火贸易转向共同研制现代化武器》，2014 年 12 月 10 日，新华网。
9.《日本武器出口有多道“紧箍咒”》，2014 年 11 月 24 日，新华网。
10.《中国军机出口正在甩掉“简易廉价”的帽子》，2014 年 7 月 11 日，《中国青年报》。
11. 孟庆贵、吴文东:《中国军品贸易市场竞争力提升对策》，2014 年 10 月 8 日，中国社会科学网。

（撰稿人：中国国际经济交流中心副研究员任海平）

2014年全球互联网引发的变革研究

在经历了包交换技术（packet switching）、传输控制协议/因特网互联协议（Transmission Control Protocol/Internet Protocol，TCP/IP）、互联网页（World Wide Web，又叫万维网）技术三大信息传输技术突破之后，人类在模拟人脑信息处理传输功能方面取得了革命性进步。作为信息技术革命的成果，全球互联网正展现出无与伦比的王者风范，成为对人类政治、经济、文化、社会等方面产生巨大影响的重要力量，在全球范围掀起一场影响人类几乎所有层面的大变革。

一　2014年全球互联网及其应用发展状况

2014年，全球互联网继续在全球快速扩展，继续将全球所有人口纳入覆盖范围，形成全人类共享的全球信息沟通基础设施。在全球快速扩张的同时，全球互联网也呈现出新的发展特点。

（一）全球互联网用户规模继续扩张，但增长放缓

首先，全球互联网用户已经覆盖全球所有地区。如图1所示，截至2014年第二季度，亚洲的用户最多，占到全球互联网用户总数的45.7%；欧洲第二，占到全球用户的19.2%；拉美和加勒比海地区第三，占到全球用户的10.5%；北美地区占到全球互联网用户的10.2%；非洲和中东分别为9.8%和3.7%；大洋洲占全球互联网用户总数的比例最低，仅为0.9%。可见，全球互联网用户已经遍布全球，其中亚洲互联网用户比例最高，比重最大。

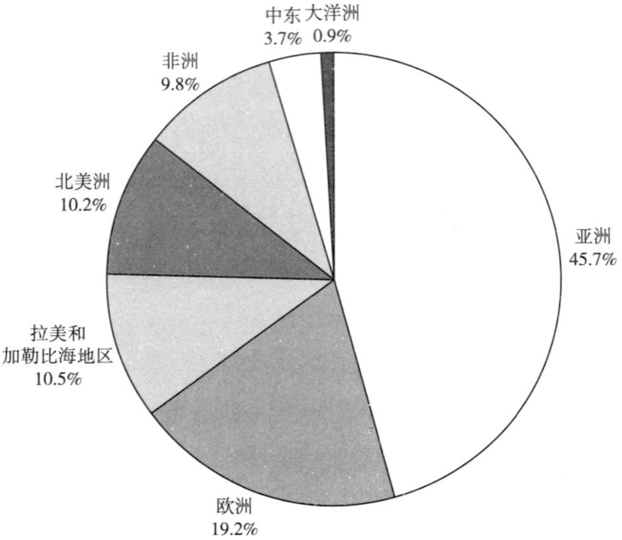

图 1　全球互联网用户地区分布（截至 2014 年 2 季度）

资料来源：Internet World Stats－www. internetworldstats. com/stats. htm。

其次，全球互联网实际用户数各大洲分布不均衡。如图 2 所示，截至 2014 年第二季度，亚洲全球互联网用户最多，其次是欧洲，再次是拉丁美洲和加勒比海地区，北美仅有约 3.1 亿网民，大洋洲互联网用户数量仅有 2680 万。可见，全球互联网用户数量在全球分布极不均匀，主要集中在亚洲和欧洲两地，中东和大洋洲互联网用户较少。亚洲和欧洲成为世界互联网应用的主力军。2014 年底，全球互联网用户数将达到创纪录的 30 亿。

再次，就全球互联网对人口的渗透率来讲，呈现发达经济体渗透率高、发展中国家因欠发达而渗透率较低的态势。如图 3 所示，截至 2014 年第二季度，北美洲全球互联网对其人口的渗透率高达 87.7%，而位居世界第一；大洋洲互联网对其人口的渗透率高达 72.9%，位居世界第二；欧洲高达 70.5%，位居世界第三；拉丁美洲和加勒比海地区的互联网渗透率达到 52.3%，位居世界第四；而亚洲和非洲的互联网渗透率仅分别为 34.7% 和 26.5%，在世界排名中分列倒数第二和第一，均低于世界平均值 42.3%。所谓渗透率就是全球互联网用户占其人口的比例，反映了全球互联网在居民中的普及率。全球互联网用户的人口渗透率，说明了亚非发展中国家在信息技术革命中的落后现状，反映了其在现今世界竞争格局中相对落后，但也反映出其互联网普及中尚有巨大发展潜力。

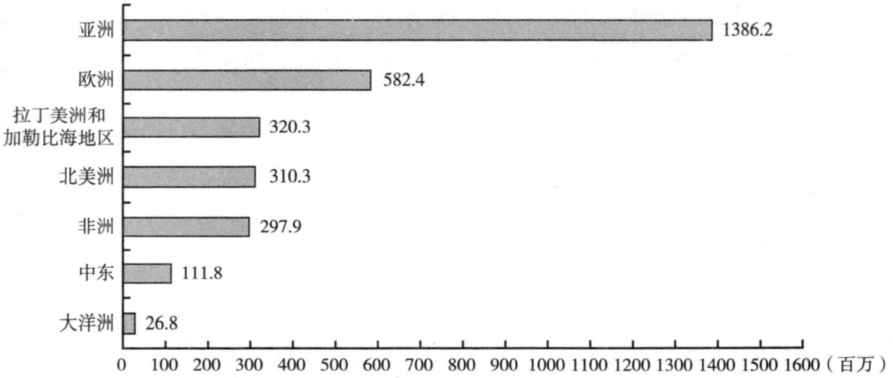

图2　全球互联网用户人口的区域分布（截至2014年2季度）

资料来源：Internet World Stats – www. internetworldstats. com/stats. htm。

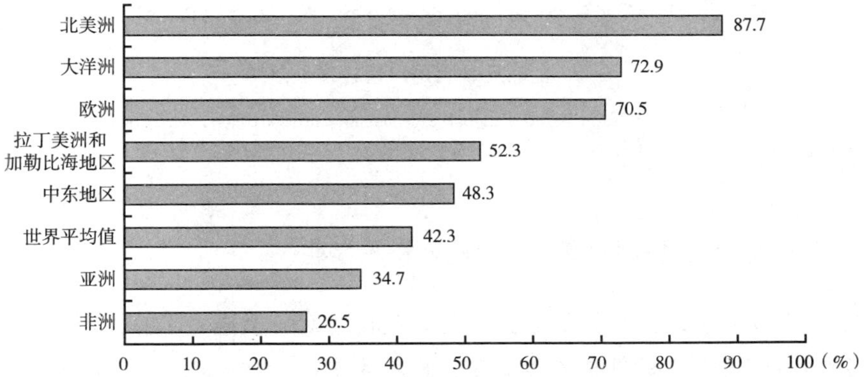

图3　全球互联网用户的人口渗透率（截至2014年2季度）

资料来源：Internet World Stats – www. internetworldstats. com/stats. htm。

最后，全球互联网用户规模放缓，增长率进入平台期。如图4所示，全球互联网用户规模还处在快速上升期，整体每年以约2亿的规模在增加。但是随着互联网用户规模基数的增加，互联网用户增长率在下降，2012年增长12%，2013年增长9%。根据KPCB在2014年5月份发布的《全球互联网趋势报告》的分析，造成这种趋势的主要原因在于，互联网普及率高于45%的经济体的网民增速在放缓，互联网普及率低于45%的经济体的网民增速虽然在增加，但难以抵消互联网普及率高于45%的经济体的互联网用户增速放缓的影响。考虑到互联网普及率低于45%的经济体经济发展的滞后性，经济发展收益增加难以支撑其国民购买网络设备的需求，难以形成互联网用户快速增长的局面，但增长趋势不会改变。所以，据此可以判断，全球互联网用户增速放缓将成为常态，已经进入发展平台期，2014 年的增速仍然维持 9% 左右。

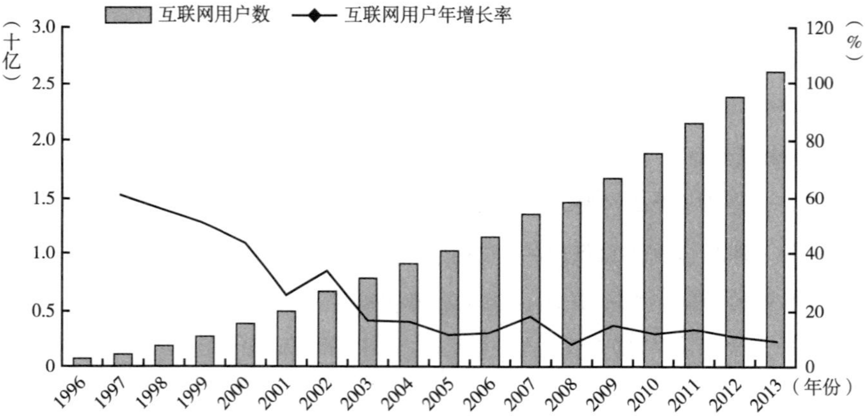

图 4　全球互联网用户规模发展趋势

资料来源：United Nations/International Telecommunications Union，US Census Bureau，Euromonitor International 有调整。

（二）全球互联网继续停留在技术平台期

三大互联网关键技术创新之后，全球互联网就快速进入了技术应用的开发期。2014 年，全球互联网依然没有革命性技术突破，技术创新依然停留在平台期。

首先，从科技公司每年 IPO 的数量发展趋势看，关键技术创新没有实质性突破。如图 5 上图所示，三大互联网关键技术产生后，科技公司 IPO 数量的高峰期发生在 1999 年，其 NSDAQ 市值高峰出现在 2000 年。随后，科技公司 IPO 数量波动走低，2013 年 IPO 的数量较 1999 年降低了 87%。这说明，科技公司可以吸纳的新的科技要素减少，科技创新活跃度降低。同时，科技公司 NSDAQ 指数在波动中走高，说明科技公司现有技术的应用性开发活跃，产品的使用价值得到市场的认同。2014 年，科技公司 IPO 数量较 2013 年下降了将近一半，NASDQ 指数也出现回调，总体不如 2013 年的表现。总之，截至目前，科技公司多在进行现有技术的用途开发，关键性技术创新没有发生，全球互联网继续停留在原有的技术平台上。

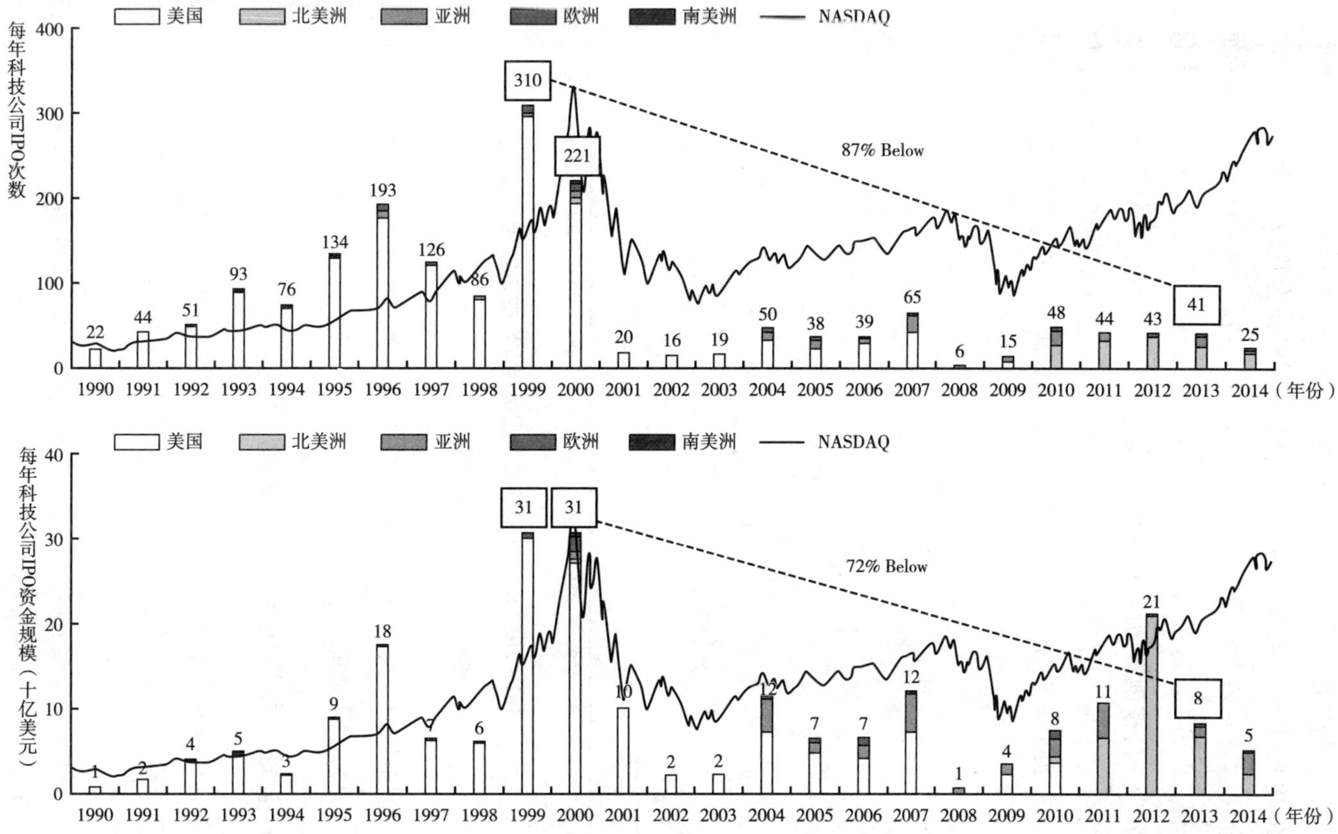

图 5　1990 ~ 2014 年全球科技公司动态

资料来源：Mary Meeker：Internet Trends 2014。

其次，从科技公司每年 IPO 的资金规模趋势看，关键技术创新也没有实质性突破。如图 5 下图所示，三大互联网关键技术产生后，科技公司 IPO 资金规模的峰值发生在 1999 年和 2000 年。随后，科技公司 IPO 资金规模波动走低，2013 年 IPO 的资金规模较 1999 年降低了 72%。2014 年，科技公司 IPO 的资金规模继续走低，约降低了 40%。这一切说明，科技公司可以进一步重组的科技要素价值在大规模减少，科技创新活跃度在降低。如图 6 所示，由于革命性科技创新的缺位，科技公司的市值一直没有超越 2000 年的高点，目前约占标普 500 市值的 19%，远低于 2000 年的 35%。这说明，由于创新不足，市场对科技公司的认同度在降低。

图 6　1991～2013 年全球科技公司占标普 500 的市值变化动态

资料来源：Mary Meeker：Internet Trends 2014。

总之，截至目前，科技公司多在进行原有技术的用途开发，关键性技术创新没有发生，全球互联网继续停留在原有的技术平台上。

（三）全球互联网应用移动化趋势明显

2014 年，在现有技术平台上，全球互联网没有实现革命性技术升级，但在横向应用领域找到了发展突破口。随着移动设备的增加，全球互联网出现了移动化趋势。

首先，2014 年，全球互联网网页浏览利用移动设备的数量呈现爆发式增长态势。如图 7 所示，与上年同期相比，2014 年 5 月全球各地利用移动设备浏览网页的数量呈现爆发式增长态势。其中，亚洲和非洲借助移动设备应用的后发优势，增长的态势更加明显，移动设备浏览网页所占的比例分别达到 37% 和 38%，较上年同期分别提高了 14 和 20 个百分点，明显高于 11% 的全球平均值。北美和欧洲对传统上网设备的依赖性虽然很强，移动化方面进展稍慢，但增长率也分别实现了 8 个百分点的提高。

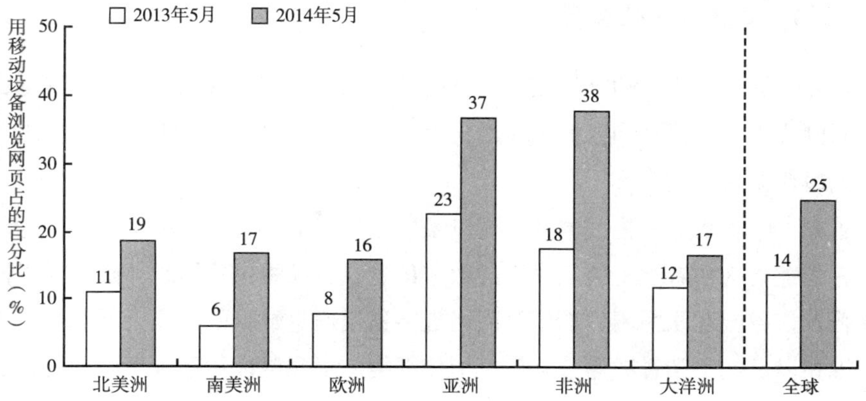

图 7　全球移动互联网的用户快速增长

资料来源：Mary Meeker：Internet Trends 2014。

其次，移动流量也随着浏览量的增加呈现爆发式增长。如图 8 所示，全球移动流量 2010 年 12 月较上年同期增长了 3.6 个百分点，2011 年 12 月较上年同期提高了 4 个百分点，2012 年 12 月较上年同期提高了 5 个百分点，2013 年 12 月

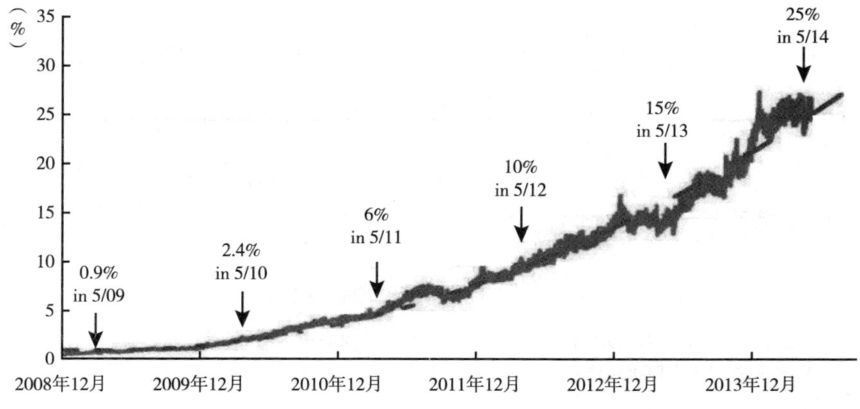

图 8　全球移动流量占全部互联网流量比例的变化趋势

资料来源：Mary Meeker：Internet Trends 2014。

则较上年同期提高了10个百分点，增长速率呈爆发式增长态势。移动互联网流量的爆发式增长意味着全球互联网正快速移动化。

2014年，在手机等移动设备上网经济合理性和技术合理性实现之后，全球互联网移动化步伐加快，出现了快速移动化趋势。

（四）大数据时代初露端倪

随着数据采集成本的降低以及网络技术的普及，推动数据处理成本降低，全球互联网成为各类信息和数据汇聚的信息池，加速大数据时代的到来。2014年，大数据时代初露端倪。

首先，随着数据采集成本的降低以及网络技术的普及，互联网用户成为网络数据库的重要构建者，上传互联网的数字信息量呈现爆发式增长。随着互联网技术的普及，各国互联网用户都成为网络数字通用信息数据的采集者，都可以把图片、视频以及文字和音频等数字信息上传网络。互联网成为各国互联网用户的乐园，也成为全球信息的信息池。如图9所示，从2005年以来，网络数字通用信息增长强劲，2013年增长率已经达到了同比增长50%的速度，数据增量超过4ZB。

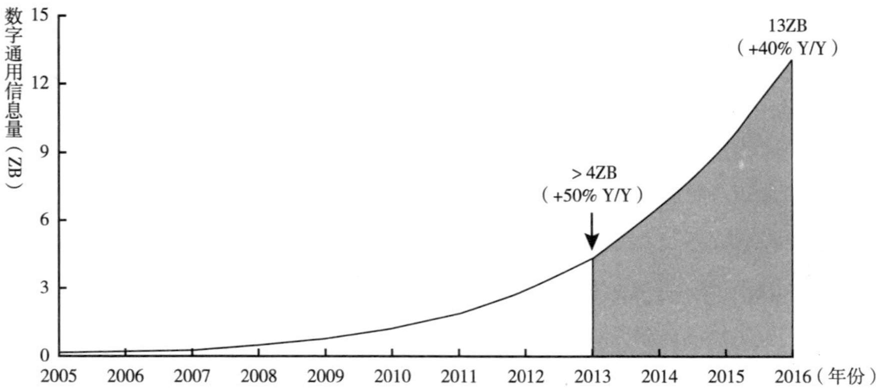

图9 数字通用信息增长趋势

注：petabyte = 1MM gigabytes，1 zetabyte = 1MM petabytes。
资料来源：IDC Digital Universe data as of 5/14。

据IDC的研究预测，2014年的增长速度还要高于2013年，2016年全球通用数字信息的增长量将达到13ZB。数字通用信息呈现爆发式增长，为大数据时代的到来提供了数据源基础。

其次，数据处理成本大幅降低，成就了大数据时代。据 KPCB 的统计研究，从 1990 年到 2013 年期间，计算成本每年以 33% 的速度下滑。当前，数据计算成本已经降到历史的低点，普通人都能消费得起。同期，数据存储成本以每年 38% 的速度下降，宽带成本以每年 27% 的速度下降。而 2008 ~ 2013 年期间，智能手机的成本也以每年 5% 的速度下降。这些互联网设施使用成本的快速下降，推动大数据时代到来。

2014 年，在各种因素的推动下，互联网大数据时代已经开启。中国刚批准的民营银行——网商银行就已经开始利用网络大数据给贷款客户进行信用评级，支撑信贷业务开展。这意味着互联网大数据信息的价值正式进入商业开发，大数据时代已经开启。

总之，2014 年，全球互联网虽然在技术领域没有取得关键突破，但用户规模在继续扩张，其对人们生活的渗透进一步加深，并出现了移动化趋势，大数据时代也初露端倪。

二　全球互联网对人类社会影响的渠道

作为 20 世纪对人类社会产生巨大影响的技术之一，全球互联网把许多计算机联系在一起，形成全球信息基础设施。在把世界各地的人们联通在一起后，以信息加工和传递功能为基础，全球互联网通过各种渠道对人类社会产生深远影响。

（一）通过改变传统产业信息沟通模式，改变传统产业

通过改变传统产业信息沟通模式，互联网改变人类社会经济活动方式，改变传统产业业态，进一步改变社会经济格局。

互联网通过提高产业效率推动传统产业链碎片化，催生了新业态。传统经济条件下，企业经营涵盖完整的价值链，主业价值链囊括了研发设计、采购、生产制造、销售、售后服务等所有环节，辅助系统的价值链囊括了人力资源管理、财务管理、法律事务等一系列环节。随着互联网的发展，传统产业内部信息沟通方式的改变，沟通效率不断提升，产业效率不断提高，专业化分工越来越细，传统产业链条中的各个环节都可以是独立的市场主体，催生新的业态。企业主业价值

链环节逐渐分解、独立出来，发展成新的业态。如在主业系统价值链里，研发设计环节分解独立成研发设计企业，采购和销售环节分解独立成第三方物流企业，售后服务环节分解独立成专业的售后代理公司。辅助系统的价值链中，人力资源管理环节分解独立成人才引进咨询公司，财务管理环节分解独立成会计师事务所，法律事务环节独立成律师事务所，等等。新的业态的产生，导致市场主体快速增生，使传统产业链进一步社会化，构建社会化基础上的市场新格局。

互联网通过推进产业融合催生新业态。全球互联网提供了一种全新的全球性信息基础设施，也在改变传统产业中信息利用方式，传统产业与信息技术的融合也产生新的业态。基于信息技术的植入，传统制造业正由工业革命带来的批量大规模标准化生产向个性化柔性制造转变；基于信息技术的精细控制技术，农业正在由粗放式化学农业向精细化现代农业转变；由于信息技术进步，人类远程感觉得以实现，超越了时空限制，传统信息交流环节正在被网络沟通所取代，服务业特别是商业正在改变业态，互联网技术与商业融合产生了电商，银行业也在与信息技术的融合中发展出电子银行、网上银行等新业态。这也改变了传统服务业格局，催生新的服务业格局。

由互联网催生的新经济业态正在前所未有地改变着人类社会的经济基础，从而为人类社会的整体改变提供着基础支撑。

（二）通过改变社会信息传递结构改变社会生态

互联网通过改变人类大众信息源格局改变人类社会生态。一是互联网超越传统媒体成为大众获取信息的信息源头。随着互联网的发展和信息技术的进步，互联网已成为集图像、声音和数据为一体的“三网合一”多业务媒体综合平台，成为大众获取信息的重要源头，并通过便利性和积极性逐步改变信息源头重要性的位次，使人们对网络信息的依赖越来越大。互联网已经超越传统报刊、广播和电视等媒体的影响力，成为任何人都不敢忽视的“第四媒体”，成为社会舆论整合的重要媒介。互联网已经成为获取大众信息的新信息源。

二是互联网超越传统信息源成为人们日常实用信息的新来源。今天，随着移动互联网的发展，人们可随时上网获取当天最新的天气信息、新闻动态和旅游信息，为人们优化日常生活和出行安排提供了支持；互联网的发展，使人们可以足不出户在家里炒股、网上购物，通过收发电子邮件、短信完成与外界的信息沟通；互联网的发展使远程会诊成为可能，使远程教育成为可能，人们在家里就可以享受大城市的优质医疗资源服务，不出国门就可以享受发达国家的优质教育资源，如此等等。总之，通过自身便利性和经济性的优势，全球互联网已经逐步取代传统的平面媒体等传统渠道，成为社会大众低成本、高效率获取信息的主渠道，并从各个方面逐渐改变了人们的工作和生活方式，使社会生态呈现全新的模样。

三是通过改变人们信息获取渠道，互联网正改变着人类活动的基本结果。互联网创造的信息分布格局奇迹，正在改变人类社会活动的基本结果。由于信息技术获取的时间先后，人类社会正出现信息贫富差距的扩大，青年人成为即时信息的富裕群体，而中老年人则成为信息及时更新的落后群体，改变了社会人群分化的模式；由信息化带来的传统业态的变化则快速改变人们获取财富的速度，由信息化带来的财富分配不平等快速出现，带动人们社会价值观格局快速改变和人群的分化；网络带来的信息全球性流通加剧了文化渗透和冲突，改变着国际安全格局，使国际政治呈现新的态势。去年年底的台湾选战，柯文哲就发挥自己的优势，充分调动了互联网舆论的力量。比如MG149，他解释为，“我白目!”，每个句子都简化成言简意赅的网络用语标题，争取受众的注意，成功赢得了选举。互联网用语在重大争议的化解中起到四两拨千斤的作用，正是顺应了互联网引发的人类社会变革的结果。互联网通过改变人类信息获取的方式正在快速改变着传统活动方式赖以存在的社会基础、经济基础和运作模式，改变着人们是非评判的价值标准，从而改变着人类社会活动的基本格局。

（三）通过改变综合国力增长方式改变国际格局

互联网通过对传统综合国力增长方式的改变，改变着国际格局。基于互联网技术的电子商务、电子政务、电子公务等新的活动方式，正在前所未有地提高着国家经济和政治活动效率，快速改变着综合国力提升的方式，改变着全球各国综合国力的对比；基于互联网技术的电子医务、电子教学等交叉融合网络的开放性和全球化，促进了人类知识的共享，正在改变着创新成果在全球的分布格局，改变着传统基于技术革命的国际政治经济周期表现形式，使全球各经济体由于技术差距带来的综合国力差距呈现缩小趋势；由于互联网成为各国经济社会发展最重要的基础设施之一，网络竞争已成为国家间和企业间高技术竞争和人才竞争的新高地，网络安全和信息安全成为国际博弈的新领域，增加了国际政治博弈的新维度。当前，互联网已经成为国际格局演化的最重要因素之一。

总之，作为当前新技术革命的地标，全球互联网通过摆脱人类感觉的时空限制，不仅通过多种渠道在改变着人类社会的经济基础，还在改变着人类社会的社会基础，改变着人类社会国际竞争的模式，使人类社会发展呈现全新的模样。

三　2014 年全球互联引发的变革

2014 年，全球互联网特别是应用方面，正在全面颠覆传统的思维方式、生产生活方式，互联网思维成为社会的热词，推动人类社会多个领域发生变革。

（一）全球互联网对制造业的影响

互联网正在改变制造业生产方式，推动制造业向柔性制造、智慧制造转变。由于互联网的发展，制造业的生产过程由过去的由人直接控制正逐步被计算机控制所代替，工业品设计过程也将逐步被电脑或网上订单需求所取代。目前，3D 打印生产方式已经出现，并被应用到先进制造业领域。3D 打印技术是一种以数字模型文件为基础，运用粉末状金属或塑料等可黏合材料，通过逐层打印的方式来构造物体的技术。其中的数字模型就是应用互联网技术，是一种电脑设计。3D 打印技术就是互联网参与制造业生产过程和控制过程的很好范例。

面向未来，互联网会更多地渗透到生产过程之中，并重塑制造业发展模式。2014 年 10 月 27 日，由来自诺斯罗普格鲁曼、道化学、霍尼韦尔、卡特皮勒、西门子、应用材料等企业的 CEO，麻省理工学院、加大伯克利分校、密执安大学的校长，钢铁工人工会领导人，智库研究机构代表共 19 人组成的“先进制造伙伴 2.0 指导委员会（Advanced Manufacturing Partnership Steering Committee 2.0）”完成了《振兴美国先进制造业》（*Accelerating U.S. Advanced Manufacturing*，以下简称 AMP 2.0）的报告。该委员会由美国总统奥巴马发起成立，作为总统科技咨询委员会（PCAST）的下属机构，旨在全面保护和提升美国在制造业的技术优势，发展美国在全球的持续竞争力，其发布的报告很受社会关注。该报告由美国总统执行办公室和美国总统科技顾问委员会联合对外发布，明确了三个制造技术优先领域，分别是：制造业中的先进传感、先进控制和平台系统；虚拟化、信息化和数字制造；先进材料制造。可见，美国的产学两界选择的未来优先发展领域，三大领域中有两大领域涉及互联网，都把互联网对制造业的渗透看成产业发展的大趋势，从而把先进传感、先进控制和平台系统以及虚拟化、信息化和数字制造两大涉及互联网的领域都列为美国需要优先发展、需要保持领先地位的关键领域。

无独有偶，制造业强国——德国提出的工业 4.0 虽然与美国的表述不同，但也强调互联网对未来制造业的深度影响。“工业 4.0”研究项目由德国联邦教研部与联邦经济技术部联合投入 2 亿欧元，由德国工程院、弗劳恩霍夫协会、西门子公司等德国产学两界精英联合研究而成，旨在提高德国工业竞争力，抢占新一轮工业革命先机，现已上升为德国国家战略。德国“工业 4.0”战略认为，在信息技术的冲击下，制造业模式将由集中式控制向分散式增强型控制的基本模式转变，因此要充分利用信息通讯技术和网络空间虚拟系统——信息物理系统（Cyber-Physical System）相结合的手段，建立一个高度灵活的个性化和数字化的产品与服务的生产模式，要建立“智能工厂”实行“智能生产”和“智能物流”，将制造业向智能化转型。可见，德国产学两界也是认定互联网信息技术将进一步塑造人类生产系统，要适应技术环境的变化，主动调整制造业发展模式。

总之，在全球互联网提供的越来越优异的环境推动下，制造业正在发生结构性调整，在可预见的将来将继续调整下去，自动化、智能化是其发展的主要方向。

（二）全球互联网正在改变传统商业

全球互联网正在并将继续改变商业方式，并将推动商业模式的电商化。随着远程交接功能的完善，互联网沟通逐步替代商务一系列人工面谈过程，将看货、订货、付款等一系列传统商务活动环节交给互联网来完成，推动全球电子商务活动超常规发展。如图 10 所示，据中国电子商务研究中心统计，中国电子商务的规模已由 2008 年的 3.2 万亿元上升到 2013 年的 9.4 万亿元，平均年增长率达到 24.5%。全球最大也最具潜力的市场是中国，其后依次是日本、美国和英国。据 eMarketer 公司的初步统计，全球电子商务 2013 年的市场规模就达到 12210 亿美元。另据全球无卡支付网（cardnotpresent.com）联合国际支付方案提供商 Payvision 公司的调查，跨境电子商务领域，欧洲是规模最大的市场，北美是跨境电子商务最受欢迎的市场，亚洲是跨境电子商务增长最快的市场。如图 11 所示，由于中国有庞大的人口规模以及增长快速的中产阶级规模，中国跨境电子商务飞速增长，2008 年至 2014 年年均增速达到 31.1%，成为世界经济的一大亮点。全球互联网的发展，不仅规模快速增长，而且越来越多产业的产品进入电商销售渠道进行营销。如图 12 所示，服装鞋帽、日用百货、通讯器材、箱包、化妆品等传统商店销售的商品都逐步成为电商销售的主导产品，并以高于 30% 的速度快速增长。而服装鞋帽类产品的销售增长率更是达到 75%。互联网电商的兴起，给传统销售行业带来了前所未有的冲击，正快速改变销售领域的业态。有专家预测，三年之后，传统实体店将成为电商的体验店，销售功能将几乎消失殆尽，成为电商的附属机构。这迫使中国海关一年内几度调整海关政策，2014 年 7 月 23 日，海关总署发布第 56 号文：《关于跨境贸易电子商务进出境货物、物品有关监管事宜的公告》，7 月 30 日发布第 57 号文：《关于增列海关监管方式代码的公告》，推进通过管理化和监管的有效性，以适应跨境电子商务发展的新态势。由于互联网的冲击，全球商业模式已经和正在发生大规模的调整，在互联网化方面已经发生了极其明显的变化。

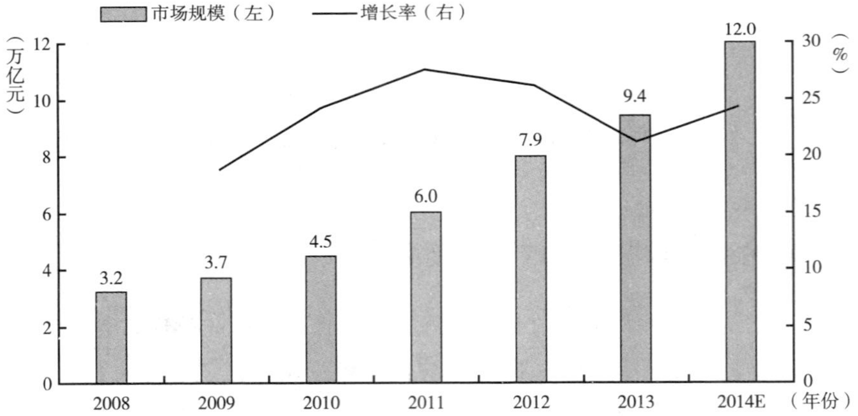

图 10　中国电子商务市场规模及增长率 GAGR 为 24.5%

注：数据包含全部电商贸易类别；2014 年数据为预估值。

资料来源：iResearch《2013 年跨境网购调查报告》。

互联网对未来商业发展的影响，将越来越大。其实，德国“工业 4.0”战略制定的一大依据就是商业的互联网化、电商化。德国商界和学界的精英认为，在互联网成为全球沟通最重要基础设施的大背景下，互联网、物联网将依靠市场的力量对物流资源进行整合，提高现有物流资源供应方的效率，需求方则通过互联网快速获得服务匹配，得到物流支持。可以预见，互联网对全球商业模式的影响将进一步加剧，现在看到的只是冰山一角。

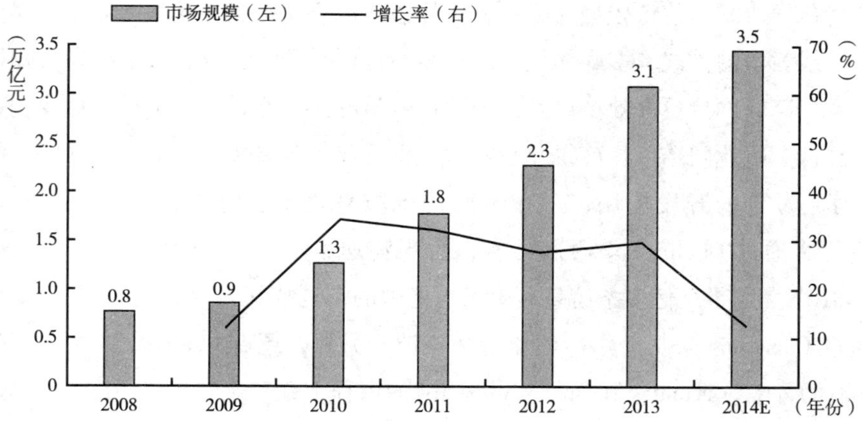

图 11　中国跨境电商市场规模及增长率

注：统计数据为进出口双向；包含跨境电商一般贸易和跨境电商零售；2014 年数据为预估值。

资料来源：iResearch《2013 年跨境网购调查报告》。

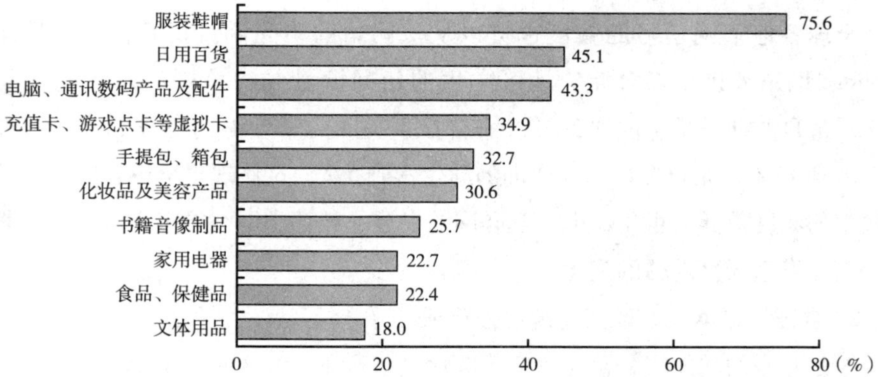

图 12　2013 年中国用户网购物品类别及增长率

资料来源：CNNIC 中国网络购物市场统计调查（2013 年 11 月）

（三）全球互联网正在改变传统的教育和医疗产业

全球互联网的发展，改变了人们接受医疗和教育等服务的信息传导方式，从而也在迅速改变着传统教育和医疗产业。

1. 全球互联网正在改变着传统教育产业

一是互联网正在改变传统教育模式。互联网导致信息传导模式改变，并降低了信息传导成本，使得依赖互联网教育传播渠道快速扩张。互联网通过多媒体改变着一线教学的方式，多媒体教学以及教学软件的开发已经极大地提高了知识传授效率。互联网让更高效更便宜的个性化教学成为可能，降低了教育行业创业成本，降低了行业门槛。这使得互联网对教育行业的改造快速发展。据 KPCB 的调查，学习软件的开发应用，正在改变传统教育模式。由于软件界面友好，约 2500 万人通过 Duolingo 学习新语言；由于沟通方便，约 1200 万师生家长通过 Rmind101 发送了 5 亿多条信息；由于与老师的沟通反馈及时，约 3500 万师生家长通过 ClassDojo 来帮助学生建立行为规范。另外，还有 Coursera 的在线学生达到 700 万左右，iTunues U Open University 的课程下载也达到 6500 万次，等等。

二是传播渠道扩张使得远程教育成为可能，人们在家就可以获得远方优质教育资源，给落后地区教育发展提供了新的契机。如图 13 所示，据 KPCB 的统计，在 Coursera 网站接受远程在线教育的学生分布在全球各地。其中，来自北美的学生约占到该网站学生总数的 35%，来自欧洲的学生占到 23%，来自拉丁美洲的学生占到 11%，来自亚洲的学生占到 25%，来自非洲大洋洲的学生占到 6%。而且，全球各地上网学习的频度也可以从该网站的访问流量得到体现。具体到 Duolingo 网站来讲，来自北美地区学生的访问流量约占该网站总访问流量的 25%，来自欧洲的学生占到 30%，来自拉丁美洲的学生占到 29%，来自亚洲的学生占到 11%，来自非洲和大洋洲的学生占到 5%。这体现出全球各地参与该网站教学的频度差异。可见，由于互联网的发展，教育类网站异军突起，传统教育产业正在发生天翻地覆的变化。

2. 全球互联网正在改变传统医疗产业

一是互联网的发展，正在改变着医疗设备行业，改变着传统诊疗方式。2014 年 5 月 14 日，谷歌宣布在全美销售谷歌眼镜。这款设备是一种轻便的移动视频设备，通过它可以远程观看病人以及手术场景。2014 年初，波士顿的贝斯以色列医院就将该设备投入使用。该医院病人的二维码就放在病房外，任何戴着谷歌眼镜的医生可以即时访问该病人的病历和 X 光片。外科医生也可以戴上该款眼镜进行手术，手术的画面就可以现场直播给实习医生，由此训练实习医生。当然，通过这款眼镜也可以为远方的病人进行诊疗。这改变了传统的就医模式，为远在异国他乡的病人获取发达国家或大城市优质的医疗资源服务，为远在大山深处的特色医疗资源服务于现代社会提供了有效途径。互联网的发展正在改变着医疗健康行业设备发展方向，普遍出现信息化趋势，推进了远程医疗的发展，进一

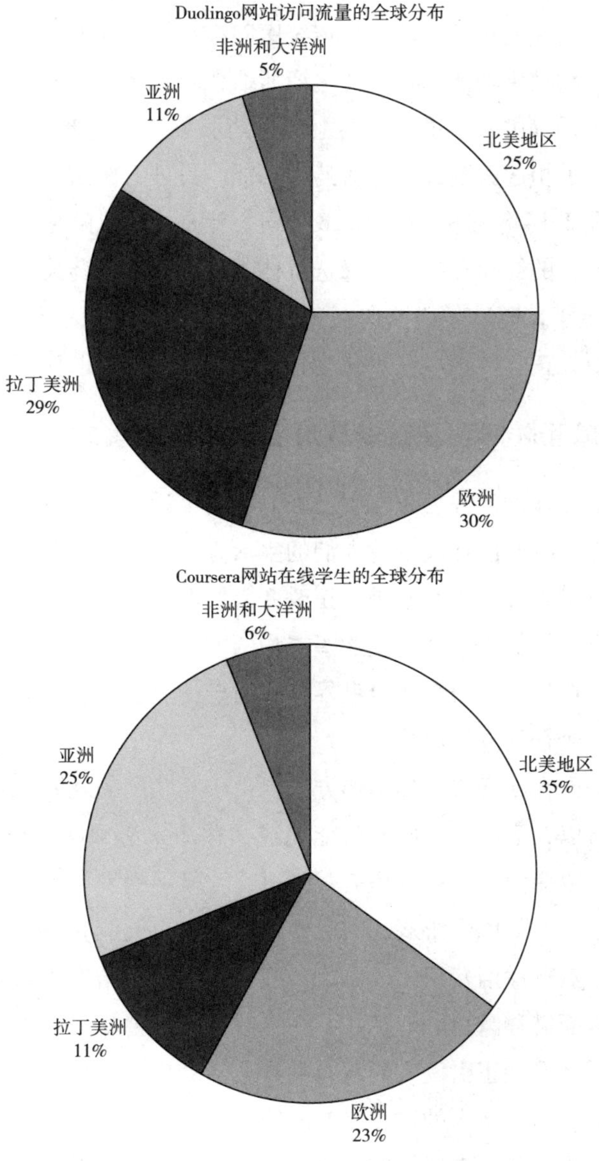

图 13　远程教育网站学生相关数据统计

资料来源：KPCB 对 Duolingo 和 Coursera 网站的统计资料。

步改变着传统诊疗方式。

二是互联网的发展正在改变传统医院的存在形态。由于互联网的发展，远程医疗成为现实。因此，病人住在家里就可以接受远方医生的医疗服务；同样，医生在家里也可以为病人进行诊断。这样，为医生和病人见面提供载体的医院就可能萎缩，诊室和病房缩小甚至消失，传统医院存在方式面临变革。

三是医院药物销售功能将被医药电商所取代。由于互联网的发展，医药电商迎来了发展契机，提供一公里范围的上门送药服务。凭借低成本高效服务优势，医药电商将逐步承担起医院或药店售药的功能。另外，医药生产也出现了互联网化的趋势。谷歌 2014 年投资的 Adimab 公司，就是一个以酵母为基础的抗体筛选平台，通过其建立的综合免疫系统筛选抗体，用以帮助制药公司开发未来抗体药物。总之，2014 年，通过互联网向医药行业的全方位渗透，传统医药行业改观的步伐不断加快，正日益被以信息化为特征的现代医药所取代。

（四）全球互联网正在改变政府管理和思维模式

当前，全球互联网的发展正在引发人们社会生活方式的改变，并将继续推进这种变化。首先，互联网在改变着人们的生活方式。全球互联网技术的发展，给人们的衣食住行带来新的工具选项，正改变人们的生活、工作、娱乐、学习的方式。就穿衣来讲，人们不仅在改变购买衣物的方式，而且互联网也增加了人们衣物样式、色彩的选项，使得采用全世界样式组合的衣物定制成为可能，人们穿衣正呈现多样化、个性化发展趋势。

其次，互联网在改变人们的工作方式。由于互联网的发展，使得居家工作成为可能，人们可以在家吃饭的同时就能完成一些原来必须在办公室完成的工作，使工作模式面临改变前景。就娱乐方式来讲，互联网的发展，不仅给人们的娱乐增添了新的领域，比如电子游戏，而且使得足不出户就能获得娱乐资源，改变了传统的电影院、歌舞厅消费模式。总之，互联网已经开始渗透到人们生活的方方面面，带来各方面潜移默化的变革，并将继续持续下去。

第三，互联网发展正引发人们现有的社会活动模式的改变。互联网舆情正改变政治生态。随着信息技术的进步，互联网已经成为覆盖全球的信息沟通基础设施，互联网传播成为公众表达民意、参与政治生活的技术平台，网络沟通成为社会分化的基础工具，许多网络大 V 成为网民的意见领袖，直接对现实社会的运作产生巨大影响。国际恐怖主义集团多通过互联网完成团体的构建和行动的协调。同时，互联网也是社会活动参与者传统与现代的分界线，青年人对网络的依赖性更强，占网民的绝大多数，并占据网络舆情的前治和优势地位，网络舆情是任何政治人物都无法轻视的阵地。互联网强大的人肉搜索功能以及舆论监督功能，也使其成为中国反腐倡廉建设的重要工具。奥巴马参选总统成功，首先归功于网络门户的功劳，国民党选战的失利首先归因于网络舆情工作的不利。通过互联网引导舆情成为西方民主选举的首要手段，成为所有社会活动者舆论生态治理和社会凝聚力形成的手段、工具。

基于互联网引发的社会基础变革，政府正在改变传统管理模式。首先，政府普遍开始重视互联网对社会舆论营造和社会政治生态建设的作用，推动政府更加重视应用互联网思维应对社会管理过程出现的问题。其次，政府更加重视互联网技术进步对产业的改变，纷纷借助智库机构参与社会经济规划的制定，更加注重互联网技术在现实经济管理和运作中的作用，政府思路互联网思维色彩更加浓重。总之，随着对社会生活渗透的加深，互联网对社会政治的影响力还将进一步加大，在改变社会经济基础的同时，也在改变着社会上层建筑——政府的管理和思维模式。

（五）全球互联网正在改变国际格局变革模式

全球互联网正在并将继续改变国际格局变革模式，并推动人类社会的进一步融合。首先，互联网改变了国际政治经济周期的表现形式，从而改变国际体系的存在方式。在互联网产生之前，由于前沿科技信息传递的重重障碍，科技革命呈现集群式不平衡分布，科技革命成果往往能够被一国所垄断，并借其产业化引发国家综合国力金字塔式分布，国家实力时间和空间分布极不均衡，构建霸权特征的国际体系。比如，一战之后英国统治下的国际体系，二战之后美国统治下的国际体系。随着信息技术的进步，全球互联网的发展使前沿科技信息瞬间传遍全球，使得科技革命的成果很难在一定的空间长久垄断存在，而是在世界范围内呈现扁平式、均衡化、网状分布，使世界各国科技革命及其产业化在一条起跑线上前进。所以，由于全球互联网的影响，国际体系未来发展更多地呈现扁平式特征，国际关系民主化势在必行。国际互联网力量的发挥，消弭了国界线的政治阻隔，使世界各个角落的人民低成本、高效率沟通，任何政治操作都难以长久，推动民族间、种族间隔阂的消除，推动人类的融合。

其次，由互联网推动的跨境电商快速发展，也加快了国家综合实力增长方式的转变，推动了国际大融合。最近几年，在互联网技术进步的推动下，跨境电商也以前所未有的速度发展（见图 11）。由于跨境电商的出现，国际贸易出现快速互联网化趋势。在跨境电商的国际贸易模式下，任何商品的国际贸易都加快了速度，而且由于避免专利技术失效而快速实现利益的动力驱动贸易品种结构也发生了变化，生产出的商品即刻进入交易环节，使国家很难更长时间地保有某些商品的垄断利益。所以，传统通过专利保有而控制国际产业链有序转移的综合国力垄断增长模式受到挑战，国际产业转移难以沿着金字塔形产业链传递，而出现网状扁平化趋势。这将改变国家综合国力积累的方式，而更倾向于通过以云计算方式全面占有全球创新成果、推动创新成果及时利益兑现的方式实现国力增长，倾向于国际合作，利用国际资源。也就是说，全球互联网的发展改变了国家综合国力增长的方式，更倾向于全面利用全球资源而不是独占资源，推动全球融合趋势。

总之，全球互联网的发展是人类发展史上经济基础的重大变革，2014 年已经在潜移默化中改变着世界，其影响是方方面面的。面向未来，其影响还将继续，从维度上讲，涵盖人类社会的所有领域，从时间上讲，现在还是进行时，必将引起更大的变革。

参考文献

1. 傅祖芸：《信息论：基础理论与应用》（第 2 版），电子工业出版社，2007。
2. 田宝玉、杨洁、贺志强、王晓湘：《信息论基础》，人民邮电出版社，2008。
3. 腾讯科技频道：《跨界：开启互联网与传统行业融合新趋势》，机械工业出版社，2014。
4. 陈光锋：《互联网思维：商业颠覆与重构》，机械工业出版社，2014。
5. 乌尔里希·森德勒主编《工业 4.0》，邓敏、李现民译，机械工业出版社，2014。
6. iResearch：《2013 年跨境网购调查报告》，2014 年 10 月。
7. 中国互联网络信息中心：《2013 年中国网络购物市场研究报告》，2014 年 4 月。
8. 中国互联网络信息中心：《中国移动互联网调查研究报告》，2014 年 8 月。
9. KPCB：*Internet Trends 2014*.

（撰稿人：中国国际经济交流中心副研究员徐长春；石家庄铁道大学经济管理学院副教授贯文学）

2014 年地缘政治风险及其经济影响

2014 年是一个危机之年，也是冷战结束 20 余年来国际关系的一个分水岭。在这一年，大国的地缘竞争加剧，世界各地许多国家内部冲突的蔓延，以及二者产生的效应叠加和放大，既对全球安全体系带来了诸多不稳定的因素，也极大地影响了人们对世界经济复苏的信心，更阻碍了经济全球化和地区融合的深入发展。展望 2015 年，尽管这些态势仍将持续发酵，甚至中东、亚太地区还会出现一定程度的恶化，但是，人类冲突的历史尤其是 20 世纪两次大战的惨痛经历表明，冲突中不会有真正的胜者，协商与积极沟通才是平息冲突、构造和平的不二选择。各国尤其是对维护全球安全负有主要责任的关键性大国，要力推全球安全治理机制的完善，为世界经济的健康发展创造一个和平、安全和包容的未来。

一 2014 年爆发国际冲突的关键区域

2014 年是不平静的一年，它见证了冷战结束以来最为激烈的地缘冲突与国内动荡。最引人注目的是，在中东随着一个新型恐怖主义组织“伊斯兰国”的突起，该区域的恐怖活动进入密集爆发期，并伺机向亚太和美欧地区渗透；在欧洲，俄罗斯和美欧在乌克兰问题上产生激烈的地缘对抗，大有冷战重回欧洲之势；在亚太，海洋之争也相当激烈。以上三个区域是国际安全的“温度计”，标示着大国竞争的态势和全球安全问题治理的困境。

（一）“伊斯兰弧带”的极端主义活动进入高发期

“伊斯兰弧带”同中亚、亚太等概念一样，其实是一个地理政治概念。从地理分布上说，所谓“伊斯兰弧带”，是指从北非到中东、再到西亚和中亚直至东南亚的条状弧型区位地带（或者“穆斯林新月形地带”）。[①] 其中，中东—北非地区是“伊斯兰弧带”的核心区域。“伊斯兰弧带”概念的出现，是现代伊斯兰复兴运动的勃兴与美国等大国干涉而产生的地缘政治图景。

概括地讲，作为全球安全的“晴雨表”，“伊斯兰弧带”矛盾集中，引爆点多，是全球安全的“火药桶”。从数量上看，它大体占据了现在发生的各类地区冲突、恐怖袭击、局部战争的60%左右。巴以冲突问题、黎以冲突问题、伊朗核问题、伊拉克战争、阿富汗战争、苏丹达尔富尔问题、库尔德人问题等，全都发生在“伊斯兰弧带”区域或其周围。整个伊斯兰地区存在各种复杂难解的内部矛盾，在这里既有地区强国争夺地区优势和主导权的矛盾，也有富国与穷国之间的矛盾，同时还有国家内部各种阶级矛盾和教派矛盾，各种矛盾纠结在一起，形成牵一发而动全身的局面。因此，该地区各种势力竞相渗透，宗教与种族问题尖锐，恐怖主义也乘机以此为基地，形成了核心基地组织、阿拉伯半岛基地组织、青年党、伊斯兰马格利布基地组织、胜利战线等派别，加剧了伊斯兰世界的整体动荡。

当前，国际社会尤其需要高度警惕“伊斯兰国”的突起及其危害，因为该组织的兴起，表明继本·拉登“基地组织”之后国际恐怖主义出现了新的动向，给各国反恐行动带来了前所未有的的挑战。

“伊斯兰国”前身是“伊拉克与黎凡特伊斯兰国”（ISIL）和“伊拉克与叙利亚伊斯兰国”（ISIS），它是当前全球伊斯兰激进分子的轴心，属于伊斯兰逊尼派极端组织，主要由基地组织在伊拉克的残余武装分子组成，由于其过于极端和残忍而不被基地组织所承认，因此属于中东—北非地区恐怖主义阵营中的“异端”派别。

“伊斯兰国”的异军突起，其实得益于叙利亚危机。2011年3月，叙利亚发生抗议运动，政府以强力手段压制，引起民间更强烈的反弹，导致反政府武装团体迅速壮大，一发不可收拾。2014年以来，ISIS在伊拉克攻城略地，占领伊拉克第二大城摩苏尔，甚至逼近首都巴格达，成为中东最新的暴力生力军，其最高领导人巴格达迪也被外界称为新“本·拉登”。“伊斯兰国”有着严密的组织机构，资金来源雄厚，它的许多领导人曾经受过良好的教育，其中不乏在美国欧洲

① 王逸舟：《中国外交新高地》，中国社会科学出版社，2008，第93页。

等大学获得学历学位者。

当然，“伊斯兰国”组织也存在着自身的致命弱项。比如，绝大多数穆斯林教徒抵制“伊斯兰国”组织的极端主张和做法，谴责它违反了伊斯兰教基本教义；巴格达迪自称“先知穆罕默德的唯一合法继承人”，与其他基地组织的分支机构如“胜利战线”等存在着领导权等方面的争端。

“伊斯兰国”竭力宣扬的极端主张其实已经背离了人类文明的底线，甚至也绝非一般意义上的伊斯兰原教旨主义。它的残忍程度远超“基地组织”。据说，本·拉登生前就曾警告基地组织要及时切断与“伊斯兰国”的联系。“伊斯兰国’的军事指挥官和士兵很多来自前伊拉克萨达姆的军队，训练有素，装备精良。他们以一个个具有战略意义的地区为据点，对约旦、黎巴嫩以及土耳其边境地区构成威胁，甚至连中东地区“小而强”的以色列都感受到了这种威胁。“伊斯兰国”组织在占领了叙利亚及伊拉克大片地区后，野心不断膨胀，对中东地区的稳定与发展构成了极大危害。

值得世界各国高度警惕的是，“伊斯兰国”组织在国际“吉哈德主义”体系中声望剧增，大有向全球加速扩散的危险趋势。它设定了野心勃勃的目标，即建立一个政教合一的“哈里发”帝国，其范围涵盖包括叙利亚、黎巴嫩、以色列、巴勒斯坦、约旦等中东核心地区，而边缘地区则包括亚洲的巴基斯坦，甚至中国的新疆地区。目前，“伊斯兰国”思潮已经出现了向亚太地区蔓延的势头，特别是在巴基斯坦、印尼、菲律宾等南亚、东南亚地区。据报道，在“伊斯兰国”武装分子之中，有大约600~700人来自亚洲伊斯兰国家和地区。例如，印尼有着世界上最多的穆斯林人口，该国87.2%的人口是穆斯林，总数达到2.09亿。在印尼，尽管在国外加入“伊斯兰国”组织的人数很少，但这些经验丰富的武装分子回到印尼后，将成为骨干分子。从地缘上看，南亚和东南亚地区是“伊斯兰新月地带”的外延区域，如果它和中东地区极端组织形成内外呼应之势，必将对亚太区域安全构成极大威胁。

（二）乌克兰危机引发俄罗斯与美欧的紧张对峙

2013年11月以来，乌克兰局势持续恶化。2014年3月，乌克兰南部的克里米亚举行公投并加入俄罗斯，引发西方国家的一致制裁。2014年12月9日，在欧安组织调停下，乌克兰东部煤炭重地顿巴斯地区达成了民兵武装和乌克兰武装间的停战协议。但是，2015年1月9日开始，该地区交战又重新开始。

乌克兰一般民众在这场旷日持久的冲突中受到了严重伤害。根据联合国难民署统计，2014 年 4 月中旬以来，乌东部武装冲突已造成至少 4707 人死亡、1 万多人受伤，超过 50 万人沦为境内流离失所者。此外，另有数十万人逃往俄罗斯等周边邻国避难。

乌克兰危机是俄罗斯与西方国家关系的分水岭，一开始就被投上大国力量斗争的阴影。乌克兰和西方国家一直指责俄罗斯向乌克兰地区输入军火和武装分子，但俄一直否认与此有关。从战略边疆视角看，俄罗斯强力介入乌克兰事务，主要目的是阻止乌克兰加入北约，影响俄罗斯的安全边界和影响力范围。但是，俄罗斯合并克里米亚后，乌克兰国内的主流民意是加入北约。2014 年 12 月 23 日，乌克兰议会以 303 赞成、8 票反对的压倒性优势，通过放弃“不结盟”地位的议案。12 月 29 日，乌克兰总统签署了该议案，并承诺加快乌克兰国内的军事、政治和经济改革，为加入北约组织扫除障碍。

乌克兰危机意味着威斯特伐利亚体系再次遭到重大挑战，美国和欧洲同盟体系得到了巩固，而俄罗斯则受到空前的孤立。这场危机结束了冷战结束以来俄罗斯与美欧以合作和妥协为基调的和平时期，大有重回冷战之势。正如埃斯彭·巴斯·艾德分析的那样，伴随着互相间的经济制裁，俄罗斯试图带头构建一个欧亚联盟（Eurasian Union）来掣肘欧盟，下一个十年的显著印记将会是俄罗斯不断抱怨被“围困”，并且试图修正过去被视为弱国时的发展轨迹。与此同时，西方世界可能会逐步降低与俄罗斯之间的经济依存度，虽然这曾一度被奉为维护地区和平与稳定的重要保障。[①] 不难看出，由于俄罗斯、美国、欧盟乃至日本等大国的相继卷入，开启了双方对抗甚至冲突的时期，酿成自冷战结束以来最为紧张的东西方对峙，目前仍在持续发酵。

（三）亚太民族主义裹挟下的海洋竞争

在陆地资源面临枯竭的情况下，海洋成为人类生存和发展的最后空间。1982 年《联合国海洋法公约》（以下简称《公约》）中的“岛屿制度”规定，岛屿是指四面环海并在涨潮时高于水面自然形成的陆地区域，它可以享有 12 海里领海、

---

① 埃斯彭·巴斯·艾德（Espen Barth Eide）：《2015 年：地缘竞争之年》，https：//agenda. weforum. org/china/2014/11/10。

24 海里毗连区、200 海里专属经济区和大陆架。自 1994 年正式生效以来，共有包括中国在内的 145 个国家成为《公约》缔约国。作为人类历史上第一部最权威的海洋法典，《公约》既奠定了海洋秩序的基石，也为解决国际海洋争议提供了有力的法律支撑。

然而，《公约》也导致了新一轮的“蓝色圈地运动”，各国特别是沿海国家围绕海洋划界、岛屿归属等问题的国际博弈日益激烈。其中，海洋划界争议是核心问题之一。“全世界海洋中有 400 多条潜在的海洋边界，其中正式达成划界协议的仅约 160 条。包括中国、日本和美国在内的许多国家都仅仅完成与其邻国之间的个别海上边界划定。”① 根据中国海洋法专家李家彪的研究，“从 2001 年 12 月 20 日至 2014 年 4 月 16 日，大陆架界限委员会一共收到沿海国 71 份划界案和 45 份划界案初步信息，划界案涉及 57 个国家，初步信息涉及 42 个国家，其中包括中国及其周边国家。目前 57 个国家提交的划界案中，200 海里以外大陆架外扩面积达到了约 3011 万平方公里（包含了相邻或相向国家间的重叠区域），涉及区域 100 多块，占全球海洋总面积的 8%”②。

亚太地区是大国海洋利益的交汇区，中日钓鱼岛争端、韩日独岛争端、俄日北方四岛争端以及南海问题等敏感问题高温不下，各种战略力量相继卷入其中，且彼此海洋利益矛盾相互叠加，导致大国竞争白热化。表面看来，亚太海洋争议都是为了争夺石油利益以及海底资源。因为一个广为人知的说法是，在争议水域下面埋藏着丰富的石油和天然气宝藏，其能够满足亚洲经济大国对资源的需求。但是，根据美国耶鲁大学的一份研究报告，这种传统看法没有什么依据。现实情况是，即使在南海和东海的争端中获胜，那些“声索国”也不大可能获得足够的能源，并显著影响任何一方不断增长的能源需求。③

因此，2015 年，亚太地区民族主义引发的地缘政治风险值得警惕。④ 调查表明，2015 年亚洲是最有可能爆发冲突的地区，超过欧洲和中东地区（见图 1）。因为 2015 年是世界反法西斯胜利 70 周年，中国以及东南亚地区曾经遭受日本军

① 杨传霞：《〈世界海洋政治边界〉出版》，《中国海洋报》2014 年 8 月 18 日。

② 周超：《国际海底的博弈》，《中国海洋报》2014 年 4 月 22 日。

③ Robert A. Manning, “In Disputes Over Asian Seas, Winner May Take Zilch,” http://yaleglobal.yale.edu/content/disputes-over-asian-seas-winner-may-take-zilch.

④ “Asia: Nationalism and stalling democratic reform remain key risks for 2015”, http://maplecroft.com/portfolio/new-analysis/2015/01/19/asia-nationalism-and-stalling-democratic-reform-remain-key-risks-2015/.

国主义侵略的那些国家，选择何种方式纪念这次胜利，日本以何种方式对待这场战争，都将值得关注。可以肯定的是，亚太地区的民族主义将会继续膨胀，在此背景下，亚太的海洋争议仍将持续甚至恶化。

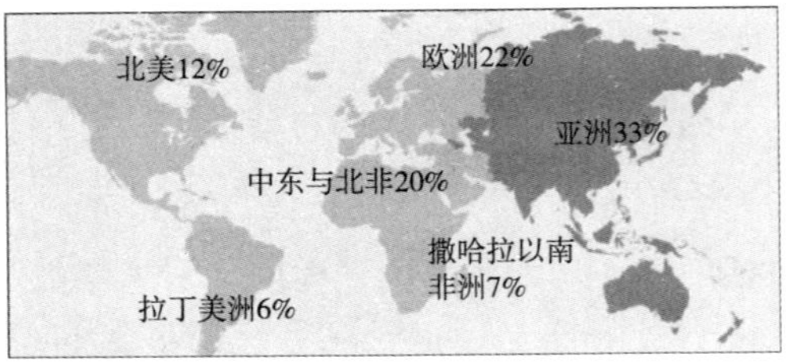

图 1　未来 12～18 个月内受地缘冲突影响最深的地区

资料来源：世界经济论坛《2015 年全球议程展望》。

亚太所有重大的海洋争议几乎都涉及中国，中国面临极为严峻的战略挤压。在南海方向，越南、菲律宾等“声索国”除了拉拢美国等区域外国家介入南海事务外，还力图把双边海洋争议国际化。值得注意的是，日本举行钓鱼岛“开拓日”纪念仪式，越南则大张旗鼓地祭奠南沙海战阵亡者，两国试图通过此种行动将相关海域变为其“历史性水域”，凸显了这些国家运用多种手段企图破坏我海洋主权的新思维。[①] 更值得关注的是，美国在各种公开场合明确反对中国南海“九段线”划界声明，并要求中国提供海洋权利主张的合法依据。以上因素都对中国建设海洋强国的战略形成了极大的挤压。

亚洲的海洋争端如果处理不当并走向失控，必定是一个多输的结果，没有赢家。正如国际危机组织的一份报告警告的那样，“中日关系恶化不仅仅是岛屿主权之争所致，有可能引发双方都不希望看到的武装冲突”。如果这些海洋争议问题管控失效，很可能成为引发区域性战争的导火索。[②] 为此，亚太海洋争议的当事国需要清醒认识民族主义的危害，学会自我克制，在无法达成整体共识的情况下，搁置争议、回归谈判是理智的选择，切忌单方面追求所谓的“国家利益最大化”，从而造成地区紧张。

---

① 王晓鹏：《国际海洋争端暗流涌动》，《中国海洋报》2013 年 1 月 24 日。

② 转引自埃斯彭·巴斯·艾德（Espen Barth Eide）《2015 年：地缘竞争之年》，https：//agenda. weforum. org/china/2014/11/10。

二 2015 年国际冲突的几个基本动向

2015 年爆发较大冲突风险的可能性在加大，主要表现为大国间的地缘冲突持续紧张、大国介入他国国内冲突的力度有所加强，以及冲突中认同的力量将会得到展现等。

（一）大国地缘政治冲突造成的紧张局势仍将持续

2014 年，是世界关键大国走向竞争的一年。2015 年 1 月 15 日，世界经济论坛发布的《2015 年全球风险报告》显示，国际冲突将成为未来十年威胁全球稳定的最大风险。世界经济论坛首席经济学家玛格丽特·哈罗兹（Margareta Drzeniek-Hanouz）指出："自柏林墙倒塌后的 25 年来，世界再次面临国家间冲突风险。而如今各方挑起冲突的手段比以前更多：网络攻击、资源争夺、经济制裁或其他经济手段。"① 俄罗斯对乌克兰南部和东部的强力介入，则是欧洲大陆地缘竞争紧张局势的最为明显的特征。默克尔批评俄罗斯："普京的野心超越了乌克兰，直指巴尔干半岛的弱小国家。"②

在各种类型的冲突中，大国间的地缘政治冲突是对国际安全体系破坏性较强的一种，因而最值得警惕。最为严重的局面，是大国被迫或者主动卷入一个"风险生产体系"（risk production system），20 世纪的两次世界大战，其实就是"风险生产体系"启动和加速运转的恶果。2015 年在乌克兰危机、亚洲海洋争端问题上拥有重大利益关切的大国，是否会进入这个可怕的"风险生产体系"？这个严峻的问题值得大国领导人认真思考，防止被所谓的"战略意外"拖入这个体系之中。

（二）国家内部冲突国际化的趋势在加强

当前的国际冲突有一个值得关注的特点，就是内战冲突的国际化。根据联合国开发规划署的报告，近年来，非国家武装冲突有所增加，虽然国内冲突的总数

① 世界经济论坛：《今年最可能发生和影响力最大的风险》，https：//agenda. weforum. org/china/2015/01/15。

② 转引自菲利普·斯蒂芬斯《排外主义与极端主义同样可怕》，http：//www. ftchinese. com/story/001060072。

正在减少，国际化的内部武装冲突和非国家冲突却呈上升趋势。考察其诱因，一个关键因素是大国借口“保护的责任”对发生冲突的国家进行干涉。

“保护的责任”是冷战后西方国家鼓吹“人权高于主权”的新进展，对现代国际关系的基石——主权平等与互不干涉原则构成了重大挑战。2006 年，联合国安理会认可了“保护的责任”这一概念，指出当一个国家内部无法有效遏止大规模的种族灭绝等人道主义灾难时，国家主权的不干涉原则要让位于国际社会的“保护责任”，即在安理会授权后，国际社会有权采取各种措施包括军事行动，制止有组织的人权侵犯罪行。

例如，“伊斯兰国”组织正是得益于西方对叙利亚政府的反对政策，它以叙利亚为基地，迅速崛起。在叙利亚危机中，美国等西方国家打着自由和人权旗号，支持叙利亚的反政府势力，而俄罗斯则支持巴沙尔·阿萨德政府，双方进行了激烈的博弈，导致危机迟迟无法解决。国外有学者批评美国对中东的武力干涉，“努力多年，仍无力让伊拉克或阿富汗恢复稳定，证明了美军虽能在数周内摧毁一个敌对政权，却不能为一个稳定的战后安排打包票。在巴格达陷落十多年后，美国眼下又重返伊拉克战场，而整个中东都正处于暴力无政府状态”①。

因此，冷战结束以来，尽管国家间特别是大国间发生大规模冲突的可能性在降低，但是国家内部爆发冲突的风险在加大，更值得关注的是，大国卷入一国内部冲突的意愿趋向明显。可以预期，2015 年美国介入中东、亚太等地缘政治热点区域的力度还会加大。

（三）认同差异、宗教等软因素越来越成为爆发冲突的重要诱因

在传统的国际冲突中，国家对他国战略要地和自然资源的争夺成为国家间爆发冲突的重要动因。但是，近年来，在冲突发生的诸多原因中，认同差异、宗教等软性因素迅速上升为重要诱导因素，而传统的领土争端、资源争夺等因素则退居次要地位，文明和宗教认同的力量渐次凸显。

2014 年发生的一系列冲突，从苏丹、黎巴嫩、叙利亚到南亚的紧张局势，都可以看到文化等软性因素在冲突中起着重要的作用。在欧洲，穆斯林群体没有充分融入主流社会，越来越被边缘化，其后果是，“社会民主党影响力强大的北

① 吉迪恩·拉赫曼：《西方不再自信》，http：//www.ftchinese.com/story/001060108。

欧国家也患上了伊斯兰恐惧症，这拉响了高级别警报。成千上万的欧洲年轻人到叙利亚参战，清楚表明了一无所有者走向极端带来的威胁。伊斯兰原教旨主义为他们提供了他们在本国社会无法获得的身份认同。”①

三 当前国际冲突对全球化和世界经济的冲击

残酷冲突的唯一后果就是对世界的整体安全造成戕害。长远看，内战冲突特别是大的国际冲突，对涉事各方而言，没有输赢之分。2014 年发生在中东－北非、欧洲、南亚等地的冲突，对个人、国家的安全和世界经济都带来了深远影响，这些影响将会在 2015 年及以后逐步显现。

（一）武装冲突给个人、社会安全带来的祸害

冲突特别是有组织的军事冲突，首先给普通民众的人身权利甚至生命安全带来灾难。2014 年 12 月 17 日，联合国秘书长潘基文指出，“从叙利亚、南苏丹到乌克兰等多个国家，战乱导致数千万人逃离家园，成为二战以来流离失所人数最多的年份：在叙利亚，销毁化学武器项目的成功并没有给目睹这场战争肆虐的人们带来多少安慰；在南苏丹，尽管联合国敞开大门保护平民，但该国的局势仍然非常脆弱；在尼日利亚和伊拉克，极端主义反叛行动在扩散；在乌克兰，局势有面临冻结的风险，将会对区域和全球造成影响；阿富汗和萨赫勒地区也很不稳定。”② 当今世界的暴力罪行呈现出一个新的特点，即在暴力分子眼里，“杀人和伤害并没有别的原因，只是因为受害者可以被杀死和被伤害”③，暴力不再是手段，从肉体上消灭“敌人”甚至平民成为唯一的目的，而那些公认的禁止伤害平民的国内法规和国际法律则起不到任何作用。

其次，暴力组织者一旦得手，通常会实行恐怖统治。如“伊斯兰国”组织实行消灭异端分子的统治，强迫皈依；如若不从，则予以杀害。“伊斯兰国”组

① 菲利普·斯蒂芬斯：《排外主义与极端主义同样可怕》，http：//www. ftchinese. com/story/001060072。

② 《潘基文年终记者会：2014 是二战以来流离失所人数最多的年份》，http：//www. un. org/chinese/News/story. asp？NewsID =23112。

③ 〔英〕约翰·基恩著《暴力与民主》，易承志、荣启涵、黄振乾、魏巍、张春满译，中央编译出版社，2014，第 12 页。

织制造大量恐怖事件，公开抢劫和掠夺，甚至贩卖女性和儿童，强迫年轻未婚女性以同“伊斯兰国”武装分子结婚的方式为“圣战”做贡献。

最后，除造成生命损失外，武装冲突还会毁掉人们的生计，让社会服务、机构和市场停止运转。冲突还可能导致大量人口流离失所。由于失去了工作、财产和社会关系，因此流离失人口非常容易遭受其他暴力、疾病、贫困和自然灾害的影响，且往往无力应对困境。[①] 因此，频繁而又持久的武装冲突，会大大增加一个社会的脆弱性，进而走向崩溃。

（二）武装冲突对国家经济体系造成的危害

战争和冲突也会对一个国家经济带来持久的负面影响。国际货币基金组织研究表明，中东地区的冲突造成经济增长的下降，通货膨胀，高额的财政赤字，外汇储备的减少和金融体系的削弱，最终使那些无法跳出“冲突陷阱”的国家在经济上走向瘫痪。

叙利亚就是一个典型例子。该国发生的内战不仅使极端主义分子重获生机，也使该国经济陷入严重危机之中。2014 年 4 月，联合国发布的报告称，“叙利亚冲突造成了巨大和创伤性的冲击，导致接受工程处小额信贷援助的绝大部分用户逃离家园，迫切需要进一步的国际人道支持。报告强调，冲突使叙利亚深陷经济灾难之中，其国民经济需要至少 30 年的时间才有望恢复到 2010 年的水平。然而，由于大规模的流离失所、破坏和抢劫仍在叙利亚境内持续发生，在工程处支持的企业当中，仅有约 13% 能够勉强生存下去。”

（三）冲突对世界经济产生的负面后果

在全球化时代，一国国内的冲突不仅对本国带来巨大的动荡，也会对本地区和全球经济造成伤害。根据世界银行研究，一个国家的内战会使得邻国的年度 GDP 降低 0.7%；一个国家连续发生的恐怖主义事件，它与邻国的双边贸易大约会降低 4%。而一旦恐怖主义利用全球市场，残忍的极端主义分子将会通过走

① 联合国开发计划署：《2014 年人类发展报告》，http：//www. cn. undp. org/content/dam/china/docs/Publications/UNDP - CH - 2014% 20Human% 20Development% 20Report% 20 -% 20Chinese. pdf。

私、逃税、贩毒、洗钱，甚至在欧洲从事非法的货币交易。① 而遏止冲突和战后重建和平的成本也需要付出高昂的代价。根据经济与和平研究所（IEP）发布的《全球和平指数》报告，遏制冲突对世界经济的成本高达 9.458 万亿美元，相当于世界 GDP 的 11%，几乎是当年世界农业总产值的两倍（见表 1）。也就是说世界上每个人要为此承担 1300 美元的损失。

表 1　遏制各类冲突所产生的成本

暴力类型	直接损失总额(10 亿美元)	直接损失所占的比例(%)
军事开支	2425	51.23
自杀	715	15.13
国内安全	650	13.74
暴力犯罪	300	6.31
个人安全	295	6.23
监禁	190	3.98
冲突对 GDP 带来的损失	80	1.73
死于冲突所造成的损失	40	0.85
恐惧	20	0.45
恐怖主义	5	0.13
国内流离失所者和难民	3	0.06
联合国维和费用	5	0.14
死于外部冲突所造成的损失	1	0.03
直接损失总额	4729	
总的损失	9458	

资料来源：Institute For Economics & Peace, " The Economic Cost of Violence Containment", 2014, p. 10。

2014 年的一系列冲突，也降低了国际投资者对 2015 年的乐观预期。例如，美国咨询公司 Decision Economics 首席执行官艾伦·西奈（Allen Sinai）认为，潜在的地缘政治危机，正使全球经济增长的尾部风险加大：有 10% 的可能，全球经济会因俄罗斯与欧美在乌克兰地区的紧张局势升级而陷入衰退。② 所谓尾部风险，是指不太可能发生，但一旦发生则代价相当高的潜在风险。虽然世界银行对 2015 年世界经济的预期

① The World Bank, "world development report 2011: conflict, security and development ", http: //econ. worldbank. org/.

② 转引自林建建《地缘政治因素左右今年全球经济增长》，http: //wallstreetcn. com/node/83299。

增长率为3%，2016年增长3.3%，2017年增长3.2%，全球经济在缓慢复苏，但是中东－北非地区的动荡、乌克兰危机等地区冲突，都使得经济增长难以承受地缘政治局势恶化所造成的后果，即潜在的“尾部风险”会带来世界经济的重大衰退。

四　改善全球安全治理，促进世界经济良性发展

上述危机表明，当前的全球安全治理机制面临诸多重大难题，需要加以完善。目前世界上存在着较多的安全治理机构，但是全球安全治理机制的核心是联合国安理会。随着冷战的结束，它无法及时有效地解决发生在南苏丹、利比亚、南亚和撒哈拉以南非洲地区的危机，这些地区爆发的危机极为频繁，而且呈现长期化的趋势，这需要各国高度警惕，毕竟在一个全球化世界，当前的地缘竞争格局不符合各国的共同利益。因此，全球安全治理体制需要在以下方面加以完善，以适应新的挑战，促进世界经济的良性发展。

（一）改革安理会决策、执行体制，提高运转效率

联合国安全理事会负有维护国际和平、安全与稳定的首要责任。《联合国宪章》规定，“所有理事国都有义务履行安理会的决定。安全理事会率先断定对和平的威胁或侵略行为是否存在。安理会促请争端各方以和平手段解决争端，并建议调整办法或解决问题的条件。在有些情况下，安全理事会可以实行制裁，甚至授权使用武力，以维护或恢复国际和平与安全”。安理会成立近70年来功不可没，对维护世界和平起到了必不可少的作用，有利于防止大国之间发生战争。

但是，迄今为止，安理会的决策体制还保留着1945年依靠权力大国达成共识的治理结构，最终决定不可避免地受其国家利益的影响。当常任理事国不同意时，国际层面的行动便无法展开。即使安理会做出了决定，履行该命令的责任会落到国家军队或北大西洋条约组织和非洲联盟等区域性机构上，联合行动再次受阻。① 这表明，作为全球安全治理的基石，安理会需要改革决策体制，以增加效率，有效应对重大风险。

---

① 联合国开发计划署：《2014年人类发展报告》，http://www.cn.undp.org/content/dam/china/docs/Publications/UNDP－CH－2014%20Human%20Development%20Report%20－%20Chinese.pdf。

（二）加强大国关系的协调和信任，防止“新冷战”

2014 年发生的一系列危机表明，今天的世界是“一个竞争走向持久化和多维化、同时国际关系不断弱化的格局，这是一种会逐渐影响到多个领域和议题的趋势”①。大国关系走向脆弱，甚至发生新冷战，只能使既有冲突继续扩大，潜在冲突浮出水面。世界经济论坛（WEF）报告指出，“主要的地缘政治变量将会影响未来十年的全球发展，这些变量包括主要新兴市场国家成功进行实质性经济和政治改革的能力，以及主要大国在经济和全球治理事务上的合作意愿”。

当前，在全球变暖、传染病防治、金融动荡等领域，国家间只有协调内政，采取共同的措施才能有效应对这些全球性或地区性问题，而那种狭隘自私的国家利益政策将导致世界经济治理失灵、资源冲突以及对全球化的威胁，甚至引发国家间的暴力冲突，给整个人类都带来无法预知也无法承受的伤害。

（三）更多关注国家内部的冲突，推动包容性发展

冲突是一个发展问题，与发展密切相关，相辅相成，而包容性发展则是实现持久和平的关键。正如 2015 年 1 月 19 日，联合国安理会发表的主席声明所强调，“为帮助一个国家永久摆脱冲突，需要采用全面和综合的方法，实现和加强政治、安全、发展、人权和法治活动的统一，消除每个冲突的根源”。这表明，加强合法的机制和改善治理，向公民提供安全、正义和就业，推动包容性发展，从根本上消除滋生冲突的土壤，对跳出恶性的冲突怪圈至为关键。

当前世界上的大部分冲突，从根源上看是发展的包容性不足所致。以中东-北非地区的动荡为例。从治理能力层面上讲，绝大多数伊斯兰国家出现了“部落化”趋势，中央政府很少能够对国内社会施加有效的影响。在伊拉克，现任总理马利基属于什叶派，他把持的政府不愿意同国内其他势力分享政治权力和石油利益，引起逊尼派、库尔德等派别的不满。

值得注意的是，随着世界安全威胁的来源和范围的变化，国家主权的传统观念也在发生转变，其概念更加广泛，包括按照国际多项条约规定维护公民权利的

---

① 世界经济论坛（WEF），《2015 年全球议程展望》，http：//www3. weforum. org/docs/GAC/ WEF_ GAC_ Outlook_ CN. pdf。

承诺。在此背景下，安理会关注的重点已经从国家间冲突向国内冲突转变。[①] 这种转型的法律基础，是联合国多数成员国认可的“保护的责任”。但是，国际社会尤其是大国在履行“保护的责任”时，必须取得安理会的授权以及冲突所在地主权政府的允许。只有这样，才能防止一些大国打着“人权高于主权”的旗号对他国内部事务肆意干涉。

综上分析，2015 年将展示地缘冲突复杂多变的图景，并且这样的图景可能会持续较长时间，成为未来几年大国关系和全球安全的“新常态”。尽管大规模的国家间军事冲突不太可能出现，旧的冷战模式也不会再现，但是地缘战略竞争在欧亚大陆的回归与兴起，世界范围内一些国家内冲突的扩大和蔓延，推动着大国关系进一步结构性转型。全球棋局中的关键棋手美国、俄罗斯、欧盟、中国、日本等大国战略与政策的变化，将对世界经济复苏和全球化进程产生深刻影响。

（撰稿人：中国国际经济交流中心研究人员陈迎春）

① 联合国开发计划署：《2014 年人类发展报告》，http：//www. cn. undp. org/content/dam/china/docs/Publications/UNDP － CH － 2014% 20Human% 20Development% 20Report% 20 －% 20Chinese. pdf。

《京都议定书》的命运和我国的战略

一　引言

今天的世界正面临着前所未有的气候变化危机。根据联合国政府间气候变化专门委员会（the Intergovernmental Panel on Climate Change，IPCC）第四次评估报告，IPCC AR4（2007），“自从上世纪中期以来，所观察到的全球气温上升主要是由人类活动造成的温室气体排放增加而引起的”①，如果不及时采取行动稳定大气中的碳含量，全球气候变化将很难逆转，会给世界带来一系列灾难性的影响②。

IPCC最新报告，IPCC AR5（2014），用冰冷的数字告诉我们一个非常令人忧心的事实：尽管全球已经在采取各种措施来遏制温室气体的排放，2000到2010年的这十年中由于人类活动引起的温室气体排放仍在以每年平均2.2%的速度快速增长，这比1970到2000年的这三十年间的温室气体排放年平均增长率（1.3%）高出了将近一倍③。

---

① 参见IPCC AR4（2007）的英文原文：“…most of the observed increase in global average temperatures since the mid-20th century is very likely due to the observed increase in anthropogenic greenhouse gas concentrations.” IPCC Summary for Policymakers。

② 全球气候变暖会给世界带来一系列消极影响，包括威胁水资源，影响农业和林业的生产，造成极端天气灾难频发，破坏生态系统平衡，引起稀有物种灭绝，造成海平面上升、冰川溶解以及引起传染性疾病暴发等。

③ 参见IPCC AR5（2014）的第1章英文原文：“Total anthropogenic GHG emissions have risen more rapidly from 2000 to 2010 than in the previous three decades (high confidence) …Emission growth has occurred despite the presence of a wide array of multilateral institutions as well as national policies aimed at mitigating emissions. From 2000 to 2010, GHG emissions grew on average 2.2% per year compared to 1.3% per year over the entire period from 1970 to 2000”.

气候变化问题具有公共物品的性质（public good nature），属于全球公共问题（global commons problem），因为无论任何地方的碳排放都会对全球气候变化产生消极影响；同时，如果某个国家积极减排，那么随之而来的减排效应也会被全世界分享，不管其他国家是否分担了减排的成本（Starvins，2011）①。正因为如此，气候变化问题需要全世界的协同合作才能从根本上解决。为了实现"全球气温上升不超过2度"的目标②，构建一个参与广泛、高效合理的联合国气候变化新协议来指导全球应对气候变化的协同努力就具有至关重要的意义。

尽管全世界都已经形成共识各国需要协同合作才能应对气候变化对整个人类的严峻考验，然而迄今为止国际社会还未能形成一个系统的、真正有效的应对气候变化的治理体系。许多西方学者认为，国际气候变化治理体系是一个由多种相互关联的体系所构成的复杂的综合体（regime complex for climate change），它强调了国际谈判的作用以及代表公共和私人利益的相关方的参与多样性——非政府组织、商业公司、工会等等（Keohane and Victor，2011；Ranson and Stavins，2013）。这个复杂的综合体的核心是联合国气候变化条约体系（UN Legal Regimes），其中包括UNFCCC、《京都议定书》和UNFCCC缔约国大会通过的一系列法律条约如《坎昆协议》和《马拉喀什协定》。围绕联合国气候变化条约体系的是各种国际层面的、区域层面的、国家之间的和国家内部的应对气候变化体系③。

自从2007年以来，联合国气候变化大会一直在两个轨道上（two tracks）进行谈判，一个是针对《京都议定书》的温室气体减排，另一个是关于在UNFCCC的框架下建立长期的机制来应对气候变化。2012年的多哈会谈则增加了第三个

---

① 气候变化这一公共物品特点使得一些国家在温室气体减排问题上"搭便车"（free rider），坐享其他国家在温室气体减排上的投资和努力。而对于积极减排的国家来说，减排所带来的好处（climate benefits）相对于这些国家投入的减排成本来说是不明显的，或者说单纯的气候变化回报并没有很强的激励作用。

② 2009年，缔约国第十五次大会（"COP－15"）也即《京都议定书》第五次缔约国大会（"CMP－5"）通过了《哥本哈根协定》，制定了将全球气候温度上升限制到2度之内的目标。

③ 其中包括负责推动气候变化研究和国际合作专门的联合国机构，如联合国环境开发署和世界气象组织；旨在进行气候融资的多边发展银行，如世界银行；负责对气候变化做客观评估和进行政策建议的跨政府合作组织，如IPCC；区域气候变化合作体系，如欧盟碳减排交易体系（Emission Trading Scheme，ETS）；多国合作组织，如G8和G20；双边气候变化合作（bilateral initiatives），如英国和中国的应对气候变化合作；以及国内的应对气候变化创新体系（nationalinitiatives）。

轨道，即试图到今年底达成一个新的联合国气候变化协议。

在通向新的联合国气候变化协议的道路上，多哈会议虽然从程序上去除了障碍，然而国际社会担心的是，鉴于各国利益的不同，特别是发达国家和发展中国家在减排目标上的分歧，国际社会要在今年底实现这一目标无疑是任重而道远的①。

当前全球正在积极讨论如何在今年底形成一个包括世界上绝大多数国家在内的新的联合国气候变化协议来取代《京都议定书》。本文在总结《京都议定书》优缺点的基础上，对联合国气候变化新协议的原则进行展望；进而探讨如果新的气候变化协议能如期签署，我国应如何抓住机会在构建全球经济治理体系中发挥更大作用。本文建议我国应借此机会在该国际协议框架下倡议签署相关国际贸易和金融协议，这样的国际贸易和金融协议必将符合我国利益，我国也将对规则制定拥有巨大的发言权。

二 《京都议定书》的前世今生

本文首先简短回顾《京都议定书》的历史发展过程，接着全面分析《京都议定书》的特点。

（一）《京都议定书》的历史发展过程

《京都议定书》的诞生可以追溯到《联合国气候变化框架公约》（UNFCCC）体系的形成。1988 年，联合国大会通过了 43/53 决议（Resolution 43/53），第一次把气候变化提到了全球共同关注（a common concern of mankind）的高度，从而开启了全球协同应对气候变化的努力②。在 1992 年巴西召开的地球峰会（Earth Summit）上，UNFCCC 正式通过，从 1994 年起正式生效。它拥有 191 个缔约国，是目前世界上拥有最广泛支持的国际公约。UNFCCC 的通过标志着全球正式建立了通过国际合作来协同解决全球气候变化问题的国际框架和制度，对全球

① 2013 年的华沙会议就印证了国际社会的这样一个担心并非多虑。另外，2011 年加拿大宣布退出《京都议定书》和俄罗斯、日本以及新西兰宣布不参加《京都议定书》的第二个承诺期等消息，无疑让《京都议定书》的未来前景蒙上了重重阴影。

② 联合国 43/53 决议关于气候变化论述的英文原文如下：“climate change is a common concern of mankind, since climate is an essential condition which sustains life on earth。”

应对气候变化事业影响深远。然而 UNFCCC 并没有对温室气体排放量进行强制性的规定，没有法律约束力。鉴于 UNFCCC 的不足，国际社会越来越意识到形成一个具有真正法律效果的国际条约（用来规范各国温室气体减排）的必要性。

1997 年，在日本东京召开的 UNFCCC 缔约国第三次会议通过了在国际气候变化法发展历程中具有重要历史意义的《京都议定书》。它是当今世界唯一一个具有法律强制约束力的国际气候变化法，是国际气候变化法发展过程中的一个里程碑，体现了国际社会协同应对气候变化挑战的决心和努力①。2005 年，《京都议定书》正式生效。在加拿大蒙特利尔召开的 UNFCCC 第十一次大会也成为《京都议定书》缔约国的第一次大会，这次大会标志着世界开始通过对话来达成战略性的国际合作行动以应对气候变化问题。现在国际社会已顺利过渡到了《京都议定书》的第二个承诺期，正积极探讨该如何建立一个广泛参与的、公平、有效的联合国气候变化新协议来取代《京都议定书》。

《京都议定书》要求发达国家在 2008～2012 年的这一段时间里实现其承诺的减排目标，并且建立了条约遵循机制（compliance mechanism）和专门的条约遵循委员会（compliance committee）来确保缔约国达到其减排目标②。除了强制规定缔约国的温室气体减排目标外，《京都议定书》的一个重要特点或是一个伟大创新就是把二氧化碳减排量变成了能在碳交易市场上交易的商品（Stripple and Falaleeva，2008），开启了碳交易市场化时代。基于这样一个碳交易思想，《京都议定书》建立三种以市场为基础的灵活机制，即，排放权交易机制（Emissions Trading），共同执行机制（Joint Implementation）和清洁发展机制（Clean Development Mechanism）。这三大机制的主要目的就是为了帮助《京都议定书》的签约国低成本地实现其规定的减排目标，帮助发展中国家吸引资金开展碳减排项目，走上低碳化的发展道路。

2009 年 12 月份，作为旨在探讨 2012 年以后《京都议定书》未来前景的哥

① UNFCCC 和《京都议定书》是世界上最重要的两大控制气候变化的国际条约，而《关于消耗臭氧层物质的蒙特利尔议定书》（the Montreal Protocol on Substances that Deplete the Ozone Layer）是控制气候变化的另一个重要机制。蒙特利尔议定书（Montreal Protocol）是在 1987 年签署的，旨在使近 100 种对臭氧层起破坏作用的物质退出消费和生产过程。

② 《马拉喀什协定》建立了《京都议定书》的专门条约遵循委员会，来确保缔约国实现《京都议定书》规定的减排目标。条约遵循委员会的职责包括敦促缔约国达到其减排承诺、为缔约国提供帮助和建议、决定缔约国是否遵循了《京都议定书》的减排要求和对于未实现减排承诺的国家实施惩罚措施。

本哈根会谈由于种种原因，特别是发达国家和发展中国家在减排目标等问题上存在严重分歧，并没有达成预定目标。这使得国际社会对2012年以后的国际应对气候变化的前景产生了极大的忧虑。所幸2011年的德班会议取得了历史性的成果，同意把《京都议定书》延长到第二个承诺期，即2012至2020年。这一决议避免了《京都议定书》的倒塌，为建立真正长久有效的国际气候变化法框架体系赢得了宝贵的时间。值得一提的是，中国作为一个负责任的国际大国带头许诺从2015年开始也要承担减排责任，其减排决心和姿态赢得了世界的掌声。

2012年的UNFCCC缔约国第十八次大会也即《京都议定书》第八次缔约国大会在卡塔尔的多哈召开，会议形成了《〈京都议定书〉多哈修正案》（Doha Amendment）。多哈会谈正式开启了全球的气候变化谈判，旨在到2015年底形成一个包括世界上绝大多数国家在内的新的联合国气候变化协议来引导全球的协同减排事业。多哈会谈成功地落实了德班会议的决议，把《京都议定书》平稳延长到2020年。

2013年在波兰华沙举办了UNFCCC第十九次缔约方会议即《京都议定书》第九次缔约方会议。经过艰难的“加时”谈判，华沙会谈虽然在推动德班平台、主张发达国家出资支持发展中国家应对气候变化和就损失损害补偿机制问题等方面达成初步条约，但会议的结果并不令人满意，对形成新的联合国气候变化协议的实质推进非常有限。甚至一些西方国家在“开历史的倒车”，不愿兑现它们对发展中国家提供低碳资金和技术援助的承诺。

2014年在秘鲁利马举办了UNFCCC第二十次缔约方会议即《京都议定书》第十次缔约方会议。利马会议通过了“利马气候行动倡议”，就2014年底新协议的要素、“国家自主决定贡献”信息要求、提高2020年前行动力度等取得积极进展，为巴黎会议取得成功奠定了基础，向国际社会发出了确保多边谈判于2014年达成协议的强有力信号。“利马倡议”是在各方妥协基础上达成的相对平衡的结果，基本满足了发展中国家的要求。然而，由于各方对新气候变化新协议的关键问题仍有较大分歧，谈判仍将任重而道远。

2014年底190多个国家将在巴黎气候大会上签署一份新的全球协议，对2020年以后全球气候治理做出规划。但愿各方能遵循UNFCCC确立的“共同但有区别的责任”原则、公平原则和各自能力原则，集中精力围绕减缓、适应、资金、技术、能力建设、透明度等要素展开谈判，尽早就协议案文达成共识，确保巴黎会议如期达成“大家都不满意，且都能接受”的结果。

（二）《京都议定书》的特点

1. 通过立法实现减排

国际社会先在1992年达成了UNFCCC，然后在5年后通过了《京都议定书》，为限制温室气体排放制定了一系列具体的法律规定。除此之外，在UNFCCC和《京都议定书》的框架之下，国际社会还通过每年的缔约国大会和其他联合国大会讨论如何完善公约和《京都议定书》的运作规则，使之与时俱进和更好地指导国际气候变化多边合作行动。国际社会并将会议达成的共识通过一系列国际气候变化条约落实下来，如《哥本哈根协议》和《坎昆协议》。

2. 自上而下（“top-down”）的方式

《京都议定书》通过一种自上而下的方式为缔约国制定了有法律约束力的强制减排目标，然后敦促各缔约国实现国际条约为其制定的减排目标。这种方式旨在通过减排目标来鞭策各国采取符合本国国情的减排措施，从而达到全球减排的共同目标。

3. 体现了国际环境法的诸多原则

比如它体现了“共同但有区别责任”（common but differentiated responsibilities）的原则。《京都议定书》在发展中国家和发达国家的减排目标问题上区别对待，考虑到发展中国家和发达国家在全球气候变化问题上的历史责任不同，它只要求缔约国遵循强制减排目标而发展中国家则可以自愿决定自己的减排目标。它体现了公平的原则，主要针对富裕的发达国家和那些对全球气候变化现状负有主要历史责任的国家。

4.《京都议定书》的优点

《京都议定书》的先进性首先在于它为了降低全球的温室减排成本而创造性地建立了三个以市场为基础的灵活机制，即针对缔约国减排的排放权交易机制（EMS）和共同执行机制（JI），以及帮助发展中国家减排的清洁发展机制（CDM）。二十多年来，UNFCCC及《京都议定书》为国际社会开展合作应对气候变化提供了重要的政治和法律基础，被证明是行之有效的。许多发展中国家（比如中国、印度、巴西等）积极参与了《京都议定书》下的CDM的活动，并获得了较大的绿色金融和技术支持，如图1所示。有大量的研究显示，CDM能有效实现它的两个既定目标，即能有效促进发展中国家的减排和可持续发展进程

(He, Huang and Tarp, 2014a, b)。这些研究支持了国际社会进一步推进后《京都议定书》的谈判进程。

A. 人均GDM信用

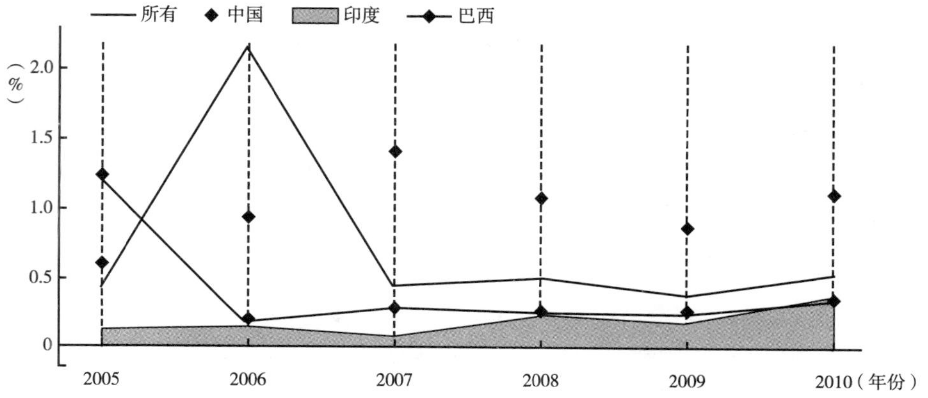

B. CDM信用与GDP的比率

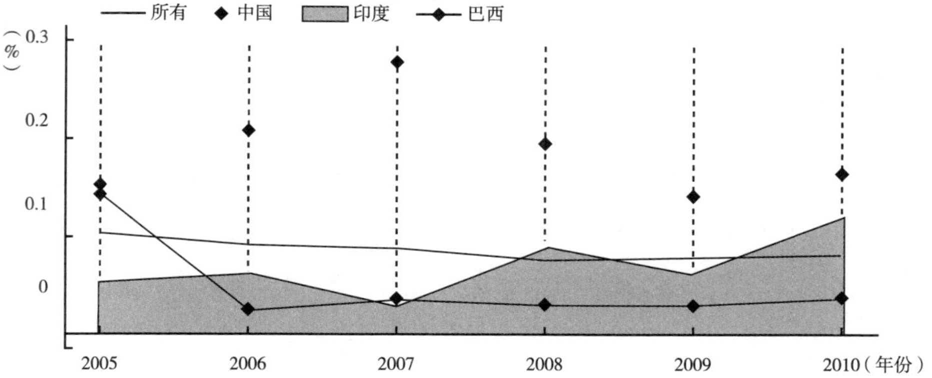

C. CDM信用与排放量的比率

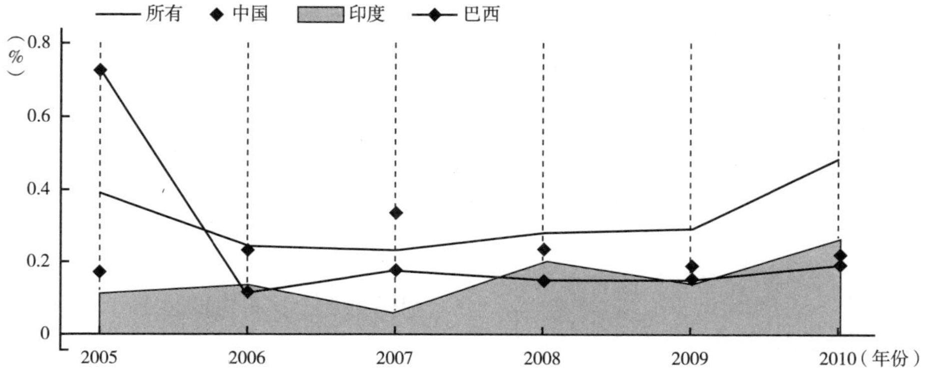

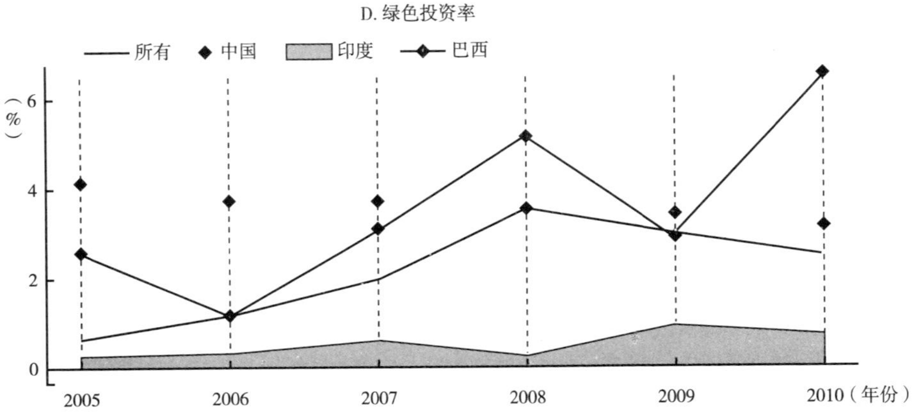

图 1　CDM 的发展趋势

Note：50 countries，2005～2010. Variables and data are described in text.

注：资料来源于 He，Huang and Tarp（2014b）。图中比较了所有国家总平均和三个 CDM 大国（中国、印度和巴西）的 CDM 发展状况，采用了四个 CDM 指标：人均 CDM 信用、CDM 信用与 GDP 的比率、CDM 信用与排放量的比率和绿色投资率。

5.《京都议定书》的不足

首先，世界上最主要的温室气体排放国并没有被纳入强制减排中，包括美国、中国、印度、巴西和南非等。一些学者担心，没有这些碳减排大国的参与，《京都议定书》很难实现把全球气候变化控制在 2 度以内的目标（Victor，2001）。其次，导致"碳泄漏"（carbon leakage）现象的出现。由于《京都议定书》只有有限的缔约国需要履行强制减排承诺，这势必增加这些国家高碳排放商品（服务）的生产成本。从国际贸易角度来说，这些国家就有可能把高碳排放产业转移到一些不用强制减排的国家来降低其生产成本，从而导致"碳泄漏"现象的出现。再者，《京都议定书》的第一个承诺期只有 5 年（虽然已经平稳过渡到第二个承诺期），它的相对短期和未来前景的不确定性，对私有企业的低碳减排投资有消极影响（Newell，2008）。

三　新的联合国气候变化协议的主要原则

虽然《京都议定书》在实现全球协同合作应对气候变化的道路上迈出了里程碑式的关键一步，但这只是一个好的开始，它在设计上、实施上的不足和局限性使它很难有效保证世界实现"稳定大气中温室气体含量"的长远环境目标。

Aldy and Stavins（2010）提出，作为《京都议定书》的替代条约，新的联合国气候变化协议应该是科学上合理（scientifically sound）、经济上低成本（economically rational）和政治上可行（politically pragmatic）的，能够吸引全世界大多数国家积极参与到全球的低碳减排行动中，并能够通过各种有效的灵活机制低成本地实现“全球气候升温控制在2度以内”的目标①。

为了实现上述目标，新的联合国气候变化协议需要坚持一定的原则，比如可持续发展原则、共同但有区别责任原则等，并拥有其他要素。

（一）可持续发展原则

新的联合国气候变化协议要遵循可持续发展原则，使遏制全球气候变化的环境目标、可持续的经济发展目标和减少世界贫困人口的“包容性”（inclusive development）社会发展目标有机融合，用法律手段和市场手段促使缔约国转变经济增长方式，走上低碳的可持续发展道路。

（二）共同但有区别责任原则

“共同但有区别责任”原则一直是国际气候变化条约谈判中的一个核心问题，也应是新的联合国气候变化协议所必须遵循的基本原则（Gupta and Sanchez，2013）。这一原则是使发达国家和发展中国家团结起来共同应对全球气候变化问题的一个必不可少的前提。只有遵循这一原则，才能调动发展中国家的参与积极性，提高它们对联合国气候变化新协议的支持度和认可度（Olmstead and Stavins，2012；Fuentes-Albero and Rubio，2010；Bréchet and Eyckmans，2012；Smith et al.，2011）。

（三）风险预防原则

风险预防原则强调的是对未来气候变化风险的预测和防止。根据世界银行报告World Bank（2010），这一原则有利于帮助国际社会在面临复杂的、缺乏确定的科学依据的情况下采取有效措施防止全球气候的进一步恶化。一个热烈讨论的

① “科学上合理”指的是新的国际气候变化协议要基于科学事实，与科学建议相一致，通过稳定大气中的温室气体含量来减少人类活动对全球气候的消极影响；“经济上低成本”指的是条约应该通过有效的机制以最低成本实现全球减排目标；“政治上可行”指的是条约应该以一种合理和公平的方式使主要的碳排放大国如美国、中国和印度都参与进来。

问题是国际社会是否需要采取严厉的应对气候变化措施（stringent climate policies）来作为防止出现气候变化灾难的保险性措施，尽管这样的风险出现的可能性不大（Weitzman，2011）。

（四）公平原则

公平原则既强调国家之间分配的公平，也强调不同代人之间的公平，即代内公平和代际公平。这一原则一方面要求协商达成的国际条约的程序应该是公平的，另一方面也要求条约的法规要体现平等（Somanathan，2010）。具体到国际气候变化条约，代内公平原则的一个直接体现就是在国家间平等分配应对气候变化的成本和收益。

（五）成本高效和技术创新原则

在当今资源缺乏的世界里，较低的实施成本能为国际气候变化条约赢得更为广泛的参与，并且更有利于缔约国遵守条约的法律规定和实现其强制减排目标。要实现气候变化的长期目标，就需要加大力度研发和推广高效率能源利用技术和低碳技术。新的联合国气候变化协议需要为绿色科学技术的创新和推广提供有力的刺激机制，国际社会应该设立专门的低碳技术基金来在资金上帮助和技术上支持发展中国家的绿色技术推广，这也符合共同但有区别责任原则和可持续发展原则。

（六）广泛性

新的联合国气候变化协议需要采用一种能使绝大多数发达国家和发展中国家都参与进来的有效机制来确保条约的广泛参与度。广泛参与的必要性一方面在于全球气候变化问题的公共物品性质决定了气候变化问题只有通过全世界的协同合作才能真正解决，只有大部分国家特别是世界上主要的碳排放国家签署条约，才能取得好的减排效果。另一方面，广泛的参与也可以有效防止因为缔约国和非缔约国的减排成本不同，而造成高碳排放产业从缔约国转移到非缔约国的碳泄漏问题。目前世界上低成本减排的机会主要存在于发展中国家。

（七）长期性

拥有较短承诺期的《京都议定书》的一大不足就是不能给市场一个长期的

价格信号来刺激私营部门投资包括绿色减排技术在内的低碳经济发展，因为低碳投资往往需要一定的时间才能给投资方带来回报，短期内反而会增加私有企业的生产成本。另外，较短时间跨度的国际气候变化协议也会影响缔约国的减排积极性，使它们更容易推行那种有短期效果但是不具有可持续减排成效的政策。因此新的条约应该有一定的时间跨度，以保证它的稳定性和持续性，以保持缔约国的减排积极性和可持续性，同时鼓励私有企业参与低碳减排投资。

（八）灵活机制

《京都议定书》的以市场为基础的灵活机制（flexibility mechanism）能够有效帮助实现全球的低成本减排，并且赋予主权国家减排方式上的灵活性。虽然《京都议定书》的三大灵活机制都还存在不足，需要在运作规则等方面进一步完善，然而这种尊重市场作用，充分利用市场刺激手段来进行减排的机制，无疑是充满创造性和先进性的，应该在新的联合国气候变化协议中保存和加强。总之，以市场为基础的灵活机制，因为其所带来的低成本减排和对发展中国家的援助，将有利于吸引更多的国家参与新的联合国气候变化协议，也有利于缔约国履约。

（九）适应气候变化措施

温室气体减排措施（mitigation）和适应气候变化措施（adaptation）是应对全球气候变化的两大主要措施。国际社会已经逐渐认识到适应性措施的重要性，因为即便全世界能够较大程度地减少温室气体排放，全球的气候仍会进一步的变化，而一些弱势群体和缺乏适应气候变化能力的国家就容易成为气候变化引发的灾难性天气事件和流行疾病等问题的首当其冲的受害者①。然而在《京都议定书》中只有很少的部分涉及气候变化的适应措施②。因此，新的联合国气候变化协议需要加强这部分的内容来提高全球适应气候变化的能力。

倘若新的联合国气候变化协议能如期签署，世界各国应马上采取减排行动，

① 正如 Mendelsohn et al.（2006）所指出的，发展中国家与发达国家相比往往资金、技术和人力资源不足，缺乏完善的公共医疗体系和较差的政府管理能力，而且他们的经济往往依赖于对气候变化敏感的行业如农业和渔业等，所以发展中国家的气候变化适应能力普遍很低。

② 《京都议定书》中只有第 10 章的 b 条款（Paragraph b of Article 10）和第 12 章的第 8 条款（Paragraph 8 of Article 12）提到了气候变化适应措施。

并深化国际合作与交流，竭尽全力地保护我们所共同生活的地球。按照公约的原则和规定，发达国家有责任发挥带头作用：率先大幅度减排，同时向发展中国家提供资金、技术和能力建设方面的支持。发展中国家应在发达国家的资金、技术和能力建设支持下，根据本国的国情，进一步加强减缓、适应气候变化的相关行动和措施，提高自身抵御气候不利影响的能力。发展中国家可在参与应对全球气候变化的进程中推进本国经济、社会发展。

四　我国的机遇和战略

（一）我国的所作所为有助于我国在未来全球经济治理体系中发挥更大作用

利马会议之前，2014 年 11 月 12 日中美两国元首宣布了两国各自 2020 年后应对气候变化的举措，为会议营造了积极的政治氛围，起了带头作用。美国承诺，到 2025 年温室气体排放较 2005 年整体下降 26% 到 28%，并将努力减排 28%。我国计划到 2030 年左右碳排放将达到峰值且将努力早日达峰，而非化石能源在一次能源中的比重将提升到 20%。双方均计划继续努力并随时间而提高力度。2020 年后我国将采取更有力度的行动，为全球气候变化做出我国应有的贡献。

作为一个发展中国家，我国将根据自己的国情和发展阶段，承担相应的国际责任。习近平主席 2013 年 11 月 16 日在布里斯班宣布，我国计划设立气候变化南南合作基金，帮助其他发展中国家应对气候变化。另外，以在斐济承建南德瑞瓦图可再生能源项目、在萨摩亚承建光伏电站项目等为代表，我国向太平洋岛国援建了一批小水电、太阳能、沼气等绿色能源项目，并为岛国捐助了一批节能环保设施和用品。我国在应对全球气候变化及其他全球危机所做的努力充分展现了一个负责任大国应有的形象，并积累了国际声誉，这将有助于我国在未来全球经济治理体系中发挥更大作用。

（二）当前美欧主导的全球经济治理体系不利于全球共同发展

在当前全球经济治理体系中，美国努力主导国际贸易和金融新标准和新秩序的制定，极力阻止我国发挥更大的作用。比如美国近期企图通过“跨太平洋战略经济伙伴协定”（简称 TPP）和“跨大西洋贸易投资伙伴协定”（简称 TTIP）来建立由美国主导的国际贸易新标准和新秩序；美国国会否决了国际货币基金组织的改革方案；美国极力劝阻澳大利亚、韩国等国加入由我国主导的亚洲基础设施投资银行等。

美国及其盟国所竭尽全力主导的国际贸易和金融新标准和新秩序只为了服务他们本国的利益。他们要求发展中国家大幅度开放市场，降低关税和非关税壁垒；他们倡议“准入前国民待遇加负面清单”的国际投资管理模式等；他们完全忽视发展中国家的利益，放弃“发展导向”原则。比如，TPP 和 TTIP 一旦签署，自贸区内部贸易壁垒降低的同时，将对区外经济体构成更高的壁垒。美欧等国将是 TPP 和 TTIP 的主要受益者，而被排除在外的发展中国家将是主要受害者。美国所主导的国际贸易、金融新标准和新秩序势必进一步扩大发达国家和发展中国家在经济/社会发展上现已存在的巨大差距。

（三）我国应倡议在新的气候变化协议框架下签署其他经贸协议

在未来相当长的一段时间里，经济社会发展和消除贫困依然是发展中国家面临的最为紧迫的课题，国际社会迫切需要坚持“共同但有区别的责任原则”和“发展导向”原则。正是因为新的联合国气候变化协议将包括全球绝大多数国家，并坚持“共同但有区别的责任原则”和“公平原则”等有利于发展中国家的原则，在该国际协议框架下签署的相关国际贸易和金融协议将保护发展中国家的利益，发达国家也有义务向发展中国家提供帮助。

倘若新的联合国气候变化协议能如期签署，我国将迎来一个在构建全球经济治理体系中发挥更大作用的契机或突破口。我国应借此机会倡议在该国际协议框架下谈判签署相关国际贸易和金融协议。这样的国际贸易和金融协议将有助于缩小发达国家和发展中国家现已存在的差距，必将符合我国利益，我国也将对规则制定拥有巨大的发言权。

比如国际贸易新规则的制定问题，国际社会研究和探讨在全球应对气候变化的大格局下如何制定国际贸易新规则将是时代和现实的需要。有关研究表明，环境和贸易之间存在紧密而又复杂的关系。一方面国际贸易可能会对全球应对气候变化努力产生不利影响，而低碳减排措施也可能会与自由贸易的原则相冲突，特别是一些应对气候变化措施涉及禁止某些产品的国际贸易或是涉及绿色贸易壁垒（Leal-Arcas，2013）。为应对全球气候变化，国际贸易自然应当服从于全球应对气候变化的大局。事实上，世界贸易体系的许多法规已经把环境保护和应对气候变化的内容融入进来，并且成立了专门的贸易和环境委员会来探讨如何实现国际环境保护法规和世界贸易法规体系的和谐发展。在此基础上，国际社会在全球应对气候变化的大格局下制定国际贸易新规则将是确实可行的。我国将在国际贸易新规则制定过程中发挥积极的作用。

五　结语

如何建立一个高效、公平、合理、可行的联合国气候变化新协议以取代《京都议定书》正成为全世界亟待解决的问题。鉴于各国不同的政治经济利益，特别是发达国家和发展中国家在减排责任等方面存在的严重分歧，形成联合国气候变化新协议的谈判必定不会一帆风顺。

本文在总结《京都议定书》特点的基础上，对未来联合国气候变化新协议应包含的要素作了一些探索。如何实现条约的广泛性，特别是发展中国家的参与，可能是新协议在设计上所面临的最大挑战。然而在遵循共同但有区别责任原则和公平原则的基础上，通过区别对待发达国家和发展中国家有关强制减排目标等问题，通过加大发达国家对发展中国家的经济、技术和能力培养的援助，一个参与广泛、公平高效的联合国气候变化新协议是完全可以期待的。

倘若新的联合国气候变化协议能如期签署，世界各国要马上行动起来，做出各自的贡献，并深化国际合作与交流，竭尽全力地保护我们所共同生活的地球。按照公约的原则和规定，发达国家有责任发挥带头作用：率先大幅度减排，同时向发展中国家提供资金、技术和能力建设方面的支持。发展中国家应在发达国家的资金、技术和能力建设支持下，根据本国的国情，进一步加强减缓、适应气候变化的相关行动和措施，提高自身抵御气候不利影响的能力。发展中国家可在参与应对全球气候变化的进程中推进本国经济、社会发展。

倘若新的联合国气候变化协议能如期签署，我国将迎来一个在构建全球经济治理体系发挥更大作用的契机或突破口。由于新的联合国气候变化协议将包括全球绝大多数国家，并坚持“共同但有区别的责任原则”和“公平原则”等有利于发展中国家的原则，本文建议我国应借此机会在该国际协议框架下倡议签署相关国际贸易和金融协议。这样的国际贸易和金融协议必将符合我国利益，我国也将对规则制定拥有巨大的发言权。

参考文献

Aldy, J. E. and Stavins, R. N. , 2010. *Post-Kyoto International Climate Policy: Implementing Architectures for Agreement.* Cambridge University Press: New York.

Bréchet, T. and Eyckmans, J. , 2012. Coalition Theory and Integrated Assessment Modeling: Lessons for Climate Governance. In: *Global Environmental Commons: Analytical and Political Challenges in Building Governance Mechanisms.* E. Brousseau, T. Dedeurwaerdere, P. -A. Jouvet, M. Willinger, (eds.), Oxford University Press, Oxford.

Frankel, J. , 2008. *Global Environmental Policy and Global Trade Policy.* Harvard Project on International Climate Agreements Discussion Paper 08 – 14.

Fuentes-Albero, C. and Rubio, S. J. , 2010. Can International Environmental Cooperation Be Bought? *European Journal of Operational Research*, 202: 255 – 264.

Gupta, J. , and Sanchez, N. , 2013. The Common But Different Responsibility (CBDR) Principle Elaborated in Relation to Other Principles of Law. In: *The Global Community Yearbook of International Law and Jurisprudence: Global Trends: Law, Policy & Justice. Essays in Honour of Professor GiulianaZiccardiCapaldo.* M. C. Bassiouni, G. Joanna, P. Mengozzi, J. G. Merrills, R. N. Navia, A. Orzolo, W. Schabas, A. Vigorito, (eds.), Oxford University Press, Oxford, UK pp. 23 – 39.

He, J. , Huang, Y. and Tarp, F. , 2014a. "Is the Clean Development Mechanism Effective for Emission Reductions?" *Greenhouse Gases: Science and Technology*, 4 (6): 750 – 760.

He, J. , Huang, Y. and Tarp, F. , 2014b. "Is the Clean Development Mechanism Promoting Sustainable Development? *Natural Resources Forum-A United Nations Sustainable Development Journal*, 38 (4): 248 – 260.

IPCC AR4, 2007. *Climate Change 2007: The Physical Science Basis.* Contribution of Working Group I to the Fourth Assessment Report of the Intergovernmental Panel on Climate Change. Cambridge University Press, Cambridge.

IPCC AR5, 2014. *Climate Change 2014: Mitigation of Climate Change.* IPCC Working Group III Contribution to AR5final report. Cambridge University Press, Cambridge.

Keohane, R. and Victor, D. , 2011. The Regime Complex for Climate Change. *Perspectives on Politics* (9), 7 – 23.

Leal-Arcas, R. , 2013. *Climate Change and International Trade.* Edward Elgar, Cheltenham, UK?; Northampton, MA, 512 pp.

Mendelsohn, R. , Dinar, A. and Williams, L. , 2006. *The Distributional Impact of Climate Change on Rich and Poor Countries. Environment and Development Economics* (11): 158 – 178.

Newell, R. G. , 2008. *International Climate Technology Strategies.* The Harvard Project on International Climate Agreements Discussion Paper 08 – 12.

Olmstead, S. M. , and Stavins, R. N. , 2012. Three Key Elements of A Post-2012

International Climate Policy Architecture, *Review of Environmental Economics and Policy* (6): 65 - 85.

Ranson, M. and Stavins, R., 2013. A Post-Durban Climate Policy Architecture Based on Linkage of Cap-and-Trade Systems. *Chicago Journal of International Law* (13): 403 - 438.

Smith, J. B., Dickinson, T., Donahue, J. D. B., Burton, I., Haites, E., Klein, R. J. T. and Patwardhan, A., 2011. Development and climate change adaptation funding: Coordination and integration, *Climate Policy*, 11: 987 - 1000.

Somanathan, E., 2010. What Do We Expect From an International Climate Agreement? A Perspective From a Low-income Country. In: *Post-Kyoto International Climate Policy: Implementing Architectures for Agreement*. J. E. Aldy, R. N. Stavins, (eds.), Cambridge University Press, Cambridge, UK pp. 599 - 617.

Starvins, R. N., 2011. The Problem of the Commons: Still Unsettled After 100 Years. *American Economic Review* 101, 81 - 108.

Stripple, J. and Falaleeva, M., 2008. *CDM Post - 2012: Practices, Possibilities, Politics*. Lund University Adam Project Workshop Report.

Victor, D. G., 2001. *The Collapse of the Kyoto Protocol and the Struggle to Slow Global Warming*. Princeton University Press.

Weitzman, M. L., 2011. Fat-tailed Uncertainty in the Economics of Catastrophic Climate Change. *Review of Environmental Economics and Policy* (5): 275 - 292.

World Bank, 2010. *World Development Report 2010: Development and Climate Change*. The International Bank for Reconstruction and Development, Washington, DC.

（撰稿人：中国国际经济交流中心研究员黄永富）

后　记

《国际经济分析与展望》（简称《世情报告》）每年年初出版，是中国国际经济交流中心（国经中心）倾力打造的国际经济年度评估展望精品。该报告立足国际经济发展前沿，以“国际眼光、全球视野”对去年国际经济总体、国别经济、重点经济领域及热点问题发展状况进行评估，并对其未来发展做出相关预测分析，以国经中心的独特视角，突出战略性、系统性、前瞻性、针对性和实用性，“同享人类智慧，共谋人类发展”，打造前瞻性和系统性特色产品，服务全球治理，实现国经中心服务于社会的价值。

国经中心常务副理事长、执行局主任张晓强同志亲自指导了2014年度《世情报告》的编写工作，并对所有稿件进行了终审；国经中心总经济师、执行局副主任、学术委员会副主任陈文玲同志组织大家完成了写作框架的设计，撰写总报告，并对全部稿件进行了审改；徐长春同志具体落实相关人员写作任务，撰写部分稿件，并到出版社对全部文稿进行了修改和校对。

该报告主要为国经中心研究人员的研究成果，还收录了社会知名专家学者的重量级稿件。社会科学文献出版社皮书出版分社社长邓泳红，以及吴敏、任文武、陈颖、张丽丽等同志为本报告的出版付出了巨大心血。在此，对大家的辛勤付出，表示由衷的感谢！同时欢迎读者对报告的疏漏给予指正。

中国国际经济交流中心

2015年2月18日

图书在版编目（CIP）数据

国际经济分析与展望. 2014～2015/中国国际经济交流中心编著.
—北京：社会科学文献出版社，2015.3
（CCIEE智库报告）
ISBN 978-7-5097-7158-7

Ⅰ.①国… Ⅱ.①中… Ⅲ.①世界经济-经济分析-2014～2015 ②世界经济-经济预测-2014～2015 Ⅳ.①F113.4

中国版本图书馆CIP数据核字（2015）第035830号

·CCIEE智库报告·
国际经济分析与展望（2014～2015）

编　　著／中国国际经济交流中心

出 版 人／谢寿光
项目统筹／邓泳红
责任编辑／陈　颖　张丽丽

出　　版／社会科学文献出版社·皮书出版分社（010）59367127
地址：北京市北三环中路甲29号院华龙大厦　邮编：100029
网址：www.ssap.com.cn
发　　行／市场营销中心（010）59367081　59367090
读者服务中心（010）59367028
印　　装／三河市尚艺印装有限公司

规　　格／开　本：787mm×1092mm　1/16
印　张：28.75　字　数：520千字
版　　次／2015年3月第1版　2015年3月第1次印刷
书　　号／ISBN 978-7-5097-7158-7
定　　价／128.00元